國家古籍整理出版專項經費資助項目

中國古代城池基礎資料彙編
第一輯
第二冊

《古今圖書集成》城墙資料彙編

成一農　編

中國社會科學出版社

圖書在版編目（CIP）數據

《古今圖書集成》城墻資料彙編 / 成一農編 . —北京：中國社會科學出版社，2016.10

（中國古代城池基礎資料彙編 . 第一輯；第二冊）

ISBN 978-7-5161-8998-6

Ⅰ.①古… Ⅱ.①成… Ⅲ.①城墻—史料—彙編—中國 Ⅳ.①K928.77

中國版本圖書館 CIP 數據核字（2016）第 238389 號

出 版 人	趙劍英	
選題策劃	郭沂紋	
責任編輯	劉　芳	
責任校對	闫　萃	
責任印製	李寡寡	

出　　版	中國社會科學出版社	
社　　址	北京鼓樓西大街甲 158 號	
郵　　編	100720	
網　　址	http://www.csspw.cn	
發 行 部	010-84083685	
門 市 部	010-84029450	
經　　銷	新華書店及其他書店	

印刷裝訂	北京君昇印刷有限公司	
版　　次	2016 年 10 月第 1 版	
印　　次	2016 年 10 月第 1 次印刷	

開　　本	710×1000　1/16	
印　　張	30.75	
字　　數	520 千字	
定　　價	114.00 圓	

凡購買中國社會科學出版社圖書，如有質量問題請與本社營銷中心聯繫調換
電話：010-84083683
版權所有　侵權必究

前　言

一

　　本資料集原是中國社會科學院重點項目和社科基金青年項目"中國古代城市地理信息系統"的基礎資料。作爲個人項目，"中國古代城市地理信息系統"的構架顯然過於宏大了，在實際執行中，受到技術能力和條件的限制，這兩個項目所建立的地理信息系統最終祇能用於解決本人感興趣的一些問題，缺乏拓展性，因此未對外公佈。

　　本人最初並未有將用於構建"中國古代城市地理信息系統"的基礎資料進行出版的構想，但在中國社會科學出版社郭沂紋老師的鼓勵下，思量再三，感覺出版紙本資料在目前依然有其一定的學術意義，因此才有了目前這一套資料集。那麼在現在歷史文獻大量數字化的情況下，這種紙本專題資料集的意義何在呢？其實這一問題可以更爲尖銳地表達爲，在數字化的時代，紙本專題資料集還有出版價值嗎？

　　要回答這一問題，還需要回到學術研究本身。誠然，當前歷史文獻的數字化極大地便利了學術研究，以往學者可能花費數年、數十年進行的資料搜集、整理的工作，現在可能數小時或者短短幾天就可完成。就這一角度而言，紙本專題資料集確實已經失去意義。但問題在於，使用數字化資源進行檢索的前提是需要研究者有着明確的"問題"，即祇有形成了"問題"，才能利用數字化的文獻資料進行檢索。那麼"問題"是如何形成的呢？其中一個途徑就是對原始資料的大量閱讀，這就是紙本專題資料集學術價值所在，而這也是數字化文獻所無法替代的。誠然，目前通過數字化文獻以及其提供的便利的檢索方式推進了對一些史學問題的認識，但這些被解決的問題中又有多少是通過對數字化文獻的檢索提出來的呢？基本是沒有的，甚至很多通過檢索數字化文獻進行的研究，其基本思路也是傳本人最初關於中國古代城市的研究就來源於對文本文獻的閱讀。攻讀博士期間，我在導師李孝聰教授的指導下開始系統翻閱《天一閣藏明代方志選刊》及《續刊》，並整理其中與城墙有關的資料。在閱讀中發現，這些方志中關於宋元時期和明代前期城墙修築的記載非常少，這似乎不符合城墙是中國古代城市的標志的傳統觀點；此外，傳統認爲的唐宋之際城市革命的重要體現之一坊墙的倒塌，在這些地方志中也没有任何痕迹可循，而上述這兩點來自史料閱讀的疑問構成了我後來博士論文和第一本著作的主體內容，這些問題不是簡單的史料檢索可以發現的。

不僅如此，在整理中國古代城市資料的過程中我還曾注意到了一些問題，祇是隨着興趣點的轉移這些問題已經没有時間去深入研究了。如從地方志的記載來看，各地文廟的初建雖然存在地域差異，但幾乎很少有早於宋代的，這不同於目前通常認爲的文廟普遍興建於唐代的觀點①。又如，宋代的廟學，無論是建築布局還是建築的名稱並不統一，明清時期，兩者都逐漸規範化，尤其是明嘉靖和清雍正時期廟學建築的名稱以及建築布局都發生了一些重要的變化，而這兩個時期也都發生了一些重要的歷史事件，如嘉靖時期的大禮議、雍正時期的文字獄，這些與廟學建築的變化是否存在聯繫？此外，如果大量閱讀廟學的修建碑刻（碑刻資料會在本資料集的後續各輯中出版），就會發現在某些時期和地區，碑刻的撰寫有着相似的內容結構：一般通常會先描述廟學的破敗，然後再叙述現任地方長官到任之初傷感於廟學的破敗，不過其並未立刻着手廟學的修建，祇是等到經過一段時間的治理，地方民風淳樸、經濟發展之後，才向地方官吏和士紳提出修理廟學的建議，而這一建議立刻得到了積極的回應。不過，廟學的修建並未驚動一般百姓，資金大都來源於地方長官、官吏和士紳的集資，甚至直到廟學修建完成之後，地方百姓才得以知曉，也就是説此舉並未勞民傷財。最後，感慨於地方長官的善政和地方官吏、士紳的義舉，地方上公推碑文的作者來撰寫碑文以示紀念。但碑文的作者以自己才疏學淺一再謙讓，祇是最終在認識到如果自己不寫碑文，這些善政和義舉將會被

---

① 對此，本人曾經簡單地撰寫過一篇小文，參見《宋、遼、金、元時期廟學制度的形成及普及》，《十至十三世紀中國文化的碰撞與融合》，上海人民出版社 2006 年版。

後人忘記之後才不得不下筆。如果將廟學認爲是中國地方城市中一類非常特殊的建築，在這些碑刻之中，我們是否可以看到各種利益的彙集、國家與社會的互動？

總體來説，在如今數字化的時代，"查詢"祇是解答史學問題的方式之一，而不是提出"問題"的方法。

二

本資料集原來的名稱爲"中國古代城市基礎資料"，但後來改爲"中國古代城池基礎資料彙編"，主要有着以下考慮。

中國古代即有"城市"一詞，而且産生的時間較早，在電子版《四庫全書》中以"城市"一詞進行檢索，總共命中3423條[1]。關於這些"城市邑""城市"，有些學者認爲表達的即是現代"城市"的含義，當然這也與"城市"概念的界定有關，如馬正林在《中國城市歷史地理》一書中提出的"城市"概念是"也就是説，中國古代的城是以防守爲基本功能。城市則不然，它必須有集中的居民和固定的市場，二者缺一都不能稱爲城市。根據中國歷史的特殊情況，當在城中或城的附近設市，把城和市連爲一體的時候，就産生了城市"[2]，並由此推斷中國古代城市出現的時代應該是西周，即"夏商的都城是否設市，既無文獻上的依據，也没有考古上的證明，祇有西周的都城豐鎬設市，有《周禮·考工記》爲證"[3]，並由此認爲文獻中出現的"城市邑"和"城市"即是現代意義的"城市"概念。他提出的這一對城市概念的界定，即"城（城牆）"＋"市"＝"城市"，在中國古代城市研究中具有一定的代表性[4]，雖然不能説馬正林提出的認識是錯誤的，畢竟關於"城市"的概念至今也没有達成一致的意見，但這並不能説明古代文獻中出現的"城市"一詞具有

---

[1] 其中有很多並不是作爲"城市"這個詞彙出現，或是城和市兩個概念的合稱或是偏重于"市"，因此實際上出現的次數要遠遠少於3423條。

[2] 馬正林：《中國城市歷史地理》，山東教育出版社1998年版，第18頁。

[3] 同上書，第19頁。

[4] 董鑒泓：《中國城市建設史》，中國建築工業出版社1989年版，第5頁。

了現代"城市"的含義①。當然，我們可以用現代的"城市"概念來界定古代的聚落，但無論近現代"城市"的概念如何界定，實際上都是從本質上（主要是經濟、社會結構）將一組特殊的聚落與鄉村區分開來，那麼我們首先需要考慮的是中國古代是否曾將某些聚落認爲是一種特殊的實體，如果存在這種認識，那麼這些特殊的聚落是否與近現代"城市"概念存在關聯。下面先對這一問題進行分析：

除了遼、金、元三個少數民族政權之外，在中國古代的行政體系中，並不存在單獨的現代意義的建制城市。韓光輝在《元代中國的建制城市》②《中國元代不同等級規模的建制城市研究》③《宋遼金元建制城市的出現與城市體系的形成》④ 等論著中對遼、金、元時期，尤其是元代建制城市的出現和發展過程進行了叙述。根據韓光輝的分析，設置建制城市（也就是錄事司）的標準，並不是現在通常用來界定"城市"的經濟、人口等數據，而主要依據的是城市的行政等級，即"錄事司，秩正八品。凡路府所治，置一司，以掌城中户民之事。中統二年，詔驗民户，定爲員數。二千户以上，設錄事、司候、判官各一員；二千户以下，省判官不置。至元二十年，置達魯花赤一員，省司候，以判官兼捕盜之事，典史一員。若城市民少，則不置司，歸之倚郭縣。在兩京，則爲警巡院"⑤，從這一文獻來看，界定"建制城市"的標準首先是行政等級，然後才是人

---

① 總體來看，馬正林所提概念涵蓋的範圍過於寬泛了，有"市"和一定的居民即可以爲城市，且不説其中的市是否是固定市還是集市，人口要到多少才算是達標，如果按照這一概念，不僅中國古代大多數行政城市，以及衆多的鄉鎮聚落都可以作爲城市，而且世界古代的大多數聚落似乎也可以界定爲城市了。對於這種定義，李孝聰在《歷史城市地理》一書中批評道"而且，城市作爲人類社會物質文明與精神文化最重要的載體，僅僅用城牆和市場這兩個具體而狹隘的標準來衡量也是缺乏説服力的"，山東教育出版社 2007 年版，第 4 頁。此外，由於"城市"一詞具有的誤導性，讓人容易理解爲"城"＋"市"，因此有學者認爲應當放棄對這一詞彙的使用，參見王妙發、鬱越祖《關於"都市（城市）"概念的地理學定義考察》，《歷史地理》第 10 輯，上海人民出版社 1992 年版，第 133 頁。而且"城市"一詞在古代可能僅僅表示"城"的含義，這點參見後文分析。

② 韓光輝：《元代中國的建制城市》，《地理學報》1995 年第 4 期，第 324 頁。

③ 韓光輝、劉旭、劉業成：《中國元代不同等級規模的建制城市研究》，《地理學報》2010 年第 12 期，第 1476 頁。

④ 韓光輝、林玉軍、王長鬆：《宋遼金元建制城市的出現與城市體系的形成》，《歷史研究》2007 年第 4 期，第 42 頁。

⑤ 《元史》卷九十一《百官志》，中華書局 1976 年版，第 2317 頁。

口，如果行政等級不高，人口再多也不能設置錄事司；同時，文獻中對於"若城市民少，則不置司"中的"民少"並沒有具體的規定，另外不設判官的標準爲兩千户以下，並且没有規定下限，則更説明"民少"的標準是模糊的。不僅如此，雖然我們不能確定元代"城市"發展的水平，但明清時期"城市"的發展應當不會低於元代，但這種建制城市却在元代滅亡後即被取消。從這點來看，"建制城市"的出現並不能代表中國"城市"的發展水平，而且也没有確定一種傳統，可能只是中國歷史發展中的偶然現象。總體來看，就行政建制方面而言，中國古代缺乏現代意義的"城市"的劃分標準，"城"通常由管轄周邊郊區的附郭縣（府州及其以上行政層級）或者縣管轄，"城"與其周邊地區的區分在行政層面上並不重要。

不僅如此，在漫長的歷史中，除了元代之外，清末之前幾乎没有用來確定某類特殊聚落地位的標準。在各種文獻中提到的"城"，通常是那些地方行政治所和一些修築有城牆的聚落，因此如果要尋找劃分標準，那就是"地方行政治所"和"城牆"，但這兩者又不完全統一。一方面，至少從魏晉至明代中期，很多地方行政治所並没有修築城牆[1]；另一方面大量修築有城牆的聚落又不是地方行政治所。因此，中國古代文獻中的"城"，其實包含兩方面的含義，一方面是地方行政治所（不一定修築有城牆）；另一方面是有牆聚落。兩者之中，都涵蓋了各色各等差異極大的聚落，有牆聚落中既有規模居於全國首位的都城，也有周長不超過3里圍繞一個小村落修建的小城堡。即使行政治所，規模差异也很大[2]。因此文獻中"城"和"城池"這類的概念實際上表示的是一種地理空間，而並不具有太多的其他意義。

中國古代編纂的各種志書中，在涉及地方的部分基本上很少將與城有關的内容單獨列出。如現存最早的地理總志《元和郡縣圖志》，其中所記政區沿革、古迹、山川河流都没有區分城内城外，而且也極少記錄城郭的情况。《元和郡縣圖志》之後的地理總志，雖然記述的内容更爲豐富，但

---

[1] 參見成一農《中國古代地方城市築城簡史》，《古代城市形態研究方法新探》，社會科學文獻出版社2009年版，第160頁。

[2] 參見成一農《清代的城市規模與城市行政等級》，《古代城市形態研究方法新探》，社會科學文獻出版社2009年版，第126頁。

也大致遵循這一方式,即沒有強調"城"的特殊性。地理總志以外的其他志書也基本如此,如《十通》,在記述各種經濟數據(如人口、稅收等)、山川、衙署等內容時,並不將城的部分單獨列出。宋代之後保存至今的地方志中雖然通常有"城池"一節,但主要記錄的是城牆和城濠的修築情況;"坊市"中雖然主要記載的是城內的坊(或牌坊)和市的分佈,並與城外的鄉村(或者廂、隅、都等)區分開來,但這可能是受到行政建置(城內與鄉村的行政建置存在差異)的影響;在其他關於地理的章節(如橋樑、寺廟)、關於經濟的章節(如食貨、户口)等中基本看不到對城的強調。因此,可以認爲在這些志書的編纂者看來,作爲行政治所的"城"並没有太大的特殊性,或者說他們心目中並没有歐洲中世紀那些具有特殊地位的"城市"。

此外,雖然中國古代早已有"城市"一詞,但其含義與近現代的概念並不相同,如清代編纂的關於北京的《日下舊聞考》中有以"城市"命名的章節,記載城內的街巷、寺廟、景物等,但該書主要是分區域記述的,與"城市"對應的章節分别爲"皇城""郊坰"和"京畿"等,因此"城市"一詞在這裏很可能只是一種空間分區,表示的是城牆以內皇城以外的範圍,類似於"城"或者"城池"。另如《後漢書·西羌傳》記"東犯趙、魏之郊,南入漢、蜀之鄙。塞湟中,斷隴道,燒陵園,剽城市,傷敗踵係,羽書日聞"[①];又如《北齊書·陽州公永樂傳》"永樂弟長弼,小名阿伽。性粗武,出入城市,好毆擊行路,時人皆呼爲阿伽郎君"[②],這些文獻中的"城市"一詞同樣並不一定表示的是現代意義的"城市",很可能只是"城"或"城池"的同義詞,而且文獻中這類的用法還有很多。總體來看,中國古代文獻中的"城市"一詞很可能並不表示現代或者西方與文化、文明、公民等概念有關的含義。

不僅文獻如此,在流傳至今的古代輿圖中,極少出現現代意義的"城市圖",大部分表示"城"的輿圖往往將城與其周邊區域繪製在一起。當然方志中的"城池圖"是例外情況,其表現的是整個政區的組成部分之一,在明清時期的很多方志之中,除了"城池圖"之外,還有着大量表示鄉村的疆里圖,因此這種"城池圖"表現的實際上是一種地理單位,

---

① 《後漢書》卷八七《西羌傳》,中華書局 1965 年版,第 2900 頁。
② 《北齊書》卷一四《陽州公永樂傳》,中華書局 1972 年版,第 182 頁。

重點並不在於強調城的特殊性。另外宋代保存下來的幾幅"城圖"，都有着特殊的繪製目的，《平江圖》是在南宋紹定二年（1229）李壽朋對蘇州里坊進行了調整並重修了一些重要建築之後繪製的，是用來表示這些成果的地圖；《靜江府城圖》則是出於軍事目的大規模修建靜江府城池之後，用來記錄修城經過和花費的城圖，圖中上方題記中詳細記載了修城的經過和所修城池的長、寬、高與用工、費、料以及當時經略安撫使的姓名即是明證，從文獻來看，這樣的城圖在宋代還有一些。宋代之後直至清末之前，除了都城之外，與其他專題圖相比較（如河工圖、園林圖），以"城"爲繪製對象的輿圖較爲少見。以《美國國會圖書館藏中文古地圖叙錄》[①]一書爲例，其中收錄有美國國會圖書館所藏中文古地圖約300幅，其中城圖僅有19幅。在這19幅城圖中，北京地圖有6幅，其餘的13幅地圖中繪製於同治時期的2幅、光緒時期的8幅、清後期的1幅（即《浙江省垣水利全圖》，李孝聰教授認爲該圖與清同治三年浙江官書局刊印的《浙江省垣城厢全圖》刊刻自同一時期或稍晚），繪製於清代中期的只有2幅（《萊州府昌邑縣城垣圖》[②]和《寧郡地輿圖》）。從中國傳統輿圖來看，與今天大量出現的城市圖不同，除了方志中的"城池圖"和單幅的都城圖之外，中國古代極少將"城"作爲一種單獨的繪圖對象。

總體來看，中國古代可能存在有現代意義的"城市"，但並沒有突出強調某類聚落性質上的特殊性。"城""城池"，甚至"城市"的劃分標準很可能衹是地理空間，而不是現代的從內涵上進行的界定，同時也沒有從經濟、社會等方面對聚落進行劃分的標準，因此可以認爲中國古代並無"城市"這樣的概念。出現這種情況，並不是說明中國古代沒有現代意義的城市，而是說明中國古代並沒有一種我們現代認爲的"城市"的概念或者認識。

總體而言，中國古代肯定存在"城市"（具體如何界定則需要根據所使用的概念），但並無類似於近現代或者西方從經濟或社會的角度界定的"城市"的概念和劃分標準，而衹有"城"或者"城池"這樣的地理空間的劃分。大概只是到了清末，隨着與西方接觸的密切，西方"城市"的概念才逐漸進入中國，中國獨立於鄉村的"城市"的意識才逐漸明晰，

---

① 李孝聰：《美國國會圖書館藏中文古地圖叙錄》，文物出版社2004年版。
② 通過進一步分析，該圖實際上應該繪製於光緒年間。

也才開始注意城鄉之間的劃分。基於此，由於本資料集主要涉及的是各個時期治所城池空間範圍內（以及周邊的）地理要素，因此用"城池"來作爲書名應當更爲準確。

三

再回到本資料集的來源——歷史城市地理信息系統。由於具有較強的實用性和綜合性，因此歷史城市地理信息系統是目前國內歷史地理信息系統開發的熱點。不過，大部分可以查閱到信息的已經完成或者正在建立的城市歷史地理信息系統，目前大都未能對外公佈數據，也未能與各城市的 UGIS 或"數字城市"計劃相銜接，從而限制了這些數據的使用。如南京市城市規劃編制研究中心負責的基於 3S 技術的南京歷史空間格局數字復原研究，已於 2010 年 7 月 27 日通過項目驗收，其最終體現爲"南京市歷史文化空間格局演變應用服務系統"。在網絡上可以查到這一項目的獲獎信息，但無法找到這一系統的網站和使用方法。之所以出現上述現象，其原因很可能是因爲這些系統未能達到立項時設計的目的，無法滿足研究和使用的需要。

從理論上講，單一城市歷史地理信息系統的開發與現代城市地理信息系統的開發最爲主要的差異就是存在"時間軸"的問題，但只要引入滿志敏教授提出的地理要素生存期的概念，那麼這一問題基本可以得到解決。因此在技術層面上，開發單一城市歷史地理信息系統的難度並不大，這些系統未能滿足研究和使用需要的原因應當源於技術之外。

全國或區域性的城市歷史地理信息系統的開發，目前能見到的主要是本人的"中國歷史城市地理信息系統"，但由於技術上的問題，這一系統遠遠未能達到最初設計時的目的，其數據結構的設定只能爲某些特定問題的研究提供相應的服務。總體來看，目前開發完成和正在開發的歷史城市地理信息系統大都未對外公佈的原因，可以分爲技術方面的與技術之外的。首先分析技術方面目前存在的問題：

第一，不同於現代數據，現存的中國古代的信息數據通常缺乏量化，而且中國不同時期以及不同區域的度量衡存在差異，因此將文獻中記載的具體數據轉化爲現代度量衡單位時存在不小的困難。此外，還經常會遇到不同文獻所載數據存在差異，但無法輕易判斷其中對錯的情況。面對上述問題，歷史城市地理信息系統的建設需要在數據方面花費大量的時間，因此其開發的週期要比現代城市地理信息系統更長，也需要更大的資金投入。

第二，涵蓋區域或全國城市的歷史地理信息系統的數據結構的設計在技術上難度很大。涵蓋區域和全國城市的歷史地理信息系統，如果是關於城牆、廟學、寺廟、衙署等單一功能建築的專題性質的信息系統，數據結構的設計難度並不大。目前數據設計方面難度最大的就是，如何在涵蓋區域和全國城市的歷史地理信息系統中包含城市所有的功能建築。當然如果僅僅是專題地理信息數據整合，難度也不大，但這樣的地理信息系統並不能達成數據整合的意義，因爲城市中功能建築之間的位置關係和時間關係是具有研究價值的，其中時間關係通過生存期的概念並結合檢索技術基本可以實現，但對功能建築之間位置關係進行查詢和分析則較難實現。尤其是建立區域和全國歷史城市地理信息系統的時候，由於這一歷史地理信息系統不涉及城市內部的"面"，因此無法通過空間查詢功能來達成對全國城市某些類別功能建築之間位置關係的分析。

除了技術方面的因素之外，目前影響城市歷史地理信息系統以及其他類型歷史地理信息系統開發的主要有以下幾個因素：

第一，歷史地理信息的開發，無論是數據的考訂、分析和轉換，還是數據結構的設計、平臺的搭建，都需要投入大量的時間，而且還需要不斷投入時間進行數據和平臺的維護和更新，而這些都不是目前"論文至上"的學科評價體系所承認的研究成果，因此很少有學者願意投入大量的時間和精力來從事這方面的工作。

第二，雖然目前對於歷史地理信息系統的價值和作用在歷史地理學界中得到了廣泛的認可，但目前無論是在學術研究方面，還是在現實應用方面，歷史城市地理信息系統都未取得與其投入資金相對應的成果。而且與目前如火如荼的古籍數字化不同，歷史地理信息系統的使用需要一定的技術能力，無法短時期內就被研究者所普遍使用，難以產生立竿見影的效果。可能正是由於這一原因，使得國家、城市管理部門以及各個研究單位對於需要耗費大量資金和時間，短期內難以見到顯著成效的歷史地理信息系統的投入持保留態度。

第三，包括歷史城市地理信息系統在內的歷史地理信息系統的開發實際上需要文理科的聯合，其中人文學科的學者無法處理設計數據結構時遇到的錯綜複雜的數據關係和進行地理信息系統平臺的深入開發；而理科出身的地理信息系統的研發者很多時候無法正確處理文獻中記載的數據，或者把握模糊處理這些數據的尺度，而且很多時候也無法明瞭研究者所需要的數據關係。最近一段時期以來，雖然國家和研究院所都鼓勵跨學科的研究，但實際上取得的成果極其有限，這一問題產生的原因非常複雜，其中最爲重要的原因之一，可能在於文理科學者思維上的差異所造成的研究思路上的隔閡，而目前"碎片化"的學科體制使得文理科學者之間缺乏一種能長期對話、合作的機制，而這種機制應當從研究者的培養階段，也就是大學時期就開始建立。

總體來看，目前以歷史城市地理信息系統爲代表的歷史地理信息系統，雖然取得了一些零散的成就，但從長遠來看，依然缺乏明確的發展前景，短期內也無法取得突破和獲得重要的研究成果，因此如果歷史地理學界公認這一技術手段今後必然會極大地推動歷史地理學甚至歷史學的研究的話，那麼就應當合整個學界之力，致力於這一系統的開發。對此，本人設想應當需要採取以下措施：

第一，以某一具有廣泛影響力的研究機構爲核心，聯合國內各研究院所建立某種形式的研究機構，進行以城市歷史地理信息系統爲代表的歷史地理信息系統平臺的開發，并且説服國家或者研究基金投入大量資金扶持這一難以短期產生效益和成果的項目，但又屬於前沿性和基礎性的學術基礎數據平臺的建設。

第二，以這一機構和研究項目爲基礎，吸收青年學者參加，通過制定特殊的職稱評審體制，鼓勵研究者安心長期從事這一基礎領域的工作。

第三，在歷史地理信息系統的開發中，重視建立一種促使文理科研究者深入討論與合作的機制，通過各種方式達成雙方對對方思維方式、思路、研究目標、理念的理解。

第四，在歷史地理信息系統項目建設之初，應當投入大量的時間確定一套有着普遍適用性和擴展性的數據標準，並將這一標準公之於衆。然後，再以這一平臺和標準爲基礎，或對現有的成套、比較成熟的文本數據進行加工，或以項目的形式組織研究人員整理製作各種類別的地理信息系統數據，並鼓勵和幫助其他研究機構使用這套數據標準建立各自的數據和地理信息系統。由此才能最終建立起一套可以相互銜接、不斷擴充的數據集。

四

因爲當前本人的主要精力已經轉移到了古地圖的研究，雖然還在進行古代城市的研究工作，但投入的精力已經大不如前，不過歷史地理信息系統的建設依然是今後長期關注的重點，其原因一方面是這一研究方法今後很可能會帶動整個學科的發展，另一方面是希望通過這一方法將歷史學、地理學和現實問題結合起來，因此今後本資料集還會繼續出版。大致的安排如下：第二輯和第三輯，以地方志中的城墻資料和廟學資料爲主，也就是第一輯的續編；第四輯，主要收錄與城墻和廟學有關的碑刻材料；第五輯，爲宋元方志中的城市基礎資料彙編。

五

我非常高興能借此機會向恩師李孝聰教授表達謝意！沒有他的指引和無微不至的呵護以及在我後來的學術發展中給予的最大可能的幫助，我的學術研究無法走到今天這一步。在我學術成長中給予我各方面引導、支持和幫助的魯西奇教授、張曉虹教授、侯甬堅教授、唐曉峰教授、辛德勇教授、韓茂莉教授、華林甫教授、卜憲群研究員、王震中研究員、楊珍研究員等，在此一併表示謝意。還有中國社會科學出版社的副總編審郭沂紋老師，沒有她的鼓勵和幫助，這本資料集的出版是無法想象的。最後還要感謝具體負責本書編輯的劉芳、耿曉明，對於這本枯燥無味的資料集，她們投入大量的時間和精力來閱讀並提出了諸多寶貴意見。

目　錄

京畿總部 …………………………………………… (1)
順天府 ………………………………………………… (1)
永平府 ………………………………………………… (7)
保定府 ………………………………………………… (10)
河間府 ………………………………………………… (17)
真定府 ………………………………………………… (19)
順德府 ………………………………………………… (24)
廣平府 ………………………………………………… (27)
大名府 ………………………………………………… (31)
宣化府 ………………………………………………… (38)

盛京總部 …………………………………………… (43)
盛京總部 ……………………………………………… (43)
奉天府 ………………………………………………… (45)
錦州府 ………………………………………………… (51)
烏喇寧古塔部 ………………………………………… (57)

山東總部 …………………………………………… (61)
濟南府 ………………………………………………… (61)
兗州府 ………………………………………………… (68)
東昌府 ………………………………………………… (79)
青州府 ………………………………………………… (82)
登州府 ………………………………………………… (85)
萊州府 ………………………………………………… (88)

山西總部 …………………………………（91）
太原府 …………………………………（91）
平陽府 …………………………………（107）
潞安府 …………………………………（128）
汾州府 …………………………………（130）
大同府 …………………………………（132）
沁州 ……………………………………（138）
澤州 ……………………………………（139）
遼州 ……………………………………（140）

河南總部 …………………………………（142）
開封府 …………………………………（142）
歸德府 …………………………………（152）
彰德府 …………………………………（155）
衛輝府 …………………………………（157）
懷慶府 …………………………………（159）
河南府 …………………………………（160）
南陽府 …………………………………（164）
汝寧府 …………………………………（168）
汝州 ……………………………………（171）

陝西總部 …………………………………（174）
西安府 …………………………………（174）
鳳翔府 …………………………………（181）
漢中府 …………………………………（183）
興安州 …………………………………（185）
延安府 …………………………………（187）
平涼府 …………………………………（190）
鞏昌府 …………………………………（193）
臨洮府 …………………………………（197）
慶陽府 …………………………………（199）

榆林衛	（201）
寧夏衛	（201）
陝西行都司	（202）

四川總部 ……………………………………（204）
成都府	（204）
保寧府	（208）
順慶府	（209）
叙州府	（210）
重慶府	（211）
夔州府	（213）
馬湖府	（214）
龍安府	（215）
潼川州	（215）
眉州	（216）
嘉定州	（217）
邛州	（220）
瀘州	（221）
雅州	（221）
遵義府	（222）
建昌五衛	（223）
松潘衛	（224）
叠溪守禦所	（224）

江南總部 ……………………………………（225）
江寧府	（225）
蘇州府	（227）
松江府	（230）
常州府	（232）
鎮江府	（235）
淮安府	（237）
揚州府	（242）

徐州府	(246)
安慶府	(248)
徽州府	(249)
寧國府	(251)
池州府	(253)
太平府	(254)
廬州府	(256)
鳳陽府	(260)
和州	(265)
滁州	(267)
廣德州	(267)

江西總部	(269)
南昌府	(269)
饒州府	(273)
廣信府	(276)
南康府	(277)
九江府	(279)
建昌府	(281)
撫州府	(282)
臨江府	(283)
吉安府	(284)
瑞州府	(285)
袁州府	(286)
贛州府	(287)
南安府	(289)

浙江總部	(292)
杭州府	(292)
嘉興府	(297)
湖州府	(300)
寧波府	(302)

紹興府	（306）
台州府	（307）
金華府	（311）
衢州府	（312）
嚴州府	（313）
溫州府	（315）
處州府	（317）
福建總部	（319）
福州府	（319）
泉州府	（322）
建寧府	（327）
延平府	（330）
汀州府	（331）
興化府	（334）
邵武府	（336）
漳州府	（338）
福寧州	（345）
臺灣府	（346）
湖廣總部	（347）
武昌府	（347）
漢陽府	（349）
安陸府	（351）
襄陽府	（353）
鄖陽府	（356）
德安府	（358）
黃州府	（360）
荊州府	（363）
長沙府	（366）
岳州府	（370）
寶慶府	（373）

衡州府 …………………………………………………… （375）
常德府 …………………………………………………… （378）
辰州府 …………………………………………………… （380）
永州府 …………………………………………………… （382）
靖州 ……………………………………………………… （385）
郴州 ……………………………………………………… （386）

廣東總部 ……………………………………………… （388）
廣州府 …………………………………………………… （388）
韶州府 …………………………………………………… （394）
南雄府 …………………………………………………… （397）
惠州府 …………………………………………………… （398）
潮州府 …………………………………………………… （401）
肇慶府 …………………………………………………… （405）
高州府 …………………………………………………… （411）
廉州府 …………………………………………………… （413）
雷州府 …………………………………………………… （415）
瓊州府 …………………………………………………… （417）
羅定州 …………………………………………………… （422）

廣西總部 ……………………………………………… （425）
桂林府 …………………………………………………… （425）
柳州府 …………………………………………………… （426）
慶遠府 …………………………………………………… （429）
思恩府 …………………………………………………… （431）
平樂府 …………………………………………………… （432）
梧州府 …………………………………………………… （435）
潯州府 …………………………………………………… （438）
南寧府 …………………………………………………… （439）
太平府 …………………………………………………… （441）
思明府 …………………………………………………… （443）
鎮安府 …………………………………………………… （443）

泗城府 …………………………………………………（444）

雲南總部 ……………………………………………（446）
　雲南府 …………………………………………………（446）
　大理府 …………………………………………………（448）
　臨安府 …………………………………………………（449）
　楚雄府 …………………………………………………（452）
　澂江府 …………………………………………………（453）
　景東府 …………………………………………………（455）
　廣西府 …………………………………………………（455）
　順寧府 …………………………………………………（456）
　曲靖府 …………………………………………………（457）
　姚安府 …………………………………………………（458）
　鶴慶府 …………………………………………………（459）
　武定府 …………………………………………………（460）
　元江府 …………………………………………………（461）
　蒙化府 …………………………………………………（462）
　永昌府 …………………………………………………（462）

貴州總部 ……………………………………………（464）
　貴陽府 …………………………………………………（464）
　思州府 …………………………………………………（465）
　思南府 …………………………………………………（465）
　鎮遠府 …………………………………………………（466）
　石阡府 …………………………………………………（466）
　銅仁府 …………………………………………………（467）
　黎平府 …………………………………………………（467）
　安順府 …………………………………………………（468）
　都勻府 …………………………………………………（469）
　平越府 …………………………………………………（469）
　威寧府 …………………………………………………（470）

京畿總部

順天府

《職方典》第十五卷
順天府部彙考八
順天府城　即京城（大興、宛平二縣附郭）
　　外州縣（按城池，國家守禦之大。今《通志》太略，而各州縣志又失之太繁。今以《通志》爲主，而或有應詳未詳者，兼采府州縣志補之。）

良鄉縣城池　舊土城，明隆慶中，甃以磚石，周圍三里二百二十步，高三丈二尺，廣三丈，池深一丈五尺，闊二丈。按《府志》，通龍泉諸水繞城爲壕。崇禎二年，曾稍加修葺，今漸頹圮。按《良鄉縣志》，舊土城高二丈，周一千三百丈。明隆慶中，奏給官幣治甓易灰封築，高三丈二尺。崇禎庚午後，內土城小修，增寬，民修西面，衛修東面。池引房山縣磁家務漫水河，歷上岡、下岡村；又引西北十五里怪佗村龍泉水，經西北十里苑村彙於西五里馬村，過西三里顧村委折東行流入池，向繞至城東南角，復西流經東南六里魯村入桑乾河。今池內淤滿，不過東邐爾南下似有可修，以俟疏浚。

固安縣城池　明正德十四年創土基，周圍五里二百六十九步，高二丈三尺，廣如之，池深一丈五尺，闊三丈。嘉靖二十九年，甃以甋瓿。四十四年，重修。按《府志》，崇禎三年，知縣秦士奇請免養馬夫，浚深三尺餘，闊四丈餘，兩岸俱築小堤，沿城築攔馬堤一道。至今矚望，屹然有金湯之勢。

永清縣城池 舊城三里。明正德五年，知縣郭名世拓之，周圍五里七步，高二丈五尺，廣三丈，池深三丈，闊二丈。萬曆間，楊夢熊重修。按《府志》，康熙十五年，知縣萬一䔥葺築堅固。

東安縣城池 明正德間，知縣周義創土城，七里二百四十步，高二丈，廣一丈五尺，池深二丈，闊一丈二尺。隆慶間，知縣劉祐甃以磚。按《縣志》，城東面闊七百六十四步，垛口四百七十個；城南面闊七百一十八步，垛口五百一十三個；城西面闊五百六十步，垛口三百九十三個；城北面闊八百步，垛口五百五十六個，共四面闊二千八百二十四步，垛口一千九百六十二個。按洪武三年，移治於此，公廨、民居尚俱草創，城池並未修砌。天順間，知縣於璧、成化初主簿何鎤節創壕塹。弘治十一年，知縣蔣升重修基址，磚券城東門一座，號鎮東門。正德六年，流賊猖獗，知縣周義急築垣浚壕，建三城門，曰安西、曰平南、曰拱北。正德十二年，知縣武魁垣內幫土築厚，環壘女牆，外浚池塹，始似城池。以後官節為修補，而舉廢靡常。嘉靖十六年，知縣劉繼先將門額改北曰迎恩、東曰曙海、南曰通津、西曰宗山。嘉靖二十八年，知縣成印增修，城基廣一丈四尺，頂收一丈，高二丈，堞高五尺，浚池深八尺，廣一丈二尺，植柳排岸，以橫木貫頂。至二十九年春，仍磚包城四隅各四十丈，上建角樓四座；北門券上建樓一座，外用磚包甕城一圈，券重門，上建二檐重樓一座。八月，賊患緊急，池外添掘圍城壕塹一周，深廣加倍，城中添中心臺六座以便上下防守，又城外創置窯廠數處，燒磚先將城西面包修，又修城南門，磚券重樓。隆慶二年，知縣劉祐承上司明文，令修磚城，審派闔縣富民磚七百餘萬，灰四千萬斤，遂修成堅固之城，堪資守禦。至天啟五年，知縣鄭之城又復重修，凡欹裂處皆撤故易新，而內垣之卑薄者幫築堅厚，可垂永遠。崇禎元年，知縣歐陽保重修城樓，改門額曰東升、西爽、南明、北拱雲。至皇清，則自順治五六年間，渾河水患，四圍衝沒，城樓垛口盡行坍圮。康熙十一年間，業經差員查勘估計，詳諮工部，未蒙發帑修築。於康熙十五年九月內，知縣李大章捐俸督工，修葺四面完固。迄今士民安枕，倉庫無虞。

香河縣城池 舊土城，明正德二年甃磚石，周圍七里二百步，高二丈三尺，廣三丈，池深一丈五尺，闊二丈五尺。嘉靖四十二年知縣范經，隆慶二年知縣萬通，萬曆二十年知縣陳增美各增修。三十二年，河漲堤決，城垣半頹，知縣李垂術修。按《縣志》，今城垣四面傾圮，止存什一，公請申詳，候題重修。

通州城池 舊城，明洪武元年創建，磚甃其外，設通州衛守之，周圍九里十三步，高三丈五尺，廣四丈；池深二丈，闊八丈；門四，東曰通運、南曰迎熏、西曰朝天、北曰凝翠。萬曆八年、十九年俱重修。三十七年，知州梅守極、陳隨又重修。至皇清康熙九年，知州寧完福復加修葺。新城，係明正統年間創築，因置大運西南二倉，故建新城以衛之，甃以磚石，周圍七里有奇，高三丈五尺，廣二丈有奇；池深二丈，闊八丈；門二，南曰望帆雲表、西曰尺五瞻天。萬曆三十五年、三十七年、崇禎三年屢修。至皇清康熙九年，知縣寧完福重修。

按《通州志》，通州有城無池。明萬曆二十二年甲午，戶部郎中金壇、於士廉監督倉政，周視兩城隍並可爲池，引通惠河水注之，可通漕舟，以省陸挽之勞，乃上其事於戶部尚書楊總漕褚以聞於朝，詔如議，浚之。始於甲午三月，至丙申三月竣工，長三千三百餘丈，加深二尺許，廣視深四倍之，建閘一、橋四，計用銀九千餘兩，磚二十五萬有奇。士廉尋升山東兵備道郎中，楊初東代之，終其事焉。浚池固以通運，亦以設險也。至舊城，又按《通州志》，《舊志》相傳，元以前無城，編籬寨爲之。明洪武元年閏七月，燕山忠潛侯孫興祖從大將徐達定通州，督軍士修其城。修之爲言，似舊原有城，但修之耳。城在潞河西，磚甃其外，中實以土，周圍九里十三步，連垛牆高三丈五尺，創始嚴固，屹然爲京東巨鎮。門四，東曰通運；西曰朝天，甕城門原向北，萬曆十九年改向南；南曰迎薰；北曰凝翠，門各有樓。萬曆八年修。十九年，兵科顧九思具題增修。三十七年，知州梅守極、陳隨先後申請重修。皇清康熙九年，知州寧完福申詳撫院題請修補。至十八年，地震，垣牆坍塌數處，至今東南隅一帶尚未修補，文昌閣左右往來者可通行也。至於新城，按之《通州志》，明正統間，總督糧儲太監李德、鎮守指揮陳信因西關廂置大運西南二倉，奏建新城以護之，亦甃以磚，周圍七里有奇，東連舊城，西南爲門二，一曰南門，一曰西門，亦各有樓，時屬經始，規制未弘，高止丈餘，視舊城不及其半。正德六年，巡撫李貢增修，加高五尺。萬曆十九年，密雲兵備副使王見賓建言，謂："通爲畿輔咽喉，新城糧儲重地，非他郡城垣可比"，於是大加拆修，連垛牆高三丈五尺，厚丈餘，長一千三百四十丈有奇，南門題曰望帆雲表、西門題曰尺五瞻天。此外別有敵臺，俗呼曰"空心炮臺"。按《通州志》，臺建於明崇禎四年，時督部范景文同通州道張春、總兵楊國棟閱視，謂舊城東北受衝，新城西南臨曬米廠，可容萬馬，更受敵衝，遂各建臺一座，形如扇，自左至右長十二丈，高三丈七尺，分下中上三層，俱有炮門，倉厫重地亦設險所必資。

張家灣城池 去州南十里許，南北水陸要會。按《州志》，城建於明嘉靖四十三年，時因邊警，順天府尹劉畿請城以資捍禦。工部尚書雷禮議曰："城於戍，便於守固"，詔報可。勅府丞郭汝霖、通判歐陽昱等以是年二月始事，閱三月竣工，周圍九百五丈有奇，厚一丈一尺，高視厚倍之，內外皆甃以磚，出光祿寺膳羞三萬餘，取之贖鍰樂輸，共費五萬六千餘兩。東南濱潞河，西北環以壕池。門四，上各有樓，又爲便門一，水關三。中建屋若干楹，遇警則以貯運舟之糧，且以舍避兵者。設禦備一員，督軍五百守之，大學士徐階有記。萬曆三十三年重修後，以霪雨圮壞。四十年，知州楊忠裕再修。崇禎四年，又加補葺。

廢漷縣城池 在州南四十五里。按《通州志》，漷舊爲鎮，無城郭。明正德初，知縣郭梅始築土城，周二里許，城內四街，居民僅百餘家。嘉靖二十二年，巡按閻委署通州同知陳昶增修，上加女墻，四門作樓，城之規模始成，高一丈二尺，上闊一丈，下稍倍之，周三里。卑薄弗堪，歲久傾圮。知縣鱗游呂哲修築，題其四門，北曰拱闕、南曰迎熏、東曰臨津、西曰通都。歲久又廢。萬曆四年，薊遼總督楊、順天巡撫王、霸州道曹甃以磚石，南北建二大門，曰迎熏、曰鞏京，東西二小門，各設樓，周回六百二十三丈，高一丈八尺，上闊一丈一尺，下倍之，女墻高五尺，雉堞一千一百八十三，壕深一丈，闊二丈五尺。萬曆三十七年，又圮，知縣艾友芝修葺。崇禎八年，知縣塗應召增高五尺，闊五尺。皇清順治十一年，大水衝激，西南北三面皆圮。十六年已後，漷縣裁併，守備徐達略加修葺。

三河縣城池 唐明宗長興二年，盧龍節度使趙德均建，磚石甃，周圍六里，高三丈五尺，廣二丈，池深四丈五尺，闊三丈。明嘉靖二十九年知縣張仁，四十二年知縣劉文彬、張綸相繼增修。按《府志》，迄今樓臺盡圮，墻頹，尚未修治。

武清縣城池 明正統六年，知縣陳希文築，周圍八里二百六十步，高二丈七尺，廣二丈，池深一丈二尺，闊三丈。嘉靖二十二年兵備副使楊大章，隆慶三年巡撫都御史劉應節、總督軍務兵部侍郎譚論相繼修葺，甃以磚石。按《府志》，康熙七年，大水衝沒，樓垛圮坍，已經差勘估計。

寶坻縣城池 土城，明弘治間，知縣莊□甃以磚石，周圍六里，高三丈有奇，廣一丈，池深一丈，闊一丈六尺。嘉靖末年，知縣唐鍊增修。按《府志》，歷載七十有餘，不曾修治。

昌平州城池　始建莫考，設四營守之。舊城，周圍六里，高二丈一尺，廣一丈，池深一丈，闊一丈五尺，門三，東曰太安、南曰永安、西曰平安。新城，接約四里餘，高減舊城四尺，廣略同，池深闊如之，門一，曰小南門。二城，皆內土外磚。

鞏華城附，按《府志》，明嘉靖十九年建，門四，南曰鞏華、北曰展思、東曰威漠、西曰鎮口，蓋京北之雄城也。

順義縣城池　唐天寶間建，周圍六里一百一十步，高二丈五尺，廣一丈三尺，池深二丈，闊一丈五尺。明季屢有修葺。

密雲縣城池　舊城，創於明洪武間，周圍九里十三步，高連垛口三丈五尺，廣二丈八尺，池深二丈，闊一丈五尺。新城，創於明萬曆四年，距舊城東五十步，周圍七里，高連垛口三丈五尺，廣二丈，池深闊如舊池。自明季至我皇清，皆屢有修葺。

懷柔縣城池　舊土城甚大。明洪武十四年，甃以磚石。弘治十五年，縮其半，周圍五里，高三丈，廣二丈，池深二丈，闊一丈五尺。隆慶二年知縣朱繼立，萬曆六年知縣趙垌，八年知縣龐鳳鳴俱相繼增修。

涿州城池　舊傳築自顓頊。明景泰中，知州黃衡始甃以磚石，設涿鹿衛守之，周圍十里，高四丈，池深一丈，闊二丈，門四，東曰進德、南曰迎恩、西曰積慶、北曰通濟。皇清已屢有修葺，今亦壯觀。

房山縣城池　金大定間建，周圍四里，高三丈，廣二丈，池深一丈，闊二丈。明正德間知縣曹俊，隆慶間知縣李琮各有增修，甃以磚石。

霸州城池　創於燕昭王，宋將楊延朗葺之。明正德癸酉，知州王汝翼甃以磚石，設霸州營守之，周圍六里三百二十步，高三丈五尺，廣二丈；池深一丈二尺，闊一丈；門三，東曰臨津、南曰文明、北曰瞻極；月城門三，東曰旭升、南曰向離、北曰迎恩；西不設門，而樓臺具焉，相傳避西來諸水故也，扁曰"堞屏房岫"。嘉靖中兵備副使王鳳靈、知州唐交，隆慶中知州田可徹，萬曆中知州錢達道，崇禎中知州朱朝藩相繼修築。

文安縣城池　土城，漢縣令趙夔建，周圍八里三十步，高三丈，廣二丈七尺，池深二丈，闊三丈。明正德中，知縣王德修。崇禎九年月，城甃以磚石，知縣張土春修之。至我皇清，則知縣衛建藩相繼修葺。

大城縣城池　始建莫考。明正德七年，知縣石恩即故址築土城。嘉靖中，知縣余尚貢磚砌西北二面，增南門月城，張應武磚砌東南二面，增修角樓及西南門樓。隆慶中，知縣趙德光建東北門樓。周圍四里一十三步，高二丈二尺，廣一丈五尺，池深七丈，闊六丈。崇禎間，知縣毛雲增築。皇清順治九年，知縣馬騰升增修。

保定縣城池 宋團練使楊延朗建，周圍六里六十九步，高三丈，廣二丈，池深八丈，闊四丈。明嘉靖庚戌年，知縣呂崇德又建新城於舊城之西北隅。

薊州城池 舊土城。明洪武四年，甃以磚石，設薊州衛以守之，周圍九里三十步，高三丈五尺，廣三丈，池深六丈，闊五丈，門三，東曰望遠、南曰平津、西曰拱極。自明季至我皇清，皆屢有修葺。

玉田縣城池 始建莫考，舊土城。明成化三年，都御史閻本始砌以磚，周圍三里一百四十步，高三丈，廣如之，池深一丈，闊一丈二尺。崇禎八年，知縣張榮盡易磚石。十年，知縣康國相浚池。皇清定鼎，未修葺。

平谷縣城池 舊土城。成化丁亥年，指揮袁忠增築之，甃以磚石，周圍三里一百六十步，高三丈，廣三丈五尺，池深一丈三尺，闊二丈五尺。嘉靖壬午年，巡撫御史孟春、兵備副使熊相重修，知縣任彬撤舊城而新之。隆慶年間，知縣瞿聽挑浚隍池。

遵化州城池 舊土城。明洪武十一年，指揮周寶拓而新之，甃以磚石。嘉靖元年，巡撫都御史孟春增修。萬曆九年，總理戚繼光撤而更築之，設遵化衛守之，周圍六里有奇，高四丈，廣三丈；池深二丈，闊三丈；門四，東曰鎮海、南曰時熏、西曰戴京、北曰清漠。皇清順治九年，沙河水溢，決壩沒城，知縣孫錫蕃勸輸修補，後知縣范藎及邑紳士又捐資修葺。

豐潤縣城池 舊土城，始建無考。明正統十四年巡撫都御史鄒來學，天順六年總兵馬榮，成化初閻本相繼砌以磚石，周圍四里，高二丈五尺，廣二丈；池深、闊各二丈。嘉靖中知縣時鳳，隆慶中巡撫劉應節，知縣馮如圭、余乾亨，崇禎間知縣李重鎮相繼增修。

延慶州城池 衛城，明時建，周圍一十三里三十七步，高四丈一尺，廣二丈六尺。

南口城垣，崇禎十二年始建。

保安州城池 志不載

永平府

《職方典》第五十七卷
永平府部彙考三
永平府城池考　通志府縣志合載
本府（盧龍縣附郭）

永平府城池　秦時建。明洪武四年，指揮費愚等拓東而築之，甃以磚石，設永平衛守之，周圍九里十三步，高三丈有奇，廣二丈；池深二丈，闊五丈；門四，東曰通遼、南曰觀海、西曰望京、北曰鎮平；角樓四，敵樓四十，警鋪五十六。景泰中知府張茂，弘治中知府吳杰，嘉靖中兵備道溫景葵，隆慶中知府劉祥，萬曆中知府任鎧，天啓中兵備副使張春相繼重修。按《盧龍縣志》，北曰居所，其西北別有一門，曰小水西門，其重門曲而盡制；其南門之東二百步當學宮，前有魁星閣，又東數十步下水關，上有憑虛閣；東門之北有臺最高，上有望高樓，又北上水關有元覽樓；西偏有武備樓。池東北而南阻山爲塹，北憑肥水入漆，漆爲西塹，其北隅有文會亭臨之，迤南而東皆蓮池深廣；其西城下有磚石泊岸以防漆嚙，泄水有渠，汲水有級，其制頗備。

遷安縣城池　高二丈一尺，周回環五里許。舊城之東西門迤北屬縣，迤南屬衛。舊城惟土築，明景泰二年，都御史鄒來學檄縣包以磚石。儒學舊在東門外，成化四年，教諭胡憲奏准增築新城以包之，其規制如舊之半。東城舊無券門，弘治十二年，知縣張濟增建。舊無樓，正德七年，知縣羅玉創建北樓。嘉靖十二年，知縣許稽卿建南樓。二十六年，知縣韋文英建東樓。三十八年，知縣羅鳳翔建西樓。東北隅城猶卑，隆慶元年，知縣隨府一撤而新之，比舊增高一丈，闊丈二尺，甃以大磚，四隅有角鋪，四面有腰鋪。城外築土牆以圍之，四門樓有闉，扁額東曰"肅清海濱"、南曰"阜安嵐甸"、西曰"夾輔神京"、北曰"鎮靜邊陲"。萬曆十二年，知縣申安浚隍，西引河水以繞之，四圍植以柳。二十五年，回祿爲灾，北門樓毀。二十七年，知縣錢吾德重修券城。三十年，知縣張九三重修樓，樓內舊有關帝像，後立廟甕城祀之。皇清順治五年，南樓毀於火，知縣張玉重修。隍深二丈，闊三丈。康熙五、六年間，霪雨繼作，城垣傾圮者不下百丈。至九年，知縣王永命重修，更建西門樓三間，扁額曰"屹然西鎮"。按《府志》，天順中知縣江澄重修。

遷安縣民堡三：南十五里曰沙河驛，西六十里曰新店，西北六十里曰羅家。

撫寧縣城池 舊土城一座，在陽河東二里。明洪武十三年，遷河西兔耳山東。永樂三年，於舊縣址置撫寧衛。成化三年春，復縣於舊治，乃於衛東立縣，合爲一城，今衛裁。撫寧城，共一千一百五十丈，高一丈五尺，池闊二丈，深一丈五尺，門四座，月城四座，水門一座，敵臺一座，樓八座。明成化三年，本府同知劉遂、指揮陳愷建。弘治三年，知縣李海、指揮陳勳重修。至嘉靖四十二年秋，士民以城低難守，爭願助修，以資保障，巡撫溫景葵、永平道王公維寧、知府廖逢節劑量其事，屬通判李世相總領之。於是分南門迤東至北門東邊止，爲知縣段廷宴修；分北門迤西至南門西邊止，爲指揮凌雲漢修。工肇於四十二年之二月，竣於四十四年之十月。城之周圍如舊，高增二丈九尺，垜增一千六百四十八個，臺增一十六座，池闊五丈餘，深三丈餘，水門塞裹口。舊以土築，隆慶三年春，易之以石，城門外攔馬牆高一丈二尺，周如城。萬曆十四年，掌縣事通判雷應時同指揮張輝先建，今廢。十六年夏，淋雨，州縣衛城垣坍塌者十之六七，雷、張二人復修。十八年春，恐裹口不固，雷通判復以三合土墁之。後歲遠不修，遂多廢墜。皇清康熙六年冬，知縣王文衡捐俸倡義隨力輸助，爰鳩工而修葺之。興於康熙七年之二月，告成於康熙八年之四月。至康熙十二年五月，霪雨綿浸，西北隅傾四丈許，知縣譚琳捐資修補。十六年夏，霪雨，傾圮東北城二十餘丈，知縣劉馨捐資修理，城復完固。譙樓在縣前，明嘉靖三十六年，知縣黑文耀易以門額爲"遼海通衢"，樓移城東門上。知縣姜密建東南角樓，明季廢。東北角樓。神京要路樓，在城西門上，指揮高維祺建，後廢，知縣王文衡協同山撫衛守備陳廷謨連甓城門樓重修。西南角樓，崩廢。西北角樓。鎮樓在城南門上，籌邊樓在城北門上，知縣王文衡重修，又添建甕城、上廳三間。鎮海、籌邊二樓，俱知縣張彝訓建。鐘樓在縣二門東，久廢，知縣王文衡建於西城上迤北。

撫寧縣民堡六：北二十里曰馬頭崖，三十里曰羊角山，西四十里曰鵓鴿堂，西北三十里曰鵬巖，東三十里曰塔子山，南三十里曰兔嘴巖，俱係山寨。

昌黎縣城池 羅城周圍四里，高二丈，舊土城。弘治中，知縣殷玘易以磚，知縣陳綱城門裹以鐵，知縣秦志仁建四城樓，知縣李希洛毀近城房舍、浚城塹，知縣胡溪厚築城堞。隆慶元年，寇薄城，有司奏請，知縣張存知重築，依舊城爲限，高三丈奇，增敵樓二十，浚濠廣四丈，深三丈五尺，又建城鋪二十四；知縣孟秋築重牆，添重門；知縣吳應選修四城垜口，重築女牆；知縣胡科建四城護門；知縣石之峰重修數處，約有十餘丈，四角樓各一座，又建東南城樓各一座、東西南三城護門棧板；知縣馮恩新添北門月城一座，周圍磚包鐵門，鐵護門棧，棧一間，東西城門外橋立碑記；知縣洪霖、王漢杰陸續修葺；知縣吳望岱各濠溝植柳樹，惟東南二濠之柳什僅二三，知縣楊於陛復督栽完備。今城高池深，視前堅固已什伯矣。皇清順治八年，北城樓門傾塌，知縣劉彥明重修。康熙十一年，城垣多圮。南城敵臺一座，計高三丈五尺，闊五丈五尺；北城二處，各計高三丈五尺，闊十六丈，知縣王曰翼捐俸倡修，屹然堅固。

昌黎縣民堡六：東二十里曰裴家莊，西三十里曰蛤泊，五十里曰靜安，六十里曰莫各莊，南五十里曰套里，六十里曰石各莊。按《昌黎縣志》，民堡六亦列鄉名內。

灤州城池 城，遼時築。明景泰二年，巡撫鄒來學檄州同楊雄甃以磚，周圍四里二百餘步，高二丈九尺，廣二丈；池深二丈，闊二丈；門四，東曰禦灤、南曰安巖、西曰迎恩、北曰靖遠。弘治中知州孔經，嘉靖中知州張國維、陳士元，隆慶中署州事府同知賀溱、知州崔炳、劉欲仁，萬曆中知州白應乾、張元慶、何士偉、周宇相繼重修。

灤州民堡五：東南二十里曰馬城，六十里曰倛城，西四十里曰石佛莊，九十里曰榛子鎮，西南八十里曰司家莊。

樂亭縣城池 城始創莫考。明初土城。成化乙酉，巡撫閻本檄知縣元弘甃以磚。至壬寅年，知縣李瀚修完。弘治己未，知縣田登設堞。歲久圮壞，隆慶丁卯，蒙古入寇，巡按郝杰題准調獻縣知縣李邦佐來任修築，環九百九十七丈，基闊二丈二尺，上闊一丈五尺，高二丈八尺五寸，堞一千三百六十，月城四，敵臺十。萬曆乙酉，知縣於永清修壞裂處二十二丈五尺。戊子，修水衝處一百三丈。歲壬辰，月城外建以護城，環以周垣，於防守有裨（於永清，《府志》作王永清）。皇清康熙七年，灤河溢，水至城下，城西南角樓並頹塌，知縣於成龍修完之。城有四門，知縣李瀚建，李邦佐重建，東曰寅賓、南曰鎮海、西曰望宸、北曰控遠，外爲月城門，東西俱南向，南北俱東向，各懸鐵栈。萬曆壬辰，建護城門，四門樓俱三層三間，四角樓俱二層一間，知縣李邦佐建。池，舊淤窄，萬曆辛卯，挑浚，四門俱闊三丈五尺，深一丈四尺，水流通環繞，各建橋其上。年久復淤，明崇禎三年，知縣李鳳翥浚如舊，署篆同知常三錫即以其土築欄馬墙，周四城，計七百餘丈。皇清康熙十一年，知縣於成龍復浚如舊濠，內外樹以柳。水關一在鎮海門西，一在控遠門東，以泄城中聚潦，咸砌以石闌以椿。萬曆癸巳，重修。按《府志》，正德中縣丞孫鴻、嘉靖中知縣相文祥各重修。

樂亭縣民堡六：東二十里曰胡家坨，三十里曰黃瓜口，西北六十里曰連北店，西三十里曰新寨，西南三十五里曰馬城，南三十里曰閻各莊。

山海衛城池 城，明洪武十四年，大將軍徐達創建，周圍八里一百三十七步，高四丈一尺，廣二丈，池深二丈五尺，闊十丈。北翼城、南翼城、寧海城，俱明巡撫楊嗣昌建。東羅城，明萬曆間，管關主事王邦俊、永平道成遜建。皇清康熙四年，通判陳天植、都司孫枝茂、守備王御春重修。

保定府

《職方典》第六十九卷
保定府部彙考三
保定府城池考　府縣志合載
本府（清苑縣附郭）

保定府城池 城之始建無所考。金貞祐初，墮城，屠居民殆盡，丘墟者十七年。元大將張柔自滿城移鎮，始復其城，在一畝泉之陽，周圍計十二里三百三十步，高三丈五尺，上闊一丈五尺，下闊三丈五尺，濠闊五丈，深三丈。明建文四年，都督孟善甃四門，修女墙。舊制南門三，今存一；東西兩門故址猶存；南西北水門三，引泉水穿城，西入南北出，今廢。弘治五年，都指揮張溥重修。嗣後，隆慶初，知府張烈文建修城之議，賈淇、章時鸞繼成之，完固雄峙燕南。按《清苑縣舊志》云，郡城舊原土築，郡守張晴湖首倡磚砌，賈近皐繼之，然所修止東北一隅耳，克終厥事大都張孟泉力也。堅完雄固，言言屹屹，誠爲千載永圖，但護城河僅可一二丈，淺隘特甚，當事者雖建有閘座，以時蓄泄，然水性就下，終難以挽其東注之勢，而土性疏散，旋挑旋淤，徒費工力，至來有城無池之嘆。論者謂宜仿都城護城河之制，於繩兒店東北建滾水壩一道，使涸則環城周流，潦亦可通行無滯，庶河水常蓄，足稱金湯兩固，如此不獨可爲設險之備，且水勢停蓄，風氣完固，又多魚藕菱芡之利。況河身不甚深廣，費小利大，乃久未有舉行者，豈事固有待耶？有專城之責者，尚其念之。按《縣志》，邑附郭以郡城爲城，舊六門，今併爲四，東曰瀛海、南曰蠡吾、西曰華山、北曰拱極，門樓四，鋪四十九，敵臺八十一。四關，東關長半里，南關長一里，西關長二里，北關長三里。

滿城縣城 舊屬土城，周圍四里餘，高一丈五尺，闊一丈二尺，濠深廣各一丈，城止二門，南曰朝陽、北曰拱極，相傳蕭太后所築。明成化十一年，知縣李思明易以磚石門垛，城門上建樓各三間。二十年，知縣張浚於四隅各建角樓一座。正德十一年知縣張憲，嘉靖六年知縣段錞，二十九年知縣袁欽儒遞加增修，城高二丈五尺，築敵臺二十八座。隆慶三年，知縣周恩大增修，瓮城各建敵樓一座，視前加壯麗焉。按《縣志》，康熙十八年冬，知縣裴國禎捐資，併勸募庠生彭昌齡、方可際、郭晉鋪商人等義助，重修南北城門樓二座、南北瓮城敵樓二座、四隅角樓四座、守城鋪二十六間，通撤故易新，遍施黝堊，丹青輝映，補修垛墻數十丈，巍煥大觀，屹然堅城云。扁南門曰迎恩、北門曰拱極，石額南門曰"玉川古郡"、北門曰"金湯重固"。

安肅縣城 有二。北城周圍四里，高三丈，闊一丈五尺，五代時晉因梁來侵，命李存審爲內外藩使，夾河築二城以拒梁。歷年既久，至宋以楊延朗爲團練使討契丹，特修二城以守之。今惟北城尚存，門二，南曰來遠、北曰拱宸，惟門磚甃，餘皆土築。按《縣志》，城上垛口共五百零九個，皆有箭眼，四角列置炮臺，綢繆甚固。門樓二座，南曰來遠，門樓題"畿輔金湯"；北曰拱宸，門樓題"神京保障"。城外敵臺一座，門外吊橋各一座。

定興縣城 金大定七年土築，周圍五里八十步，高二丈，闊一丈五尺，池深八尺。明成化四年，知縣郭質增高五尺，門四，東曰迎陽、西曰天慶、南曰迎薰、北曰廣化。嘉靖五年，知縣宗鉞建北門樓，題曰"百樓遺概"。十三年，創敵臺十有六，係知縣張綉建。天啓六年，大水，城崩，知縣王永吉重修。崇禎九年，奉檄繕城，益加高厚。皇清順治九年、十年，霪雨城圮，知縣王德新築。按《縣志》，邑所距之郡邑，城皆甓也，邑則築土。考史，統萬城雄西嶼以堅，弗以甓，乃其形勝。郎山送遠翠，拒馬水縈其西，趨而南合襟河陽渡如帶，馬村河左繞入白溝抱如環，然則皇甫卜縣天造之，豈人謀哉。

新城縣城 在白溝河北三十里，督亢亭南，周三里八十步，高三丈，雉堞一千有奇，池闊二丈二尺，深六尺，相傳遼蕭后所築。門二，南景陽、北拱宸。明景泰三年，知縣劉純修敵樓、角樓。萬曆三年，知縣曹一豸修南北甕城，增城頭鋪舍。十一年，知縣王好義增修堅厚。崇禎中，巡撫丁魁楚題請甃城以磚，又建南北重門、大小炮臺，增浚濠二道。皇清康熙十四年，知縣高基重修。按《縣志》，池深八尺，引紫泉河水環注。隆慶二年，知縣李志學修理濠堤。崇禎中，丁魁楚題請甃城以磚，圍四里，高連垛口三丈二尺五寸，底闊二丈，頂面東闊一丈五尺、南闊一丈三尺、西闊一丈四尺、北闊一丈四尺，垛五百個，南北城樓四座，濠池二道，深一丈五尺，闊三丈。

唐縣城 在平地，高一丈八尺，闊一丈，周四里。舊云堯時所築，元莊敬戍茲地，命士卒建樓於門上。明時，增修甕城。門三，東曰環東、南曰衛南、西曰鎮西，各有敵樓。明弘治中，知縣茹鑾重建。隆慶間，知縣洪濟遠築甕城。崇禎七年，知縣宋祖乙增厚數尺。十六年，知縣胡夢議改磚，料集而功未就。按《縣志》，濠淺狹而無水，夏爲潦所集。

博野縣城 在平地，周四里一十九步，高二丈，闊一丈五尺，池闊二丈，深一丈。明洪武二年，知縣杜太亨創基。天順二年，知縣唐謙新之。正德六年，知縣李延齡加厚五尺，外築護城堤，闊一丈，高倍之。崇禎十三年，知縣宋珍始砌以磚。門三，東曰慶陽、西曰鎮武、南曰宣慶。按《縣志》，城高二丈五尺。

慶都縣城 在丹朱墓西，周四里，高三丈，闊二丈，有水環之，相合東流。明天順三年，主簿陳斌重修北城門。成化中知縣談論、王讓，嘉靖中知縣胡諧、楊廷美、陳鯤相繼增修。門三，南曰解慍、北曰拱極、東曰青陽。隆慶初，知縣馬卿增建南北關二門。按《縣志》，城環堯母臺外，唐武德四年築。舊城在伊祁山南五里，堯山下都山北十里，今唐縣之故城是。北齊省入北平，唐復置縣，以築此。歷宋遼金元，修築相仍，創制未備。明洪武二年，重修。景泰七年，邑令唐復以城連堯母陵恢而擴之。萬曆十八年，張前光增置東門。崇禎九年，黃承宗增築南北甕城。皇清順治五年，陳自德周圍徹底重修。康熙四年，錢振龍修築城墻一千三百五十餘步，磚垛二百口，城樓一座，炮房十間。十五年，李天璣徹底重修南門一座，周圍城墻五百餘步，炮臺十五座，更鋪十三座，磚垛五十六口迄。今堅固如初。

容城縣城 在白溝河北，周四里一十六步，高二丈五尺，闊二丈五尺，池深六尺，闊一丈二尺。唐竇建德所築也。年久坍塌，明景泰中修築，又以其地窄，展數十步。成化三年，知縣林景磚甃三門，南曰景陽、西曰迎恩、北曰鎮朔。正德六年，毀於流寇，知縣劉相重修。隆慶二年，知縣童思善增高二尺，加厚三尺。萬曆三年，知縣徐廷松盡撤舊基，重加高厚，創建門樓，邑人梁炳捐金六百立炮臺三座。明季，兵革，城賴以全。皇清康熙十年，知縣趙士麟倡率士民捐金助工，上鋪磚而雉堞更新，高厚倍於前制，又增瓮城三座，角樓、炮臺無不一新矣。按《縣志》，城在白溝河西南二十八里，周圍三里一十五步，高二丈，下闊一丈六尺，上闊八尺。隆慶二年，挑掘濠池，闊三丈五尺，深一丈五尺。三年，大尹李蓁春三門外各置木橋一座，上用闌干，兩頭置八字墻，城上增裏墻一周，更城門名，北曰拱極、南曰朝陽、西曰餞日，臨池築短墻一圍，以防不虞。

完縣城 在曲逆河之南一里，或云隋仁壽初，或云魏正始間築，大約始於晉魏之間。其後中原雲擾，典籍淪亡，所以無考也。城周圍九里十三步，高一丈五尺，闊如之，舊址二門，東曰迎輝、南曰迎曛。明成化間，始開北門，名拱極。正德間，流寇之禍，知縣杜珦增修城樓。嘉靖二十四年，知縣閆文貴築敵臺。萬曆十三年，知縣趙桐建角樓。崇禎十二年，知縣高允茲增加高厚，三門、五角易之以磚，增置炮臺十三座、窩鋪二十四間，又築護城墻一道，浚護城河一道，引堯城河水注之，周圍環繞，地利稱雄。至皇清康熙七年，土城頹塌。九年，城樓傾壞。十一年，窩鋪圮漏，皆知縣劉安國修築。按《縣志》，天啓三年，南城倒塌，知縣杜嘉慶置房三間。

蠡縣城 在唐河北三里，周三千一百五十三步，壘土為之，高二丈五尺，上闊一丈，下闊三丈五尺，池闊二丈，深一丈八尺。相傳舊城在博野縣西，漢封蠡吾侯時所築，門二，南曰永安、北曰長樂。歲久傾圮。明天順間知縣毛紀，弘治中知縣吳堂相繼重修。正德六年，流寇入城。次年，知縣金鏡始增築。嘉靖十年張令鼒，十三年李令復初，隆慶二年王令元賓相繼修築。至崇禎十一年，寇盜竊發，從西北角登，如履平地，乃議設憲臣，於是以錢天錫爲守道，駐城內，大新城垣，易土以磚，而勢遂雄壯。皇清順治五年，大雨水溢，城多衝塌，知縣祖建明倡率重修，竝引唐河之水入濠，而形勢益備矣。按《縣志》，崇禎間，西城置大炮臺二十座、東西腰鋪二座、兵小房、火藥房一百四十間、護城堤二道。

雄縣城 舊在太平社，因河水衝圮，後漢獻帝時公孫瓚分據燕幽，遷置今地，周七里三十步，高三丈五尺，上闊一丈五尺，下闊三丈二尺，池三道，各闊三丈，深一丈。宋景德初，西上閣使李公允鎮撫是州，復續北城，共九里二十步，又築外廓，浚濠引水，謂之雄河。明弘治初，知縣王夢賢大加修葺，分三門，東曰永定、南曰瓦濟、西曰易陽。嘉靖三十年，知縣胡政易垜口以磚，建敵臺三十四座、吊橋二座。按《縣志》，雄城，漢建，公孫瓚遷今治，修營壘、樓櫓，作鐵門。明洪武初，知縣程九鼎嘗治之。正德末，知縣馬紀又治之。嘉靖三十年，縣丞房選建西城龍門樓一座、東城文明樓一座，知縣劉羽國建東城門樓一座。東門樓於崇禎二年圮，知縣許台儁捐俸重修，改舊名永定曰挹瀛，益垜以磚灰，按鄉村人丁多寡各分丈尺遇修，遵爲成例，至今便之。崇禎十三年，知縣曹良直添設炮臺十座，令認墾荒地者輸以磚灰，遂給印票爲業；又浚城濠，於舊濠外又設一道，各深廣二三丈，以資防禦。崇禎十五年，知縣張京又浚之。今淤。水門，在藥王廟旁，名曰"龍門賓興"，士子皆從此出，磚環爲門，今重修。東南角鐘樓，康熙七年大雨，倒壞，知縣戚崇進捐俸重修。南門西門樓，康熙七年大雨，兩樓盡倒。八年，知縣姚文燮捐資重建。城僅三門，東門向南，堪輿家有寅午戌火局之說，以雄水鄉取義也。

祁州城 在溏河北。《地志》云，溏源來自定州東南，流於城下，周四里三百三十九步，高二丈五尺，闊七尺，池深一丈五尺，闊四尺。歷代修築不一。明成化二十年，知州童潮重修，立三門，東朝陽，改曰迎曦；南迎陽，改曰拱宸；西定武，改曰德星；上建門樓三，角樓四。正德間，知州韓士奇廣其制。嘉靖二十年，知州任淮創東門外重樓。隆慶二年，知州周濟用創建外城重樓、敵臺。萬曆末年，西城樓圮。天啓六年，知州郭應響重建，併磚砌南門瓮城。按《州志》，城方里者六，爲步二千三百四十有奇。成化間，童潮重修，高五丈，下廣二丈，上一丈。正德十二年，韓士奇廣其制，層樓飛甍，翼然一新。天啓六年，郭應響重建西門樓一座，磚砌南門瓮城，鐫石其上，曰"拱護神京"。濠廣三丈，深一丈有五，周圍與城稱。

深澤縣城　在平川地，周四里一百六十七步，高二丈五尺，上闊一丈，下闊二丈一尺，池闊一十二步，深一丈。明正統中，知縣高文修浚。未久復傾圮。景泰中知縣陸通，成化中知縣梁驥，正德中知縣李文綉，嘉靖中知縣李承式，隆慶中知縣宋之范相繼增修。門三，《縣志》云，東曰廣陽、南曰懷德、西曰安遠。至萬曆間，知縣陳來朝增置瓮城，改東門曰受生、南門曰暢明、西門曰悅物。皇清康熙十三年，門樓坍塌，知縣許來音復重修。按《縣志》，城濠屢經洪水淤塞，許來音募工開疏，僅如舊制；起土培壘城臺，因成夾墻一道，高八尺，底厚五尺，頂寬二尺。

束鹿縣城　舊城在平川地。元至正中築。明天啟二年，滹沱河湮沒，巡撫張鳳翔等相新圈頭市，令知縣張履端城之，創建土城一座，周六里零一百四十步。崇禎九年，知縣楊琦增高加厚，高連垛口三丈一尺，底厚三丈，頂寬一丈六尺餘；城上女墻一道，高三尺；城外夾墻一道，高七尺，寬三尺。池寬五丈，深二丈；重池一道，寬二丈二尺，深一丈五尺。瓮城四座，城上魁星樓一座。門四，東曰啟明、西曰城寶、南曰咸亨、北曰胥宇。皇清康熙七年，大雨坍塌，知縣劉昆重修。按《縣志》，高連垛口不及二丈，底厚二丈餘，頂寬僅數尺，城門四座，角樓四座，垛口共計八百六十，炮臺二十座，窩鋪三十二；池一道，寬二丈餘，深一丈餘；瓮城四座，東曰眺瀛、西曰瞻恒、南曰文明、北曰拱宸。

安州城　在易水之南，築以土，周五里三十步，高二丈五尺；池深一丈，闊五尺。宋楊延朗屯兵禦遼，因築以自固，後頹壞。明時修築，門有四，東曰熙皞，又曰望瀛；西曰保厘，又曰耀武；南曰咸和，又曰迎秀；北曰永清，又曰太平。明景泰中知州陳綸，成化中知州王欽俱加修補。弘治初，知州宋經築瓮城重門四。正德末李鉉、嘉靖中李應春俱重修，判官樂尚約建城樓、瓮城樓各四座。萬曆中，知州王思睿、馬鳴轂俱重修。按《州志》，宋經築瓮城重門四，曰東康、西泰、南平、北寧。

高陽縣城　舊城在龍化鄉，多水患。明洪武三年，移豐家口，去舊城西二十里，未及版築。正統己巳，始創置，無何，圮。天順四年，知縣魯能偕同知柴讓大築之，建四門，東曰東作、西曰西成、南曰霑化、北曰迎恩。嘉靖二十九年，知縣馬侖增築高厚，創敵臺，建重門。萬曆中，知縣喬繼科易女墻以磚。三十五年，大雨垣壞，知縣侯提封復大修之。按《縣志》，馬侖建重門，曰賓陽、曰餞成、曰迎熏、曰望闕。舊惟南北兩關，弘治中，曹來旬始開東西關。隆慶中，鄭元復始建烟墩，周回可四里許，闊一丈，高二丈五尺；池深一丈五尺，闊四丈。崇禎十年，知縣雷覺民用孫文正公積磚計，建空心甕城四、角臺四，上設望眼，下設炮眼，額其東門曰瀛環、西門曰恒仰、南門曰慈襟、北門曰拱極。十二年，直隸巡撫委司李廖國遴勘築磚城，廖捐銀（闕）兩，高苑令孫銓捐磚廿萬，按基分工丁役夫地貢磚，遂成城。

新安縣城 漢時在三台，至金章宗始縮公孫瓚之易京而城之，周九里，高三丈，闊九尺；池深一丈，闊四丈；門四，東曰景寧、西曰廣德、南曰來遠、北曰安仁，且升縣爲州，另置渥城爲附郭。元至元二年，廢州。二十二年，易水泛漲，城櫓、民舍漂沒無遺。至明，城還新安州舊城也，周圍七里十三步。洪、永以後，屢壞屢修。正德九年，知縣王舉大修之，增高加厚。萬曆間，知縣張廷玉、胡士棟俱增拓之，知縣危思謙添四門甕城、浚池，王皋易坯垜而磚之。按《縣志》，新安城，漢時在三台，尚有衙門道、申明亭遺址。明成化四年，知縣趙俊修。弘治十四年，知縣周倫修。正德九年，王舉鼎建四門重檐滴水，金碧輝映，扁東曰東暘、西曰西皋、南曰南薰、北曰北宸。嘉靖十七年，知縣張梅又修。萬曆丁亥，知縣羅啓先開通秀門，張廷玉又大修東西南三面，寬可旋輿，垜高八尺，灰石、槍銃俱備，又撤西南兩城樓而宏拓之，額其上東"水鄉花縣"、西"望易臨淶"、南"迎熏篦月"、北"瞻雲拱極"，置炮火捍禦等具。

易州城 在易水之北，周九里十三步，高三丈五尺，闊六丈，池深二丈，相傳戰國孫操所築，門二，東朝陽、西廣武。明正統十四年，御史郭紀、知州馮愷修。隆慶二年，兵道何東序、知州饒孚重修新磚城，仍舊址，高四丈二尺，闊七丈。萬曆五年，因舊城卑陋，時有傾圮，疲於歲繕，請發三郡戍卒興築，三年告成，基以巨石，壘以澄漿，門仍二，東曰迎輝、西曰靖遠，較故城不啻天壤矣。按《州志》，舊土城，高三丈七尺，池深三丈三尺。

山廠城，在州西北三里，明天順元年建。

淶水縣城 舊在拒馬河西北二里周城灣，爲河水圮壞，戰國時徙置城北六里北莊，亦被河水衝壞，後徙置今地，周三里八十五步，高二丈，闊一丈五尺，池深八尺，門四，東曰朝陽、西曰望臺、南曰迎秀、北曰拱宸，後塞西門。成化初，城圮，縣丞喬登、主簿吳海修築。七年復開西門。十二年，知縣姜盛重修。二十二年，知縣李憲建城樓三座，城係土壘，不堅。崇禎七年，知縣袁懋功議易以磚，才鳩工而升去。十年，知縣袁始基成之。按《縣志》，景泰二年，縣丞齊肅督工修築，將東西二門築塞，開南北二門。成化七年，因學中風水不利，教諭張才移文復開西門。嘉靖三十九年，知縣唐治增臺起樓，壯觀於前矣。南門外東西大街，居民湊集，商旅往來，兩端有門，東曰忠孝、西曰迎恩，以燕京在西故也。今城上有角樓二座，未知誰建。《府志》，嘉靖末年，知縣馮惟敏於城東建樓，與西爲耦，今俱廢。崇禎十年，知縣桂輅建。池深八丈，廣一丈。

河間府

《職方典》第八十四卷
河間府部彙考二
河間府城池考　府志
本府（河間縣附郭）

河間府城池　土城，周回十六里。宋熙寧中，安撫使李肅之築。明萬曆六年，知府朱裳始磚其敵臺。十年，知府燕好爵奏請甃砌，二載始完，共長二千三百六十二丈，高三丈二尺，門四，角樓四，臺鋪各四十一，池闊五丈，深二丈。

獻縣城池　土城。金天會八年，知州高揆建，修四門。明成化丙戌，知縣盧淵重築，周回六里，高二丈五尺，池闊三丈，深一丈。正德辛未，值寇亂，知縣張大威、縣丞史華增修。萬曆十六年知縣趙完璧，三十一年知縣石維屏，三十九年知縣劉重慶各重修。崇禎六年，知縣王調鼎修磚垜口一千餘。十四年，知縣王奇才建炮臺十六座。

阜城縣城池　土城，周回五里。明成化己丑，知縣林恭奏廣其址築之。正德丙子，知縣梁愷重修，高深於舊城。嘉靖庚戌，知縣姜密鼓舞義民改修。隆慶元年，知縣王臣易磚坤。皇清順治乙酉知縣蕭應聘，戊子知縣張昌祚茸治。康熙九年，知縣曹邦重修。

肅寧縣城池　土城，本河間縣地。宋景德二年，始改爲肅寧城，尋廢爲鎮。元復置縣，中統間知縣李義，至元十六年李稷，大德六年焦德用俱以才令相繼修築。明天順庚辰，知縣劉百川重修，周回六里，高二丈八尺，池闊四丈，深一丈。正德丙子，知縣黃霆增築之，而池益深。天啓間，魏閹係本邑人，用帑金重修爲磚城，堅致勝於他邑。

任丘縣城池 舊傳漢平帝時任丘築。元至正二十二年，沒於水，規制失考。明洪武七年，知縣雲霄建。永樂元年，知縣謝魯重修。弘治庚申，知縣畢璽隨居民以展，像形曰"襆頭城"。正德間，知縣李獻、丞劉明重築土城，拓而方之，周五里。萬曆三十三年，傾頹不堪，議修磚城，估計約費銀一萬九千餘兩，因歲歉暫止。三十九年，知縣侯提封修西北城門二座、垣墻四十餘丈，知縣賈繼春倡助修，完五百三十餘丈，省原估三分之一。

交河縣城池 土城在漢中水城東南五十里，金始置縣。明洪武中，知縣周以仁創建城池，周回六里。正德丙子，知縣李天叙增修，高二丈五尺，池闊三丈，深一丈二尺。嘉靖二十九年，知縣崔雲鶴增修四城門樓。隆慶三年，知縣龐沱重修，垜口易土以磚。皇清康熙辛亥，北門圮壞，知縣常鼎重修。

青縣城池 宋析永安縣置。土城，周回五里，高二丈五尺，池闊三丈，深一丈。明成化丙戌，知縣唐振重修。正德辛未，知縣張大鳴值寇亂增葺城垜，民賴以安。甲戌，知縣劉繹復加修飾，城厚二丈，高深俱增於舊，足爲一方之藉云。

靜海縣城池 土城，周回六里，高二丈五尺，池闊三丈，深一丈。

寧津縣城池 本宋保安鎮，金置寧津縣。明洪武初，知縣朱逢吉重修（按《縣志》，景泰三年，知縣謝聰始建，未知孰是）。弘治十五年，知縣孔公華重修。正德五年，知縣劉秉鑒浚城河。嘉靖二年，知縣熊爵修門樓。十六年，知縣葉紹先添敵臺。隆慶二年，寇靖重修。

景州城池 本蓚縣舊城，元蓚尹呂思誠加築。土城，周回五里。元末，移東光景州治此，遂爲景州城。明天順七年，知州楊瓊增修。弘治十一年，知州馬馭增高五尺。正德九年，知州徐政、判官裴杰重建門樓、角樓。嘉靖十四年知州謝思道，二十九年知州胡擇重修。萬曆十九年，知州賈朝宦重修，復增南瓮城。崇禎十年，知州董碩儒築，渾磚四角。皇清康熙十一年，知州張一魁復加修浚。

吳橋縣城池 土城，明成化二年，知縣張鐸創建。弘治十三年，知縣李欽重修。正德元年，知縣劉鉞益加築鑿。城高二丈五尺，厚一丈五尺，建立樓櫓，鐵裹四門，池闊三丈，深二丈。萬曆二年知縣龔勉，四十一年知縣惲兹，四十五年毛焯，崇禎八年知縣陳燦俱重修。十一年，知縣余尚春改建磚城（大學士范景文撰記，詳《春志》）。

東光縣城池　土城，周回六里，高二丈五尺，池深一丈，闊三丈。明崇禎十三年，增修磚城，四門、四隅各建重樓，雉堞一千，腰鋪八座。

故城縣城池　土城，周回五里。明成化二年，郡守賈忠、知縣唐高築，高二丈五尺，池闊三丈，深一丈。明萬曆戊子，知縣李承露重修。崇禎十三年，知縣苟永興稍易以磚。皇清康熙六年，知縣吳友聞加修。

滄州城池　自舊滄州遷今治，明天順五年知州賈忠築磚城，周回八里，廣二丈五尺，闊二丈二尺，置樓堞其上，池闊四丈五尺，深一丈五尺。嘉靖四十年知州賈希周，萬曆二十四年知州盧廷選，崇禎年間知州吳襄俱重修。

南皮縣城池　周回三里，高二丈一尺，池闊二丈，深一丈。明嘉靖二十五年，知縣李筵重修。萬曆四十二年，霖雨傾圮，知縣徐殷繕築城垣二千三百丈，磚甃東門，建東南城樓二座，逾年工訖。崇禎九年，知縣簡仁瑞增修瓮城，創立磚垛。

鹽山縣城池　舊城原在大留里。明洪武九年，知縣吳文靖移於本縣香魚館，即今治。成化二年，知縣武震始築土城，周回八里，高二丈五尺，池闊三丈，深一丈。弘治六年，知縣喻岳、張暘相繼重修。萬曆三十九年，大水，城圮，知縣劉子誠復葺。皇清康熙九年，知縣朱鷟鷟重修。

慶雲縣城池　土城，明成化二年，知縣張彪築，周回七里，高二丈五尺，池闊三丈，深一丈。正德二年，典史商玫重修。四年，知縣孫輔復拓而新之，又增陴浚隍，城上設警鋪若干楹。萬曆三十一年，知縣馬任仁修，磚女墻。皇清康熙十一年，知縣李居一補葺樓堞，修浚城濠。

天津衛城池　明永樂二年，工部尚書黃福、平江陳瑄築城浚池，城垣九里，高三丈五尺，都指揮陳迻用磚包砌。弘治辛亥年，副使劉福甓完。萬曆十四年，寖壞，本道副使王來賢重修。皇清順治十年，總兵甘應祥、副使梁應元重修。康熙十三年，總兵趙良棟浚闊城濠。

真定府

《職方典》第九十五卷
真定府部彙考三
真定府城池考　《畿輔通志》
本府（真定縣附郭）

真定府城池 漢東垣故城，在真定南八里，晉移治常山郡，始建。後魏遷安樂壘，後周復治真定，俱建石城。唐肅宗寶應中，成德軍節度使李寶臣因滹水灌城，復拓建之。明洪武三年，設真定衛守之，周圍二十四里，高三丈餘，廣二丈五尺；池深二丈餘，闊十餘丈；門四，東曰迎旭，今改環翠，南曰長樂、西曰鎮遠、北曰永安，建月城樓四、角樓四、敵臺八十五、警鋪八十八。正統己巳，都御史陸矩、御史陳金增築城址，浚治濠塹。萬曆後，池淤，知府侯應珍重浚，築堤高丈餘，闊如之。

井陘縣城池 即唐天長鎮舊基，宋熙寧中，移縣治於此。元移治洺水，本縣基址遂廢。明洪武元年，復於此置縣，周圍三里二十步，高三丈，廣二丈五尺，池深一丈三尺，闊九尺。嘉靖二十年，都御史丁汝夔甃以磚石。天啓元年知縣羅懋湯，崇禎八年知縣楊攀桂，皇清康熙十一年知縣洪之杰俱重修。

獲鹿縣城池 始建無考，周圍四里，高二丈七尺，廣一丈五尺，池深一丈三尺，闊一丈五尺。明正德九年，知縣劉鈇重修。

元氏縣城池 隋開皇六年建。明景泰四年，知縣杜確重修，周圍五里，高二丈七尺，廣一丈六尺，池深一丈七尺，闊二丈五尺。成化間知縣王鑒之，正德間知縣姚文明，嘉靖年間知縣沈鑒、周居魯先後重修。萬曆三十年，知縣盧永改作石城，工未半，卒，知縣劉澤深續成之。

靈壽縣城池 始建無考。明正統四年，知縣茹公用修葺，周圍三里，高二丈二尺，廣二丈；池深二丈，闊一丈五尺。成化十八年，知縣尚廉改爲磚堞。弘治年間知縣張黻，嘉靖年間知縣李廷璋、羅章，隆慶年間知縣張宗信，萬曆年間知縣張照，崇禎年間知縣曹良直相繼重修。皇清康熙十一年，知縣衛秦龍補修。

藁城縣城池 始建無考，周圍舊僅三里。明正德十五年，都御史伍符、知縣陳素增築，新舊周圍共六里，高三丈，廣二丈；池深一丈五尺，闊二丈。崇禎年間，復有修葺。

欒城縣城池 始自晉大夫欒賓受封，及欒枝、欒書世食采於此，故名欒城。明洪武十年，知縣沈貞因舊址創修，周圍三里餘，高二丈八尺，廣二丈；池深一丈八尺，闊三丈。景泰年間知縣米進，成化年間知縣李文，弘治年間知縣郭賓，嘉靖年間知縣杜潮、趙文奎、周文化、耿繼武，崇禎年間知縣陳心鏡、柯士芳相繼重修。皇清康熙八年，知縣趙炳補修。

無極縣城池 唐至德初，郭子儀、李光弼與史思明戰於九門時所築。明洪武二年，知縣張凱因舊址重築，周圍五里一百四十步，高三丈五尺，廣一丈八尺；池深一丈五尺，闊一丈。嘉靖年間知縣郭允禮、張鶴、張新，萬曆年間知縣呂士偉相繼重修。

平山縣城池 金大定二年，知縣賈彥始建。明嘉靖三年，知縣李應奎增築，周圍四里一百二十步，高三丈，廣二丈；池深一丈五尺，闊一丈二尺。隆慶年間知縣李遲春，萬曆年間知縣李天憲、王宇清，崇禎年間巡按衛貞固、知縣楊調元先後俱重修。皇清康熙七年秋，大雨彌月，河水漲溢，門樓傾圮，牆垛倒塌，知縣湯聘詳請具題核估議修。

阜平縣城池 （《通志》闕）

定州城池 城舊基，魏王珪重築。明洪武初，都督平安增築，周圍二十六里一十三步，高三丈，廣二丈；池深二丈，闊十丈；其門四，東曰博陵、西曰平鎮、南曰永安、北曰定武。萬曆四十四年，知州宋子質重修。四十七年，知州沈庭英補修，復扁其門，東曰觀海、西曰望恒、南曰迎秦、北曰瞻宸。

新樂縣城池 唐至德初，郭子儀、李光弼戰於九門，鄉民屯結，築以避兵。明景泰元年知縣崔獻，天順八年知縣韓文相繼修築，周圍三里，高三丈，廣二丈；池深八尺，闊一丈。弘治年間知縣楊浚，萬曆年間知縣呂克恭、趙璇，崇禎九年知縣劉涓先後修葺。

曲陽縣城池 唐至德間始建。明景泰元年，知縣田興因舊址增修，周圍五里一十三步，高三丈，廣三丈五尺；池深一丈，闊二丈。正統年間知縣王賓，嘉靖年間知縣周寅、楊早，隆慶年間知縣陳可大，萬曆年間知縣鮑獻書、許東周，崇禎年間知縣楊音先後重葺。皇清順治十八年知縣葛綏，康熙十一年知縣劉師峻相繼修葺。

行唐縣城池 唐至德間始建。明景泰元年，知縣王哲重修，周圍五里七十五步，高三丈，廣二丈；池深八尺，闊一丈五尺。崇禎十一年，知縣陳其誠修葺。

冀州城池 漢冀城，周圍一十二里。宋建隆初增修，加至二十四里。明成化、弘治、正德間相繼修廢不一。嘉靖二十二年，知縣張景達依舊址修築，周圍十二里，高二丈五尺，廣二丈；池深一丈，闊一丈五尺。崇禎年間，知州李弘禎修瓮城，敵臺、垛口俱用磚。皇清順治十四年知州陳嘉會，康熙三年知州楊遇春，五年知州李顯忠相繼重修。

南宫县城池 旧在县西三里。明正统十四年建。成化十四年，衡漳泛溢，官民廨舍尽没，知府余瓒、知县李麟议迁今地。隆庆间，知县胡嘉谟增筑，周围八里，高三丈七尺，广二丈；池深一丈，阔二丈。皇清康熙十一年，知县胡景铨重加修葺。

新河县城池 旧在县西三十里。元至正间，大水坏城，知县王元移建于此，周围四里，高一丈，广如之；池深一丈，阔如之。明景泰元年县丞冉通，成化三年知县萧智，正德六年通判李志学先后重修。

枣强县城池 县自秦汉迄宋，当黄河之衝。金天会四年，河溢城圮，乃议迁於县西三十里到马村，即今治。明成化六年，典史於晟因旧址重修。嘉靖二十九年，知县张瑫增筑，周围四里，高丈三尺，广二丈；池深一丈三尺，阔二丈。崇祯年间，知县王士英、沈戬毅相继修葺。顺治十七年，知县何之图补葺。

武邑县城池 始建无考，岁久倾圮。明正统十四年，知县张赟循旧址重筑。成化年间，知县杨琇、马昭相继修葺。弘治十四年，滹沱河涨，城复坏。正德元年，知县成文重修。嘉靖二十一年，知县魏廷增筑，周围四里，高三丈二尺，广一丈五尺；池深二丈，阔如之。万历十七年，知县王学易重修。

晋州城池 元季，知州葛天民始建。明景泰三年，知州靳祺增修，周围四里，高二丈三尺，广一丈三尺；池深一丈一尺，阔二丈；门四，东曰迎旭、西曰仰恒、南曰镇滹、北曰拱极。弘治八年知州孙玘，正德间知州王用贤、张士隆相继重修。

安平县城池 始建无考。明正德六年，知县王翊重修，周围五里，高二丈八尺，广二丈三尺；池深一丈二尺，阔二丈。嘉靖中，知县蔺泽、郭学书、沈同人相继重修。

饶阳县城池 始建无考。明成化五年，知县张幹重修。崇祯十年，知县唐顺徵改建砖城，周围四里馀，高三丈，广二丈；池深一丈二尺，阔二丈。皇清顺治二年，知县刘世祚重修。

武强县城池 周显德二年，冀州刺史张辉始建。明成化十八年，知县吴凤鸣增筑，周围四里一百五十六步，高二丈五尺，广一丈；池深八尺，阔一丈。正德间，知县韩宥、宋鋭、张相、张籍、马充、姚㵆、胡恺、钱博学相继修葺。崇祯年间，知县傅蒙休易以砖垜。皇清，知县李道光重修。

趙州城池 始建無考。明成化四年，知州潘洪因舊修葺，周圍一十三里，高三丈，廣二丈；池深一丈，闊十丈；門四，門樓四座。弘治七年，知州張清於西南兩門外各建石門二座。

柏鄉縣城池 隋開皇中始建。明嘉靖二十三年，知縣李承節重修，易堞以磚，周圍五里三十步，高三丈，廣二丈；池深二丈，闊二丈。隆慶三年，知縣劉儲築臺三十二座。崇禎七年，知縣丁茂桂增築磚臺十六座。

隆平縣城池 舊在縣東十二里，宋宣和間淹沒，遷此。元末，復毀於兵。明洪武十四年，知縣羅敏中重修。正統、成化間，知縣黃友、柳紳相繼增修，周圍六里三百一十二步，高三丈，廣二丈；池深一丈三尺，闊三丈。萬曆年間，知縣黃榮、林天秩相繼修葺。天啓七年知縣陳所學，崇禎六年知縣關爌相繼重修。

高邑縣城池 始建無考。明洪武初，因舊址修築。嘉靖十四年，知縣周志德增築，周圍四里五十六步，高二丈三尺，廣一丈五尺；池深一丈，闊三丈。萬曆三十九年，知縣晉承節於南關廂建設重關。崇禎年間，知縣薛向陽於四門外增建敵樓。

臨城縣城池 始建無考。明正統十年，知縣阮居仁重修。成化二年，知縣張佐增築，周圍三里，高二丈五尺，廣一丈五尺；池深一丈，闊三丈。正德年間知縣王希佑，嘉靖年間知縣劉啤相繼重修。

贊皇縣城池 隋開皇六年始建。明景泰元年重修，周圍四里，高一丈五尺，廣如之，槐水環抱爲池。正德、嘉靖間，知縣張璞、何儧、弋正相繼重修。

寧晉縣城池 唐天寶初始建。明成化九年，知縣陸瑜重築。弘治十八年，知縣吳儀增築，周圍六里，高三丈，廣二丈五尺，洨水環繞，可通舟楫。嘉靖年間，知縣何麒麟、王寶相繼創築四門月城。

深州城池 舊在州南二十五里。明永樂十年，沒於水，知州蕭伯辰徙治於吳家莊，即今地，時城垣尚未及築。景泰初，知州喻彤始創建。成化初，知州九獻增築，周圍九里，高三丈，廣二丈；池深一丈三尺，闊二丈；門四，東曰迎輝、西曰望岳、南曰臨滹、北曰拱辰。萬曆四年，知州劉應民、張鳳儀相繼重修。

衡水縣城 舊在縣西南十五里。明永樂五年，大水，移縣治於范家疃，即今地。景泰元年，知縣歐復始創建。正德七年，知縣張文佑增修，周圍四里，高二丈八尺，廣一丈三尺；池深一丈三尺，闊如之。嘉靖年間，知縣郝銘、李完、嚴修相繼補修。萬曆三年，知縣孫夢麟易垛以磚。崇禎九年，知縣王詢修敵臺十四座。皇清順治二年，知縣張恒重修。

順德府

《職方典》第一百十卷
順德府部彙考二
順德府城池考
本府（邢臺縣附郭）

府城 舊圍九里三十步，厚二丈，相傳以爲齊桓公所築，事既久遠，初無載籍可據。及考之隋圖經，謂石勒所築，號建平大城。豈春秋時齊桓公率曹、衛所城，而石勒增之，是未可知矣。沈存中又謂，郭進守西山時所築，厚六丈，上可臥牛，俗呼爲臥牛城。又傳城西南有拴牛石，東北有牛尾河，故名，未知孰是。隍深丈許，闊五丈，舊引達活泉水入城，周流街市。《舊志》，城中有板石二橋，此其徵也，今水久不通，橋亦湮廢無存。城門舊止二重，天順四年，郡守濟寧楊浩各增甕城二重，起層樓其上，東曰朝陽、西曰阜安、南曰通遠、北曰拱辰。成化二十一年，寶雞林恭復築垛，四隅起樓并箭樓、邏鋪，東南北門外復築三石橋，改題門東曰弘濟、南曰來熏、西曰挹秀、北曰承恩。嘉靖元年，弘農王言重修。三年，通判袁諮浚隍又深於昔，植柳千株。萬曆十年，嵩縣王守誠始易之以磚石，石基高丈餘，自基及墻共高三丈五尺，厚五丈有奇，圍十三里二十丈，樓臺、警鋪逐一改作，視昔倍三之一也；又於四隅、四門共添馬道五。改題南門曰率賓，取合九省而北達京師之義；東曰望齊，以齊有城邢之功；西曰歸安，以邢西有夷儀之遷；北曰駕水，厥水在北，因以爲名。浚隍視昔更深且闊，仍於堤上築牆，以防剪伐，推官王宣化署府又樹柳凡數千株云。按《邢臺縣志》，北門又曰國士衝，豫讓橋因以爲名。隍浚後，因連旱水涸，隍內種禾，漸以湮塞。萬曆十八年，知府張延庭、知縣朱誥復加浚治，水復盈隍，周圍樹柳數千株，而堤上廢墻復加築治，以禁剪伐，又巍然成勝概矣。

沙河縣城 按《畿輔通志》，始建無考，先是嘗罹水患，移城於山西小屯。明弘治十八年，還舊，知縣張瑾重築，城周圍五里二十步，高三丈，廣一丈有奇；池深二丈，闊如之。按《沙河縣志》，崇禎十三年，知縣崔鍾英節城五尺，南北二門，南曰咏熏、北曰拱辰。崇禎十三年，知縣崔鍾英修南北門，磚城九十二丈七尺，隍深一丈有奇，闊二丈。順治十五年，知縣馮源周圍培栽柳樹。

南和縣城 按《南和縣志》，舊土城方四里。元至正年，縣令尹泰修築。明正統十四年，知縣王淵建四門。成化二十二年，知縣尹禎重修，開浚濠壍，創砌石橋。弘治三年，知縣門寧建城樓四座。歲久傾圮，正德九年，知縣李希夔重修，城高三丈，池深闊各二丈有奇，添設城樓、角樓各四座。嘉靖二十二年，知縣屈作城垛口易以磚。兵備道陳公明於堪輿，遂開正明門正對文廟。崇禎十一年，兵火之後，灰烟一炬，止留東城樓一座。崇禎十二年，知縣謝繼遷修爲磚城，高三丈，廣一丈；池深二丈有奇，闊如之。

平鄉縣城 按《畿輔通志》，即古南䜌城也，周圍三里二十三步，高三丈，廣二丈；池深一丈，闊二丈。明知縣丘陵、王浚、郭惠、馬思聰、孔彥光、何允升、王應各增修。按《平鄉縣志》，宋太祖建隆年，因漳河決，舊城壞。至真宗大中祥符年，徙置縣城，即今縣治。至明正統六年辛酉，知縣丘陵修。成化元年乙酉，知縣王浚修。正德五年，知縣馬思聰改建六城門，南曰來熏、北曰拱極、東南曰迎旭、東北曰捧日、西南曰寅餞、西北曰眺霞。萬曆十一年，知縣王應修城，修城門、敵樓。

廣宗縣城 按《廣宗縣志》，縣城周四里九十八步，崇二丈三尺，闊二丈七尺，上闊一丈二尺；隍深丈餘，闊二丈。明正統四年，知縣王義築。成化元年，知縣劉俊建四門，上各置樓。正德十五年，知縣游伸重修。隆慶四年，知縣張民范增繕之，高西門樓，易土堞以磚。萬曆二十二年，知縣馬協培其傾圮，益堞浚隍，闢復馬道，增建四門瓮城，甃以磚石，捍以鐵門而層樓其上，副使關西王公學謨碑其事。

鉅鹿縣城 按《鉅鹿縣志》，舊城在今縣北十有一里。唐端拱元年，因漳水大患，民無安居，遂徙縣於東南隅，即今邑地，舊址尚存。城方七里十三步，高三丈，基闊三丈五尺，上闊一丈二尺；池附於城，深一丈五尺，闊二丈；初闢四門，南迎熏、北拱辰、東通陽、西安德，嘉靖七年，知縣張光祖重修聚奎門，俗稱爲小東門，通舊爲五，今塞；迤西對直學宮，城上復建一樓，名曰桂籍。三十年，知縣王宮增修女墻，磚砌垛口凡七千六百二十八，知縣孔學易增修戍樓。萬曆五年，知縣張東曉重修城墻。萬曆十二年，西門內知縣何文極重建磚屛，周圍戍樓、瞭墩、巡鋪一十二座俱重修。郭，去城里許，即禦漳水之堤也。至崇禎十二年，知縣孫接武通包爲磚城。順治六年，知縣劉洪進增修城門樓四座，遠望巍然，蓋城頭窩鋪百有餘所。順治十七年，知縣王肅創修西門外照壁一座以固風氣。

唐山縣城 按《唐山縣志》，城周圍三里許，池稱是，前無所考，惟金圍八里。元至正間，縣令齊光祖以紅巾亂，民寡難守，就東南隅城焉，即今城也。明成化中，知縣祁司員葺之，厚八尺，高三丈餘，後知縣貢珊、和承芳各加修葺。嘉靖間，知縣張天祿始建南北城樓及四角樓，制始完備。至庚戌，知縣冀國又增修之，雖基域未拓，而加高加廣，甓內墻，益重門，增所未有，屹然永賴矣。萬曆壬午，南城樓頹圮，知縣李應奎重建。丁未，知縣楊於國修葺。崇禎六年，知縣劉經理以正北門文星不耀，改置乾向，修北城樓。崇禎七年，知縣謝汝明修南城，皆高舊樓一倍。皇清順治戊子，泜水衝城。康熙八、九年間，知縣孫續修葺城之南隅。接有附城，廣如縣城之制而袤倍之，崇僅殺半，闢立三門，啓閉一如內城，蓋嘉靖初，知縣盛鼎所創建。戊子，泜河泛溢，周圍垣墻十壞八九。康熙十年，知縣孫續重修，復立三門，亦如舊制焉。

內丘縣城 按《內丘縣志》，據《山海經》《史記》，縣之設蓋遠矣，莫詳其始。唐文宗太和九年，河齕西北隅，乃東遷焉。今城之西垣，即舊城之東垣也，北城古迹猶存。正德六年，知縣王玥重修，周圍四里三十步，增副城圍七里。嘉靖二十二年，知縣杜璁重修，高三丈，根闊二丈，頂闊八尺，垜口一千一百七十，弩臺十六，門樓四。崇禎八年，流寇逼擾，知縣王世泰以守垜人寡，倂爲六百二十垜。十年，知縣張文昺濬池及泉，門增三層，東曰迎旭、西曰固域、南曰威遠、北曰清嘯，崒然峨然，可恃以無恐。十一年，本縣知縣高翔漢增高濬深，底巔徹七丈。

任縣城 按《任縣志》，舊係土城，周圍五里五步，高三丈，基闊四丈，上廣二丈，池闊與高等，深半之；爲門三，東曰鞏固、西曰金湯、北曰鎖鑰，上建樓櫓，門外皆設吊橋，創自元至大間。明景泰五年知縣劉響，成化中知縣熊崇德，弘治中知縣韓濂俱重修。嘉靖二十一年，知縣曾守成更葺之，高廣倍昔，建角樓四，女墻易以磚。萬曆元年，知縣袁（闕）闢南門。四十四年，本府通判署縣事凌子任謂不利於士子，塞之。崇禎十三年，知縣盧時升以守禦難恃，盡以磚築之，建敵樓三、炮臺二十

四、女墻七百六十四，窩鋪稱是，巍峨壯麗甲於諸邑。皇清順治四年，知縣杜天成重修，計三百八十丈一尺。八年，知縣趙祥星遍植榆柳於城河兩岸。康熙七年，水衝壞西城八十五丈。八年，知縣季芷重修。

廣平府

《職方典》第一百二十二卷
廣平府部彙考二
廣平府城池考　府縣志合
本府

廣平府城池　其城相傳爲竇建德舊基。明初侍郎王偉來分守繕築，知府熊懷重修，陳俎拓以埏埴，周九里十三步，高三丈五尺，廣二丈五尺，建戍樓、敵樓、鋪舍，甬道繚以門垣；崔大德加重垣於郛，防水患，修撰陸泰有記；歐陽主生增堞鋪、樓櫓、甕城、女墻。有四門，東曰陽和、西曰保和、南曰陽明、北曰貞元。其隍先無水，知府李進始引水種蓮，後屢加浚，荷葦日蕃，深一丈，廣十二丈。推官余忠宸、知縣宋祖乙繞郭浚壕，深一丈，廣三尺，建閘以司啓閉。按《永年縣志》，原城周六里三百四十步，其拓爲九里十三步，砌以磚石則明嘉靖二十一年知府陳俎也，上建城樓四座、角樓四座、鋪舍二十六座，內置甬道一十九條。崇禎十二年，知府歐陽主生將舊垛一千七百五十二個兼作八百七十六個，以便防守，新增鋪舍五十七座，高垛墻三尺，各甕城外設重門，樓櫓、女墻一新。自明成化十二年，知府李公進建閘引滏水灌池，至陳公俎浚益深闊，今食其利。崇禎十一年，知縣宋祖乙浚濠，東西北關各建一閣，與南關舊閣共峙，重河外儼然又一重城。

臨洺鎮城　隋唐置縣，宋省爲鎮，後復置。金元明以後俱爲鎮。明嘉靖中，知府陳俎、知縣閻文貴重築土城，有通判分司驛所官。按《永年縣志》，鎮在縣西四十五里，爲南北最衝地。

曲周縣城池　其邑，初無城郭。明初，知縣王佐始築，周五里十三步，高三丈四尺，闊九尺。後丁釴建戍樓，推官羅鼎甓其堞，知縣高出、通判江中淮、知縣王祚昌、趙引昌漸易埏埴，李巖增南北甕城。有四門，東曰崇化、西曰永安、南曰景盛、北曰拱辰。其隍開自丁釴，張鵬翼植柳，牛斗引水。按《曲周縣志》，知縣牛斗引滏水入池。明成化四年，知縣王佐築城。是時，城郭雖有，尚可攀躋。至正德六年，流賊亂，城不克守。七年，知縣丁鉞遂敷土增築，改置四門，各建以樓，城高二丈餘，闊九尺，池稱之。嘉靖年間，接次修補，創建磚城。東門至東北城角，知縣高出修；東門至南面西南城角，署印通判江中淮修；西南城角至西北城角，知縣王祚昌修；西北城角至東北城角，知縣趙引昌修；南門以東至二鋪增高五尺，知縣李巖修。知縣李時茂周圍盡行修補。

肥鄉縣城池 其城，列人堤舊在城西，後城遷堤西，宋濮陽李令修垣埔。按《肥鄉縣志》，肥城池不知所自起，明知縣張博古重修，仍土城，周五里一百十八步。明正德間，漳水坍塌，張博古修復，梁承福甓其堞，潘鑢增樓溝。按《肥鄉縣志》，嘉靖十二年，梁知縣易以磚垛。三十一年，潘知縣因寇警，增水溝四十條、角樓四座，門加彩飾。其後踵相葺理者無歲月可考，然皆編營壘土，圮墜難支。天啓壬戌，水注城，王國祚修復，郝炯始易埏埴。按《肥鄉縣志》，惟留西門瓮城有未舉及。皇清順治十八年，知縣張公翼募復之。有四門，東曰玉川、南曰陽和、西曰長樂、北曰永安。其隍環城，闊二丈，深一丈。按《肥鄉縣志》，玉川、陽和、長樂、永安，今皆改易，四門皆有板橋可通車。

雞澤縣城池 《府志》未詳。按《雞澤縣志》，隋唐來，徙置不一。金泰定元年，始築今城，高一丈八尺，厚一丈三尺；池深一丈，廣二丈。元至正十五年，知縣霍安道重修。明成化十八年，沒於水。二十年，知縣譚肅創增瓮城四座，城樓四座。弘治十八年，知縣邵錦重修。正德五年，知縣銀鏡重修。後七年，流賊作亂，果賴以保障。嘉靖十一年，知縣周文定重建南北二樓，南扁曰迎熏，北扁曰拱辰。十五年，知縣於慧重建東西二樓，東扁曰"襟縈漳滏"，西扁曰"帶縮沙洺"。二十年，知縣曹希魯廣浚隍池。三十六年，知縣張廷槐增砌磚垛口、敵鋪。四十二年，大水，城垣半圮，東西門圮，知縣常世勳重建東西二門，東曰望魯、西曰通晉，修葺城垣如故。萬曆八年，知縣張受道重修磚垛、敵鋪。三十年，知縣曹孔榮修城垣。崇禎十三年，知縣賈益謙建磚城。按《府志》，金時寄治北抬頭村，大定中始築城，周五里，高一丈五尺，有四門，南曰迎熏、北曰拱極、東曰望魯、西曰通晉。其隍修於曹希魯，深一丈五尺。

浮圖店堡，城周圍三里，高一丈，厚五尺；池廣二丈，深五尺許。

小寨堡，城周圍四里二百二十步，高一丈二尺，厚七尺；池廣三丈，深五尺。

廣平縣城池　《府志》未詳。按《廣平縣志》，新舊有三城，舊城一在雞澤，一在鵝城；今城，新城也。宋元以前，遷徙無常，制度未備。自明洪武二年，以縣屬郡，始創規制。天順間，始備城池。成化間，知縣何琮相繼葺治，東開長春、西開美利、南開時熏，甃以磚石，垣以女城，浚以深溝。正德間，開小東門，民多疫，隨塞之。嘉靖間，御史傅公命寇知縣於城東作保障樓。萬曆十七年，傳檄議築城池，以保安遺黎，知縣陳鏊復加修葺，四城煥然一新，樓上各揭以扁，名夫廣平。土城耳，高二丈，周圍三里一百六十八步，南北徑二百九十一步，東西橫三百七十五步；池深一丈五尺，廣二丈。崇禎十二年，功令修磚城，知縣張弘志設法創建，增高一丈八尺，作城樓八，一時人呼爲鐵瓮城，池乃益深廣其半。城門三，東門曰長春，後曰啓春；西門曰美利，後曰延秋；南門曰時熏，後曰保障；北城樓曰兆元，後奉真武，扁曰"威定金湯"。按《府志》，城闊一丈，隍闊三丈。

邯鄲縣城池　其城，古趙國舊址，在城西南；新城僅二里許。明初，始修拓，周五里四十六步，高二丈，闊一丈五尺，知縣張偉增廣之，置臺堞、樓櫓。韓馹道河修城，董威益加繕築，周八里，高三丈，闊三丈，增甃堞墩、鋪樓、券吊橋；張第修樓鋪。有四門，東曰瞻岱、西曰環沁、南曰帶河、北曰迎祥。唐李白自廣平乘醉走馬六十里，至邯鄲，登城樓覽古書懷，即此。其隍，趙時吉始開，董威加浚，深一丈五尺，闊七丈。按《邯鄲縣志》，按宋人《北轅錄》，叢臺在邯鄲城北，則臺以南爲北城舊址可知。其在洪武初，南不過斜街口，北不過觀音閣，遠不及二里，東西不及半里。成化間，始於南北各拓城半里許，即於拓處開東西四門。正德間，塞四門，酌南北之中始開東西二門。正德六年，東西四門尚在，惟城甚陋。會有薊盜起，知縣張偉亟修之，不逾月告成事。是時，城尚未有池。至嘉靖十年，趙時吉知縣時始有之。至十三年，兵備副使楊彝循城，見城東有趙王叢臺與城甚逼，乃築甬道與城相連，闊僅丈許，仍亭其臺而以據勝名之。至二十五年，城大壞，知縣董威改築，始有今城。公築城時，復夾叢臺甬道興版錘，向所稱丈餘許者，其闊遂與臺相等。今之建講院者，即其地也。至隆慶六年，知縣張第復一修築，樓舍俱飾云。邯鄲城自明隆慶間修築後，迄今百餘年矣，雖敵樓、垛鋪間或因時補葺，而大勢漸就傾圮。迨皇清康熙七年，秋霖雨淋漓，垛垣大壞，今任縣令張慎發時甫下車，即以倉庫關係，城垣爲重，捐銀設法修理，雖廣厚不及初制，而萬堞已巍然具觀矣。

成安縣城池　《府志》未詳。按《成安縣志》，城池，元以前不可考。明正統中，知縣張雲重築，周圍三里有奇，高二丈一尺，池深一丈五尺；東西南三門，東曰善政、西曰輔政、南曰迎熏。成化四年，知縣劉堯闢小東門於東門左，曰廣居，以便薪水。門各建樓。嘉靖二十二年，知縣鄭寅築城浚池，城高二丈三尺，根闊一丈八尺，寬八尺，易堞以磚，計一千七百三十；池深一丈五尺，底闊一丈，面闊三丈；建角樓四、窩鋪十二。二十五年，知縣萬文彩重修門樓，扁其東曰迎輝、西曰拱極，池兩岸植柳千餘株，民號萬公柳。四十二年，漳河溢，堤決，善政、廣居門俱壞，知縣劉希尹重修，更善政曰大東。萬曆十二年，知縣李瑁扁大東曰"陽穀生春"、西門曰"太行西望"、南門曰"清漳環抱"、小東門曰"挹輝"。三十二年，知縣劉永脈重修。崇禎六年，知縣李宗昉於北城建德勝樓三楹。八年，知縣曹養鯤建東西門吊橋、門樓各一座，磚築，鋪共十座。九年，建北城人和樓三楹。十二年，修磚城，高三丈九尺，堞厚一尺五寸，敵樓四座，長治門樓一座。皇清康熙十一年，知縣王楷重修東城迎輝樓。郭門，明嘉靖九年知縣桂萼建。東關，東南北各一。二十一年，知縣杜聰於四門外建郭門各一。按《府志》，其城土基，周四里二百四十步。

威縣城池　《府志》未詳。按《威縣志》，本縣城周圍六里六十四步，原高一丈三尺，厚九尺，周圍繞城，其里數視城有加焉。明成化中知縣李圓、王政，弘治中劉鎡相繼增修，高厚稍加。至正德中，知縣姜文魁、崔節奉兵備副使劉文寵檄修，高三丈二尺，闊三丈，上闊一丈五尺，起城樓、瓮城、角樓各四，敵臺二十四所，每臺上蓋腰鋪三間，垛口一千四百一十一個。嘉靖四年，知縣錢術增修外郭，高一丈，闊稱之，繞栽樹木以爲阻固。二十六年，知縣胡容修城浚隍，額其門，東曰迎和、南曰迎熏、西曰迎成、北曰迎恩。隆慶三年，垛口皆易以磚，知縣焦冕修。萬曆二十一年知縣史學遷，皇清康熙十一年知縣李之棟補修。按《府志》，其城，宋宗城，金洺水，元威州，明降爲縣城，仍州制。

清河縣城池　《府志》未詳。按《清河縣志》，舊有土城，周九里，高二丈，闊二丈，壕池平淺。宋元祐六年，監官趙薦之修。歲久崩圮。明正德七年，同知何宗伊、知縣張一鵬奉命改建，今城仍舊城東南隅，周三里，高二丈，闊一丈五尺，壕池深闊，水溝六十有二；門樓三，東曰望日、西曰美利、南曰迎熏，無北門。嘉靖二十年，推官王堯日督民修城浚壕。嘉靖二十九年，秋雨日久，城垣坍塌，知縣孟仲遴重修，紳衿輸磚十萬，補築水溝。萬曆五年，知縣向日紅增設吊橋、瓮垣、坊欄，東曰"化迎鄒魯"、南曰"熏動虞弦"、西曰"甘陵古迹"。萬曆十一年，知縣張公民綱以城垛土築易於塌損，申請兩院道府改修磚垛。萬曆十八年，知縣王公守禮重修城垣，三門各竪坊牌一座，題南門曰"兩漢甘陵"、西門曰"古郡清河"、東門曰"接武弦歌"，題東城樓曰望日、南城樓曰迎熏、西城樓曰美利。崇禎十一年，知縣曹公亭重修城垛。皇清康熙十一年，坍塌漸窄，守城人役夜間常有墜下者，知縣夏琮內外重修，寬平堅固。康熙十四年，牆垛坍塌，知縣盧士杰重修。

謝爐集堡城，在城東南十二里，城周一里有奇，高二丈，闊一丈五尺，外有壕池。

連冢集堡城，在縣東北二十五里，城周一里餘，高二丈，闊一丈五尺。

大名府

《職方典》第一百三十四卷
大名府部彙考二
大名府城池考　府志
本府

大名府城池　府故城，在城迤東八里，唐魏博節度樂彥禎所築也，周八十里，號為河北雄鎮。宋慶曆間，復建為北京，百官有司，略如東西京故事，詔輸內府緡錢十萬，築行宮，城中甲第及名公鉅人所宴游，當有次第可書者。金元以來，數罹兵火，文籍散逸而不可求矣。洪武三十四年，水汜為患，都指揮吳成始徙築今城，周圍故城九之一，高三丈有奇，南距衛、北負漳為險，城有四門，曰體仁、樂義、崇禮、端智，門外皆有橋。成化八年，知府熊祥建層閣於四門之巔。弘治中，御史韓福、石祿相繼守郡，復增築焉。嘉靖以來，漳併流入衛，頗或嚙城矣。城原設四門，門各一橋，嘉靖三十九年，副使陳大賓議於學宮前開一門。舊皆土垣，垝堄易圮，嘉靖四十年，知府姚汝循申動府帑，砌以磚石，務在精堅。隆慶二年，知府鄭旻浚濠築堤，儼然金湯矣。然自學前開門後，府多不利，科第反乏往時。隆慶四年，知府王叔果以此門既無往來，且在巽方，泄氣，仍塞之，添應奎臺，以補其缺，內為影壁，益見壯觀。但外磚內土，自加葺以來，屢被水割，旋葺旋圮。萬曆二十年秋七月，霪霖連注，平地水高尺許，東南、西北城隅幾成巨浸，南城及社學陡然鞠圮，所壞官宅民居十之五六，士民震恐，知府塗時相矍然曰，"城之圮，基不固也"，取榆木堅實者定丈尺之制，周遭椿釘，密比如櫛，計入土五尺許，幫貼鞏固，城上業有水淄，圮壞失道，順勢甃砌，且於南門下陰建溝陘，俾通注入河，四門城樓及角樓、垛口、鋪舍、攔馬墻咸飭新之，圪如煥如，不煩民力，而雅稱雄鎮。按《元城縣志》，府城，至我皇清康熙十二年，積雨崩塌，自西至南迤邐數里，知縣陳偉歷稽修葺。舊例夫役出三十九里，上地三名，中地減之，下地又減之，工價悉料田畝，又竭力損土灰磚之費，時給俸錢以膳工，民樂與從事。

　　元城堡凡四處：小灘鎮堡，在城東三十里。東館集堡，在城東南。儒家寨堡，在城西北。黃金堤堡，在城東北。各有義倉。

　　大名縣城池　城故為金屯營，金人常出宗室戍守大名，列屯於此。元兵毀之，已而置縣，及數省附，無城。明景泰間，典史郤璿即址列城，周五里有奇，門特設左右如故。嘉靖二十七年，知縣華舜欽始草議開置南門，而北甕以樓。按《大名縣志》，邑距郡五里許，猝有警，此掎角勢爾。明景泰間，典史郤璿益土重築，方五里有奇，高二丈六尺五寸，闊二丈五尺；闢兩門，東曰崇仁、西曰廣義，俱建樓櫓其上，懸鼓鐘；池深一丈，寬一丈二尺。越三年，知縣陸彝復加繕治。弘治十六年，知縣徐士彬重修門樓、角樓。嘉靖二十七年，知縣華舜欽創議開南門，扁曰保和，樓櫓如東西制，北起層樓相映。四十五年，知縣朱湘周遭葺補，改東甕城門稍南向。隆慶三年閏六月，大水坍城，知縣李本意重築三門，建重樓於巔，稱壯麗焉。萬曆三十八年，大雨，雉堞皆傾，知縣趙一鶴大加修補，女墻之類一新。

　　堡二處：邊馬集堡、大嚴屯堡，俱在城西南，各有義倉。

　　魏縣城池　洹水鎮，魏之故城也，避漳水徙五姓店，然不詳其年月，故時無城守，惟匝土堤人烟之外以却漳河。正統間，譚理因時有外警，烽墩人京師，輔甸之內騷然，始築城，周五里有奇，高二丈一尺，池深廣下上之以差。天順三年，知縣楊春增高城四之一，內列甕城。而弘治間，漳水至，鮑琦親操版鍤興徒，外環堤八里，水尋却。及薊盜起，高夔因外堤繕高二丈，深倍其四之一，置縣樓百所，勒卒戍守之。盜南略出魏縣，知不能拔，遂引去。又三年，張漢卿稍加增浚，蔭以榆柳。嘉靖二十二年，知縣馮惟訥、董威增築之。三十二年，知縣陸束復加修築，內城易以磚石，民廬城者頗無漳河之患。城垣頹久，萬曆二十年秋，暴雨浹旬，周遭盡圮，兼漳水附郭，浸撼難禦，知縣田大年劑度量工，修葺完固。又按《魏縣志》，正統十四年知縣譚理築城，壘土爲垣，高二丈一尺，周圍五里餘；城外爲池，深一丈五尺，廣二丈四尺，闢四門，又設東北一小門，以便薪水。天順三年，知縣楊春、主簿韋玘重修，城高倍六尺，池深倍二尺。弘治四年，知縣鮑琦復開西北一小門，統爲六門，環城列垜一千六百八十有四，內外馬道俱闊丈餘，肇造門樓四座，刻石其上，名其東曰迎恩、西曰來賓、南曰望遠、北曰拱辰，小門之在東北者曰東作、在西北者曰西成，又創瓮城四座、鋪舍十六，以便巡守，城池之外又爲土堤，備障漳水，周圍八里有奇。正德二年，流賊猖獗，知縣高夔增修，因舊堤築爲外郭，高二丈，根闊二丈五尺，頂闊一丈，外亦爲壕深一丈，匝建縣樓百座，防守得宜。時賊西犯郡邑，惟於魏縣未敢近城，民甚賴之。八年，知縣張漢卿加築內城，高二丈五尺，浚池深二丈；外郭周圍復築禦水小堤二道，堤上遍植柳榆；又區其四門之外門，東曰通和、西曰達遠、南曰文明、北曰懷忠；復於外郭之東北、西北另闢二小門，以便莊農。嘉靖十三年知縣連登，十五年童漢臣，二十二年馮惟訥、董威繼修。三十二年，知縣陸束又沿城培土，列垜甃磚，門樓、鋪舍悉加修飭，完固倍前。嗣其後者，周咏、楊廷選、徐元泰相繼繕修。萬曆三年，李幼淑增修外城，制等內城，而高復過之。天啓二年，知縣陳序闊壕數丈，增壘數尺。崇禎九年，知縣王廷諫奉上行，全城俱磚修，更可稱金湯險固矣。

魏縣北皋鎮，界成安、臨漳之間，民僦而廬者千餘家。知縣馮惟訥如檄堡北皋，明年復堡雙井，而知縣董威繼之，置義倉及斥堠、戎器之數略備。雙井，阻漳衛合流之衝，亦他日列屯地也。嘉靖甲寅，知縣陸束復堡。沙口，當郡縣之中，居民數百家，其地東倚郡城，西入魏由邯鄲之道以達於京師。自井陘而下守魏，則郡之全境安，非涉沙口，郡城未可窺也。

堡三處：北皋鎮堡，在城西南。雙井堡，在城東南。沙口堡，在城東。

南樂縣城池 城不詳其所自始，周六里一百三十步，池深廣丈有幾，或云元季樞密副雕鶚所築。城舊南北門，正向子午，知縣柯挺俱改向西。萬曆十七年，知縣宋言重新仍舊。按《南樂縣志》，城土築，方城，周六里一百三十步，高二丈五尺，池深闊各一丈。元季樞密副雕鶚新築。明弘治間，知縣王德復加築鑿；陳邦器繼修，創建窩鋪；馬馴增建敵臺，四門護以月城，隍外環以大堤。嘉靖初，周昊再修。十五年，葉本始易四門城堞以磚，環城創水溝十六道。三十四年，知縣路王道大加增築，繞城雉堞，悉易以磚。崇禎十二年，知縣鎖貴奉旨磚修，一月告成。皇清順治五年至八年，屢經水患，知縣蔡瓊枝屢修，不致大壞。九年、十年，水災益甚，三河交衝，幾爲蛟窟。後水勢稍殺，復加修治，終未鞏固。康熙十二年，知縣方元啓力加修固。四門樓，東曰跨濟、西曰帶河、南曰瞻洛、北曰拱辰；四敵樓，劉仙源建，東曰來紫、西曰綏遠、南曰威寧、北曰靖彝；四角樓，馬馴建。至康熙十二年，方元啓俱重修。

堡二處：韓張堡，在城東。元村堡，在城西。各有義倉。

清豐縣城池 《一統志》載，清豐故城在縣西一十八里，宋時避河患始徙置此，然不可考，或曰即晉所置頓丘鎮，尋改爲德清軍是也。周五里，以歲久頗頹廢。弘治間，知縣陸昆始加繕，城高二丈五尺，池深廣下其五之一。知縣雒於仁、周元暐重修。按《清豐縣志》，舊城在縣西北十八里。宋因水患遷今地，周圍五里三十四步餘二尺，高四丈，基闊三丈，上闊一丈，濠如之。知縣李汝寬增高七尺，上增闊五尺，基增闊一丈五尺，城內外馬道俱闊一丈，濠浮舊兩倍之，城上更鋪二十座、墩臺二十、角樓四、城門樓四、甕城門四、吊橋四，列垛爲堞凡一千七百三十有三。萬曆四十五年，知縣黃文星又於城上南隅附土作基，創建奎樓。天啓四年，知縣潘士聞又於四甕城重門悉衣以鐵。崇禎八年，知縣張星於四門各建敵樓二座。十一年，復修磚城。皇清康熙十三年，知縣楊燿又將甕城並雉堞、垛口捐資修葺，並增置夜柝。

堡三處：馬村堡，在縣東北二十里。主簿寨堡，在縣東南三十里。許村堡，在縣西南十里。各有義倉。

內黃縣城池 城所始置，年次不可考，或曰秦漢來故址也。內方列周五里，高三丈，池深半而廣倍之，外環以郭，凡九里，然已頹廢。正統間，掌縣事宋安爲增葺。而正德間，知縣李鉉者築甕城四，閻君鄰復甃女牆以磚，稍稍完繕，可壁而守焉。《內黃縣志》缺不得其詳。

堡二處：楚王鎮堡，在城西北。姜村集堡，在城西南。各有義倉。

濬縣城池 按濬故稱黎陽。隋唐時城大伾山北麓，而《一統志》云廢黎陽縣在今縣西二里，蓋黎陽漢以來常置兵監，聚六郡校士戍屯於此，入隋唐咸列重鎮焉。按故址，衛水以西也。《水經》酈道元注曰：黎山之北故城，蓋黎陽縣之故城也，今黎山不可考。宋天聖間，濬州治沒爲湖，始徙浮丘山巔。鄒伸之《出使日錄》云，過濬州，其城在小橫山上，復有一山如偃月，與城對峙，即其址也。洪武初，復徙山之北陂。弘治十年，知縣劉台者乘歲侵，以食饑人繕之，周七百三十丈有奇。是時，城西連浮丘，登高內瞰，指顧畢盡，不可戍守。邑人王侍御璜撰《縣志》，草議依錢塘、鎮江故事，循山列城。嘉靖十一年，知縣邢如默復加拓治。二十九年，知縣陸光祖采群議，相地勢，乃截西南隅弃之城外，據山岡險絕處改築焉，於是城小且堅，可爲永利。而濬縣西南、西北二川與衛河止隔一堤，每秋水泛溢，城中最受其衝，知縣寧時鏌相度河流，於城南關門及東北關門外創建石橋三座，西南建閘一座，疏引衝流，從西南閘口入城壕，順流而東、而北、而西，繞入河，民大稱便，立石以垂不朽。按《濬縣志》，濬城，自弘治時知縣劉台繕之，周七里一百五十步，高二丈八尺；池深二丈，闊二丈五尺。正德時，知縣陳滯復增築之。嘉靖時，知縣邢如默復加拓治，陸光祖改築，高增一丈，闊五尺，四隅建敵樓，樓間置戍鋪，城堞悉砌以磚，門外設石橋，繼有知縣徐廷祼仍復隅城。萬曆間，知縣楊瑢重修，包浮丘之半於城內，踞其巔，以東望伾山、西瞰衛水，形勢最爲壯觀。天啓時，知縣趙建極增修，前左右三池俱浚及泉，夾岸築長堤，堤頭柵欄時爲扃鐍，人不得近城下；右面鄰河甃東岸以石，長一千九百四十尺。崇禎年間，知縣李永茂大爲修砌，磚石各半，樓櫓、雉堞極爲壯觀。

堡四處：李家道口堡，鎮最鉅，凡廬五六千區，周以城六里有奇，知縣魏希相置在縣城南。新鎮堡，在縣西南六十里，元時置。衛縣集堡，在縣西南。王二莊堡，在縣南。各有義倉。

滑縣城池 《滑城志》稱本滑氏壘，後改爲城。《玉海》又云，今滑州城即古滑臺城，有三重；又有都城，周二十里，衛靈公所築也。世遠不可考，宋天禧二年，知縣趙世長嘗繕築，周九里。正德七年，流賊起，知縣孫孟和增峻之，爲三丈五尺，池深一丈五尺，廣倍之。明年知縣逯塡復創築外堤二十里，或故都城址也，高特城之半。正德以後，樓櫓管鑰次第矣。嘉靖二十二年，劉維倫復增築五尺，環以五門。按《滑縣志》，城周圍九里，高二丈五尺，闊一丈三尺。後知縣羅昭原城外築土易磚，闊視前有加。池闊二丈，深淺不等，羅疏鑿有加；池內築牆以衛之，池外築堤以障之。門有五，東曰長春、西曰嘉禾、南曰南薰、北曰拱極，西門之南曰清源，俗號水門；東北南三門俱建城樓，獨東門樓巍峨宏敞，爲一邑巨觀，名曰見山；西水二門，因堪輿家言，西方白虎宜伏，故不建樓。城上窩鋪周圍共五十二座，炮臺四面共二百二十座，垛口四面共一千三百五十二個。

堡三處：老岸集堡，在縣東。曹村堡，在縣東南。什村堡，縣北。各有義倉。

東明縣城池 東明，古衛地，後入魏。明洪武初，爲河水所淹，廢入爲開州長垣地。至弘治時，知縣官顯相地構立城垣，周七里四十步，高二丈五尺許。嘉靖間，知縣王碓始立四城樓，然尚塹土，而成蕪穢相望。嗣後，亦每修飾。歲久悉圮。萬曆二十年，知縣區大倫新四城樓，周遭增築女牆，頹者整，缺者補；兼葺四門，各有匾，東曰東作、南曰南訛、西曰西成、北曰迎恩；池深一丈五尺餘，闊六尺。弘治間知縣鄧越，正德間知縣劉鷟，嘉靖十二年知縣王碓各重修。先是，城垛俱土牆，每秋雨多傾圮。至嘉靖三十六年，知縣王嘉言易以磚石，仍起四角樓，高二丈許。四十年，知縣高文卿改修南門。東明河形自西而南，改建南門而西之，名外門曰朝宗，名內門曰迎薰。隆慶四年知縣張正道，萬曆十三年知縣沈榜，十六年知縣朱誥，二十年知縣區大倫，二十七年知縣丘雲俱重修。三十一年，淫雨城壞。至三十二年，知縣常澄重修，又沿壕增以墻垣。三十七年，知縣裴棟於四門下鋪石板。崇禎十二年，知縣崔育梗重修，盡易以磚。周圍七里零三十三步六寸，高三丈三尺，墁頂壘垛，建城門八座，門樓四座，角樓門外望樓各四座，魏然金城，頗稱天塹足恃云。皇清順治五年、七年，城圮於水，至十三年知縣楊素蘊、十七年知縣陸嵩齡各重修。康熙九年，知縣楊日升重建東城樓。十一年，重建北城樓。十三年，重建西南二城樓。十四年，復修池、修護城堤，周圍植柳千餘株。

堡四處：杜勝集堡，在縣南六十里。陸圈集堡，在縣東。裴子巖集堡，在縣西南。西東明集堡，在縣西南。各有義倉。

開州城池 開故城，按五代晉與梁人戰，以鐵鎖斷德勝口，築河南北爲兩城，號夾寨，宋獨守河北城。而熙寧十年，河決爲患，始徙築今城，前方列而後拱，形如臥虎，周二十四里。弘治十三年，知州李嘉祥增築，城高三丈有奇，池深廣倍之，瓮城之外環以墻，達諸關門，樓櫓頗稱宏麗。正德六年，薊盜起，民德之。然城內之廬居者少，晝夜盜行劫不絕。虛其西北二隅，且地勢窪下，雨旬日輒彙爲巨浸，鳧鷺鸂鶒數棲鳴葦茯間，若江湖焉，州人亦呼爲西湖。正德間，同知潘塤建議徙諸鄉富人填實之，凡千八十區，稍稍雞犬相錯矣。按《開州志》，開故有南北兩城。宋熙寧十年，南城圮於河水，惟北城在焉，周二十四里，高三丈五尺，上爲垛口四千餘。弘治十三年，知州李嘉祥大加修鑿，城池始高深，有迎春、成秋、朝陽、拱北四門，瓮城之外環以墻，達諸關門，駕層樓幾五丈，頗極壯麗。既而，知州譚綬更飭之。正德六年，潘塤徙諸鄉富人凡一二千家，僅實東南一隅，其西南、西北二隅尚屬曠莽。嘉靖二十五年，知州李一元增修城鋪八十四座，城角建敵樓四座，門名各改更不一，以土坯不固，易以陶甓。隆慶元年秋，大水衝壞城西樓，知州楊希閔重建。萬曆二十年，北城樓壞，知州張三聘重修。二十二年，知州沈堯中重修，以南門爲開德，東門爲濮陽，西門爲繁陽，北門爲鎮寧，仍前張三聘所定也。三十六年，知州李之藻重修，更西門爲昆吾。崇禎五年，知州王直臣重修門樓，增築墻垛。皇清順治七年，大水，門樓倒壞。康熙五年，城震又大雨，垛口塌毀，鋪舍、角樓盡圮。七年，知州孫榮捐俸修葺樓頭舍鋪計八十餘所，雉堞計千有餘奇。

堡六處：呂丘堡，在城南。柳家屯堡，在城東。八公橋堡，在城東南。徐鎮堡，在城東南。井店堡，在城西北。文留堡，在城東南。各有義倉。

長垣縣城池 金元來故城柳冢。明初，黃河數徙齧，而縣丞劉彥昭始移置今城，即故蒲城址也，僅匝土城，二里有奇。成化間，知縣王輔拓築，周二千九百二十九步，高二丈四尺，池廣倍之。正德六年，薊盜嘗寇城，幾陷。又五年，都御史張公檄知縣張治道增置瓮城、女墻及樓櫓之制略備矣。時城下故積圮土，凡若干尺，命卒闢去之，而復浚池及仞，故城不加築而鬱峻云。按《長垣縣志》，正德十年，知縣張治道增修，城高二丈五尺，跟闊三丈，頂闊一丈，周八里七步。嘉靖十三年，知縣馬聰增修垛口，易坯以磚。三十二年，知縣柴宗義重修，更題四門，曰放曉、向離、留輝、拱極。至隆慶三年，水災异常，城壞。四年春，知縣孫錝重修，視舊益高且厚，鋪舍俱易以磚。六年，知縣胡宥修北瓮城，易以磚石。萬曆二十四年春，知縣袁和重修。崇禎十年冬，知縣王虛白修砌磚城，北舊增高一丈，共高三丈五尺，根闊四丈五尺，頂寬二丈三尺，幔頂用磚，遍砌二層；城裏流水溝一百二十道，全用磚灰修砌堅固；城頭外壘垛口多留炮眼；內有欄馬墻，舊係土築，今改磚壘；四瓮城內外通用磚包，四門樓比舊各高一尺，城頭窩鋪六十四座重修一新；城內添砌馬道四條，遇警登城捷便，全城周圍煥然改觀，可垂永久。皇清康熙十年，知縣孫琮補修四城，添修窩鋪二十四座，尤利久遠矣。

堡四處：南岳集堡，在縣東北。杜勝集堡，在縣東南。板丘集堡，在縣南。樊相集堡，在縣西北。各有義倉。

宣化府

《職方典》第一百五十一卷
宣化府部彙考三
宣化府城池考
本府（宣化縣附郭）

宣化府城池 本元宣德府城。明洪武二十七年，谷王命所司展築，周圍二十四里有奇，門七，東曰安定，西曰泰新，南曰昌平、曰宣德、曰承安，北曰廣靈、曰高遠。後止留四門，其宣德、承安、高遠並窒之。宣德初，永寧伯譚廣來鎮，增建城樓、角樓各四、鋪宇百七十二間。正統庚申，都御史羅亨信疏請磚石包甃，至丙寅秋九月工始完，其城厚四丈五尺，址甃石三層，餘用磚砌，至垛口高二丈八尺，雉堞崇七尺，通高三丈有五尺，面闊則減基之一丈七尺；四門之外各環以瓮城，甃砌如正城之法；瓮城之外又築墻、作門，設釣橋，遇警則起，以絕奸路；隍塹淺狹，尚有待於浚滌。復即城東偏之中築重臺，建高樓七間，崇四丈七尺餘五寸，深四丈五尺，廣則加深二丈五尺五寸焉，上置鼓角、漏刻以司昏曉晝夜十二時之節，俾人知警動，而不懈於經理。其檐二級，南扁曰鎮朔、北扁曰麗譙。隆慶二年，加修，後築城外四圍土垣，復修四瓮城樓，制四面垛口。皇清康熙十五年，重修。三十八年，補修。四十六年，又重修。

外州縣（按赤城縣即赤城堡；萬全縣即萬全右衛；龍門縣即龍門衛；懷來縣即懷來衛；蔚縣即蔚州衛；西寧縣即順聖西城；懷安縣即懷安衛。

以上七縣俱無志，今悉依各堡衛城池舊制。)

赤城縣城池 高二丈九尺，周圍三里一百四十八步，城樓二，角樓四，城鋪十四，門二，東曰崇寧、南曰大定。明宣德間陽武侯薛祿，景泰初都督楊洪修甃。

萬全縣城池 高三丈五尺，方六里三十步，城樓、角樓四，城鋪三十二；門二，南曰文化、北曰德勝；南一關。明洪武二十六年，磚石包甃。

龍門縣城池 高二丈五尺，方四里五十三步，城樓二，角樓四，城鋪二十六；門二，南曰迎恩、東曰廣武。明宣德六年，築南一關，俱磚甃。

懷來縣城池 高二丈九尺，方七里二百二十三步，城樓三，角樓四，城鋪二十八；門三，東曰明靖、南曰寧恩、西曰永安。本元舊城。明永樂二十年，展築。正統初，游擊將軍楊洪石甃。

蔚縣城池 周大象二年築。明洪武七年，指揮周房因舊址重築，城高三丈五尺，堞六尺，四面各建城樓，下則闢門以通耕牧，樓俱三級五楹；城四角各有樓，如門制；敵臺樓二十有四楹，級殺之；更鋪間樓一置；門外仍建瓮城，城亦設小樓，則二級一楹；門三，東曰安定、南曰景仙、西曰清遠，北故無門，而樓則與東西南並峙；城外包以磚石，高厚峻整，極為完固，屹然燕代巨防。嘉靖間，巡撫御史閻鄰、胡宗憲因城樓圮壞，相繼修飭。

西寧縣城池 明天順四年築，周圍四里十三步，高二丈五尺，廣二丈；門三，東曰定遠、西曰鎮遠、南曰朝陽；城樓三，城鋪十四。嘉靖二十四年，參將楊鉞重修。皇清康熙七年，修葺。

懷安縣城池 明洪武二十五年築，周圍九里十三步，高三丈五尺，廣二丈二尺；門四，東曰迎恩、西曰思惠、南曰永安、北曰鎮寧，城樓四，角樓四，城鋪五十三。隆慶三年，磚甃。

延慶州城池 城高二丈二尺，周圍四里零一百三十步，雉堞七尺，垛口三尺五寸，厚四丈三尺；池闊二丈，深一丈餘；門三，南門曰奉宣、北門曰靖遠、東門曰致和。明天順七年，以磚石甃砌。

保安州城池 城周圍七百九十四丈，連女墻高三丈五尺；壕一道，深二丈五尺。明永樂十三年，指揮王禮因舊補築。嘉靖四十四年，知州賀溱、守備周應岐重修，後增開東門。皇清康熙五年，知州寧完福因堪輿家言不利，塞東門，築垣以示永閉。三十七年，重開。

東路（按宣府舊制，各堡衛分為四路，以營衛統之。而每堡、每衛因地近邊，俱設城池防禦，其各路堡衛詳列於後，以備參考。）

保安衛城池 明永樂年間建，景泰二年重築。周圍七里十三步，高三丈，廣二丈二尺；門三，東曰德化、南曰迎恩、西曰鎮靜；城樓二，角樓二，城鋪七。

永寧衛城池 明永樂甲午年建，周圍六里十三步，高三丈五尺，廣二丈三尺；門四，東曰迎輝、西曰寧靖、南曰宣恩、北曰威遠；城樓、角樓各四。嘉靖年重修。

柳溝堡城池 周圍二里一十三步，高三丈五尺，廣二丈；門四，東曰迎恩、西曰保障、南曰便門、北曰清漢。

靖安堡城池 周圍二里一十三步，高三丈五尺，廣二丈；門二，南曰迎恩、西曰崇慶。

周四溝堡城池 周圍三里，高三丈五尺，廣二丈二尺，南門曰迎恩，東西關門二。

四海冶堡城池 周圍二里，高二丈八尺，廣二丈三尺；門二，北曰迎恩、南曰迎熏；城鋪十一。明弘治十二年石甃。

礬山堡城池 周圍二百四十五丈，高三丈，廣二丈，門二。

土木堡城池 周圍三百五十七丈，高三丈五尺，廣二丈，南門曰鎮靜關。堡高二丈五尺，長五里八十五步，東門曰土木堡，西門曰土木驛。

榆林堡城池 周圍二里三十九步，高三丈五尺，廣二丈二尺，東門曰榆林堡，南門曰鎮安關。堡高二丈五尺，長二里七十五步，東門一座，西門一座曰新榆林堡。

北路

獨石城池 明宣德元年，陽武侯薛祿奏請元上都舊開平移治獨石，委指揮杜衡修築，磚石包甃，周圍五里九十二步，高四丈，廣二丈五尺；門三，東曰常勝、西曰常寧、南曰永安；城樓四，角樓四，城鋪八。嘉靖三十六年，重修。

靈州堡城池 即金望雲縣，明宣德五年重築，周圍三里一百五十八步，高二丈八尺，廣二丈二尺；門二，東曰鎮清、南曰景和；城樓三，角樓四，城鋪十七。景泰二年，甃以磚石。

馬營堡城池 明宣德七年築，周圍六里五十步，高二丈七尺，廣二丈二尺；門四，東曰宣文、西曰昭武、南曰懷仁、北曰廣義；城樓四，角樓四，城鋪二十四。正統八年，甃以磚石。

鎮寧堡城池　明弘治十一年築，門一。萬曆十一年磚甃。

鎮安堡城池　明成化八年築，門一。萬曆十五年磚甃。

龍門所城池　明宣德六年築，周圍四里九十步，高二丈六尺，廣二丈；門二，南曰敷化、北曰統政；城樓七，角樓三，敵臺八，城鋪十五；南一關，高二丈，方一里三十步。隆慶四年，重修。

滴水崖城池　明弘治九年築，北據懸崖，崖水瀑布而下，因以名堡。周圍三里一百二十步，高二丈四尺，廣二丈；門二，南曰望京、西曰翊鎮；門樓二，角樓四。嘉靖二十九年重築。

葛峪堡城池　明宣德五年築，周圍三里三百步，門二，城樓三，城鋪四。萬曆六年磚甃。

趙川堡城池　明宣德三年築，周圍二里一百八十步，門二，城樓一，城鋪四。隆慶五年磚甃。

雕鶚堡城池　明永樂年間築，周圍二里一百二十步，高二丈八尺，廣二丈；門二，南曰臨流、西曰清遠。宣德六年重修。隆慶四年增修。

長安嶺城池　明永樂九年築，周圍五里十三步，高三丈，廣二丈；門二，南曰迎恩、北曰拱宸；城樓四，城鋪十三。正統年間磚石包甃。

西路

張家口堡城池　明宣德四年築，周圍四里，高二丈五尺，廣二丈，門二，城鋪十。成化十六年展築。萬曆二年磚甃。

萬全左衛城池　明洪武二十五年築，周圍十里，高三丈五尺，廣二丈四尺；門二，東曰迎恩、南曰永安；城樓四，角樓四，城鋪四十。正統元年包甃。

膳房堡城池　明成化十五年築，周圍一里三十步。嘉靖十二年展築，共周圍二里有奇，高三丈，廣二丈，門二。三十二年重修。萬曆元年磚甃。

新河口堡城池　明宣德年間築，周圍二里二百二十步，高二丈八尺，廣二丈，南一門曰迎恩。嘉靖六年增築。隆慶五年磚甃。

柴溝堡城池　明正統二年築，景泰、成化間展築，萬曆二年磚甃。

洗馬林堡城池　明宣德十年築，周圍四里五十三步，高二丈六尺，廣一丈八尺；門二，南曰承恩、西曰觀瀾；城樓二，城鋪六。隆慶五年磚甃。

西陽河堡城池　明正統五年，因舊修築，周圍一里八十二步，高二丈六尺，廣一丈七尺；門二，東曰宣武、南曰永安；城樓二，角樓四，城鋪四。成化十年展築。萬曆三年磚甃。

來遠堡城池 明萬曆元年築，四十一年磚甃。

李信屯堡城池 明嘉靖十六年築，萬曆八年磚甃。

南路

順聖東城城池 明天順四年築，周圍四里，高三丈二尺，廣二丈五尺；池深一丈，闊三丈五尺；門三，南曰永盛、東曰錦雲、西曰寶順。嘉靖四十二年重修。萬曆四年磚甃。

廣昌堡城池 明洪武十二年，磚石包築，周圍三里一百八十步，高三丈五尺，廣二丈；門二，南曰迎恩、北曰寧肅；城樓二、角樓四。嘉靖戊午年重修。

桃花堡城池 明嘉靖四十四年築，周圍三里十三步，高二丈五尺，廣一丈五尺，門三。隆慶六年增修。萬曆十二年磚甃。

黑石嶺城池 明正德三年築，周圍二百四十步，高二丈七尺，廣一丈八尺。萬曆元年包石。

盛京總部

盛京總部

《職方典》第一百六十五卷
盛京總部彙考一
盛京城池考

盛京城池 太宗文皇帝天聰五年建。本明瀋陽衛城池，遼金曰沈州，元爲瀋陽路。明洪武二十一年，指揮閔忠因舊址修築，周圍九里三十步，高二丈五尺；池二重，內闊三丈，深八尺，周圍一十里三十步；外闊三丈，深八尺，周圍一十一里有奇；城門四。我太祖龍飛興京，天命三年，取撫順遷界蕃城之。至天命六年，取遼陽，於遼陽東城東京而宮殿建焉。天命十年，遷瀋陽。太宗文皇帝天聰五年，因舊城增拓其制，內外磚石，高三丈五尺，闊一丈八尺，女墻七尺五寸，周圍九里三百三十二步，四面垛口六百五十一，敵樓八座，角樓四座；改舊門爲八，東之大東門曰撫近、小東門曰內治，南之大南門曰德盛、小南門曰天祐，西之大西門曰懷遠、小西門曰外攘，北之大北門曰福勝、小北門曰地載。池闊十四丈五尺，周圍十里二百四步，鐘樓一，在福勝門內。遂建天壇、太廟、宮殿，置內閣六部、都察院、理藩院等衙門，尊文廟修學宮，設閱武場而規模大備，於是遂更名盛京。世祖章皇帝順治元年，遷都京師，監往代留都之制，續設將軍鎮守，留四部置府尹，分莅州縣。康熙十九年，奉旨築關墻高七尺五寸，周圍三十二里四十八步。康熙二十一年，奉旨重修諸門城樓，雉堞巍峨，規制宏麗，環山海而控要荒，誠萬世帝業之基也。

興京城 太祖高皇帝發祥之地，在奉天東南二百七十里。今按其城周圍五里，四門，群山拱護，河水環瀠，佳氣鬱鬱葱葱，上天所以開至聖矣。

東京城　在太子河東，離遼陽八里。天命六年建城，周圍六里零十步，高三丈五尺，東西廣二百八十丈，南北袤二百六十二丈五尺。城門八，東門二，一曰撫近、一曰內治，西門二，一曰懷遠、一曰外攘，南門二，一曰德盛、一曰天祐，北門二，一曰福勝、一曰地載，號曰東京。天命十年，遷瀋陽，是爲盛京，遂於東京設城守章京。康熙二十年，城守移駐金州。

鳳凰城（以下諸城堡雖存奉天府界，而皆旗人將軍所轄，不屬於州縣，故改入總部。）鳳凰城，周圍三里八十步，南門。其始建之年無考，明時設官兵於此，爲邊墩要地。皇清設官兵鎮守，附近城堡俱城守章京專轄，不隸府縣。

鳳凰城境內城堡

青苔峪堡，城西一百七十里，周圍三百三十六步，南一門。

蘭磐城，城西二百四十里，周圍一里八十三步，南一門。

黃骨島堡，城西南二百五十五里，周圍一里二百五十五步，南一門。

雪里站城，城西北四十里，周圍二里一百二十四步，南門曰鎮東。明弘治四年立。

通遠堡城，城西北一百里，周圍一里二百步，南門。左一山城，相隔二里，周圍一里九十步，西門；右一新城，相隔二里，周圍一里六十步，南門。

甜水站城，城西北一百八十里，周圍三里九十步，南北二門，南門曰甜水站，堡有塔。

草河城，城西北一百二十里，周圍一里一百六十步，南一門。

石城，即石頭城，城北六十九里，周圍二里一百步，南一門。

孤山城，城北二百五里，周圍二里三十步，南一門。

一堵牆，城北二百七十里，周圍三里六十步，東南二門。

靉陽城，城北一百二十八里，周圍三里一百二十步，西南二門，南門曰靉陽。城西一郭城，周圍一里九十步，南門上亦有"靉陽城"三字。

灑馬吉城，城北二百四十五里，周圍一里六十步，南一門。

湯山城，城東南五十里。

鎮江城，城東南一百里。

宣城，城東南一百七十里。

娘娘城，城東南一百四十里。

湯池，城東四十里。

寬奠堡，城東北二百九十里。

永奠，城東二百七十里，自湯山城至此俱係邊外。

金州城 即明金州衛城也。舊係土城，洪武四年指揮馬雲、葉旺增築；十年，指揮韋富包砌。周圍六里，高三丈五尺；池深一丈七尺，闊六丈五尺；門四，東曰春和、南曰承恩、西曰寧海、北曰永安。今按其城，周圍五里二百一十六步，池淤。康熙三年，設蓋平縣，爲縣屬巡檢治之。二十年，歸旗，附近城堡屬城守所轄。

金州境內城堡

王官寨，城東南三十里，周圍三百四十二步，南北二門，城壞。

木廠驛，城西南六十里，周圍二里二百四十一步，南北二門。

山澗鋪，城西南九十里，周圍一里二百四十步，南北二門，城壞。

舊旅順城，城西南一百二十里，周圍二里五十五步，南一門，城壞。

旅順城，城西南一百二十里，周圍一里二百十八步，東一門，城壞。

木羊城，城西南一百五十里，周圍二百五十四步，東一門，城壞。

鹽場堡，城西北一百七十里，周圍一里一百四十五步，南一門，城壞。

石河驛，城北六十里，周圍一里二百四十五步，南北二門，城壞。

孛蘭鋪，城北九十里，周圍一里二百四十六步，一門，城壞。

樂古城，城北一百二十里，詳蓋州。

紅嘴堡，城東北一百二十里，周圍二里一百八十步，一門，城壞。

歸服堡，城東北一百六十里，周圍三里，一門，城壞，鳳凰城界。

奉天府

《職方典》第一百七十一卷

奉天府部彙考三

奉天府城池考（諸屯堡有城者，皆附於各州縣之下） 通志

京城 即奉天府城池，詳總部

興京城 詳總部城池考

興京境內城堡

老城　城南八里，周圍十一里六十步，南、東二門，西南、東北二門。城內西有小城，周圍二里一百二十步，東南二門；城內東有堂子，周圍一里零九十八步；西一門城外有套城，自城北起至城西南止，計九里九十步，東西南北四門，建置之年無考。

高麗城，城南一百二十里，周圍三里零三十步，南西二門，建置之年無考。

䴥廠舊城，城南一百四十六里，周圍二里零九十步，南西二門，建置之年無考。

䴥廠新城，城南一百四十八里，周圍一百零一十步，西南一門，建置之年無考。

古城，城西四里，周圍一里零一百二十步，南一門，建置之年無考。

薩爾虎城，城西一百二十里。天命五年，我太祖自界蕃遷此。內城周圍計三里，東南二門，西南、西北二門；外城周圍七里，東西南北各一門。

清河城，城西南一百六十里，周圍四里零一百八十步，東南西北四門，建置之年無考。

山羊峪城，城西南一百九十五里，周圍一里零一百四十步，南一門，建置之年無考。

馬哈丹城，城西南二百一十里，周圍二里零一百三十四步，東南二門。南關一城，周圍一里一百四十步，東西二門。建置之年無考。

界蕃城，城西北一百二十里，在鐵背山上。天命二年，我太祖取撫順，自興京遷至此，依山築城，周圍一里，東一門。又一小城，周圍一百八十步，西一門。

承德縣境內城堡

撫順城，城東八十里。明時設千戶所，其城周圍一里七百三十六丈，池深一丈，闊二丈，城門二。今則周圍三里，東南北三門，重修之年莫考。

古城，城東南二十里，周圍二里零二百步，東西二門。

奉集堡城，城東南四十五里，周圍四里，正南一門，即遼時奉集縣故址，詳見"古迹"。

古城，城東南七十五里，周圍四里，南北二門，建置之年無考。

威寧營城，城東南一百里，周圍四里，東西二門，建置之年無考。

東州城，城東南一百一十里，周圍四里零六十步，東西二門，建置之年無考。

惠遠堡城，城東北九十里，周圍二里，南一門，建置之年無考。自古城至此，皆奉天將軍所轄。

十里河城，城南六十里，周圍一里零一百三十步，南一門，即明之虎皮驛。

沙嶺城，城西四十里，周圍一里半，東南二門，建置之年無考。

淨烟堡城，城西六十里，周圍半里，南一門，建置之年無考。

烏金營城，城西南五十里，周圍一里零一百五十步，南一門，建置之年無考。

得勝營城，城西南五十里，周圍一里，建置之年無考。

章義站城，城西南七十里，周圍二里零一百七十二步，東南二門，即金之章義縣，詳見"古迹"。

舊章義站城，城西南七十八里，周圍四里，四門。

茨榆坨城，城西南一百二十里，周圍一里零一百二十四步，南西二門，建置之年無考。

蒲河城，城北四十里，明置千戶所於此。城周圍七百二十五丈四尺，池深一丈，闊二丈，城門二。今按其城周圍三里零一百八十步，南北二門，其更建之年無考。

遼濱塔城，城西北一百里，周圍一里，南一門。

遼陽州，即明遼東都司城也。洪武壬子，都指揮馬雲、葉旺因元遺址修築，都指揮潘敬開擴東城以北土城。永樂丙申，都指揮王真包砌，周圍一十一里三百九十五丈，高三丈三尺；池深一丈五尺，周圍二十四里二百八十五步；門九，南二、西一、東二、東北一，外東西北各一。今俱毀，池亦淤。按舊址，周圍二十四里八十五步。

遼陽州境內城堡

八里莊堡，州城西南八里，周圍一里一百四十步，南一門。

首山堡，州城西南十五里，周圍三百五十二步，東一門。

沙河鋪城，州城西南三十里，周圍一里五十六步，南北二門。

長店鋪城，州城西南五十里，係土堡，周圍三百二步，南一門。

唐馬寨城，州城西南七十里，周圍二里四十步，南一門。

黃泥窪城，州城西五十五里，周圍二里，南一門。

船城，州城西六十里，係土堡，周圍一里二百八十步，南一門。

爛泥鋪城，州城北三十五里，周圍六十四步，南一門。

巖州城，州城東北五十七里，石城，山上，周圍四里，西一門，詳見"古迹"。

海城縣城　即明海州衛城也，舊係土城。明洪武九年，指揮劉成等以磚包砌，周圍六里五十三步有奇，高三丈四尺；門四，東曰鎮武、南曰廣威、西曰臨清、北曰來遠；池深一丈一尺，闊三丈五尺。今按，舊城周圍五里一百五十二步，北關城周圍四里二百二十步，城毀池淤。我太祖天命八年，即舊城東南隅築新城西北兩面，南北門各一、西門二，東門仍舊城之鎮武門，周圍一百七十六步，縣治仍設於舊城內。

海城縣境內城堡

析木城，縣城東南四十里。按《遼史》銅州廣利軍置析木縣，元廢，詳見"古迹"。今按其城係土堡，周圍二里三百三十六步，東西二門，工部設監造黃瓦官於此。

耀州城，縣城西南六十里，遼置耀州，金廢，詳見"古迹"。今按其城周圍二里三百步，南北二門。

太平堡，縣城西南七十里，周圍一百九十八步，一門，俗呼青城子，城壞。

大官堡，縣城西南九十里，周圍一百八十步，西一門。

牛莊城，縣城西四十里，明置驛於此，今設城守。其城周圍二里九十三步，門三，東曰德盛、西曰外攘、北曰福勝。天命八年重建。

夜伸堡，縣城西五十里，周圍六十步，南一門，惟餘土基。

三河堡，縣城西六十里，周圍一里六十五步，南北二門，俗呼馬圈子。

新開河城，縣城西北四十里，周圍一里二百九十四步，東南二門，城壞。

鐵石堡，縣城西北七十里，周圍一里二百八十步，南一門，城壞。

土河堡，縣城北十五里，周圍一里七步，門二，惟餘土基。

甘泉堡，縣城北三十里，周圍一里九十六步，門二，惟餘土基。

鞍山驛堡，縣城北六十里，周圍一里二百四步，二門。明洪武二十年設驛，萬曆六年建城，今倒壞。

  蓋平縣城 本明蓋州衞城也。洪武五年，指揮吳玉因舊土城修築。九年，展築南面，磚石包砌，周圍五里八十八步，高一丈五尺；池深一丈五尺，闊一丈八尺；門三，東曰順淸、南曰廣恩、西曰寧海；鐘鼓樓在城中衢。今按其城周圍七里零三步，城仍舊，池淤。

  蓋平縣境內城堡

  新秀巖城，縣城東二百四十里。

  舊秀巖城，縣城東二百五十里，周圍二里三百四步，西南二門。按《金志》，升蓋州大寧鎮爲秀巖縣，即此，城壞。

  頂山堡，縣城南五十里，三面周圍一里十五步，城壞。

  熊岳城，縣城南六十里。按《遼志》，盧州置熊岳縣，金改屬蓋州，元省。城周圍三里九十九步，南北二門。

  古城，縣城南六十里，周圍八十五步，城壞。

  歸州堡，縣城南九十里，周圍一里八十八步。按《遼州志》，遼太祖置歸州，金省，即此，城壞。

  五十寨堡，縣城南一百十里，周圍一里一百二十六步，南一門。

  永寧監城，縣城南一百二十里。明初隸苑馬寺，嘉靖十四年，苑馬寺卿楊最以石甃之，高一丈五尺，周圍三里八十步；池深一丈五尺，闊一丈二尺。今按其城周圍二里二百五十三步；門三，東曰寅賓、南曰日永、西曰聚泉。萬曆五年建。

  復州城，縣城南一百八十里。按《金志》，遼置復州懷德軍，金因之，元省，明置復州衞。洪武十五年因舊址修築，永樂四年指揮蔡直包砌。周圍四里一百八十步，高三丈五尺；門三，東曰通明、南曰迎恩、北曰鎮海。今廢，衞隸縣。

  鹽場堡，縣城南二百四十里，周圍一里一百四十五步，南一門。

  樂古堡，縣城南二百四十里，周圍一里二百十三步，南一門。明設關於此，今廢。

  楊官堡，縣城西南二百里，周圍一里一百四十五步，南一門。

  鐵嶺屯堡，縣城北五十五里，周圍一百九十步，城壞。

  白家寨堡，縣城東北五十五里，係土堡，周圍一百三十五步。

  湯池堡，縣城東北六十里，係土堡，周圍一里十二步。

  開原縣城 按開原，本元開元路地。明洪武二年設三萬衞。二十五年，設遼海衛，因舊土城之東修築磚砌，周圍十二里二十步，高三丈五尺；池深一丈，闊四丈，周圍二十三里二十步；門四，東曰陽和、西曰慶雲、南曰迎恩、北曰安遠；角樓四，鼓樓在中街。今按，縣城周圍十三里二十步，高三丈五尺，池湮。

開原縣境內城堡

尚陽堡，縣城東四十里，周圍三里，南北二門，舊名靖安堡。

英額口城，縣城東南二百十里，周圍一百八十步，一門。

松山堡，縣城南四十里，周圍一里，南一門。

中固城，縣城南四十里，明永樂五年建爲撫順站。弘治十六年，參將胡忠奏展築，高一丈八尺，周圍七百三十五丈，池深二丈八尺。今站廢，城亦圮。按其城周圍二里八十步，南北二門。

樣鋪城，縣城西十八里，周圍一里，南一門。

慶雲堡，縣城西四十里，周圍一里，南一門。

威遠堡，縣城東北三十里，周圍三里，南北二門。

八寶屯城，縣城西三十里，周圍一里，南一門。

鐵嶺縣城池　按古鐵嶺城，在今治東南五百里，接高麗界。明洪武二十一年，設鐵嶺衛於彼。二十六年，移置今地，即古銀州也，在遼河東，周圍四里六十步，高二丈；池深一丈五尺，闊三丈。今按，縣城周圍四里二百十六步，門四，池淤。

鐵嶺縣境內城堡

柴河堡，縣城東六十里，周圍一里，南一門。

撫安堡，縣城東南四十里，周圍一里七十二步，東西南三門。

昂邦城，縣即昂邦合屯，城東南八十三里，周圍一里，南北二門，此城係奉天將軍轄。

唐王營城，縣城東南三十五里，周圍二里，南一門。

新興鋪，縣城西南十五里，周圍一里，南一門。

范河城，縣城西南三十里，明正統間建，周圍三里一百三十步，四門。

城南鋪，縣城西南三十三里，周圍一里，南一門。

腰鋪城，縣城西南四十五里，周圍一里，南一門。

丁字泊城，城西南五十五里，周圍一里，南一門。

懿路城，城西南六十里，本金邑婁縣治，明永樂五年修築，周圍三里十五步，南北二門，今僅存基址。

曾十堡，城西二十五里，周圍一里，南一門。

正西堡，城西北二十里，周圍一里，南一門。

史家堡，城西北五十里，周圍一里，南一門。

平定鋪，城北十五里，周圍一里，南一門。

錦州府

《職方典》第一百七十六卷
錦州府部彙考二
錦州府城池考（屯堡坊里附） 通志
本府（錦縣附郭）

錦州府城池 即明廣寧中左二屯衛城也，遼置錦州，金元因之。明洪武二十四年，指揮曹奉即舊城址修築，周圍五里三百二十步，高二丈五尺。成化十二年，都指揮王鍇增展南北四十五丈、東西九十五丈。弘治十七年，參將胡忠併城南關，周圍六里二十三步，形勢若盤，俗謂之盤城。池，周圍七里五百七十三步，闊三丈五尺，深一丈二尺。城門四，東曰寧遠、南曰永安、西曰廣順、北曰鎮北。鐘鼓樓在十字街。今府城仍其舊，按城周圍五里一百二十步，池湮無考。東有關廂，小城相附，舊載三里一百六十步，高一丈五尺，門三，曰小南門、小北門、小東門，其增築之年無考。今按，城周圍二里，池淤。

大凌河城池，城東四十里，明大凌河所城也。周圍三里二十步，南一門，池淤。建置之年莫考。

站城，城東七十里，周圍一里二十步，東一門，池淤。建置之年無考。

小凌河城，城東南十八里，周圍一里二百十八步，東南二門，池淤。建置之年無考。

右屯衛城，城東南七十里，明永樂中指揮徐琦、李通築，周圍四里三百六步，高二丈九尺；池深八尺，闊一丈，周圍五里八十六步；門三，東曰鎮海、南曰永安、西曰迎恩。今按，其城周圍四里二十步，惟餘土基，池湮。

松山城，城南十八里，明設千戶所，城毀，地基三里一百二十步；門三，西曰建威，東、南二門無字。建置無考。

杏山城，城西南三十里，城毀，地基二里一百六十步，東西二門，池淤，建置無考。

高橋城，城西南五十里，周圍一里二十四步，東一門曰高橋門鋪，池湮。

天橋場城，城西南五十里，周圍一里，東一門曰天橋場。

塔山城，城西南六十里，即中左所，明宣德五年指揮李旺建。今毀，地基周圍三里四十步。

連山城，城西南八十里，周圍一里二百六十步，南一門曰迎韶，池淤。

團山城，城西南九十里，周圍一百六十步，南一門。

古虹螺縣城，城西五十里，按遼、金、元三史，遼界東西俱無此縣名，《唐書》載縣百，不著其名，或唐初或渤海時建也。城毀，地基周圍二里三百三十四步，東西南三門。

安昌縣永和村城池，城西九十五里，遼置，金因之，元廢。城毀，地基周圍二里一百一十九步，四門。

營城子城池，城東北三十里，周圍一里六十步，南一門。

開州城，城東北十五里，城毀，地基周圍一里。

三角城，城東北七十里，周圍六十步，東一門。

高山堡，城東南二十五里，周圍三百三十二步，南一門。

團山堡，城東南五十里，周圍二百四十步，門一。

大興堡，城西南四十里，周圍一里一百八十步，南一門。

椵木衝堡，城西南五十里，周圍一里，南一門。

長寧堡，城西南七十里，周圍一里一百三十四步，南一門曰長寧堡。

沙河堡，城西南八十里，周圍一里一百三十四步，南一門曰沙河堡。

寺兒堡，城西南九十里，周圍一里三百四十六步，南一門。

錦昌堡，城西二十里，周圍二里二百步，南一門。

鷹手堡，城西三十里，周圍一里三百步，南一門。

沙河堡，城西北十八里，周圍一里二百八十步，南一門。

大勝堡，城北三十里，周圍一里四十七步，東一門。

大茂堡，城北三十五里，周圍一里一百步，東一門。

流水堡，城東北二十里，周圍二里三十四步，南一門。

石家堡，城東北四十里，周圍一里一百二十步。

臧家堡，城東北四十里，周圍一里二百四十步。

齊家堡，城北四十五里，周圍一里一百八十步，東西二門。

石佛堡，城東北九十里，城毀，地基周圍一里。

寧遠州城 即明之寧遠衛城也，本廣寧前屯、中屯二衛地。無城郭。明宣德三年，總兵巫凱請分二衛地建寧遠衛城，周圍五里一百九十六步，高三丈；池周圍七里八步，深一丈五尺；門四，東曰春和、南曰延輝、西曰永寧、北曰威遠。鐘鼓樓在中街。外城周圍九里一百二十四步，高如內城，明季增築；門四，東曰遠安、南曰永清、西曰迎恩、北曰大定；四角俱設層樓，今因之。按內城，周圍五里一百九十步，外城周圍九里一百二十四步，城樓俱頹，鐘樓僅存遺址，池湮。

雙樹鋪城，城東十八里，周圍一里，門二，南曰永定，北無字。

興水縣城，城西北十八里，周圍一里十四步，南關廂二百八十步，南一門，建置無考。

北古城，城西北三十五里，周圍一里一百二十步，門四。

南古城，城西三十五里，周圍二百十六步，南一門。

黑莊窠城，城西五十里，周圍二百八十八步，南一門。

曹莊驛城，城西南十二里，周圍一里一百二步，南一門。

中右所城，即沙後所城，西南三十里，明宣德中建，周圍三里七十二步；門三，東曰永和、南曰南薰、西曰右定，池淤。

曲尺河城，城西南四十八里，周圍二百四十四步，南一門。

東關驛城，城西南六十里，周圍一里二百五十二步，南一門曰東關驛。

中後所城，城西南八十里，明宣德三年建，周圍三里一百七十步，高三丈；池深一丈，闊二丈，周圍四里二百步；門四，東曰潤和、南曰歌薰、西曰說澤、北曰寧瀾；東南有關廂城，三面周圍二里十一步，門二，東曰威遠、南曰鎮朔。今城如舊，池淤。

沙河站城，城西南一百里，周圍一里二百十六步，南一門。

高兒鋪城，城西南一百五十里，周圍一里三十二步，門二，東曰寅和、西曰溪膏。

前屯衛城，城西南一百三十里，本唐瑞州地，遼改來州，金復舊，元因之，明洪武己卯都指揮曹毅因舊址修，土城周圍五里三十步，高三丈五尺。宣德、正統間，備禦畢泰等前後包砌。池深一丈，闊二丈，周圍六里二百步；門三，東曰崇禮、南曰迎恩、西曰武寧。今城如舊，池湮。

高嶺驛城，城西南一百五十里，周圍一里七十八步，南一門。

中前所城，城西南一里六十五步，明宣德三年指揮葉興建，周圍三里八步，高三丈；池深一丈，闊二丈，周圍四里三百步；門三，東曰定遠、西曰永望，南無字。今城如舊，池湮。

海防一城，城南二里二百四十步，周圍一百九十八步，北一門。

海防二城，城南四里半，周圍一百九十八步，南一門。

海防三城，城南五里，周圍一里一百步，南一門。

海防四城，城南六里二百八十八步，周圍一百九十八步，南一門。

海防五城，城南九里一百八步，周圍一百五十八步，南一門。明太監高起潛請建，儲海運糧，今圮。

八里鋪城，城西南一百九十二里，周圍一里四十步，東西二門。

威遠臺城，城西南一百九十六里，周圍六十八步，南一門曰威遠城。

山海關城，城西南二百里。老城周圍七里四十步；西羅城周圍六里；東羅城周圍三里一百四十六步；南新城周圍二里半，南北門二；北新城周圍一里四十二步，南北門二。寧海城周圍一里七十二步，西北門二。按《明一統志》云，在撫寧縣東，其北爲山，其南爲海，相距不數里，實險要之地。明洪武時，徐達移榆關於此，改今名。又曰五花城，其城連環五座，故名。相傳唐太宗征遼時所築。今按其城老城之外有西羅、東羅、南守，各官皆爲奉天將軍管轄，實控制之弘猷也。

灰山堡，城東北二十里，周圍一百三十六步，南一門曰灰山堡。

鎮邊堡，城北十八里，周圍一里，南一門曰鎮邊堡，俗名寨兒山堡。

鎮安堡，城西北二十里，周圍一里二十步，俗名白塔峪。

楊安堡，城西十二里，周圍一里，南一門。

團山堡，城西三十里，周圍一百七十二步，南一門曰鎮勇。

仙靈寺堡，在城西四十里，周圍一里餘，南一門。

錦川堡，城西六十五里，周圍一里，南一門曰永安。

劉彥章堡，城西七十里，周圍一里，南一門。

三道溝堡，城西八十五里，周圍三百二十八步，南一門。

高臺堡，城西八十五里，周圍一里四十二步，南一門。

瑞昌堡，城西一百五里，周圍三百三十步，南一門。

平川營堡，城西一百二十里，周圍三百五十二步，南一門曰平川營。

三山營堡，城西一百三十七里，周圍二百三十二步，南一門。

背陰嶂堡，城西一百四十八里，周圍三百五十二步，南一門。

鹽場堡，城西南二十五里，周圍一百二十四步。

永安堡，城西北一百八十三里，周圍二百四十二步，南一門。

鐵場堡，城西北二百十三里，周圍一里七十二步，南一門。

廣寧縣城 即明廣寧中左右三衛地，自金置廣寧府，元爲廣寧路。明洪武間，指揮王雄因舊址修築，都督劉真甃以磚。永樂間，總兵劉江增展東南關。弘治間，備禦胡忠展西隅。正德間，備禦李溱展南關，周圍五百四十六丈。池深一丈五尺，闊二丈，周圍十一里四十五步。後展新城，周圍十七里；門六，東曰永安、東南曰泰安、南曰迎恩、西曰拱鎮，西一門土塞，北曰靖遠；角樓四座，北曰鎮朔、東南曰柔遠、西南曰望京、西曰瞻秀；鐘樓在大市東街，鼓樓在大市北街。嘉靖丁酉，都御史任洛、總兵馬永重修。今按城周圍十里二百八十步，高三丈五尺，厚一丈五尺；南關廂三面，周圍三里二百二十步；門三，東曰宣化、南曰迎恩、西曰振武；樓俱圮，池亦湮沒。內城與關廂共十四里二百四十步。

高麗阪城，城東三十三里，周圍一里。

羊腸河城，城東四十五里，周圍一里。

小黑山城，城東六十里，周圍二里六十八步，南一門。

大黑山城，城東七十里，周圍二里一百五十步，一門。

盤山驛城，城東南五十里，周圍二百六十步，南一門。

高平城，城東南九十里，周圍一里八十二步，東西二門。

平安橋城，城東南一百二十里，周圍二百七十九步，一門。

傅家莊城，城東南一百二十里，周圍三百三十一步，一門。

沙嶺城，城東南一百五十里，周圍二里，西南一門。

古鍾秀城，城西南三里，周圍二里二十步，詳"古迹"。

閭陽驛城，城西南五十里，周圍二里五十步，南北二門。

白土廠城，城北六十里，周圍二里一百二十步，一門。

巨流河城，城東北二百三十里，崇德元年建，周圍二里；門三，南曰拱固、西曰鎮西、北曰靖邊。

義州城 即明義州衛地也，在縣城西北九十里，本漢遼西縣地，遼曰宜州，金置義州，統弘政、開義、同昌三縣。元因之，明改衛。洪武間，指揮何浩仍舊修築。永樂、宣德間，都指揮楚勇甃磚，周圍九里十步，高三丈；池深一丈五尺，闊三丈八尺，周圍九里一百六十六步；四門，東曰熙春、南曰永清、西曰慶豐、北曰安泰。初地屬邊外，康熙十四年，察哈喇叛，討平之，遂以其地屬廣寧。十五年，置巡檢司及城守。城垣頹壞，十六年，城守辛珠、巡檢俞定陸續修葺稍完。今按城周圍九里，池湮。

永寧鋪城，義州城東二十五里，周圍二里一百八十步，南一門。

新站城，義州城東四十里，周圍一里一百十二步。

馬嶺驛城，義州城東四十五里，周圍一里，南門曰馬嶺驛。

破城子城，義州城西南二十五里，周圍一里，城毀。

古饒慶縣城，義州城西南五十里，周圍一里，城毀，詳"古迹"。

營城，義州城東北二十里，周圍一里。

王半城，義州城東北三十里，周圍一里，一門。

三角城，義州城東北五十里，周圍二百五十步，東南門一。

瓦子峪城，義州城東北六十五里，周圍二里。

土堡子，城東三十里，周圍一里。

中安堡，城東三十里，周圍一里七十二步，南門一。

穿心堡，城東一百六十三里，周圍一里。

鐵廠堡，城東一百六十里，周圍二里八十步，東西二門。

壯鎮堡，城西南三十里，周圍一里一百二十八步，南北二門，曰壯鎮堡。

馬市堡，城北二十里，周圍一里一百六十步，一門。

鎮邊堡，城北四十里，周圍二里一百二十步，南一門曰鎮邊堡。

正安堡，城東北三十里，周圍二里三百二十步，南一門。

鎮安堡，城東北五十里，周圍二里二百八十步，南一門。

八塔堡，義州城西南二十五里，周圍一里一百八十步，一門，城毀。

團山堡，義州城西南三十里，周圍二里，一門，城毀。

大安堡，義州城西南三十里，周圍一里一百八十步，南門曰大安堡。

孫淩堡，義州城西南三十里，周圍一里，一門。

大定堡，義州城西南四十里，周圍二里，南門曰大定堡。

得勝堡，義州城西十五里，周圍一里，城毀。

大康堡，義州城西二十里，周圍二里，東門曰大康堡。

太平堡，義州城西二十里，周圍一里一百八十步，南門曰太平堡。
正義堡，義州城東北十八里，基址俱無，惟存一碑。
大寧堡，義州城東北三十里，周圍一里一百八十步。
大清堡，義州城東北五十里，周圍二里三十步，南門曰大清堡。
大靜堡，義州城東北六十里，周圍二里，南門曰大靜堡。
鎮彝堡，義州城東北六十里，周圍三里一百八十步，南門曰鎮彝堡。
景家堡，義州城東南二十里，周圍一里一百八十步。

烏喇寧古塔部

《職方典》第一百八十一卷
烏喇寧古塔部彙考三
烏喇寧古塔城池考　通志

烏喇船廠城池　在奉天府東北八百餘里，南倚河岸，東西北三面松木豎立爲墻，高八尺，北面二百八十九步，東西二面各二百五十步，東西北各一門，城外周圍有池。外有土墻爲邊，邊墻東西亦倚河岸，周圍七里一百八十步，東西各一門，北二門。康熙十二年，副都統安珠瑚監造，今寧古塔將軍於此鎮守。

葉赫城，船廠城西四百九十五里，舊葉赫貝勒所居，周圍四里，東西各一門（此下皆船廠境內城堡，附於此）。

葉赫山城，葉赫城西北三里，周圍四里，南北各一門；內有一小城，周圍二里，南北各一門。

索兒賀城，城西五百五十餘里，周圍八十步，南一門。

佛爾哈城，城北三十三里，周圍三里，舊佛索諾貝勒所居，東一門。

哈兒邊城，混同江中有哈兒邊島，島上有城，周圍二里，南一門。

烏喇城，城北七十里，混同江之東，舊布占太貝勒所居。周圍十五里，四面有門；內有小城，周圍二里，東西各一門；有土臺，高八步，周圍百步。

撒兒八哈城，城北七十里，周圍一里，南一門。

博兒集城，城北八十里，周圍百步，北一門。

古城，城北八十四里，周圍一里，東一門。

西蘭城，城北八十七里，周圍二里，西一門。

刷烟城，城北一百十里，周圍二里，南一門。

刷烟島城，城北一百十里，在混同江中有島，島上有城，周圍一里，南一門。

二十家堡城，城北一百十里，周圍一里，南一門。

伊漢山城，城東北三十里，周圍一里，在伊漢山上，南一門。

俄磨城，城東北三十里，周圍二里，東一門。

尼什哈城，城東十二里，在尼什哈山上，周圍二里，南一門，北二門，城西一井木生其中，旁有鯽魚池三，石砌。

一拉木城，城東南七里餘，在一拉木山上。周圍一里餘，東北各一門，其外東西南三面有郭城，周圍可二里，南一門。

納單佛勒城，城南二百六十里，東西二面各四百步，南北二面各三百步，城外有重濠，四面四門；內有一小城，四面各二百步，東西各一門。

輝發城，城南三百七十里，在吉林峰之上，周圍二百步，西一門。

輝發峰下城，輝發峰之西北，周圍四里，南北各二門。

輝發河城，沿河山坡上一城，四面各二十步，東一門。

古城，城西南五十里，東西各八十步，南北各一百步，四門。

虎魯城，城西南五百餘里，周圍二百四十步，東西二門。

席百城，城西南五百餘里，周圍一百二十步，南北二門。

福兒哈城，城西南五百餘里，周圍八十步，南一門。

榜色城，城西南五百餘里，周圍八十步，南一門。

虎脊城，城西南五百餘里，周圍一百步，南一門。

古城，城西南五百餘里，周圍八十步，南一門。

哈達石城，城西南五百餘里，在衣車峰之西南，周圍二百四十步，南一門。

哈達新城，城西南五百餘里，城在衣車峰之上，舊哈達貝勒自開原縣界內舊城遷居於此，故名。

小石城，城西南五百餘里，昂邦何托峰下，周圍八十步，南一門。

葉赫商堅府城，城西南五百五十餘里，周圍一百六十步，東一門。

寧古塔城池 在奉天府東北一千三百五十餘里，在船廠城東南五百四十餘里，虎兒哈河之傍。用松木爲墙，高二丈餘，周圍二里半，東西南各一門，惟北無門。城外邊墙周圍十里，四面有門，西南衣虎兒哈河。康熙五年，將軍巴海監造，自舊城遷此，今將軍移駐船廠，設副都統鎮守。其南門外邊牆內有舊覺羅城一，南北各二十步，東西各三十步。

　　寧古塔西古城，寧古塔城西二十五里，周圍一里餘，東西各一門。（此下皆寧古塔境內城堡）

　　木當阿城，城西三十里，周圍一里半，南北各一門。

　　寧古塔舊城，城西北五十里，海蘭河南有石城，高一丈餘，周圍一里，東西各一門。城外邊牆周圍五里餘，四面四門，昂邦章京吳把哈巴都魯監造。

　　布兒哈圖城，城西北五十里，海蘭河南，周圍二里，東西各一門。

　　布兒哈圖西古城，城西北五十二里，周圍一里餘，東西各一門。

　　海蘭城，城西北六十里，海蘭河北岸，周圍三里，四面各一門。

　　撒兒虎城，城北四十五里，海蘭河南岸，周圍百步，南一門。

　　覺羅城，城東北四里，虎兒哈河北岸，周圍五十六步，南一門。

　　刻印城，城東北五十里，虎兒哈河在其南，海蘭河在其北，周圍三里，西一門。

　　大河城，即昂邦必拉城，城東北三百五十里，虎兒哈河北岸，周圍六里，四面各一門。

　　古城，城東北六百里，虎兒哈河入混同江之南岸，周圍三里，東西各一門。

　　瓦利城，城東北九百里，混同江之南，周圍三里，西南各一門。

　　海邊古城，城東北三千餘里，在混同江之東南入海處，城外有元時石碑，路遠莫考其詳。

　　英愛城，城東南五百八十里，周圍一里，東南各一門。

　　飛腰城，城東南五百八十五里，周圍三里，西南各二門，東北各一門。

　　古城，在飛腰城北，周圍五里，南四門，西三門；內有小城，周圍一里，南三門，東西各一門。

　　渾春河東岸城，城東南六百二十里，周圍一里，四面四門。

　　福兒單城，城東南六百五十里，周圍三里，四面四門；其東北有一小城，周圍二里許，南西北三門，亦名福兒單城。

　　福爾加城，城東南六百七十餘里，周圍七十步，西一門。

　　噶思哈城，城南二十里，周圍一里半，南一門。

古大城，城西南六十里，虎兒哈河之南。周圍三十里，四面七門；內城周圍五里，東西南各一門；內有宮殿舊基，有石佛一。按金上京會寧府在長白山北，按出虎水之傍，今按出虎水之名古今互异，無可考。朝鮮北界又有會寧府，名异同亦無可辨，然其宮殿舊基，則金時遺址也。

愛渾城，在城北邊外，黑龍江岸。康熙二十三年，奉旨築城於此，設將軍副都統駐防。自邊至此千餘里，其站道設立未定，其山川城池未奉詳查，尚俟續載。

山東總部

濟南府

《職方典》第一百九十三卷
濟南府部彙考五
濟南府城池考　府志
本府（歷城縣附郭）

濟南府城　即戰國之歷下，自西漢建國治東平陵，至南宋孝建中移爲郡城。至明初，内外甃以磚石，周圍十二里四十八丈，高三丈二尺；池闊五丈，深三尺；四門，東曰齊川，西曰濼源，南曰舜田，今改爲歷山，北曰會波。成化四年，分巡濟南道僉事張珩重修。十九年，巡按御史宋經重修。萬曆二十年，巡撫宋應昌重修。天啓五年，巡撫呂純如重修。崇禎七年，巡撫朱大典重修。皇清康熙十四年，巡撫趙祥星重修。二十七年，巡撫錢珏重修。

章丘縣城　齊天保七年，廢東朝陽置邑於此，名高唐縣。隋開皇間，始名章丘。城高二丈五尺，周圍六里。明成化元年，知縣張慶立層樓其上。正德中，知縣呂秉彝重修。萬曆六年，知縣李臣之取女郎山之石甃以石。城四門，東曰綉江、南曰明秀、西曰錦川、北曰清平。康熙二十三年，知縣鍾運泰捐俸建更鋪二十一座；復於二十七年，捐貲倡修，沿堤植柳，麗譙如畫，迢遞相望，屹屹乎金湯矣。

鄒平縣城　元至元中，縣尹陳彥武築，高三丈八尺，周圍四里；四門，東曰通齊、南曰興賢、西曰迎恩、北曰仁義，教諭張崇文有記。明萬曆八年，知縣李瑞重修，始砌以石，吏部呂坤有記。崇禎九年，知縣韓文烿重修，都御史張延登有記。皇清康熙十五年，知縣劉元慧繕修。

淄川縣城 自漢興置縣，周圍七里三十步，墉高二丈，池深一丈五尺，四門甃以磚，各設戍樓，東曰迎仙、南曰迎熏、西曰迎清、北曰迎恩。明弘治十四年，知縣楊武重修。嘉靖十四年，知縣李性再修，加以磚垛。萬曆七年，知縣王九儀重加擴治，始構以重門，門上有闉闍，下爲河。崇禎九年，知縣韓承宣始建石城，分堵計工，紳民競勸，城高三丈二尺，基廣六尺，頂剡五尺，女牆至邊共闊一丈六尺，周圍八里，城下築岸二丈餘，塹石護之，外作深濠，內外堅致。四門，東內曰黌山，外曰書帶；南內曰甘泉，外曰淑聖；西內曰孝水，外曰沙堤；北內曰萬年，外曰栱極，外門設樓，稱雄麗焉，邑人張大學士有記。崇禎十一年，知縣楊蕙芳建空心樓十一座附城四面，中設炮眼各二十四，上覆敵樓。順治四年，謝寇陷城，官兵烘之，旋圮旋築。康熙七年，地震，城樓崩圮，牆垛傾毀。二十一年，大雨，又復崩損城牆三處，闔邑公議鳩工庀材，僅費七百餘金，而麗譙、堞墉煥然如故矣。此一役也，經始於知縣汪如龍，落成於知縣張崵，省闔邑三千餘金，易曰不傷財、不害民，可謂兼而有之矣，邑人高侍郎珩有記。

長山縣城 即古東平原縣，始於東晉，北齊至隋唐、五代皆因之。宋宣和末，重修。元至正十二年，縣尹苗居巖再加修築。明成化二年，知縣薛方重築，高二丈五尺，厚二丈二尺，周圍四里；四門，東曰望遠、南曰懷范、西曰迎恩、北曰傳命。成化三年，知縣趙沄重修。嘉靖二十七年，知縣邵芝重修。嘉靖三十六年秋，大雨，城圮，知縣邢邦彥重修。隆慶九年，知縣馬三接塞舊南門，移於儒學正南，名之曰景文門，門上架樓三間，立石爲之記，後復行塞閉，仍開南門。康熙二十六年，知縣錢士琰增修雉堞，復開景文門。越歲戊辰，李太史魁麟經、王參戎登狀元，形家以爲復開景文門之驗，或者國有人杰，地亦靈歟。

新城縣城 建自元末。明成化間，知縣白英因舊址修築。弘治中，知縣胡璉重修。正德六年，知縣許禮復增築外城以資捍衛。十三年，知縣張民表重修。嘉靖中，知縣胡應鳴重修。萬曆七年，邑人侍郎王之垣倡建磚城，巡撫都御史趙賢、分守濟南道嚴用和、知縣牛希儒捐俸修築，厥功懋焉。城周圍五里，東圓西方，高一丈三尺，池闊二丈，外繞以短墉，樹榆柳以護之。四門，東曰厚生、南曰永寧、西曰正德、北曰利用。嗣是，知縣趙文炳、錢汝梁皆重修。天啓二年，知縣孫印奇廣募鄉紳重築而新之，增以戍樓而規模異舊焉。

齊河縣城 自金僞齊阜昌初，始築城池，角樓四座，墩臺八座，外設隍塹，周圍六里，高一丈三尺；四門，東曰臨濟、南曰瞻岱、西曰康成、北曰拱極。金大定中，劉信重修。明弘治十四年，知縣趙清重修。正德六年，知縣李秀、主簿陸垣重修。隆慶六年，知縣陳天策改南門。萬曆八年，知縣浦卿重修北門。崇禎十四年，知縣張安豫重修，東北二面甃以磚，西南二面仍以土築之，東北二門各建敵樓二座，邑人都御史孟養性有記。康熙二十七年，知縣黄雯重修。

齊東縣城 建自元太宗七年。明成化元年，知縣薛獻修築，周圍五里零二百十四步，高一丈四尺。正德十年，知縣蕭敬諫增修，因東南隅逼近河岸，乃捐俸買地，移築於內，下通馬道八尺，濠深一丈，闊七尺。六門，東曰東皋，今改迎旭；南曰凝秀；西曰拱華，今改迎恩；北曰臨清，今改拱極；東南曰疏濬，今改放海；東北曰通汲。周圍五里零二十步五分。考與《舊志》不同者，蓋因屢經河決，移築近裏之故也。

濟陽縣城 土築，周圍四里，高二丈八尺，址闊二丈，池深八尺，金天會間築。市井低窪，淋潦瀦水，居民不堪，知縣張鏜增而高之，後知縣張端疏通水道，沿濠兩岸植柳數千株，引城中水入於城河，民始便焉。三門，東曰仁風、西曰泰和、南曰清陽。明萬曆四年，知縣秘自謙易土雉爲磚。十九年，知縣蔡惟忠建敵樓十五座，緣臺起堡，後復傾圮。三十九年，知縣侯加乘始營繕之，凡女墻、敵臺、城樓、城河俱爲重修，迄今猶相傳爲勝事云。

禹城縣城 土築，周圍九里三分，高一丈七尺，池深七尺。唐守將李銑建。明洪武六年，重修。嘉靖十三年、二十一年，俱重修。萬曆元年，重修。四年，始建四門城樓，東曰祝阿、南曰禹迹、西曰鬲津、北曰都楊，鋪樓三十一座，墩堡六座。七年，縣丞項太祿奉文監造，乃易以磚，護城堤畔盡植楊柳，稱巖邑焉，有蘭谷宗記。

臨邑縣城 宋建隆三年重築，周圍九里，高一丈九尺，池深一丈二尺。元至元中縣尹田壽，明天順中知縣劉文，成化中知縣王啓相繼重修。正德中，縣丞高爵重修，知縣郭郁重建南北城門，上建譙樓。四門，東曰迎暘、南曰南薰、西曰告成、北曰來蘇，城外爲濠，濠外爲堤。萬曆七年，巡撫都御史趙賢檄委知縣馬思恭盡易以磚，縣丞王執中堤上植柳，登城彌望，遂成佳觀矣。皇清順治九年，知縣陳起鳳重修四門，因改門額爲

"東連滄海""南瞻泰岱""西達燕趙""北拱宸極"。後西南兩門傾圮，康熙十五年，知縣鄭彙重修，額仍如舊焉。

長清縣城 元至正十四年築。明成化四年，重築。十一年，知縣解鍈始易石城。正德中，知縣劉儒、縣丞呂俊再築長堰，高一丈五尺，闊一丈，周圍四里，環甃以石，女牆以磚，四門上建敵樓，東門曰迎恩，樓爲景陽樓；南門曰通魯，樓爲向離樓；西門曰挹清，樓爲懷更樓；北門曰拱極，樓爲安貞樓。城外浚池，深丈許。隆慶中，知縣柴宗義重修，植樹盈堤。崇禎中，知縣劉之蛟於四門外各增月城，爲重門四，東曰青陽、南曰南熏、西曰西成、北曰拱極，知縣王心學復增高女牆三尺。皇清順治六年，知縣呂朝輔重修。康熙六年，地震，城樓傾毀。十年，知縣岳之嶺鳩工重修，後圮。二十八年，知縣巴朝柱捐俸修築，不派里下，輿論韙之。

肥城縣城 創始無考。元監肥城抹漢重築，周圍六里一百步，高一丈五尺；池深五尺，闊一丈；南北二門，其方如矩。明永樂中，東城爲河水所衝，後人隨地修築，而西北始灣環矣。成化五年，知縣林廷庸、千戶曹紀分築月城，復構重樓，南曰文安、北曰武定。弘治十三年，知縣張希達、千戶曹麟分修警鋪、角樓。萬曆二十三年，知縣馬經綸易磚城爲石城，民永賴焉。

青城縣城 元至元間，華總管、郭元帥築，周圍三里，高二丈，池深一丈六尺；四門，東曰望海、南曰仰岱、西曰通濟、北曰拱宸，又闢南、北二門；雉堞以土爲之。正德中，知縣謝源增建重樓。嘉靖中，知縣許志重修四門。萬曆六年，知縣李繼美因城薄易圮，加築四尺，雉堞更以磚。萬曆二十三年，知縣王建中四門增以甕城，環城築臺十二，青邑之民實嘉賴之。

陵縣城 舊在平原郡城之內，即唐顏魯公禦安祿山地也。城舊用磚築，明永樂初，改州爲縣，遂移於德州，廢爲曠地，延袤甚闊。至正德六年，改築今城。嘉靖壬子，知縣孫昺又增築而高之，創建北門，居民便焉，南門無樓，亦復增建，城遂巖峻。皇清康熙七年，地震，城樓坍塌，知縣史揚廷重修，四門完固，其名仍舊，東曰迎輝、南曰朝陽、西曰聚秀、北曰望闕，捐俸竣工，斂不及民，實美政也。

泰安州城 舊爲土築，創始於金大定二年。明嘉靖癸未，濟南通判王雲興奉臺省修城之議，版錮爲石城，七里六十步，堞高而池深，雄據岳麓，襟帶汶漆；四門，東曰靜封、南曰乾封、西曰望封、北曰登封。嘉靖三十二年，沂州兵備道任希祖檄知州鄭聚東重修。崇禎十二年，郡守道蔡懋德增修，四隅創建四樓，復於壁內設炮眼，後爲地震傾圮，而遺址具在焉。城以岱岳爲基，東北盡屬曠野，荒涼倍常。皇清順治十一年，知州傅鎮邦悉心招徠，創作房屋，後任知州張錫懌相繼營繕，遂成街市。南城敵樓、西城敵樓，年久坍塌，康熙二十六年，知州陳於逵重修。東城倒壞，二十六年，州同吳樫重修。南城、西城、北城，連年秋雨，傾毀數處，二十七年，知州張迎芳重修。

新泰縣城 周圍四里，高三丈五尺，池闊二丈，深如之。舊有東南二門，弘治十四年，知縣吳禧始闢西門，東曰通齊、南曰望魯、西曰瞻岱。正德中，知縣張啓建敵樓、甕城，典史張魁築護城堤。嘉靖中，知縣魏河用磚包堤，上植榆柳。戊申，大水，城門壞，知縣郭邦清修之。萬曆丁酉，知縣李上林築石城一面。壬子秋，知縣高如山改東門於學宮之左，名之曰文明。乙卯，知縣王應修沿城築堡百餘座，四隅增建敵樓。天啓壬戌，知縣趙希忭修完石城，建東門甕城。崇禎戊寅，知縣鄭寰昌修敵臺欄牆。皇清順治六年，知縣王大詔重修柵欄。城之外有舊城基址，規模宏闊，相傳爲康王城云。

萊蕪縣城 元至正間建。明正德六年，知縣盧秉彝甃以石，周圍三里，高一丈四尺；三門，東曰通齊、西曰望岳，南臨汶水之衝，知縣傅國璧始建南門，增東、西、南甕城三座，敵樓一座；池闊一丈八尺，深丈餘；三郭人煙輻輳，北浚深池以衛之，土人名之曰鐵城云。康熙二十八年，大雨城垣坍塌三十餘丈，知縣李欽式捐俸重修。

德州州城 魏泰和中築。明洪武三十年，都督張文杰、指揮徐福等始建磚城。萬曆四十年，巡撫都御史黃克纘檄濟南同知孫森重修，周圍十一里，高三丈七尺，池深一丈；五門，東曰長樂、南曰朝陽、正西曰聚秀、偏西曰廣川、北曰拱極，武德道晉江陳亮采有記。西城有閣，俯瞰衛水，名振河閣。外有羅城，正德六年，守備桂勇、知州寧河築以禦寇。嘉靖七年，守備張學、知州何洪增修，延袤二十餘里，北拱神京，襟帶趙魏，東省之奧區也。

德平縣城 舊在治北一里許。宋熙寧三年，改遷於此。明弘治十一年，知縣李恕廣其規制。正德十年，知縣申惠、縣丞王楷重修，周圍六里，高一丈五尺，池深一丈；三門，東曰長魁、南曰懷仁、西曰宜封。正德中，知縣朱冕增築外城。嘉靖三十一年，知縣趙鏄內外城俱重修之。萬曆四年，知縣何倬又易內城以磚。萬曆三十三年，知縣成文選浚內外池，深廣有加焉。崇禎四年，知縣扈邦直築城浚池，增修雉堞，知縣蘇翹楚建敵臺二，東曰多助、西曰禦侮，屢經寇變，賴外城之捍衛實多。康熙七年，地震坍塌，知縣戴王縉增修堅厚，乃成崇墉。外城三門，東爲迎旭、西爲留輝、南爲來熏。知縣王霖重修，改南門曰映奎，以門拱儒學之東，取聚東井之義也。內城北垣，知縣程沂建。有光岳樓，知縣王霖重修，扁曰"海岱一覽"，後圮，知縣戴王縉修而新之，更其額爲"海岱文峰"。二十七年，知縣楊天樞重修。

平原縣城　土築，高一丈七尺，周圍五里七十九步，池深一丈二尺；門四，東曰控岱、南曰迎熏、西曰朝京、北曰拱極，創始莫稽。元至正十三年，達魯花赤也仙不花重修。明成化初，知縣周密始建敵樓。弘治十三年，知縣朱良重修。正德六年，知縣陶成築墉浚池。嘉靖三十八年，知縣胡子重添修北門敵樓。萬曆三年，知縣王遵義增擴數尺，垣更堅厚。十年，知縣喬起鳳始建磚城。十一年，知縣方可畏增建樓櫓。三十七年，知縣黃景章重修。皇清順治十三年，知縣崔掄奇捐俸重修。康熙二十七年，秋雨頹壞，知縣李瑢捐俸倡修。《邑志》載，古城二，一在南二十餘里；一在南三十餘里，或郵驛幕之故址也。

武定州城　歷有徙置，今城昔爲陽信之喬氏莊。宋大中祥符八年，徙於此。崇寧元年，始詔工部牛保修築，周圍十二里，高三丈五尺，闊丈餘，基倍之；四門，東曰青陽、南曰朝遠、西曰金景、北曰靖安；門上建樓，東爲春風、南爲明遠、西爲景山、北爲紫微；復浚濠潴水，深二丈，闊五丈，上造飛橋；又築護城堤延袤三十餘里，九年而工始成。金大定十九年，詔守臣修葺。明成化五年，知州衛述重修。弘治十四年知州趙永禎，正德八年僉事許逵，嘉靖十四年僉事王璣、僉事王暘相繼增修，四城乃各易以磚，並修四郭門，南關植棹楔題曰"古齊北鎮"。崇禎十一年，副使魯棟重修。後圮，皇清康熙二十七年，知州董鼐重修。

陽信縣城　土築，周圍六里十三步，高二丈四尺；池闊一丈八尺，深半之，元平章於保建。明知縣張佶、李深、陶儼、吳琦、池龍相繼重修。嘉靖十年，知縣徐九皋創建城樓。四門，東曰永和、南曰迎熏、西曰長阜、北曰拱極。又四隅各設敵樓，知縣毛鳳來建。

海豐縣城　土築，周圍三里，高二丈五尺，池深七尺，闊五丈，四門，元至正十七年，平章於保保築。明洪武、正統中俱重修。嘉靖三年，知縣王訓增築浚池，各署門額，東曰宜春、南曰迎春、西曰通衢、北曰鎮河。四十四年，知縣喻曉建四城敵樓。萬曆二十五年，知縣郭應登重修。天啓三年，知縣王禎重修。崇禎十一年，知縣雷之渤增建敵樓四座。十二年，北城樓毀，雉堞多圮，知縣李桂芳修補。皇清順治五年，知縣杜良佐內修女墻，外浚城濠，資保障焉。

樂陵縣城 土築，周圍三里，高二丈三尺，闢東、南、北三門。元末，平章余潛據棣州舊城所築也，去今縣西南五十里。明洪武間，縣丞何恒始遷今治，即漢之富平縣。成化丁未，知縣孫賓重築土城，闢四門。正德辛未，知縣許逵重加修築，遂廢西門，增築城墻高二丈八尺，建磚垛、敵臺，顏其門額，東曰朝海、南曰宣和、北曰迎恩，城外周圍浚池，冬夏不涸，隍外築堤，種植榆柳，成巖邑焉。萬曆五年，知縣劉旁重修。萬曆十九年，知縣王登庸增建甕城。皇清順治十六年，知縣郝獻明重修四門，高培雉堞，削屢完好。康熙九年，知縣李時謙重修。二十一年，知縣錢爲青重修。二十七年，知縣姜植重修城垣、垛口、更鋪、栅欄，誠禦備之至計也。

商河縣城 唐武德中建，土築，周圍三里，四門疊以磚甃。明成化二年，知縣寇源修築，撤舊城而重新之，高二丈，厚一丈五尺；池深八尺，闊倍之；各題門額，東曰太平、西曰聚仙、南曰德隆、北曰歸厚。弘治十三年，知縣徐朝元修築。正德六年，知縣陳旼創建外城，周圍九里，高二丈二尺，闊一丈四尺，池深一丈。嘉靖二年，知縣柯相重修城垣，各設樓櫓；四門，東曰育物、南曰來薰、西曰阜民、北曰鎮武。萬曆六年，知縣朱希召重修。十二年，知縣曾一侗重修。崇禎四年，知縣邢體元、顧文光相繼重修。八年，知縣原毓宗增添外城，四門塹板，砌以磚石，護以鐵葉，上覆重檐，居然一偉麗巨觀也。十四年，土寇吳魁陽破城蹂躪，外城遂廢。

濱州城 土築，周圍九里，元平章於保保築。明正德七年，巡撫御史張璇、副使王金橄委都事呂佩重修，高二丈五尺，闊丈餘；四門，東曰望海、南曰迎薰、西曰臨川，北曰拱宸，嘉靖二十七年，知州李德甫改轉向東，更名曰永福，四十年，東昌同知攝州篆萬鵬程改轉向南，名曰呈秀。萬曆八年，知州秦可久奉諸臺檄修，遂增厚一丈五尺，女墻壘砌，堊以陶灰，判官王采督工，悉中法則。十一年，知州艾梅奉檄修築，雉堞悉易以磚。城外長堤，金昌明中築，久不修治，知州艾梅鳩工深浚，兩岸植柳，復發倉穀以供大役，州人猶有郇伯之思者，佚道使之也。

利津縣城周圍七里，築土爲之；四門，東曰觀瀾、西曰朝京、南曰迎熏、北曰鎮海。正德中，縣丞魏彥昭增築，高一丈五尺，闊九尺。嘉靖中知縣楊啓芳，隆慶中知縣賈光大相繼重修，高二丈，池深一丈二尺。萬曆中，知縣周大年重建四門瓮城並敵樓二十座。茲年久頹壞，峙乃楨幹，俟而畚挶，是在守者。

霑化縣城　周圍五里二十步，創始莫稽。明成化二年，知縣陳謨重修。正德十年，知縣馬福慮無城難守，經始鳩工，版築之日，親爲省試，獎其能者，抶其不勉者，人民爭奮，一年竣役，延袤二里三百步，高三丈，上廣六尺，下一仞有半，池稱之；四門，東曰布德、南曰迎熏、西曰涵輝、北曰朝京。邑自此有城矣，顧土鹻易圮，守土者其加意修治焉。

蒲臺縣城　土築，周圍三里一百七十八步，高二丈九尺。明成化二年，知縣孫經增築。正統五年，縣丞薛元泰重修。嘉靖中知縣高大經，隆慶中知縣王淑、時守中，萬曆中知縣李時芳相繼重修。四門，東曰仁化、南曰迎熏、西曰金澤、北曰拱極，今西門閉塞，僅留西瓮城一小門，俾民便焉；敵樓四座，敵臺十六座。萬曆七年，知縣秘自謙奉例創置城池，周圍四里，深丈餘，闊倍之，堤上植柳，以嚴保障。邇來城垣多圮，尚俟修築，存其故制，以有待耳。

兗州府

《職方典》第二百十四卷
兗州府部彙考六
兗州府城池考　府州縣志合載
本府（滋陽縣附郭）

府城　即古之瑕丘也，磚砌周一十四里有奇，高三丈七尺，基廣二丈四尺；城樓四，北曰鎮岱、南曰延熏、東曰宗魯、西曰望京；以泗水爲池，深一丈二尺，闊三丈。泗水自黑風口西流至城東，分爲三支，中支穿城而入，南北二支抱城至西門會同入濟寧。舊爲州，制頗狹。明洪武十八年，封建魯王府。正德間，僉事潘珍、知府曹大有重建。城垛、樓鋪損壞，軍七民七修理。

王城，在府治正中，明洪武十八年，分封魯王，建宮殿，城垣備極宏敞，殿前爲重門，今俱廢。門前有坊，坊前有御街，街前爲中橋，左右有東橋、西橋。王宮左爲社稷壇，右爲風雲雷雨山川壇，御街前左鼓樓，右鐘樓，亦各有橋。今有舊址存焉。

　　滋陽縣城　池。按《縣志》，磚城一座，周圍一十四里二百步，高三丈，垜高七尺，基廣二丈四尺，月牆四座，各高三丈二尺，垜高七尺，共高四丈一尺，垜口五千八百九十三個，窩鋪五十座。城樓四座：南樓，額曰德政，後改延熏；東樓，額曰九仙，後曰宗魯；西樓，匾曰泗水，後曰望京；北樓，匾曰青石，後曰拱極。近更洗其舊，曰南達吳會、北拱神京、東連海岱、西聯趙魏。馬道闊一丈五尺；壕深一丈二尺，闊三丈，零河自黑風口西流入城，分兩股，於南北繞城一匝，會西郭平政橋，彙而西流，中設三閘而入濟州。按故城在城東三里，後遷今處。明洪武十八年，封建魯府，因舊規狹隘，命武定侯郭英開拓今制。嘉靖四十一年，西門迤南數百步坍塌長三丈五尺，估計修砌物料工食，申允動支府庫銀六十二兩九錢二分，知縣李之茂照舊例役夫助工補完。舊例，城垜、樓鋪坍塌損壞，軍三民七修理。任城衛派分東門樓迤北左所一鋪起，至北門樓迤西第二鋪止，計鋪舍一十六座。滋陽縣派分東門樓迤南起，至北門樓迤西三鋪止，計鋪舍三十四座。嘉靖四十二年，知縣李之茂具由申詳巡撫都御史張批分守道查議明白，札行本縣，今任城衛撥軍看守，如在三年以外倒塌者，滋陽縣照舊分地方修理，在三年內查係折損者，任城衛賠償，違者查究問罪，滋陽亦不時委官查看。崇禎十五年十二月，大兵破城，城之南門、北門、東門同日焚毀，知縣李瀠現在議修。（附郭縣）

　　曲阜縣城　按《縣志》，城高二丈，厚半之，周圍十里，南北九百步，東西九百一十四步，外甃以磚；池深一丈，廣稱之。城門五，東曰秉禮，匾曰"尼防聳翠"；東南曰崇信，匾曰"東魯文邦"，隆慶間移對先聖廟，遂塞之，萬曆五年，管縣事同知孔弘復因居民原輳集於此，不便出入，請於當道復開；西南曰仰聖，匾曰"萬代瞻仰"；西曰宗魯，匾曰"洙泗環粹"；北曰延恩，匾曰"泰岳精華"。

　　鄒縣城　按《縣志》，城磚砌，周圍四里零八十步，外甃以磚，高一丈六尺五寸，垜高四尺五寸，基廣二丈二尺，上廣一丈六尺，計城垜一千五百二十八；城開四門，東曰瞻岳、南曰崇教、西曰襟濟、北曰延魯；城上四正樓，四角樓；窩鋪九座，北城三座，東西南各兩座。按鄒城，舊在嶧山之陽。至宋元嘉十三年，徙今治。明正德初，增築高厚，沙土不堅，歲加修補，邑人病之。萬曆五年，知縣馮中州改砌以磚。天啓二年，鄆寇徐洪儒等襲據，鄒城總兵楊肇基、都閫楊國棟等帥官兵攻擊，城陴、樓櫓多所損壞。崇禎二年，知縣黃應祥復重修。明末，土寇抄掠，數被侵犯，垛陴傷裂。至皇清順治五年，知縣於進忠改修大垛三百七十五。康熙七年，地震，垛口多壞，知縣張文錦修之。

寧陽縣城 按《縣志》，城池始築自宋，上下以土。金大定二年，縣尉完顏阿令速增修。明成化十八年，工部主事喬縉復加葺理。正德六年，流賊殘掠，邑幾爲墟。十年，知縣紀洪重修，附以四門甕城。嘉靖九年，知縣陳本儒以磚甃西門甕城。萬曆五年，知縣李貞以磚修北門迤東一面。九年，知縣許恩設法創建，悉圍以磚，爲題四門，東曰寅賓，舊名望泗；南曰迎薰，舊名迎恩；西曰寶成，舊名臨洸；北曰拱極，舊名瞻岳。周圍四里五十步，高一丈七尺；池深八尺，闊一丈二尺，蛇眼諸泉紆曲旋繞，因名爲縣河焉。但城外磚而內土，舊時水從外泄，積久而淤，旁行直滲，土潰磚崩。萬曆三十一年，知縣徐汝冀申請修理，登垣閱視，乃悉其故，因改水道於內，以散其流。至皇清康熙二十四年，知縣陳學夔、縣丞余方、典史嚴旦捐募重修，斯內外彌固云。

滕縣城 按《縣志》，城池，魏隋以前皆理城西，今稱故縣。城蓋魏隋郡城也。唐宋降爲縣，更築而小之。金元因之，舊惟土城。明時洪武二年，指揮唐某者甃以磚石，知州薛原義創修梁壩隄，引梁溪水由黃山橋入池。成化八年，知縣郁亨、千戶鍾理，增修城土，闊三尺，高二尺，女墻、樓櫓多所增飭，周五里許，高三丈五尺。地震城崩，磚石盡傾。門樓四，池深一丈五尺，廣三丈五尺，浮橋四，復浚引梁溪水入之城隍，映帶頗勝他邑。

泗水縣城 按《縣志》，城周三里一百餘步，高一丈六尺；池闊一丈二尺，深如之，不詳所始。成化年間，知縣曹瓏修築。弘治十三年，知縣俞清增卑培薄，創建城樓，區其四門，東曰寅賓、西曰寅餞、南曰廣居、北曰長樂。嘉靖二十一年，知縣蔣偉繼修，復區其四門，東曰探源、西曰達聖、南曰阜民、北曰拱宸，今爲望斗門。但基本土築，屢修屢圮，隆慶元年，知縣羅許砌以雜石，貫以灰沙，周圍完固，稱永賴焉。

嶧縣城 按《縣志》，城圍四里許，高一丈二尺；四門，東興賢、南望仙、西迎恩、北仙壇；壕深二丈，闊三丈。本元嶧州舊城，改就西南隅，尚土築。成化二十二年，知縣毛鳳鳴始甃以石。弘治十一年知縣許承芳，正德七年知縣馮昂相繼修葺。嘉靖九年，知縣李孔曦建東西門樓，月城未備。二十五年，知縣王濟繼修。萬曆十年，知縣王希曾暨典史江德容重修南北城樓，增築更鋪。萬曆四十八年，知縣馬希曾修西北隅。崇禎元年，知縣胡從禮大修，邑人侍御褚德培有記。

金鄉縣城 按《縣志》，城築土爲之，周圍七里零三十步；門四，東曰東作、西曰西成、南曰南熏、北曰北拱城；外爲隍，闊四丈六尺，深一丈一尺；隍外爲重堤，周圍十一里，高九尺，闊一丈二尺。城隍，自弘治十六年，知縣高魁、主簿唐鵬重修，正德六年，流賊壓城下，民賴保全，追思立祠。後圮塌淤填，不堪保障。萬曆六年，知縣楊楫奉巡撫趙幫修，倍加高厚，城根原闊一丈七尺，高二丈三尺，又計地輸柴，燒磚一百餘萬，重新東西門樓，增高六尺，外更爲瓮門，門臨深塹，裹以鐵葉，城上女牆易以磚，修磚垛二千一百八十三個，增修城鋪一十五座，鳥革翬飛，屹爲雄鎮，復以餘磚包城鋪一百八十三丈。萬曆八年，知縣杜糜繼包二百八十七丈三尺。萬曆九年，知縣李鳴世繼包五百五十六丈七尺，儼然金湯之險，甲於他邑。天啓二年，妖亂後，知縣楊於國議增築瓮城於四門，外渾用大石，高與城等，工未舉而遷去，成之者，知縣張著銘也。嗣後，天多霖雨，城垣、門樓漸多塌損。天啓五年，知縣李國泰逐一修補，其繩草工役匠價，俱捐本縣俸薪爲之。又外城甃磚，大半風化，復立官窯一座，於演武場側置買柴薪，燒造磚灰三萬有奇，添補完固，又創造南城腰鋪二座，夫役取之在官者，民間並不知有興作云。後四門城樓、瓮城，歲久漸就傾圮。皇清康熙十二年，知縣傅廷俊捐俸重修，煥然一新。

魚臺縣城池 按《縣志》，土城，周七里，高二丈二尺；門三，東曰仰岱、南曰橫菏、西曰達汴，北無門而匾曰望京。地鹵易潰，修葺無寧歲。門外跨濠，各以浮橋出入，濠深二丈，廣三丈，濠環一小堤，外復環一大堤，連接割弃舊城，同爲保障焉。康熙三十年，知縣馬得禎倡捐重修。

單縣城 按《縣志》，舊土城，垣固池浚，周九里三十步有奇，始於成周，歷漢唐宋元。明朝正德間，河水浸灌幾二十年。迨嘉靖癸未，秋霖雨，河漲，夜倏入城，萬民室廬遂告廢，越四年，乙酉，巡撫都御史王公堯封以行部至，喟然嘆曰："匪城胡邑，匪邑胡民！"乃與布政郭紹、按察司潘塤、兵備副使王言、參議劉淑相、兗州府知府喻智共相地於城北之原，卜定基址，命參議侯位董築經理。既成，城復甃以磚甓，周五里一百五十步，高二丈五尺，下闊三丈，上闊一丈五尺；四門各建樓櫓，東曰東作、南曰阜財、西曰西成、北曰朝京，門內耳房各兩座；門外鑿池，深一丈，闊四丈二尺，池岸有子堤，關外環以大堤，東西北三面共長八里許，高一丈五尺，根闊六丈，頂闊二丈，舊城北牆借爲南面，四圍相合，遍植楊柳，翁鬱可愛。近因寇侵城下，有礙砲石，樹遂伐盡。

城武縣城 按《縣志》，邑城自元泰定三年始土築，高二丈八尺，周圍四百三十丈七尺，闢四門以通出入。明知縣鄭漢城四角創建角樓，爲守城巡夜瞭望之所，後盡廢。皇清知縣王素臣於康熙三年新建東北角樓。池匝於城，闊二丈五尺，深一丈，池水遇潦則溢，遇旱則涸。

曹州城 按《曹州志》，曹城歷代遷置不常。自明正統十一年，置州乘氏地，巡撫張驥、知州范希正暨學博徐思學創設城池。天順間，知州伍禮偕同知張浩、判官翟湛建四門及城樓。成化二年，告成，其門皆飾以鐵券，以磚石區於東曰宜春、南曰迎熏、西曰豐樂、北曰朝天。歲久傾頹。正德六年夏四月，兗西憲副吳學奉敕整兵，命同知孫環督工，知州李貫、吳瓚相繼繕修，判官王經、邵能、吏目劉概協心分理。又明年冬十月，告成，城周十有二里，高二丈五尺，堞垣高五尺，趾闊三丈；池深一丈五尺，廣四丈；城之四隅及門之左右皆築敵臺十二，每隅敵臺上皆建角樓凡四座；沿池及四關皆繚以郭郭，環以溝塹，一如城池之制，而殺其三之一；城門外有吊橋，有郭門，有關門，區其東曰東秩、西曰西成、南曰阜民、北曰拱辰，其上建戍樓，左右隅皆設窩鋪。嘉靖元年，州守沈韓離城五里周圍築大堤，防水護城。二十三年，兵備金清王傳以邊檄告急，準州守王重申請重修，增築城高七尺，添建門樓、角樓、更鋪凡二十八，堞垣凡二千餘。萬曆二十一年，州守許恩重加修飾。三十三年，以大雨水，城隍湮頹，樓鋪、堞垣俱就傾圮，州守周燁起役重修，一切更新。四十八年，分巡許鼎臣以邊警，復告檄州，加葺城面以一丈爲度，城樓、角樓、敵臺、窩鋪悉鼇然整飾，區四城樓，東曰"春波旭日"、南曰"風入虞弦"、西曰"鳳臺霜曉"、北曰"雲里蓬萊"，復於城門額嵌石爲區，東曰雙河、南曰南華、西曰鳳山、北曰濟陰。城以內東西大街五道，小街二道，南北共街七道，分爲四隅。東南西北名曰在城集，每日貿易不絕。

曹縣城 按《縣志》，洪武二年，州判閻本既徙州於此。四年，改州爲縣。正統十一年，知縣范希正又於葉氏舊地營建曹州，升去，而知縣陳嘗繼任，始築城鑿池，城周九里，立門四，東曰望岳、南曰阜民、西曰鎮川、北曰迎恩，橋道欄櫺俱。成化間，王肅重修，環植以柳。弘治己未，鄒魯重修。門建以樓，而角樓、戍鋪亦次第備具矣。自弘治壬子，都御史劉公築堤，縣北河自西來，邑無歲不受其害，兼之歲久沙填，城與外平，居人出入率自城頭，門不能受車馬。正德六年，易謨築護城堤一周，創始未堅。至八年，趙景鷟始僉謀大修城垣，城濠高厚深廣倍加於前，又築護城堤周十二里，高二丈，基倍之，邑人王崇仁有記。嘉靖丁未，水漲決城，是時，河行城南僅八里，後屢經修補。至崇禎間，知縣郭萬象繼建四門，易直為曲，瓮城、門樓、角樓、戍鋪、馬道皆磚為之，又浚濠池，設牛馬墻一周，曹於是始為完城，邑侯郭萬象有記。

定陶縣城 按《縣志》，縣城舊在寶乘塔西北，緣黃河衝頹。成化元年，會有邊警，朝廷命天下有司皆築城，知縣沈紹祖因築土城於此地，圍九里許，四門各建戍房，有吏部尚書李公秉撰記，見"藝文志"。正德六年，流寇劉六、齊彥明等逆黨數萬殘破山東郡縣，知縣紀洪亟加浚築。八日城完，城下有馬道，內外俱有濠塹，增築瓮城并護城堤，民始可守。既而賊至，悉衆攻者三晝夜，卒保無虞，教諭侯仁有全城碑，見"藝文志"。正德五年，知縣劉溉修南門，額曰迎熏。嘉靖元年，署印曹州州判秦錡修西門，額曰環曹。六年，知縣修北門，額曰拱極。十年，知縣劉倫修東門，額曰宗魯，其門皆飾以鐵葉，甃以磚石，戍房俱易以樓。十二年，知縣芮京增築敵臺十六座。四十三年，有劇盜陳良謀者欲據青州作亂，巡撫四川張公檄各府州縣修城郭以備警，知縣唐桐重修。萬曆二年，知縣李礦重建城門樓四座。六年，知縣黎邦琰重甃四門及瓮城，益以粉堞二千七百有奇。十年，知縣李四勿城上益角樓八座。二十二年，知縣陳以見因雉堞為霖雨所壞，復加增修。二十四年，知縣楊充順砌水溝四十四道。天啟二年，妖逆徐鴻儒倡亂，攻陷鄰邑，知縣朱萬年益加修築，城守卒賴以安。崇禎十一年，北警甚亟，知縣張汝賢創甃月城門四座，俱與城門相連，合併雉堞一千三百有奇，以便守禦。皇清順治十二年，知縣趙國琳因城久壞，大加修葺，較前完固，四門吊橋，深浚濠塹環匝，城始可守。

濟寧州城 按《濟寧州志》，濟寧磚城，明洪武三年，濟寧左衛指揮狄崇重建。五年，成，高三丈八尺，頂闊二丈，基趾寬四丈，方九里三十步，一面各二里九十七步五分，女墻舊凡三千六百個。皇清順治初，總河楊方興歸併，改建堆堄一千八百，敵臺二十有四，樓櫓十一，高三丈有奇。翥鳳樓，在南門上，崇禎十七年火毀，順治十二年，總河楊方興重建。太白樓，在翥鳳樓左，洪武二十四年，狄崇重修。元武樓，在翥鳳樓右，天順元年火，重修，八年，又火，今廢。望岳樓，在北門上。得勝樓，一名文勝樓，在望岳樓西，今改爲奎光樓。聖化樓，在東門上，崇禎十七年火，今闕。思麟樓，在西門上。㠜繹樓，在城東南角，今爲五奎樓。洸泗樓，在城東北角。凝翠樓，在城西南角，今爲曾子樓，以三省書院改運河同知公署，移像於此。耀金樓，在城西北角。南門榜曰"野人青徐"、東門榜曰"鄒魯接壤"、西門榜曰"獲麟古道"、北門榜曰"雲連海岱"。大旗臺十座，小旗臺五十座，城鋪凡五十各三間。萬曆十年，指揮楊方亨建修，磚砌水渠七、鐵窗、水門子，城樓櫓高二丈五尺有奇。會通樓在南瓮城上；拱辰樓在北瓮城上；賓暘樓在東瓮城上；近治樓在西瓮城上，遇火，今闕。女墻凡三百，城四門皆鐵關三重，左右各有小門。營房，每門左右各五間。登城馬路，每門各二。蕭墻，每門各二。登城軍路，每子城各一。城河周十三里二百三十五步，闊四丈五，深一丈五。德勝樓西及東西北三門，皆新添附城敵樓一座，與城頭平，自內而下炮眼三層，明末所建。

嘉祥縣城 按《縣志》，土城創自金皇統間，後圮於水。正隆初，遷橫山之陽。復苦水患，大定十五年，乃城於萌山之麓。成化三年，知縣趙瑄、主簿戴允中始加修築，崇丈餘，周圍約四里，其東北跨萌山，無隍，皆築土爲之。弘治十四年，僉憲馬驚檄知縣李倫開設西南馬道，城跨山之上者皆砌以石，約五之一。舊四門，東曰瞻魯、西曰獲麟、南曰南武、北曰鳳城，後用堪輿家言，於儒學前門一門，名曰采芹，置樓焉，而南門遂塞。其後，歲久城圮。萬曆二十二年，知縣劉思顏、典史戴進忠重修，增石蓋，上視昔厚倍之。至二十三年十月，南門復開，而采芹門亦仍舊云。石城，修自明崇禎間，始於東兗兵憲陸夢龍巡方登閱，謂"時值多事，城土崩裂，遇雨輒潰，萬一變故，叵測何恃以無恐"，乃捐俸銀八百兩，伐石修砌，命署縣金鄉縣丞吳秉鑒董其事，會陸憲遷秩去，旋亦報罷。沿至崇禎十二年，盜賊紛起，城爲霪雨所壞者十之六七。知縣李昌年爰集都人士，約砌以磚石，各因厥力，鄉官杜嘉慶首肯，久之遂與眾紳士議，以次領修如左，會李病卒，江文淳代之。閱辛巳三月，乃落成。城崇二仞餘，廣半之，用石者十之八，磚者十之二。歲久城復傾圮，康熙甲寅，知縣徐之駿率典史馮奇重加修砌，並建東西二門樓。

鉅野縣城 按《縣志》，邑之城周九里，高一丈五尺，闊一丈六尺。成化四年，知縣劉林築。正德五年，知縣牛鑾金守觀改修。按至正八年，濟寧路當河水衝激爲害，甚久議，謂宜徙濟寧路於濟州，徙鉅野縣於城北邢家務，濟寧可權罷去，錄事司宜併於鉅野縣邢家務，即今縣治也。護城有堤，堤高一丈，闊如之；環城有池，池深五尺，廣一丈有奇；四門之額，東曰凝和、西曰遂昌、南曰延熙、北曰拱德；高樓門四座，鐵裹；平樓重門四座，鐵裹；計里置巡舍，各設火甲老人，催轉更籌，鈴柝相聞，民得無警。

鄆城縣城 按《縣志》，城周圍三百九十步，高二丈五尺；門四，東曰通濟、西曰枕濮、南曰迎熏、北曰拱極；池深一丈，闊七尺，長如城之數。成化間，連公盛以舊制湫隘，因加修浚，建樓築橋，稍爲壯觀。弘治、正德、萬曆間，歷任知縣相繼重修。天啓壬戌，知縣田吉以妖變故，遂更築鑿，增高深焉。皇清康熙壬戌，閱六十年，風雨剝琢，土垣坍塌者過半，知縣陳良謨出粟募民力幫築，內闊增四尺許，外增尺餘，厚復如故，周圍垛堞傾圮亦十之七八，陳復出俸金，置買磚灰，鳩工砌築，城垣一新。護城堤，周圍十里，舊築以防水，年久就圮，文公森復增修，後爲居民平，治幾沒，卒有水患，何賴乎！

東平州城 按《東平州志》，故鄆州城在州西五十里，即隋所置須昌縣也。唐徙鄆州治於此，後唐因諱，改爲須城。宋初，仍爲鄆州。真宗咸平三年，河決鄆州，東南注鉅野入淮，西城中積水壞廬舍。三月十一日，翰林待詔朱慶奉宣詔旨，州守姚鉉奉旨移建州城於汶陽之高原，築土爲之，周圍二十四里，高二丈，闊八尺；南北各一門，東西各二門，西之南門閉塞不行，城東南、西北各一缺，刺史姚鉉有《移遷鄆州謝表》，載在"藝文"。興定之季，毀於兵火。明初，門宇倒壞。洪武，設東平所守禦，自北門以東至大東門城角屬軍，餘俱屬民，協力修持。洪熙間，知州李湘因舊趾重加修築。嘉靖己酉，知州李升見濠隍堙圮，且旁多隙地，遂浚隍令深，遍植以柳，引廬泉水溉之，繞城二十餘里，蓮蒲魚稻，遍滿其中，所入供四時報享及充賓旅館穀，民力爲之一寬。萬曆五年，知州丘如嵩見城垣塌損，銳意整理，其磚灰則取給官窯，其人役則簡庶人之在官者，互相易代，越數旬而規制一新，有郡人侯寧撰記，載"藝文"中。崇禎五年，因盜變水災，城堞雕敗，分守東兗道陸慨任其事，多方設處，偕知州常維翰、同知王金鉉等晝夜勤勞，躬行督理，費資近萬，城堤一時俱修，州人建立祠堂祀之，郡人宋祖舜碑記載"藝文"中。崇禎十三年，復有盜警，知州王奠民率闔州紳衿、士民分其丈尺，重加修築，獨郡人經歷楊膏光、楊膏照獨任一面，自大東門至東北城角約數十丈，垛口堅厚，城下護堤二層，後土寇竊發，獨此處不攻，城賴以全。其護城堤，則建城時所築，外有沙河圍繞，自陸公修後，數十年來，汶水泛漲，東南夾堤而下，歲歲衝灘，昔猶殘缺，今已與河俱深矣，洪流浩蕩，城門傾圮，端有待於後人。

汶上縣城 按《縣志》，邑之城周十二里有奇，不知始自何代。然唐李太白有"東樓醉起作"及"城隅綠水"之句。《五代史紀》"王彥章事"云，"中都無壁壘"，抑兵亂之後墮廢耳。明以來，其相繼而興版築之役者，成化間則為王徵，正德間則為王栻，嘉靖間則為董世卿新葺；城堞門樓，王昱、賈淮各加修理；及末年，趙可懷始以磚甃其樓。隆慶間，張惟誠復甃其月城。至汾州李迪吉隨鳩工置陶，擬甃全城，時萬曆十年也，經始於西北，至今猶壁立如堙焉。准郡城高至二丈七尺，厚二丈五尺；城四門，俱有題額，東曰醉白、西曰懷冉、南曰觀河、北曰望岳。月城之門，東曰千室金湯，後易曰寅賓東作；南曰盛世崇屹，後易曰茂對南薰；西曰平秩西成；北曰遙拱北極。郭門，東曰春育、南曰康阜、西曰向化。邑之池原無經流，即隍浚之深廣五丈，西門外廣三丈，惟邑北三里許蒲灣泊水舊分一支，南繞城下，由鹿莊、次丘等村入蜀山湖，時於上流建閘以節之，閘在城北二里許鮑家村東，經春不涸，楊學士文敏公詩云："清流環郭自成池"，是也。劉賊之亂，縣令左經嘗引其水以自固。今歲久淤塞。冬春之間，其逸入者僅西城一綫，未足恃也。然秋夏之交，汶流溯溢，浮堤而南者，必仍瀦於民田，宜浚南流故道，引之城下，則民田不沒，且以備緩急云。

東阿縣城 按《縣志》，縣城舊在今治之北八里新橋鎮，即今所謂舊城也。明洪武八年，知縣朱真避河之害，遷於穀城，築土城，周圍四里一百三十步有奇，高一丈八尺，城樓五座，草昧之初，規制簡略。弘治十二年，知縣秦昂增修樓堞，更甃磚石，開拓關廂，深鑿隍塹，由是漸次壯麗。萬曆間，知縣田樂、白棟以城垣卑薄，不任保障，相繼增修城垣并女牆，高二丈五尺，磚石垛口一千二百五十三，角樓十，更鋪五，城內有狼溪河貫流其中。

安平鎮城，鎮在元爲景德，今之張秋是也。雖在東阿境中，亦有陽穀、壽張暨五方之人，而東阿居民則强半焉。蓋國家漕運之咽喉，實稱重地鎮。故無城，萬曆七年，都御史趙賢巡行郡邑，欲建鎮城，知縣朱應轂欣然協謀，實主是役，於是城之，城方八里，高二丈五尺，四門各樓，四角亦各樓，厥制跨運河而環之，其南北渡口爲水所出入者，難以啓閉，則爲敵臺四座，各建以樓，以戒不虞。於安平士民，永奠厥居，屹然一重鎮矣。

平陰縣城 按《縣志》，平陰係舊土城，塊然隴阜，知縣張性、成任創修石城，建立敵臺，磚砌垜口，石板鋪頂，欄馬、水道、四門、階級俱用石砌，修城門樓四座，腰鋪八座，角樓四座，鳩工於癸未之三月，落成於甲申四月。雖周圍僅三里許，而城高池深，堅聳完固。環城壕堞間，植楊柳數百株，所以固堤，望之森秀，誠爲壯觀，所謂一勞永逸，萬世之保障也，士民悅服，欣頌立碑。東門曰望岱、西門曰澄源、南門曰錦川、北門曰拱極。至萬曆甲寅，以久無科第，開東南門曰興文，及開而累不利於首貢，尋塞。乾樓，在西北城上，邑人孫玧與知縣孫世恩建，從形家言，利闔城風水，名曰迎恩樓。壬辰，黃河水溢至城下，加以霪雨四十晝夜，遂半就傾頹，知縣陳秉直倡率包甃，凡三閱月，完固如昔。

陽穀縣城 按《縣志》，城舊址周匝廣八里，不知始於何代。明成化五年，知縣孟純改營，各方式增一里，因拓爲一十二里，墻高五丈，厚三丈，池深二丈，廣如之。其四門，東曰迎恩、南曰會盟、西曰柔遠、北曰拱極，上各建瓦樓，寬可肆筵，而四隅角樓亦容布席。正德間，知縣盧鑒復築外垣，但草創之時，雉堞皆築土爲之。萬曆五年，知縣吳之問乘歲稔，令畝輸一磚，不旬月而功竣，其附門四橋，東曰惠民、南曰廣濟、西曰通利、北曰大順，俱構木爲之。歲久圮敝，萬曆二十五年，北橋爲水湮沒，知縣傅道重令民以土實之，隨致瀠流不通，三方病涉，歷今未經再造。又於沿城四圍，植柳千餘，外築土堤二重，高丈餘，渠深尋許，夾岸植柳護之。歲久，木橋官司有耗采，而無增植。萬曆三十三年，知縣范宗文命延袤補植千株，頓覺改觀。崇禎元年，知縣黃卷因城垣漸頹，大起民夫，繕修孔固。迨明季，罹兵燹之變，又遭土寇之亂，墻墉塌壞，樹木無存，居民鮮少，一望皆瓦礫荊榛，大非昔日規模矣。皇清康熙十一年，知縣王天璧始議修復。

壽張縣城 按《縣志》，故土城，四圍僅五里，卑薄，無磚門，無遂池，不詳其始。竊考縣移於洪武十四年，縣治、儒學俱云本縣知縣譚道創建。成化三年，知縣魏崇修築。門四，東曰迎恩、西曰來賓、南曰永寧、北曰安賢。甲辰，知縣張玉林始券東西門。弘治丁巳，知縣趙希魁建東西門樓。辛酉，知縣趙俊民創，興築甃城高三丈，廣二丈，上廣七尺，下有馬道，並券北門。甲戌，知縣彭球券南門，新作東樓，並置城上小鋪。庚辰，知縣吳玧始爲外濠，深二丈，廣三丈，築堤植樹。嘉靖壬寅，知縣馬天倫築修甕城、外門樓、窩鋪、門俱石，匾東曰"扶桑朝暾"、西曰"崦嵫返照"、南曰"熏風鼓治"、北曰"元虛鈐鍵"，邑進士趙守愚題。嘉靖己未，知縣況澄門外甃石爲渠，上置吊橋，並新南樓，築護城堤高二丈，廣一丈。萬曆壬午，知縣趙汝仁砌磚城垛口。丁未，知縣周三錫重修植樹。順治七年、九年，荆隆口水決，城淹，屢經修理，隨修隨壞。順治十七年，守道張公捐俸檄行知縣陳潢修築全城，加厚四門，外建八字牆十六座，影牆四座。兗府王公、陽穀、東阿、鄆城、朝城、棠邑、壽張標營各有捐助。

沂州城　按《沂州志》，磚城一座，周圍九里，高二丈五尺，闊一丈。垛口三千七百八十二個，城堡五十座；城樓四座，南樓額曰望淮、東樓額曰鎮海、西樓額曰瞻蒙、北樓額曰宗岱；南門三層大樓之外又小樓二座，東門二層大樓之外又小樓一座。康熙七年，地震，南門、北門僅存小樓，東門僅存大樓，餘俱坍毁。馬道闊八尺，濠深一丈，闊一丈六尺，炮臺四座。康熙七年，地震，垛口俱無，四門磚石壅塞，牆垣行走成路。迨康熙十二年，詳請題奏，奉旨給帑節核八千餘兩，知州邵士董事重築，凡延袤廣闊一如舊制，女牆、樓垛建築重新，萬年之圖得以永賴。

郯城縣　按《縣志》，城在古郯國舊城南。元末，沂州守禦王信始徙於此，築土城焉。周圍約五里八十步，高一丈二尺，闊八尺；門三，南曰臨淮、西曰宗岱、北曰拱極。正德五年，知縣黃琮修北門，建樓於上。嘉靖二十一年，知縣郎湘修南門、西門，各建樓視北門。萬曆五年，知縣趙蛟又建小角樓四座。萬曆十一年，大雨，南門崩坍，知縣顔若愚重修，並創建鼓樓於東城上，內塑文昌帝君像。萬曆二十一年，知縣文廣始甃磚城，四門樓各建闕閱、重樓，四角各建磚樓，規制恢廣，女牆鱗峙，巍然成雄鎮焉。康熙七年，地震，四樓俱倒塌無存，城傾大半，尚未修整，城壕遂成巨浸，爲城之害，闔縣苦之。

費縣城　按《舊志》，舊土城，周圍八里。洪武，避兵，截其南半，今城止四里。成化五年，知縣殷禮重修，爲石城，高丈八尺，創建城樓，四門各有名號，刻石，東曰望沂、南曰映文、西曰仰聖、北曰瞻蒙。嘉靖、萬曆間，因大水及霪雨，城門塌損，知縣吳從禮屢加修葺。至二十七年，鄌州王建亳以東門外太廠重築城墻，謂之瓮城。皇清順治二年，土寇猖獗，知縣趙錫彤修。以後或雨或水，屢傾屢修不一。康熙九年十一月地震，十年八月地震，城垣復塌，知縣張士志再修。

東昌府

《職方典》第二百五十卷
東昌府部彙考二
東昌府城池考　府志
本府（聊城縣附郭）

東昌府城　枕漕河西岸。宋淳化三年，自博州遷此。舊築以土。明洪武五年，守禦指揮陳鏞陶甓甃焉，周七里有奇，高三丈五尺，基厚二丈；門四，東曰寅賓、南曰南熏、西曰納日、北曰鎖鑰；樓櫓二十有五，環城更廬四十有七；附城爲郭，郭外各爲水門，釣橋橫跨水上；池深二丈，闊倍之三；護城堤延亘二十里。萬曆七年，知府莫與齊奉撫按檄重修，諭德於愼行有記。

堂邑縣城　土城，周圍六里有奇。明初，知縣陳孟隆築。成化戊子，知縣馬忠增置樓櫓；門四，東曰迓翠、南曰接楚、西曰通秦、北曰拱極；建水門二。嘉靖丁酉，知縣張壽又建瓮門二，北曰會歸、東曰帶海。俗呼爲白雀城，相傳白雀翔集於此。明末，失修，又以地震多頹壞。今重修，漸復舊觀。

博平縣城池　土城，周圍四里餘，高二丈五尺，闊二丈；池深一丈，闊倍之，築自宋景祐中。明洪武初，練宗政重修。正德辛未，知縣堅晟增陴浚隍，流賊不能犯，遁去，有《三山林魁全城記》。萬曆六年，知縣鄭材撤土堞易磚；建四門樓，東曰旭陽、南曰對熏、西曰望津、北曰瞻闕。崇禎十二年，北城門毀。皇清康熙二年，知縣褚巍重修。

茌平縣城池　土城，周圍三里有奇，高二丈四尺，廣一丈五尺；池深一丈五尺，廣倍之；門樓四，東曰近聖、南曰通會、西曰首化、北曰拱極。正德六年，知縣顧永重築。萬曆十年，知縣王國弼浚南北之隍，爲橋各一。

清平縣城池 土城，周圍六里，創自宋宣和間。元至正中，知縣劉搢重修，高三丈二尺，廣一丈六尺；池深二丈，廣如之；門四，東曰迎旭、南曰望魯、西曰鎮遠、北曰拱辰。

莘縣城 創始莫詳。明成化十九年，知縣賈克忠重築，增南北門。弘治二年，知縣顧嚴夾堤植柳。十三年，知府李舉拓之，周圍一千六百三十三丈，高二丈五尺，闊一丈；門四，東曰永清、南曰阜民、西曰大有、北曰伊田。正德七年，知縣王琛建外城，四門各構門樓三楹。崇禎五年，知縣孫愈賢加浚築，增樓堞。

冠縣城 土城，周圍四里，高一丈五尺；池深五尺，廣三丈。嘉靖二十一年，知縣姚本築護城堤，延亘十里；門四，東曰崇明、南曰純化、西曰阜城、北曰永安。萬曆二十二年，知縣劉莊申請甃磚，砌城南面，以疾去，知縣馮嘉會、王照繼砌三面，工乃大備，改題門名。

臨清州城 始在衛河西，宋建炎間，移曹仁鎮。明洪武初，徙治汶衛之間。正統間，平江侯陳豫築城，周圍九里有奇，甃以磚石，高四尋，基廣三尋；外鑿隍，深廣皆九尺；門四，東曰威武、西曰廣積、南曰永清、北曰鎮定。弘治乙卯，兵備副使陳璧增置女牆，築月城，疊石爲橋者四。正德辛未，霸州盜起，副使趙繼爵築羅城以衛商賈之列肆於外者。嘉靖壬寅間，虜窺臨清，巡撫曾銑、副使王揚拓而廣之，名新城，延袤二十里，跨汶衛二水；爲門六，東曰賓暘、曰景岱，南曰欽明，西曰靖西、曰綏遠，北曰懷朔，又爲水門三，各爲戍樓，對峙其上，爲月城四，爲更廬三十有二。嘉靖辛亥，巡撫王抒、副使李憲卿爲敵臺三十有二。己未，副使張鑾修戰艦，增樓櫓、水門，各築翼樓二，有雲橋射竇，攻守之具甚備。皇清順治癸巳，副使傅維鱗重修。

丘縣城 土城，創自元至元二十七年，縣尹劉英築。明成化年，縣丞唐英重建，周回八里，高一丈六尺，闊八尺；池深八尺，闊一丈六尺。嘉靖二十一年，知縣於周臣作南門。二十二年，知縣許紳築護城堤。萬曆三年，知縣侯國安重修。皇清順治七年，知縣李應軫重建門樓。十一年，城爲漳水所嚙，知縣黃在中、張焜各隨宜修補，張珽重建門樓。

館陶縣城 土城。明成化丁亥，知縣唐禎築，周圍五里，高二丈五尺；池深二丈，闊如之。弘治十三年，知縣瞿鑒重築。萬曆二年，知縣李衝奎增修。

高唐州城 土城，周圍九里。明正德辛未，霸州盜起，知州張絃增築，高二丈，闊一丈；池深三丈，闊一丈五尺。嘉靖壬子，以城中多潴水於北門，塞之，今門三。

恩縣城 土城。明洪武七年，始遷邑於此。成化三年，巡撫原杰檄縣丞高安築，周圍五里餘，高三尋有奇，闊半之；池深一丈五尺，闊三丈；門樓五，東曰東作、西曰西成、南曰迎熏、北曰拱辰、又北之西曰廣順，以西北地廣故設二門云。萬曆二十二年，知縣孫居相重修，又新南門。崇禎四年，知縣劉含輝增修門樓、敵臺。

夏津縣城 土城，周圍六里餘。隋竇建德轉輸之地。天順間，知縣薛正築。正德六年，知縣張翰增修，高二丈八尺，闊一丈；池深一丈五尺，闊十二步。嘉靖丁酉，知縣易時中新四門橋，規制漸備。明末城壞。皇清初年，知縣姜念重修。嗣是，知縣夏人佺、張吾瑾、董時升繼修。

武城縣城 土城，宋大觀中徙築此。元毀於兵。明成化三年，知縣姚顯重築。嘉靖九年，河決，知縣王時雍增補，周圍四里許，高二丈二尺，闊一丈九尺；池深一丈五尺，闊三丈。隆慶三年，知縣金守諒增卑培薄，而城益壯。皇清順治六年，知縣房萬達又加浚築，增置敵樓。

濮州城 土城，明景泰三年，知州毛晟徙築於此，周圍七里，高二丈四尺；池深一丈五尺，闊四丈。正德六年，流賊入境，知州王棟創建弩臺、敵樓拒之，賊引去，及李焆以磚易土堞，屹然稱壯。

范縣城 土城。明洪武庚申，圮於河，知縣張允徙築今治，周圍七里餘，高一丈六尺，廣七尺；池深八尺，闊一丈二尺。後為河齧。弘治辛酉，知縣薛鑒修築。明末，殘於土寇。皇清初，河決，城垣盡圮，今漸議修復。

觀城縣城 土城，周圍九里有奇，高二丈八尺，闊二丈；池深一丈五尺，闊如之；門三，東曰承德、西曰肅政、南曰麗正。正德六年，毀於賊，知縣石胼修葺。隆慶四年，知縣方維藩重修。

朝城縣城 舊城，在張韓店。明洪武間，知縣郭繡徙築於此，周圍五里有奇，高二丈七尺，厚二丈五尺；池深一丈，闊二丈。正德辛未，盜起，知縣蔡童飭堞浚塹，又依城建墩舍，列卒守之，盜不能近。

青州府

《職方典》第二百六十二卷
青州府部彙考四
青州府城池考　通志州縣志合載
本府（益都縣附郭）

青州府城　磚城。自廣固東陽廢遷之後，北齊始築今城，南枕山麓，北帶河流。歷唐宋金元明率皆覆土。明洪武三年，都指揮葉大旺增修，樓堞砌以磚石，周圍二十三里有奇，高三丈五尺，壕闊如之，深一丈五尺；四門，東曰海岱、南曰雲山、西曰泰山、北曰棱霜，東南北三門皆有月城、重關。十一年，都指揮丁德修東陽廢城，與今城相合，門皆磚砌，雄壯精巧，工未及完，以齊藩國除而止。天順元年，都指揮高源、知府徐郁、趙偉建北門敵樓三座，重修東門、南門、敵樓四座、角樓四座、窩鋪二十六所。正德七年僉事牛鸞，十年知府朱鑒，嘉靖八年知府江珊相繼修葺。十三年，僉事康天爵增築西門月城。皇清康熙七年，地震，樓堞圮壞，分巡青州道僉事鄭牧民捐俸重修。

顏神鎮城，在府城西南一百八十里。嘉靖三十六年，巡撫傅頤、巡按段顧言、兵備副使王世貞創建，周五百丈，為門四，內外俱甃以石，濟南李攀龍記。

廣縣城，漢齊郡屬，舊在府治西南四里，瀑水澗側。

臨淄縣城　在古齊城西南，當古城之半。元末，達魯花赤李仲名改築，周圍六里，高三丈；隍深一丈，廣倍之；門四，東曰朝陽、西曰通晝、南曰迎恩、北曰望京。明成化三年，知縣蔣鳳復砌四門。正德十年，知縣馬暹築月城，護以崇堤。萬曆二十三年，知縣張汝雨重修，易以磚。崇禎十六年，知縣鄒逢吉築空心敵臺十座。

博興縣城　土城，元末毛貴陷益都，遣偽丞修築，周三里二百九十步，高二丈三尺，下闊一丈五尺，上闊八尺，堞用磚計一千七百五十三；城內馬道闊一丈，外馬道闊八尺；門樓五座，東曰朝宗、西曰通濟、南曰來熏、北曰拱極、東南曰迎秀，城角樓四座；壕深七尺，闊倍之，其始建無所考。明正德五年，知縣王光增築墩臺二十，引小清河水入壕。嘉靖六年，知縣張集因水門闕，闢迎秀門，浚濠，插柳栽蓮，類河間郡。崇禎八年，知縣翁兆雲修築城樓，增置敵臺。

高苑縣城 明初以前無考。景泰四年，知縣蔡澄創立土城，周圍五里三十步，高三丈；為門者四，南曰顧清、北曰拱辰、東曰賓陽、西曰望秋；池深一丈，廣倍之。歲久圮，正德六年，本府同知張宏因流賊之亂，大加修浚。嘉靖元年，知縣蔡翠增建樓於東門。二十年，知縣杜鏞撤縣譙樓及東門樓，於四門各建一樓，南門增築甕城；舊鐘鼓在北城，移鐘於西城樓，移鼓於東城樓，以警晨昏。二十九年，知縣葛臣增修雉堞一千四百。萬曆四年，知縣單濱增修雉堞而易以磚，始塞顧清門。

樂安縣城 土城，圍九里有三十步，高二丈五尺。成化間，知縣馬亮所加築也。門四，東曰東作、南曰阜財、西曰西成、北曰通濟。池廣二丈，深一丈。正德七年，僉事牛鸞檄知縣張宗德復補築，城滋以完厚。嘉靖間圮，知縣郭中重修。萬曆初，知縣姜璧兩築，厥外陴樓咸新。六年，臺臣以星變，檄慎封守，知縣崔汝孝於內增築八尺餘，建角樓四，望堡十七，又於垣下內築馬道，外築護堤，各極高厚，徧植楊柳於池際，巍然稱保障矣。

壽光縣城 城北去海涯一百里，南距彌水十五里，西距夾河十里，東距彌水亦十里。城垣周三里半，高二丈，基闊稱之，上闊減其一；闢五門，南曰來熏、東曰迎旭、西曰宗岱、東小門曰青陽、西小門曰瞻辰。正德六年，知縣張良弼重築之，增置敵樓、月城。七年，知縣劉瀾於隍外築堤護之。九年，知縣李楷繼葺其門。嘉靖十一年，署印推官李延馨又增築之。二十年，知縣許元祥復修之，於北城上始建臺榭。萬曆九年，知縣徐伸復修之。崇禎五年，署印通判李維憲增築二小門之甕城。東小門外舊無關廂，隆慶初，知縣溫純始以舉人李芊地創造街市，名曰觀化。崇禎十三年，知縣劉升祚始甃以磚石，邑人馮治運捐千金以首其事，剋日而功成，城門皆重設。以歲久漸圮，皇清康熙三十五年四月六日，知縣劉有成具文詳明捐修重造，即於是日經始，至十月十一日落成，遂復堅壯如初。

臨朐縣城 舊土城。元至正十七年，盜據益都，其黨李華自稱右丞據此，因加修築，周圍三里，高二丈；池闊一丈六尺，深五尺；二門，南曰朐陽、北曰古駢。明景泰二年知縣陳安，成化二年知縣卜釗，二十年知縣張璉，正德八年知縣姚文明，嘉靖十年知縣褚寶相繼修葺。崇禎十三年，知縣任遠因救荒興役，易以磚石。

安丘縣城 土城，元至正末，元師王野驢守禦，重修，周圍三里有奇，城高一丈六尺；池闊一丈七尺，深半之；門三，東曰威武、南曰太平、北曰乘勝。明洪武初，新闢內外馬路。弘治十八年知縣王敬之，正德七年縣丞劉恭，十年知縣周璋，嘉靖中知縣楊時太、邵大章，萬曆中知縣熊元相繼修築。

諸城縣城 即唐密州，舊爲南北二城。明洪武四年，守禦千戶伏彪修葺，合爲一城，周圍九里，高二丈七尺；池闊一丈九尺，深半之；門五，正南曰永安、正東曰東武、正西曰西寧、東南曰鎮海、西南曰政清，門各有瓮城、有樓、有重門。正德八年，知縣申良葺。嘉靖中，青州同知王鍾靈、知縣祝天保、梁淮，萬曆中知縣趙楫、李觀光皆繼修。

蒙陰縣城 原設石城一座，周圍一里零二百步，內外俱石塊包壘，牆連垛口共高一丈六尺，城門樓三座，角鋪四所，窩鋪四個，磚垛五百七十四個，內馬道一丈，外馬道八尺，濠深三尺，闊八尺，東門樓名曰望海、西門樓名曰瞻岱、南門樓名曰文昌。故城創建無考。明洪武三十年，百戶龍勝重修，止有東西二門。成化三年，知縣白良輔拓南門一座，名曰正觀。正德九年，知縣梁緒始將故城甃以石，改正觀門曰文昌。嘉靖四年，知縣王銳重修東門。至崇禎五年，知縣趙珍增修外牆。八年，知縣許連榜又加修葺。皇清順治九年，大雨，城圮其半，知縣陳崇詁修。康熙七年，地震，城大圮，知縣詹龍翔修。

昌樂縣城 土城，周圍四里。明成化二年，范威修。正德六年，知縣謝譽增築。嘉靖三年，知縣何洪增修門樓、角樓、腰鋪、重門。萬曆二十四年，知縣張美以石築東南二面。三十一年，知縣宋名世築西北二面，門易名，東曰永清、西曰臨丹、南曰熙寧、北曰望海。崇禎十一年，知縣劉芳奕築外土城，又築丹河二壩，引水入濠爲護城之計，後以河水泛溢，尋廢。

莒州城 古城陽城地，周九里，元至元間，參政馬睦火者鎮莒，以城大難守，截去西南北三面，止修東北隅爲今城，周圍五里，門三，東曰望海，南曰狀倉，後更曰文明，北曰沙浦。正德辛未，復修，城高二丈二尺，池闊二丈七尺，深半之。萬曆二十五年，知州某始築以磚，今以地震大圮。

沂水縣城 舊土城，天順間，知縣陳孜築以磚石，周圍二里有奇，高二丈二尺五寸；池闊二丈，深一丈一尺；爲門者三，東曰東莞、南曰沂陽、西曰西成。正德六年，流賊毀城門、敵樓，知縣汪淵重建，增置敵臺、鋪舍。嘉靖二十一年，知縣趙應元重建西門，知縣汪淵有記。

日照縣城　土城，金置縣時所築。元至正十七年，毛貴寇益都，邑人相士安率衆修築固守，周圍二里，高二丈有奇；池闊一丈五尺，深半之。明正德壬申，攝縣事州判王伯安重修，門三，東曰永安、西曰太平、南曰望海。萬曆二十一年，知縣楊一岸重修，甃以磚，有給事中鍾羽正作記。先是，知縣張執中於城西又築土城三面。皇清康熙七年，地震，城大壞。

登州府

《職方典》第二百七十四卷
登州府部彙考二
登州府城池考　通志府州縣志合
本府（蓬萊縣附郭）

府城　城周九里，高三丈五尺，皆磚石；門四，東曰春生、南曰朝天、西曰迎恩、北曰鎮海；門樓連角樓共七座，窩鋪五十六，上下水門各三，小水門一；池闊二丈，深一丈。明洪武間指揮謝觀、戚賓，永樂間指揮王宏相繼築浚。萬曆間，倭犯朝鮮，增築敵臺二十八座。崇禎間，知府桂輅、戴憲明先後增高三尺五寸。

水城，在大城北，相連，原名備倭城。由水閘引海入城，中名小海，爲泊船所。洪武九年，立帥府於此，周三里許，高三丈五尺，闊一丈一尺，門一曰振揚，樓鋪共二十六座。萬曆丙申，因倭警，總兵李承勳甃以磚，東北西三面共增敵臺三座，南一面仍舊，知府徐應元重修。崇禎十一年，知府陳鍾盛、同知來臨增修。

黃縣城　舊土城，頗闊。洪武五年，守禦千戶韋勝病於難守，中分其半改築之，周二里有奇，高二丈四尺；四門，東曰正東、南曰朝景、西曰振武、北曰鎮海，上各有樓；池闊一丈四尺，深八尺。十八年，革千戶所。正德十一年，知縣周淳因水患逼近，更築，仍作水門以泄水。嘉靖二十二年，知縣賈璋重築。萬曆二十二年，知縣張彙選甃以石，增築樓堞。崇禎十三年，邑紳范復粹題請增修，知縣任申麟竟其事，增高三尺，重建敵樓、瓮城、敵臺、敵樓、炮樓、窩鋪以及東北、西北角樓二座，重浚城濠、吊橋、馬墻，一切堅完。皇清康熙六年，地震，門樓俱壞。十一年，李蕃重修四門樓，浚池濠，泉水流通。

福山縣城 舊土城，多圮。洪武四年，分萊州衛右所備禦於此。九年，置登州衛，撤萊州衛右所，還調登州衛中前所，備禦千戶貝貴修。永樂九年，千戶周圯砌以磚石，周二里，高二丈二尺，闊一丈；門三，東曰鎮寧、南曰平定、西曰義勇，建敵樓於上；池闊一丈五尺，深八尺。宣德間千戶王海，天順間千戶王鈺，弘治十五年知縣應珊、千戶王麒，萬曆六年知縣華岱、千戶盧汝弼相繼修築。十九年，因倭警，知縣張所增修雉堞、敵臺。四十二年，毀於水，知縣傅春修築。四十三年，知縣宋大奎竟其事。

棲霞縣城 舊土城，凡二重許，甚卑隘。成化六年，知縣婁鑒稍加增葺，然北阻峻阪，跂足可窺。正德間，流賊陷城。嘉靖三十七年，倭夷流薄，士民驚徙，知縣李揆相其形勢，廓其規模，伐石鳩工，閱月粗成。萬曆六年，知縣鮑霖始竟其功，高丈餘，廣六尺；門四，東曰寅賓、西曰迎恩、南曰環翠、北曰迎仙；樓四、鋪三。城阻山石，池不可鑿，南帶河水，雨集則漲，為城患。十年，始甃石堤，長一百五十步，護城址。二十五年，知縣鮑紋建瓮城一座，敵臺八座。崇禎十二年，知縣鍾其偉增城三尺。皇清順治五年，知府張尚賢重修。

招遠縣城 舊土城，偽齊劉豫始置。元末毀於兵。洪武三年，王明善建。正德六年，知縣申良築，周二里有奇，高二丈四尺，闊一丈二尺，樓鋪八座；池闊一丈二尺，深一丈；門三，東曰鹽泉、南曰通仙、北曰望海。嘉靖三年，知縣羅錦增修東南門，曰雲路。十一年，知縣屈允元重修石城。

萊陽縣城 舊土城，周六里，高一丈八尺，闊一丈二尺，池稱是。晉元康間築。洪武三十一年，指揮鄧青復築。正統五年，知縣郭敏重修。弘治二年，知縣吳昂增修，以鐵裹門。正德十四年，知縣司迪改磚城，增敵臺八座；門四，東曰望石、南曰迎仙、西曰太平、北曰旌旗，邑人都御史李鐸記。嘉靖三十四年，知縣牛山木重修。崇禎十六年，署印推官胡守德、知縣關捷先重修。

寧海州城 舊土城。洪武十年，指揮陳德砌以磚石，周九里，高二丈二尺，闊二丈；門四，東曰建武、西曰奉恩、南曰順正、北曰鎮海；樓鋪二十八；池闊二丈五尺，深九尺。弘治初，副使趙鶴齡令州衛兼修。正德七年，流賊陷，萊陽知州章諍重修。嘉靖二十六年，大水壞城，知州李光先重修。萬曆二十年，因倭警，知州陳善浚池，水環四面。二十二年，知州張以翔增修垛口、城樓，創角樓及敵臺十二座。三十九年，大水，知州王以仁重修。

文登縣城 舊土城。洪武元年，萊州鎮撫韓整重修，周七里，高二丈，闊一尺；門三，東曰望海、南曰新建、西曰昆侖；樓鋪共十五座；池闊三丈，深八尺。嘉靖間，知縣胡景華、張先相繼修之。萬曆八年，知府劉自化議甃以石，知縣郭包田峻事，增高五尺。十四年，知縣李需光復修。

文登營城，土城周三里，東西南三門。

威海衛城，磚城，周六里有奇，高一丈七尺，闊一丈，門四，樓鋪二十；池闊一丈五尺，深八尺。

成山衛城，石城，周六里一百六十八步，高二丈八尺，闊二丈；池深一丈二尺，闊稱是，今堙；門四，東曰永寧、西曰迎恩、南曰鎮遠、北曰武寧；樓鋪二十四。洪武三十一年建。崇禎十二年，文登知縣韓士俊、教諭臺爾瞻、成山衛指揮唐文煊、姬肇年重修。

靖海衛城，石城，周九百七十一丈，高二丈四尺，闊二丈，門四，後以倭患，塞西門，今存三；樓鋪三十九。洪武三十一年，建池，深一丈，闊二丈五尺。

大嵩衛城，磚城，周八里，高一丈九尺，闊一丈五尺，池深二丈，闊八尺；門四，東曰永安、南曰迎恩、西曰寧德、北曰鎮清；樓鋪二十八座。洪武三十一年，指揮鄧清築。

奇山守禦所城，磚城，周二里，高二丈二尺，闊二丈，門四，樓鋪十六；池闊三丈五尺，深一丈。

寧津守禦所城，磚城，周三里，高二丈五尺，闊二丈三尺，門四，樓鋪十六；池闊二丈，深一尺。

海陽守禦所城，磚城，周三里，高二丈，闊一丈二尺，西南二門，樓鋪二十九；池深一丈，闊二尺。

金山備禦所城，磚城，周二里，高二丈三尺，闊五尺，東南二門，樓鋪二十；池闊二丈二尺，深一丈八尺。

百尺崖備禦所城，磚城，周三百六十步，高三丈，闊二丈五尺，南北二門，樓鋪六；池闊一丈五尺，深九尺。

尋山備禦所城，磚城，周三百九十六丈，高二丈五尺，闊三丈，東西南三門，樓鋪十五；池闊二丈，深一丈。

大山備禦所城，磚城，周四里，高一丈五尺，闊一丈五尺，門四，樓鋪十五；池闊一丈，深七尺。

黃河寨城，石城，周一百三十八丈，高二丈五尺，闊一丈五尺。

劉家汪寨城，石城，周一百八十丈，高二丈五尺，闊一丈三尺，南一門，樓鋪五；池闊一丈，深五尺，今堙。

解宋寨城，石城，周二百四十丈，高二丈五尺，闊一丈三尺，南門，樓鋪五；池闊一丈，深五尺。

盧洋寨城，磚城，周二里，高二丈七尺，樓鋪六，東西二門；池闊一丈，深七尺。洪武二十九年，百戶張剛築。

清泉寨城，磚城，周二里，高二丈五尺，闊一丈五尺，門一，樓鋪六。

《舊志》云，外墩堡土城，承平日久，有址而盡圮者，止存其名耳。

萊州府

《職方典》第二百八十二卷
萊州府部彙考二
萊州府城池考　府志
本府（掖縣附郭）

萊州府城池　磚城，洪武四年，萊州衛指揮使茆貴建。後圮壞日甚，萬曆二十六年，朝鮮倭警，萊州道盛稔等修，周九里有奇，高三丈五尺，闊二丈；門四，東曰澄清、南曰景暘、西曰武定、北曰定海；城下為池，深二丈，闊倍之。

平度州城池　舊土城，洪武二十二年，知州劉厚築，周五里有奇，高三丈，闊一丈五尺；門三，東曰迎陽、南曰永定、西曰安慶；池深九尺，闊倍之。成化十二年知州林恭，崇禎十年知州杜志攀重修，石城，高闊皆加三尺，三門樓櫓，煥然一新。

濰縣城池　漢時土築，周九里三十步，高二丈八尺，闊一丈五尺；門四，東曰朝陽、南曰安定、西曰迎恩、北曰望海，各有護樓；四隅有角樓；環繞四圍池深一丈五尺。正德七年，流賊陷城，本府推官劉信重修。

崇禎十二年，知縣邢國璽甓石，城高四丈有奇，厚二丈五尺，周圍一千三百四十九丈有奇，垛口凡一千六百有奇；正樓五，角樓二，敵臺二十八，堡屋炮房間之；瓮城三，北門舊無瓮城，乃起空心樓一；池闊二丈，深五尺，衛以崇墻。東門外借白浪河爲池，沙虛善崩，每秋水瀑漲，危城虞圮，後郭知縣大起堤壩，堅厚可恃，今亦稍圮矣。

昌邑縣城 土城，周圍五里有奇，高一丈八尺，闊一丈五尺；隍池闊二丈二尺，深九尺半。宋建隆三年建，門三，東曰東興、西曰西成、南曰迎恩，每門樓各三楹，堡十二。元至元十一年重建，增角樓四。明正德六年，值流賊之變，本府同知劉文寵重修。嘉靖中，知縣李天倫重增東南角樓，並繕完各堡。萬曆初，知縣侯鶴齡修補，增添瓮城，建三外門，城池益高深其制。三十八年，河決浸城，知縣卜有徵重修，將三門俱改，東曰映瑞、西曰迎禧、南曰延爽。崇禎十三年，易土城爲磚，城加高三尺，闊五尺。皇清順治七年，濰河決，浸坍東門，知縣劉偉改東門南向，題曰永順，西曰重慶。

膠州城池 明初，止有土城，後千戶袁申義乃重營城郭，即於舊址外甓以磚石，周環四里許，計四百八十二丈六尺，高二丈五尺，臺廣丈餘，城築八百八十；濠周圍五百七十八丈，闊三丈，深一丈五尺；闢爲三門，東曰迎陽、南曰鎮海、西曰用成，門上有重樓，樓角三間；城四隅各有角樓三間，巡城窩鋪舊爲十七，今省爲八。正德中，城漸傾圮。萬曆初，重修。皇清順治十六年，城東門迤南崩塌數十丈，知州趙民善重修。康熙七年，地震傾頹，城無完垛，知州孫蘊韜詳請修葺。

高密縣城 舊土城。元至正十二年，知縣秦裕伯築，周三里有奇，高二丈五尺，闊一丈二尺；門四，東曰廣惠、西曰通德、南曰永安、西南曰保寧；池深一丈，廣倍之。嘉靖二年，以屢經寇患，知府郭五常始以磚築。萬曆二十年，知縣范垣復增設敵臺，厚隍崇堤。

即墨縣城 舊土城。元至正十一年，知縣呂俊築，周四里，高一丈六尺五寸，闊丈餘；門三，東曰朝海、南曰環秀、西曰通濟，上各建重樓；四隅有角樓；池深七尺，廣二丈。正德六年，流賊逼境，知縣高允中重建。萬曆二十八年，因倭警，知府龍文明、知縣劉應旗易土以磚。

王徐寨城，甓甃，周二里，高一丈五尺，闊一丈，南北二門；池深八尺，廣一丈。在府東北八十里。

馬亭寨城，石城，周二里，城高一丈五尺，闊一丈，南北二門；深八尺，廣一丈。在府東北六十里，今圮。

竈河寨城，磚城，周二里，高一丈五尺，闊一丈，南北二門；池深八尺，廣一丈。在府北五十里，今圮。

馬埠寨城，周二里，高一丈五尺，闊一丈，南北二門；池深八尺，廣一丈，在府西二十五里，今圮。

靈山衛城，磚城，洪武三十五年建，周三里，高二丈五尺，門四；池深一丈五尺，闊二丈。在膠州東南九十里。

夏河寨城，石城，周三里有奇，高一丈七尺，闊二丈五尺，門四；池深六尺，闊一丈五尺。在膠州西南。

鰲山衛城，磚城，洪武二十一年，魏國公徐輝祖開設，指揮僉事廉高建，周五里，高二丈五尺；門四，東曰鎮海、南曰安遠、西曰迎恩、北曰維山；池深一丈五尺，廣二丈五尺。在即墨東四十里。

即墨營城，土城，在縣北十里，宣德八年建，周四里，高一丈五尺，闊一丈五尺，門四。

雄崖所城，在即墨縣東北九十里。

張家寨城，土城，在即墨縣西南五十里里仁鄉陰島社，周二里，高二丈一尺，闊一丈。

樓山寨城，土城，即墨縣南四十里里仁鄉南曲社，周二里。

金家嶺寨城，在即墨縣南七十里仁化鄉浮峰社，周二里。

子家莊寨城，在即墨縣東南九十里仁化鄉鄭疃社。

蕭旺莊寨城，在即墨縣東南五十里海潤鄉蕭旺社。

走馬嶺寨城，在即墨縣東北九十里移風鄉顏武社。

羊山寨城，在即墨縣東北一百里移風鄉興仁社。

大港寨城，在即墨縣東北六十里海潤鄉皋虞社。

栲栳島寨城，在即墨縣東北九十里移風鄉興仁社。

田村寨城，在即墨縣東北九十里移風鄉古清社。

山西總部

太原府

《職方典》第二百九十六卷
太原府部彙考四
太原府城池考　府志
本府（陽曲縣附郭）

府城池　宋太平興國七年建，偏於西南。明洪武九年，永平侯謝成因舊城展築東南北三面，周圍二十四里，高三丈五尺，外包以磚，池深三丈；門八，北曰振遠、曰拱極，南曰迎澤、曰承恩，東曰宜春、曰迎輝，西曰阜城、曰振武，外各建月城，上各建樓；角樓四座，周垣小樓九十二座，敵臺、邏室稱之，崇墉雉堞，壯麗甲天下。昔人有錦繡太原之稱，良不誣矣。後漸傾圮，嘉靖四十四年，巡撫萬恭重修大城、城門樓及敵臺。萬曆三十五年，巡撫李景元重修。崇禎末，日以傾壞，大樓僅存，小樓亡者十二三，又闖逆焚毀東南角樓，議者謂巽地屬文，恐晉士不振，亟宜補葺。皇清順治七年，巡撫劉洪遇捐俸倡屬，建磚樓以補之，較舊樓狹小。順治十七年，巡撫白如梅重修，大小樓煥然一新。未幾，椽檐半折，瓦屋飄零，蓋地近汾流，卑濕鹻氣上侵，易於朽壞。康熙十六年，知縣戴夢熊補葺。

南關城池，明景泰初，巡撫朱鑒令居民築，周圍五里七十二步，高二丈五尺，女墻高五尺，垛口一千七百三十六，底闊一丈三尺，收頂九尺。城門五，東居其二，大樓五座，角樓四座，敵臺樓共三十八座，濠塹並攔馬墻深一丈五尺，闊二尺。嘉靖十九年，布政使吳瀚重修。四十四年，巡撫萬恭磚包並築連城。後經闖逆僞總兵陳永福拆毀，皇清順治十七年，巡撫白如梅重修，東西牆與大城連接。

北關小土城，周圍二里許，高二丈四尺，惟有南北二門，女牆四尺，垛口六百五十，底闊一丈，收頂七尺，角樓四座。亦經賊毀，巡撫白如梅補葺。

安民堡城，在城西北八十里凌井驛，周約四十四丈，高二丈二尺，厚一丈六尺。

全民堡，在城西北六十里天門關，周約八十五丈，高一丈五尺，厚一丈六尺。

生民堡，在城東北八十里紅土橋，周約二十四丈，高如安民，厚少讓。以上三堡，俱明崇禎間建。

新堡城，明嘉靖四十四年，巡撫萬恭築，居太原新營士卒。

太原縣城池 縣治，初改晉陽城南關。明景泰元年，知縣劉敏因舊基始築，城周圍七里，高三丈，壕深三丈；門四，東曰觀瀾、西曰望翠、南曰進賢、北曰奉宣。正德七年，邑人少師王恭襄始倡知縣白晟重修，上各建城樓、角樓。十二年，又倡督知縣梅寧崇廣之。十四年，復倡知縣吳方作埤以磚，其崇六丈，廣五丈。嘉靖二十一年，因北兵入境，縣人王朝立、高汝行等復率邑人勸分財力，更加補葺，又外增敵臺三十二座。隆慶二年，知縣王世業增城一丈。萬曆十八年，知縣陳增美舊壕外築女牆，牆外浚壕，闊十丈，深三丈，植柳環岸，涌注東南，至今賴以守險焉。崇禎十四年，知縣朱萬欽重修磚包。皇清順治間，四隅建大樓十有二，周垣小樓九十三，敵臺邏室稱之，城門八，崇堆雄堞，壯麗甲天下。

榆次縣城池 舊土城，周圍五里，高三丈，根廣四丈，上廣二丈，池闊與高等，深半之，爲門三，上建樓櫓，創自隋開皇二年。明景泰元年，重葺。成化十九年，知縣趙緇增築。二十三年，知縣梁琮始鐵其門，內外仍甃以磚石，沿堤植柳護之。嘉靖二十年，分守參政王儀檄知縣李鵬重加修飾，禮請致仕知府寇天與督理勸率，歷數月而功成，增高五尺，廣一尺，撤土埤悉易以磚，置敵臺二十，角樓四，警鋪十有六，池外復列垣爲蔽。二十五年，城南樓毀於火，知縣俞鶯毀淫祠重建，仍新其三門，扁其東曰迎曦、南曰觀瀾、北曰望岳，視昔倍壯。隆慶元年，知縣董三遷四面悉以磚甃，復增置敵臺一十有六，警鋪一十有二，三門各建大樓，而西門久塞，萬曆三十二年，知縣史記事爲居西者農作繞遠，風氣障抑，復開西門，瓮城、城門與三門等，題曰帶汾，而四面環向，屹然壯觀矣。順治六年，火焚東城樓，知縣楊三知補建。

南關城池，土城，圍五百四十七丈，高一丈九尺，廣一丈二尺；池闊二丈，深丈餘，上置樓櫓、雉堞。明嘉靖二十一年，知縣李鵬、主簿梁柱創建。萬曆二十一年，知縣徐守謙恐土城易圮，申議督撫蕭大亨檄令磚甃。二十五年，知縣張鶴騰增修，悉易以磚，周回六百五十三丈，高三丈三尺，根闊二丈五尺，上闊一丈八尺，置敵臺一十有二，高與城等，池外別垣高五丈，爲門三，各建樓三間，扁其南曰萬春、左曰東作、右曰西成，視昔壯麗，一方恃以無虞。皇清仍舊。

鳴謙驛城池，在縣北二十里，圍三里許，東西南三門。明景泰七年，驛丞李昶肇建。嘉靖二十二年，知縣李鵬承公檄展築，疏鑿故池，導泉流環繞其外。皇清仍舊。

太谷縣城池 後周建德四年，始築土城，周圍一十二里，高一丈八尺；池闊一丈，南面被淤泥壅塞，惟存三面。景泰元年，知縣劉鐸重修。正德六年，因流寇入城，太原府同知張冕來署邑事，增築之，高二丈五尺，四面用磚包砌，上建重樓，各四楹，扁其東曰長樂、西曰登豐、南曰永康、北曰拱辰，知縣陳繼昌四隅復建角樓。嘉靖辛丑，北兵入犯，城垣頹壞，縣丞王璋、主簿安恩重加修築，愈增高厚，東北二門創瓮城，西南各設重門。知縣趙紳來尹茲邑，每面築敵臺六座，構樓於上，各二楹，浚其隍而深之。嘉靖丁未，署印主簿趙鶚四面復增敵臺，而城垣始堅固矣。隆慶元年，兵破石州，餘騎薄城下，兵退。次年，知縣初旦益增高厚，南門加瓮城，改其扁東曰賓暘、南曰麗正、西仍曰登豐、北曰眺燕，而城益雄勢矣。萬曆四年，知縣賈西土奉文用磚包修城基，壘石約五尺許，自基至堞頂三丈七尺六寸，基闊四丈二尺，四角敵樓並四面城樓各重修飾，周圍警鋪五十六座。城上之道，俱用磚砌，闊視其城堞，道之裏益以回垣，池外復列垣爲蔽，沿堤植柳護之，巍峨壯麗，儼然有金湯之固矣。皇清順治五年，姜逆叛雲中。六年五月，賊翼乘間據城。十月，我兵攻擊，炮碎北城，東半壁毀敵臺三座。七年，知縣戴可進重修。嗣後環邑生水，始而陂塘，既而巨浸，民屋盡圮，城復頹毀。十一年，郝應第於城西北隅開水門一座，淤水盡泄，仍於城垣內外樓櫓、邏室、陴堞、女墻，遍加葺治。南瓮城門舊正南向離，十一年，知縣郝應第改建東南向巽，崇墉壯麗，祥氣萃止，可稱金甌無缺矣。

祁縣城池 土城肇自後魏，并州別駕分瓚所築，圍四里餘三十步，高僅二丈五尺，厚約一丈八尺，門壕、馬路粗備。明知縣岳魯增築，署印太原衛經歷莊科加高闊各五尺，計創築東南二門樓，起造層閣，餘月城、警鋪、諸舍咸用增飾，浚壕四面各深一丈，闊三丈，內墻一道，高六尺，外堤一道，高七尺，闊一丈，壕下植柳樹二千餘株，又扁其門，東曰瞻鳳、西曰挹汾、南曰憑麓、北曰拱辰，金湯壯麗，稱雄障焉。舊治，南門向東，北門向西，無何南北門俱改正。其城東北隅女墻下置溝渠四十有七，不知創自何人，父老相傳以爲泪痕。明季以來，人思剡補而力不能。皇清康熙四十四年，知縣朱珵因士民之請而力任之，渠則填平，南北門仍復原治焉。

西關城池，明嘉靖二十年，知縣王允言創築，底闊二丈，頂闊一丈，陴墻高五尺，東北門各一座，南門三座，敵臺八座，俱設樓舍，西南北面各浚壕一道，深一丈，闊三丈，護墻一道，東倚大城壕。隆慶四年，知縣胡以祚磚易土陴。皇清仍舊。

南谷豐堡城池，在縣西北二里，明嘉靖二十年築，圍二百二十步，高二丈五尺，底闊二丈，頂闊九尺，女墻高五尺，門一座，敵臺六座，俱有樓舍，壕一道，深一丈，闊二丈，護墻一道。

高村堡城池，在縣東北七里，明嘉靖二十年築，圍四百步，高二丈五尺，底闊二丈，頂闊一丈，女墻高五尺，門一座，敵臺一十座，俱有樓舍，壕一道，深一丈，闊二丈，護墻一道。

西六支堡城池，在縣北一十里，明嘉靖二十四年築，圍四百八十步，高二丈五尺，闊二丈，頂闊一丈，女墻高五尺，門一座，敵臺九座，俱有樓舍，壕一道，深一丈，闊二丈，護墻一道。

武鄉堡城池，在縣正東二十里，明嘉靖三十年築，圍一百二十步，高二丈五尺，底闊一丈，頂闊八尺，女墻高五尺，門一座，敵臺四座，俱有樓舍，四面深溝數丈，護墻一道。

溫曲堡城池，在縣東南十里，明嘉靖二十年築，圍二百步，高二丈五尺，底闊二丈，頂闊八尺，女墻高五尺，門一座，敵臺四座，俱有樓舍，壕一道，深一丈，闊二丈，護墻一道。

白圭堡城池，在縣東北三十里，明嘉靖二十年築，圍四百一十步，高二丈五尺，底闊一丈七尺，頂闊八尺，女墻高五尺，門二座，敵臺四座，俱有樓舍，壕一道，深二丈，護墻一道。

谷戀堡城池，在縣東北十八里，明嘉靖二十年築，圍五百五十步，高二丈五尺，底闊二丈，頂闊二丈，女墻高五尺，門二座，敵臺七座，俱有樓舍，壕一道，深一丈，闊二丈，護墻一道。

　　賈令堡城池，在縣正北十五里，明嘉靖二十年築，圍八百步，底闊二丈，頂闊一丈，女墻一丈，門三座，敵臺一十六座，俱有樓舍，壕一道，深一丈，闊二丈。

　　王村堡城池，在縣東北七里，明嘉靖二十年創築，周圍三百六十步，高二丈五尺，底闊二丈，頂闊一丈，女墻高五尺，門二座，敵臺七座，俱有樓舍，壕一道，深一丈，闊二丈，護墻一道。

　　安寨城池，在縣東南三十里子洪鎮雙泉山頂，明嘉靖間設，圍二百六步，西面墻高二丈，壕深闊各一丈，東南北三面墻高一丈九尺，臨溝門一座。

　　來遠寨城池，在縣東南七十里來遠鎮東山頂，明嘉靖間設，圍三百二十步，高六丈許，四面臨溝，上壘石墻五尺。

　　徐溝縣城池　城之規制，舊惟土垣，周圍五里十步，護城無池，但剜渠以防外患而已。至宋南渡，金大定三十八年設縣，始築。明宣德八年，金水河泛漲，夜半從東門入，廟宇、民舍湮沒傾頹，止有北門尚存。景泰三年，知縣李維新督工修治。至嘉靖十三年，知縣王懷禮重修，更加高厚，復鑿隍限，內外完固，且於城壕周匝栽植柳樹千有餘株。二十二年，知縣周誥睹城上女墻傾圮，并值辛丑、壬寅二歲有邊警，因易以磚堞，又創角樓四座。四十二年，知縣王邦憲每一敵臺增蓋小亭各一間。至隆慶元年八月，流賊從石州深入，至祁縣、太谷，近徐，南鄉居民恐甚。隆慶二年，知縣鍾爵將城更增高厚。次年，復加東西南瓮城三座。萬曆元年，知縣劉選於城外創築堤堰，自社稷壇起至南壇止。萬曆五年，知縣吳三省奉文令太原、榆次、太谷、清源四縣協濟磚灰，包修其城基，壘石自基至堞頂高四丈餘，底闊三丈，上闊一丈五尺，周圍一千一百五十三丈。自五年起，七年秋完工，城上俱用磚砌堞道，城內外俱有馬道、水道、池堰。舊制惟南門有樓，萬曆八年，知縣金一鳳於四城門上創建門樓四座。至十年，知縣於彥英扁其東曰融和、西曰豐樂、南曰迎熏、北曰拱極。三十三年五月二十日，濠浴河水驟漲，將南關堤堰衝塌，水深丈餘，知縣柳捷芳申修堤堰百有餘丈，以防外患。舊南瓮城門南向，直衝北門，北關門無瓮圈。三十九年，知縣王敷學改南瓮門東向，北關門增瓮圈門。皇清康熙九年，知縣趙良璧因四門城樓頹圮，捐俸重建，以稱壯麗，其東扁曰"懋勤東作"；南曰"熏風解慍"，內向曰"曼臨丙德"；西曰"碩望西城"，內向曰"長庚悉慶"；北曰"晉陽鎖鑰"；又於北關城東開二耳門，農務甚便；復於正北關門上建巍閣，扁曰"徐封重鎮"；隨浚池瀦水，建蓋橋梁四座；池堰周圍植柳千餘株，居民利賴，至今德之。二十五年，蒙聖恩發帑修城，知縣陳義輝遵修南城二十七丈。三十六年，太谷縣知縣署徐溝縣事包秉奎捐俸修東城二十五丈。後三河數漲，復壞東城六十八丈有奇。四十九年，知縣王嘉謨捐俸勸輸。

北關土堡城，周圍四百二十丈，高二丈七尺。

懷遠堡城，周圍一百五十三丈，高二丈七尺。

西楚王堡城，周圍一百七十丈，高三丈五尺。

大常堡城，周圍一百四十五丈，高三丈。

清源縣城池 隋開皇十六年，因梗陽故城築，周圍六里二百步，闊一丈，基倍之，高一丈八尺；池深一丈二尺，闊一丈五尺；南、西、北三門，上建戍樓，周以女墻。明弘治二年，知縣胡顯宗開東門，後因汾河水患，復塞。嘉靖後，知縣於資、曾光、盧賓彥、李景先，縣丞樊自新先後增築，高至四丈，厚至三丈。萬曆十九年，知縣邵莅重修，復開東門，創建門樓，南面與關城接連處各建懸樓一座。崇禎十四年，知縣岳維楨增修一百一十丈。十六年，知縣鄭經接修，磚包一百丈，自西門起迤北至北門止。皇清順治十七年，知縣和羹重修，因申上臺，杜絕外縣土功包攬之害，邑民稱便。

南關城，舊爲梗陽城，北連縣城，東南西三面共四百九十九丈三尺，門四，敵臺八。順治十七年，知縣和羹增築砲垜，申准院司名爲新城。

西關城，周圍三百四十丈，門三，敵臺六，今廢，關內有市樓一座，久廢。順治十八年，知縣和羹重建改名鎮樓。

北關城，周圍二百八十丈，門三，敵臺六，今廢。

交城縣城池 唐天授二年，長史王及善始徙縣治，築土城，周圍五里餘九十步，高一丈五尺，爲門三，上建櫓垜。至元末，院判王浩重修。明洪武三年，增修。景泰元年，典史邵琮重修。嘉靖二十一年，北兵南下，都司檢校前御史舒鵬翼督同署縣知事姬宗岐增高五尺，補築坍塌者約十餘丈，引禮覃世家義修城北一樓。二十六年，知縣鄭鎬增厚五尺，加高一丈，益置敵樓三十四，各冠以警鋪，池闊與高等，深强半，沿堤植柳護之，開創西門，為月城，為重門，上各建樓櫓。三十八年，知縣宋瑠撤土陴悉易以磚，共千有五百，城連高四丈，根厚二丈五尺，頂闊丈尺不一，增修樓櫓，東面尤為壯麗，門各題名，東曰據晉、南曰帶汾、西曰搤秦、北曰枕山。隆慶四年，知縣韓廷用周回增厚，各樓廢壞仍修飾之，東榜曰"永康樓"、南榜曰"人和樓"，北城復高其基，而易之以廳，西則仍舊焉；四角各冠以樓，樓各十二楹；女墻一道，石壘三尺；鑿池深廣各三丈，外復列垣為蔽，俱包以磚石，增高丈餘，門樓、角樓、敵臺規制較前俱闊，足為一方保障云。皇清康熙九年，知縣趙吉士重修四門，城樓各懸其額，北曰擷翠、東曰飲光、南曰麗景、西曰來爽。縣東南各有關，惟東延袤二里許，民居稠密。明嘉靖二十年，知縣鄭鎬創築墻垣，高二丈一尺，根厚二丈，頂闊九尺，塹深一丈，廣如之。隆慶四年，知縣韓廷用重修，增高一丈，其厚得高之強半，其外為馳道，為隍深廣各與高等，其堤列垣為蔽，植柳護之，四面缺門內外甃以磚石，各冠以樓櫓，設為警鋪，陴口九百四十有六，器亦如城守禦。河水泛漲，勢漸傾圮，今水患既除，修復如舊。

　　靖安營城，在中西寨子村，周圍堡墻一百二十丈。

文水縣城池　肇自宋元符間，縣令薛昌始築土城，周圍九里一十八步，高三丈二尺，厚亦如之，門壕、馬路粗備。明景泰初，守道魏琳修城，高增四尺。天順二年，知縣范瑄建門樓四、角樓四。嘉靖二十年，巡道郭春震檄祁縣丞李爵復修之，倍高四尺，建敵臺一十有六。二十一年，知縣王一民修東西二門，城外周回列垣為蔽。二十三年，知縣張源澄增修堞臺四十有八。二十九年，知縣樊從簡幫築西面，高加三尺，闊一丈二尺。萬曆五年，知縣郭宗賢暨縣丞韓登始砌磚石，圍廣如舊，高厚增之，計城高四丈五尺，基闊四丈，頂闊二丈五尺；重門四，東扁曰瞻太，表曰朝陽；南曰迎熏，表曰帶汾；西曰靖陲，表曰環岫；北曰望恒，表曰拱辰，四門四隅為重檐高樓八，堞樓六十有四；濠深三丈，闊四丈；城外垣墻為蔽，高七尺，屼然雄固矣。天啓四年，知縣米世發重修城門堞臺，又修復舊斷四隅城路各一道，以便登陴，城內墻外摛馬道闊丈餘，周圍各為垣七尺以捍之。皇清順治十二年，知縣劉乃桂補修北面雉堞十餘丈，各門樓懸扁，東曰"汾水環流"、南曰"南風熏阜"、西曰"商峰疊翠"、北曰"北拱紫垣"。歷年大雨圮壞，十八年，知縣王家柱補修。康熙十一年，南門外浮橋水衝，知縣傅星修之，較舊加固。

南關土城池，周圍三里七步，高三丈，基闊三丈，頂闊一丈；四面題額，東曰迎輝、西曰拱翠、南曰太和、北曰連城保障；中央建大樓一座曰觀音閣；城濠深一丈，廣如之。明嘉靖二十年，署縣檢校鄭航建。皇清仍舊。

孝義堡城，在本都，城圍四里五十步，高一丈八尺，基闊一丈六尺，上闊六尺。明嘉靖十九年知縣鄒以大建。

開柵堡城，在開東西都，城圍四里，高一丈八尺，基闊一丈五尺，上闊七尺，爲文峪河浸，僅存半。

岳青堡，在本都，城圍四百四十步，高二丈，基闊一丈，上闊六尺，明嘉靖十九年知縣鄒以大建。

原東堡城，在本都，城圍五百八十步，高二丈，基闊一丈二尺，上闊一丈，明嘉靖二十一年知縣王一民建。

清泉堡城，在本都，城圍二百四十步，高一丈五尺，基闊一丈一尺，上闊五尺，明嘉靖二十二年知縣王一民建。

馬西寨城，在本都隱泉山，因山設險，堰石爲城，圍三里，高三丈，基闊一丈五尺，上闊八尺，明嘉靖十九年知縣鄒以大建。

文峪寨城，在文穀村，城圍二百步。

東城堡城，在本都，城圍一里二步。

寶賢西堡城，在本都，城圍四百五十步。

寶賢東堡城，在本都，城圍二百步。

待賢堡城，在本都，城圍四里。

雲周東堡城，在本都，城圍一百八十步。以上六堡城，俱明嘉靖二十一年知縣王一民建。

雲周西堡城，在本都，城圍四百步。

原西堡城，在本都，城圍五百步。以上二堡城，俱明嘉靖二十一年署印檢校鄭航建。

仁智堡城，在本都，城圍二百二十步。

思賢堡城，在本都，城圍二百五十步。

貫家堡城，在本村，城圍四百五十步。以上三堡城，俱明嘉靖二十一年知縣王一民建。

白家堡城，在本都，城圍四百二十步。

韓武西堡城，在本都，城圍二里。

獨家堡城，在本都，城圍八百八十步。

　　上賢堡城，在本都，城圍三百七十步。以上四堡，俱明嘉靖二十一年知縣王一民建。

　　仁義堡城，在本都，城圍三里七步。明嘉靖十九年知縣鄒以大建。

　　壽陽縣城池　舊土城，方一里，晉置縣，始築，周四千四百四十步。元知縣袁士廉、主簿崔可儀築垣，高二丈九尺，濠深一丈一尺；門三，東曰賓暘、南曰恒暘、西曰回暘。明初，仍舊。至嘉靖間，蒙古犯境，分守參政王儀檄令縣丞徐廷增高益厚，葺飭三門。其後知縣白檀撤土陴以磚甃之，知縣石繼節增置瓮城三所，角樓四，敵臺一十有一。萬曆五年，霖毀過半，知縣王養賢大加增築，基厚三丈，垣高四丈；濠深二丈五尺，闊三丈。皇清因之。

　　孟縣城池　舊土城，即趙原仇城故基。隋以前，更置不一。自開皇以後，始定今治。元至正二十四年，行樞密使高桂山復修，周圍三里三十七步，高二丈五尺，厚一丈五尺，收頂八尺，濠深二丈。明嘉靖二十一年，董希孟增高八尺，厚五尺，濠增深七尺；城門三，東曰拱辰、南曰南熏、西曰鎮遠，各有重樓，望之巍然。縣治後城舊有樓，垣頹棟腐。皇清康熙三十八年，孟夏璜捐俸葺而新之，題曰"嘯余樓"，八窗洞達，群山環拱。

　　東關外城池，嘉靖二十一年，士民協力修築，周圍五里一百三十五步，高二丈，濠深二丈；四門，東曰朝天、北曰拱翠、南曰凝秀、西曰邊陲，各有樓。皇清康熙二十二年十月間，地震壞城垛若干。二十三年，知縣孔興范重修如故城。外即腥河，每夏秋霖雨即有水患，康熙二十三年，知縣孔興范設法修堤以捍水勢，城乃益固。

　　靜樂縣城池　古憲州城，即漢汾陽縣置城址。宋熙寧間，修城，周圍四里一百二十步，高二丈，惟南北二門，穿穴西南，以泄集雨。金元仍舊城。明洪武四年，署事張興以指揮奉命來築城，高二丈三尺，重池各深五尺，闊十步。景泰二年，知縣史魁增城一丈，池深七尺，增置東門。嘉靖十九年，署事祁縣縣丞李汝楫與主簿李東萊復補葺之。隆慶二年，巡撫沈人种按靜樂，署縣事縣丞劉受舉邑民尚義有力者鞏尚德等二十四人分工輸財，不動官銀，不勞民力，增城高三丈八尺，厚五丈，女墻去土而甃之，修飾南門，增以樓，共增樓七、臺二十六，置鋪一十九，垛八百五十。萬曆二年，知縣於躍淵重修北門。二十四年，知縣張木重修瓮城門。二十五年，王近愚議磚包城，不果。三十二年，知縣羅以旌補築東北城角，野獸始不入城，重修北門瓮城及城樓。三十三年，御史康丕揚本前王近愚議，疏准磚包城垣，開門引水，動帑金七千九百三兩四錢五分，軍壯三千九百七十三名，李中丞捐酒課銀一千五百兩，知縣左司諫董其事，城高連子墻四丈二尺，開東門，砌水道，於是減敵臺二，減垛口七十，減原議七鈎七紝數目，留三四層不等，又減娘娘山青石用此，門外砂石減漫頂磚一層，城壕未浚。當年水灌南城，膨二十丈。明年，北城崩三十八丈。三十八年，知縣李士俊補完北城，心勤功實，創建鼓樓、市樓、東門城樓、東南角樓。但於《舊志》所載重壕者，巧鶩民家，頓成私畝矣。三十九年，知縣程希堯經營樓鋪。今城多傾圮，尚欠修葺。

東郭城，東西南三關，各設一門。明正統二年，增築。嘉靖三十三年，碾水衝南面，止存東西兩門，議築未果。天啓末年，修築未完。崇禎四年，流寇入關，焚毀廬舍。五年、六年，草率修葺，未得堅固，今南面磚頹一十九丈，西面磚頹一十四丈，城門亦損壞，久議修築，未果行。

兩嶺關城，在縣南六十里，繚以土城，周圍三百五十步，高一丈一尺。

河曲縣城池 舊城，周圍六里許。宋太平興國七年建。元至正間，尚鎮撫另築南門小城。三面皆臨深溝。歲久傾圮，明景泰間重修。嘉靖間，本道張巡以南城遼闊，止留東西二門，俱仍土舊。萬曆間，給諫苗朝陽建議興築，巡撫侯於趙調軍兵萬餘鳩村包砌，城高三丈五尺，石基入垣七尺，磚入五尺，內外女墻，兩門層樓；築水道，分上中下三鋪，上自儒學前左流，出木瓜崖；下中自中街出城後小溝井，一自西街流入小井溝，下自西南街流出城南雷家溝。崇禎間，賊踞城，病渴授首，安撫太原令崔從教請築南門水城，糜帑數萬，僅築東南一角，餘僅土垣，穿得五井，不越數尺，尋即湮廢。皇清順治五年，巡撫祝公督繕城垣，概發賑米數十石，又與本道徐淳、知縣馬雲舉捐資設處，鳩集貧民，開築河曲南門洞廣五尺。城高四丈有奇，內外包城各十五丈，石基入土七尺，磚入垣五尺，比前加厚，浚井各深四五丈；上建城樓一座，顏曰"清嘯閣"，號"觀文門"；內西南城門樓一座，顏曰"庾公樓"，號"來翠門"，外懸扁二，曰"藩屏天室""鞏翊神京"，內懸扁二，"巖邑雄觀""紫塞丹霞"。舊城門二，東曰朝天、西曰威遠。城樓二，東曰魁星樓、西曰觀音閣。瓮城門二，東曰保安、西曰永鎮。

樓子營城，在縣北九十里，明宣德間建，周圍四百六十步。

灰溝營城，即河保營城，在縣西北七十里，明宣德間建，周圍五百五十步。

唐家會堡城，在縣西北六十里，明正統間建，周圍一百三十步。

五花城堡城，在縣西北五十里，土城，周圍五百步，明萬曆十九年重修。

邊墻，自石梯隘起至老營丫角墩長二百四十里，惟船灣、斬賊溝、娘娘廟、石城鋪等處天險壁倒，廢弃未築。

平定州城池 上城，漢韓信擊趙下井陘，駐兵於此，築城立寨，以榆塞門，因名榆關。宋改廣陽爲平定縣，徙治焉，仍舊城爲上城，有南、北門。下城，宋太平興國四年，增築舊城東北隅，九里二十六步，有東西門，門傍各有水門，爲嘉水經流之衝，大雨時行，山水暴漲，濱河者患之。元初，總帥聶珪修下城，高一丈五尺，闊九尺，浚濠深淺有差。明成化二十二年，知州吳肅重修上城北面。嘉靖二十年，北邊大舉深入，直迫城下，參政王儀督知州周尚文重修上、下城。二十二年，知州王齊落成。隆慶二年，雨潦坍塌，知州劉東魯重加修築，巍峨堅固，郡民賴之。皇清仍舊。

樂平縣城池 周圍六千一百四十步，高二丈，無壕塹。明正德十年，知縣鄭麟於西門外增護井小城，周圍一百五十三步，高一丈七尺。嘉靖五年，平定州同知崔冕建樓三間。二十年，知縣張武凡於南門建樓三間，外增壕塹，並立敵樓，設吊橋。後知縣竇思林、侯維藩復加修築。按《舊志》，本北齊霑化城。隋開皇十六年，增築東西南三門，東曰寅賓、南曰東山、西曰寅餞。隆慶元年，知縣竇思林重築。萬曆十八年，知縣余成舉改門重修。崇禎四年，鄉宦趙士吉重修。十一年，知縣呂維祐重修，增高垛墻各四尺。皇清順治二年，東城塌毀，知縣霍際昌重修。四年，復毀，知縣閻鶴升重修。

忻州城池 城始漢唐，歷代因而新之。西跨九原，東南臨牧馬河，周九里有奇，高二丈五尺，隍二重，深丈餘。明萬曆二十四年，巡撫魏允貞捐課金，甃磚石，石砌七尺，磚包厚七重，高三丈，女墻五尺，共高四丈二尺，頂闊三丈，周一十二里；隍三重，深二丈，闊丈餘；四門，東迎輝，更名永豐，南康阜，更名景賢，西留映，更名新興，北鎮遠，更名拱辰。皇清仍舊。

定襄縣城池 古城，周圍二十五里，舊傳夏後氏所築，頹廢僅存遺址。縣城在古城內北隅。北齊武成河清二年，周將楊忠築，周圍四里七十三步，卑薄不堪固守。明天順間，屢中外患。嘉靖間，知縣張榮增修。隆慶元年，知縣常世勳郭外東西北三面築圍牆，基廣一丈五尺，高如其數，時以它倥傯，南面未築。明年，知縣李廷儒大修城池。萬曆元年，知縣王濯徵重修西南門樓，知縣白璧修東西甕門，各題石刻，東曰保障、曰輯寧，西曰慶成、曰靖邊，南曰保泰、曰宣平，小南門曰永康，廢塞北門。萬曆三十二年，知縣王興包修磚城，各城樓題扁，自記。西北兩處屢多傾圮，三十六年，一百三丈五尺，知縣魏從周補修。四十二年，九十六丈七尺，知縣王立愛補修，增飾各城樓，加以扁聯，東內仍"股肱畿輔"，外易賓暘；西內易"保障天門"，外易寶成；南內易"天中覽秀"，外仍迎熏；小南門內易"塞北雄觀"，外仍映輝；北南向仍"襟帶山河"，題聯"鎖鑰壯，金湯形勝，南來誇第一；山河雄，帶礪輿圖，北拱可無雙"。四十四年，北面東傾圮一十四丈三尺，知縣董一經補修。皇清康熙四十二年，傾圮南門磚城一十三丈，高四丈二尺，闊四尺有奇。至五十一年，恭值皇恩蠲免租糧，與民休息，德澤涵濡，士民爭思報效，適奉部文修築城垣，士民咸欣欣然踴躍赴公。始於是年之三月初十日，至四月二十九日落成，雉堞聯延，樓櫓矗峙，屹然壯觀焉。嗣又以護城坍毀，共估四十二丈；池堰衝嚙，共估二百二十二丈五尺，培薄增卑，陂者以平，缺者以補，蜿蜒盤折，周匝靡遺。

代州城池 後魏文帝所築廣武軍，重築於明洪武六年，吉安侯陸亨、都指揮使王臻實庀其事，周八里百八十五步，高三丈五尺，周磚之，足稱金湯。壕深二丈一尺，水有時淺深，四面故生蓮，嘉靖中淤，今西北二面復生。城門樓四，角樓亦四，警鋪五十，越城、羅城、四門樓稱焉。南無關。皇清仍舊。

西關土城，周三里百九十六步，壕深丈許。明景泰元年參政王英築。皇清仍舊。

北關土城，周二里許，南西北壕深丈五尺，東塹沙河。明嘉靖三十年新築。皇清仍舊。

五臺縣城池 始於元魏，周圍三里餘二十步，高九丈，東而斷崖樓堞，南面東半崖樓堞，四面通垣，北面據崖為垣，置南、北、西三門，獨闕東門，磚之。自明隆慶四年，知縣張紹芳始上建南北二樓，外築郭垣護圍。萬曆二十四年，知縣高數仞增修大垣，高三丈二尺，厚二丈五尺，垛口六百三十五皆磚，敵臺二十五座，門三座悉包以鐵。萬曆三十五年，知縣李養才增修城樓四座，門各題名，南曰大安，門樓扁"虒波環清"；西曰恩綸，門樓扁"金湯鞏固"；北福寧，門樓扁"臺上拱翠"；東面一樓，扁其樓曰起鳳。規制壯麗，足爲一方保障。後因虒河衝裂東北城垣各數十餘丈，知縣梁繼祖築之，重修城樓四座、角樓四座。皇清康熙癸亥歲冬十月，地震，城垣傾裂，知縣周三進重修四面垛牆、四門城樓、北門瓮城。後買王茂德地一百三十三丈，疏渠鑿石，秋霖水漲，則順渠東下，不復侵嚙城垣矣。

西關城、南關城，初無垣堞，屢爲河水浸汜，以力不繼而罷。

繁峙縣城池 唐聖曆二年，始築。金元及明初累修。景泰二年，知縣楊經重修，周圍三里九步，高三丈二尺，池深一丈五尺；門三，東曰和豐、南曰淳簡、西曰安阜。萬曆十四年，知縣塗雲路增修，磚包。皇清順治六年，叛逆劉遷據城，焚城樓，毀垛堄，知縣張志高重修。

崞縣城池 元末，察罕知院因舊城截築。明洪武八年，再築。景泰元年，知縣武桓重修，周圍四里十三步，高二丈五尺，池深一丈五尺；門四，東曰臨沱、南曰景明、西曰和保、北曰寧遠。萬曆二十七年，磚包。三十二年，巡撫李景元重修。崇禎七年，知縣馮夢熊重修城樓。皇清順治六年，雨塌南北面四十餘丈，知縣范印心重修。九年，知縣楊澤重修南城樓一座。

岢嵐州城池 後漢建，宋增築廣之。明洪武七年，衛指揮張興易以磚，周圍七里，高三丈八尺；池闊五丈，深二丈；門四，東曰宜陽、南曰文明、西曰豐城、北曰戢寧。按《舊志》，唐築平城，宋大觀初太守王哲鑿池。嘉靖三十一年，兵備吳岳重修。隆慶元年，守備劉承嗣重修。皇清仍舊。

東關城，東關附城而峙者，俗呼磚堡，渡河爲土堡。皇清仍舊。

南關城，久廢。

西關城，屢遭兵燹，圮。

北關城，毀於寇。

五寨城，明嘉靖間，總兵周尚文建；萬曆八年，兵備蕭太亨磚甃。皇清仍舊。

二郎關城，在州北二十五里，繚以土城，周圍一里許，高一丈，明洪武間重建。

嵐縣城池 古無城池，隋大業十年，始建，周圍六里又四步。至宋，知嵐州事王舜臣於故城南改築新城，周計六里許，高一丈五尺，濠深一丈，東南北三門。起工於元豐己未之仲夏，告成於紹聖丙子之仲秋。至明正統十三年，縣令郝鳳復增築之，城高二丈，濠深一丈。嘉靖十一年，知縣吳璋復修水門於城之東南隅。嘉靖二十年，知縣張崇德因十九年大遭兵變，又增築之，城高三丈，濠深二丈。嘉靖三十五年，知縣李熔重修，建舒嘴樓三十六座、敵樓八座，浚墾濠隍，深闊足俱二丈。隆慶四年，知縣李用賓感石州之變，磚砌女墻，建城門樓三座，東曰迎曦、南曰永康、北曰保安。萬曆五年，撫院高文薦、兵備蕭軫請旨磚包城垣，戊寅興工，壬午始落成。後因水門淤塞不泄，雨久漸有灌損，談侯因勢利導，疏通有法，請復修臺隍，屹屹崇埤，足恃保障。崇禎九年，知縣郭錦重修。皇清仍舊。

天村寨城，在縣北二十五里，城周圍二里，高一丈五尺。

乏馬嶺寨城，在縣北六十里，城周圍三里，高一丈五尺。

興縣城池 古無城池。至明景泰元年，始築土城，周圍三里二百二十步，高二丈五尺。至嘉靖十八年，知縣張雲鵬始以磚包。三十一年，知縣事王逵添築敵臺六座。城居下地，屢年河水圮壞，西關民被害尤劇，至三十七年，知縣事王完決水築堤，地患始息，人民少安。至隆慶丙辰，知縣李瑚首閱城，謂東西南三面雖尚以磚，且卑狹不固，北枕峨嵋土山，亦有受敵之狀，於是俱用大石巨磚包砌北山重修，東西高四丈許，厚十層餘，與前面所環之城連絡相通，誠為興邑不磨之保障。其門東曰召和，嘉靖三十八年，知縣王完重修；原名東作，隆慶五年，知縣事李瑚復修，改書此名。西曰西成，嘉靖十七年，知興事王完重修，題書此名。南曰文明，嘉靖二十三年，知興事羅璉建。北曰利澤，嘉靖四十四年，知興事馬玉書增修。其郭門有三，曰啓明門、觀箕門、長庚門，俱隆慶三年知興事李瑚建。崇禎九年，知縣劉士豪重修城池。皇清仍舊。

保德州城池 係宋淳化間，因林濤寨舊垣拓而南者，隨山削險，頗為堅固，獨西南臨溝，隨修隨圮。金大定二十一年，知州李晏退於西南，城築木瓜崖，廣五步，袤一百七十步，因宋熙寧間鑿井皆淤塞，創開西門，在孫家溝稍北，今西門之南五十步，以便民汲。元至正間，署州學正劉章甫重修。明永樂十一年，州同尹堆志重修。宣德八年，知州任泰重修，周圍七里二百五十步，高一丈八尺，南大北小，形如葫蘆，西、南各一門，東北、西北各一角門，各建樓於其上，窩鋪六十四座，後西南漸爲水嚙。弘治十五年，奉文調岢嵐、興縣、靜樂、嵐縣等夫修之。明年秋，爲雨所壞。又明年，知州周山改築三溝城於堰口下，用石甃之，分城中水爲四渠，一在金溝水，出城西溝；一在鐵溝，一在新美街，水俱出火石溝；一在學門東，水出厲壇下溝。懸扁城樓，東曰望東、西曰安西、南曰治內、北曰來遠，城制視舊遂不同。嘉靖三十年，東北潰決百丈餘，知州藍雲鳩工募石，東北角作一梁，長三十丈，闊二丈，深一丈，水東流，即今草廠溝；西北角作一渠，各長十餘丈，闊深如前，水由西溝曲流，即今苦水、孫家二溝，門垣女牆無不完葺。嘉靖四十二年，知州李春芳磚包南門，移建西門。萬曆二十年，巡撫呂閱邊至州，勘得本州土城不足恃，撥軍壯五千餘名磚包，適遇寧夏兵變，不果。萬曆二十九年，兵憲趙至州慨議磚包，委知州韓朝貢估議，應用匠役四千七百二十名，俱於四路原額修工軍壯內撥派，應支廩給食米、鹽菜、木植、鐵料銀八千六十六兩二錢，俱支用在官雜項銀兩，不費民間一錢一力，轉詳巡撫白希綉，允撥太汾平潞等州縣軍壯包完，高三丈五尺，長一千九十三丈六尺，四門各建一樓，東曰迎恩、西曰阜城、南曰南熏、北曰鎮朔。城外遺土岡四處，勢甚淩逼，萬曆四十年，知州胡楠削平之。又四十一年、四十二年，雨潰水道兩處，城圮四十餘丈，申允留本州軍壯修理，於孫家溝、草場溝各開一水道，建小樓於上，以憑高禦敵，且補風氣。皇清順治七年，牛逆據竊，大兵致討，炮擊壞西南城八十餘丈。越歲，知州安世鼎修理。後歷年，東北西三面塌毀六處，城樓俱圮，狼夜入城。康熙六年，知州張光岳修完三處城約數十丈，南樓一座，窩鋪四座，門房二座，餘三處未修，去任。二十四年，知州高起鳳奉文修城，改甃東北角，退故城基數武，修完前壞處各十餘丈；塞故水道，於草廠溝、州治衙各鑿池貯水，每雨甚，水溢輒從閭閻橫流。二十八年、二十九年，東北城基各壞數十丈，修築未完，升去。三十七年六月，大雨，城圮六七十丈，東門外衝成溪壑，行人阻絕，知州王克昌鳩工修築北城，自四月起工至九月止，約長三十六丈，高三丈六尺。又四十九年五月內，修築東城一丈五尺，重建東城門樓，補修南城門樓，俱煥然一新。

　　護城樓四，一在東城坡下，今存；一在南門外演武場，兵毀；一在西門外和尚園，兵毀；一在北城下，今廢。

南關土城，周圍里許。明崇禎間，鄉官王卲請上創築，今壞。

得馬水關城，在州東北一百里，繚以土城，周圍一里，高一丈一尺。

寧武關城池　明成化元年，築子城周四里。弘治十一年，都御史魏紳擴城，周圍七里一十三步，高二丈五尺。正德甲戌，都御史盧龍、王從、憲副張來儀建寧文堡於關之西山巔，以扼險護城。萬曆元年，都御史趙議包磚石，接高連女墻四丈二尺，濠深五尺。二十七年、二十八年，都御史魏元貞從參議劉卿議，土築東西二堡。三十四年，參議郭光復謂土堡不足恃爲保障，且舊寧文堡建置山巔，年久丘墟，他日將爲敵資，議俱用磚石包砌，都御史季可其議，本年題修之，共長一千七十餘丈，高三丈五尺；大城四門，建城門樓各一座，俱有甕城，城四角建角樓四座；大城重門四，東門曰仁勝，樓扁迎恩，南門曰迎熏，樓扁鳳城，西門曰人和，樓扁定遠，北門曰威敵，樓扁鎮朔；東南小水洞二。東關城門樓各一座，關外七，惟東門有甕城，門曰久安門，東北門曰拱宸門、南巷門曰解慍門，南北水門各二，北水門二塌毀無存，東北小水洞各一。西關城門樓各一座，關外三，惟西有甕城，門曰永定門，南北水門各一，北水門塌毀無存，南北小水洞各一。一城三堡相聯，屹然金湯之險，觀形勢者咸稱爲鳳城。皇清仍舊。

邊垣，東至盤道梁界雕窩梁堡角起，西至陽方口界三十一臺止，邊長二十里零三十二丈，俱已塌毀。

雁門守禦所城池，周二十里五十六步，高三丈五尺，踞山銜爲險，南北二門，下無壕。明洪武七年築，其餘水峪、白草等口稱扼塞，城俱不逮雁門十之七，它官民堡亦無甚高堅者矣。皇清仍舊。

寧化守禦所城池，隋立汾源宮時建，周六里四十一步。明洪武二年，因舊址東畔依山坡改建，周二里一百九十六步，高三丈一尺，池深一丈五尺，西南北三門。萬曆三十四年，寧武道郭光復磚石包築。皇清仍舊。東關城、西關城共三座。皇清仍舊。

偏頭所城池，北漢天會中築。明洪武十三年，指揮張賢改築關西一里許。成化五年，都御史李侃展擴之，周圍九里八步，高二丈三尺，東西二門。皇清仍舊。

老營堡所城池，明成化三年築。嘉靖十三年，兵備副使展築，周圍六里五十四步，高二丈三尺，池深一丈五尺，東西二門。皇清仍舊。

八角所城池，明弘治二年，兵備副使王璇始築。嘉靖六年，都御史江潮展擴，周圍九百九丈八尺，有塹，東西二門。皇清仍舊。

平陽府

《職方典》第三百十二卷
平陽府部彙考六
平陽府城池考（鎮堡附）　府志
本府（臨汾縣附郭）

府城　魏王豹建。明洪武初，因舊城重築。景泰初修，周十一里二百八十八步，高四丈五尺，外包以磚，池深二丈五尺；門四，東曰武定、西曰和義、南曰明德、北曰鎮朔，外各建月城，上各建樓；角樓四座，敵臺八座，窩鋪九十七座。康熙三十四年，地震盡塌，奉旨發內帑，特命工部員外郎倭倫、平陽府知府王輔重築。康熙四十六年，南門外西角墻圮塌，知府劉榮倡屬捐俸重修。

東關城，正德七年，本府同知李滄築，周一千二百六十四丈，高二丈五尺，上廣九尺，下基二丈，敵臺八座，正門、小門七座。嘉靖二十一年知府聶豹，隆慶二年知府毛自道相繼重修，增高為三丈二尺，上廣一丈八尺，下基三丈，外包磚，正門、小門、樓臺俱增高廣，添角樓臺四座，增敵臺為一十七座。皇清康熙三十四年，地震，城基多傾，士民補築。

南北關城，俱康熙三十四年地震後知府王輔創築，城內外街巷俱捐資重建，士民稱王公街。四十四年，西北城牆圮塌。四十六年，知府劉榮倡屬捐修，知縣徐國琇督築。

鎮堡附
東關、喬村、吳村、劉村、泊莊、金店、高河、伊村（俱有堡）。

襄陵縣城　宋天聖元年，因徙縣治，始築。元至正十三年，縣尹岳貞重築。明正統十四年，知縣趙聰重修，周五里一百六十步，東、南、北門三。弘治十四年，知縣李高重建東南城樓。嘉靖二十一年，知縣劉希召增修，高三丈，下闊二丈，上闊一丈，門扁東曰帶汾、南曰迎薰、北曰屏霍，各有郭門。四十三年，知縣張國彥闢城開東南門，為學宮肇啓文明，扁曰"大成門"。隆慶元年，知縣宋之韓甃石，砌以磚，有記。皇清康熙三十四年，地震，東北墻傾塌數十丈，知縣惲東生修築，其門樓、垛口俱未修。四十六年，知縣宋繼均修築。

鎮堡附

南關、北關、東關、河頭、京安、趙曲（俱有堡）。

洪洞縣城 漢時，因移縣治始建。明正統十四年，創築土城，周五里，高一丈六尺，厚八尺，池深八尺，門六。景泰初，知縣趙翔重修。弘治十二年，知縣邢昭復修，開馬路。十七年，知縣鄭選補修東南城堵。正德六年，知縣皮正稽增築四隅，建角樓，女牆甃以磚。隆慶元年，鄉宦晉朝臣、韓廷偉等倡義輸財督修，周六里十二步，高三丈五尺，上闊二丈三尺，磚墁二層，厚二丈五尺，周圍比舊寬二百五十步有奇，易土以磚，厚七尺。知縣王詔又改建高樓，併角樓、窩鋪二十三座；浚池闊三丈，深半之；馬路闊二丈七尺，四周圍以闌牆。崇禎甲戌，知縣楊天精增築敵臺、敵樓。辛未，知縣李喬昆增築重修，知縣王廷掄築月城。按《縣志》，縣治舊在今范村楊侯國城，世傳晉大夫叔向所築，基址規模皆不可詳。漢爲楊縣。隋徙今地，改洪洞云。相傳舊無城，至明始創。爲門六，東曰朝陽、西曰射秀、正南曰時和、東南曰安流、正北曰光化、東北曰玉峰，各建小樓。正德年，東更賓陽、西拱汾、正南迎熏、正北望霍，餘二門仍舊。嘉靖十年，知縣程緒懸扁城樓，南"平山離照"、北"霍鎮晴嵐"、東南"洪崖壁立"、東北"古洞雲橫"、東"箕阜朝輝"、西"汾川春漲"。十五年，平陽衛指揮張世朝作亂，知縣昝如思拒守，賊畏城渡河而南。後王詔改建，水繞樹護，遠望巍聳雄峻，觀者悚神，即郡城莫及，他邑稱下，屹然號金湯之固，視舊殆百倍云。邑城舊號"出水龜"，東門澗水爲首，西門爲尾，南北四門爲足。

護池沙堤，明弘治間知縣鄭選創基。嘉靖間，知縣陳宗仁補築。萬曆四十五年，知縣馬鳴世修，壘石堞，上下亙五七里，高厚二丈，內外夾樹。皇清順治九年，知縣金貴補築。康熙三十四年地震後，知縣杜連登重修。

鎮堡附

普潤街，舊名北關；崇儒街，舊名東關；忠定街，舊名牛站；警晨街，舊名小東關。

磚城街，舊名賈家十字；宣化街，舊名南關。

萬安鎮、曲亭鎮、郭盆鎮、敬安鎮、趙村鎮（俱有堡）。

浮山縣城 唐長興中建。明景泰初，知縣衛靖增修，周四里一百五十步，高二丈五尺，池深一丈五尺。按《縣志》，門四，東曰朝陽、南曰阜民、西曰大有、北曰平寧，各建城樓。明景泰初，知縣衛靖稍增修。久傾圮，正德八年，知縣徐環重修。嘉靖二十三年，知縣毛述古重建城門。

市鎮附：東張鎮、王村鎮。

趙城縣城 唐麟德元年建，屢被汾水浸塌。明正統十四年，知縣何聰移築稍東，周五里一百二十四步，高二丈，池深七尺。正德五年，知縣於洪修補四門，上各建樓，四隅建角樓，窩鋪一十三座，牙墻磚甃；浚池深七尺，闊一丈，池邊加築女墻高七尺，馬路內外俱闊一丈。崇禎十二年，知縣陳君舜包南北二面以磚。十四年，知縣孫份包砌東西二面。皇清康熙三十四年，地震，後知縣徐容重修。按《縣志》，四門各有樓，樓各有扁，曰"東望霍山""西臨汾水""南瞻堯都""北仰神京"，南關亦有門樓，曰古簡城。

鎮堡附

東南兩關廂，俱有鎮集。

營田堡，按《縣志》在營田里。

安定堡，按《縣志》在安定里。

太平縣城 唐尉遲敬德建爲堡。貞觀七年，以縣治徙此，遂爲城。明景泰初，知縣岳嵩修，周三里六十五步，高四丈，池深一丈五尺，門五。正德間，知縣龔進修築，周三里二百四十步，高三丈，上闊一丈五尺，池深二丈六尺，闊三丈，門樓五座，角樓四座，知縣盛琛終其功。嘉靖十四年，知縣耿儒易土堞爲磚。二十六年，知縣牛綱建墩臺二十座。三十二年，知縣袁從道建亭。隆慶二年，知縣羅潮補修，浚池深闊各四丈。崇禎四年，知縣魏公韓磚甃，高四丈一尺，上廣三丈不等，周圍一千四百步有奇。皇清康熙十八年，知縣吳軫重修。

鎮堡附

古城鎮，即後魏初設邑治也。

趙康鎮，東爲古晉城地。

清儲鎮，在汾陰山之麓，有侯公祠。

汾陽鎮，相傳晉大夫趙成子宣子產此村旁，有趙宣孟廟。

史村鎮，在汾河東，有九堡。

北柴鎮，西爲古晉城地，又有相李堡、北固縣。

岳陽縣城 隋大業二年，改安澤縣爲城。元至正二十八年，守禦斷事宋恭肅、知縣段文質修築，周二里一十二步，高三丈，上闊一丈二尺，池深五尺，南北門二。明成化二年，水衝城圮，僅存遺址。景泰初，知縣劉與居重修。弘治間，知縣姚顯繼修。嘉靖十年，知縣周冕築西關土城。萬曆四十四年，知縣羅日瑞磚甃北門。崇禎六年，知縣喬王翰石砌東城一角。九年，知縣戢邦禮石包東一面。皇清順治十二年，知縣郭奇勳築北城一面。康熙元年以後，知縣李丕先、趙時可、朱亮采、盧振先、王勗陛俱重修。

鎮堡附

安民堡，即連城西郭，因紅巾賊亂創築。

喬岳堡，即連城南郭，崇禎五年知縣喬王翰創立為西堡，犄角之勢。各鄉有灣里、五馬、東池、堯典、故縣、永樂、高邑、曲底、東里、藍村、孔村、高壁、和川、唐城、亢驛、賈寨、弱柳、羅家山、辛莊、高城、徐村、賈村、左村二十三堡。府城鎮、冀氏鎮、和川鎮、故縣鎮。

曲沃縣城 隋開皇十年，自樂昌堡徙治今址，始築土城。唐、宋、元因之。明洪武二年，縣丞邢彥文重修。正統十四年，知縣張寧大修，周三里五十步，高二丈五尺，厚如之，門四，池深二丈五尺，闊四丈，周三里五十步，缺東北角。正德十一年，知縣葛檜增築雉堞，上易以磚，建四門樓、角樓，周圍鋪舍二十五座；門四，曰迎輝、曰覽翠、曰望汾、曰拱極。舊城無北門，嘉靖二十二年，知縣陳萬言自舊城東北、西南二角接築，高厚如舊城，周六里五十步，共四百七十垛，又炮臺二十五座，始闢北門一、東門二、南門二、西門一，合舊西門二為八門。二十八年，知縣劉魯生建東西城樓各一。三十四年，地震，知縣張學顏修垛口。隆慶初，知縣郭廷梧增築內外城，共高三丈五尺。崇禎三年，知縣張文光築各門月城。十五年，知縣石瑩玉磚甃北門。皇清康熙二十四年知縣何遵約，二十七年翼城知縣署曲沃縣事司鉉先後重修。三十四年，地震，知縣潘錦次第修築西門城樓、月城、吊橋。按《縣志》，共八門，大南門曰迎熏、小南門曰德輝、北門曰星拱、上西門曰上升、大東門曰來青、小東門曰迎旭、中西門曰中興、下西門曰德潤。

市鎮附

順城關廂、城鎮、侯馬鎮、西莊鎮、曲村鎮、高縣鎮、王村鎮、東閣鎮、下鄔鎮、隘口鎮（俱有集）。

翼城縣城 舊治在翔皋山下。後唐長興四年，因王逢屯兵故寨，遂徙於此，即今治。元至正十九年，統軍元帥葉企顏補葺，周六里有奇，高六丈，四面懸崖，中間地勢大半與女墻平，東南迎澮水從坡入，無池，西北臨溝壑由橋入，池深數丈，門四，門樓四，角樓四，奎光樓一。明景泰初，知縣徐禎重修。正德間，知縣靳顏磚甃女墻。嘉靖四十五年，知縣陳錡重修。萬曆七年，知縣周詩重修。崇禎四年，知縣李士淳重修。八年，知縣趙堪設子門繕浚。皇清康熙二十五年，知縣司鉉重修。三十四年地震後，城四門並橋路塌壞，邑人上官澍捐修，惟角樓、奎光樓、城堞盡圮未修。四十五年，知縣馬文鏞繼修。按《縣志》，門有四，東門向南因地勢也，題額東曰迎陽、南曰受熏、西曰觀成、北曰瞻天。

南關外郭，三面倚城，明崇禎五年知縣李士淳創，里人李訥捐資築，有記。

北關外郭，邑東北隔溝，因崖勢修築，舊郭里人陳策捐資獨成。歲久損壞，崇禎四年，知縣李士淳改築。康熙三十四年，地震，北門並樓塌壞，里人衛景秀募修。

鎮堡附

北常鎮、北橄鎮、隆化鎮、中衛鎮、南常、桐城、鄭壁（俱有堡）。

汾西縣城 宋太平興國七年，徙縣治，主簿趙彥修築。元縣令李克初重築。明景泰初，知縣陰俊補葺，周四里，高二丈，厚一丈，門四，東、南、正北迤西有壕，西南無壕，陡臨深壑。弘治七年，知縣路欽建重樓四。嘉靖二十年，知縣黃甲重修。萬曆三十四年，知縣毛熥增築四門甕城，女墻、門甃以磚。皇清康熙四十六年，知縣金舜白重修。按《縣志》，東曰望霍、南曰迎熏、西曰人和、北曰拱極。至天啓四年，縣令李本植相風氣之宜，削去望霍甕城焉。

鎮堡附

芹香鎮、鳳頭鎮、水潤鎮、古郡堡、上團柏堡、下團柏堡、黃皮堡、對竹堡、掌禮堡、店頭堡、水潤堡、畢家莊堡、高寧堡、槐花村堡、馬家寨。

靈石縣城 創基自隋文帝始。元至正二十四年，同僉朱貞因舊城築。明洪武間，知縣張先重修。正統間，知縣張翼展闊，周三里一百八十八步，高三丈九尺，池深廣各八尺，門四。正德間，知縣孫璲、主簿郭清增築，建南北城樓、四隅角樓。後山水暴至，東城圮，署事照磨白繼宗補築。嘉靖間，知縣种奎重修。甲辰，河溢，西南城圮，知縣汪文照、李微繼修。隆慶間，知縣申嘉言增高六尺，幫築裏城七尺，砌磚堞、女牆、門樓。舊惟有南北二門，萬曆元年，知縣曹乾開東西門。三年，水溢壞，知縣日夏補築，砌城角石堰，建東西城樓及南瓮城，復建穿廊防東南山水，敵樓四座，窩鋪十座。皇清順治六年，知縣趙希普重修。康熙四十二年，知縣梁國光重建窩鋪，並修築南北城及門樓。按《縣志》，隋以前爲介休地，未建城郭。創基自隋，歷唐宋金修理莫可考。門四，北曰承恩、南曰正明、東曰聞弦、西曰樂汴。

鎮堡附

水頭鎮、索洲鎮、仁義鎮、雙池鎮。

索洲堡，縣北二十里索洲鎮東山上，士民修建。

桑平堡，按《縣志》在縣北五十里桑平峪村南山上，內有一井，淵源不竭。

冷泉堡，縣北四十里冷泉關東山上，係一邑險要，舊設營兵鎮守，居民因而建堡居焉。

靜升堡，縣東二十里靜升村北山上，遇亂避兵，一方恃爲保障。

仁義堡，縣南四十里仁義鎮北山上，即劉武周修築屯兵以拒唐兵處，四面斬削，山壁立峭拔若天成者，極爲完固，唐太宗興仁義之師破之，故名。

上村堡，縣東北山上，士民修建。以上六堡俱有土城、垛口、門樓，內有居民。

馬迹崖寨，縣東三十五里綿山上，勢極陡峻，其中巖穴窟洞足容數千人，四面無路，惟一石梯攀緣可登，極高；又有一石門，據之雖萬人莫敢仰視，凡有警，可避兵患。

送飯子寨，縣東三十里牛鼻山巖下，高峻險阻，土人多依之以避兵。

三清寨，縣東四十里綿山上，四面俱懸崖陡澗，險不可登，上有一尖峰，高百餘丈，厚數十丈，若屏風然，內有清泉，可以避兵。

曲買峪寨，縣東四十里，山亦陡峻，中有清泉。

禪房巖寨，在綿山內，四圍險阻，中止一路可通，上有一石洞，深入百尺，風雨莫能加；內一泉，深止三二尺，四時不涸不溢。以上五寨，均係險峻在深山中，並無牆垣、居民，今俱圮廢。

蒲縣城 唐武德元年築。明景泰初，知縣孟順重修，周一里七分，高一丈五尺，無池，東西二門。弘治間，知縣高郁重修。隆慶間，知縣韓超然開南門，浚池深一丈，闊八尺。崇禎間，知縣張啓謨申請備磚包砌。皇清康熙二十年，知縣朱元祫重建東門城樓。

鎮堡附

喬家灣鎮、化樂鎮、張村鎮，以上俱通臨汾、襄陵、洪洞、趙城等處。

薛關鎮、古驛鎮，俱通隰州永和、大寧等處。

公峪鎮，通隰州汾西等處。

蒲州城 即虞都故城，周圍幾二十里，歷代相因。金哀宗八年，元兵侵河中，金將懼力不足，截半爲內城以守，周八里三百四十九步。元至正十八年，增修。明洪武四年，重築，用磚包堞，城高三丈八尺，堞高七尺，門四，各建樓一座，角樓四座，敵臺七座，土庫五座，窩鋪五十七座，四門外各建月城，北門月城二重；西臨黃河，東南北三面池深一丈五尺，闊十丈，環六里四十五步。嘉靖三十四年，地震傾圮，巡道趙祖元、知州邊像重建。隆慶元年，守道歐陽穀、知州宋訓磚甃，有記。皇清康熙元年，知州侯康民申請重修。按《縣志》，四面各爲門，東曰迎熙、西曰蒲津、南曰首陽、北曰振武。

東關城，即舊城所截之餘。明嘉靖二十年，守道郭時敘、知州趙統重建。三十四年，地震傾圮，守道王之誥、知州邊像重築，連接治城，有東南北三門，上各建樓。崇禎九年，守道李一鰲、知州王舜徵磚甃。皇清康熙元年，知州侯康民重修。

古護堰，在州城西門外，北起古官道灘角，南抵河瀆廟。明萬曆庚辰重修，砌石堅固，以護州城。

連城堰，闊一丈，長三丈。

鎮堡附

東豐鎮集，按《州志》在州東三十里，舊名趙伊村。

考老鎮集，按《州志》在州東北三十里，地名西仕。

東張鎮集，按《州志》在州北五十里。

大陽村集、焦盧村集，按《州志》俱在州南五十里。

小李村集，按《州志》在州南八十里。

永樂鎮集，按《州志》在州南一百三十里。

減莊堡、長幹堡，在州正北，以下俱知州邊像築。

蒼陵堡，按《州志》在州東南。

大澗堡、下陽堡，按《州志》俱在州正南。

孟明堡、張華堡、趙伊堡、下莊堡，俱州正東。

呂芝堡、高市堡、考老堡、下村堡，俱州東北。

黃龍鎮、韓陽鎮、匼河鎮（俱有集）。

臨晉縣城 唐天寶二年建。明景泰初修，周三里二百三十步，高二丈八尺，址廣一丈，池深一丈，門四。隆慶二年，知縣黃茂易堞以磚。三年，知縣史邦直加浚。萬曆間，知縣高惟岡修葺。舊制，南有甕城，後於東五十餘步開新南門，塞南門，甕城遂廢。崇禎十四年，知縣閔自寅大加修繕，重建南城樓、兩角樓，未竣遷去。皇清順治十三年，知縣孫宗元增修。康熙二十七年，知縣徐煜開舊南門，塞新南門。四十六年，知縣徐炘復開新南門，舊南門仍塞。按《縣志》，唐天寶年，東曰泰和、西曰慶豐、南曰中條、北曰蛾眉。順治間，改門名東曰邇陽、西曰福潤、南曰拱條、北曰迎恩。

鎮寨附

西關、周吳鎮、坑頭鎮（俱有集）。

吳王寨，縣西三十里，即韓信渡河擒魏豹處。

樊橋鎮城，按《縣志》縣東十五里置樊橋驛，城郭尚存。

七及鎮城，按《縣志》縣西南二十五里，頹垣尚存。

虞鄉鎮城，按《縣志》縣南六十里，故虞鄉縣治，頹垣尚存。

故市鎮城，按《縣志》縣東南六十里，頹垣尚存。

孫常鎮，按《縣志》縣南五十里。

鄉頭鎮，按《縣志》縣東南四十里。

榮河縣城 隋文帝時建。元至正十四年，主簿邢天杰修，周九里八步，池深一丈五尺，東、南、北三門，城東倚坡堅厚，西逼黃流，故東高西低，池漸沙壅。明景泰初，知縣於縉重修。成化間，知縣馬懋復修。正德二年，河水至城下，圮西北隅，知縣宋緯築補，後知縣馬安繼修。嘉靖二十七年，知縣楊灝起築東西女墻。三十四年，地震後，知縣侯祁重築雉堞，易以磚，增三門樓，有記。萬曆七年，知縣郝朝臣開西門，八年塞，二十九年知縣梅煥復開。崇禎十二年，知縣王心正於內別築西城，弃舊城於外。皇清康熙元年，知縣張錫文重修。四十六年，知縣梅夢紱繼修。

鎮市附

雙營鎮

城市，按《縣志》在南北街口，每日早集。

孫吉鎮市，按《縣志》在城東南二十里，三八日集。

廟前鎮市，按《縣志》在城北十里，五日一集。

薛稽鎮市，按《縣志》在城北四十里，一六日集。

後土廟會，按《縣志》在後土祠上，二月十八日。

三官廟會，按《縣志》在城東門內，十月十五日二會，四方商集，貿易三日。

馮村市、西李市、程村市、王頭市（俱廢）。

猗氏縣城 唐興元元年，節度使馬燧築爲屯兵之壘，其後遂爲縣城。明景泰初，知縣徐善重修，周七里七十步，高二丈，池深二丈一尺，闊三丈，門四，敵樓一十六，角樓四，窩鋪共六十四。正德間，知縣翟聰重修。隆慶二年，知縣江闊易堞以磚。萬曆十四年，知縣陳經濟創建門樓四座，磚甃。十八年，知縣黃道見浚池，築圍牆。崇禎五年，邑紳荊可棟倡民增築月城。按《縣志》，邑倚嵋麓爲土城，周九里十三步，高三丈，廣一丈五尺，敵臺一十六，角樓四，警鋪共六十四，垛口一千九百三十，壕深二丈，闊三丈，內穿城道闊六尺有餘。唐興元元年，李懷光叛據河東，節度使馬燧破之，以猗居雍洛之間，當三晉之衝，因留屯築壘焉。今相傳古縣在城內東北隅，疑即其地也。形家言，邑城取龜形爲勝，概頭在東北，設二圈城爲龜眼，如建倉司於古縣，則居民大有利云。城門四，舊名東曰崇仁、西曰尚義、南曰招薰、北曰拱極。明隆慶二年，知縣江潤始修磚堞，改門名東曰朝京、西曰通秦、南曰迎薰，北仍拱極。崇禎年，東曰迎涑、西曰帶河、南曰賓旭、北曰蟠蛾，更於巽地建文昌閣樓，城下設鐵倒，門外置圍欄，築重城，知縣李昌齡爲之記。皇清康熙二年，知縣楊乾晉重修角樓拜城，東西門樓加以扁額，東曰"神州右臂"、西曰"秦蜀咽喉"。

鎮堡附

東關莊、莊武王廟會、城隍廟會、關王廟會、高頭里俱有堡。

杜村鎮城，按《縣志》在縣南，土堡，周三百六十步，高一丈五尺。

下任鎮城，按《縣志》在縣西，土堡，周三百八十步，高一丈五尺。

張岳鎮城，按《縣志》在縣東，土堡。俱明嘉靖二十二年縣丞王針修。

萬泉縣城 元魏道武天錫元年，赫連勃勃東侵，里人薛通率族人千餘築堡自固，因名薛通城。唐武德三年，遂改爲縣。明景泰元年縣丞常英，成化二年知縣崔明，弘治十一年主簿龐俊相繼修葺。周五里三十步，高二丈五尺，池深廣斷續不一，門四。正德初，知縣張席珍各建門樓。隆慶三年，知縣李廷陳重建城樓。皇清順治十八年，知縣程章重建西門樓一座，角樓三座，窩鋪二十座，三門悉加修葺。康熙三十四，地震，知縣瞿亮邦重修。

市鎮附

城內四街、解店鎮，俱有集。

河津縣城 舊城，在今縣東南，圮於汾水。元皇慶初，監縣哈利哈孫移築今地。明景泰元年，知縣張濟重修，周三里二百七十四步，高二丈二尺，池深淺不一，三門各建城樓。天順三年，增開小東門。正德六年，知縣王諤重修。嘉靖間，知縣樊得仁重建城樓浚池。二十四年，知縣雍焯磚甃，補建西門樓，築敵臺一十八座。三十四年，地震城塌，知縣高文學增修，建角樓四座。隆慶初，知縣李成棟增修浚池。四年，知縣張汝乾繼修，築大堤。崇禎三年，知縣郭景昌建敵樓十餘座。九年，知縣李士焜合紳士併舉人劉有綸等捐金，始甃以磚，增築城高二丈五尺，女牆高五尺，共高三丈，基闊二丈五尺，頂闊一丈五尺。皇清歷任知縣因時修葺，至今完固。按《縣志》，東曰迎旭、南曰臨川、西曰擁翠、小東曰附陽。

鎮堡附

雙營鎮、僧樓鎮、方平鎮、東張鎮，俱有集。

牛張堡、陳莊堡、武備寨，俱有土城。

太和里堡三：按《縣志》，城北天成堡，離城六里，順治六年建；辛莊全義堡，離城五里，崇禎十六年建；米家灣龍興堡，離城八里，順治四年建。以下《府志》未載，係河津新設堡寨。

永綏里堡四：按《縣志》，陽關堡，離城二里，崇禎九年建；永綏堡，離城三里，崇禎十三年建；窰頭堡，離城二里，崇禎十年建；吳家莊堡，離城十五里，崇禎九年建。

連停里堡四：按《縣志》，連伯村堡，離城八里，崇禎三年建；神前村堡，離城二十五里，崇禎二年建；康家莊堡，離城二十里，崇禎五年建；杜家溝堡，離城二十五里，崇禎元年建。

清封鎮堡二：按《縣志》，清澗村堡，離城十里，崇禎六年建；故鎮村堡，離城四十里，明季建。

東光里堡八：按《縣志》，南方平永興堡，離城二十里，崇禎五年建；長壕村保全堡，離城二十五里，崇禎三年建；蘆莊村平安堡，離城二十五里，崇禎四年建；樊村金湯堡，離城二十五里，崇禎元年建；曹家窑永長堡，離城二十五里，崇禎二年建；西光得金城堡，離城二十里，崇禎六年建；東光得保障堡，離城二十里，崇禎二年建；東城村永佑堡，離城二十里，崇禎四年建。

孫彪里堡三：按《縣志》，方平鎮興平堡，離城二十里，崇禎七年建；尹村永寧堡，離城三十里，崇禎四年建；尹村正南金甌堡，離城三十里，崇禎七年建。

年間里堡九：按《縣志》，魏家院連環堡，離城二十五里，崇禎二年建；韓家院興寧堡，離城三十五里，崇禎三年建；西禮村鎮礎堡，離城一十五里，崇禎三年建；乾澗村乾隆堡，離城三十里，崇禎六年建；劉家院天成堡，離城三十里，崇禎五年建；西礎村永安堡，離城三十五里，崇禎三年建；南午芹建寧堡，離城二十里，崇禎六年建；南午芹永興堡，離城三十里，崇禎六年建；北午芹太平堡，離城四十里，崇禎元年建。

僧張里堡六：按《縣志》，北首汾陽堡，離城二十五里，崇禎七年建；南首永安堡，離城二十五里，崇禎八年建；東首金璧堡，離城二十五里，崇禎十年建；侯家莊廣寧堡，離城三十里，崇禎十一年建；王村堡，離城三十里，崇禎四年建；小張堡，離城三十里，崇禎四年建。

艷方里堡五：按《縣志》，邵莊村保全堡，離城十里，崇禎三年建；王村堡，離城二十里，崇禎四年建；南方平村永成堡，離城二十里，崇禎六年建；吳家莊全勝堡，離城十五里，崇禎十六年建；義唐村永昌堡，離城十五里，崇禎十六年建。

南里堡三：按《縣志》，北里村堡，離城二十五里，崇禎六年建；辛興村堡，離城二十五里，崇禎五年建；郭莊堡，離城三十里，崇禎三年建。

百黃里堡七：按《縣志》，西王村堡，離城二十里，崇禎十六年建；百底村堡，離城二十里，崇禎十六年建；衛莊村堡，離城十八里，崇禎十六年建；郭村堡，離城十里，崇禎十六年建；黃村堡，離城十五里，崇禎十六年建；修仁村堡，離城十三里，崇禎十六年建；樊家坡馬家堡，離城八里，崇禎十六年建。

福亭里堡二：按《縣志》，河南武備寨，離城十里，係唐時建；北原村堡，離城十里，係明初建。

北莊里堡六：按《縣志》，莊頭村堡，離城二十五里，崇禎四年建；王村堡，離城二十五里，崇禎二年建；夏村堡，離城十八里，崇禎元年建；張村堡，離城十五里，崇禎三年建；胡家堡，離城十五里，崇禎元年建；吳村堡，離城十里，崇禎十三年建。

陽薛里堡五：按《縣志》，上牛村牛張堡，離城三十里，洪武元年建；喬薛喬家堡，離城三十五里，崇禎元年建；南陽村安堡，離城三十里，天啓元年建；北陽村董家堡，離城三十里，崇禎五年建；上市村銅堡，離城三十里，崇禎六年建。

南薛里堡三：按《縣志》，平原村堡，離城四十里，崇禎六年建；李望莊堡，離城四十里，崇禎七年建；上井村堡，離城四十里，崇禎七年建。

孝暢里堡三：按《縣志》，東暢村堡，離城四十里，崇禎七年建；東孝原堡，離城三十里，崇禎十年建；陳莊堡，離城二十里，崇禎十年建。

通莊集堡三：按《縣志》，通化村堡，離城三十里，順治七年建；母莊村堡，離城三十里，崇禎四年建；東衛村堡，離城三十二里，崇禎二年建。

遠亭里堡二：按《縣志》，葫蘆灘堡，離城二十里，崇禎三年建；張家崖下堡，離城三十五里，崇禎五年建。

解州城 明洪武初建。景泰初，知州張輅修。成化、弘治間，知州張寧、李溥重修。正德間，知州李文敏大修之，周九里十三步，高六丈，厚三丈五尺，池深二丈五尺，闊十丈，門四，各建城樓、角樓。嘉靖三十四年，知州王惟寧始甃磚。天啓末，知州徐文煒建城上鋪舍。按《州志》，州城四門，東曰長樂、西曰崇寧、南曰鎮山、北曰永安。一云創自元，按：解自隋徙今治，五代漢改州，宋爲防禦，金爲軍，豈歷代皆無城歟，或至元明更拓之也，然不可考。今舊城原址尚存，即州治東墩臺及溝底園，續展而大，故多空地。

安邑縣城 自後魏始建。明景泰初，知縣稽巖修，周六里一十三步，高三丈五尺，池深一丈有餘，門四，上各建樓、角樓、窩鋪八。隆慶間，知縣袁弘德築東西月城。按《縣志》，東曰迎慶、西曰永寧、南曰南熏、北曰拱極。

鎮堡附

縣城、運城各四集

王范鎮、霍趙鎮、陶村鎮、石碑莊、北相寺、北曲、東陽、弘芝鎮、東郭鎮、下段鎮，以上各一集，俱有堡。

夏縣城 後魏神䴥元年建。明景泰初，知縣雷緒增築，周五里一百三十步，高三丈五尺，門四。正德間，知縣楊樞重修。嘉靖間，知縣陳世寶補築，修護城堤。萬曆十八年，知縣高奎峻南門改建重樓。崇禎三年，知縣許侗、袁葵相繼修葺，加厚五尺，高五尺。皇清順治六年，被賊殘毀。康熙四年，知縣羅於廷重修。四十六年，知縣蔣起龍繼修。按《縣志》，土城磚垛，形似龜背，有四門，東曰朝陽、西曰安定、南曰南陽、北曰北固。

鎮堡附

水頭鎮、胡張鎮、裴介鎮、曹張鎮，俱有堡。

喜安莊城堡，在縣西三十里西張莊，地方舊名牛家凹。明萬曆元年，因村落遙遠，盜賊生發，知縣陳世寶申請建堡城，巡道馮叔吉名曰喜安莊。萬曆十九年，知縣高奎設法招來展堡，廣十丈，袤六十丈，蓋屋五十間，墾地三百餘畝，以安貧民，仍修南門樓一座，名曰保安莊。以上俱有集。

聞喜縣城 唐元和十年，刺史李憲建。元至正十七年修。明景泰元年，縣丞韓軒重修，周五里三十六步，高二丈七尺，下闊三丈，上半之，池深二丈，闊三丈，門四。正德間，知縣李時、王琳建城樓，築月城。嘉靖間，知縣李朝綱、閻倬先後增修敵臺三十六座，開水西門以便民汲，知縣沈維藩磚砌垛口。崇禎間，知縣楊偉續築東西城，各厚五尺，高三丈，建角樓二，知縣賈之驥磚包東南二門各數丈。皇清順治六年，兵變焚毀，知縣鍾萬齡修垛口及五城門。十六年，知縣李如蘭修城浚池，重建五門城樓。康熙四十年，知縣佟國琪重修。按《縣志》，東曰迎輝、南曰仰薰、西曰阜成、北曰仰薇。

護城石堤，城南臨涑水，漲則嚙城。明萬曆元年，知縣王象乾建石堤長一百六十丈有奇，高二丈餘，闊一丈餘，邑人李汝寬撰記。二十六年，知縣徐明於廣濟橋西建石堤，長五十丈有奇，高一丈餘，邑人翟綉裳撰記，迄今城無水患，邑民賴之。惟徐堤近年被水激壞數丈，當事者其留意焉。

南關城、西關城，俱明崇禎六年築。

鎮堡附

　　橫水鎮、栗村鎮、上下東鎮、蘭德鎮，裴村、小郭店、宋店，俱明崇禎間築堡。按《縣志》，兵亂後，鄉村築堡甚多，不及備載。

　　平陸縣城，距古虞城六十里。金丁丑年建。明景泰初，知縣李榮增築，周二里五十步，高二丈五尺，池深一丈有奇，門三，上爲樓櫓，東曰"傳說故里"、南曰"虞芮質成"、北曰"泰伯至德"，惟西無門，北有重門。弘治八年，知縣侯尚文開南城，通學宮爲大成門，東去舊南門數仞。嘉靖，御史尚維持塞故南門，知縣趙重器修葺，後知縣王發蒙新其三門並雉堞。甲午年，知縣李東主建郭門五，東曰砥柱、南曰通津、北曰分雲、西北曰讓田東、北曰會川。崇禎間，本府判徐皓俊築、浚池，邑人李宏築外郭，環繞五里。皇清康熙五年，知縣李德倫建樓東郭上。十七年，知縣柴應辰重修。四十三年，知縣董之燧增城上窩鋪。四十六年，重修南北城樓。

市鎮附

　　茅津鎮、張店鎮、八政鎮，俱有集。

　　芮城縣城　後周明帝二年，改立縣治，始建。明洪武初，縣丞楊得、知縣張友直增修，周三里二百六十四步，高二丈，池深七尺。正統十四年，知縣孟濟重修。正德間，知縣張世恭增修。嘉靖間，知縣張效仁增修，以磚甃門，知縣周時相增敵臺浚池。萬曆間，知縣李選重修，增高倍厚，知縣趙庭琰創建月城。天啓間，知縣姜士佐重修。崇禎十三年，知縣倪光薦磚包，未竟而止。皇清康熙四十六年，知縣邵璇重修。按《縣志》，東門曰通津、西門曰升仙、南門曰望闕、北門曰禮賢。

鎮堡附

　　萬歲堡，縣北八里上郭村，周顯王時芮民以其地西接於秦，懼其強暴，築此堡以防緩急，以萬歲名者，作事欲永久也，有址微存。

　　太尉堡，縣東南十五里，瀕河，本名鳳川。春秋時，秦攻芮，芮民築此堡以爲避兵之所。唐武德二年，夏縣呂崇茂稱魏王，應劉武周詔，以永安王孝基討之，行軍總管劉世讓屯兵於此，人呼世讓爲太尉故名。

　　馬武堡，在縣東北二十五里，遺址存。

　　喬頭堡、柏底堡，俱有鎮。坑南堡、朱呂堡。

　　絳州城　隋開皇三年，自玉壁徙此，始建。明洪武元年，指揮鄭遇春重修，周九里十二步，高三丈五尺，池深一丈，南北二門，北曰武靖、南曰朝宗。正統中知州王汝績，正德中知州韓輒，嘉靖間知州彭燦俱修葺，知州貴儒建樓，磚甓女墻。隆慶元年，知州宋應昌加高，鑿池一丈五尺，闊倍之，創砌石堤，以防汾齧，計三百餘丈。萬曆間，石堤壞，知州張繼東補修。崇禎末，知州孫順築炮臺數座。皇清順治六年，州同知徐祚煥於北門重建月城，磚砌數十丈。十年，知州單悝修石堤。康熙初，知州劉顯第新南門樓，修補雉堞。三十四年，地震，三十九年，知州胡一俊重修堅固。

鎮堡附

三林鎮、泉掌鎮

平泉堡，按《州志》在城北十里。

蘇村堡，按《州志》在城北三十里。

泉掌堡，按《州志》在城西北三十里。

周村堡，按《州志》在城西三十里。

樊村堡，按《州志》在城西南二十里。

曲村堡，按《州志》在城南二十里。

蘭村堡，按《州志》在城南三十里。

楊莊堡，按《州志》在城東南二十里。

稷山縣城　隋開皇十一年建。明景泰初，知縣胡士寧修築。隆慶間，知縣孫佋增築，周五里十三步，高三丈，厚如之，池深三丈，闊一丈五尺，門五，角樓四，魁樓一，敵臺二十五，臺上有亭。崇禎四年，知縣李燧庭加築浚池。皇清康熙元年，霪雨，崩壞城垣一百九十二丈，樓臺九座，窩鋪一十五座，知縣孟孔脉重修。四十六年，知縣謝兆龍繼修。按《縣志》，縣城門上起層樓，題其東曰望堯、西曰思禹、南曰帶汾、北曰屏射、東北曰引泉。

鎮堡附

小河鎮、下迪鎮、華峪鎮、大杜鎮、翟店鎮。

高歡寨，縣西五里，攻玉壁時所築。

斛律光寨，縣西北二十里峪口村北。

魔軍寨，在峨眉嶺，今呼屯軍寨。

管村堡，按《縣志》在城東十里。

大杜堡，按《縣志》在城東北二十里。

吳城堡，按《縣志》在城西十里。

下迪堡，按《縣志》在城二十里。俱明嘉靖二十二年知縣於藥備盜而設。

絳縣城 唐武德元年建。明正統十四年重修。成化七年，知縣陳能增修，周五里十三步，高二丈，池深一丈，門三，東曰鎮峰、南曰絳陽、西曰太安，門各有樓。正德間，知縣包得仁於城上修窩鋪十七座。嘉靖初，知縣唐夢璋磚甃女墻。地震後，知縣陳訓加葺。隆慶三年，知縣牛應龍增築，高五尺，池亦浚深。五年，知縣翟來旬於西門外增重門、重樓。萬曆五年，西北隅崩，知縣王思治開北門以通出入。後知縣黃維翰修，復塞北門。崇禎十四年，知縣王敏增修北城敵臺二座，加高南門甕城，上建重樓。皇清順治七年，知縣吳洪佐重修三門。八年，署印州同徐祚煥修建西門甕城樓。十四年，知縣鄭始宏重建東南二門樓。十六年，知縣趙士弘重修鋪舍、女墻。康熙三十四年，地震，三門城樓俱毀，未修。

鎮堡附

大交鎮、橫水鎮、鄭柴、南柳、吉峪。

范村寨，按《縣志》在縣東十五里，今築為堡。

南樊寨，按《縣志》在縣東三十五里，周圍約二十餘畝，上可避兵。

郇王寨，按《縣志》在縣東二十五里郇王村東。

垣曲縣城 城制初隘，金季展築。明洪武十八年，因水漲湮毀。正統十四年，知縣李哲補築，周二里一百八十步，高二丈，池皆平塞，西、南、北三門。成化十五年，知縣馬禎重修。正德八年，知縣任旒開展西北，周四里。九年，知縣陳標開水東門、水南門以泄水。嘉靖五年，知縣張廷相補修、建樓。九年，創開東門。是年，水溢，南城圮，知縣李良翰築。十四年，又傾，復築。隆慶間，知縣李自發易以磚垛。萬曆二十六年，南城水，又傾圮，知縣同梧補修，樹柳衛城，後知縣呂恒重修垛口。四十六年，知縣梁綱增修南甕城一座，塞東門，於是科第聯綿不輟。崇禎四年，知縣張天德加修西甕城一座。六年，知縣段自宏幫修南城裏面，長二百三十三丈，寬八尺。七年，加修北門甕城一座，又增城高五尺；恐寇，扳樹伐柳。崇禎十二年，四面建敵樓十座，加修女墻。皇清康熙七年，知縣紀弘謨重建北門樓，祀真武。其水東門、西、北二門甕城今俱廢。四十五年，知縣許谷重修。按《縣志》，城三門三樓，三角各小樓，東南建魁星樓，門扁北曰富春、南曰萬安、西曰永豐。

護南城堤，明嘉靖十五年，創建沙堤護城，後河水衝沒。萬曆二十一年，知縣趙文炳慮水患，議修未舉，以欽取行。二十八年，炳巡按山西發金三千餘兩，檄縣采石鬻鐵，共修石堤二百七十丈，廣一丈，高倍之，其深入地者幾半堤，民賴之，立趙公祠，有記。三十七年，知縣呂恒重修。皇清，知縣董爾性補修。康熙四年，知縣紀弘謨補修。四十三年，水漲衝崩。四十四年，知縣許穀捐築，礌石灌灰，較前加倍，歷年不受水患。

鎮堡附

瞽冢鎮，按《縣志》在北鄉。

王茅鎮、皋落鎮，按《縣志》俱在西鄉。

胡村堡、峪子村堡、辛莊村堡、薛家堡、石家溝堡、劉村堡、譚家溝堡、東灘村堡、北朵堡、上敵原堡、灣里村堡、竹園堡、店頭村堡、皋落鎮堡、陳村堡、三堡、頭村堡、上瞽冢村堡、下瞽冢村堡、堰堆村堡、馬村堡、西邢馬堡、劉張村堡、上澗堡、北羊村堡、上王村堡、杜村堡、下王村堡、崖底村堡、河西堡、澗底村堡、上丁村堡、下丁村堡、回村堡、王茅鎮堡、官店村堡、長治堡、小王茅堡、南蔡村堡、交斜堡、柳莊村堡、青廉村堡、小趙堡、下亳城堡、左家灣堡、嶺後堡、朱家莊堡、白馬廟頭堡，以上共堡四十九座，《府志》未載，按《縣志》俱明崇禎年間修築，前後各不一時。

葛伯寨，湯徵自葛始即其地，南臨河濱，北倚山坡，有南北二門，人民聚居，可以防守，頗稱險隘。向有土城，係明季初年築。

霍州城 隋郎將宋老生嘗屯田於此，年久城頹池平。明景泰元年，同知張莊修築，周九里十三步，高二丈，池深八尺，門四。成化初，知州張玘重修。正德間，通判柴凱復築，高廣倍舊制，各置層樓、鋪舍。嘉靖二十七年，知州陳嘉言重建東門。皇清康熙四十六年，知州孔興璉重修。按《州志》，州城古凡兩徙，一徙汾河西三里，後復還今地。明景泰間，修築，門四，一唐谷、一汾水、一朝陽、一鳳樓。嘉靖三十六年，知州褚相更題扁以新之，東曰春熙、西曰安成、南曰望陽、北曰拱極。

市鎮附

辛置鎮、師莊鎮。

吉州城 晉公子夷吾築。明景泰初，知州王亨修，因山為城，周一里二百九十步，高三丈五尺，南臨山澗，四面無池。城中祗容公署，全無民居。嘉靖間，知州蔣賜增築，計四里，門四，上建層樓，署州事鄉寧知縣李節亨於西城增敵臺五座。皇清順治間，知州萬全忠、南鵬俱加重修。按

《州志》，古城在山上，削山爲之，崇高險峻，周圍僅一里，城以內止有官署而無民舍。明嘉靖年間，知州蔣賜增築外城，計四里，南面臨河，皆係大石壘砌。東門名太和門，上建層樓，門外又築甕城，其門曰長寧門，上亦建小樓；西門名永康門，亦建層樓，其高聳與太和樓並峙；北門曰淇北門，上建小樓；南城有一水門，名曰定遠門，內城門曰崇安門。明署州事鄉寧縣知縣李節亨因西城外地勢最高，難以防禦，於西城建敵樓五座。明末，寇氛昌熾，吉城失守，其敵樓半屬傾圮，又經風雨摧殘，太和樓倒壞將盡，知州萬全忠重修太和樓、敵樓，又於內城山巔建層樓一座，崇安門內又有鐘鼓樓一座。

鎮寨附

桃源鎮、大度鎮、三垢鎮、臨峪鎮、馮家集。

南山溝寨，州北六十里深山之中，四面俱係石崖，壘級以上，一人扼吭，四面無從而上，刀箭炮石，皆不能壞。

堨石崖寨、曹花平寨、樓兒山寨，俱四面石崖，有天塹之險，亦與南山溝同，皆在深山。

趙家堡、白楊堡、塌村堡，俱係土山，削築成堡，極爲險要，可防賊盜。按《縣志》，其塌村堡，有井深三百尺。

鄉寧縣城 春秋時，晉鄂侯故壘。宋皇祐三年，知縣劉舒因遷縣治築。明正德間，知縣趙元重築，周四里四十步，高三丈，池深二丈，東、西、南三門，門有樓。嘉靖間，知縣王揚惠及民相繼增築南城，建樓。後河水衝塌，知縣王國禎重修，繚以女墻。隆慶間，知縣馬秉直築北城。後知縣張一敬復修東城，增女墻，城始高大。萬曆十七年，山水衝塌，知縣焦守己增修，甃以石，浚池水，增垛口。皇清康熙五年，知縣張聯箕重修，增築護城石堰，後因水漲壞城，復修建石堤一道，長二十五丈，高一丈二尺，闊八尺，有記。四十七年，知縣屠輝現興工加修。按《縣志》，康熙己酉，東城外創立牌坊一座，以迎柏山生氣，城東南角建文昌樓一所，詳載碑記。

市鎮附

營里鎮，在縣東十里。

官水鎮，在縣東九十里。

西坡鎮，在縣西南七十里。

船窩鎮，在縣西一百里。

隰州城 唐武德元年建。明景泰二年，同知李亨修，周七里十三步，高二丈三尺，池深一丈，南、北、西三門，南曰崇禮、北曰歸仁、西曰建義。嘉靖間，知州黃杰與同知曹鳳增修，高二丈五尺，址闊三丈，頂闊一丈，建樓三座，角樓四，鋪十，知州魏宗方易垜口以磚。隆慶間，知州李遐齡增城高厚，並建月城，知州劉寅重修。萬曆間，知州王之輔重修南門並城樓。後水嚙西北隅，知州儲至俊修築，開東門，建樓門曰迎恩，旋塞。皇清順治六年，知州王天貴重修。康熙三年，知州張灼鼎建成樓四、鋪八。六年，南北二門俱傾，知州胡文煥修。四十七年，知州錢以墢重修，建南北城門樓二，鋪十二。

鎮堡附

仵城鎮，按《州志》在州南六十里，正、七、十月，二、八、十一月會。

義泉鎮，按《州志》在州東四十里，二、七、九月會。

均莊，按《州志》在州北四十里，每月三、八日集。

石口子鎮，按《州志》在州北七十里，每月四、九日集。

張家川堡，按《州志》在州東九十里。

蒿城鎮，按《州志》在州北七十里，正、四、十月會。

水頭鎮，按《州志》在州北九十里，每月一、五集，正、八、十一月會。

康城鎮，按《州志》在州北一百十里，每月一、六日集，正、三、八、十一月會。

大麥交鎮，按《州志》在州北一百八十里，每月五十日集，二、七、十、十二月會。

羅真鎮，按《州志》在州西五十里。

辛莊鎮，按《州志》在州東北一百里，每月五、十日集。

西曲鎮，按《州志》在州東北二百里。

回龍鎮，按《州志》在州東北二百里，每月三、九日集，正、十月會。

紫荊寨，州東六十里紫荊山上。

諳真堡、西曲堡、南孤山堡。

大寧縣城 晉士蔿築。元中丞時權、院使李子厚建。明景泰初，知縣姜義補修，周三里四十二步，高一丈五尺，池深七尺，東西南三門。弘治間，知縣柳聰繼修。正德間，知縣艾芳增雉堞，裹三門以鐵。隆慶間，知縣邵蕙重築北寨城，建樓，增東西關城，又築南門外石堤一帶以障河水。崇禎七年，知縣丁嘉謨同防守官馬儲秀重修，三面砌石。皇清順治十一年，知縣金肇補修東南隅。康熙二年，知縣王國棟補修西南二處。康熙十年，知縣馮應泰補修北寨東面及南門甕城。二十年，知縣王維藩重築關城。四十六年，知縣胡文煥繼修。按《縣志》，邑城北倚浮圖，南臨昕河，周圍三里四十二步，東西南三面俱高二丈五尺，壕各深七尺，城門樓各一座，俱有甕城，角樓三座。門凡三，東曰迎春，扁其樓曰"晉陽春旭"；南曰興讓，扁其樓曰"翠微獻秀"；西曰興仁，扁其樓曰"壺孟呈祥"。明隆慶元年，建高覽門，扁其樓曰"河山一覽"；西曰西上門；東增關城名曰永春，扁其樓曰"路達神京"。明年，又西增關城，門凡三，南曰聚吉、西曰通秦、北曰水門寨；建書院一所；下又修小寨，中置倉舍九間；又築南間外石堤一帶，以障河水，堅固。

堡寨附
保村堡，按《縣志》在縣東北堡村，今廢。
樓底堡，按《縣志》在縣南樓底村，今廢。
割麥堡，按《縣志》在縣西割麥村，今廢。
胡城堡，按《縣志》在縣東胡城村，今廢。
北寨，在縣城後，元右丞時權所築，院使李子厚相繼據守。
南寨，在縣南一里許，元人時權據守。
古寨，即浮圖結也，在北寨之巔，北齊武成帝河清四年築，隋人移縣治於此，元李子厚接連築城，灣環合抱。
阜城寨，縣西十里安阜鎮之西，石城村之東，故曰阜城。崇禎壬申，闖賊陷城，人無所避，候選通判曹權倡先率居民李香、賀嘉賓創築。
小馮寨，縣東五里，生員王之臣倡築。
單籬寨，縣西五十里，義官馮希魁倡築，按《縣志》名罩籬寨。
南堡寨，縣南三十里，生員劉必大倡築。
鳳落寨，縣南四十里，蒲人陳之善倡築。
道教寨，縣西二十里，房景星、房啓星倡築。
東堡寨，縣南三十里，貢士王笏倡築。
高山寨，在北山巔，王申賊亂，邑人避其上，保全甚眾。
石城寨，縣西十里，石壘為城，據以高險，下臨河，明季里民郝奎軒倡築。

仞梯寨，按《縣志》在縣西五十里。

永和縣城 唐貞觀十二年建。元至元間，重築。明洪武初，主簿徐大榮修。正統間，知縣胡貞拓修，周三里三十四步，高下不一，跨山無池，芝水三面環繞，南北二門。嘉靖間，知縣張守禮開東門。皇清康熙十一年，知縣王爾楫重修。按《縣志》，城高二丈許，南北西三門，南曰安靜，有樓；北曰拱極，有樓；西曰餞日，無樓，其三門芝水環繞。東舊無門，嘉靖四十五年，知縣張守禮始開，跨山無池。皇清康熙十一年，知縣王爾楫見城西南舊有水口，鋪捐，令捕官章瓚、陰陽官薛錫澤督工修建石洞，立鐵柱，放水以固內外，俾一邑暴雨之水，皆由此出，庶免衝塌之害，人咸賴以安堵。四十八年，知縣王士儀見城垣塌毀過半，西城更甚殘缺將傾，捐修補築，復於西城創建閣曰迎芝，於西北城角創建亭曰望農，以補城西之低覆者，俱有碑記。

鎮堡附

坔口鎮、劉台鎮

雙壁鎮，縣東五十里，西有雙山兩峰，如壁中通一道，峰巔之上，石罅玲瓏，自陝西至平陽由此。

捕狐寨，按《縣志》在縣東南七十里。

樓山寨，有石城。

雙山寨，縣東二十里，天生石壁如城。

莊則堡，按《縣志》在縣治西七十里。以下《府志》未載

梁家堡，按《縣志》在縣治西二十里。

劉家莊堡，按《縣志》在縣治北三十里。

城原堡，按《縣志》在縣東高原上。

護國堡，按《縣志》在縣東五十里。

暑益堡，按《縣志》在縣東五十里。

大寨嶺，按《縣志》在縣西四十里。

岔口寨，按《縣志》在縣北三十里。

土樂寨，按《縣志》在縣北四十里。

榆林寨，按《縣志》在縣東七十里。

運司城，元至正二十九年，運使那海建，名鳳凰城。明天順二年，運使馬顯修築，周九里十三步，高一丈七尺，池深七尺。正德間，御史胡正

重建。嘉靖間，盧煥、祁杲、余光、何贊、陶譓先後甃城，包以磚。萬曆間，御史劉大受、運使孫可撰重修完繕。崇禎間，增立敵臺。皇清順治十年，運使陳哲重修。

潞安府

《職方典》第三百三十一卷
潞安府部彙考一
潞安府城池考　府志
本府（長治縣附郭）

府城池　創始，《舊志》莫考，然以沿革稽之，秦漢以來或治長子，或治壺關，或治襄垣之安民城，自隋置上黨縣而後，郡治定；且西北子城，相傳隋創之，則大城亦自隋創無疑也。舊為土城，四門、四隅俱有樓，西門之北有看花、梳洗二樓；南有長子樓，舊有門通長子縣；坤隅稍東有八義樓，舊有門通八義鎮，皆曰應山樓，謂城西山遠，建列諸樓，與東山相應也；而看花更高聳，與唐故飛龍宮輦道相接，基址髣髴尚存，唐元宗別駕時，常藉以為游覽之地。明初，指揮張懷始用磚砌四門，各建小月城。嘉靖初，知州周昊乃發公帑興役，三時告成，圍二十四里，高三丈五尺，闊二丈。隆慶初，敵破石州，闔省修浚城隍，而潞之四周俱掘及泉，深四丈，闊如之，其流潺湲有聲，會於西水洞，流入黑水，河兩岸栽植楊柳，森森密布。隍之東南隅種蓮種魚，為一郡勝概。其後泉既壅淤不流，而樹復斫伐殆盡，非復當時景象矣。皇清順治九年，西城門樓內貯火藥為雷火劈去，知縣王功成復為鼎建，整頓舊觀。今南城隍內水泉復通，菇蒲藻荇掩映水湄，但無人疏浚，未得如昔日之周流停彙耳。今知府楊復植楊柳於堤畔，踵事者從此培養數年，便是榆關之保障矣。四城原額垛口四千七百八十，今止存六百四十六，門東曰潞陽、南曰德化、西曰威遠、北曰保寧。

長子縣城池　舊城周二十里，《舊志》云丹朱築，無可考。晉末慕容永僭號，因加修築為都。金天會間，昭義節度使楊天吉病其太大難守，就東偏建小城，縣令趙惠成之，賀允中繼修，即今城也。磚垛土城，圍六里，高三丈五尺，闊一丈五尺，池深淺不一，門四。明景泰初，增開西小門，門各有樓，知縣徐兗、易鶚、史紀、王密、劉復禮、何出圖俱有修葺功，而史紀功尤著。皇清順治十一年，知縣張獻素用磚包砌城門，又重修東門，城樓一新。知縣史紀題其門，東曰賓暘、西曰望山、西小門曰觀瀾、南曰挹熏、北曰拱辰。

屯留縣城池　唐武德中，移治築此。唐宋修廢不可考。元縣尹劉依仁因舊修葺，圍四里零二十步，高三丈三尺，闊九尺，池深淺不一。明知縣楚瑄重修四門，建樓於上。范景加重樓。後絳水衝敗北城，尹鑒李侖、王紳相繼修補，任肅、徐鳴鶴俱有修補功。崇禎十四年，知縣艾泰徵用磚包砌東、西、北三面。皇清順治二年，知縣王昌齡磚砌南面。

襄垣縣城池　唐武德初置韓州，築城於甘水之南。金縣令韓俊增築外城，即今城也。圍六里零三丈二尺，高三丈八尺，闊一丈八尺，池深淺不一，門四，各有樓。元末樓廢。明初，重築城，知縣寧智重建樓，劉明、賈樞、党馨重修，王㦂用磚包砌城，女墻高八尺，周回俱完，垛口周回共一千五百七十五，敵臺四面共三十二，濠墻高九尺，周回俱全，東門名東作、西門名西成、南門名陽澤、北門名靖朔。郭門一座在郭北頭。

潞城縣城池　隋開皇間始築，元末關保因舊增修，圍四里零八步，高三丈，闊一丈五尺，池深淺不一，四門各有樓。明初重修，知縣李思忠、鍾爵、馮惟賢、張鶴騰各有修補。崇禎十三年，知縣宗鴻議用磚包砌。皇清康熙三十四年，因地震城圮，知縣張士浩督工修補，壕下遍植垂柳，壕周圍凡七里許，深一丈五尺，闊三尺。

壺關縣城池　自唐貞觀中，移治清流川，即築此城，圍二里零一百二十丈，高三丈三尺，闊八尺，池深淺不一。明初重修，知縣蘭興補修，李用敬禮勸富室用磚包砌。原設東南北三門，知縣丘鎧復開西門，議者爭謂其不宜，方應明塞之。城小而固，最便於守。皇清順治十三年，知縣朱輔復行開通，城外建廟以鎮之。

崇賢堡，周圍三百二十五丈四尺，四面俱崖，高深一十丈，上築女墻七尺，垛口二百八十一，東西門二，磚砌鐵裹。

辛村寨，墻周圍一百二十丈七尺，四面俱崖，高深九丈一尺，上築女墻七尺，垛口一百一十五，西南土洞門一，磚砌鐵裹。

好牢寨，墻周圍一百五十丈，四面俱崖，高深一十丈，上築女墻七尺，垛口共一百一十七，西北土洞門一，磚砌鐵裹。

平順縣城池　嘉靖八年，知縣高崇武草創，徐元道繼成之，依山界水，圍二里，高三丈，闊六尺，東西北三面山脚石底，池難挑浚，南面池深淺不一，止東南二門，各有樓。原係土城，崇禎十四年，知縣孔貞銳用石包砌。

黎城縣城池 宋天聖中，移治白馬鎮，即今城也，磚垛土城，圍四里，高三丈五尺，闊七尺，池深淺不一。元末，縣尹崔聚、杜旺俱修補。明知縣廖靖、荀京、李良能、張遵約俱重修。城東北依山麓。崇禎時，知縣靳之屏改砌磚垛口。門三，東曰拱辰、西曰西成、南曰南薰。

汾州府

《職方典》第三百三十八卷
汾州府部彙考二
州府城池考　府志
本府（汾陽縣附郭）

府城池 舊名四陽，言曰四面照也，世傳曹操建。《舊志》云祝融城者，亦此義。周九里十三步，高三丈二尺；門四，東曰景和、西曰寧靜、南曰來薰、北曰永泰。元至正十二年，重築。明景泰二年，大加修理。隆慶三年，增高一丈六尺，通計四丈八尺。萬曆元年，磚甃。池環四關，曲折者遇澗引澗，遇泉引泉，東北環汾，深廣各數丈許，關際城處，池寬七八尺，而深倍之，即壘浚土為之長堤，四關寬深又幾三倍。

東關城，明嘉靖十九年創築。萬曆六年，甃其垣，周圍九里有奇，高三丈餘，門六，東曰賓陽、西曰聯城、南曰迎薰、曰通介、北曰拱極、曰通陝。

西關城，明萬曆十二年創築，周三里許，基廣二丈八尺，垣高二丈五尺；壕深、闊各二丈，門四。

南關城，明嘉靖二十一年築，周圍五里十三步，高三丈，門四。

北關城，明隆慶三年築，周二里五分，高三丈二尺，基廣三丈，門四。

孝義縣城 世傳魏文侯建，元魏孝靜帝時移於西北隅，周四里三十步，高一丈五尺，外有壕，深一丈。明景泰初典史李進，弘治間知縣張日升，正德間典史韓彪，嘉靖間知縣王錦、劉大觀各重修。隆慶元年，知縣陳情浚壕增城，通甃之，高三丈八尺，厚二丈五尺，方四里，壘臺、戍屋俱增於舊。門四，東賓暘、南向明、西秩成、北拱極，俱陳情修。

平遙縣城池 舊城最窄，東南二面俱底。周宣王時，尹吉甫北伐，駐兵於東北，因隘不能容，展西北二面。明洪武三年重築，周九里十三步，崇三丈，壕深一丈，廣一丈，門六座。三十一年，知縣沈振又修西北二面，加厚七尺，增高六尺。隆慶三年，知縣岳維華重修，增敵臺九十四座，皆砌以磚，又以六門外各修吊橋，各立磚門，東門二，西門二。隆慶六年，知縣孟一脉甃城以磚。萬曆二十二年，增築瓮圈，拆廢南門、北門。皇清康熙二十三年七、八月間，因霪雨損壞，知縣黃汝鈺補修，共計城墻二十五丈，城垛一百二十三垛。康熙三十五年至康熙四十四年，逐年相繼修葺。康熙四十五年，沿城植槐柳。

介休縣城池 城有四門，東曰捧輝、西曰臨津、南曰迎翠、北曰潤濟，周八里，高三丈五尺，根闊三丈二尺，女墻高五尺，西城、南城門外有藩門二座，臺高二丈三尺，樓高一丈三尺。城始建自魏，靜帝遷朔州備禦外患，築土爲垣。隋末，尉遲敬德爲劉武周居守又重修之。明景泰元年，王儉、彭鏞復葺之，以備外患，四門磚砌。正德二年，郝槃復爲修築。嘉靖改元春，因水患，於城北門外砌磚門，另加鐵柵門一座，以泄暴漲而水患始免。隆慶元年，知縣劉旁增修。萬曆三年，縣令康又民用磚石砌。崇禎六年、七年、十三年修葺。皇清康熙十四年，城東面崩三十餘丈，知縣趙端修葺。二十五年，知縣李應龍奉旨修葺城垣。三十年秋，霪雨，浸塌城東面三十餘丈；三十四年四月初六日，震塌垛口二百五十四個，俱知縣王塡設法重修。

石樓縣城池 唐武德二年建。明景泰元年，縣丞耿祥修，周二里九十六步，高二丈五尺，池深五尺，東、南、北三門，後增西一門，周三里零三十步。皇清順治六年，知縣周士章改北門南稍門，並建樓。康熙十二年，知縣任玥於北門建重門，修葺樓臺。

臨縣城池 金大定二十四年建。元末湮廢。明景泰元年，知縣劉本築小城一座，東南二門。正德八年，知縣杜敏增修外城，括牛澗在內，東西設二水門以泄牛澗之水。嘉靖二十一年，兵備副使趙瀛委官拓築，高二丈五尺，上闊一丈五尺，周圍六里五步，瓮城、門樓、敵臺、垛口、腰鋪俱備。城東又築堤高闊丈餘，防湫河泛溢浸城。隆慶元年，知縣吳朝石包三面，其後署印通判蘇騰相繼成功。二十三年，知縣常時芳重修。

永寧州城池 秦丁巳年，趙武靈王始築。元至元二十一年，河南行樞密院八元愷、郡守尹炳文補築。明景泰元年，州守范賓重修。嘉靖二十年，州守楊瀾增修，周圍九里三步，高三丈五尺，鑿壕深一丈二尺，東、南、北三門。隆慶丁卯，巡撫楊巍按臨，見城廣人稀，乃於東南截其半而新築之，高四丈八尺，長一千二十丈，基厚三丈二尺，頂厚一丈五尺，東南北俱掘深壕，而西面城下有泉。萬曆四年，包磚。萬曆二十六年，州守夏惟勤重修，改南門於東南隅。崇禎十四年，城濠增浚益深。皇清順治十四年，西城崩，州守胡朝賓重修。

寧鄉縣城池 明景泰元年，知縣梁杲始築，周五里一百八十步，高三丈，闊二丈；門三，東曰泰定、南曰永寧、北曰慶豐，各建樓於上，西依鳳山無門；樓有四，西曰文鳳、北曰迎恩，東、南因門爲名。知縣石祥鑿池，深各二丈許。嘉靖二十年知縣王一言，三十五年知縣賈迪相繼修葺。隆慶二年，知縣李卿於東南北三面各增高五尺，加厚八尺，仍北面後鑿重壕，廣二丈，深二丈五尺。三年，知縣吳三聘築甕城三，鐵裹門三，更名東曰賓暘、南曰迎熏、北曰拱極。萬曆五年，知縣白經自北門起至西隅止，創棚八十四楹，以便守坐，後拆毀無遺。三十六年，用磚包砌。皇清順治六年知縣史具勳，八年知縣王之儀各重修。

大同府

《職方典》第三百四十四卷
大同府部彙考二
大同府城池考　府志
本府（大同縣附郭）

府城池 明洪武五年，中山王徐達因舊土城增築，周圍十三里，高四丈二尺，包以磚，東曰和陽、南曰永泰、西曰清遠、北曰武定，上各建樓，角樓四，敵樓五十五，窩鋪九十六，西半屬大同前衛，東半屬後衛，西北角樓宏壯。景泰間，巡撫年富於城北築小城，周六里，高三丈八尺，門三。天順間，巡撫韓雍續築東小城、南小城各周五里，濠深一丈五尺，各三門。嘉靖三十九年，巡撫李文進將南小城加高八尺。隆慶間，巡撫劉應箕高增一丈，厚增八尺，包以磚，建門樓各四。萬曆壬辰，北門樓改文昌閣。萬曆八年，總兵郭琥復加磚砌女墻。萬曆三十年，巡撫房守士復修。皇清順治十年，總督鳴佩、馬子先、總兵彭有德相繼重修。

懷仁縣城 明洪武十六年，指揮桑桂因舊城增築。永樂九年，指揮於忠重修，周圍三里零六步，高三丈，濠深一丈。舊惟東西二門，成化元年，守備姜裕增修月城二座。嘉靖三十四年，知縣殷宗虞、守備景希賢因舊幫修，增高三尺，闊二尺，南北添工字墩二座。隆慶四年，因戎騎逼城，知縣劉邦彥、守備葉繼文增高大墻四，女墻俱用磚包。萬曆元年，部院大臣請內帑，用磚石包修，增高三丈八尺，女墻六尺，周圍七百三十七丈九尺，濠深二丈，水深數尺，東西二門外各增土墻，每關各建門一座。

渾源州城池 唐時築，其形如龜，周圍四里二百二十步，高一丈五尺，濠深七尺，東西二門。明洪武元年修，東半屬安東中屯衛中所，西半屬安東中屯衛前所。永樂二十年，北兵入城，知州陳淵疏請復築，增高二丈五尺，添外濠一道。嘉靖四十五年，知州顧守賢議修築，請之當道，延袤仍舊，垣高三丈九尺，闊二丈，濠深三丈，有重樓、角樓、鋪舍。

應州城池 唐天寶初，節度使王宗嗣創建，李克用父子居之。乾符間，克用父爲大同節度使，因古城廢塌，移築於天王村，距舊城八里餘。明洪武八年，知州陳立誠以舊城西北三面多曠地，遂就東南城墻改築今城，周一千三百三十五丈，計五里八十五步，高三丈二尺，重以甕圈，池深一丈。原設門三座，東曰暢和、西曰懷城、南曰宣陽，北爲樓城上曰拱極，成化六年，本城千戶劉鑒改建元武廟，作鎮北方。成化二十年，知州薛之敬修葺，加增月城，創築東西南三關廂，以衛鄉民來避兵者。嘉靖四十三年，知州宗□、守備蕭以望重修，增高三丈，南門創修一樓，浚濠及泉，外築護濠墻，守備剛續修月城，增築敵臺。隆慶五年，知州吳守節奉文修築，通高四丈，四面皆石砌磚包，重建四樓，東曰"龍山秀峙"、西曰"雁嶂雄屏"、南曰"茹峰壁立"、北曰"桑水帶環"，角樓四。萬曆五年，知州徐濂沿壕植柳。二十四年，知州王有容築官墻，周二百六十丈，高三丈三尺，垜口墁頂，俱磚包。

山陰縣城池 宋神宗時建。明永樂三年重築，高二丈五尺。正統二年修。正德六年知縣王紘，嘉靖十六年知縣王郎俱重修。二十六年，增高三丈三尺。隆慶四年，增高四丈六尺，巡按劉良弼奏請磚包，知縣苗浡然董役，周四里零二十步，高如舊基，闊三丈八尺，頂廣二丈，濠深八尺，廣二丈；爲門三，東曰永泰、南曰宿峰、西曰靖遠，上建樓櫓，外爲甕城，外爲月城，北城無門，上建眞武廟；角樓四，警鋪八，城下列垣爲蔽，垣外三十餘步周圍築堤以防黃河水之漲。萬曆三十五年，復以磚漫頂及女墻、水口、馬道，號完固矣。說者謂墁頂當用磚三層，參差其縫，水始不能入，今止一層。

朔州城池 秦人築，即武州之馬邑，父老因馬周走而依之築，始不崩者也。元至正末，右丞相孛羅帖木兒駐兵大同，使其將姚副樞省去西北，築東南一隅，以便守備，未完而弃。明洪武三年，指揮使鄭遇春奉旨開設朔州衛，依姚副樞所築舊址修完，磚圈四門，并立門名。二十年，指揮薛壽奉文用磚包砌，城高三丈六尺，堞高六尺，共四丈二尺，頂闊四丈，脚闊八丈，周一千二百六十丈，堞口三千一百三十五；池深三丈五尺，闊一十一丈，周一千六百八十丈；甕城四座，各周一百三十八丈，敵臺樓一十二座，門樓四，角樓四，鋪樓二十四，烟墩四；門四，東曰文德、西曰武定、南曰承恩、北曰鎭塞，外連吊橋，各樹危樓。萬曆十三年，守道李辨菲委知州張守訓重修。三十四年，守道徐準委通判郭如松浚池，池以內築護城墻，池以外築馬鬃墻。

馬邑縣城池 始建自秦，歷漢唐宋皆土塘，周二百七十九丈。明洪武十六年，朔州衛指揮孫昭修。正統二年，武安侯鄭亨展拓其基。隆慶六年，巡撫劉應箕、巡按劉良弼會議築邊城，得請，乃命知縣岳汴、守備時爾宜分督之，逾年始落成，四面石基五尺，上皆磚包，角樓四，城樓二，東西門有重樓，高四丈，周六百四十丈。皇清康熙二十四年至二十五年，因城毀續加修葺。

蔚州城池 後周大象二年建。明洪武五年，德慶侯廖允中開濠。十年，置衛，指揮周房修築，規制宏麗堅固，周七里十三步，高三丈五尺，堞高六尺，共四丈一尺，磚包；濠深三丈五尺；門三，東曰安定、西曰清遠、南曰景山，上各建樓，東曰景陽、西曰廣運、南曰萬山，北無名；角樓四，敵臺二十四，外各建月城爲橋。

廣靈縣城池 肇於後唐莊宗同光二年，歲久傾圮。明洪武十六年，知縣葉時茂因舊城修築。天順初，巡撫馬昂以城卑薄，令蔚州知州史魁增築，高廣倍舊，敵臺十二，每臺窩鋪一間；門二，南曰景陽、北曰永安，外各置懸橋。弘治二年，知縣程觀再築。十一年，知縣孟繼先置各門層樓。嘉靖二十九年知縣孫武臣，四十一年知縣孫應明相繼重築南關。隆慶二年，知縣馬承志悉撤鋪舍，角樓四，鋪樓八，甕城增樓二座。萬曆二年，兵部侍郎吳兌因大閱行縣，登城，以邊邑土垣，非保障長策，疏請發內帑修，包知縣喬密董役，石基磚甃，凡門及甕城二、敵樓四，悉堅麗，高四丈七尺，廣四丈；池深三丈，廣如之，周二里一百八十步。知縣鄭簡重修北樓及東關牆，增築二敵樓。

靈丘縣城池 唐開元二年築，周三里二百三十步，高二丈，濠深一丈。明天順二年，徙城南三十二步重築，周五里，高四丈，濠深一丈五尺，門二。正德三年，知縣楊文奎創建東西街，通商賈，東門曰迎恩、西門曰鎮櫓，俱有樓閣。嘉靖二十年，因邊外入警，知縣劉永明重修，高厚倍加。隆慶元年重修，高二丈八尺，女牆五尺。萬曆二十四年，知縣於尚絅重修，磚包，高三丈五尺，女牆七尺。皇清順治十二年，久雨城毀，知縣宋起鳳重加修築，始稱鞏固。

廣昌縣城池 明洪武十三年，千戶李貞修，周三里一十八步，高三丈五尺，角樓四，腰鋪十間，東西南三門。參將王志中新增鎮邊樓三間，掌印千戶孫安建東角樓土城，高三丈，闊二丈，開東、北二小門。嘉靖三十年，知縣張九功於各門上建樓五，敵臺一十五，鋪房一十五。嘉靖二十七年，知縣陳大夏增修關城，高厚丈餘。皇清康熙七年、十年、二十四年相繼修葺。

左衛城池（雲川衛附） 明洪武二十五年築。初設鎮朔衛，其後衛革。永樂七年，設今衛，城始完固，周十里一百六十步，高三丈五尺，濠深二丈，門三，無東門，外各建月城，窩鋪五十。自東北及南半面俱屬左衛，西及南半面俱屬雲川衛。

右衛城池（玉林衛附） 明洪武二十五年築，初設定邊衛，其後衛革。永樂七年，設今衛，城始完築，周九里十三步，高三丈五尺，濠深三丈；門四，東曰閱武、西曰懷來、南曰永寧、北曰鎮遠，上各建樓，外各為月城；窩鋪五十，東半屬右衛，西半屬玉林衛。

陽和衛城池 係重鎮也，與他衛不同。明洪武三十一年，中山王築城，周九里三十步，高三丈五尺，濠深三丈；門三，東曰成安、西曰成武、南曰迎宣，上各建樓；窩鋪十四，外各建月城。萬曆壬辰，磚包南關堅且嚴整。崇禎四年，總督魏雲中於敵臺上每面修敵樓六座，磚包壁立，屹然邊鎮。

天城衛城池（鎮遠衛附） 明洪武三十一年，因舊城築，周八里二十四步，高三丈五尺，濠深二丈；門四，東曰泰定、西曰武寧、南曰迎宣、北曰鎮遠，各上建樓，外各建月樓，窩鋪二十五。

威遠衛城池 明正統三年築，周四里五步，高三丈五尺，濠深一丈八尺，四面皆爲月城，上建樓鋪三十二。

平遠衛城池（一名平櫓衛） 明成化十七年，郭巡撫叠土爲之，周六里三分，高三丈，女墻六尺，闊四丈；門三，東曰東作、南曰南訛、西曰西成，上各建樓，外各爲月城；角樓四，腰鋪十五；濠深一丈，闊二丈。弘治十一年，守備關祥、指揮燕英節因傾圮，用磚石包砌東北二面。隆慶六年至萬曆二年，參將袁世杰、趙崇璧相繼通用磚石包砌，樓櫓一新。二十七年，參將賈邦直新築南關土墻，周二百五十丈，高二丈。三十四年，參將郭增輝以山水潦沒民居，用石砌水濠，南北長二百五十丈，深一丈，闊二丈，堅固可久，自此城中居民不被水害。

井坪城池 明成化二十二年，總督侍郎余子俊築，周六百六十六丈，濠二丈四尺，闊四尺，南北二門，上各建樓。

邊堡附

聚落堡，舊府城東六十里，明天順三年築，周三里一百三十步，高三丈一尺，門二，東曰鎮安、西曰遠設。弘治十三年，增展北面。嘉靖年間，樊繼祖復築。

紅寺堡，舊府北五十里，明正統元年築，周一里二十步，高二丈三尺。

高山堡，府西六十里，明天順三年築，周三里十步，高三丈一尺，門二。

沙河堡，府西北六十里，明正統初築，周二里五十步，高二丈五尺。

懷仁堡，府西南八十里，明永樂九年築，周三百五十五丈八尺，高二丈七尺，濠深一丈七尺。

趙麻堡，府南一百二十里，明永樂九年築，周一百三十丈，高三丈，濠深一丈五尺。

第三祚堡，府南一百二十里，明洪武七年築，周一百三十丈，高二丈七尺。

長安堡，府東南五十里，周二百二十四丈，高三丈，原開八門，今塞六存二。

神泉堡，府東一百二十里，周一百二十丈，高二丈，濠深二丈四尺，門一。

漫流堡，府東一百四十里，周二百八十丈，高三丈，濠深二丈，門一。

鴉兒崖堡，府西一百二里，明永樂二十一年築，周二百丈，濠深三丈。

新城堡，右衛城南二十五里，周一百九丈，高二丈五尺，濠深一丈五尺，窩鋪十二座。

大柳樹堡，右衛南三十里，周一百九十六丈，高二丈五尺，濠深一丈三尺，窩鋪十二座。

牛心堡，右衛東南四十里，周一百四十丈，高二丈五尺，濠深一丈五尺，窩鋪十二座。

蒼頭河堡，右衛西南五十里，周一百三十丈，高二丈五尺，窩鋪十二座。

薛家馬營堡，右衛北二十里。

王家官屯堡，右衛南四十里。

淨水瓶堡，威遠衛城西北六十里，明宣德間築，周一里八十步，高二丈八尺，門二。

白登堡，陽和衛城南三十里，明永樂九年築，周二里一百八十步，高三丈，濠深一丈五尺，門二，窩鋪十二座。

關頭堡，陽和衛北七十里，明宣德年築，周二里四十二步，高三丈二尺。

猫兒莊堡，陽和北一百里，明永樂元年築，周二里四十步，高一丈五尺，其北二十里有口子墙，高一丈五尺。

上畔莊堡，天城衛西南二十里，周一百九十七丈，高三丈，濠深二丈，門二，窩鋪十二座。

米辛關堡，天城衛南二十里，周三百二十丈，高三丈三尺，濠深二丈，窩鋪十二座。

方城堡，天城衛南七十里，周二百四十丈，濠深一丈，門二，窩鋪十二座。

長勝堡，天城衛北六十里，明永樂元年築，周五百六十丈，濠深一丈，門二。

沁　　州

《職方典》第三百五十一卷
沁州部彙考一
沁州城池考　州縣志
本州

州城池　周圍六里三十步，高三丈二尺，元末修築。明洪武十一年，千戶吳才增修。正德十六年，知州高鑒修南北二門，南曰銅鞮、北曰龜山。嘉靖庚子，壞於漳水，兵備鄭調澤潞所屬夫工修築，立以椿木，砌以石堤，南北長百餘丈，地方永賴之。嘉靖初，知州王良輔修南門城樓一座，同知羅欽修北門城樓一座，外城樓三門。嘉靖辛丑，知州周業孔建敵臺、更樓各二十七座，每座三門，城止二門。嘉靖三十九年，知州相文祥開置西城門，曰臨漳，通沁源。萬曆乙亥，分守道參政孫改南門曰迎和、北門曰拱極。按沁州城，舊治土築甚堅，城下有圍，圍各有壕，頗稱完固。崇禎間，坍塌屢告，樓鋪殘毀。皇清順治己亥，知州程憲修理城垣，又修南北大樓並四城更樓、角樓，總計六十七間，又修城外西北隅石堤長六十二丈，高一丈二尺，上立漳河行祠，周圍栽樹。康熙三年知州董爾性，迄康熙六年知州汪宗魯續加修葺，民始安堵。

沁源縣城池　西據紫金山之半，周圍四百四十三丈，高一丈二尺，東、南、北三門。元時築。明正統十四年，知縣徐戚修。嘉靖元年，知縣馮繼祖修，加高八尺，厚五尺。萬曆五年，署縣事潞州衛經歷趙蛟修，加高一丈，設三門，建三門樓。萬曆五年，知縣靳賢因陰雨塌毀，不時勞民，包之以磚，達磚垛高三丈九尺，基厚三丈五尺，頂闊一丈六尺，鋪樓、敵臺俱完，并鑿濠塹，深一丈五尺，闊二尺。二十一年，知縣侯體乾周圍栽楊樹五百餘株。崇禎四年，知縣范廷輔創增重門。六年，知縣王九蟠創修圍墻。皇清康熙二十八年，知縣王容德重修北城垣二十二丈，用磚包砌，又修北門樓一座。三十八年，知縣陳正樂重修南城垣三十六丈。

武鄉縣城池　舊在韓山麓，南低北昂，因岡築土，其形如箕。明景泰間，知縣路斌割西外一區拓之。正德九年，知縣戴魁加葺。嘉靖十二年，巡按王獻病其窄隘，增拓之，北連石勒寨，建縣衙，南面尚無城。嘉靖二十一年，巡道陳耀議築城，以石條爲基，高丈餘，轄以鐵錠，朞月告成。不數月寇至城下，人畜賴以保全。隆慶三年，知縣朱傳文加高五尺。萬曆五年，知縣申九錫築石堤三十餘丈，以障河水。萬曆八年，知縣曹知學將城垛易土以磚。十七年，西南城塌，知縣黃元會重修，加築護堤七十丈，開南門，上建門樓三間，題曰南薰，鑄鐵牛鎮水，東西門各一，總計城周圍約三里許，隨山高下，盤曲不平，城門三座，西關有石渠以便往來。三十五年，堤被水决，張五美復加修築。崇禎十二年，南門以西迄西城半，張繼載易以石甃；至門以東盡甃以石，則邑紳中丞魏光緒所修也。舊城門二座，東曰賓暘，西曰寅餞。崇禎十一年，東城門圮，中丞捐資重建，易東門額曰迎恩，去東門數十武再建一郭門，額曰耀武。七年，少司空程啓南建西門月城一座。崇禎三年，邑紳司馬魏雲中建敵樓一座，高三丈，周二十丈。皇清康熙二十六年，邑令高銊重開南門，復建樓於上，改題曰薰風。

澤　　州

《職方典》第三百五十七卷
澤州部彙考一
澤州城池考　州志
本州

州城池　唐貞觀初築。明洪武間，千戶吳材修。十四年，張規磚甃。弘治、正德間，知州吳必顯、趙錦相繼修葺，周九里三十步，高三丈五尺，池深二丈，東、西、南三門。隆慶四年，知州顧顯仁增築敵臺二十三，北城樓一，重修角樓四，東西南城樓各二。萬曆三十三年知州賀盛瑞，崇禎十二年知州張天維相繼重修。皇清康熙年間，知州景文魁重修。己亥，地震，樓堞圮毀。康熙四十四年，知州陶自悅重修。

高平縣城池　宋開寶六年，知縣楊咸弼築。金天慶間，知縣王廷直增築，周圍四里，高二丈五尺，池深一丈，西、南二門。明弘治七年，知縣楊子器重修。嘉靖十九年，知縣劉大實增角樓四，敵臺四十。隆慶間，署印府同知靖四方增高五尺，知縣李楨重修城門及樓。萬曆間，冀南道楊應中題請內外磚甃，知縣馬從龍、王省身相繼竣工，增築瓮城。三十九年，知縣許安遇創建西南兩關閘門。崇禎四年，知縣魯光國增修三門吊橋，浚濠。皇清順治十三年，知縣范承祖補修城垣。康熙四十四年，知縣梅建重修女垣并浚濠。

陽城縣城池 後魏興安二年築，周三里一百八十步，高三丈，闊一丈有奇，池深一丈五尺，東、西、南三門。明景泰間，知縣劉以文於東西門建樓，南則建房，並敵臺九座。嘉靖十九年，知縣楊登易以磚堞。萬曆五年，王太宰國光啓當事，各加賙鍰協濟，知縣張應詔伐石爲基，陶磚甃垣，增敵樓十座，東北建樓。崇禎五年，知縣楊鎮原於城西北建樓，東西門各增甕城，磚甃。十年，知縣楊定榮於城北建樓，城西北來脉，居民取土，漸致陀劃。皇清順治十六年，知縣陳國珍修補，刻石垂戒。

陵川縣城池 隋大業間築，周二里二百三十二步，高二丈三尺，池深五尺，東、南、北三門。明嘉靖十二年，知縣李騏重修，甃以磚石，增高三丈五尺。二十二年，縣丞馬忠臣增修，知縣劉廷儀建城門樓三座。隆慶二年，知縣馬忠孝增修。萬曆四年，知縣劉汝江磚甃南城內面。十一年，知縣宋承規通磚甃環城內面。十七年，知縣完東氣重修東門、北門。四十二年，知縣段實重修南門。

沁水縣城池 隋開皇間築，周一里一百步，高二丈二尺，池深一丈，東、西、北三門。明洪武間縣丞陳德，正統間知縣賈茂，景泰間知縣張升，正德間知縣王溱俱相繼重修。嘉靖間，知縣張爵增修磚堞。城東臨河常患衝塌，伐石爲堤，患始息。萬曆間，知縣扈文魁重修。崇禎間，流寇攻毀，署印州同張大爲重修。皇清順治間，知縣劉昌重修，知縣尚金章同縣丞張宗周重修護城堤。康熙甲戌，河水浸城。乙亥，地震，城堞傾圮，兩次修葺。

遼　　州

《職方典》第三百六十五卷
遼州部彙考一
遼州城池考　縣志
本州

州城池 古遼陽城，在今城之北，土人傳爲帝顓頊之子祝融所建。唐武德三年，因枯河侵害，移建於茲。元末，院判賀宗直重築。明景泰中知州黃鉞，成化中知州王鉞、胡源、同知李朝，正德中知州楊惠代有修葺，周圍四里三十步，高三丈，厚約一丈八尺；濠深八尺，闊三丈；門有三，東曰永清、南曰陽和、西曰長樂，門樓三座。嘉靖甲子，知州康清因望氣者言城以北爲主，北以無門而因無樓，主勢爲弱，乃幫築敵臺，創建城樓一座。隆慶元年，知州趙雲程增築，高計三丈七尺，厚二丈，敵臺二十五座，磚垛一千三百有餘，角樓四座，巡警鋪二十四座，濠設內外，重墻四面；城樓各扁其上，東曰"東接太行"、曰"青陽發育"，南曰"南帶漳水"、曰"朱明長養"，西曰"西通全晉"、曰"金德歸城"，北曰"北拱神京"、曰"元功敛肅"，規模視昔稱雄矣。明崇禎癸未，冀寧道畢拱辰浚濠池，設女墻。皇清順治己丑，山賊圍攻七次，數月不克。下年來，城西南角漳水漂墮約半里許，知州宋德芳嘗加意挑築，第河患未遠，本基弗固，故卒無底於成。康熙壬子，知州楊天錫目擊漂缺，毅然以修復爲己任，躬親董勸，就近補築。十數年於茲獲睹完城，若復舊趾，以全形勢，則功費浩繁，尚有俟焉。

和順縣城池 土城一座，周圍二里零二百五十步，高連磚垛三丈七尺，根闊二丈五尺，收頂一丈五尺，門三座，南曰康阜、西曰寶凝、北曰拱辰，角樓敵臺共十一座，磚垛口二百四十個，窩鋪一十五間，外壕深二丈五尺。

榆社縣城池 土城二座，係上下，其城迎艮爲龍，壘石成壁，居於高阜。明嘉靖五年，因流寇大掠西關，苦於無城，鄉官常應文上其議，於西臺創建關城一座，合抱如環，民樂安止，雖無磚石之甃，而地理可據，實封疆之稱固者也。東爲上城，地形高二丈，宣德年改建，因高爲城，又加築一丈，厚一丈，周圍二里許，城門三，東曰望京、南曰宣化、西曰永熙，城樓七。西爲下城，隆慶五年知縣吳從改築，高二丈五尺，厚一丈，周圍三里，城門三，北曰柔遠、西曰通晉、南曰帶漳，城樓五，鋪所六，門各一。城外池塹深五尺，廣一丈，每十垛一窩鋪，以爲巡更夫甲夜宿，其土疏散，每年修築。

河南總部

開封府

《職方典》第三百七十三卷
開封府部彙考四
開封府城池考　府志
祥符縣（附郭）

開封府城池　唐德宗建中二年創建，汴州城節度使李勉建，前代失考。周世宗顯德三年，增築東京開封府外城，周四十八里二百三十三步。宋太祖建隆三年，廣皇城東北隅。開寶元年，增修京畿開封府城。真宗大中祥符九年，增築京師新城。仁宗天聖元年，增築京城。神宗元豐元年，重修京畿外城。徽宗政和六年，改修京畿外城，周回五十里一百六十五步。《宋史》，舊城周圍二十里一百五十五步，東門二，北曰望春、南曰麗景；南門三，中曰朱雀、東曰保康、西曰崇明；西門二，南曰宜秋、北曰閶闔；北門三，中曰景龍、東曰安遠、西曰天波。以上宋初仍梁晉舊名，至太平興國四年，改今名。新城周圍五十里一百六十五步，南門三，中曰南薰、東曰宣化、西曰安上；東門二，南曰朝陽、北曰含輝；西門二，南曰順天、北曰金輝；北門四，中曰通天、東曰長景、次東曰永泰、西曰安肅。汴河上水門南曰大通、北曰宣澤，汴河下水門南曰上善、北曰通津。惠民河水門，上曰普濟、下曰廣利。廣濟河水門，上曰咸豐、下曰善利、上南曰永順。其後又於金輝門南置開遠門。按《夢華錄》云，東都外城方圓四十餘里，城壕曰護龍河，闊十餘丈，壕之內外皆植楊柳，粉牆朱戶，禁人往來。城門皆甕城三層，屈曲開門，唯南薰門、新鄭門、新宋門、封丘門皆直門兩重，蓋此係四正門，皆留御路故也。新城南壁其門有三，正南門曰南熏門，城南一邊東南則陳州門，旁有蔡河水門，西南則戴樓門，旁亦有蔡河水門，蔡河正名惠民河，爲通蔡州故也。東城一邊其門有四，東南曰東水門，乃汴河下流水門也，其門跨河有鐵裏窗門，遇夜加閘垂下水面，兩岸各有門通人行，路出拐子城夾岸百餘丈；次則曰新宋門；次曰新曹門；又次曰東北水門，乃五丈河之水門也。西城一邊其門有四，從南曰新鄭門，次曰西水門，汴河上水門也，次曰萬勝門，又次曰固子門，又次曰西北水門，乃金水河水門也。北城一邊，其門有四，從東曰陳橋門、次曰封丘門、次曰新酸棗門、次曰衛州門。新城每百步設馬面，戰棚密置，女墻旦暮修整，望之聳然。城裏牙道，各植榆柳成陰，每二百步置一防庫貯守禦之器，有廣固兵士二十，指揮每日修造泥飾，專有京城所提總其事。

舊京城方圓約二十里許，南壁其門有三，正南曰朱雀門、左曰保康門、右曰新門。東壁其門有三，從南汴河南岸角門子、河北岸曰舊宋門、次曰舊曹門。西壁其門有三，從南曰舊鄭門、次汴河北岸角門子、次曰梁門。北壁其門有三，從東曰舊封丘門、次曰景龍門、次曰金水門。金哀宗正大四年，浚汴城外壕。金都城門十四，曰開陽、宣仁、安利、平化、通遠、宜照、利川、崇德、迎秋、廣澤、順義、迎朔、順常、廣智。元以後多湮塞。元世祖至元二十七年，修汴梁城。仁宗延祐六年，修汴梁護城堤。

明洪武元年，重築河南省開封府城。自金迄元，汴梁外城毀，內城存。洪武元年，取汴梁路，改爲開封府，置河南省於此，始內外甃以磚石，設宣武衛守之。城周圍二十里一百九十步，高三丈五尺，廣二丈一尺，池深一丈，闊五丈。門五，東曰麗景，一名宋門；南曰南薰；西曰大梁；北曰安遠；東北曰仁和，一名曹門，各建月城三重；角樓四座，敵臺八十四，警鋪八十一。嘉靖四年，重修開封府城，太監呂憲修，李夢陽碑記。萬曆二十八年，增建敵樓，巡撫曾如春建，陳所蘊碑記。皇清康熙元年，修開封府城。自明季崇禎十五年，寇決河水灌城，城內盡爲泥沙，官署悉移外州縣。至康熙元年，巡撫張自德、布政使徐化成倡屬官捐修，城堞一新，各門竝建應祀廟宇六座，守城門房共十五間，始移各衙門於省城。二十七年，增修城樓、角樓，巡撫閻興邦修城中市廛輻輳處，惟汴橋隅、大隅首、貢院前、關王廟、魚市口、火神廟、寺角隅、鼓樓隅爲最盛。關廂有五，西關馬市街稱首，南關次之。大鎮店二，南四十里朱仙鎮，商賈貿易最盛，即宋岳武穆敗兀術處；河北四十里陳橋，宋太祖帥師次陳橋驛，即此。三十三年重修南門樓，巡撫顧汧修。

陳留縣城 漢元狩元年建，在縣北二十里，今故城是。漢以前失考。隋大業十年，更建陳留城，即今治。明天順二年，知縣鄭暲增築。成化十二年，知縣吳矗增築。崇禎八年，始甃磚城，知縣左懋泰修，城周六里三十步，高三丈一尺；池環之，深一丈八尺，廣三丈五尺；角樓有十。至辛巳，流賊墮城，繼以河決，內外湮沒絕人跡者三年。皇清，署縣事章成文葺立垣堞，規模粗具焉。城中街八道，集市在東、西、南三關。

杞縣城 秦初建雍丘縣城，元復修茸。南杞縣城，舊城爲河圮，鎮守張柔徙治於北二里，已復修茸，故城號南杞縣，即今治。明洪武三年，知縣曹以崇增築杞縣城。宣德三年，復修，知縣舒謨增大之，周九里有奇，高一丈五尺，廣一丈；闢爲七門，南門三，西門二，東、北門各一，尋塞東南一門；池深一丈，闊倍之。城內大街九道，外爲關廂，有市廛。弘治十三年，知縣武衢復修。正德四年，知縣楊椮復修。十二年，知縣曹敏復修。嘉靖十三年，知縣王應築重門、浚池。二十五年，知縣蔡時雍復修。三十一年，知縣麻瀛復修城。三十六年，知縣姚汝循修。萬曆二十一年，知縣馬應龍復修。崇禎八年，始改築磚城，知縣申佳引修，周一千四百丈有奇，高二丈七尺有奇，增小西門瓮城，堡房十餘所，尚書孟紹虞碑記。皇清康熙三十三年，知縣李繼烈增築。

通許縣城 唐始建，據《舊志》無考。明洪武五年，知縣江允和因舊址築之，周九里三十步，高一丈八尺，廣一丈三尺，池深一丈五尺，闊二丈，門有四。郭四周十里，北郭有古城基址，不知何代始徙，而南以是爲郭。永樂七年，知縣許希道築堤而城於上。成化九年，知縣於寬增築，未就，知縣黎顒繼修之。正德七年，教諭任義復修。嘉靖七年，知縣胡節繕修。崇禎八年，新築磚城，知縣余尚春增修，并修東西二門。皇清康熙三十一年重修，署縣事顧昌洛修。大街六，曰麗政、興文、永興、嚴正、雲路、仁義，新街。

太康縣城 始建未詳。明成化間增築，知縣王珣修，城周九里三十步，高三丈七尺，廣二丈二尺，池深二丈，闊倍之，郭有四。正德六年，知縣郭思敬修築。嘉靖元年，知縣侯泰重修。崇禎八年，始築磚城，知縣李皋修。迨壬午，焚於流寇，堵垣皆圮。皇清順治初年，增修，知縣田六善修城。內大街凡八，有市廛。

尉氏縣城　漢始建，周六里一百步。明宣德六年，增築，知縣李琦修，周七里，高二丈八尺，池深一丈，闊倍之，城六門，郭稱之。成化十九年，培築，知縣劉紹建樓浚隍。正德六年、十四年，知縣郭鏜、馬璟相繼修葺。嘉靖十六年，知縣劉儀重建城門及樓。隆慶元年，知縣尹吉修城門樓六、角樓八、磚橋二。萬曆二十五年，知縣阮上卿修城浚池。崇禎五年，知縣孫游建勳增建磚敵臺。七年，知縣陳可續始築磚城。十五年，署縣事理問孫接武重修。皇清順治三年、十五年復修，知縣衛紹芳、高桂修城。

內大街，曰志道、曰據德、曰依仁、曰游藝。舊有集市，今移於四關廂。康熙二十二年，修西門城樓，時久雨頹圮，知縣於國璧重修之。

洧川縣城　金興定二年，始置縣，因宋樓舊鎮，城郭濠塹俱仍舊，無所修葺。按《舊志》云，舊城在縣南十里，即唐廢洧州基址。考隋置洧州，治鄢陵。唐置洧州，治尉氏，俱因縣城置州廓，未嘗別有州城，而《洧川志》竝無此說，故略之。《舊志》又云，明洪武初年，知縣俞廷芳以水患遷築今治。景泰元年，築城鑿池，知縣王杰創修，城周九里四十步，高二丈四尺，池深一丈，闊五丈，城門五，郭周其外。成化十六年，知縣李文增築。正德十年，復修，知縣張恭、陳端有紀略。嘉靖二十年、三十八年，知縣衛綸、王尚質繼修。隆慶二年，知縣侯九臣加築。萬曆四十年，知縣李尚志修城五門。崇禎五年，知縣周家俊復修。皇清順治五年，知縣王秉彝補修。康熙二十二年，增築，知縣周師望大加修葺，雉堞樓堡煥然一新，且浚隍駕橋，巍然保障云。

鄢陵縣城　始建未詳，古鄢城在縣北二十里。明景泰元年增築，知縣康健修。正德十三年加築，知縣龍章修，李夢陽碑記。正德十三年夏四月，鄢陵縣城成，城周二千三百三十七丈，高二丈五尺，基廣一丈，塹廣三丈，深三之二，城四門各樓，門各有郭，周廬十，敵臺十一，城四角各樓。嘉靖間，知縣尹尚賢、史文彬、張詳屢修。萬曆壬子，築城樓、甕城，知縣張舜典創四門及小北門城樓，甕城易以磚，創角樓五，浚濠藝蓮，設守禦具。崇禎六年，始築磚城，邑人大司馬梁廷棟同知縣任中鳳修。皇清順治十五年，知縣經起鵬重修。康熙二十八年知，縣許承澎修北門及東門城。

扶溝縣城　西漢建，隋大業末移治於桐丘城，即今治桐丘故鄭地。明正統七年，修築城池，知縣韓璟修，周九里三十步，高二丈五尺，池深二丈，闊五丈二尺，門四，郭周其外。景泰二年，復修，知縣陳紀建敵樓。成化十九年，知縣胡宣修四門，磚瓮城。隆慶六年，知縣黃芬成磚城。萬曆三十年，知縣金良范增修。三十九年，知縣丁可取復修。皇清康熙四年，知縣高錫爵重修城門暨橋。

中牟縣城 舊城在縣東一里，相傳曹操所築，失考。明天順五年，移建今治，知縣董敏改建，周六里三十步，高一丈五尺，廣二丈，池深一丈，闊一丈二尺，門有四，以郭環之。城內大街三，西關有市廛。成化十八年，知縣戴玉重修。正德五年，知縣周紀加修。崇禎七年，知縣俞士鴻成磚城，加月城，後焚於寇。皇清順治二年，知縣劉泰來修城浚濠。康熙十二年，知縣韓蓋光復修。

陽武縣城 西漢始建，修浚未詳。明正統十四年，始修築。按《邑志》云，舊無城池，惟築河防環繞周圍。正統中，知縣馮祥、典史王平始築墻於防上，以爲保障，尋沒於河。景泰四年重建，城增西北門，舊門四，知縣陳永宗創鑿一門。天順五年增築，知縣王佐修葺，城周九里十三步，廣一丈五尺，高三丈七尺，池深一丈，闊一丈四尺，門有五，其後又開一小南門。城內七街，舊有集市，今移於城外；六關廂。嘉靖二十七年重修。崇禎十二年，始築磚城，知縣杜時階修，塞小南門。皇清順治七年，知縣姜光印修北門城樓。康熙二十四年，知縣劉邦彥修南門及壞垣。二十六年，知縣安如泰修各城樓、堡鋪。

原武縣城 始建未詳。明洪武四年修築，縣丞江忠修。圮於河，正統間，復建土城，知縣謝寧修，周四里九十八步，高二丈三尺，廣二丈，池深一丈，闊二丈，門四，建樓於其上，門各有郭。城內四街，學前小街并四關各有集市。弘治十四年，知縣張愷築護城堤。嘉靖十一年，知縣楊順修城併四城樓。崇禎十三年，築磚城，知縣李如梧修未竣，署縣事李愈華踵成之。皇清順治十四年，重修，知縣寧弘舒修。

封丘縣城 西漢始建，歷代修浚未詳。迄元至正間，淪於水。明洪武元年，復建土城，周五里二十四步，高二丈七尺，廣一丈四尺，池深九尺，闊一丈三尺。城內大街五，惟善政街爲最。門五，外爲關廂。成化二年，知縣王輔重修。弘治二年，復圮於河。十三年，知縣袁仕增修，築護城堤。正德六年，立五門城樓，知縣張守愚、蔡完相繼修。隆慶六年，知縣李呈明始築磚城。萬曆三十六年，知縣趙浩重修。皇清順治九年，圮於水。至十八年，知縣屠粹忠稍修葺之。

延津縣城 元大德間，徙縣治始建。明洪武元年，修築，周七里三十步，高二丈，廣一丈二尺，池深五尺，闊一丈二尺，門有四，郭周之。城內大街四，曰仁政、曰集賢、曰通遠、曰多士，四關廂有集市。成化甲午，知縣吳釗增築。弘治戊午，知縣梁文盛增修。正德四年，知縣韓貫修，築城鑿池，後毀於寇。嘉靖中，又沒於河。萬曆二十六年，始修磚城，巡撫曾如春、巡按崔邦亮率知縣劉元會修。皇清康熙十五年，知縣呂天會重修南門城樓。二十八年，知縣郝以立增修東城。

蘭陽縣城 金始建，後圮於河。元至正十七年，遷縣治於韓陵。明洪武元年，徙縣治於馬村，即今城，知縣胡忠徙築城，周五里，高二丈七尺，廣一丈五尺，池深一丈二尺，闊二丈五尺，門有四，郭周其外。城內大街六，惟東西街最盛。成化十一年，知縣王政重修城池，建門樓。弘治十一年，知縣徐楚新創小南門，開北二小門，增築。正德六年，知縣陳桂大加修浚，塞北二小門，築城浚池。崇禎八年，知縣張弘道始築磚城。十五年，毀於寇。皇清康熙九年，知縣袁捷修城。

儀封縣城 宋建隆三年建，即故東明縣城，在今治東北二十五里，後爲河所圮。明洪武二十一年始徙，築土城，知縣於敬祖築，周五里，高二丈二尺，闊一丈四尺，池深一丈五尺，闊三丈，門六，外環以郭。《舊志》作洪武元年，此據《邑志》訂正。宣德、成化、弘治中，知縣閻威、胡澄、張鳳騫、張法屢加修築。正德六年、十三年，知縣李溱、韓邦彥增修。嘉靖三十四年，知縣田西成始修磚城，築護城堤。崇禎八年，知縣王九鼎復修。皇清康熙二年，知縣陳觀泰修浚城池。

新鄭縣城 春秋鄭武公始建，歷代修廢失考。明宣德元年，修築城池，知縣朱佩修城，周五里，高一丈五尺，廣半之，池深七尺，闊倍之，門有四，外置郭。成化四年，知縣鄭賢重修。弘治九年，新闢小北門，知縣戴錫；後嘉靖中，知縣邵鶴年仍併北門爲一。隆慶四年，始改築磚城，知縣匡鐸易土以磚，拓東北十餘雉，周六里，高二丈，廣一丈五尺，門各建樓築月城於外，竝置角樓、敵臺。崇禎十六年，知縣田世甲增葺。皇清順治六年、十二年、十五年，相繼重修，知縣楊奇烈、張光岳、馮嗣京先後增築之。

陳州城 春秋時建，即古宛丘。漢建淮陽郡，城在今州城西南，歷代遷徙失考。明洪武元年，築城浚池，增甕城及護城堤，陳州衛指揮重繕，甃磚，周七里有奇，高三丈，廣半之，池深一丈五尺，闊二丈有奇，增築甕城、敵臺并四角樓，外環護城堤，門四，東曰明化、南曰孝義、西曰平信、北曰永安。內大街十八道，城外分爲五關廂，置集市。其西南五十里，衆河總會處爲周家口，舟楫輻輳，商賈雲集。景泰間，指揮陳紀增修。嘉靖丁酉，知州郝璋、指揮王三錫浚池。隆慶丁卯，知州崔南陽、指揮賈國禎葺城。皇清順治三年，修城池。明末城毀於寇。順治初，知州趙煒修之。康熙十四年，知州李雲景修壞城。二十七年，知州潘士瑞修，王清彥繼之。

商水縣城　西漢始建，歷代修築未祥。明洪武四年，修城浚池，縣丞孫元仁築，周五里有奇，高二丈，廣一丈，池深一丈，廣二丈，建城樓、戍鋪，門四，郭翼其外，四關各有集市。成化三年，知縣羅惟重修。正德七年增築。六年，城毀於寇，知縣劉漢築之。萬曆二十一年，知縣劉遷加築。三十五年，始築東門磚城，知縣祖鼎甃東門迤北二十餘丈。崇禎九年，成磚城，知縣王化行修。明末，毀於寇。皇清順治三年、十年，知縣原英煌、吳道觀增修。康熙二十七年，知縣卲瑗復築。二十九年，知縣康起梅築城。三十年，署縣事開封通判劉君向築北城。

西華縣城　城，相傳曾爲箕子所居，號箕城。前代修建未詳。元末，城圮。明成化八年，成城，修四門，知縣盧睿修。周五里有奇，高二丈五尺，廣一丈五尺，池深三丈，闊如之，門四。內大街六，郭環其外，各有集市。弘治十一年，知縣李景修角樓、墻鋪。正德七年，知縣王克臣增修城。隆慶二年，知縣張光孝始作磚城。萬曆二十三年，知縣屈煒修甕城，加重門。皇清康熙二十七年，修四門城樓，知縣朱培修東南西三門城樓，惟北城樓未建。二十八年，知縣李培繼修之。

項城縣城　城，舊在縣東北六十里，相傳項籍所築，訛。明洪武末，圮於河。宣德三年，始遷今治。景泰元年，知縣胡連增築。天順三年，復修城池，知縣王輔修，周七里有奇，高二丈五尺，廣一丈二尺，池深一丈二尺，闊一丈二尺，門四，各建樓於上，外衛以郭。正德六年，知縣張諭始甃磚城。嘉靖三十六年，訓導宋世相增建月城。隆慶元年，知縣魏勳修城南門。萬曆元年、二十三年，知縣賈明遠、王欽誥修城浚池。崇禎十六年，知縣張應弘增築。皇清順治十三年，知縣鄭羽侯築城浚隍。十八年，知縣黃陛復修之。康熙二十六年，增修全城，知縣顧芳宗修城。內舊有南、北、東、西、新街、舊街等集，今移於四關廂。

沈丘縣城 明弘治十一年，置縣，始築城鑿池，知縣李琳建，周二里許，高三丈二尺，廣一丈五尺，池深一丈五尺，闊如之，門四。城內大街十一，外爲關廂，有集市。舊水門二，今設而不啓。正德丁卯，知縣孫誠始修磚城。嘉靖乙丑，知縣羅鳳翔築西門月城、重樓。萬曆丁丑，知縣宋存德建東北二門月城。甲申，知縣張良式建南門月城重樓。崇禎十二年，知縣李自修增築。皇清順治十三年，知縣李芳春修葺。

許州城 漢獻帝始建，故城在州東三十里，相傳曹操所築。歷代修廢失考。明正統末，增築城池，知州劉綏建，周九里一百三十九步，高三丈二尺，廣一丈一尺；池深一丈二尺，闊二十丈三尺，引溴水注之，其西通西湖；門四，東曰陽和、南曰來薰、西曰威武、北曰迎恩，四郭門竝建樓。城內大街四，曰齊禮、曰阜民、曰承恩、曰道德，及四關廂各有集市。弘治五年，增城浚隍，知州邵寶修，環池皆栽荷花，建四角樓。嘉靖中復修，知州於玭增高三尺五寸，闊五尺。萬曆丁酉，始修磚城，知州范錫修。崇禎末，焚於寇。皇清順治十四年，知州汪潛復修城池、門樓、月城。

臨潁縣城 隋大業四年建，舊城圮於水，遷於縣南十五里，即今治。明洪武三年，知縣王復重築，周五里二百四十六步，高二丈，廣如之；池深五尺，闊二丈。正統十年，知縣曹忠重修。正德七年春，知縣樊繼祖改作城池，始建四郭門。嘉靖三年，知縣鄭嘩修城垣，後知縣孫鎬、韓珊各重修。隆慶三年，知縣楊爾中復修後，知縣陳燦、張國柱相繼修。萬曆四十八年，始創磚城，知縣張福臻修，增高二丈五尺，建四門重樓敵臺，浚隍十八尺，闊五尺，引潁水從五里河注之，門各架木爲橋，屹然保障云。

襄城縣城 城相傳周時楚靈王始建，歷代徙置失考。明成化十八年，增築城池，知縣郭文修，周六里一十九步，高二丈，廣一丈二尺，池深廣各門不等，門有四，後又於西南特建一門，以納汝水秀氣，利學宮焉。內大街五，外爲四關有集市。嘉靖二十九年，主簿樊叙增修。萬曆十年，知縣王承統始砌城以石。二十五年，知縣李光先修磚城。崇禎十四年，流賊毀城幾盡。皇清順治九年，知縣佟昌年修城池。

鄢城縣城 城，古鄢子國故城，在縣東三十五里，歷代徙置未詳。明成化十八年，修城鑿池，知縣臧黼建城，周九里十三步，高二丈五尺，廣一丈，池深一丈一尺，闊二丈五尺，門有五。內街十二道，外爲關。嘉靖二年，知縣喬遷增修。崇禎十一年，知縣李振聲築，始作磚城，併修敵樓、角樓。明末毀於寇。皇清順治二年知縣周之良，十一年知縣荆其惇補修。康熙十年，知縣李應宗修城門樓、角樓。十九年，知縣彭一卿復修。二十七年，知縣蔡珠增修。

長葛縣城 春秋時建，歷代修築失考。明正統十三年，修葺城池，知縣黎驛修，城周六里一百五十步，高二丈五尺，厚一丈，濠闊四丈五尺，深一丈。舊止四門，正德間，因寇變閉四門，開小南門以便樵汲。內大街五，曰迎恩、曰正德、曰利用、曰惠波、曰坤靜。嘉靖三十二年，知縣李節增修。萬曆間，知縣王用賓增建東門瓮城。崇禎十三年，知縣張焗乾始成磚城。明季毀於寇。皇清順治三年，知縣高鳳翔修關廂，惟東西二門稱勝南北。明末寇焚。康熙二十四年，知縣李元讓修城池。

禹州城 西漢時築，歷代修浚未詳。明正統十三年，知州徐明善修城浚池。成化二年，知州鄭珪重修。十三年，封徽藩，建府修城，設千戶所守之。正德三年，始修磚城，知州李邦彥築城，周九里有奇，高二丈二尺，厚三丈；立四門，東曰含春、南曰朝陽、西曰懷遠、北曰拱宸；城樓、角樓、月城、吊橋各四；濠闊五丈，深三丈，外環以護城堤，以防潁水；附郭者為東西南北四關廂。萬曆四十五年，開渠引潁水注濠，分巡道曹爾禎築壩障潁水南注濠，後壩決，水歸故道。

密縣城 西漢時建，歷代修築失考。明洪武三年，增築城池，知縣馮萬金修，周七里，高二丈五尺，廣二丈，池深七尺，闊一丈，立四門，外環以郭。內街四，曰仁育、曰義正、曰禮節、曰樂和。嘉靖三十二年，知縣張金重修。萬曆三十七年，知縣王崇雅始修磚城。崇禎十二年，修城浚濠，知縣曹化中補修東西二城以磚砌瓮城三，浚濠深廣各一丈五尺。明季，寇毀城。皇清順治六年，知縣李芝蘭建門樓、角樓，補垣墻，浚隍塹。康熙二十四年，知縣衷鯤化復修。

鄭州城 唐武德四年建。宋元祐中，都轉運使吳擇仁重築。明宣德八年，修城浚池，知州林厚修，城周九里三十步，高三丈五尺，頂闊二丈，址寬五丈；隍闊四丈，深二丈五尺；城門四，東曰寅賓、南曰阜民、西曰西成、北曰拱宸，各有樓竝月城。城內大街四，東敏德、西里仁、南咸寧、北清平，外繞以郭。成化八年，知州洪寬增修。正德五年、十三年，知州蕭淵、劉仲和復修。崇禎十二年，知州魯世任創砌磚城。明末，毀於寇。皇清順治二年，知州張肇升增修城池。七年，知州王登聯建西城樓。十四年，知州劉永清建東城樓。

滎陽縣城 後魏始建，故滎陽郡，縣在今滎澤西南十七里，後魏始徙大索城，即今治。隋仁壽六年，成城。明洪武二年，修城浚池，知縣鍾泰修。城周五里，高二丈，廣半之；濠深一丈，闊如之；設五門，門各有樓，郭周其外。城內大街，曰五桂、曰嘉會、曰西街。天順三年，知縣朱賓修築。隆慶二年，知縣劉子庸修城東門。萬曆中，知縣董勸、鄒思亮先後復修城垣。四十一年，知縣石廷舉增築。皇清順治二年，知縣郭璵重修城池。康熙十六年，知縣顧天挺補築西城門。

滎澤縣城 隋開皇四年建，舊城在今治北五里許。明成化十五年，徙築今城。成化八年，城圮於河，知縣曹銘改建今治，周四里十三步，高二丈，寬一丈；濠闊五尺，深一丈；門四，各建樓。城內街曰文明、曰尚賢、曰承宣、曰新街。北關枕河，環以大堤，南關有集市。正德六年，縣丞楊銘復修。萬曆四十三年，知縣晉承忠增修。崇禎六年，知縣申大志建重城復濠。十年，知縣倫之楷廢外城，增築內城，重修門樓、角樓。皇清順治二年、四年、十二年，知縣張似旭、韓重輝、段補聖屢加修築。康熙二十一年，知縣王澍重修。二十九年，知縣王畹復修。

河陰縣城 舊城圮於河水。明洪武三年，始修城築池，知縣劉茂徙今治，周四里。景泰六年，知縣傅禮重修。正德六年、七年，修浚城池。六年，知縣李穆增築，城高二丈六尺，隍深一丈五尺。七年，典史劉惠復修，增高三丈五尺，隍深二丈五尺，四門易以磚，建樓於上，竝建角樓。嘉靖三十一年，知縣吳承恩增修。萬曆三十三年，城北門，知縣王潤浚濠築堤，引氾水環城北而東，併建東西二關重門，上各有樓。城內大街，曰黃店、曰起鳳、曰騰蛟、曰倉街。天啟七年，知縣田景源城南門。崇禎十五年，毀於寇，知縣王堯憲復修城池。皇清順治十一年，知縣范憲修浚城池。康熙二十七年，知縣申其彩修北城。

氾水縣城 西漢高帝六年建，歷代修築失考。隋開皇二年，築氾水縣城於錦陽川，即今治。元至大元年，徙治錦陽川之東，避水患故。明洪武元年，知縣劉淵復徙故城。景泰元年，修城池，知縣劉泰修，周七里，高二丈三尺，廣一丈；池深一丈，闊如之；門有五。成化十八年，知縣王銘修葺。正德十四年，知縣黎循記築重城，建郭門、浚隍、修護堤。嘉靖六年，知縣劉釗增修。萬曆中，知縣張統重修。崇禎八年，始築磚城，知縣王國楠修。至十六年，知縣周騰蛟以寇亂，移縣治於西北山中為新城，名摩天寨，後破於流寇。皇清順治二年，知縣高永光復故城。

歸德府

《職方典》第三百九十二卷
歸德府部彙考二
歸德府城池考　府州縣志合載
本府（商丘縣附郭）

　　府城池　舊城圍一十二里三百六十步，唐張巡、許遠以死守睢陽城，即是也。宋元因之。明洪武初，以城闊民少，裁四分之一，圍九里三百一十步。弘治十五年，圮於水，乃遷今城，在舊城北，地相接焉。正德六年，知州楊泰修，圍七里二分五釐，共一千三百四丈二尺五寸，高二丈五尺，廣一丈三尺，池深二丈，闊五丈二尺。嘉靖三十四年，知府王有為重修，又建西北門樓各一，東南門樓二俱加修葺，又建角樓四、敵臺一十三、警鋪三十二。三十七年，巡撫都御史章煥檄知府陳學夔飾以磚，而知府陳洪范、羅復繼修之。明末，寇變，折毀者十之二三，今知府張若愚重修。門四，東賓陽、西垤澤、南拱陽、北拱辰。水門二，一在南門東，知州王范建；一在南門西，指揮梅旻建。

　　寧陵縣城池　城，明初周圍九里有奇。成化年間，知縣金璽割其南之半而改築焉，周圍五里，高一丈五尺，廣二丈；門四，東曰接宋、西曰通汴、南曰鎮遠、北曰拱辰；池深一丈，闊八尺。歷嘉靖三十一年知縣石址，三十五年知縣楊侃，萬曆間鄉官呂坤、知縣李庭訓、薛大中相繼增修，周圍拓為六里有奇，高三丈有餘；改四門，東曰延和、西曰寶成、南曰文明、北曰鍾祥；重修門樓、角樓；又建水門二座，俱南向，一在旌忠廟前，一在觀音寺前；官水溝二道，各闊一丈餘。明末，寇亂，城半折毀，署縣事典史劉大才修補，雖堅完不能如初，然屢經叛帥許定國攻圍，日久守禦無恙，亦大才之力也。

　　鹿邑縣城池　明洪武三年，知縣韓璩因元舊城增修，周圍九里十三步，高二丈，廣一丈三尺，池深一丈，闊八尺，起四門，建樓其上。至宣德六年，文安賊起，知縣杜恩復於池外浚小池，周圍九里二百步，深一丈，闊一丈二尺。至天順五年，知縣蕭九成重修。城高三丈，廣二丈三尺，池深一丈二尺，闊一丈三尺；築內城，周圍七里二百八十步，高二丈，廣七尺，理四柵欄門，今廢。至天順六年，又開西北門，合前共五門。至嘉靖元年，知縣王朝鎣改四門名，北曰仰極、東曰迎仙、南曰嘉會、西曰和義、西北曰歸孚。至隆慶六年，師尚兆反，知縣王冠創建磚城，始設重門、木橋。崇禎七年，知縣韓友范增修，改北城外門西向，浚隍塹，廣四五丈，深三丈，築女墻。壬午四月，李自成陷歸德府至鹿邑，墮城而去，遺民百餘家，稍爲修葺焉。皇清順治年間，知縣王猷增修。

夏邑縣城池 戰國時所築，周圍五里餘。明正統己巳，知縣周晉循舊加修。成化壬辰，知縣孫澤重修，厚五尺，高丈餘，繚以垣墻，繕以木瓦。弘治丁巳，鹿邑縣丞鄭舉署縣事，奉例以磚圈門，門上豎樓，地濕遂圮。弘治己未，知縣宋杰改圖更理，門制聿新。正德辛未，知縣張銳因流賊之警而恢廓之，復置欄馬垜口，設窩鋪，建四角樓，築護城堤，闢四門，東曰通濟、西曰迎恩、南曰迎薰、北曰懷遠，仍建樓於其上，架橋於其外。歲久多壞。嘉靖甲午，知縣滑參繼修。萬曆庚申，知縣葛應斗因白蓮教之亂重修，增雉堞。崇禎戊寅，知縣邊大順因流寇之亂，增修磚城，四門設月城。池深二丈，闊八尺，泉水停涵，常獲魚藕之利。護城堤周圍八里，基闊三丈，頂一丈五尺，外植柳二千餘株，蔚然成林。

永城縣城池 城圍一千一百六十步，高一丈三尺，門四，春秋置譙邑時所築，歲久多圮。明景泰間，王子淵循舊址築之，起立門樓鼓鑰，其後典史孫璘重加修築，歲久復圮。正德七年，知縣喬岱因流賊逼近，伐石爲基，壘磚爲垣，高一丈六尺，圍一千八百四十八步；闢四門，東曰迎春、西曰迎恩、南曰朝陽、北曰拱北，又於迎春門南開東小門，每門建樓於其上，架橋於其外；又城隅角樓有門堞之內攔馬垜口一千二百八十個，窩鋪五十座，城垣內開馬道一周，通闊二步；池深一丈五尺，闊二丈三尺。崇禎十五年春，知縣傅振鐸慮城矮地窄，難以防守，請文將無礙官基估價二千兩，接城三尺，闊池丈餘，建敵臺八座。皇清順治十六年夏，大雨，城圮百餘處，知縣程孔恩捐俸修築。

虞城縣城池 舊城，在新城之南三里許。嘉靖九年，河水潦沒，今遷築土城，周圍四里，高一丈五尺；門四，東曰賓陽、南曰薰風、西曰望汴、北曰拱辰，俱高建層樓。土爲櫓堞，積雨傾圮。嘉靖三十二年，知縣郭文顯增築三尺，易以磚垛，禦侮賴之。池周圍環城門，廣二丈五尺，深一丈四尺，池外爲護城堤，周圍植柳千餘株。至後，年久圮塌，崇禎乙亥，流寇圍攻一晝夜，無恙。秋，直指揮范良彥遂倡衆易土爲磚，又創修西門瓮城。壬午年，流寇拆毁，自是草率砌起，城雖重修，已非復昔之堅壁矣。

睢州城池 舊城周圍十里三百步，宋崇寧時所築，金元以來兵燹相仍，日就圮壞。明洪武二十二年，調汴堅城衛來守，指揮吳仲緣舊堤修築，建城樓四、敵樓四、巡鋪四十二。正統十年，州諸生上書漕運參將湯節從環城築堤。成化十三年，河決杞，過睢，衝入城垣，官廨、民舍蕩析無遺。水退，城淤，居民營止稍復。正德二年，知州宋景重加修治，建門四，南曰正治、東曰永安、西曰通汴、北曰通鎮，城之南關有高阜處，延袤若干里，城中避水患者千家移居於此，遂爲省府通衢。時有盜警，巡撫章某觀風過睢，因南郭築新城焉，其長十有二里，高二丈有五尺，周圍包之以磚；建門七，南三，中曰鳴鳳、左曰左光、右曰右光，東二，正東曰朝陽、東北曰左翼，西一曰劇蕤，北小門一曰右翼。新舊兩城相連，俗謂之鳳凰城，周圍環之以池，池之形勢逐城而成，當門有浮橋，以便往來，疏浚深廣，置柳以固其岸。日久池湮城頹。崇禎四年，奉命修甃新城磚城，止於補葺，舊城土城，更甃以磚，復增築數尺，門樓、敵臺等屹然一新。至壬午年，流寇決河灌汴，汪流南奔，新舊城俱被衝覆，居民存者，止高阜處數百家而已。皇清定鼎，招撫流民，皆就新城居之而，舊城遂廢。

考城縣城池 按縣城，至今凡三遷，其舊城起築東漢，內城九里十三步，外城三十六里有奇，在今城南二十五里。元至元間，沒於河。元統末，縣監李茂徙縣治於賀丘。明洪武二十三年，復因避河患，知縣楊顯宗自賀丘徙築江墓店。正統二年，因避河患，知縣鄭道徙築今城，周回四里九十步有奇。成化十八年，知縣顧景祥修，始完。正德六年，知縣黃雄修益完。十五年，知縣段綉更增崇之，高二丈五尺，闊三丈，頂闊一丈；四門仍舊，東曰崇魯、南曰望海、西曰鎮行、北曰拱極，上各建樓；外環以濠，深二丈，闊四尺；月城周圍二千九百九十五步有奇，牆高一丈一尺，闊五尺，頂闊二尺半。嘉靖三十八年，知縣寧文光以城俱土牆，易圮，通易以磚，四門各建重樓。萬曆三年，知縣馮尚又爲重門並上門樓各一，內扁東曰寅賓、南曰迎熏、西曰戩武、北曰拱辰，外扁東曰文明、南曰物阜、西曰武勝、北曰民安，視從前規制益完整險固，爲邑民永賴。後知縣杜志晦重加葺治，各易以新扁，外東曰"東夏咽喉"、西曰"西京藩衛"、南曰"中州雄鎮"、北曰"北門鎖鑰"，內東曰"葵丘旭日"、西曰"木鐸遒風"、南曰"葛墅翠曉"、北曰"河帶凝春"。

柘城縣城池 舊城，朱襄之故墟，周十一里，高二丈餘，闊丈八尺，池闊如之。嘉靖二十年，被黃河水淤平，北城外高內窪，久被淤塌壞。成化十二年，知縣甄儒重修。正德六年，流賊作亂，署縣韓同知修補。十一年，知縣胡世忠增修。嘉靖二年於濠、四年高舉、十二年王贇、十五年艾景賢、十七年馮鉞各修葺。城門四，東曰瞻魯、南曰永安、西曰仰京、北曰長樂，俱有樓，女牆皆磚砌之。至二十年，黃河泛境內，兩股夾流，城內官署、民舍俱被衝塌。三十三年，土賊師尚詔作亂，知縣姜壽改南關而城之，是爲新城，周僅四里，高二丈，闊一丈餘；外鑿隍，周匝深一丈，闊三丈；爲門四，東曰迎熏、南曰向明、西曰望汴、北曰拱辰；爲戍樓四，水門一。四十四年，知縣劉田重修角樓四，易女牆以磚。萬曆十一年，知縣馮榛重修東西門，爲敵臺八、警鋪十五，爲峨眉甬道於隍，叠磚爲橋四，始壯觀焉。崇禎九年，知縣馬鳴玉創修磚城，改南門外向巽，曰寅陽，鑿隍深之。十五年，闖賊之變，城垣盡毀。十六年，知縣朱用溙因舊壘整之。皇清順治十四年，知縣張繹復修之，建城樓四，重修吊橋四座。

彰德府

《職方典》第四百二卷
彰德府部彙考二
彰德府城池考　府志
本府（安陽縣附郭）

本府城池　其城始築於後魏天興元年，增築於宋景德三年，周回十九里。明洪武初改築，圍九里一百一十三步，裁得舊城之半，高二丈五尺，厚二丈，外磚內土。門四，東曰永和，門樓傾圮，康熙三十三年，知府湯傳楷捐募重修，南曰鎮遠、西曰大定、北曰拱辰，門各建樓，又建角樓四，敵樓四十，警鋪六十有三。成化十三年，知府曹隆重修。皇清康熙十六年，知府丘宗文重修。其濠闊十丈，深二尺。

湯陰縣城池　其城土築，明洪武三十年，重建，周圍八百四十九丈，高二丈五尺，廣三丈。正統四年，知縣汪授重修。成化二年，知縣尚璣重修。正德六年，巡撫鄧檄本府通判鄭如阜重修，有崔文敏銑記。萬曆三十年，知縣孫許重修。天啓二年，知縣楊朴重修。崇禎八年，知縣沙蘊金始甃以磚，有少師孫承宗記、分守道袁楷磚城序。南城上大觀閣一，今改爲文昌祠，沙蘊金建。

臨漳縣城池 其城，明洪武二十七年，知縣楊辛奏請移縣治於理王村，創築土城，周圍四里，高一丈七尺，廣一丈，南北二門，東西四門。成化十八年，漳水漲決，四門被淹，知縣陳寧重修，塞二小門。弘治十四年，知縣景芳增高二丈，四門甃以磚石，各建重樓，外鑿濠三丈，護城堤二道。嘉靖十六年，知縣何瑚增堤二丈五尺。二十三年，知縣袁文貴將垛口、角樓易土坯以磚石。萬曆十八年，知縣丁允亨加葺。三十年，漳水衝城，知縣田應召重建。四十一年，河水浸城，知縣趙友琴增堤植柳以障之。崇禎五年，知縣張爾忠於城外加築土城。十三年，知縣夏衍虞將外城用磚包砌。十四年，漳水淨崩北城，知縣魏之琯重修。順治五年，積雨河溢，城倒八百餘丈，知縣王象天申請重修。

林縣城池 其城舊爲土築，唐貞觀十三年建。元至正十三年再修，周圍三里三百二十步，四門。嘉靖間，避西山水勢，因塞西門，上建樓五座，四隅翼樓四座。至萬曆元年，城始砌石，高三丈五尺，廣一丈。後北門坍毀，知縣謝思聰重修。門外甕城三，上俱建閣，其濠長四里八十步，濠外有月堤。正德八年，知縣王雲重修。

磁州城池 其城始築於趙簡子，改築於隋開皇十年，修於宋宗澤。重修於明洪武二十年，知州包宗達舊築土爲之。至萬曆二十四年，知州劉安仁改造，外用磚甓，內實以土。康熙二十四年，知州任塾重修，圍八里二十六步，高二丈五尺，廣一丈。舊止南北二門，知州劉安仁更闢東西二門，兼造四門樓。正德六年，知州顧正增南北二重門。嘉靖二十六年，知州李用中增南北二月城。崇禎十一年，巡道祝萬齡增東西二月城，濠深廣二丈，知州栗永爵、李爲珩各增堤。康熙二十四年，任塾重浚，導滏水入濠。

武安縣城池 其城，相傳白起所築，周圍三里二百七十步，高一丈八尺，西北二門，南西北三關，東北二面水溝爲隍。嘉靖二十三年，知縣熊瑤易以磚城，高三丈，廣二丈五尺，築磚城門二座，四圍浚以深濠。萬曆四十年，知縣李椿茂重修。崇禎七年，知縣寇遵典創建外城，周圍十三里，築墩臺四十餘座。後因年久傾圮，至皇清康熙五十年，知縣黃之孝竭力捐俸重新修葺，不煩民勞，而規制完固，視前倍加壯麗，民至今賴之。

涉縣城池 其城舊土築，明嘉靖間，易以石，周圍三里零九十五步，高三丈五尺，廣二丈五尺，門南北二，敵樓二，濠深一丈五尺，廣三丈，馬道廣一丈二尺，知縣楊綸建。萬曆五年，知縣段愛民於北門內創立重門，上建樓。崇禎六年，巡道常行文挨城築敵樓八座。

衛輝府

《職方典》第四百八卷
衛輝府部彙考二
衛輝府城池考　府縣志合載
本府

衛輝府城 汲縣附郭。東魏始建，歷後周、隋唐、五代，宋元因之。元至正辛卯，總管朱守亮、監郡哈剌拔都同修。元末，兵毀。至明洪武初，增築置千戶所守之，周圍六里一百三十步，高三丈五尺，廣如之，壕深一丈二尺，廣六丈餘，南、西、北三門。舊以土，正統間，知府葉宜、千戶張諒同修，包以磚石。成化九年，圯於水，知府邢表、千戶寇鼎同修。十八年，又圯於水，知府張謙、千戶邵誼同修。隆慶年，又圯於水，知府朱應時繼修。萬曆十三年，建潞王府第，拓城前三面，增七百三十二丈，共八里七十步，高廣與舊同，外磚內土，新添東門，合舊門為四，東曰賓陽、南曰迎熏、西曰眺行、北曰拱極，門樓四，高聳壯麗，視昔加焉。門各二重，有月城、有敵臺、有角樓，警鋪共三十所。池新舊共長一十五里三十步，知府周思宸建，郡人都御史郭庭梧有記，見"藝文志"。萬曆丁未，天偶霪雨四十餘日，城垣頹敝幾盡，知府劉遷重修，未底落成。萬曆四十二年，損壞更甚，門樓、角樓盡傾廢，知府何廷魁率同知魯廷彥、通判宋登仕、推官儲純臣、汲縣知縣黃宗周具詳兩院司道修葺。迨萬曆四十三年正月內鳩工，崇其卑，修其廢，更將城北面東西二角樓創立，規模大為營建，并警鋪各所無不增修，季餘煥然一新。皇清順治十一年，大水入城，東尤窪下，知府李樞生、知縣商民宗合地方公議，詳請永塞東門。十三年，知府鄭茂泰、知縣胡引瑞復開焉。府城係汲新等六縣合守禦所各立界分修。康熙二年，守禦所歸併汲縣，將所分城工復均派六縣。

胙城縣城 始建未詳，舊圮於河。洪武十四年重築，周圍五里有奇，高一丈五尺，廣一丈；東南西三門，東曰近畿、南曰通汴、西曰適衛；池深五尺，闊一丈。正德六年知縣孔鳳，嘉靖間知縣韓天賦、左桂、於正、王誥，隆慶四年知縣陳永直，萬曆九年知縣霍炳繼修。崇禎十年，知縣李鏡典磚包東西。後南門樓圮廢，皇清順治十五年，知縣劉純德修復如故。

新鄉縣城 居衛水之陰，形如覆釜。唐武德三年始建。明景泰二年，知縣侯麟重築。天順元年，知縣楊清增修。正德間，本府同知張經增築，周圍五里二百四十二步，高一丈八尺，廣如之；四門，東曰迎恩、西曰來賓、南曰朝陽、北曰拱宸。隆慶間，知縣張范間易磚垜。萬曆六年，知縣余相繼修，池深闊各丈餘。萬曆十四年，知縣張赤心重浚，水通衛河。二十年，知縣盧大謨增建北門樓。崇禎間，知縣丘時可重修，知縣米壽圖創包磚城。皇清順治間，知縣王克儉增修敵樓，東曰太和、西曰萬說、南曰虞弦、北曰長澤、東南曰來雲。

獲嘉縣城 始建未詳。洪武三年，知縣熊邦基重築。天順三年，知縣邢表重修，周圍三里一十三步，高二丈四尺，廣半之，四門，池深一丈，闊如之。成化十八年，知縣吳裕增修，高垣墉而增女牆，建門樓而新角鋪，表四門之名，東曰東作、西曰西成、南曰南訛、西北曰朔易。正德六年知縣任守德，嘉靖二十一年知縣張道，萬曆六年知縣張一心繼修，易東門曰承恩、南曰廣輝、西曰通武、西北曰揆文。四十三年，本府署印同知魯廷彥重修。四十六年，知縣張諭增修。皇清康熙二十三年，知縣馮大奇始請詳上臺捐俸倡輸，改創爲磚城。

淇縣城 即古殷墟地，相傳漢時築，隋發朝歌置衛縣，此城遂廢。唐宋金因之。元至元丙子，都轉運使周惠請立淇州，因舊城增修。明正統十二年，知縣董英重築，周圍八里三百步，高一丈五尺，廣一丈，四門各建城樓，四角各建角樓，修土垜二千三百有奇，池深七尺，闊一丈二尺。弘治、正德、嘉靖間，知縣顏頤壽、高杰、杜巖、劉金、方員相繼修理。嘉靖二十二年，知縣張宜周圍接築五尺許，引斫脛河水以益池。萬曆癸巳，通判盧茂繼修，改建西門於北，以固風氣。崇禎七年，知縣程墨建南北外城門。十年，知縣路鴻逵修周圍磚堞二千有奇。

輝縣城 外城，土爲之，周圍十里許，即古州城，相傳肇自共國，舊基四門，遺址尚存。內城亦土爲之，即今縣城。景泰二年，知縣方中矩重建，周圍四里四十八步，高二丈六尺，廣三丈五尺，東、南、西三門，東曰朝京、南曰望汴、西曰觀瀾，池深一丈，闊八尺。正德十二年知縣趙鉞，嘉靖三年知縣許琯，萬曆六年知縣聶良杞，十五年知縣盧大中繼修。崇禎五年，知縣張克儉因流寇入輝，沿山作亂，遂改建城垣，下爲石城高一丈，上磚城高一丈六尺。皇清順治九年，夏雨連綿，四垣崩頹二十餘丈。至十五年，知縣秦長春修築始完。

懷慶府

《職方典》第四百十九卷
懷慶府部彙考二
懷慶府城池考　府志
本府（河內縣附郭）

懷慶府城　即古野王城，元至正二十二年，增築。明洪武元年，重築，周圍九里一百四十八步，高三丈五尺，廣二丈，池深二丈五尺，闊五丈，角樓四、敵臺六、警鋪三十九。成化、正德間，知府倪顒、周舉重修。隆慶二年知府紀誠，萬曆十四年知縣黃中色繼修。崇禎十四年，知縣王漢重修，增高五丈，外闊三尺，易四門樓以磚，東曰朝曦、西曰萬成、南曰朔南、北曰拱極。皇清順治十二年，知縣孫灝修。康熙二十七年，知府劉維世重修四門樓，緣壕栽柳數百餘株，時霪雨傾塌西面城牆十餘丈，知縣李檖重修。舊傳城爲臥牛形，穿城濟水爲腸，景賢書院池爲肚，土地祠前小塔爲臍，西門外池爲眼，俗呼牛眼池，見《縣志》。

濟源縣城　隋開皇十六年建。明景泰四年，知縣李衍增築，周圍五里二百五十步，高二丈五尺，廣二丈；池深一丈，闊二丈五尺。成化十九年，重修。崇禎十一年，知縣盧時升改築磚城。

修武縣城　始建未詳，明洪武初增築，周圍四里，高二丈，廣一丈；池深一丈，闊二丈。景泰初，知縣郭應誠重修，東、西、南、北門四座，東曰迎輝、西曰歸化、南曰阜民、北曰仰高，門各有樓。正德間，知縣冷宗元重修。嘉靖十四年知縣賈如愚，隆慶三年知縣李可愛繼修。萬曆十年知縣趙可學，二十年知縣邵炯繼修。皇清康熙二十三年，知縣李啓泰重修。

武陟縣城　唐武德四年始築。明洪武年間知縣蘇輝，景泰三年縣丞熊美繼修，四圍四里七十七步，高二丈，廣一丈；池深一丈五尺，闊亦如之。天順三年，知縣王璽重修。嘉靖間，知縣於藥增角樓三，小堡四。萬曆間，知縣郭汝器、秦之英繼修。崇禎十年，知縣侯君擢重修，易坤爲磚。皇清康熙十年知縣彭際盛，十四年知縣高宮，二十六年知縣李春相繼重修。

孟縣城 金大定中，因孟州故城有河患，徙今治，防禦史么公始築城。明景泰三年，知縣賈珍增修，周圍九里三十步，高二丈八尺，廣一丈；池深二丈，闊二丈二尺。正德四年，知縣劉澄改修，易堞以磚，增置四門樓，東曰寅賓、西曰凝翠、南曰歌熏、北曰拱極。萬曆三十二年，知縣萬時俊重修。崇禎六年，知縣余宗重修。崇禎十四年，知縣張兆羆重修。

溫縣城 唐武德四年建。明景泰元年，知縣虞廷璽重修，周圍五里三十步，高一丈五尺，廣一丈；池深一丈，闊一丈二尺。嘉靖三十年，知縣孟津重修。萬曆三十七年，知縣王承在改南門於東南。天啓二年，知縣馬貢仍改正南。崇禎十二年，知縣張兆羆重修。

河南府

《職方典》第四百三十卷
河南府部彙考四
河南府城池考　府志
本府（洛陽縣附郭）

本府城池 府舊城始築於周公營洛，卜澗水東瀍水西，所謂王城也。秦置郡縣，縣治則在成周，所謂故洛陽城也，即金墉故城。東漢、魏、西晉、元魏皆城於此。隋煬帝大業元年，大營東京，名曰新都，乃移縣治於光通坊。隋以後，洛陽縣治方在王城，即今城中也。唐穆宗長慶二年，增築之，建以十門，東曰建春、永通、上東；西曰麗景、宣耀；南曰定鼎、長夏、厚載；北曰安喜、徽安。唐末摧圮殆盡。五代周世宗顯德元年，命留守武行德葺之。宋景祐元年，以王曾判府復加修築，背邙面洛，左瀍右澗，即今之城池也。金元皆仍其舊，方之周都縮五之四，擬之隋唐東南一隅耳。歷代俱土垣。明洪武元年，始置河南衛守之。六年，明威將軍陸齡砌以磚石，浚以壕塹，四圍八里三百四十五步，高四丈，基廣如之；壕深五丈，闊三丈；復減門爲四，東曰建春、西曰麗景、南曰長夏、北曰安喜，城之四門上覆重樓，外築月城；又構角樓四座，敵臺三十九座，固守之略於是始嚴。成化、弘治間，指揮張杰、王臣相繼葺治。壕爲潦水淤塞，正德辛未，中原盜熾，郡伯劉璣督役疏導深復固，闊倍於昔，又引瀍、澗二水灌壕築堰，以資防禦。壬申三月，寇果奄至，環攻三日，不得渡，城保無虞。繼之修浚者，不能詳考。萬曆初年，蒲阪楊俊民來分守，縣、衛修輯一新，改四城樓扁，東曰長春、南曰薰風、西曰瑞光、北曰拱辰。相沿日久，傾圮至甚。崇禎四年，壺關楊四重尹洛，謀於鄉紳士庶，共輸銀三千餘兩，委庠生張秉厚董其役，歷二年餘而功竣，適值流寇渡河，窺城者四次，衆得恃以無恐。未幾，楊尹以行取去，繼任者滕縣劉弘緒復於壕邊環以欄馬墻一匝，高一丈，長一千五百六十八丈五尺，又浚閘口，引瀍水入壕，幾復正德辛未之舊。郡守吳橋王印長爲寇曾薄城，關廂之民可念，於是與劉議環關築土城一道，二十三里，高一丈三尺，闊一丈。明末，俱行平毀。至皇清順治六年，知府金本重用明福藩棄磚，甃砌丈餘，稍資捍衛。

偃師縣城池 築土爲城，周圍六里八十四步，高一丈五尺，厚丈餘。按城即武王所築息兵之城，歷代廢置不常。明正德六年，流賊寇河南，知縣朱璟重修，高厚俱增於舊，民賴以安。嘉靖三十二年，大水淹沒幾半，知縣王表重修，知縣林萬里繼修。崇禎年，流賊猖獗，知縣夏士譽以土城脆薄，乃代石爲基，易之以磚城，始堅固。十五年十月二十九日，流賊數千薄城，知縣徐日泰率士民武同芳等戮力捍禦，因郡城先陷，援絕勢孤，賊衆從南門攻擊甚急，力竭城破，賊恨偃官民不降，遂屠其城。皇清順治九年，知縣魏惟紫重修。

鞏縣城池 城周圍七里四十八丈，濠塹深八尺。明成化十一年，知縣柯忠修。萬曆十三年，丁分巡檄加磚石甃砌，周圍門五座，曰玉川、曰望嵩，其一小東門，蓋舊城東門卑下，一遇黃河漲浸，入城居民不免沉竈產蛙，萬曆四十年內知縣程宇鹿擇城垣高處另開一門，使門高水低，不得漲入。又築土堤五百丈以衛城脚，城上建磚石高樓，值流土交亂，知縣宋文瑞復增高五尺，卒以屈敵。越癸未，寇益肆，而鞏以孤城抗賊，爲賊攻陷，傾圮者數處。至皇清順治六年，大同鎮將兵起，兩河震動，知縣徐梁周圍修補完固無缺，今賴之。

孟津縣城池 城周圍四里，高二丈五尺，廣一丈五尺；池深一丈，廣倍之；門四，曰東輝、曰南薰、曰西成、曰北拱。雨久傾圮，明崇禎間，山陰張爾葆始砌以磚。壬午，寇陷，城垣損壞大半。皇清，知縣宋弘道率眾捐資修補，建四門城樓，復成偉觀。時經淫雨，城垣間傾，灤州孟常裕多方增葺，屹然金湯。

宜陽縣城池 城周圍四里許，東西較長，而南北頗削，其形似船，故名船城。舊土城，明正德年間，知縣司□始築，修磚城，高二丈二尺有奇，池一丈五尺。崇禎六年，秋月霪雨，城頹數十處，知縣史洪謨督工修補。嗣後十一月二十六日，流寇渡河，混十萬等數十營往來攻圍，而城不陷者，史令之功也。迨十三年，闖賊首克宜陽，墮其城。次年，主簿陳五德補修。皇清定鼎，知縣羅爾因重修。順治十六年夏六月，霪雨墮數處，知縣王鼎印修輯。

登封縣城池 城未滿三里。明景泰中，布政使豐慶以南城逼於學宮，拓而大之，凡百餘步。正德間，知縣李居仁重修。萬曆三十九年，知縣傅梅重修，易故堞一千有二，悉易堅甓，計六百四十九丈，闢舊門而高之。北樓毀於逆闖，知縣劉禎重建。崇禎癸未，復毀於土寇，知縣高岫、張朝瑞相繼重修。

永寧縣城池 城周圍四里一百七十步，高二丈五尺，堞牆七尺，門有三。隋置縣時築。嗣後，隨時修葺。正統十年，縣丞於淵重修，門上各豎以樓。隆慶五年，知縣高一登重修雉堞，甃以甓。崇禎庚辰，流寇陷城，平其雉堞，墮城門。皇清壬辰，縣令程萬善重修，漸復其舊。

新安縣城池 土城，漢高帝元年築。明洪武初重修，東文峰、南澗水、西泥河、北慕容山，皆迫邇城外。城門，東曰瞻洛、西曰通陝。嘉靖四十四年，知縣王訓重修，南曰浴澗，又曰聚魁。嘉靖三十三年，知縣劉登創建，北曰風懷，東西兩門俱有月城。嘉靖三十七年，知縣盧大經創建。四十四年，知縣王訓添修，周圍設墩臺，立鋪舍十二間，又創建廣壕，凡四里，東西四百九十步，南北一百九十一步，高一丈五尺，西門外為通澗橋，池深七尺許，東北負山，南面臨水，俱無池，東西俱有關廂。其創修磚城，始於知縣王鉉，自寺巷北門至東北門，其磚石工價皆自辦，毫不累民工，未竣報升，繼修則知縣劉懋。崇禎九年，知縣傅明遠同邑尚書呂維祺移北城跨慕容山東，原四百九十步，今加八十五步，南北原一百九十一步，今加一百一十步，周圍皆磚砌，高二丈五尺。北城臨山，俯瞰城內甚悉，流寇內訌，呂忠節公憂之，同邑紳士謀於傅令議築城於山巔，以防賊之窺探。忠節公獨築北城之半，義士陳明英、張文明、韓復本協修數十丈，逾月功竣。十三年，流寇破城。十四年，流寇復至，平其城，磚基僅存其半。又嵩縣土寇於大中復破之，十月又平其城。至皇清順治十三年，知縣俞遜先修東月城，重整關鍵，方得啟閉。康熙六年，知縣范諟仍去北山城，僅重修舊城。

澠池縣城池 城舊周圍八里許，西漢置縣，始築。歷代廢置不一。明崇禎十年，流寇二陷澠城，焚毀殺掠，慘不可言，署縣事靈寶訓導袁登甲據生員呈，以澠城南潁澗河，一遇泛漲，即為衝損，久無完堵，兼之城闊人寡，創守維艱，申文裁去西城一半，僅存三分之一。崇禎十二年，知縣牛藩完城浚壕，磚包北面，闢為東西二門，各有樓。皇清，知縣孟國英增修角樓，補修傾圮，遂成偉績。順治十一年，霪雨傾倒城垣三面共四十三丈五尺，知縣張爗率衆捐資共圖修葺，期月告成。

嵩縣城池 城周圍五里十三步，高二丈，壕塹深丈餘。崇禎間，流土交訌，知縣何復修葺完固。明末，土賊折毀殆盡。皇清，知縣劉興漢因草昧初闢，僅葺城垣，尚無垛口。十一年，知縣趙景融增修女牆。十七年，知縣楊厥美增修四門，門樓各三間，東曰來鶴、南曰解阜、西曰寶成、北曰捧詔，殘邑始有保障焉。

盧氏縣城池 城，漢時始築，歷代修浚未詳。明洪武元年，知縣李可民重修，城高一丈五尺，周圍四里一百八十步，壕深一丈，廣二尺，四門，上各建樓，下各有懸橋，既而傾圮。皇清順治十三年，知縣鄒印光修築完備。

陝州城池 城十三里一百二十步，東南有壕，深五丈，西北近河，高十餘丈。西漢所築，歷代修浚不一。明洪武初，千戶劉全截去東城三分之一，完城後壕、增以月城，闢為四門，門各有樓。崇禎八年，寇毀。城圍九里一百三十步，弘治時，知州汪浚重修南北西三面，遂以屬州，東一面則指揮呂璽重修，遂屬衛。今因之。

靈寶縣城池 城高二丈五尺，厚一丈七尺，周三里六十步，垛口一千，明縣令谷萬方併為五百，池深闊一丈有半。順治十三年，縣令梁儒重浚。明崇禎年間，縣令谷萬方用磚修西城一面，工完，東城磚修十之七，南城磚修五十丈，北城修二十丈。工未畢，遭寇掘毀。寇退後，官因缺補葺，迄今工未告成。康熙二十三年，邑令江繁重修，復沿壕植楊柳數百株，陰森可愛。

閿鄉縣城池 土城，高一丈九尺，池深一丈，闊倍之，周圍四里，東西南三門，門上重樓，東曰瞻洛、南曰來熏、西曰仰華。按城創築無考。明洪武初，增修者縣丞王珪也。緣逼近湖水，屢被衝崩，當事者皆屢行修補。至萬曆十八年，大水復衝西南隅，知縣鄭民悅創築石堤，建禹王廟，百姓竪石，曰鄭公堤。二十九年，湖水橫漲，廟堤復壞，知縣黃方修之。崇禎己亥，知縣王鉉因流寇出沒，通修新、舊城以爲防禦。皇清順治七年，西北隅爲水衝崩，知縣金鎮重修，築堤護之。十一年，大雨，黃河水溢，城崩，知縣張三省重修。

南陽府

《職方典》第四百五十卷
南陽府部彙考四
南陽府城池考（南陽縣附郭）　　府志

本府城池　秦置宛城南陽郡。《荊州記》曰：郡城周三十六里。至唐移郡於鄧，城漸圮，止存西南隅。元置府治，不復改作。明洪武三年，指揮郭雲因元之舊址重修，甃磚，周圍六里二十七步，高二丈二尺，廣亦二丈二尺；池深一丈七尺，闊二丈；建門有四，東曰延曦、南曰淯陽、西曰永安、北曰博望；建角樓四、敵臺三十、警鋪四十三。成化十九年重修。至明末，流寇蹂躪，樓櫓廢缺，門關敗毀。皇清，知府王燕翼設東南城門各四扇。順治四年，知府辛炳翰重建南門樓。康熙二十三年，知府張在澤重修女牆。

南召縣城池　明成化十三年，置縣，南陽府同知任義、南召知縣張琪始築城，周圍三里四十步，高二丈五尺，廣一丈六尺；池深一丈七尺，闊二丈；門三，東曰東興、南曰博望、西曰永豐，上各建樓。正德十三年，知縣彭倫增修，建窩鋪八、角樓四。嘉靖甲午，知縣馮鮫重修，易東門曰通汴、南曰近宛、西曰連嵩，各增建戍樓。隆慶庚午，知縣李璽甃以磚石，更於北城建樓，題曰望京，其東南西樓改作高大亦如北樓，南陽方九功記。皇清順治十三年，知縣馬應祥重建南遠門。

鎮平縣城池　世傳爲漢安衆故城。明成化六年，知縣李賢因舊址修築，周圍五里一百三十步，高一丈八尺，廣八尺；池深一丈五尺，闊如之。十八年，知縣劉勳展南城數十步，名其東門曰安陽、南曰便民、西曰武平、北曰懷遠，有展城記。萬曆間，知縣翁金堂重修，更名其門東曰毓元、南曰宣昭、西曰省成、北曰賓穆；至李幼勳復扁其門，東曰瞻旭、南曰景正、西曰觀成、北曰拱辰。崇禎年，知縣鍾其碩周圍增築營房八百餘間，添置警臺十二座，後圮於寇。皇清，知縣李似楠重修。至順治十四年，城爲霪雨崩頹，知縣王繼佑重修，日久復壞。康熙二十七年，知縣張琮重修。

唐縣城池 元至正間建城。明洪武三年，金吾右軍千戶程飛即舊基修築。天順間，千戶齊政重修，周圍六里三百八十步，高二丈五尺，廣一丈一尺；池深一丈六尺，闊二丈；門四，角樓四，敵臺警鋪三十四。正德十年通判陳頊，十二年知縣李鐸、千戶王拱繼修，城池高深各增數尺。崇禎十五年，署縣事王澤深於闖寇毀壞之餘，填塞補葺，爲一時守衛。尋多崩闕。皇清順治九年，知縣李芝英重修。至康熙四年，知縣田介更爲修築，城郭乃完。

泌陽縣城池 唐泌州城，明洪武十四年，知縣胡惠因元時舊址修築，高一丈二尺，廣八尺，池深一丈，闊五尺，上各建樓。初止東西二門，成化五年，知縣魯常重修始作南門，門三，東曰固本、西曰敷德、南曰宗盤，置警鋪八。正德六年，知縣劉璣重修，甃磚於外。十二年，知縣郭繼祖增甃磚於內。嘉靖間，知縣王世安、龔文魁相繼修葺。崇禎辛巳以後，屢遭巨賊蹂躪，拆毀過半。皇清順治六年，知縣韓志道重修。康熙二十四年，知縣雷珽重修。二十五年，知縣莫國芳因城門狹隘，增修闊大如舊制。

桐柏縣城池 明成化二十年，都察院右副都御史原杰、巡按河南御史吳道宏創建，築城，周圍四里一百八十步。正德六年，知縣李聚甃以磚，高一丈二尺，廣一丈；池深八尺，闊一丈五尺；門四，東曰接楚、南曰向明、西曰導淮、北曰拱極；建角樓四、警鋪八。嘉靖間，知縣曹侃、王鯤相繼修葺。

鄧州城池 即古穰縣，舊有內外二城，元末俱頹。明洪武二年，金吾衛鎮撫知鄧州孔顯始築內城，周圍四里三十七步，高三丈，廣二丈五尺，池深一丈五尺；門四，東曰迎恩、南曰拱陽、西曰平成，北門以形家言不啓，因不名。六年，始甃以磚，建門樓四，角樓四，月城小樓四，瓮城小樓三，窩鋪三十三，女墻一千三百九十一，郡人王誼記。外城，元史天澤築，後廢。明弘治十二年，知州吳大有重築，周圍一十五里七分，高一丈，廣五尺，因舊爲五門，曰大東門、小東門、南門、小西門、大西門，門各建樓，大有自記。正德六年，知州於寬增修外城，重建門樓五，月樓五，浚池深二丈，闊六尺，引刁河水灌之，學正華綸記。嘉靖三十二年，知州王道行又增修外城角樓四，窩鋪二十一，垛口一千七十，引靈山水灌池內，郡人藍瑞記。三十五年，知州張仙復修外城五樓。萬曆三十八年，知州趙沛復修外城五門及樓，扁其南門曰"南控荆襄"、東曰"東連吳越"、西曰"西通巴蜀"、小東曰"六水環清"、小西門曰"紫金浮翠"。先是，嘉靖間，知州王道行繞外城種樹千株，年久無存，至沛復浚河植樹。崇禎七年，知州孫澤盛修外城窩鋪及女墻二重。十年，流賊張獻忠陷鄧州，知州劉振世以外城寥闊，力不能守，乃併力修築內城。皇清順治三年，闖賊餘孽劉二虎攻城二十七日，掘地道七處，不陷，知州馬迪吉乃增修圓城角樓四，敵臺三，女墻一千三百九十一，懸樓三十座，炮臺三十四座，迪吉自爲記。十五年，霪雨，磚城墮四處，知州馮九萬修，凡二十丈五尺。日久磚城內墻崩削，剝及女墻，康熙三十年，知州趙德重修，凡三百六十八丈。

新野縣城池 漢昭烈始築，土城，周二里，南齊劉思忌爲新野郡守增築外城，因名舊城爲子城。明天順五年，知縣趙溇即舊基重修，周四里，高一丈三尺，廣一丈五尺；池深五尺，闊一丈五尺；門四，東曰朝陽、西曰通德、南曰望遠、北曰迎恩，上各建樓。成化十二年，知縣孫詔修築，覆以椽瓦。正德六年，知縣高廷祿增修，外甃以磚，列樓櫓，高增一丈二尺，得二丈五尺。嘉靖四年，知縣江東復內甃磚，浚池深增五尺，得一丈，闊增一丈，得二丈五尺。明末，寇亂頹敝。皇清順治六年，知縣汪永瑞重修南城樓。十五年，知縣崔誼之重修東西北城樓。城垣歲久圮壞，康熙二十五年，知縣顏光是重修。

內鄉縣城池 舊城，隋時築於內鄉保三渡河東十里許，漢丹水縣所隸地。歷唐宋至金，以縣治去州遠，徙渚陽鎮，即今城也。初建土城，周三里許，至元時已就傾頹。明洪武二年，知縣羅維一增建。景泰三年，知縣貂安重修。天順五年，知縣鄭時展拓修築，周九里七分，高廣皆一丈二尺；池深八尺，闊一丈二尺；四門各建重樓。正德元年，知縣張經甃以磚石，扁其門，東曰仁和、南曰望楚、西曰通秦、北曰安阜。萬曆二十七年，知縣尚從試重修四門大樓並角樓、窩鋪，易其門，扁東爲賓日、南爲納熏、西爲餞景、北爲拱辰。崇禎末，遭賊李自成焚毀。皇清順治二年，知縣余時發粗爲補砌。四年，知縣陸登甲於每門舊樓址修屋三楹。十二年，知縣王襄明修角樓三座，窩鋪三十間。

淅川縣城池 明成化八年置縣，南陽府同知盧信同知縣武文始築城，周四里，高一丈七尺，池深如之；門四，東曰迎恩、西曰鎮浙、南曰楚望、北曰天樞，上各建樓，置敵臺十二四，城各有警鋪。正德十二年，知縣熊價因流賊起，增甃磚石，浚濠加深。嘉靖間，知縣趙璋修葺。萬曆五年知縣王道，十年知縣劉承范相繼修理。崇禎十年，流賊張獻忠破城，樓櫓盡毀，署縣事鄧日崇於各城門上建瓦亭三楹。至十八年，李自成屠城，俱廢。皇清，知縣馮爾遲重修。

裕州城池 宋末建城。明洪武三年，南陽衛指揮使郭雲修築，周圍九里一十三步，高二丈，廣一丈五尺；池深一丈，闊二丈；門四，東曰賓旭、西曰望成、南曰阜有、北曰建安。正德十二年，知州郝世家始爲磚城，高三丈二尺，廣二丈，外建月城四，高廣如之，四門各建重樓，角樓四，敵臺二十二，警鋪四十，南陽王鴻儒記。疊經兵燹，損壞。順治十二年，知州陸求可粗爲修葺。康熙二十六年，知州劉玨亮修西城門樓。二十七年，知州潘雲桂建北城門樓。

舞陽縣城池 世傳楚平王建，舊土城，高一丈八尺，周六里三百七步，池深一丈二尺，闊一丈八尺。郭高如城，周八里。成化十九年增築。正德庚午，流賊劉惠陷城，知縣周迨乃甃以磚石，增高三丈，廣半之；門四，東曰懷德、西曰振威、南曰拱翠、北曰環清，上各建樓，置角樓四、窩鋪二十，垛口三千有奇。正德十三年，知縣吳鼎增建月城四、敵臺二十。嘉靖三年，知縣樊景麟浚池，深一丈五尺，闊二丈，爲護城堤，闊一丈。隆慶三年，城垣墮二百餘丈，知縣張澍補修。五年，復墮，至萬曆間修完。暨於皇清，四城樓俱廢。順治十五年，知縣張蓋重建。康熙十九年，東城樓頹，知縣金標重修。二十五年，南城樓頹，知縣蘇虔重修。二十八年，城墮十餘丈、垛口三十六、敵臺一，知縣祖良屏重修。

葉縣城池 即古昆陽城，北齊阜昌七年，縣治北徙於此，劉思忌因舊址修築。明天順五年，縣丞魯偉增修，周一千六百步，高二丈七尺，廣二丈五尺；池深一丈二尺，闊一丈四尺；門三，南曰昆陽、西曰西成、北曰北朔。正德八年，知縣石軍始甃以磚。十二年，知縣姚文清增築月城三，上各建樓，其高廣皆如城，置角樓四、敵臺十四、警鋪三十二。嘉靖元年，知縣張廷柱浚南北門之西及西城濠各闊十丈，深二丈。六年，知縣李克濁復浚南北門之東及東城濠，深廣如西城，因舊渠引昆水注其中。遭明季兵火後，雉堞樓櫓半就傾圮。皇清順治十二年，知縣許鴻翔修葺。康熙二十四年，知縣呂柳文重修。

汝寧府

《職方典》第四百六十九卷
汝寧府部彙考三
汝寧府城池考　府志
本府（汝陽縣附郭）

汝寧府城池 即漢汝南郡城，元季毀於兵。明洪武六年重建，置汝寧千戶所守之，周圍五里三十步，高一丈八尺，廣如之；池深一丈二尺，闊二丈；其時惟東西南三門，東曰迎春、西曰見山、南曰阜安。八年，改置汝寧衛，又拓為九里三十步，高二丈五尺，增闢北門，各建重樓，設警鋪三十六，又開水門二。永樂二年，廢衛，復為所。成化二十年，城圮，崇莊王奏請於朝，爰命都御史趙文博檄知府羅元吉增築高厚，繞以子牆，撤舊樓而大之，顏其四門，東曰東作、南曰汝南、西曰西成、北曰拱北，增角樓四，益警鋪四十有八。正德九年，流寇薄城，知府畢昭請於巡撫鄧璋，甃以磚石，增高五尺，因舊隍浚深二丈，闊五丈。隆慶三年，知府史桂芳重修之。崇禎七年，流寇犯汝，知府黃元功、知縣姚士恒置炮臺、木樓，併守禦之具，復倡義士民浚舊隍，深四丈，闊十丈，開南堤石門，引汝入濠，濠外繞植官柳，屹然有金湯之固。崇禎十五年，流寇破城，焚西成樓，毀東南北三門及垣堞、警鋪，同知韓煜稍為修繕。皇清順治十八年，知府金鎮申詳院司道各衙門同通判鄭燝新、推官張鼎彝及所屬州縣各捐俸金，重建四門城樓各一座，敵樓各一座。

上蔡縣城池 即周初蔡國舊址，周圍二十五里。西漢置縣，就東北隅復補築一土城。明正統間，知縣王雄重建，周圍六里二百步，高二丈，廣八尺；池深五尺，闊一丈。嘉靖二年，知縣傅鳳翔始甃磚石，拓為九里十三步，增高五尺，建四門樓及角樓、敵臺、警鋪，浚深濠塹，後知縣紀經綸、劉伯生相繼增築北甕城，主簿馮礦築東甕城，崇禎十五年，流寇陷城，焚毀殆半。皇清順治三年，知縣管起鳳重修。

新蔡縣城池 古呂國城，即春秋蔡平侯遷國時所建。明洪武初修築，周圍三里二百七十五步，高八尺，廣三尺，覆以陶瓦。正德壬申，兩爲流寇所陷。正德丙子，知縣劉漢始甃以磚，高一丈五尺，廣半之；池深七尺，闊一丈。工未竣，知縣張來儀繼修之，建四門樓及四角樓。嘉靖丙戌，縣丞鍾孔錫重修。城下舊隍，歲久湮淤，嘉靖丙寅知縣潘允迪、萬曆丙子知縣曾繼先相繼疏浚。皇清，知縣譚弘憲復浚深之，又修角樓二，警鋪二十有五。

西平縣城池 即古柏子國城。明景泰四年，知縣陳璉增築，周圍五里六十步，高一丈二尺，廣二丈；池深一丈，闊一丈五尺。正德八年，知縣江珙始甃以磚，建四門樓。

遂平縣城池 即古房子國城。明正統十二年，知縣王連增築。成化十一年，知縣王嵎復拓大之，周圍九里三十步，高二丈廣八尺；池深七尺，闊倍之。正德八年，知縣王伯爵懲流寇之變，始甃以磚石。嘉靖元年，知縣賈璘始建四樓。嘉靖三十四年，知縣劉良采重修之。天啓元年，知縣胡來進改建東門。崇禎六年，知縣張引禎以流寇充斥，浚濠引水，較昔益加深闊。明季，寇陷，城焚毀殆半。皇清順治三年，知縣劉駿聲重修。順治十六年，知縣張鼎新葺北門敵樓。

確山縣城池 即春秋道國地。明成化丙午，知縣丁璉增築，周圍六里三百五十步，高一丈二尺，廣八尺，池深一丈，闊二丈五尺。正德七年，流寇破城。八年，知縣吳照甃以磚石。十二年，知縣宋良臣重修，建三門樓。正德末，知縣李順孫重修門樓。嘉靖間，知縣梁翰建東北角樓一，增警鋪六。

真陽縣城池 即漢慎陽城。洪武初廢。正德元年置縣，六年，知縣郭仲臣始築土城，周圍八百丈，高二丈五尺，廣半之；池深一丈，闊二丈。正德八年，流寇陷城，知縣張璽甃以磚石，建四門樓，又增置角樓及警鋪。明季，同知劉附鳳署縣篆浚池，深一丈，闊三丈。城久頹圮。皇清順治六年，知縣遲焞重修築之。十五年，霖雨壞城二百餘丈。十六年，知縣劉必壽重修。

光州城池 即漢弋陽城，宋慶元初，知州梁季泌創建，周圍九里十三步，高一丈，池深七尺，門四，中貫小黃河，城分南北，皆爲土城。明正德六年，流寇陷城。七年，知州李鏜重修兩城，甃以磚石，闢北城五門、南城六門，上各建樓，沿城爲警鋪，環十四里許。北城周圍一千零七十六丈八尺，高二丈，池深一丈五尺，闊四丈；南城周圍八百五十四丈五尺，池深一丈，闊二丈。萬曆壬子，知州陳錫爵南關拱辰門。明季，知州李時芳、姜銓相繼修築，復於城外增置女牆。皇清順治六年，知州徐化成重修。十六年，知州莊泰弘重修。

光山縣城池　即春秋弦國地。明洪武初，築土爲城，周圍六里，高一丈五尺，廣一丈；池深一丈四尺，闊二丈。正統十四年，知縣郭寧修四門，建樓其上。正德十二年，水災，城圮，知縣李昌始甃以石，拓爲七里，高二丈二尺，廣一丈五尺。明季，流寇陷城，門樓盡毀。皇清順治十四年，知縣管聲駿重建樓三間。

固始縣城池　創於漢代高帝時，周圍六里，闢三門。明景泰間，知縣馬良重建，周圍仍六里，高一丈六尺，廣一丈；池深一丈，闊如之。天順、正德、嘉靖間，知縣任義、薛良、盧瓊、張悌相繼修築。崇禎十一年，知縣王昌引浚西關舊濠，深四丈，闊五丈，又修建城樓、敵臺。皇清順治十六年，知縣包鞅重修。康熙二十九年，知縣楊汝楫新建南北東城樓。

息縣城池　即古息國城。元泰定十九年增築。明洪武六年，知縣潘顯章重建，周圍五里，高一丈二尺，廣八尺；池深九尺，闊二丈五尺。弘治五年，知縣康恭增置角樓四、警鋪一十有七。正德七年，知縣喬彪始甃以磚石。嘉靖三十六年，知縣滕霱增修敵臺一十有二。隆慶五年，知縣趙如昆復浚內外兩濠。萬曆六年，知縣王用賓重修。十五年，知縣劉庭蕙復修之。崇禎六年，知縣劉純慶增高三尺。皇清順治七年，巡道陳聯璧、知縣劉養明重修。十五年，知縣邵光引重修。

商城縣城池　自宋至道三年，省入固始，規制湮廢無考。明成化十一年復置，知縣張俊重建，周圍六里，高一丈三尺，廣一丈；池深八尺，闊二丈五尺。正德辛未，知縣李允恭重修，甃以磚石。崇禎十四年，知縣馮祖望重修。

信陽州城池　即古申國地。明洪武元年重建，設信陽衛守之。十三年，千戶張用拓爲九里三十步，高二丈，廣半之，池深一丈三尺，闊六丈五尺，門樓五，警鋪四十有三。成化十四年，守備李權於各門外增護垣吊橋。正德八年，兵備僉事寧河始甃以磚石，僉事閻欽繼之。萬曆二年，副使王任、知州朱家法闢小南門以便樵汲。崇禎十四年，流寇陷城，拆毀垣堞，高不及肩。汝陽主簿吳士紳署州篆，不數月，修築如故。皇清順治十五年，副使管起鳳、知州高天爵始建四門樓。十六年，知州王廷伊重修。

羅山縣城池 即漢鄳縣城，久廢。明景泰元年，知縣劉恒始建，內外悉甃以磚，周圍五里二百四十步，高二丈五尺，廣九尺；池深一丈，闊三丈；四門各建以樓。天啓元年，大水，城盡圮，知縣許讓重修。崇禎七年，流寇倡亂，知縣周運泰增高城堞，環城置敵樓三十餘所，浚池深闊倍昔。歲久，城圮池湮。皇清順治四年，知縣薛耳重修。十五年，霖雨半載，城垣傾圮殆盡，分巡道張瑞徵、知府金鎮、通判鄭爌新、推官張鼎彝各捐俸金，知縣李賡明復捐俸，設法修築，增建重門方臺，不逾一月，工遂告竣。

汝陽縣城池 康熙二十年，東北雨圮四十丈，知縣丘天英重修。

上蔡縣城池 康熙二十九年，知縣楊廷望重修。

確山縣城池 康熙二十六年，雨圮二十三丈，知縣張登第修築。

新蔡縣城池 知縣呂民服重修。

遂平縣城池 康熙二十七年，知縣陳嘉采重修。

息縣城池 康熙二十四年，知縣陸經遠重修四門，建樓。

汝 州

《職方典》第四百八十二卷
汝州部彙考二
汝州城池考　州志
本州

汝州城池 洪武初建，周圍九里十三步，高二丈六尺，闊一丈二尺；壕塹深一丈八尺，闊一丈二尺；門三，東曰仰京、西曰瞻洛、北曰望嵩，南門闕。弘治間，同知徐衍重修，申闢南門，榜曰遵汝。正德間，州守唐誥重修。嘉靖丁亥，州守喬年增築臺樓。向屬土阪，萬曆間，州守劉觀文甃以甓。崇禎辛巳，流寇破城，四大樓盡毀，州守胡向極重建。至皇清順治八年辛卯夏，水災衝突，旋亦修葺，汝士民建大王廟於洗耳橋側以鎮之，始幸安流。鐘樓、望嵩樓破毀，康熙二十五年，州守羅大美重修。

魯山縣城池 魯方城五門，堪輿家謂取土形，以收四方中正之氣，高二丈四尺，上闊八尺，下闊九尺，周圍五里；池深一丈二尺，闊九尺，周圍六里有奇。皆甃甓，歷經修理，至明萬曆間，傾圮幾墟，邑令苗煥大修之。

郟縣城池 郟，故土城也，周十里有奇，高一丈五尺，廣八尺三寸，基廣一丈二尺，女牆高五尺，歲久傾圮。明成化中，知縣王璽改築，拓其址十二里有奇，闢五門，東曰迎恩、西曰望嵩、南曰臨汝、北曰拱辰、東南曰便耕。歷七十餘年，復就圮。隆慶己巳，知縣趙應元始創為磚城，三年築四百四十丈，遷官去。壬申，知縣許樂善繼之，築九百八丈。越六年，萬曆丁丑，亦遷官去，蓋先後九年，而城僅完十之五六。是年，知縣伍睿復來，繼之，破格通變，一年而築九百六十丈，城遂以成崇墉屹屹，三公協心之力也。崇禎壬午，流賊李自成圍襄縣，怒郟不致饋，來攻，剷平殆盡。汝同知解所蘊攝縣事，督民仍舊基，以泥沙累磚為短牆守之。皇清順治庚寅，知縣張篤行即其上建官廳三所。壬辰，知縣卜永升始大發徒入山采木石，燒灰陶磚，并搜在官磚石之廢者，重築之，計圍二千三百有八丈，城門樓東西北三，周廬敵臺十有六，廣狹名號，一遵舊制，雖曰重修，而功與創侔矣。其臨汝門樓，康熙甲子，知縣張震維建。池，周城十三里有奇，闊三丈三尺，深一丈五尺，明萬曆末，知縣王策嘗引扈澗水注之。未幾，涸，今填闕漸為平地矣。

寶豐縣城池 寶豐縣，前在元為鎮城，因以廢。明成化甲午，復置為縣，知縣朱詮因舊址而築土城焉。歲久，城圮，城濠湮塞。正德庚午，知縣徐端因流賊劉六、劉七、趙風子作警，重修。門止三，東曰朝京，今榜曰"東望大梁"；西曰望汝，今榜曰"西通關陝"；南曰迎薰，今榜曰"南極瀟湘"。弘治辛酉，知縣黃泰因民農不便，請命於當道，命汝州同知徐衍相視開建北門，名為瞻岳，榜曰"北拱河岳"，與三門同，而規制有加，民甚稱便，俱無重樓。正德壬午，河南參政楊子器撤舊鼎建之，城高二丈二尺，厚得高之半，周圍四里有奇，廣八百二十二丈有奇，池深一丈五尺，闊如之，更鋪四城各四座，共十六座，而四隅又各一座，凡以備守衛擊柝者之樓。嘉靖三十九年，知縣王廷簡始易以磚。崇禎壬午冬，闖賊李自成毀南門兩旁，拆平東南一角，四面雉堞，多有不全。皇清順治九年，知縣於汝翼籌度經營，內外補葺。戊戌夏，商羊為虐，復多傾圮，知縣劉維新躬親度量，修治多方。康熙二十五年，知縣李秀發各加修葺，挑浚濠池，築堤西門外永濟橋南，遏河水入濠，沿濠栽植榆柳諸樹，周匝城垣，遠望青葱。

伊陽縣城池 城僅四里許，外砌以磚，內皆土築，高不逾二仞，濠闊一丈六尺，深八尺。縣治，秦漢以及唐宋，皆在汝南。元廢縣後，舊址遂無存者。明成化十一年，遣副都御史原杰撫治荊襄流民，遂建三縣於河南，伊其一也，然望之僅若培塿，無足恃。隆慶五年，知縣武鈞始增高數尺，乃設樓堞，城制粗備矣，獨西城仍舊。萬曆丁丑，知縣黃思翁繼起，修築四壘如一。及崇禎癸酉，流寇渡河，伊先受陷，樓櫓、雉堞復爲蕩然。丙子，孔貞璞苾伊，大加修治，基石增土，高厚視昔有倍，規模完整，居然可守之區。皇清，知縣張聯翼復修之。

陝西總部

西安府

《職方典》第四百九十七卷
西安府部彙考七
西安府城池考　通志州縣志合載
本府（長安咸寧二縣附郭）

西安府城池　即隋唐時京城，隋文帝厭長安制度狹小，納蘇威之諫，召高熲等創建新都。其地在漢長安故縣城之東南隅，即周之京兆郡也，直終南山子午谷，北枕龍首山，以據渭水，東臨滻灞。至唐天祐元年，昭宗幸洛陽，匡國節度使韓建改築，約其制，謂之新城。宋金元皆因之。明洪武初，都督濮英復加增修。城周四十里，高三丈；壕池深二丈，闊八尺；門四，東曰長樂門、南曰永寧門、西曰安定門、北曰安遠門。至嘉靖五年，巡撫王藎重修城樓。隆慶二年，巡撫張祉復甃以磚。按《咸寧縣志》，崇禎末，巡撫孫傳庭築四郭城。皇清順治六年，建築滿城，割會城東北隅屬邑治，故秦府在中，西界鐘樓，爲門五，東仍長樂，西南因鐘樓東洞，餘皆創設。先是東城樓、南月城樓被焚。十三年，巡撫陳極新補茸如制。後以康熙元年，霖雨數月，雉堞陊隊，磚砌傾塌，總督白如梅、都御史賈漢復檄知縣黃家鼎重加修補，咸寧分修約七百五十丈，而城垣完固如初，巍然千里金湯焉。

咸陽縣城池　舊在杜郵館西。明洪武四年，縣丞孔文郁始遷今治，時城池尚無。景泰三年，知縣王瑾創建之，城周四里一百五十二步，是爲舊城。嘉靖二十六年，巡撫謝蘭以邑城南臨渭水，其險足恃，令拓東西北三隅四里有奇，并舊南城俱高二丈五尺，池深一丈五尺。按《縣志》，城門五座，東曰朝陽、西曰望賢、南曰渭陽、北曰五陵、學道門曰文明。

興平縣城池 隋大業九年建，周七里三分，高三丈，池深一丈。明成化十三年知縣王琮，嘉靖三十一年知縣劉賢相繼修葺。三十五年，知縣朱文建四門樓，有碑。按《縣志》，嘉靖三十八年，知縣章評重修，扁其東曰喜雨、南曰喜晴、西曰喜豐、北曰喜雪。皇清，知縣徐開熙重修。

臨潼縣城池 唐天寶時建。明洪武初增築，周四里，高一丈七尺，池深一丈五尺。先是，北門在北城中，與南門對峙，萬曆十一年，改建於西北隅城隍廟後。按《縣志》，縣在驪山之陰數百武，城周五里，爲門者四，東曰集鳳、西曰永豐、南曰華清、北曰臨渭，其北門，皇清順治十年塞。

高陵縣城池 隋大業七年建。明景泰元年，知縣張錦增築，周四里二百二十步，高三丈，池深二丈五尺。按《縣志》，城廣二百七十步，袤一里二百步；四門，東曰距河、南曰迎翠、西曰接蜀、北曰通遠。接蜀、距河知縣楊清磚甃之。重葺其敵臺及更房十六，則天順中僉事張紳所築也。城東南隅爲舊蓮池，甚洿下，雨水咸注，或浸崩城垣、民舍，知縣鄧興仁開一水門，用鐵窻磚石圈甃之。

鄠縣城池 舊在縣南二里，隋大業十年，始徙今治。金大定二十三年，知縣劉某重修，周六里七十四步，高二丈五尺，池深一丈五尺。皇清康熙二十年，知縣康如璉重修。

藍田縣城池 本名嶢柳城，亦名青泥城，晋桓溫伐苻健遣京兆太守薛珍擊青泥，破之，即此。明嘉靖二年，知縣王科更築，周五里，高二丈五尺，池深闊各一丈，闢四門，各扁其額，東曰"繡嶺回春"、南曰"灞水環清"、西曰"白鹿呈祥"、北曰"玉山映翠"。嘉靖二十年，知縣呂好古於西南開水門。按《縣志》，楊紹先更易女墻以磚，自女墻至地計一丈八尺，東西相距五百餘武，南北倍之。

涇陽縣城池 土城，秦苻堅建。元至正二十七年，右丞魏文佐增繕。明景泰元年，知縣曾玉重修，建東西二門，東曰宣文、西曰寧武。成化中，巡撫都御史余子俊建南北門，南曰臨川、北曰拱宸，周五里二十步，高三丈五尺，池深七尺，東西一里二百四十步，南北一里四十步。嘉靖二十六年，增置東西郭。按《縣志》，崇禎四年城圮，知縣梁士淳重修。八年，知縣王珵增修北門瓮城。皇清康熙九年，知縣王際有捐資重修南門城樓及窩鋪。

三原縣城池 本舊龍橋鎮。元至元二十四年，徙縣治於此，周九里一百八十步，高一丈三尺；東西南三面，池深一丈，闊五丈，北臨清河，深六丈餘；東北隅有月城。明嘉靖三十六年，巡撫謝蘭城北郭。按《縣志》，崇禎七年，知縣張縉彥見北面瀕河，雨頹岸圮，特添築磚垛，長四百五十四丈四尺；諫議劉某議修周圍馬墻一匝，高八尺。西關城，周圍一里六分，城高池深與縣城相爲表裏。北關城，周圍四里四分三厘，城高三丈，女墻五尺，壕深三丈。溫恭毅倡義添築東關城，周圍三里三分四厘，城高三丈，女墻六尺，壕深二丈五尺。知縣張縉彥見流寇屢躪近地，督同義民劉君高等勸輸創築，申允占過糧石灑入各里，東關保聚者千餘家。

盩厔縣城池 漢始建，周五里一百二十五步，高二丈二尺，池深一丈二尺。明嘉靖間，李春芳、黎元增建門樓，又引廣濟渠水由隍西南東西夾流。按《縣志》城以沮洳，故時築時圮。皇清康熙壬秋，霪雨接旬，四面傾毀幾盡，知縣臨安駱鍾麟修之，事同創始，雉堞女墻屹然完固，顏其門東曰迓晞、南曰迎熏、西曰萃金、北曰拱極。

渭南縣城池 隋大業九年建。元至正二十一年，元帥闊廓將商皓東拓二百三十五步。明洪武初，縣丞吳雲加拓。嘉靖乙卯，地震城圮。明年，李希洛重築，於東南北三隅又加拓焉，周七里三百二十四步，高三丈，池深一丈五尺。按《縣志》，城有門四，東曰拱華、西曰望秦、南曰通原、北曰臨渭，皆舊名也。拱華、望秦二樓，自築城時即有。唯臨渭樓，乃嘉靖中梁尹沂創建者，獨通原無樓耳。隆慶初，崔尹廷試闢通原門，增飛樓，居民便之。萬曆初，褚尹順起門闉與城巓齊，而巓及埤堄、水道俱甃以瓴甓，又易名曰引華、襟酒、帶渭、抱豐云。抱豐樓毀於二十年前，今徐尹吉至，修緝城垣，創起層樓，以張風氣。

富平縣城池 本名窰橋頭，元張良弼徙縣治於此。明景泰初，知縣高應舉始築城。嘉靖乙卯，地震城圮，知縣趙桐、崔舉、史粲相繼修復，周三里，高三丈，池深一丈。皇清康熙元年，霪雨傾圮，知縣鄭昆璧復築之。

醴泉縣城池 即古仲橋城。元末，行樞密院副王也速迭而增築土城，周三里三分，高二丈五尺，東西二百二十五步，南北二百五步，闢四門，東朝陽、西浴光、南景化、北拱宸，池深一丈三尺。明成化四年，增築東西南外城六里有奇，高二丈八尺；亦闢四門，東挹涇、西接武、南向平、北望乾；池深二丈，闊倍之。

商州城池 史記秦孝公十一年城商塞，疑即此。元安西路判官寡骨里拓修，周圍五里，高二丈五尺，池深二丈，形如鶴翔，面對龜山，謂之龜山鶴城。明成化十八年吏目劉璽，嘉靖二年参議蘇通相繼甃以磚。按《州志》，隆慶丁卯，知州陳潞重修，增高五尺。萬曆丙子，知州李石嶺修，添南北敵臺、垜樓四座。庚子，知州李日煦修。丙辰，知州王邦俊再修四面城樓并水洞，吏目錢人寧督工。舊門樓四座，東曰觀陽、西曰靖羌、南曰鎮遠，北近山間，東西南水門，舊曰靖順。明末，見在磚城一座，周圍五里三分，高二丈二尺，女墻五尺，共二丈七尺，底闊二丈，頂一丈二尺，垜口一千六百六十口，墩臺二十七座，角樓四座，上蓋腰鋪共二十一間；城壕東西北三面俱深二丈，南近州河，無濠。皇清順治二年春，坤圪及敵臺毀壞。是年秋，撫治袁生芝設法修補，至今賴焉。

鎮安縣城池 明景泰三年建，正德七年知縣俞鼎甃以磚，周四里三分，高二丈，池深八尺。嘉靖四年，知縣楊永春於東北隅增修月城，圍一里七分，高加舊城二尺，俱甃以磚。

雒南縣城池 金興定二年，懷遠大將軍行商州雒南縣事，黏割乾仁建土城。明成化十七年，知縣王琪拓修，周三里三分，高一丈七尺，池深一丈，城北近山，南鄰水壖，惟浚水渠一道，深五尺，廣亦如之。按《縣志》，嘉靖十三年，撫治蕭令同邑令楊士元甃以石。嘉靖中，因山西石州之警，邑令徐旭特於城之四維增修護城敵臺各一，於門之左、右增修護門敵臺各二，臺之上各爲飛樓二重，縣前之鼓樓與之相望，以備守禦。萬曆二十一年，大水，外城敗者三之一，內城盡矣，令洪其道易石之尖薄者爲方直而灌以灰，內易土之砂礫者以堅實而栅以木，又創重堤於南門外，障河流而東之，城賴以固。城之門凡三，東曰長春、西曰永靖、南曰朝陽，又於南門之西闢禹門通水，曰恒慶，儼然垿三門而四矣。萬曆四十七年，久雨，城圮，令賀貢以舊石損折不足用，作磚益之，命邑丞楊宗守監修，歷春夏始竣。年來數傾，今邑令暢體元於己亥春，督令瀝灰堅甃，而完堵屹然矣。皇清康熙元年，霖雨，自春仲歷秋深，南門暨禹門頽傾殆盡，暢令捐資易木植磚瓦，計日覓工葺建之，而兩門復奕奕巍峙焉。

山陽縣城池 即古豐陽城，明洪武初，爲巡檢司。至成化十二年，始建，知縣楊隆拓修。正德中，知縣陳鶚甃以磚。隆慶中，知縣黎黔重修，周二里二分，高三丈，池如之。

商南縣城池 明成化十三年，知縣鄭鍈建，周一里二分。嘉靖二年，知縣郝宗儒西拓，凡二里，高二丈，池深六尺。三十九年，知縣王舜民改建四門。萬曆七年，知縣方本清甃磚石。

同州城池 即古大荔地，始建制類龜形，相傳至唐易爲方城。周九里三分，高三丈，池深九尺。明洪武十五年，知州張鼎建樓於上。按《州志》，嘉靖乙卯年，地大震，城復於隍，築者苦費，欲急就，乃去其坎方之贏出者半，周九里有奇，高三丈，基闊同隍，深丈有跬，闊倍之，爲門四，東南曰大安、西南曰普濟、東北曰長寧、西曰永安，各有樓，久壞。萬曆初，知州韓壡修大安門重闉，起危樓其上，稱巨觀，又以磚砌各城水道。嗣皆因循，後又撤西北二門樓而覆以屋。舊有南門，以兵饉塞，嘉靖五年，從僉事周鎬議闢之，居民稱便，復以歲凶塞。城上無敵臺及巡儌之廬。

朝邑縣城池 明景泰二年，知縣申閏建。成化三年知縣郭良，十七年知縣李英，嘉靖二十一年知縣劉尚義繼成之。乙卯，地震圯，重築，周四里，高一丈五尺，池深一丈。按《縣志》，東一門，西二門，南一門，南曰望岳、東曰臨河、西曰鎮羌。

郃陽縣城池 西魏大統三年，同州刺史王熊建，後圯。明正統十四年，知縣董鎰重修。隆慶二年，李希松甃磚。皇清康熙三年，知縣侯萬里重修，周八里零二百二十步，東西二里二百八十步，南北二里一百九十步，高三丈，池深二丈。按《縣志》，正德六年，知縣張綸修之，始立門浚湟。崇禎八年，知縣范志懋增築城闉。

澄城縣城池 後魏時建。明正統、景泰、弘治間，俱重修。嘉靖二十五年，知縣徐效賢復加築鑿。二十七年重修，四門洞甃以磚，門襲以鐵。二十八年，建四郭門，周三里，高二丈五尺，池深一丈三尺。崇禎癸酉，知縣王選於城頭增土三尺，兼併垜口。癸未乙酉間，圯，至皇清順治五年，知縣姚欽明重修，開水門。

白水縣城池 舊城延袤四里，相傳唐尉遲恭監築。明洪武三年，知縣張三同重修，建三門，周四里，高二丈，池深一丈。嘉靖三十二年，知縣溫伯仁接舊城東北連築新城，增廣五里，環關外城之高厚準諸舊城，竝建二門。

韓城縣城池 隋開皇建。金大定四年，改置禎州。元復置，周四里百步餘，高二丈五尺，池深二丈。明嘉靖二十一年，知縣金文築四門月城。

按《縣志》，城延一里二百四十三步，袤一里三百零二步，環六里六十五步，高三丈，址廣三丈三尺，面廣一丈六尺，雉堞一千三百有八，警鋪三十有二。城門四，四門洞臺咸甋甂甓之，臺上爲樓，樓各懸書，門名東曰迎旴、南曰濠滹、西曰梁奕、北曰拱宸。隍環城，深幾二仞。隍外爲郭，南郭臺門知縣王應選創之，西郭則縣丞劉泮建，東郭則邑民成之，北郭居民徙於三關，里閈蕃衍，道路多岐，關門以此尚有待云。

華州城池 唐永泰元年，節度使周智光建。元至正中，拓古城西北隅修築，周七里一百五十步，高二丈五尺，池深一丈五尺。

華陰縣城池 元至元十八年，達魯花赤脫力白修築，周二里九分，高二丈五尺，池深八尺。

蒲城縣城池 西魏時建。明景泰元年，知縣高隆增修，周八里一百八十步，高二丈九尺，池深一丈五尺，闊三丈。皇清順治庚寅年間，霪雨城圮，知縣張舜舉修之。按《縣志》，明正德間，尹張鐶備置腰鋪，壕塹環植以樹。然城址故狹，善圮。嘉靖初，尹楊仲瓊內周培築，闊凡一丈八尺，加女牆以磚。城四門，舊南門與縣衙對，隆慶間，尹呂宗儒改東數十步與文廟對。萬曆丁丑，尹田蕙四門建樓各一。崇禎丙子，尹田臣計浚壕，深三丈，廣倍之，中界以環牆，雖猱猿不能飛而渡也。

耀州城池 本名華原縣，元末兵燹城盡圮。明景泰初，更築四門，皆覆屋。嘉靖二十五年，知州周廷杰作東城石堤。三十三年，知州江從春增修，高厚倍三之一，創東西北三門，各建樓其上，周六里七十步，高三丈，闊二丈五尺，上闊一丈三尺，池深八尺。按《縣志》，東曰豐門、南曰雍門、西曰遠門、北曰壽門。

同官縣城池 北周武帝建德四年建。明景泰初，知縣樊榮築城。弘治初，以漆水崩，知縣王恭易以石基。嘉靖三十二年，知縣亢鴻慶增修，周四里，高三丈，壕池深一丈，併築濟陽、永寧二寨。按《縣志》，萬曆元年春，知縣吳洗修麗譙，雉堞易磚，因名其門，北曰迎恩、東曰望函、南曰文明、西曰控羌，又東鑿二水門。十八年夏，水崩迎恩門，秋知縣屠以欽改置正北，曰鎮遠門。二十一年，以北門直突，知縣馬鐸築北瓮城，開宣威門。四十一年，知縣梁善士復開東啓元門，建覆屋三楹。

乾州城池 即唐奉天羅城。五代漢乾祐中重修。明萬曆壬辰，知州賈一敬修外垣。崇禎壬申，雨圮，知州楊殿元補築。周九里三分，高二丈，池深一丈。

武功縣城池 秦孝公建。元末，張良弼、李思齊增築，又循雍原列十二城以守。明洪武九年，都督耿忠奉詔戍此，復增築之，周三里二百二十步，高二丈，池深八尺。

永壽縣城池 本舊麻亭鎮，元至正四年，徙縣治於此。明天順二年知縣郭質，嘉靖四十五年知縣崔柄重修，周五里，高二丈五尺，池深一丈。按《縣志》，新城倚舊堡東北建築，共二百一十二丈二尺，高二丈八尺，又三面小墻竝北城樓一座。

邠州城池 唐建。元末，李思齊令部將何近仁重修。明嘉靖二十三年，知州孫禮建東、西、北三門。二十五年，知州姚本建南門，周五里，高三丈，壕池深二丈。按《州志》，城圍九里三分，子墻二重，垛口二千三百六十，敵臺四百三十二，戍樓六十二座，城門四，皆覆屋重檐，東曰"太平遺澤"、西曰"公劉啓化"、北曰"姜嫄祖武"、南曰"後稷開基"。

三水縣城池 西漢末，盧芳據此。元至正十八年，併入淳化縣。明成化十四年，復置，知縣楊預創築，周五里五分，高三丈，池深一丈。

淳化縣城池 宋淳化四年建。明嘉靖九年，知縣馬崇增築。四十三年，知縣張介飾女墻、門樓。崇禎中，知縣趙之琴增修，知縣孟學孔於西南角築敵臺，城圍東西一百七十步，南北一里二百六十步，周四里一百七十步，高二丈五尺；池深一丈，闊五尺；建東、南、北三門。

長武縣城池 本唐宜祿縣，宋元因之，併入邠州爲宜祿鎮。明萬曆十一年，復建，周五里，高三丈。

潼關衛城池 始建未詳。明洪武五年，千戶劉通修築舊城。九年，指揮僉事馬驍增修城陴，依山勢曲折周一十一里七十二步，高一丈八尺，壕池深一丈五尺；門六，東金陡、西懷遠、南上南、下南、北大北、小北，南北二水關，三水門。按《衛志》，南水關，洪武三十三年成山侯建；北水關，宣德間守備魏贇建。正德七年，兵道張襘重修。嘉靖十八年，兵道何鼇重修，再建重門二，兵道張襘建樓於上。隆慶四年，兵道范懋和增築，修更鋪七十二所，城堞砌以磚。萬曆二十九年，兵道張維新重修，顏東瓮城曰占紫處、東門樓曰迎恩、東郭門樓曰天險、西瓮城樓曰大觀亭、西門樓曰懷遠，仍其舊，西郭門曰地維、上南門曰凌雲、下南門曰迎薰、大北門曰吸洪、小北門曰俯晉、北水關樓曰鎮河。天啓四年，河水衝毀北水關。七年，兵道黃和修築。皇清康熙十九年五月二十三日，潼河大水復衝北水關入河。二十四年三月，北水關并城樓、東西城門樓，俱潼商道高撫民、唐副府、周同捐資重修。

鳳翔府

《職方典》第五百二十四卷
翔府部彙考二
鳳翔府城池考　府縣志合載
本府（鳳翔縣附郭）

鳳翔府城池　唐末，李茂貞建。明景泰元年，知府扈進重修。正德十年知府王江，萬曆二年知府鄒廷望俱增修。三十八年，平定李榮改建南門。周一十二里二分，高三丈，厚稱之；池深二丈五尺，闊三丈；門四，東曰迎恩、南曰景明、西曰保和、北曰寧遠。皇清順治十八年，巡茶御史許之漸鼎建門樓。按《鳳翔縣志》，府城舊高二丈，明萬曆二年增修，高三丈，女牆悉易以磚，周十二里三分，垛計一千七百八十有二，門五，各有樓，四隅箭樓四十有八。東門樓曰朝陽、南門樓曰文明、西門樓曰金鞏、北樓曰拱辰，小南門在正南門之東，上有五奎樓，在文昌祠前；又其東有鐵塔一座，若文筆然；西北城上有鳳凰樓，四門外俱土橋。壕水起自西北之鳳凰泉，繞城四圍，合東門塔寺河流入渭。

岐山縣城池　唐武德四年建。元至元二十五年重修。明景泰元年，知縣王澤增修。嘉靖三十四年，地震圮，知縣令狐一豸重修。萬曆二年知縣楊以漸，五年知縣李敦信、劉正言，十八年知縣於邦棟相繼增修。周五里一百二十步，高二丈五尺，池深二丈，東西二門。按《縣志》，東西門相距二里零一百五十步，門上各有樓，舊角樓凡八，號八觀，今廢。城形，東北隅突出四十步，西南縮入數百步。上女牆高五尺，垛口一千三百有奇。明弘治四年，知縣榮節創開南北二門，尋以不利塞之。正德二年，知縣王之鄰增關外東西二門。嘉靖年間，知縣趙進增修郭外城各周圍二里許。三十九年，知縣韓廷芳增築敵臺二十四座。萬曆三十七年，知縣韓僉可開南門，今閉。崇禎十一年，知縣張名錄重修，偏東門曰鳴鳳、西門曰懷邠。皇清順治五年，知縣趙修敵樓。十四年，知縣王穀築圍墻一丈八尺，厚五丈，廣三百二十餘丈。

寶雞縣城池　唐至德中建。明景泰初，知縣劉通重修，周二里七分，高二丈，池深七尺。皇清順治十八年，知縣黃士冕重修。按《縣志》，前渭水，後陵原，左金陵，右玉澗。窩鋪一十六間，開東西南三門。明萬曆三年，師嘉言創東西月城二重，俱高大其樓櫓，東門曰拱極、南曰解阜、西曰來遠，北樹樓而無門。

扶風縣城池 唐初改建。明景泰元年知縣周本，正德十三年知縣徐讓，嘉靖四年知縣孫昌相繼修。三十五年，知縣孫科因地震重修。三十九年，知縣王世康再修，周四里，高二丈，東南臨漆漳，西北阻澗。崇禎十一年，知縣宋之杰重建，高增六尺，廣增一丈四尺，雉堞俱甃以磚。按《縣志》，舊土城，凡七門，以便泄水。崇禎八年，陷於寇，知縣宋之杰恢復重建，創築五臺：西南隅一座，高城二丈餘，南北四丈，東西三丈，因外有高阜俯城，寇憑以入，特加崇峻；東南隅一座，闊五丈五尺；北一座，闊三丈八尺；西兩座，俱闊三丈。各門建樓櫓，壕深二丈，闊四丈，內立女牆一道，城南植堤柳。皇清順治三年正月，城復爲賀寇所陷。小東西門樓櫓皆焚毀，堤柳剪伐無餘。十七年，知縣劉瀚芳重修。

郿縣城池 元至大元年建。明景泰元年，典史高瑄重築。正德五年，知縣李鎰修。皇清知縣陳超祚重修。按《縣志》，城踞郿塢舊基南。元武宗元年築，東西三百二十步，南北二百步，周僅里許。隆慶元年又築，基廣二丈，高四丈有奇，上闊九尺，可並肩輿。萬曆四年，復磚砌垛牆、水道，門三，各豎譙樓，頗雄麗焉。隍周城外，淤塞漸平。舊惟東西二門，或曰更有北門，王司空取道修墳，再闢南門，復塞北門云。

麟游縣城池 隋義寧建。明景泰元年，知縣張翀重修。天順中，知縣張緒增修外城，周九里，高三丈三尺，池深一丈，東西北三門。按《縣志》，元以前仍隋唐所築，四方三門，東武川、西獲麟、北邠風，周回三里。明景泰、天順間，相繼修葺，規制恢宏，版築堅固，增外城，因山爲險，周及九里三分。此後文風漸減，閭左虛耗，兼以城曠人稀，秋潦垣頹，修葺維難，不便防守。萬曆三十三年，邑令張養清於古城故門各建坊以別之。崇禎十年，知縣夏紹虞修復舊城東北二面，西南二面仍舊。

汧陽縣城池 舊在縣西五里。明嘉靖二十六年，因水患徙築於此，周三里四分，高二丈六尺，池深一丈，門四座。

隴州城池 西魏改建，周九里三分，西南二門。明景泰元年，知州錢日新以水患改築，五里三分。五年，建北門。成化十五年，知州李鏞建東門。嘉靖十八年知州李朴，隆慶二年知州楊世卿俱增築。萬曆五年，知州張鳳羽重修，高三丈，池深二丈。皇清順治十七年，知州黃雲蒸重修。按《州志》，土城，周五里三分，高三丈，底闊二丈六尺，頂一丈，女牆高五尺；池深二丈，闊一丈五尺；城門內上各有樓，東門曰迎恩、西曰覽翠、南曰挹熏、北曰拱極。康熙五十二年，知州羅彰彝復修。

漢中府

《職方典》第五百三十卷
漢中府部彙考二
漢中府城池考　通志府縣志合載
本府（南鄭縣附郭）

漢中府城池　故址，在城東二里。宋嘉定十二年，徙此。明洪武三年，知府費震重修。正德五年，知府周東始甃以磚。萬曆二十三年，秋雨圮，知府葉修補築。周九里三分，高三丈，闊二丈五尺；池深一丈八尺，闊十丈；門四，東曰朝陽、南曰望江、西曰振武、北曰拱辰。天啟元年，拓城東北角一百一十丈。崇禎十五年，關南道李應選復修浚。按《府志》，春秋秦厲公所築也，漢高祖王漢中因都焉。正德間，知府周東始磚甃之，建四層樓於其上，鋪舍四十座，角樓、垛口咸飾而新之。後城岸被農人耒耜所過，漸蝕城基。萬曆三十年，知府崔應科議罷耕爲固城計。嘉靖壬寅，知府趙鯤更爲浚鑿壕池，兩岸植柳，內種芰荷，至今水木交翠，景色滿目。皇清順治十三年，修葺城樓。

褒城縣城池　古褒國，宋徙堰北。明弘治十二年，知縣張表始爲覆土。正德四年，有蜀寇，巡撫藍璋下令堅築，以同知何子奇督之，甃城以石，甃堞以甓，周三里，高二丈，池深一丈。按《府志》，漢、唐建打鐘村，宋徙山河堰北。紹興兵燹。嘉泰元年，邑令張演繼葺。舊無城郭，明弘治己未，知縣張表始築土城。門四，東曰龍江、西曰蜀道、南曰大通、北曰連雲。

城固縣城池　蜀漢建興七年，丞相諸葛亮建。明正德七年，通判周盛重修，甃以磚。嘉靖六年，知縣劉佳開東西二小門，周七里，高三丈，池深二丈五尺。按《府志》，城有四門，東曰永和、西曰安遠、南曰通濟、北曰新寧。新寧，今廢。

洋縣城池 宋熙寧中，知縣文同建，周七里，高一丈五尺，池深五尺，東、南、西三門。明弘治七年，知縣王冕創北門。隆慶三年，知縣閻邦寧鑿池，深一丈。崇禎中，知縣郭一龍甃磚二十丈，知縣洪一緯甃磚八十丈。皇清順治初，知縣金煉之補修四門城樓。按《縣志》，城垛口凡一千九百七十一。門凡五，東曰朝陽，南曰通津，西曰迎恩，西南曰襟江，俗呼小西門，北曰擁翠門，各有樓城。內東西廣一里二百三十四步，南北長二里四十步，各門外跨河處皆有吊橋，東西以木，南北以石。康熙二十七年，知縣謝景安浚壕，深一丈，重修東門樓。三十一年，知縣鄒溶重修西門樓。

西鄉縣城池 相傳元皇楅公成址，久圮。明景泰初，知縣丘俊重修。成化中知縣李春，弘治中知縣郭璣增以角門。正德間，巡撫藍璋於東門外附作新城。嘉靖初，知縣李侯復加修，悉易以磚，周三里三分，高三丈，池深一丈五尺。崇禎十三年，知縣朱謀燎增修，引北山渠水入壕。按《縣志》，城有四門，東曰元輝、南曰亨濟、西曰利城、北曰真定，新城一匝，廣闊與舊垣稱，東南開二門，池壕廣三丈，深一丈二尺。萬曆丁酉，知縣關廷芳葺飾舊垣，扁其四門，東曰"遙望興鄜"、西曰"密連洋固"、南曰"對峙蜀峰"、北曰"仰瞻華岳"，又於新城東門之圮者增亭其上，題曰"漢東重鎖"。皇清順治七年，知縣張台耀重加修補。

鳳縣城池 本古鳳州治。元至正二十八年，平章蔡均重修，周四里三百八十步，高二丈五尺，池深五尺，東、西、北三門。明嘉靖十九年，知縣司恩甃以磚石，建樓其上。萬曆二十年，江大鯤補修。皇清順治十一年，地震城圮，知縣張石麟重修。按《府志》，門凡三，各有樓，東曰拱辰、西曰秩成、北曰望江，俱光祿卿馬理書。

寧羌州城池 明洪武十三年，田九成叛逆，都御史鄭時遣、指揮姜觀創建，周七百六十餘丈，高二丈五尺，四面阻水。嘉靖二十五年，知州蕭遇祥、指揮岳喬重修。萬曆乙未，久雨城圮，知州盧大謨繕補。按《府志》，指揮姜觀望見雲霧環擁，狀如城郭，因城於此，四面溪水繞流，計五里，形勢險固，若天造焉。門四，東陽和、西永惠、南南薰、北通濟。嘉靖丙午，知州蕭遇祥、指揮喬岳增城樓於上，天棚八十四間，鋪一十一座。池深一丈五尺，闊如之。

沔縣城池 蜀漢建興七年，丞相諸葛亮建。明洪武三年，增修。萬曆元年，千戶李光文甃以磚，周三百八十步，高二丈，池深二丈五尺。皇清順治十二年，知縣李煊補修西門。按《府志》，明置沔縣右千戶所。萬曆元年，千戶李光文奉當路檄督修之，始甃以磚，縣、所各分其半，著爲定例。門三，東曰鎮江、西曰拱漢、南曰定軍。

略陽縣城池 明正德六年，因蜀寇，巡撫藍璋屬扶風知縣孫璽始築之。後以水患傾圮，指揮李乾元砌石於外，周四里，高一丈五尺，池深八尺。按《府志》，城周五里，高一丈七尺。門凡五，樓其巔，東曰永清、南曰鎮江、西曰定遠、北曰拱極、西南曰津通。

興安州

《職方典》第五百三十八卷
興安州部彙考二
興安州城池考　通志州縣志合載
本州（按本州無附郭之縣）

興安州城池 宋元以來金州並爲土城。明洪武四年，指揮李琛始甃以磚，東西一里三百五十三步，南北三百一步，周六里二十八步，高一丈七尺；門五，東朝陽、南安康、西寧遠、北通津、臨川；東西南三面鑿池，闊五尺，深九尺，池各有橋。歲久傾圮。成化間，巡撫藍章命漢中推官趙清重修，高二丈，池深一丈，門構一樓，曰朝陽、鎮遠、丹鳳、拱宸、撫江。萬曆十一年，大水，全城坍塌，守道劉致中請築新城於趙臺山下，易名興安州，東西二百九十五步，南北三百五十三步，周三里一百一十六步，高一丈八尺；門四，東喬遷、南阜民、西安堵、北拱宸；四面鑿池，池各有橋。崇禎間，流寇橫行，謂新城逼近南山難守，守道張京復循舊城，未及竣工。皇清順治三年，李自成餘黨圍新城，破之，平其城隍。四年，知州楊宗震、總鎮任珍仍舊城擴充之，西門移入蕭家巷口，周七百二十八丈，高二丈二尺，闊一丈二尺，女墻高六尺，垛口六百七十二，窩鋪四十；門四，東仁壽、南向明、西康阜、北拱宸，門各有樓，城四角亦各有樓；東南二面就舊壕而浚之，西面另鑿新壕。十年，總鎮趙光瑞增四角敵樓。十五年，守道曹葉卜、知州王章築四門甕城。康熙四年，知州王章撤東南二門木橋，並甃以石。五年，於通津門左另闢小北門。六年總鎮喻明簡、知州王章，二十四年總鎮王福亮、知州李翔鳳相繼修葺。二十八年，知州李翔鳳、副將黃燕贊於南門外築長堤，旁植桃柳，以爲城中居民避水之路，名萬柳堤。三十二年癸酉五月十七日，漢水暴漲直入城中，城不沒者三版，北面堤岸崩塌，全城俱傾，民居賴萬柳堤存活甚衆。三十三年，知州王希舜修葺之。

平利縣城池 唐初改建，東西阻水，南北倚山，周六里。明正德五年，知縣李瑚重修，建四門樓。隆慶元年，知縣馬雲改築約三分之一，悉甃以石，高一丈二尺。

洵陽縣城池 因高阜而立，四面俱下，周三里有奇，孔道所由，建六門。

白河縣城池 明成化十二年建，周一百一十二丈，高二丈五尺，池深一丈。

紫陽縣城池 明正德辛未，設在紫陽灘之左，是爲舊縣。無城垣。嘉靖丙辰，知縣張亨甫築城於紫陽灘之右，是爲新城。城高二丈五尺，厚一丈二尺，東西相距六百餘步，南北相距八百餘步，周六百四十丈；門三，各建層樓，北倚高嶺，不便通門，竪戍屋，令兵快守禦。崇禎七年，失守之後，累經殘破，城垣頹廢，曠無民居。十一年，署縣事漢陰令張鵬翱築小堡，周僅三百六十丈。皇清順治七年，又復傾圯，守將汪鴻程修築之，周止五百一十步，建東、西、北三門。八年，知縣董巽祥始設縣治於堡內。康熙二十五年，知縣沈麟、典史李開大奉旨捐俸修補。

石泉縣城池 明成化十七年，知縣張祥築，倚山阻水爲固，東北城覆以磚石。正德四年，有蜀寇，副使來天球令四面築城，尋圮。十三年，知縣盧綉復加完繕，周三里，高一丈五尺，池深一丈。

漢陰縣城池 明成化元年，典史徐鐸始築墻建門，東西三百八十步，南北一百五十步。二十三年，知縣張大綸始置四門樓。弘治九年，知縣唐希介拓其地，周四里。正德七年，知縣丁珣築高二丈，厚一丈八尺，砌以磚石。嘉靖十四年，知縣李時秀題其門，東曰迎輝、西曰承恩、南曰南熏、北曰拱宸，池闊一丈，深半之。萬曆十二年，知縣袁一翰重修。四十六年，知縣張啓蒙拓開馬道，竪立橋梁。崇禎十四年，知縣張鵬翱較舊治增高浚深，又培築裏城百四十餘丈，下栽柳樹一千二百餘株；又重建四門樓各三間，守城窩房五十間；土築外城四圍六百四十丈；東西復築羅城，竪栅欄門，題曰"重關保障"；又建東北角樓一間，西北角樓一間。年久俱崩頹毀爛，西南水衝一角。皇清康熙二十五年，知縣趙世震修築完好。

延安府

《職方典》第五百四十三卷
延安府部彙考三
延安府城池考　府州縣志合載
本府（膚施縣附郭）

延安府城池　唐天寶初建，一云赫連勃勃築。宋范仲淹、龐籍經略時繼修之。明弘治初，知府崔升復葺之。周九里，高二丈，池深二丈；門三，東曰東勝、南曰順陽、北曰安定，上建重樓，又有小東門曰津陽，西面依山上建鎮西樓，內祀文昌，范文正所創。後經兵毀。皇清順治乙未，知府陳培基同進士趙廷錫重建。十六年六月內，大水衝沒東城門垣，知府牛天宿修葺。康熙十四年，樓閣盡毀。十八年，知府陳天植捐資重修，樓堞聿新，巍然大觀。

膚施縣　舊以東郭爲城，今俱衝圮，衙舍、倉庫俱移府城內（附郭縣）。

安塞縣城池　元初改建。明景泰中重修。周三里七分，高一丈七尺，池深一丈，有南西北三門。

甘泉縣城池　唐天寶初建。明景泰中重修。周三里三分，高二丈，池深一丈，西南北三門。

保安縣城池　即古栲栳城。明洪武二年，縣丞洪道修葺。嘉靖四十年，署篆吏目郭邦靖重修。萬曆三十三年，知縣陳桂芳相繼增修。周九里三分，高二丈，池深一丈。崇禎中，截西南角爲城。按《縣志》，舊建土城，遠不可考。明天啓間，知縣宋明俊砌石垛墻九里三分。崇禎年間，殘廢，知縣黎昌期將舊城西南角截斷，新築一角，僅容百步。皇清順治間，知縣張嗣賢建南城樓一座，東西城樓各一座。至今民皆穴居，並無房舍。

安定縣城池　宋置堡，元因爲縣。明洪武中，千戶曹忠重修。周五里三分，高二丈八尺，池深一丈五尺，東西北三門。按《縣志》，舊城周圍三里三分，南北一街，左右二巷，宋紹聖二年，涇原道經略使章楶所築者。明正統間，知縣杜讓接南門築關城，增廓六里三分，直分四街，曲有四巷，其功倍於舊矣。天順六年知縣趙通，弘治丙寅知縣曹銘，嘉靖間知縣張永茂、葛登府俱增修之，培高浚深，均於城爲有功矣。城高三丈，基闊五丈，頂二丈五尺，女墻六尺，磚砌磴槽二十八處；壕塹口闊一丈二尺，深如之；關城磴槽四十二處，鎭樓五座，四角有飛樓，三關俱爲甕城，壯偉盡制。惟舊城南門外有甕城門，因葛令去任，撤而未建。萬曆二十四年，知縣惲應翼捐俸修葺。

宜川縣城池　宋初改建。元至正中，參政朱希哲修。明正統十四年，知縣張繹重修。周四里一百二十八步，高三丈，池深五尺，西南跨七郎山。皇清順治四年，知縣陳宸銘補築南甕城門。

清澗縣城池　宋康定元年，种世衡所築。明洪武初增築，周三里五步，高三丈，池深二丈，東、南、北三門。正德六年，知縣趙輅增修西面外羅城。嘉靖乙巳，副使方遠宜築西、南二面。癸丑，同知何尙賢築南甕城。皇清，知縣廖元發重修。

延長縣城池　金大定二十六年，知縣董承務始建。明弘治中，知縣王紳重修。周四里二百四十四步，北倚寨山，南臨延水，東西二門。

延川縣城池　本元舊址。明正統中，知縣王坦重築，周四里，高二丈八尺，池深一丈二尺。按《縣志》，周圍五里，高五丈，建東南北三門，東門號水門，旋塞之。明正統間，邊圉戒嚴，邑令王坦爲固國計，將西山一段截斷弃之，築垣南北聯絡。知縣陳文以石砌甕城，方兵道助工，又知縣金棟、王行仁、武之屛、毛儲元相繼重修。皇清戊戌夏，北門樓傾頹，知縣劉穀捐俸修築。

鄜州城池　有內外二城，宋范仲淹所築。元吳知院修築，周二里一百三十步，外城周十里，東濱洛水爲患。明成化以來，修築不一，高四丈，池深二丈。按《州志》，內城二里一百三十步，南北第一層關廂外城連山六里，南北第二層關廂外城連山九里三分；南二層外城門一重，南一層外城門一重，東南小水門一座，南內城門一重，東北小水門一重，西城門一座，北內城門一重，東北小水門一座，北一層外城門一重，北二層外城門一重，內西城內又北門一座，又南門一座。令官民止居內城西城，南北第二層外城隨山因險逶迤蜿蜒而上達於西山之巓。故明崇禎六年，兵道王楫以流寇猖獗，城闊而民稀不便守禦，截斷二層外城，止守一層外城。十五年，兵道楊彤庭修西山爲寨，上倚山城爲險，下因山麓石畔，伐石修築作石頭城中，面向東南作門曰鳳翼南，面向東作門曰龍盤，北面稍向北作門曰挹斗，又東南作小門通泉水，就山阿而南建憲署。亂後，下城爲墟，官民皆居寨上，民居窰穴。皇清順治初年，以下城寥廓，又截斷外一層城，止守內城。十七年，巡道許瑤、知府牛天宿、推官荆柯、知州耿臣捐修。十八年，巡道李榮宗捐俸竣工，凡城陴、女牆、城樓、城門俱修葺完備，城壕深廣俱二丈，周匝城外。按《舊志》，嘉靖初，副使汪珊、知州杜蕙築堤固城，建龍王廟。十六年，副使吳瀚、知州金萬績植柳以固堤，號柳林城。十九年副使謝蘭，二十年副使劉宗仁、知州張旎增建角樓、門樓，東門曰瞻洛、南門曰望岳、西門曰仰山。二十九年，宋副使增築南北城連山，北門曰鎮朔。四十一年，水侵，東北城圮，副使張西銘、知州蘇時化補築，稍移於內。四十二年，水侵，新城圮，知州蘇璜又稍移於內補築。四十五年，兵備馮舜漁以外城不可守，南自東南角連西山，北自東北角連西山，增城垣二層，自是南北有二重關矣。隆慶六年，兵備程鳴伊增高新城四丈，周垣埤堄易以磚砌，改建南北東三城門，極其弘壯，南門曰保廓、東曰鎮洛、北曰威朔，門上各建重樓。萬曆六年，兵備李辨菲、知州閻思孝捐俸將內外舊城城門易磚砌，建以重樓。

雒川縣城池 元僉院胡興所築，緣山阻澗，亦天險也，周二里一百六十步，東、西、南三門。明正德七年，築東郭。嘉靖二十五年，知縣吉澄重修。萬曆元年，知縣李奉昭增修。按《縣志》，明正德七年，妖賊李午作亂，東關加築土城，周三里七分，池深一丈三尺。嘉靖間，知縣吉澄重修，高厚皆二倍，東北南三門建大樓三座。嘉靖三十年，王令因防秋，建城東西門樓二座。萬曆元年，知縣李奉昭增高四丈，加厚一丈，築敵臺一十三座，俱建重樓，並西門大樓各一座，內城添敵樓八座。

中部縣城池 舊在沮南，明成化中改建於此，城卑薄。隆慶六年，知縣衛汝霖增築，周四里一百三十六步，高三丈，因沮水為池。萬曆元年，知縣李迎特築南城。萬曆己未，知縣江之澂增高數尺。崇禎五年，知縣姚一麟築土城。皇清順治初，知縣彭聖培重建門樓。康熙二年，知縣金九鼎增修，啓東門。

宜君縣城池 舊無。明景泰中，主簿季仲和始築，然石礫難城。成化中，縣丞楊安因龜山之勢，築削為城。周五里三分，高二丈五尺，池深一丈，門二。皇清康熙十七年，知縣賈有福增修。按《縣志》，原在龜山之下。自明末兵燹俱為灰燼，後改建山上，今有上城、下城之名。

綏德州城池 宋鄜延宣撫使郭逵所築。明洪武中，指揮嚴淵重加增修，周八里二百八十步，高三丈，池深一丈五尺，門四。皇清順治十七年，知州王元士重修。按《州志》，綏德衛與州同城，其制緣巖依阜，環水抱山，東西二里一百八十五步，南北二里三百一十五步，方八里二百八十步；重門四，東曰鎮定、西曰銀川、南曰安遠、北曰永樂，跨門爲樓各二。南關接連大城，方六里三十步，門四，東曰賓陽、西上曰上水、西下曰挹秀、南曰來遠，建文中兵變後廢。

  米脂縣城池 宋金爲寨，元始爲縣。明洪武六年，守禦千戶王綱修葺。成化五年，知縣陳貴拓東北隅。萬曆元年，知縣張仁復增築。周五里三分，高二丈九尺，池深一丈，東、南、北三門。按《縣志》，古名畢家寨，又爲銀州關，即今上城地。至宋，改建米脂縣城。周圍五里三分，一千九百零八步，高三丈二尺，闊一丈五分；池深五尺，闊七尺；門三，跨門爲樓，東門樓曰拱極、南門樓曰化中、北門樓曰柔遠；西角樓一座，敵臺十二座，舍鋪二十四座。皇清康熙二十年，知縣寧養氣補修。

  葭州城池 宋康定中所築葭蘆寨也。明洪武初年，千戶王綱改築。周二里一百二十步，高三丈，池深一丈，南北二門。天啓年，知州盧揚輝重加修葺。皇清順治年，知州武弘祖增修。

  吳堡縣城池 宋金爲砦，元始爲縣。周一里七十步，高二丈五尺，池深八尺。

  神木縣城池 金爲砦，元始爲縣。明正統八年，重修。成化四年，巡撫余子俊增修。周四里三分，高二丈五尺，池深一丈。

  府谷縣城池 始建未詳，明正德十五年，知縣張汝涉因舊開拓。周五里八分，高二丈五尺，因河爲池。

平凉府

  《職方典》第五百五十二卷
  平凉府部彙考二
  平凉府城池考 通志州縣志合載
  本府（平凉縣附郭）

  平凉府城池 唐德宗令劉昌增築。元末，李思齊部將袁亨分爲南北二城。明洪武六年，總兵官平凉侯費聚復修如舊。周九里三十步，高四丈，池深四丈；門四，東曰和陽、南曰萬安、西曰來遠、北曰定北。按《府志》，南枕南山；東距浚谷百跬；而近北跨柳泉，去涇里許；西當幹溝溪流之衝，去涇三里。圓九里有奇，西廣而東隘，北高而南卑，橫長而縱短。

崇信縣城池 唐建中元年，武康郡王元諒建。周三里五分，高二丈五尺，池深一丈二尺，東西二門。明末，知縣高斗垣截築錦屏山麓。皇清，知縣武全文建敵臺，浚濠隍。

華亭縣城池 金大定中建。周五里一百八十步，高二丈，池深一丈五尺。皇清順治初年間，楊知縣因城北阜截築，依險以處，是曰新城。十二年，知縣佟希堯招集遠近居民，增修雉堞，而舊城興復如故。

鎮原縣城池 元至正二十年，平章李思齊遣僉院張德欽築。明成化末，知縣徐鏞增飭。嘉靖二十二年，知縣雙應麟加築。周一里二百七十步，高二丈五尺，池深七尺。

固原州城池 宋咸平中，曹瑋建。金興定三年，地震，城圮。四年，重築。元末廢。明景泰元年修復。成化三年，徙開城縣治於此。五年，巡撫馬文升令僉事楊冕增築，設樓櫓。弘治十五年，秦紘更開西門，築外城為關，浚塹深闊各二丈。萬曆三年，石茂華始甃以磚。高三丈六尺，周十三里七分，遂稱雄鎮。按《州志》，城四面周圍九里三分，高闊各三丈五尺，僉事楊冕增築堅固；城舊二門，南曰鎮彝、東曰安邊，後添設西門，一曰威遠；又更築外城，為關門四，南鎮秦、北靖朔、東安邊、西威遠（按州屬堡鎮城八處附於後）。

白馬堡城，在州東九十里，古撒都地。土城，周圍五里三分，高闊各三丈。明嘉靖四年，總制楊一清築修，東北依山，增築關城，歸然山巔崖堞，稱天險焉。倉場全設。轄民堡五，墩臺十九座。

海剌都堡城，在州北一百七十里，楚藩牧地。土城，周圍四里三分，高闊各三丈四尺。明成化四年，巡撫馬文升建。七年，兵備楊冕增築。倉場全設，屬堡十七，墩塘三十六座。

下馬關堡城，在州北三百里，慶藩牧地。城內土外磚，周圍五里七分，高闊各三丈五尺。明嘉靖五年，總制王憲奏築。先設守備，兵寡力弱，不足防堵。萬曆二十二年，改題參將，增募軍丁。倉場全設，轄墩塘十四座。密邇河套，每秋防，總兵移師駐焉。

紅古城堡城，在州北二百二十里。土城，周圍四里三分，高闊各三丈。明弘治十七年，總制秦紘建。嘉靖五年，總制王憲增築外關，高闊如內。倉場全設，轄墩臺十四座。

大灣川堡城，在州西南五十里，肅藩牧地。土城，周圍三里，高闊各二丈五尺。明萬曆四十年建築，設官防守，撥衛軍五十名偵邏道路，緝捕盜賊。

鎮戎所城，在州北一百三十里，古葫蘆硤城。土築，周圍三里，高闊各三丈，樓櫓、壕塹備具。明成化九年，巡撫馬文升修。十二年，巡撫余子俊設守禦千戶所，隸固原衛。嘉靖三年，增築關城，周圍二里，高闊各一丈五尺。倉場全設，轄墩臺十九座。

平鹵所城，在州北二百二十里，舊稱爲豫王城，又云豫望。土城，周圍五里三分，高闊各三丈二尺。明弘治十四年，總制秦紘修築，題設守禦千戶所，隸固原衛。舊東關，被水患。嘉靖中，改築西北關，周圍三里二分，高闊各三丈。倉場全設，轄墩臺二十四座。地無井泉，惟蓄潦水供飲。山產煤炭，土人販采陶瓶疉以爲利。

西安州城，在州西北二百一十里，建自宋，古天都山，本楚藩牧地。土城，周圍五里六分，高闊各三丈二尺，濠深闊與城等。明成化五年，巡撫馬文升題建守禦千戶所，隸固原衛。嘉靖中，復設游擊，駐兵。倉場全設，轄墩塘二十一座。境外有鎖黃川、長流水，近邊套，此地尤屬震鄰，亦要害都會也。

涇州城池 元至正十九年，院判張庸築。明洪武三年，同知李彥恭徙治涇陰，周三百八十六步，高二丈五尺，池深五尺，南北二門。成化十三年，知州曹光重修。嘉靖二十四年，知州張髦士重修。隆慶二年，知州范岡重修，增築西面。萬曆三年，知州趙行可增築南北東三面。萬曆六年，知州張四維磚砌女牆，建南北二樓，周圍濠塹深闊各一丈。

靈臺縣城池 隋大業初，建在山之麓，周二里二百六十五步，高一丈五尺，深闊五尺。元至正末，平章李思齊令萬戶丁處守修築。明嘉靖間知縣郄中式、景管、楊尚義，萬曆間知縣姚繼先俱重修。崇禎七年，知縣敖洺貞依昔山城之半築堡其上，周四百三十七丈，城高一丈八尺，池深闊各八尺。按《縣志》，門三，東曰和陽、南曰南熏、西曰來遠。後河水衝崩南城，嘉靖間重修，上建樓三座。不逾年，又崩。萬曆間，知縣郭之屛添設窩鋪七座，改修城門，重修其東郭，附治城，周圍一里，東北二門，東曰長安周道、北曰天樞奠祉。三十五年，郭城南一帶水崩二十餘丈，居民毀其房屋者大半，知縣張鳳池修之。崇禎七年，賊破城，城垣坍塌，官民宅舍焚毀無存。敖浤貞修，築南北二百四十丈，東西一百八十丈，建東西二門，西北二敵樓，設三十六窩鋪。皇清順治二年，賀賊攻圍三晝夜，賴以固守。十年，地震，敵樓窩鋪俱坍倒，知縣王居中重修，開浚城壕。

靜寧州城池 宋始建，歲久多圮。明天順初，知州蓋瑗重修，增築外垣，周七里八十六步，更築東西外邏城。成化五年，知州蘄善重修，引二渠水入池。嘉靖十九年知州李時中，萬曆四年知州王冠俱重修。皇清順治十年，地震，城圮，時知州劉瑞修之。十七年，霖雨，知州李民聖補築。

莊浪縣城池 元初建。至正二十七年，守禦周僉、謝真重修，周一里一百七十二步，高一丈五尺，池深一丈，南北二門。按《縣志》，周圍磚包，八里二十六步三尺，高連女牆三丈八尺，底闊三丈五尺，收頂二丈八尺，隨城角墩、敵臺、腰樓一十六座，護門墩一座；關厢城一座，周圍九里三十六步，高連女牆二丈三尺，收頂一丈，腰樓八座，門樓三座（按縣屬邊垣附後）。

邊垣，東南自紅城子界起，西北自漢屬郎止，長四十八里，高連女牆一丈九尺，底闊一丈二尺，收頂六尺，隨邊暗門八座，壕九百二十五丈，水榨四十處，墩臺六十五座，棚房二十間，敵樓一座，圈墻二道，月城墻一處，壕四道，房一十間，墩樓一十八座，攔馬墻二道。

隆德縣城池 即古羊牧隆城。宋慶曆初，改為隆德寨。元至元元年，建縣，周九里三分，高三丈，池深二丈五尺。按《縣志》，明洪武二年，復修縣城。成化十九年，邑人進士王銓因城空虛難守，陳言兩院，削去南城三里三分。崇禎八年，流寇七次攻城，復因人寡難守，知縣蔣三捷申請再削去西北城三里許。皇清順治十六七年間，土城為霪雨傾圮，知縣常星捐資鳩工，修葺完固，題東門樓曰"六盤聳翠"、南門樓曰"美高並峙"、北門樓曰"象鳳環襟"。

鞏昌府

《職方典》第五百五十九卷
鞏昌府部彙考三
鞏昌府城池考　通志府縣志合載
本府（隴西縣附郭）

鞏昌府城池 元中統二年，都總帥汪世顯即通遠軍拓其故址，甃以石。明洪武十二年，指揮劉顯重修。正德初，增東西北三郭。嘉靖十二年，總制唐龍重葺，周九里一百二十步，高三丈一尺，池深三丈七尺；門四，東曰永安、南曰武安、西曰靜安、北曰靖安，建樓其上。按《府志》，城高四丈，四門皆覆以層樓，東曰迎輝、西曰柔遠、南曰來熏、北曰鎮朔，角樓四，戍樓、窩鋪、磚堞俱全。正德戊寅，知府朱侯裳奉檄建城東北西三郭，其北郭居民倍於城中，市井咸集，然牆卑池淺，不稱保聚。隆慶丙子，分守隴右道參議李維禎又奉檄重築北郭，開拓舊基，可兼容二郭之民，闢東西北三門，皆覆以樓，重壕復塹，磚陴戍樓，巖巖翼翼，與城相犄，足稱金湯保障矣。

安定縣城池 宋紹聖二年，涇原路經略使章楶始建，周三里三分。明正統中，知縣杜讓城南郭，拓六里三分。天順六年，知縣趙通重修。嘉靖十三年，知縣張永茂增修，高三丈五尺，池深二丈五尺。按《府志》，城高三丈，底闊五丈，收頂二丈五尺，女牆高六尺，磚甃，水道二十八，渠壕深二丈，口闊稱之。關城高闊與城等，磚甃，水道二十四，渠門俱有樓，有角樓、月城、重門，雄偉壯麗，足爲一方保障。

會寧縣城池 明洪武六年，千戶傅履、知縣郁斌重修。成化四年，同知羅諭拓之。嘉靖十三年，總制劉天和增南北西三關。萬曆元年，闢東門，營東郭。三年，知縣史天祐甃磚陴，周五里，高三丈，池深一丈五尺。按《府志》，城宅四山之中，四門俱覆以樓，東曰東勝、西曰西津、南曰通寧、北曰靜安，四郭周通爲一，屹中環外。

通渭縣城池 明洪武二年建，周三里，環以池，有東西南三門。成化癸巳，本府同知張洪定奉檄修葺，高三丈，壕深一丈五尺；城外增築護牆，高丈餘；三門建樓，東曰和正、西曰阜成、南曰景明。嘉靖戊午，知縣胡德陽重修門樓。萬曆四年，知縣張二南大加修補，甃障以磚，視昔完備。

漳縣城池 古爲鹽川塞，舊在古城峪，後圮於水。明正統間，移置三台山麓，即今城也。周一里，高一丈八尺，池深一丈；闢三門，各覆以樓，東曰東輝、西曰西成、南曰明遠；有角樓四座，敵樓五座，陴甃以磚。萬曆十八年，羌犯洮河，知縣王浚重壕一周，比前加深，內植以樹可堪保障。

寧遠縣城池　明洪武三年，知縣劉勉重修。正德十二年，知縣江萬里以避水患改修，闢東西南三門，門有覆樓。嘉靖十三年，知縣儀世麟以例增修，周五百九十五步，高一丈九尺，池深一丈。按《府志》，縣城南逼南山，北迫渭水，地局勢促，形如偃月，四門皆覆以樓，東曰景明、西曰景橋、南曰景仰、北曰景瀾。

伏羌縣城池　宋始建。明景泰元年知縣王珣、成化十二年知縣尹恭俱重修。嘉靖二十一年，知縣李灌增修，周三里，高二丈，池深一丈五尺，門四。按《縣志》，四門，東曰凝曦、南曰宣和、西曰阜成、北曰拱宸。隆慶六年，知縣甘芍增敵樓九，上構以房，頂闊丈六，高三丈，額其扁，東曰"奎璧聯輝"、南曰"秀巒天近"、西曰"朱圉鍾英"、北曰"渭淵通海"。

西和縣城池　舊在縣西南三里。明洪武二年，知縣於道改建於此，周四里，高一丈五尺，池深一丈，東南北三門，西倚連城，宋紹興中，安撫使李永琪所築。按《縣志》，崇禎乙亥夏，被賊陷城。至丙子秋，復陷時，署縣事秦州學正李攀桂因殘民寡少，不能守，呈詳批允，任從民便，乃建新城，即連城故址削土爲堡暫居。後知縣高衍慶增修落成，周圍一里三分，高二丈，池深二丈。

成縣城池　宋始建。元至正二十八年平章蔡均彰、明洪武五年知縣鮑子信俱重修。周三里，高一丈七尺，池深一丈。崇禎九年，知縣謝鏞移治西北隅，而以舊城爲外郭。按《舊志》，城有四門，皆覆以樓，東曰東安、西曰西成、南曰南熏、北曰北辰。

秦安縣城池　金皇統中建。明景泰元年知縣向質，成化九年同知張洪定，弘治十八年知縣趙威相繼重修。嘉靖二十一年，以例增修，周三里九十步，高三丈五尺，池深二丈五尺。按《府志》，城有南北二門，覆以重樓，南曰濱渭、北曰憑隴，衛以月城，亦樓其上，南曰龍翔、北曰斗拱。自明天啓元年以來，更無興建。於皇清康熙二十一年，知縣王永禎捐俸修理，新建角樓四座。

清水縣城池　周孝王封非子所築。魏司馬懿增築以拒諸葛亮。明洪武四年，知縣劉德重修。嘉靖二十一年知縣江潮，萬曆二十一年知縣文中質皆以例增修，周四里二百八步，高三丈，池深一丈，東西二門。按《府志》，角樓四座，女墻甃以磚，窩鋪一十四所，俱雄偉壯觀。

禮縣城池　明成化七年，知縣張元建。十九年，知縣劉淵重修，周三里，高二丈五尺，池深七尺，東西二門。按《舊志》，禮故無縣，亦無城，惟有禮店所。成化間，就所城迤西拓地建城，蓋以所之西城爲縣之東垣，惟增築南北東三面。所城舊有南北二門，縣城亦開南北二門，而復於所西縣東通一門，曰穿城門。萬曆三十年，以軍民出入有妨，又於所東闢一門，曰東門。其城惟土，垛用磚，門覆以樓，四角俱有敵樓。

階州城池 即古柳樹城，磚甃。明洪武四年，指揮褚友仁重修。成化中守備尹鳳，弘治中守備周尚文，嘉靖初守備霍璽、陳謨相繼增修。周二里有奇，高二丈四尺，池深八尺，四門覆以重樓。按《州志》，城有四門，東望春門、西鎮羌門、南望江門、北望宸門。隆慶間，復建土城於磚城之西，三面環抱磚城，周五里，高二丈，池深五尺，周圍四里六分，闊如之。

文縣城池 唐德宗時，以文縣舊城窄小，移於故城東。明洪武二十八年，開設千戶所於城東一里。成化六年，始建縣城於所城之西。萬曆二年增築，周二里三分，高一丈五尺，池深一丈。按《縣志》，萬曆六年，守備孟孝臣建外城一道，長一里三分，北關一座，曰禦保門，三城連屬，雉堞相望。

秦州城池 唐天寶五年，王忠嗣築雄武城。宋知州羅極築東西二城，東城已頹。明洪武六年，守禦千戶鮑成約西城舊址而築之，周四里一百四步，高三丈五尺，池深一丈二尺，東西二門。嘉靖二十一年，知州李鯨城西郭，闢南北門。按《州志》，城闢三門，東曰長安、西曰西寧，上俱有重樓，南門亦如之；外環池深二丈。皇清順治甲午，地震，城崩樓傾，知州姜光蔭督工修理，民居以奠。

徽州城池 宋元以來有之。明洪武初重修。正德六年，蜀寇陷入，知州侯裡充拓建鐘樓於山巔，勢乃壯。嘉靖初，同知丁浚、知州白松增築。萬曆中，知州歐梅、王鴻儒、宋洛因舊城屋甃以磚，周五里三分，高二丈，池深一丈，闊稱之。按《舊志》，城有四門，東曰望京、南曰通蜀、西曰鎮羌、北曰眺隴。

兩當縣城池 始建未詳。明宣德中，知縣史忠重修。正德十一年，知縣高騰增築山城以捍西隅。隆慶二年，城圮殆盡，知縣張效良復加修築，周三里，高二丈，池深一丈五尺。崇禎丁丑，知縣徐文獻以城經殘毀，率民居之於西北山巔。按《縣志》，城經殘毀之後，士民於西北山巔聊築數椽以居焉。至皇清康熙年間，縣官整理，修立房屋，漸有興復之象。

岷州衛城池 築於唐末。明洪武十一年，開設衛治，指揮馬煜始築新城，周九里，高二丈二尺，池深一丈四尺；闢四門，覆以樓，東曰春熙、南曰和政、西曰安遠、北曰辰宿；箭樓七座，角樓四座，窩鋪二十五座。弘治十一年，副使張泰添修四門瓮城、樓櫓、吊橋。隆慶二年，副使劉侃展築北城一角。隆慶六年，地震，城樓傾頹，副使呂鳴珂大加幫築，修東西北樓三座，月城樓三座。萬曆九年，副使羅維垣重修西營小城，以爲藩衛，規制雄偉嚴整，稱金湯重鎮。

洮州衛城池 明洪武二年，曹國公李景隆始建，周九里，高三丈，收頂二丈，池深一丈五尺；闢四門，各覆以樓，東曰武定、南曰鎮南、西曰懷遠、北曰仁和，小北門一座；角樓四座，窩鋪五十五座。成化五年，指揮李隆重修。弘治間，副使張泰增修。萬曆十年，副總兵李昫因山水衝北城，截築西北，順川循山而東。十二年，副總兵李芳築新墻一道，長一百八十丈，敵樓四座，屹然爲巨鎮云。

附舊洮州衛城池，晉永嘉中，吐谷渾所築。後周逐吐谷渾而得其地，唐爲臨洮郡。明初時，城盡圮，始築爲洮州衛。城周二里，高一丈八尺，池無。自改建新城，以其地爲塞，尋更爲堡。萬曆元年，操守楊繼芳重加修築。

靖遠衛城池 唐宋會寧故址，明迭列遜巡檢司統戍兵防河凍耳。正統間，始築設衛城。成化間，指揮奉檄增築挑浚，周六里，高三丈五尺，基闊五丈，收頂二丈五尺，闢三門，覆以重樓，壕深三丈五尺，闊稱之。城內苦水鹹不可食，近來守臣引黃河入城，軍民利賴。

西固所城池 自漢元帝時開設，所謂武都戍也。宋紹興二十年，改爲縣，縣令張俊良修築。明洪武十四年，千戶姚富展築，以舊城爲西關。其城東西三百步，南北二百五十步，周三里，高三丈三尺，闢四門，池深八尺，東曰望陽、西曰戎服、南曰鎮靜、北曰永泰，南北西三門俱覆以樓，東門在駝嶺上無樓，水門二座。萬曆三年增築，比舊巖峻壯觀。

臨洮府

《職方典》第五百六十七卷
臨洮府部彙考一
臨洮府城池考　府志

本府（狄道縣附郭）

臨洮府城池 自宋熙寧五年，王韶大破羌戎，遂城五勝軍。金元因之，以增修洮河之右，故曰洮城。明洪武三年，指揮孫德增築，高四丈一尺，池深三丈五尺，周圍九里三分，俱土築；建門四，東曰大通、西曰永寧、南曰建安、北曰鎮遠，俱甃以磚，上各建層樓、戍樓并戍鋪。正德十三年，指揮陸厚重修。城有郭，一曰北關，宋臨洮堡舊基也，洪武三年，增築郡城，因附城北，東西北三門，上各有樓。

渭原縣城池 創築於宋，元升爲縣，即渭源堡舊城也。土築，高二丈五尺，池深一丈，周圍三里三分；建門二，南曰渭川、北曰清源，上各有樓鋪，敵臺十六。明嘉靖十八年，縣令楊侯璉增築。郭一，在縣北，循迤西原，亦王韶故堡，高一丈五尺，徑三里，周圍五里，東西二門，迄今如舊。

蘭州城池 自漢昭帝時，建於西古城。隋開皇初，移置皋蘭山北，宋苗綬復爲修之。明洪武十年，指揮同知王得增築，高三丈，東西長一里二百八步，南北長一里八十二步，池深一丈五尺，周圍六里二百步，三面土築，北面磚甃，下臨黃河；建門四，東曰承恩、南曰崇文、西曰永寧、北曰廣源，上各建層樓、戍鋪。宣德間，僉事卜謙、指揮戴旺自城西北至東增築外郭，凡一十四里二百三十步有奇。正統十二年，都指揮僉事李進自東至北增築郭城七百九十七丈有奇。郭門九，東曰迎恩、東北曰天塹、又東北曰廣武、南曰拱蘭、東南曰通遠、西南曰永康、又西南曰靖安、西曰神川、北曰天水，門上各有樓。按《州志》，弘治十年，都指揮梁瑄築東郭外墻三百六十丈有奇，爲游兵營居戍守。萬曆四年，副使李堯德興工增繕。八年，議以北城瀕河甃以磚石。三十年再一修之。皇清康熙六年，劉斗補修頹缺，重建城樓。至二十四年，都御史葉會同藩臬司道，率有司等官大加修葺，煥然一新，允稱鞏固。

金縣城池 土築，高三丈三尺，厚二丈，池深二丈一尺，闊三丈，周圍三里三分，門二，南曰阜安、北曰清安，各建層樓，城隅大鋪四，周圍小鋪二十。外郭，當龕谷山口，即宋之舊寨，郭門二，南曰永綏、北曰咸寧，各建層樓三間，迄今相繼修築。按《縣志》，郭門外昔有甕城，萬曆間，知縣劉文炳與邑人有隙，去之，識者以爲風氣衰微由於此也。按城創自元，至元間歷時增修，堅致牢實，當時稱爲鐵甕。萬曆三年，知縣劉去僻重修，上增女墻一周，甃以磚石，較昔壯麗。皇清康熙二十四年，頒示郡縣修理城池，知縣魏煜如捐俸補茸層樓，垣墻改觀。

河州城池 元時，逼近北原。明洪武十二年，指揮徐景截修元城之半，如舊勢三分之一，拓建於南，今北城後臺址猶存。弘治庚申，指揮蔣昂重修樓櫓，分布更鋪翼然，城高五丈，上闊三丈，池深二丈，闊三丈，周圍九里三分，俱土築，南北長二里有半，東西長二里有百步；門四，東曰平秋、南曰安遠、西曰定羌、北曰鎮邊。嘉靖時，知州聶守中因防邊警創建南郭，周圍三里有奇，郭門一，仍建層樓、戍鋪，至今相沿。按《州志》，四門城樓相對，門內各置銅將軍炮、兵衛、旗鼓，建官廳三間，左右營房二十間，官軍居住，以嚴警備。南門大樓一座，計五間三層，高五丈；北城無門，大樓五間，制度同南樓；東門四層，所置軍器房屋同南門，城門樓五間二層，高四丈；西城門建樓設備一如東門之制。沿城樓櫓十有六座，每座三間二層，高三丈，更鋪二十八處，每處三間。城垛計一千八百二十八。南關長五里，護以重城，高三丈，闊二丈五尺，南門建樓，東西二便門以通輿人出入，更鋪八座，垛口五百。西關長二里。東關長百步。城屬衛，關屬州。

慶陽府

《職方典》第五百七十一卷
慶陽府部彙考一
慶陽府城池考　府志
本府（安化縣附郭）

慶陽府城池 城因原阜之勢而成，其形似鳳，故曰鳳凰城，東高一十三丈，西高一十一丈，北高九丈，南高九丈，周廣七里十三步，其隍東西二水，自北抱城而流合於城南，折流於東，深淺廣狹不等；城四門，東曰安遠、南曰永春、西曰平定、北曰德勝，各築月城，城上建垛樓、角樓八座，巡鋪二十四座并敵臺。南關瓮城，周三里許，明成化初參政朱英建，尋壞於水，副使曹洪復築之。嘉靖二十七年，參政汪尚寧增築，合關城約有六里許。明年七月初三日，為大水淹沒。三十五年春二月，知府梁明翰尋復築之。北關城，周七里許，城開三門，北曰安遠、東曰宣化、西曰便門，久閉塞不用。永春門原在巽方，萬曆庚申年，改建正南，日見衰頹。明末，屢遭寇亂，樓櫓、雉堞焚毀崩塌，大半無存。皇清順治十五年，守道張元璘、知府楊藻鳳修建，仍改永春門於巽地，從此始有起色，據阻山帶河之勢，負金城湯池之固，復成一方險要云。

合水縣城池 土城，宋熙寧間築，北倚山高五丈，東西南皆在平陸，高三丈，東西二百三十步，南北一百九十步，周三里一百八十步；池深一丈五尺，闊三丈三尺，隍周七里三分；東西二門，東曰綏安、西曰慶寧。明崇禎年間，賊陷三次，城池傾頹數十餘丈，民舍僅存遺址，縣治、學廟、察院等處湮沒無存。皇清知府楊藻鳳、知縣劉源澄重行修復。

環縣城池 城之始建，無所考。元季，李思齊部將楊黑哥重修，南北一里二百七十一步，東西一里九十三步，周五里三百五十步，高五丈五尺，池深二丈；城三門，南曰崇義、北曰朝天、西曰安定；大角樓四座，巡鋪八十九座，西關城附焉。明嘉靖二年，知縣王鑒、千戶曹銓重修。二十八年，推官藍雲重修。三十五年，知縣劉宗舜重修。明末賊亂，蕩為丘墟，縣官住南門城樓。皇清鼎興，漸次修復。

真寧縣城池 土城，始築無考。元至正間，守禦樞密院副使張添福修築，高四丈一尺，東西一百八十步，南北一百四十五步，周二里二十六步，池深一丈五尺，城二門，東曰朝陽、西曰永春，西關小城附焉。明崇禎七年，知縣安如嵩創關南門，曰安慶。

寧州城池 土城，舊傳自公劉始，梁刺史牛知業修築，東倚山，北臨溝，西南距河，高低不等，東西二百八十步，南北二百八十步，周三里四十步，南關城周二里。城開三門，東曰賓暘、南曰朝天、西曰保寧。明成化初，參政朱英重修。成化間，知州閻定之重修南關城。嘉靖二十七年，參政汪尚寧築修。萬曆初年，知州馬彥卿易土垛為磚垛，更築關廂四面高城一道，堅厚寬闊，自此州城內外兩匝，較前倚山據河之勢更為加險矣。明末，賊党賀弘器等率眾數萬圍攻四十餘日，士民堅守外城，卒保無虞。其門有四，東曰永寧、東南曰迎恩、西曰臨彙、北曰仰慶。皇清順治三年十二月，賊郭君岐攻陷州城後，知州程維新於東山築一堡城。順治五年，知州趙鳴喬修葺堡門，額曰人和。順治十二年，知州韓魏招集士民棲止，前此散處各鄉者，漸歸城市矣。

榆林衛

《職方典》第五百七十五卷
榆林衛部彙考
榆林衛城池考　通志

榆林衛城池　唐古勝州地。明正統中，都督王禎建。成化八年，巡撫余子俊增築北城，周一十三里三百一十步，高三丈，池深一丈五尺，門七，東二、西四、南一，號爲駝城。

寧夏衛

《職方典》第五百七十六卷
寧夏衛部彙考
寧夏衛城池考　衛志

寧夏衛城池　漢朔方地。宋景德間，趙德明內附，假以本道節制，始遷改興州，今城實其故址，圍一十八里，東西衺於南北，相傳以爲人形。元末，寇亂難守，弃其西半。正統間，以生齒繁庶，復築其所弃，即今之新城，統甃磚石，環城引水爲池，城高三丈六尺，基闊二丈；池深二丈，闊十丈；門六，東曰清和、南曰南熏、南熏之西曰光化、西曰鎮遠、北曰德勝、德勝之西曰振武，重門各三；內城大樓六，角樓四，壯麗雄偉，上可容千人；懸樓八十有五，鋪樓七十；外建月城，城咸有樓；南北有關。萬曆二十年，兵變，灌城，間有浸圮，諸樓皆毀。逾年，巡撫周光鎬、副使尹應元再一修之。嗣是，巡撫楊時寧、黃嘉善、崔景榮相繼修建城樓，漸復舊制，仍爲巨鎮偉觀。

後衛城池　周圍七里二分，高三丈，池深一丈五尺，闊二丈。舊城築於明正德八年，在塞外花馬鹽池北。天順間，改築今城，門有二，東曰永寧、北曰威勝。萬曆三年，開南門，曰廣惠。萬曆八年，巡撫蕭大亨題允磚包。

中衛城　周圍四里三分。明正統初，指揮仇廉奏益五里八分。天順間，參將朱榮奏益七里三分，高三丈五尺；池深一丈，闊七丈八尺；門二，東曰威振、西曰鎮遠。嘉靖初，開南門一。萬曆初年，巡撫羅鳳翱加東關，圍二百四十八丈。十一年，巡撫張九一題准磚包。

陝西行都司

《職方典》第五百七十七卷
陝西行都司部彙考一
陝西行都司城池考　通志

行都司城池　始建未詳。明洪武二十五年，都督宋晟於東增築新城，周一十二里二百五十七步，高三丈二尺，闊三丈七尺；池深一丈七尺，闊三丈七尺；門四，東曰咸熙、南曰延恩、西曰廣德、北曰永寧，東、北城樓各一。

外衛所

永昌衛城池　元至元十五年建。明洪武二十四年，指揮張杰增築，周七里二百三十步，高三丈六尺，池深一丈二尺。成化八年，指揮高升築四門月城。

莊浪衛城池　元至元元年建。明洪武十年重築，周八里三分，高二丈八尺，池深二丈五尺。

涼州衛城池　唐李軌建。明洪武十年，指揮濮英增築，周一十一里一百八十步，高五丈一尺，池深一丈二尺，有東南北三門，後宋晟增關西門。

西寧衛城池　歷代修建不一。明洪武十九年，長興侯耿秉文因舊改築，周八里五十六丈四尺，高五丈，池深一丈八尺。

山丹衛城池　元至元二十六年建。明洪武二十四年，指揮莊德拓築，周七里二百九步，高二丈二尺，池深九尺。

肅州衛城池　始建未詳。明洪武二十八年，指揮裴成拓築東隅，周八里，高三丈五尺，池深二丈，東西北三門。成化二年，巡撫徐廷璋增築城東郭。

鎮邊衛城池　元號小河灘城。明洪武二十九年修葺。成化元年，都指揮馬昭拓築北隅，周六里二分二十三步，高三丈一尺，池深一丈五尺，東西南三門。

鎮彝所城池 明永樂中建，逼河。天順中，數被水患，移築於此。周四里，高三丈六尺，池深一丈一尺，門二，俱南向。

古浪所城池 即古和戎城，周二里七十五步，高二丈五尺，池深二丈五尺，東南二門。

高臺所城池 明天順二年建，周四里，高三丈六尺，池深一丈二尺，惟南門一。

四川總部

成都府

《職方典》第五百八十七卷
成都府部彙考三
成都府城池考　總志州縣志合載
本府（成都縣附郭）

成都府城池　即會城。大城創於張儀，小城築於楊秀，羅城增於高駢，後程戡、盧法原、王剛中、范成大先後修葺。明趙清甃以磚石，陳懷復浚池隍。明末甲申，獻賊毀壞。皇清康熙初，巡撫佟鳳彩、張德地、藩司郎廷相、臬司李翀霄、知府冀應熊共捐資，俾成華兩知縣張行、張暄督築完固。

溫江縣城池　石城，明成化間，知縣李棠所築，周圍六百六十一丈，為門五，昭化、阜成、廣安、永寧、進賢。正德間，知縣段善鑿池，深八尺，闊一丈。按《縣志》，崇禎十一年，知縣施之炳於城之東南西北添置敵樓四座。

新繁縣城池　石城，明正德間，僉事戴書督知縣周鸞包砌，周一千二百丈，高一丈五尺，四門，鑿池闊一丈五尺，知縣鄧士奇補修。

金堂縣城池　石城，明成化中，知縣王賓所砌，高一丈七尺，周九百五十二丈，上建四樓，門四，康遠、長寧、義安、永靖，外環以壕。皇清，知府冀應熊、知縣董煜捐修城樓二座，城門四處。又遭叛逆焚毀，頹廢，僅存基址。

仁壽縣城池　四山岌業，歷代無城。明正德七年，巡道僉事郝縉巡視東西南三門稍平，督令築石城三百餘丈，尋頹，繼築石城七十五丈，高一丈五尺，僅圍衛舍，東向開城門一座，上立鼓樓。

新都縣城池 石城，明正德初，知縣張寬、百戶湯聘莘所砌，高一丈八尺，周一千餘丈，外環深池，上爲四樓，知縣韓奕以南門臨河，增置月城。

井研縣城池 土城，明成化初，知縣宋鑒、周鈞築，上覆以樓。弘治間，主簿李紹祖以石包砌，門四，啓東、鎮南、寧西、拱北。正德間，知縣裴文錦擴之，高一丈五尺，周六百二十丈，覆樓櫓，西北增門一望江，外環以壕。

郫縣城池 土城，明天順間，知縣唐節築。成化初，知縣錢淵增高，共一丈五尺，周一千八百餘丈，開門四，各置樓。正德間，知縣李時暢重修。

資縣城池 西魏恭帝二年，創築土城，西北依山，東南臨河，方三里。唐韋皋因舊修之。宋余玠重修。元末，圮廢。明弘治間，知縣鄧概乃拓其東北隅，羅重龍山，俱甃以石。正德、嘉靖間，知縣丁裕、嚴杰、施一中、主簿宋經相繼繕治，然遇雨水亦輒崩圮。嘉靖乙丑歲，川東大足縣山賊倡亂，知縣吳宗堯增加修築，較前稍完固，方八百九十四丈六尺五寸，高一丈六尺五寸，厚八尺，爲城門九。皇清以來，無所更易，雖歲久頹圮多半，而崇墉猶有壁立之象焉。

灌縣城池 石城。明洪武中，樹木爲柵。弘治中，知縣胡光包砌，周圍九里七分，共一千六百二十丈零七尺，高二丈一尺，城形西北角包登高、金龜二山，東南係平地，西北形勢灣曲，東南形勢方長，繞以隍壕；樓四，省耕、閱清、懷遠、拱極；門四，宣化、導江、宣威、鎮安。崇禎甲申，獻逆之變，城樓燒毀，墙垛倒塌，錢糧告匱，人民稀少，未經修復。

安縣城池 舊爲石脚土城，明成化初，知縣蕭光甫所築，高一丈八尺，闊一丈一尺，周五百三丈，門四，資陽、安仁、臨江、定遠，上各有樓，池深廣各一丈。崇禎癸未，知縣紀於竹與邑紳李鑒議建磚城，經修完固。劫亂樓塌，城垣倒壞，未修。

內江縣城池 石城，建自成化五年十月，高二仞一尋，厚一丈五尺，周九里三分，城垛三千七百二十一，上覆以屋，下爲門八：正門四，朝東、鎮西、向南、拱北；副門四，觀瀾、通川、景陽、瞻極；城東北臨江、南倚山，西以通川之溪爲隍，皆成化初知縣謝熙所砌。崇禎甲申，獻逆屠城，傾圮。皇清順治十七年，知縣習全史重修西南二門。

資陽縣城池 明成化十一年，知縣郭方以石創甃四門。二十年，知縣王澄始築土城，下砌以石基，上覆以木瓦，高一丈五尺，厚六尺有半，延袤一千六百丈，四門各建城樓，而榜以名之，東曰臨津、西曰通衢、南曰慶明、北曰環秀。正德壬申，知縣溫擧重葺而崇厚之，易木瓦而通覆以屋若干楹。十一年，知縣張鳳羽恐樓櫓狹小易壞，又用巨木以增廣之，而城益壯觀焉。自獻賊猖狂，城郭丘墟。皇清底定以來，屢奉文修理，因人民稀少，工費浩繁，姑待生聚之後徐議耳。

簡州城池 石城，東抵江月樓，西抵絡水溪，高三丈，立三門，明成化間，知縣張翔加修。正德中，知州王良重修。崇禎甲申年，獻逆屠城，傾圮。皇清康熙四年，知州王孫盛修北城樓一座并四城門。

崇慶州城池 土城，明成化間，知州周尚文築，高一丈五尺，周一千六百八十八丈，上覆瓦，下爲四門。崇禎甲申，逆賊毀壞。皇清康熙六年，知州繭開禧修葺，體制如舊。

新津縣城池 土城，明成化間，知縣唐昭始築。正德間，知縣田谷包砌以石，周九百餘丈，高一丈餘，池深一丈三尺，寬一丈五尺，城上有樓。

漢州城池 明天順中，知州李鼎、州判王鍈築土城。正德間，僉事郝縉用石包砌，高一丈八尺，周一千一百四十一丈，闊一丈五尺，樓四，門四，池深一丈，闊一丈。

什邡縣城池 石城，明正德八年，知縣王選砌，周六百九十七丈，高一丈八尺，闊一丈。

綿竹縣城池 石城，建自明天順初年，高一丈二尺，厚一仞，周圍六百三十二丈，方廣三里五分，城垛三千七百，樹五門，東、南、西、北、小西，浚泉爲壕。正德間，知縣邢大經補砌。崇禎丁丑，流賊犯蜀，城卑薄立陷。賊去，知縣陸經術捐金，倡率紳士重葺，高厚稍加。迄今歷變，傾圮無存。皇清康熙二十五年，知縣徐世法先立城門，以司啓閉。

綿州城池 土城，宋時推官歐陽觀所築。成化初，知州寧鴻以石包砌，周九里有奇，高一丈八尺，闊一丈一尺。弘治中，知州江洪增修。外環以壕。

德陽縣城池 石城。明天順初典史朱紀，及正德間知縣姚鍈相繼修完，周一千三百丈，高一丈六尺，闊八尺，壕闊一丈，門五，旌陽、孝泉、廣居、迎恩、西城。

  茂州城池 漢唐以來舊無城，惟植鹿角爲衛，蠻累以昏夜入州掠人畜貨，民甚苦焉。宋熙寧間，屯田員外郎李琪知茂州，始請築城，繞民居八百餘步，命下成都府鈐轄司度其利害，適李琪罷去，大理寺丞范百常知茂州，極言其利，決意築之。既而蠻長數稱城侵其地，乞罷築，百常不許。九年三月，始興築，於是靖州蠻數百奄至，百常率州兵擊斬數人，蠻乃退。百常遷民入牙城。明日，蠻數千人四面焚鹿角及廬舍，引梯衝攻牙城，矢石雨下，百常悉衆乘城拒守，二蠻長爲木檑所傷，蠻兵乃却。茂州南有雞宗關，通永康軍，東有隴東道，通綿州，二路險要皆爲蠻所據，聲援遂絕。百常募人間道詣成都，又書木牌數百，投江順流告急。朝廷遣內侍王中正將蜀綿兵救之，蠻始解圍，誓和，乃築土城，聊備捍衛。元時因之。至洪武初，丁玉以御史大夫挂平蠻將軍印，克復松茂，土知州楊者七以城獻，指揮僉事楚華等依舊址設州治，重修新城，易以磚石，高三丈，周圍三里，方廣六百三十丈，堞口五百一十九，建東西南北四門，豎四城樓，東曰東勝、南曰南明、西曰西平、北曰北定，引三溪水入城，以灌園圃。後巡撫都御史許庭光復於四門環以甕城，建四角樓，置巡警鋪二十四，仍積檑石、樹旗表，中建鼓樓於城內，額曰"萬里天威"，樓上有"鐘鼓式靈"四字，高望數里，實茂州巨觀也。後弘治六年，參見房驤以城西面臨江岸，最險，南接外關可無壕，於東北二面鑿壕，闊三丈，深如之。後西平樓毀於火，幾五十年，嘉靖間兵備副使朱執、總兵何卿、參將周繼勳重修之，闤闠壯麗。至康熙二十五年夏，江水泛溢，直注西門，城脚堤圮、土崩，則今日之修防築堤以爲砥柱者，不能不汲汲也。

  汶川縣城池 縣古城在今威州城山腰平處。明弘治中，知州趙符節、千戶趙方共砌。後因威州借汶川縣地，成城，包汶之玉壘、古城二山在內，城遂廢。今舊址尚存。新城，係明正統七年知縣李明砌，石城，周圍一百四十丈，高一丈，門二，門上有樓。按漢之綿虎、晉之汶川及梁周隋唐所名，當係威州古城坪舊城，非今之汶川縣城也。

  威州城池 石城，明弘治中，知州趙符節、千戶趙方包砌，周六里，每里一百八十丈，高二丈二尺。正德初，兵備王恩、參將馬隆、知州崔哲、指揮魯文相繼修理。城形，西南角包玉壘山、姜維城，東南形圓，西北一帶長，北臨岷江。明季時，水衝圮壞。舊設門四，玉壘、涌水、安遠、平彝，今止開玉壘、安遠二門。

保縣城池 石城，明洪武間，總兵丁玉所砌，周二百一十二丈，高二丈五尺，闊九尺，東西二門有樓。正德初，典史成銳重修。按《縣志》，萬曆間增外城，南包山，今坍毀。

保寧府

《職方典》第五百九十八卷
保寧府部彙考二
保寧府城池考　總志、府州縣志合載
本府（閬中縣附郭）

保寧府城池 石城。漢劉璋築土城，蜀漢張飛增修。明洪武初，千戶滕貴拓之，包以石，門四，曰富春、錦屏、澄清、威德。成化間，田儀建四樓。

蒼溪縣城池 石城。周圍四百九十二丈，計二里七分零，高一丈八尺五寸。明成化間，知縣朱敬始築土城。正德間，主簿唐賢包石。門四，東曰迎旭、南曰觀瀾、西曰通濟、北曰親賢。崇禎間，知縣沈國加高三尺，浚濠一圍。

南部縣城池 石城。明成化，知縣蔣矩以木柵，累石爲門，周四百丈餘。弘治間，知縣陳伯齡築門四，東曰探花、西曰狀元、南曰跨鰲、北曰靈雲。萬曆中，知縣饒一中砌石城，高一丈八尺，並修各城樓。

廣元縣城池 明洪武中建，石城，東倚山，西濱江，南北浚池，周圍一千二百零三丈五尺，計九里，高二丈，垛口三千零八個，窩鋪三千個；原設五門，東曰賓陽，今以不便出入閉塞，南曰鎮川、西曰臨清、西北隅曰清遠、北曰懷羌，建樓五座。

昭化縣城池 舊係土城。明正德間，包築以石，周圍二里七分，高三丈，上覆串房，四面有樓，東門曰瞻鳳、南門曰臨江、西門曰臨清、北門曰拱極。

巴州城池 舊築土城，成化間，通判唐平、知州王臣加築包石，高一丈二尺，廣七百二十丈，闢四門，各覆以樓。正德中，分守參議胡鳳增修。

通江縣城池　明洪武初，知縣樂韶壘石立柵以爲城。成化間，知縣毛鳳築以土。正德六年，都御史林俊、參議龔勉仁、遂寧縣知縣鄒演、訓導孫永孝始甃甓爲城，周圍七百二十丈，高一丈二尺，門三，曰靖武、永安、朝奉。明末毀。皇清康熙元年，知縣王保鰲修理如舊。

南江縣城池　石城。明正德間，沈鏞築，周三百六十丈，東南西三門。

劍州城池　石城，明成化中，知州唐孟璋築砌，周二里。正德十三年，知州李璧擴之，門五，曰劍閣、武建、鶴鳴、漢陽、立馬，舊南門仍存，是爲六門。

梓潼縣城池　石城，明成化中知縣關貴築。正德間，知縣王賓重修，周五百八十丈，南門曰南極、北門曰北辰，東西二門無額。

順慶府

《職方典》第六百一卷
順慶府部彙考一
順慶府城池考　府志
本府（南充縣附郭）

順慶府城池　明洪武初，自北津渡遷於此，周一千三百丈，高一丈二尺，闊一丈，池深九尺，闊六尺。門九，曰景和、來熏、阜成、陽復，餘小東門、小西門、小南門、小北門、西湖門，各覆以樓。崇禎甲申毀。至皇清康熙七年，知府李民聖重修，易其額，東漢津、南鶴和、西金池、北儀鳳。康熙十五年，江漲入城，城崩池塞。二十二年，知府張經、知縣張宿焜捐俸重修。

西充縣城池　明天順間，知縣張貴始築土城，周七里，高一丈。成化間，知縣柳金用石包砌，門四，進賢、大安、仙林、恩光。

蓬州城池　明天順間，判官李戀始築墻豎柵，周四里。弘治中，知州畢宗賢、同知段普相繼包砌建樓。門四，蓬萊、鳳山、龍溪、五馬。按《州志》載，周五里七分，高一丈五尺。

營山縣城池　明成化中，知縣李琳始築土城。正德中，知縣嚴杰包砌。周八百八十一丈，門四，東秩、臨清、西成、覽秀。

儀隴縣城池　明成化初，知縣明睿築土城，周洙豎樓。正德中，知縣利本堅遷城，北倚金城山，周一百六十丈，高廣各一丈五尺，包石，門四，東作、西成、迎恩、朝闕。

廣安州城池 舊豎木爲柵，依山甃石爲墻，周六里，明成化中，知州曾瑀、許仁修築，同知秦升甃臺、駕樓、砌石，門四，柔安、鎮安、清安、寧安。《志》載九里七分。

渠縣城池 明成化中，知縣朱鳳始築，西南豎柵。正德中，知縣甘澤補築，通包砌石，門四，各覆以樓，外環壕。《縣志》載，周約四里，高二丈，置五門。皇清康熙二年，知縣雷鳴魯率士民歸城，修築如故。

大竹縣城池 明成化初，知縣李旻始築，砌石，周八百餘步，門四，通濟、通渠、通賢、通達。

鄰水縣城池 明成化初，知縣於福削山砌石爲城，周四里，門四，迎陽、永寧、鎮安、安慶。

叙州府

《職方典》第六百三卷
叙州府部彙考一
叙州府城池考　總志、縣志合載
本府（宜賓縣附郭）

叙州府城池 石城，唐德宗時，韋皋開都督府於三江口，因是創建土城。會昌中，因馬湖江水蕩圮，徙築江北。宋末，元兵入蜀，安撫郭漢杰移治登高山。元至元中，廢山城，復城於三江口，即今制。明洪武初，總兵曹國公設守禦千戶所，仍增外城，包舊城於內，砌以磚，高二丈七尺，厚一丈八尺，周一千八十七丈；門六，麗陽、合江、建南、七星、文星、武安、東南；以馬湖江爲天塹，西北則鑿壕，廣五十丈，深一丈五尺。

慶符縣城池 石城，明成化初，知縣詹文築土城，高一丈二尺，周六百三十丈，後知縣黃瓚重甃以石，門四，池深一丈。

富順縣城池 舊惟有土城，由瀾崖包馬腦至凌雲山而止。年久圮壞。正德壬申，知縣童綸始裁約其制，甃以磚石，周五里有奇；門七，東曰東津、南曰文明、西曰凌雲、北曰拱極、東北曰向陽、西南曰鎮江，又東北之中曰子門。後東北城隅爲江水衝激，沙岸漸崩，墻垣傾圮。萬曆二年甲戌，知縣劉方由小東門至子門甃以灰石。萬曆六年，復因水漲堤崩，知縣秦可貞更加區畫，完砌如故。明末寇毀，今正議修。

南溪縣城池 明天順中創，知縣鄧壽椿、路義欄相繼重修，周五里，城門七。

長寧縣城池 石城，宋寇瑊卜地於淯井，明因之。成化間，知府王良美琢石展城，高一丈六尺，周三百七十五丈，門四，外環以壕。

高縣城池 明景泰初創建。成化初重修，甃以石，高一丈五尺，周三百六十丈，門四。

筠連縣城池 邑舊無城。明景泰初，建築土城。成化二年，知縣翁冕重修，甃以石，門四。萬曆初，知縣蔣邦輔重修，外環以壕，惟東南二門有之，城周圍三百零八丈，一里八分，壕深一丈，寬一丈。兵火後塌毀無存。

興文縣城池 石城，宋趙遹征蠻，常駐兵於此，築土城一里半。明洪武中，修包以石，門四。正德二年，建石城，高一丈，周圍一百九十九丈一尺，城樓三座，門三，開自甲申，兵火俱圮。

珙縣城池 石城，背山環水。明天啟八年，知縣曹棠築，周二里許，高一丈。

隆昌縣城池 石城，明隆慶間，知府張世引建，高一丈八尺，周三百五十丈，門五，無池。

建武城池 萬曆三年創建，西面附玉屏山麓，僅開東南北三門，城垣高一丈三尺，周圍四百七十三丈，池無。

重慶府

《職方典》第六百八卷
重慶府部彙考二
重慶府城池考　府志
本府（巴縣附郭）

重慶府城池 石城，明洪武初，指揮戴鼎重建。崇禎中，為獻賊毀壞。至康熙二年，總督李國英督兵將補築完固，外高二十丈，內腰墻高六尺，周圍一十二里六分，腰墻二千一百二十六丈，垛口三千四百九十垛。

門一十七，太平、出奇、金子、南紀、通遠、臨江、千廝、朝天、東水，以上九門現開；仁和、鳳凰、金湯、定遠、洪崖、福興（即西水門）、翠微、太安，以上八門未開。

江津縣城池 石城。明成化中，同知莫琚修，高二丈六尺，周圍一千三丈八尺，爲九門，南安、東阜、迎恩、西鎮，以上四門現開；北固、通市、嘉會、臨江、德威，以上五門閉。明末，鄉紳刁化神增修。

長壽縣城池 無城垣，三里半。按《通志》，土城。

永川縣城池 石城。明成化中，同知莫琚、知縣劉鳳築，高一丈五尺，周圍四百丈，門六，仁惠、義正、阜民、嘉惠、文明、武德。

榮昌縣城池 石城。明成化中，同知莫琚、知縣譚林築，高一丈五尺，周一千丈；門四，南和、東泰、北謐，以上現開，西寧未開，外環以濠。

綦江縣城池 石城。明成化中，主簿宋璧重修，高一丈一尺，周四百九十丈；門四，迎恩、柔遠、永川，以上三門現開，偃武未開。萬曆中，盜賊楊應龍破，尋復。皇清，知縣李秉直捐資重修。

南川縣城池 明成化中，知縣劉斐始築土城，外高一丈二尺，周三里五分；門四，東門、西門、南門、北門，外環以濠。

黔江縣城池 石城。明洪武，知縣盧祥砌，高一丈一尺，周三里五分；門四，領彝、向東、宣化、永遠；外環以濠。

合州城池 石城，明成化中，知州唐珣重修，高一丈七尺，周二千九百二十二丈；門十二，廣濟、會江、阜民、觀德、望江、洛陽、瑞應、迎恩，以上八門現開；演武、修文、迎輝、安遠，以上四門未開。萬曆三年，知州史修移治瑞應山麓。

忠州城池 石城。明洪武中，調長沙衛軍築，高二丈，周圍五里三分；門五，修文、修政、懷忠、懷賓、賦清。

酆都縣城池 石城。明天順中，知縣柴廣築。弘治中，知縣李毅明重修，高二丈，周六百丈；門五，宣化、迎恩、會川、陽和、屢豐。

墊江縣城池 石城。明成化初，知縣楊端築，高一丈九尺，周一千丈；門四，人和、大定、太平、永安。

涪州城池 石城。明成化中砌，高一丈八尺，周四里；門五，東門、西門、南門、北門、小東門。

彭水縣城池 石城，高一丈二尺，周二里；門四，曰東門、曰西門、曰南門、曰北門。

夔州府

《職方典》第六百十四卷
夔州府部彙考二
夔州府城池考　府志
本府（奉節縣附郭）

夔州府城　周圍九百七十五丈，即宋州城故址也，舊與瞿唐衛共居一城。成化十年，郡守呂晟砌以磚石，東四百八十七丈五尺，瞿唐衛修治，西四百八十七丈五尺，奉節縣修治。爲門五，東門，郡守張廷柏扁曰"瞿唐天險"；西門，巡撫王大用扁曰"全蜀噤喉"；南門，副使王喬齡扁曰"縱目"；小南門，張世宜扁曰"觀瀾"；北門，郡守吳潛扁曰"肅威"。後枕高山，前臨大江，蓋全蜀重鎮也。其西北一帶衆山峭屼，下窺通城，勢難守禦，萬曆二年，知府郭棐議建敵樓二座，詳允創建。至皇清康熙二十三年，本府同知王知人奉文查勘城垣一座，高一丈八尺，周圍五里四分，計九百七十五丈，開設五門，曰賓陽、熏德、時阜、來威、肅成。

下關城，郡東十里，即白帝城也。明初割瞿唐衛右所鎮之，周圍數里，包結完固，東南邐赤甲白鹽，西抵瞿唐灩澦，蓋巴夔要區也。

巫山縣城　舊爲土城。正德二年，知縣唐書修以石城。嘉靖二十九年，大水城塌。萬曆元年，知縣趙時鳳重修，周圍三里二分，計五百七十五丈，高一丈四尺，開設四門，曰叢秀、巫山、會仙、陽臺。按《縣志》，縣城自趙時鳳修後，知縣張惟任因縣多火灾，更四門之名以鎮之，東曰永清、南曰臨江、西曰廣濟、北曰正源，今崩頹。

雲陽縣城　舊係土築。正德六年，知縣梅寧始創磚城。萬曆二年，大水城塌，知縣文簡如法修理，用石甃砌，周圍八里三分，計一千五百丈，高一丈四尺；爲門三，東曰朝宗、西曰大壯、南曰南熏。

萬縣城　成化二十三年，知縣龍濟始修，高一丈二尺。正德六年，知縣孫讓增高三尺。嘉靖二十三年，知縣成敏貫重修。萬曆二年，大水，臨江一帶崩塌，署印主簿朱幟重修，用石甃砌，周圍五里，計九百丈，高一丈五尺，爲門三，曰會江、曰會府、曰會省。

開縣城 舊爲土城。成化二十三年，始砌磚石。正德六年，訓導楊文署縣，始葺樓浚池，周圍二里，計三百六十丈，高一丈二尺，爲門三，東曰望仙、南曰雲石、西曰留陽。

梁山縣城 舊無城。成化中，知縣吳玨始砌石城。正德初，參政曹詳重修，周圍五里二分，計九百五十丈，高一丈八尺；爲門四，曰樂善、曰豐勝、曰永樂、曰永安。

建始縣城 舊無城。弘治三年，副使董齡始築土城。正德七年，知府吳潛行縣，始砌磚石。隆慶六年，知縣姚服璜重修。周圍三里，計五百五十丈，高一丈二尺，爲門四，東曰聳基、西曰崇碧、南曰添祿、北曰望陽。

達州城 舊土城，成化二十一年，增築四百餘丈。弘治中，副使董齡砌石、加堞、闢門、建樓。正德六年，分守參政胡宗道浚壕架梁。嘉靖二十一年，知州郭寶易以石。四十六年，知州胡玉璣加腰牆三尺。隆慶六年，通判張九思重修串樓。周圍三里五分，計六百二十九丈，高一丈五尺；爲門五，曰進賢、錦川、正南、夕陽、鳳山，今錦川門閉塞，止開四門。

東鄉縣城 成化十九年，知縣吳信始爲石城。二十一年，參政謝士元增修。二十三年，知縣倪洪加以樓櫓。正德五年，都憲林俊又拓前規，重修。周圍三里，計五百五十丈，高一丈二尺；爲門五曰，東定、西勝、南寧、北固，東南曰迎薰。

太平縣城 舊無城。明正德十年，新設，知縣董璧始砌石築土爲城。今多圮，知縣程溥遵奉憲檄丈量估計，册報候示。周圍一里八分，計三百三十四丈，高一丈二尺；爲門四，東曰迎恩，西曰回照，今閉，南曰來薰，北曰鎮邊。

馬湖府

《職方典》第六百十九卷

馬湖府部彙考

馬湖府城池考　府志

本府（屏山縣泥溪長官司附郭）

馬湖府城池 石城，明隆慶丁卯，知府張世引建，高一丈八尺，周三百五十丈，東西北各一門，南二門。

龍安府

《職方典》第六百二十卷
龍安府部彙考
龍安府城池考　府志
本府（平武縣附郭）

龍安府城池 漢唐宋元設州，有土城。明洪武七年，土知州薛文勝始建治於青川。洪武二十三年，知州薛繼賢奏移今治，周以木柵。宣德五年，知州薛忠義奏築磚城，周匝九里三分；門四，曰迎輝、清平、通遠、拱宸；外環以壕，東關設迎恩樓，西關設鎮羌樓。

江油縣城池 古無城。明天順中，典史姜綱奏。成化初，知縣桑時用、馬月輝相繼修完，門二，曰永安、長寧。正德中，同知段溥復砌以石。嘉靖元年，巡撫許廷光展修。萬曆四年，知縣葉自新修，益墻垛。萬曆十六年，知縣安祚復竪串房，外環以壕。

石泉縣城池 宋紹興中，知縣魏禧始築土城。元末毀。明天順中，知府席貴重築，建門三，曰阜民、鎮遠、弘文。萬曆二十四年，知縣鄧士達重修，外環以壕。

舊青川所城池 明洪武四年，千戶朱銘創建。周二里，門四，曰長春、通泉、永安、大雄。萬曆二十四年，知府沈銳檄鎮撫趙斌重修。皇清康熙六年，知府翁佶捐資，平武知縣楊桂朝重修完固，今歸併平武縣。

潼川州

《職方典》第六百二十一卷
潼川州部彙考一
潼川州城池考　總志州縣志合載
本州

  潼川州城池 石城，周圍九里有奇，狀若蛇盤，與西川龜城對峙。明天順、成化間，知州譚道生、蔣容相繼修築，門四，高一丈六尺，樓翼層檐，墙飛女堞；外鑿池，闊四丈，引西溪九曲水注於中。歲久湮廢。知州錢輪重加疏鑿，又於城東築堤三十餘丈以禦水患。嘉靖中，知州趙德宏砌以石，門四，東流、通蜀、南熏、川北，植柳萬株於外，今崩圮。

  射洪縣城池 石城，周圍五里。明天順初，典史廖斌築土城。成化間，知縣郭鐩甃以石，周五里；門四，觀瀾、宗海、覽秀、迎恩。隆慶中，知縣李猷重修。外環以壕。

  鹽亭縣城池 石城，周圍六里。成化初，知縣李惟中築，門四，鳳儀、雲溪、春谷、彌江。今崩圮。

  中江縣城池 石城，周圍七里三分，高厚並一丈三尺，女墻高四尺，壕深一丈，寬一丈五尺；門五，賓陽、正觀、迎恩、永鎮、近民，今西南隅有門曰水南，開設無考，共六門。明天順中，知縣譚敏築。弘治、正德、嘉靖、萬曆、崇禎間，相繼補修。皇清康熙四十四年，攝縣事知州張應詔始置門，以時啟閉。五十二年，知縣李來儀補築。池外爲護城堤，創自宋時，歷今屢經補築。

  遂寧縣城池 石城，周十里，外環以池。唐節度夏魯奇築。明天順間典史吳讓，正德間知縣范府重修。嘉靖中，僉事楊瞻檄增高三尺。門四，望鶴、登龍、玉堂、金馬。

  蓬溪縣城池 石城，周圍五里。明成化初，知縣楊珙建。逼河崩圮，正德間，御史熊相檄知縣馮本改修。嘉靖中，知縣陳養正重修，增廣百餘步。門四，賓陽、南熏、西城、拱辰。

  樂至縣城池 石城，明正德初，知縣汪民所砌，高一丈八尺，周一百四十九丈；門四，迎恩、演武、修文、朝京。知縣王聰重修。

眉　　州

《職方典》第六百二十五卷
眉州部彙考一
眉州城池考　州志
本州

眉州城池 石城，周圍一千八百六十五丈，山行章攝守眉州，合五縣之力成之，周八里有奇。李順攻圍半年不下。歲久，城壕頹塞，惟規制尚存。明成化中，知州許仁砌垣疏壕，並新四門，東曰臨江、西曰跨醴、南曰霽雪、北曰登雲。正德中，知州原道、張日善相繼補修疏鑿。自甲申以來，傾者十已五六。皇清康熙二十四年修。

丹棱縣城池 古無城郭。明成化丙午，知縣楊晒創築土牆，後知縣陳鏡、湯克諧相繼成之。闊一丈，崇一丈五尺，周五百丈有奇。正德中，僉事盧翊檄知縣劉臣包以石，知縣袁瓊又增修之。弘治十七年，知縣江謙即其崩圮，重加補葺，爲門四，東曰迎曦、西曰西成、南曰文明、北曰武備。自甲申後，毀塌無存。皇清，知縣張廷秀始招集居民，掃剃街渠，城垣乃出，然頹危如故。後知縣盧帝臣增修，漸次復舊。至於池在西城者，即龍溪水旋繞而下，會於南城之滄浪，東折而合於思濛江，北郊則皆山也，舊無池，當戒嚴時，決壕以障之，今廢。

彭山縣城池 舊土城，周一千餘丈。明成化中，知縣樊瑾修之。正德中，僉事盧翊包之以石，門四，曰濯陽、望眉、臨邛、通津，外環以壕，舊址尚存。皇清康熙元年，併入眉州。

青神縣城池 明天順間，知縣任廣、鄭瓚相繼創築土城。正德初，知縣曾䇓增修。嘉靖間，楊麟包石，周百六十丈，門四，曰青陽、聚奎、麟西、鴻化，外環以壕，舊址尚存。皇清康熙六年，歸併眉州。

嘉定州

《職方典》第六百二十八卷
嘉定州部彙考二
嘉定州城池考　州志
本州

嘉定州城池 石城，周一千七百丈；門十，曰三江，後爲會江，曰覲陽（後爲涵春）、曰定波（後爲福泉）、曰拱辰、曰北上（後爲迎恩）、曰瞻峨、曰來薰、曰望洋、曰育賢、曰崇明（後爲麗正），門各有樓，樓名各如其門，新名如福泉、迎恩，俗而麗正，僭宜仍其舊。定波樓，己酉毀於火，李侯辨重建。東南二門濱水，成弘間屢築屢頹，正德十三年，知州胡侯準深固其基，而厚叠以石，堅致完密，屹然金湯。今近百年，奈西水暴悍，而東城一帶又爲內水浸灌，時有傾塌而補茸之，竟不如胡侯所修之堅矣。胡侯城東南，即調去。至嘉靖三十三年，李侯輔乃城西北。按《總志》，城西北倚山，南東臨河，水囓城壞。正統中知州段鑒、成化間魏翰捍以石堤。正德中，胡準復掘地深八尺，砌石厚如之，編柏爲柵以附石。東城高十有四尺，厚一丈六尺，周二千餘丈。皇清康熙四年，上南道張能鱗、知州高仰昆重修。

峨眉縣城池　縣舊爲土城，周圍八里，高一丈，外環以壕。明正德七年，僉事羅翊督知縣趙鉞易以石城，開東南西北四門，各建以樓，依舊池浚深三尺，闊五尺，引水以灌民田。十一年，知縣吳廷璧增修，周圍共五百四十一丈，高一丈八尺。嘉靖十九年，知縣崔烱以江石漫墻面，可通游覽，於南北兩隅復增二門，東爲文昌門、南爲瞻峨門、西爲武振門、北爲觀澗門，南門之東有新南門又名迎熏門、西門之北有拱辰門，原俱有城樓，今皆廢毀，僅存地址。按李膺《益州記》云，隋開皇九年，立峨眉縣，以山爲名，縣在南安之西，峨山之東。唐乾元間，獠叛，移就峨眉觀東，則今之城基自唐時始矣。明趙吳兩令建築，自明末至今，叠經劫火，兼之山水不時暴發，傾圮將盡。今於皇清康熙乙丑歲，知縣房星著奉行估修。按《總志》，是僉事盧翊督、趙鉞建築。正德十二年，知縣吳廷璧修。

洪雅縣城池　成化十九年，知縣王讓初築土爲之，周一千二百丈，高一丈三尺，門六，東曰賓暘、南曰受熏、西曰慶成、北曰拱辰，縣前曰弦歌聲教、學前曰太和元氣。正德八年，知縣楊琪始易以石。屢經水囓，天啓三年，知縣陝嗣宗采石增修。經獻寇傾毀，皇清康熙三年，知縣李果增修，崇堅綿亘，易其額，東曰大生、南曰迎熏、西曰懷美、北曰承恩，縣前曰觀成、學前曰連雲。按《總志》，正德間知縣楊麒重築，包以石。萬曆中，知縣聞道立增修，周一千一百丈，高二丈二尺，外環以壕。

峽江縣城池　建邑以來，歷皆土壤，上覆以瓦。至明天順中，縣令郭奇始爲磚墻。成化間，主簿費麒砌門覆樓。正德中，縣令楊潤補茸之，僉事盧翊始令用石包砌增堞，崇二丈，延九百丈有奇。自崇禎甲申歲，張獻忠據蜀後，以蜀人不服，必欲屠盡，而後他往。丙戌春，分兵四出，賊一支抵峽，甫六日，而城郭、宮室焚毀殆盡矣，又將城垣雉堞拆毀。之後，以皇清大師臨北，獻賊授首，餘孽乃遁去。城毀近十八年。縣令劉際亨於康熙二年來任，次年即行修理，建立門樓。越二載，工成，而邑制重新矣。後又爲江水所潰，崩塌數處，縣令孫調鼎又重葺之，尚未完固。今奉修築，力加培護，自能垂久。至於池，在西南城下者，即青衣江之分流，至城南而注爲潭，土人呼曰縣沱，下流即爲三堰，實資灌漑焉。其北城以東又即八堰之水環繞而下因以爲池，所缺者止西北一小隅及東南十數丈耳。昔曾決土爲壕，今復淤，而諸堰之經流則終古不變焉。按城圖，長圓而中直，名曰半月。臨江爲門有五，東曰東輝門，今爲迎恩門；南曰南安門，今爲披薰門；西曰西成門，今爲賓峨門；北曰北望門，今爲瞻極門；豐門爲聚奎門，今爲鍾英門。

犍爲縣城池 明洪武初，縣丞陳興築土城，久而傾圮。成化三十三年，知縣錢承德復築，倍高，瓦覆。久而亦圮，正德間，知縣李文璧改砌石城。嘉靖間，主簿王世淵以石加女牆。東南近江處，每歲水漲衝塌，丁未爲甚，知縣葉履謙加意修砌，掘地三尺，累石與堤平，而後引繩，廣深堅固。城垣周圍八百丈有餘，高一丈五尺，馬道六尺，城壕深三尺，闊五尺。萬曆癸卯，大水衝塌，知縣鄧全性修砌。年遠水勢愈改，逐年小修而其石塊單薄，卑隘日甚。崇禎十一年，知縣胡學載奉旨一款，毋憚勞費，以繕城隍請詳院道，各照原額鄉甲丁糧均派，加高三尺，幫厚二尺，馬道八尺，令民自雇工匠，石以三尺五寸爲度，並不收分銀粒米入官以滋吏弊，與主簿顧之泰、典史劉應秋不避寒暑，巡督省試，士民信服其心，急公樂成。更於大門建大樓一座，魁星門建風雲閣一座，八面玲瓏，刊名賢詩賦其上，戾三峨而襟錦水，頗有黃鶴、岳陽之觀。自明末甲申後，樓閣傾圮，城垣非舊。皇清康熙二十五年，奉旨修補在案，知縣顏甫任於斯，即日同儒學吳之彥、典史吳士貞不避荆棘，環閱城池，不分蚤暮，重加修葺，但規丈尺、計工費，功力重大，不無有待。按《總志》，正德間，李文璧包石，外環以壕。

榮縣城池 舊土城，沿四水爲隍。宋崇慶三年，郡守曲臺、岑象始修爲石城。紹熙丙辰，加修，圍二千五百五十丈；通五門，東富義、南興賢、西南紹熙、西和義、北清富。成化二十二年，知縣鮑珪以舊城遼曠，頹圮靡治，改方七里，爲步二千九百有奇。後興賢門圮於水，復減築，周九百九十八丈，高一丈八尺，博一丈五尺。嘉靖三十三年，知縣劉軒增高五尺，內周通馬道，廣一丈二尺；仍五門，東龍陽、西迎恩、南青陽、西南安定、北陽西。嘉靖二十一年，知縣熊大輅以南山虎視蹲踞，面見非宜，移右百步，改曰會流，北門亦移左百步，堞樓周四十座。堞樓，明時久圮。按城背負五山，周沿四水，真有得夫形勝之雄者矣。竊有歉於正北一面焉，蓋古圍二千餘丈，正欲全據高險之勢，鮑因惜民力而省築之，舍鳳鳴山首而斷跨之，令在外俯瞰城中，殊覺未當。皇清康熙二十四年六月，奉行丈周圍城垣八百九十一丈四尺，高一丈八尺，博一丈二尺。按《總志》，城九百九十七丈，闊一丈二尺，外環以壕。

威遠縣城池 石城，明正德初，主簿錢宣建、知縣張鉉增修，周一百八十二丈。皇清康熙六年，歸併榮縣。

邛　　州

《職方典》第六百三十一卷
邛州部彙考一
邛州城池考　州縣志合載
本州

邛州城池 自漢末公孫述築土為之。至明成化十九年，知縣姚□奏允改縣為州，增築土城。正德十六年，僉事盧翊、知州李廷詔改築。高二丈，厚八尺，周一千四百二十三丈，約九里七分，三千七百垛口，用石包砌，壘結完固。為門四，東門上樓三間，扁曰"東望錦城"，有月城障之；南門上樓三間，扁曰"南挹蒙蔡"；西門上樓三間，扁曰"西寧番猓"；北門上樓三間，扁曰"北跨鶴霧"。後知州吳祥修補東南城角，上建聚奎樓。城外鑿壕闊一丈五尺，城內東有小溝，引水繞城。按《總志》，姚□築土城，周一千四百十丈，高一丈五尺。

大邑縣城池 自明正統初，知縣馮泰築土城，周八里，高一丈二尺，闊八尺。正德中，僉事盧翊包石，知縣孔完開拓補修，外環以壕。

蒲江縣城池 自明天順間，知縣熊祥築土城，周圍里許，計一千四百四十丈，高一丈八尺，闊九尺，東南臨河，開四門。正德間，僉事盧翊包城以石，外環以壕。按《總志》，天順熊祥築土城，周五百九十二丈，高一丈二尺，闊九尺。

瀘　州

《職方典》第六百三十五卷
瀘州部彙考一
瀘州城池考　總志州志合載
本州

瀘州城池　宋政和中，孫羲叟爲帥，始築土城。元末，兵毀。明洪武初，歸附，都指揮馬曄望奏開衛治，命指揮皇甫霖依舊址築石城，周圍一千二百四十餘丈，高一丈五尺。明弘治初，兵備羅安、知州何綸拓基增建層樓。隆慶中，兵備田應弼增築四門，曰寅賓、曰鎮遠、曰拱極、曰寶成。萬曆中，仍東西南北四門，另闢凝光、會津二門，共六門。城垣周九里七分。皇清，知州陳五典修補城堞，改東門爲保釐門。

納溪縣城池　宋皇祐間始築，周三百一十丈，高一丈。明永樂中重修，門四，曰朝天、曰鯤化、曰江陽、曰安靜。外環以壕。皇清康熙五十一年，知縣蔡璉修葺。

合江縣城池　明天順間，知縣張瑾築土城，周圍三百三十丈，高一丈二尺。成化間，知縣黃瓚包石。弘治中，副使羅安增修門樓。正德中，知縣朱銑重修。皇清康熙甲寅，逆變，毀壞，知縣李雲龍復行補葺，周圍一里八分，城門四。

江安縣城池　宋嘉泰初，知縣趙邁築土城，周圍六里。明成化間，蠻寇出沒，縣丞李英仍舊址築石城，外環以壕。

瀘州衛城池　石城，明成化初，都指揮沈運、指揮使韓雄修築，周圍一百八十八丈，高一丈三尺，門四，曰安順、鎮遠、定邊、拱辰。

雅　州

《職方典》第六百三十七卷
雅州部彙考一
雅州城池考　州縣志合載
本州

雅州城池 石城，明洪武初，千戶余子楨修築，周五里；門四，曰明德、曰鎮戍、曰威恩、曰迎恩；外環以壕。

名山縣城池 土城，明正德年修築，門二，外環以壕。

榮經縣城池 初惟土垣，成化二十二年，知縣陳經修築石城，周三里有奇，高一丈，厚八尺，覆之以瓦，東西南三門臨江岸，築石臺上，建樓櫓，別於西北隅開小門，以便樵汲，名小北門；外爲壕塹，石甃圩岸；東迎恩樓、西雄邊樓；門四，東榮江、南開善、西相嶺、北拱極。按創城以來，百餘年矣。築造之初，磚石未充，僅飾牆垣之面，內皆以土爲障，且傾圮補葺之具，從來竟屬民間，遂至屢圮屢修，小民苟且，圖一夕之計，以粉飾上人，而築城無寧日矣。萬曆四十年，知縣鄒泰申請去瓦用垛口，四門易名迎恩、控夷、熏和、拱極，頗改觀一時而垂久之模未也。自是垛傾，仍蔽以瓦。

大坪堡，在縣西北二十五里，通長河西魚通番界。先是夷獠時出侵掠，成化十三年，知縣倪徹奏請大渡河千戶所管軍八十名城守。

雞扯堡，即雞扯巖，大渡軍守之，今汰。

黃泥堡，在縣西五十里。成化十九年，置取大坪堡，旗軍守之。

碉門寨，即和州鎮，雅州通番之路有三，曰靈關、碉門、始陽，惟碉門最爲要害，兩山壁立，一水中貫，設禁門以限中外。

蘆山縣城池 土城，漢姜維築，周二里。明成化中，典史汪浩拓之，方五里，外環以壕。

遵義府

《職方典》第六百三十九卷
遵義府部彙考
遵義府城池考　總志府志合載
本府（遵義縣附郭）

遵義府城池 明萬曆庚子，播平，始建石城，西南倚山巔無壕，東北臨溪爲壕，依水據山，高二丈，廣九百五十丈四尺，垛口一千七百八十二；門四，東曰宣仁、西曰懷德、南曰陽明、北曰望京，後另開小東門，今閉。

桐梓縣城池 明萬曆間，播平，設縣，知縣何珩築，周三里，厚五尺。後水漲及城下，初築止存大半。署縣事知州王桂植柳以堅外堤，增舊基，砌以磚石，更展四百三十丈，池深一丈，闊倍之；門四，曰東陽、曰南薰、曰西成、曰北拱。

綏陽縣城池 明萬曆庚子，知縣詹淑創修。後河水瀑瀉，城圮，遂改河去城三十丈，重壘土石，高三丈，廣四百七十九丈。歲久傾圮。皇清康熙元年，知縣鄒宗彥重修，門四，曰熙和、曰永定、曰清源、曰拱極。

真安州城池 明萬曆庚子，播平，設州，卜城於潕水上，高一丈四尺，廣六百五十七丈一尺，垛口二千三百六十八，同知郭維屏修建；外環以壕；門四，曰鞏昌、曰興化、曰永清、曰崇明。

仁懷縣城池 明萬曆中，知縣曹一科創修，後知縣王所用增補，高三丈，周四百七十五丈八尺，垛口一千九十五；外環以壕；門四，曰東、西、南、北。

建昌五衛

《職方典》第六百四十一卷
　建昌五衛部彙考一
　建昌五衛城池考　總志五衛志合載

會川衛城池 明洪武初年築土城，指揮李毅用石包之，周圍五里三分，高二丈三尺，門四，壕闊一丈。

鹽井衛城池 明洪武初年築土城。二十五年，指揮李華用石包砌，周圍四里三分，高一丈八尺；門四，曰崇仁、正義、廣禮、順智。

寧蕃衛城池 明洪武中築土城。永樂初，指揮李信包石，周圍六里四分，高二丈；門四，曰寅賓、平彝、寧遠、鎮安；壕闊二丈。

越嶲衛城池 明洪武初年築土城，指揮李毅用石包之，周圍四里三分，高一丈二尺，門四。嘉靖四年，兵備道胡東皋重修，壕闊三丈。

建昌衛守禦禮州所，土城，周一里三分。
建昌衛守禦德昌所，土城，周三里。
寧蕃衛守禦冕山所，土城，傾圮，今改移桐槽隘口，新築土城。

松潘衛

《職方典》第六百四十三卷
松潘衛部彙考
松潘衛城池考　衛志

松潘衛城池　周圍九里七分，每里一百八十丈，共計一千七百四十六丈，高二丈六尺。城形，北門至西門包羅山岡即西崇山也；東南係平地；城內通大江，東入西出，設東南西北四門。西岷頂一門，古設。各門俱有城樓。歷代相傳屢遭兵火，東西舊樓盡傾，新修小樓，南北大樓僅存立柱，又兼岷江之水泛漲不時，城垣半被衝頹。

衛外城，周圍二里，共計三百六十丈，高一丈八尺。城形方，西臨江門，南安阜門，東向明門，此門久閉不開，止開臨江、安阜二門，城門亦半傾圮。

小河城，垣周圍二里三分，共計三百九十六丈，高一丈七尺，城形長開，東南西北四門。

平番城，垣周圍二里三分，共計四百一十四丈，高一丈九尺，城形東面方，西面南角圓，開南北二門。

漳臘城，垣周圍共計三百一十四丈，高二丈四尺，城形方，開東南二門。

疊溪守禦所

《職方典》第六百四十五卷
疊溪守禦所疆域考（形勝附）
疊溪守禦千戶所城池考　總志

本所城池　所舊無城。按《明一統志》云，疊溪長官司在所城北一里鬱，即長官司在所城西十五里。二志互異，未知昔有今廢否，抑以山爲城，雖有如無否？

江南總部

江寧府

《職方典》第六百五十五卷
江寧府部彙考三
江寧府城池考　府志
本府（上元江寧二縣附郭）

江寧府城池　按《圖考》，明太祖於元至正丙申三月取集慶路，戊申改路爲應天府，大建城闕。考諸都城之域，惟南門、大西、水西三門因舊更名聚寶、石頭、三山。自舊東門處截壕爲城，沿淮水北崇禮鄉地開拓八里，增建南出者二門，曰通濟、正陽，自正陽以東而北建東出者一門，曰朝陽；自鍾山之麓由龍廣山圍繞，而西抵覆舟山，建北門曰太平；又西據覆舟山、雞鳴山（即雞籠山）緣湖水以北，至直瀆山而西八里；又建北出者二門，曰神策、金川；自金川北繞獅子山（即盧龍山）於內，雉堞東西相向，亦建二門，曰鍾阜、儀鳳；自儀鳳迤邐而南，建定淮、清涼二門，以接舊西門，而周門西出者五。由聚寶北至金川、神策比通濟、正陽至太平之南北倍之，由朝陽至石城、三山比定淮至神策之東城、三山水門至通濟水門之東西亦倍之，東盡鍾山之南岡，北據山控湖，西阻石頭，南臨聚寶，貫秦淮於內外，橫縮屈曲，計周九十六里。外郭西北據山帶江，東南阻山控野，闢有十六門：東五，曰姚坊、仙鶴、麒麟、滄波、高橋；南七，曰上方、夾岡、雙橋、鳳臺、馴象、大安德、小安德；西一，曰江東；北三，曰佛寧、上元、觀音，周一百八十里。皇清順治二年，改南京爲江南省，以應天府爲江寧府城，郭因明之舊，惟閉清涼、鍾阜、定淮、金川四門，餘門無改。十六年，改神策門爲德勝門，以旌武功。築滿城於青溪之東，起太平門沿舊皇城牆基至通濟門止，開二門，以通出入。外郭城垣舊多頹毀，所存者僅高橋、滄波、江東二三處。

句容縣城池 吳赤烏二年築子城，周三百九十丈。唐天祐八年，縣令邵全邁修築，有東、西、南、北、白羊、上羊六門。宋淳祐六年，張矩重築，後廢。明景泰間，浦洪劉義建門樓。弘治三年，王僖砌以石。嘉靖三十三年，樊垣始築磚城，周七里，有五門。萬曆三年，移建南門於舊門之左。

溧陽縣城池 在燕山北五里許。南唐昇元間，築土城，周四里餘，河貫城中，壕深五尺，闊十倍之。宋建炎中，西拓青安草市，加廣二里，建門五，迎春、迎夏、迎秋、迎冬、青安，水門二，清輝、挹秀。元因爲州城。明初，命將士築之，仍南唐舊址而界草市、青安於外。越七年，又命部使郭景祥加築之，周九百丈有奇，浚壕深丈餘，四門外復築甕城，改名曰東平、西成、南安、北固，學士宋濂爲之記。弘治九年，符觀以南城逼泮宮，增修河堰以廣之。嘉靖三十四年，知縣林命增修堡屋、女牆、月城等，開躍龍壩於學宮左，而閉下水關。按《縣志》，萬曆三十二年，知縣徐縉芳增新埤堄，易東門額曰東生、南門額曰南薰，西、北如故，仍闢水關，上下對峙。四十六年，教諭金維基建文昌閣於上，屹立學宮之左。崇禎十五年，知縣金和復開躍龍關，皆風水之說爲之也。

溧水縣城池 隋始築城，周五里有奇。宋紹定中，知縣史彌鞏修之。明初，鄧鑒更築，周七百餘丈，有六門。洪武間，郭雲重建。正德中，陳銘甃以磚，尋毀，陳憲因址築土城。嘉靖初，王從善展東隅，砌石橋以瀉水。十年，水敗東南隅，張問行修。十七年，水復潰。三十六年，曾震造石城。

江浦縣城池 明洪武四年八月，築浦子口城，設應天衛於城內。九年，始析六合孝義鄉，和州遵教、懷德、任豐、白馬四鄉，滁州豐城鄉置江浦縣，屬應天府，治浦子口城內。後遷治曠口山。萬曆元年，始築土牆，六百九十餘丈，下甃以石。三年，增築重垣。八年春，知縣余乾貞築城。秋九月，城成，門五，東朝宗、東南敦艮、南鍾奇、西霽和、北拱極，邑人張邦直碑記。

六合縣城池 漢爲堂邑縣，始築城，至南北朝築秦郡城，蓋跨河爲一。宋紹興二年，步帥閻仲請就舊壕築城，在河北有四門。隆興初，郭振於城北又築一城，二城俱砌以磚；又數年，築河南土城。乾道、紹熙、嘉泰相繼修之。元仍故。明初城廢。成化十年，唐詔創門四，後每隅增一門。嘉靖三十四年，鑿壕縣治北。三十九年，築堡圍縣署。崇禎九年六月，流賊破六合，中書舍人孫國敉上城六合議，以蘇江四府節省銀四萬餘兩，并義助建城河北，知縣仲聞詔董其事，皆義民分丈領造，凡四閱月告成。周城計一千三百二十三丈二尺，高二丈五尺，北二門、東二門、西一門、南一門。南街一帶，皆商賈水陸出入處，又開便宜小門七。

高淳縣城池 按《縣志》，縣故無城。明嘉靖丙戌冬，縣帑被盜，知縣劉啓東因具白撫按，請所以為防衛者。治之東北迤邐皆岡阜，乃因其勢築土為垣，西南瞰淳河，藉以為壕，濱河皆民居相接，北即通衢要害處甃為七門，東曰賓陽、南曰迎熏、西曰留輝、北曰拱極、東北曰通賢、東南曰望洋、西南曰襟湖。

蘇州府

《職方典》第六百七十卷
蘇州府部彙考二
蘇州府城池考　府志
本府（吳縣長洲縣附郭）

蘇州府城池 吳太伯築城梅里，在無錫境。周敬王六年，闔閭有國，伍員創築大城，周四十二里三十步，小城周十里；為門八，東曰婁、曰匠，西曰閶、曰胥，南曰盤、曰蛇，北曰齊、曰平，皆仍其舊制。至隋楊素徙城橫山東，即今新郭。唐武德九年，復還舊城。乾符三年，刺史張摶重築之。梁龍德二年，始以磚甃，高二丈四尺，厚一丈五尺，裏外有壕。宋初，門已塞二，惟閶、胥、盤、葑、婁、齊六門，後胥門亦廢。嘉定間，知府趙汝述、沈皞相繼修治。寶祐二年，趙汝歷增置女牆，補建葑、婁、齊三門樓。元初，湮毀。至正十一年，復繕完城郭。明更加修築。崇禎十五年，流賊掠六合等處，推官倪長圩重加修葺。皇清康熙元年，巡撫都御史韓世琦改建城垣，并闊城垛。現在周圍城垣四十五里，長五千六百零五尺，高二丈八尺，厚一丈八尺，城樓六座，官廳六所，葑、婁、齊、閶、胥、盤旱門六，葑、婁、齊、閶、盤水門五，旗臺三座，胥門姑蘇臺一座，軍器庫房六所，窩鋪一百五十七間，敵臺五十七座，垛頭三千五十一個，守門官公館六所，營房每門六間，而鎖鑰則歸總捕同知焉。

昆山縣城池 相傳吳子壽所築，後惟樹竹木爲柵，至宋猶然。元至正十七年，始築土城禦寇，周一十二里二百七十八步，高一丈八尺，壕深五尺，廣六尺，門有六。明弘治四年，知縣楊子器建樓其上，東曰賓曦、西曰留輝、南曰朝陽、北曰拱極（後名拱辰）、東南曰迎熏、西南曰麗澤，今名東門、北門、朝陽門、東南門、大西門、小西門。嘉靖五年，邑人都御史周倫疏請築磚城，十七年，顧文康公鼎臣亦議於朝，時巡撫歐陽鐸、巡按陳蕙、知府王儀於沿海州縣次第修舉，而獨先昆山甃以磚石，期年而成。周一十二里，計長二千三百八十七丈，高二丈八尺，垛四千五百八十七，城壕如舊。

常熟縣城池 唐武德初，始遷虞山下，周二百四十步，高一丈，厚四尺，列竹木爲柵。宋建炎間，知縣李閶之始建。五門，東曰行春、西曰秋報、南曰承流、北曰宣化、東北曰介福。元築土城，周一萬四千八百四十丈。至正十六年，張士誠據蘇州，以常熟爲要害，更甃以磚，最爲完固。明永樂中，歲大祲，民乏食，中夜盜城磚以易食，知縣柳敬中慮變，聽其毀而城以廢。嘉靖三十二年，倭寇告警，知縣王鈇興工修築，高二丈四尺，惟西北二門枕山，餘五門內外各有深壕，南門曰翼京、北水門曰望洋、北旱門曰鎮海、西門曰阜成、大東門曰濱暘、小東門曰迎春、西北門曰虞山，通舟楫者又五門。萬曆甲午，知縣張集義增高三尺，內甃馬路。丙午，知縣耿橘改望洋門曰鎮海、虞山門曰鎮山、鎮海門曰鎮江，餘如舊，虞山一門，以形家言不復出入。虞邑瀕海，城垣不可不固，宜以時修葺。

吳江縣城池 梁開平初，吳越王錢鏐築，後廢。宋嘉祐二年，知縣裴煜復建南北二門。元至正十二年，知縣扎牙進重建北門。十六年，張士誠重築，高二丈八尺，厚一丈五尺，周五里二十七步；陸門四、水門四、旱門一，各以方名。明成化元年，知縣陳堯弼重建城樓。嘉靖三十三年，倭犯境，知縣楊芷倡議增築，高三丈二尺，厚一丈八尺，爲四門月城，城垣長一千八十四丈五尺，垛三千二百二十二，敵樓二，敵臺二十六，窩鋪四十。三十六年，知縣曹一麟覆以甓。皇清順治四年，知縣李承尹修。康熙四年，知縣劉定國復增修，并修城樓，爲垛二千三百五十一，窩鋪三十六，箭臺三十六，炮臺四，并浚外城壕。按《舊志》，闊數丈，深六七尺，今闊不及，而深過之。

嘉定縣城池 宋嘉定十二年，知縣高衍孫築，土城。元至正十六年，張士誠遣其將呂珍重築，始用磚石，計九里；為門四，東曰晏海、西曰合浦、南曰澂江、北曰朝京，東西南水門附焉。明正德間，流賊據狼山，知縣王應鵬築土牆備之。嘉靖十五年，知縣李資坤增創北水門，又於上建樓三楹。十九年，海寇倡亂，知縣馬麟增崇土牆。三十二年，倭入寇，知縣萬里謙以土牆難守，改甃以甓，周二千二百六十六丈六尺，基廣五丈，面三丈。萬邐秩，東南毀於霪雨，知縣楊旦重築，改置雉堞二千三百六十九，崇加四尺，甃敵臺一十六座，守鋪三十四，四門各建樓一座，易澂江曰宣文、合浦曰濟漕、朝京曰振武，重浚外濠，周二千六十五丈，深一丈。萬曆十八年，知縣熊密以形家言，移南水門於稍東，名彙龍關。三十年，知縣韓浚增置敵臺一十四座，塞彙龍關，復南水關，城周如舊，高二丈九尺，增置雉堞二百有四十，敵臺一十七，守鋪二。皇清順治九年四月，大雨，城垣傾圮甚多，知縣查逢盛興工修葺，繼任劉弘德始竟其功。十七年，知縣呂奇齡以諸生請，南水關不利科名，復塞之，仍開彙龍關。康熙六年，霪雨，雉堞大隳，知縣余敏督工修葺。十年四月，大雨，城崩幾半，知縣趙昕重修。

太倉州城池 元至正十七年，張士誠遣其將高智廣築，周一十四里五十步，高二丈，廣三丈；壕周一十五里一百七十步，深一丈五尺，廣一丈六尺；陸門七，曰大東、朝陽、大南、大西、小西、大北、小北，舊有小東門，又名竹場門，今廢；水門四，曰大東、大西、小西、朝陽，初築時，有小北、大南二水門，今塞；門樓七座，敵臺二十四，窩鋪六十六；池周一十五里一百七十步，深一丈五尺，廣八丈六尺。

崇明縣城池 崇凡五遷，為長沙新城。明萬曆十二年，知縣李大經遷築，周四里七分，高二丈，厚一丈；為門五，東曰樂平、西曰慶成、南曰迎熏、北曰拱辰、東南曰朝陽；水門二，一在東南、一在西北。門樓四座，南門火災，缺。駐馬廳五，敵臺十一，窩鋪二十，垛一千七百六十。萬曆二十五年，知縣莊尚稷加高三尺。皇清順治十一年，知縣陳慎於城壕鑿梅花坑。十二年，副將李泌以垛多難守，每垛間塞其一。十四年，參將楊膺又命間塞其二。十六年，陳慎復同游擊王龍修西北隅城十餘丈。城外壕闊十八步。十八年，總鎮張大治塞舊壕以築外城土垣，四圍六里，高二丈八尺，垣基闊二丈，鑿新壕於城外，闊二十餘步，又於東關之南設水竇以通泄，遂成金湯之固。

松江府

《職方典》第六百九十卷
松江府部彙考二
松江府城池考　府志
本府（華亭縣婁縣附郭）

松江府城池　廣袤凡九里一百七十三步，高丈有八尺；壕廣十丈，深七尺；門凡四，東曰披雲、西曰谷陽、南曰集仙、北曰通波，水門各附其旁，門有樓，樓外爲月城。元末，張士誠據吳時築。明洪武三十年，因而葺之，立松江守禦千戶所，專管守護城池，上建敵臺二十座，窩鋪二十六座，雉堞三千三百八十九垛。其地後殿九峰，前襟黃浦，大海環其東南，三江繞乎西北，平疇沃野，四望極目，東南之重地也。嘉靖間，島賊入寇，知府方廉捐俸增葺。萬曆二十三年，華亭令王廷錫葺治，旋崩。二十六年，巡撫趙可懷檄令重繕，高闊並加五尺，外壕深廣，皆浚治如初。萬曆三十六年，傾於積雨凡數百尺，華亭令聶紹昌修築。崇禎三年，郡守方岳貢修葺，增高城堞，修建窩鋪、敵臺，各置軍兵防宿，編號分明，遞籌擊柝。城樓四座，東曰迎生、西曰寶成、南曰阜民、北曰拱宸。皇清康熙二年，秋霖兼旬，城西南隅當大張涇衝齧之處，咸遭傾圮，他處亦多崩損，提督梁化鳳、巡撫韓世琦捐俸修葺，於是通加浚築，向來城堞併三爲一，共一千二百有奇，凡水關、城樓之屬，煥然重新，雄峙一方，遂爲巨鎮。

上海縣城池　周圍凡九里，高二丈四尺；門大小凡六，東曰朝宗、南曰跨龍、西曰儀鳳、北曰晏海、小東門曰寶帶、小南門曰朝陽，水門三，其東西者跨肇嘉浜，其在小東門者跨方浜；城有敵樓一，平臺二，堞三千六百有奇，穿廊七十有八；壕廣六丈，深一丈七尺，周回瀠繞，外通潮汐。明嘉靖三十二年，知府方廉因倭亂築浚。三十六年，同知羅拱辰於城四門益以敵樓三楹，沿城益以箭臺二十，環壕益以土牆，又於要害處益以高臺、層樓，其名凡三，曰萬軍、曰制勝、曰鎮武。萬曆二十六年，知縣許汝魁加高五尺，開小南門水關，引薛家浜水以通市河，南城居民至今賴焉。後知縣徐可求、劉一爌相繼甃內城，加闊，自大南門迄北門俱甃以巨石，凡十餘年而告成。三十六年，久雨，內城傾數十處，知縣李繼周次第修築。四十六年，增置穿廊八十餘間。

青浦縣城池 周圍一千三十丈，以里計者六，高二丈三尺，箭垛一千七百一十五，敵臺七，窩鋪四十八，門樓六；旱門五，東曰望海、南曰觀寧、小西曰來蘇、大西曰永保、北曰拱宸；水關三，南曰躍龍、北曰充賦、大西曰通漕；月城三，在南、北、大西，餘未建；壕廣三丈，深一丈，周圍八里。明萬曆二年，知縣石繼芳創建。嘉靖庚子，以糧稅無徵，議建於郡之西北，離城七十餘里，地名青龍，歷知縣楊垚、呂調陰幾十年，值徐文貞入相，有稱不便者，壬子議廢。又二十年，而少司馬蔡汝賢時為給諫，疏議復之，蔡即其邑庠生也。萬曆元年，移建於唐行鎮。凡城池、縣宇及學宮、察院、倉儲之屬，皆邑令石鼎建。三十五年，知縣卓鈿增修城垛，重建敵樓。崇禎間，知縣吳之琦署篆同知趙元會前後修城浚壕（按松屬衛鎮諸城，俱附於後）。

金山衛城池 在府南七十二里，西連乍浦，東接青村，周圍一十二里三百步有奇，高二丈八尺；壕周於城，深丈有八尺，面廣十二丈；陸門四，水門一；門樓四，南曰鎮海、北曰拱北；角樓四，腰樓八，敵臺八，間以箭樓，凡四十八，雉堞三千六百七十八；其外營堡、烽堠氣勢聯絡，隱若金湯。明洪武十九年，欽差安遠侯等官起嘉湖蘇松等府衛軍民所築。永樂十五年九月，欽差都指揮使谷祥增高五尺，潮沙淤塞，復命指揮侯端等督修，挑深一丈四尺，闊一十丈。

柘林城池 本堡原係古鎮，以其臨海，明嘉靖甲寅，倭至取便，結老巢於此。巡按御史尚維持因建議築城，周圍四里，高一丈八尺，旱門三座，水關二座，雉堞一千八百七十垛。城壕原未深闊，後經巡撫趙可懷復重浚，面闊十丈，底闊六丈，深一丈五尺。

青村城池 在府城東一百十里，周圍六里，高二丈五尺；壕廣二十有四丈，深七尺餘；城門四，上各有樓，外各有月城；角樓四，敵臺十一，箭樓二十八。明洪武十九年，安遠侯議築。永樂十五年，都指揮使谷祥增修城池，周圍五里八十步，月城四座。萬曆二十六年，巡撫趙可懷檄委署海防同知李遒重修，城加高厚如故。壕面浚闊十丈，底闊六丈，深一丈六尺。

南彙嘴城池 在府城東北一百五十里，青村北五十里，周圍九里百三十步，高二丈二尺；壕周於城，深七尺餘，廣二十有四丈；陸門四、水門四，門樓、角樓各四、敵臺四、箭樓四十。明洪武十九年，安遠侯築。永樂十五年，都指揮使谷祥增修。弘治初，指揮使翁熊重修。內有鎮撫司、軍器局、廣儲倉，外有演武場，祀典有城隍、旗纛二廟。其備瞭守，瀕海有墩塘三十五墩，自一墩至十八墩在捍海塘外，每墩一瞭守，軍士五人；塘一十七即海塘，置鋪舍以便瞭守，每塘一瞭守，軍士二人。萬曆二十六年，巡撫趙可懷檄重修城牆，高厚如制。壕面闊十丈，底闊六丈，深一丈四尺。

川沙城池　在八團鎮，明嘉靖三十六年，巡撫趙忻、巡按尚維持、兵備熊桴興築，內設守堡千戶公署、百戶所、軍器庫、把總司、撫按行臺、鐘鼓樓、城隍廟、社學、下沙三場、二場鹽課司、南蹌巡檢司、三林莊巡檢司、演武場，又置附堡營田若干畝，除輸糧外，餘贍守堡公用，邇來生聚日繁，人文漸盛，巍然為瀕海巨鎮。

寶山城池　在上海東北，與嘉定接壤。明永樂初，沿海設備，築高丘二十丈，延亘十里，事聞，御製文樹碑焉，今沒於海。舊有旱寨，後廢，嗣築新城，但城隘而兵力單弱。萬曆七年，撫按議題改築城，周三里，高丈有八尺，以吳淞所官兵聽本府委官統練，以備守禦，亦海壖一險厄也。

西倉城池　在府城西門外，周圍二里，高一丈八尺，陸門凡四，壕廣六丈，深三尺餘。明嘉靖間興築，以衛漕糧。內有公署、神祠、倉廠，俱萬曆己未知縣章允儒重修。崇禎八年，知府方岳貢以漕艘運軍泊舟水次，恐滋他端，遂築敵樓於倉橋北岸，增置城樓四座，葺城浚河。其城中空地，許民間納價給帖，於是居民鱗比，倉廠整翼，屹然成一方之鎮。

常州府

《職方典》第七百十卷
常州府部彙考四
常州府城池考　通志縣志合載
本府（武進縣附郭）

常州府城池　原周圍二里三百一十八步，高二丈一尺，中外甓之。唐景福元年，淮南節度使楊行密遣節度押衙檢校兵部尚書唐彥隨權領州事，重修，立城隍祠、天王祠、鼓角樓、白露屋。今為府治，城廢，周繚以垣。外子城，周圍七里三十步，高二丈八尺，厚二丈，中外甃以磚石，上有禦敵樓、白露屋。僞吳順義中，刺史張伯宗增築，方直雄固，號金斗城。余幹詩云"毗陵城如金斗方"以此。門有四，東行春、西迎秋、南金斗、北北極，外皆有池。宋建炎中毀。紹興二年，郡守俞俟復興繕。明洪武初，改築新城，迎秋、北極門似即爲新城基，惟行春、金斗遺迹稍存，今亦廢。羅城，周圍二十七里三十七步，高一丈，厚稱之。僞吳天順二年，刺史徐景邁築，門有九，東通吳、次東懷德，南德安、次南廣化，西朝京，北青山、次北和政，東北東欽，外皆有池。太平興國初，詔撤禦敵樓、白露屋，惟留城隍、天王二祠及鼓角樓，後移城隍祠於金斗門內西偏。明洪武己酉，改築新城，羅城遂廢。惟東南故址稍存。新城，在羅城內，周圍十里二百八十四步，高二丈五尺，甃以磚石，壕闊十六丈，深二丈。洪武二年，守禦官中山侯湯和築，置七門，東、西、南、北、次北名仍舊，次東曰中箭、次南曰石幢，門各有樓，外有瓮城。水關四，一在正東，曰東水門；一在正西，曰西水門；一在東北，曰北水門；一在西北，曰小西水門。天順後，樓堞廢毀，城壁間存。成化十八年，巡撫尚書王恕奉朝廷命，以成算授知府孫仁重甃，易以巨石，新甓，增高三尺，其門名中箭、石幢者復名懷德、廣化。凡池隍、樓櫓雖無改舊規，而雄偉壯麗實侈於前，邑人南京吏部右侍郎王㒟記。久之又圮，正德辛未，知府李嵩請於當事，更葺之，益走馬街廣丈餘，設巡警鋪五十二所，長沙大學士李東陽有記。嘉靖乙卯，倭賊入寇，郡守金豪復築，合德安、廣化兩瓮城，增築諸敵臺、窩鋪，城制始備。萬曆中，磚石稍稍毀泐，當事者委本府通判趙堪葺之，堪視如家事，旦暮程督，所費六千餘金，遍城爲之一新，功鉅而力省，前此未有。萬曆三十年，知縣晏文輝自通吳門至北水關築重墻百八十丈，尋圮。皇清康熙九年，以垣堞傾頹，知縣張令望重修。城壕，明正德七年，郡守李嵩委治農通判溫應璧浚之，復於郭門之外各掘地通壕，以利舟楫。嘉靖三十五年，欲疏治，會雨漲不果。萬曆三十二年，涸甚，西起龍舌尖，北至北水門，僅通微流，郡侯歐陽東鳳鳩工重浚。天啓二年，知縣李維喬重浚，長一千四十七丈。

無錫縣城池 在梁溪之東，相傳舊羅城周四里三十七步，子城周一百三十步，宋乾興中，縣令李晋卿重築。舊子城一百七十七步，正門四，東曰熙春、西曰梁溪、南曰陽春、北曰蓮蓉；偏門三，顧橋、新塘、董家。建炎初，陳蒙記事已云："無城可守"，則知其廢久矣。迨元至正十五年，重修。十七年，而僞吳增廣其制，甃以磚石。明洪武初，復加繕治，凡周一千六百二十丈，高二丈，門各建樓，而名無所改。久之又盡圮，至嘉靖甲寅，倭寇江南，知縣事松滋、王其勤築之，七十日而城成，周一十八里，計一千七百八十三丈六尺一寸，高二丈一尺，於土城之外又加磚石焉，上爲馬街，數步一舍，舍宿守卒，數舍一臺，臺便瞭望，乃易四門之名，東曰靖海、南曰望湖、西曰試泉、北曰控江，其上重樓之名，東曰對育、南曰撫熏、西曰序成、北曰企辰，又水門三，南北跨弦河，西跨束帶河，其三偏門皆塞焉。蓋城既成之二日，而倭寇至，登埤而守之，得不破。皇清康熙七年戊申，知縣吳興祚重修。十九年，大水，四面圮者合六十九丈，知縣曾子駒修其西南隅而去任。二十三年，知縣徐永言大繕治之，并葺譙樓、水門、走馬街之屬。

江陰縣城池 梁置江陰郡江陰縣，始築，跨乾明、演教二寺故址。陳、隋、唐皆因其舊，後人呼爲古城，以其創始也。南唐改縣爲軍，曰軍城。《祥符圖經》云，周回一十三里。天祐十年築，建門四，曰延慶、欽明、通津、朝宗。宋增子城，門四，東曰新津，慶元五年，知軍葉簣修，紹定二年，知軍顏耆仲重修，南曰觀風、西曰望京、北曰澂江，皆知軍史雋之修。城門五，東曰春輝、西曰天慶、南曰朝宗、北曰愛日、東北曰建寅。元時，毀。至正十一年，兵起，始詔天下復繕治城郭，於是州人黃傅攝州事，率鄉民城之。明龍鳳三年，更加修築，甃磚疊石，增女牆，闢四門，仍舊名，東曰春輝、西曰天慶、南曰朝宗、北曰愛日。明正德元年，知縣劉紘修朝宗、天慶二門。六年，修築，城還其舊。周九里零，高一丈五尺，基厚如之，女牆高二尺五寸，自東門至南門三百零七丈五尺八寸，南門至西門五百七十四丈六尺，西門至北門三百零六丈三尺，北門至東門六百九十六丈八尺，總計一千六百八十七丈零三寸，爲六千七百四十九步，門皆有樓，東南北各置水關。十年，知縣萬玘修北水關。嘉靖十二年，知縣李元陽復建城樓八座，各當空缺，瞭望相屬。二十二年，巡江御史馮璋厚培城址，叠石五層，凡六百八十五丈，甃磚爲面凡四十餘丈。二十八年，知縣毛鵬經始改建磚城。三十一年，知縣錢錞聞倭寇披猖浙中，亟甃城，先完北隅之缺，義士黃鑾輸銀六千，計功得三百餘丈。倭至，民得無患。三十三年，知縣金柱乃大集功，合四城而甃之，改北門爲澂江門，增子城四座，城鋪三座，敵樓窩鋪二十二座。嗣後屢有增修。皇清康熙二年，知縣何爾彬疏壕。六年，署縣事靖江知縣鄭重加浚。十三年，知縣龔之怡大浚。外城河，長一千八百四十六丈，《舊志》云：闊四丈二尺，深七尺。江潮自北門循城西，流轉而南曰南轉河，自北門循城東流轉而南曰東轉河。

宜興縣城池 古荊邑，城無考。至孫吳赤烏六年，城陽羨，前臨荊溪，後阻河，左右俱塹有壕，周圍一里九十步，相傳今之縣治，即其故址也。晉太安初，立為義興郡，以後或州、或軍、或縣、或府，皆因之，舊有二門，南二里曰南興，北一里曰慶源。明初戊戌，克城，總制楊國興改築。永樂十四年，益展拓之，南距周瀆，北際慶源，東望李公堤，西界義阡，周圍九里三十步，高二丈五尺，壕闊三丈餘，深一丈五尺，東西南北凡四門，又設小東門，各建戍樓於上。成化十四年，重修。弘治四年，令陳策載修。正德七年，令劉一中增修雉堞，併築東西北三水關及閘，閘有護堤。十四年，令劉秉仁復修。嘉靖三十四年，令董鯤以倭警增建敵臺五座。四十三年，令黃茂增建東西關樓。

靖江縣城池 舊有土城，在馬馱東沙，周圍七里四十步，外有池，廣五頃一十二畝二分。明成化間，知縣張汝革修築廢圮，遂成鞏固。

鎮江府

《職方典》第七百二十七卷
鎮江府部彙考三
鎮江府城池考　通志府志合載
本府（丹徒縣附郭）

鎮江府城池 土城，周二十六里十七步，高九尺六寸，吳時為京城，孫韶嘗繕治之。唐乾符中，周寶再加修築。太和中，觀察使王璠鑿壕，深數尺，東西夾城高三丈一尺。明洪武元年，指揮宋禮請於朝，更築，甃以磚石，周九里十三步，高二丈六尺。萬曆十二年，知府吳撝謙於府後附城築垣與城齊，以衛府治。二十一年，周回城垣復加高三尺，迤北附垣增建虛臺一，與北固山相對。門四，東曰朝陽、西曰金銀、南曰虎踞，夾城向北增設一小門，北向曰定波，水關二。

丹陽縣城池 《祥符圖經》云，雲陽故城，周回五百六十步，高一丈五尺，四面無壕，即古簡州城也。《咸淳志》云，周回三里，上多古木，東門在斜橋，西門在縣前，南門在草堰，北門在觀音山。代遠傾圮。元以後久廢。明嘉靖三十四年，倭寇內地，知縣陳奎始築內城，周回九百七十九丈，徑三百三十三丈有奇，高二丈二尺，下闊三丈，上半之，四面各開一門，上施樓櫓，東曰通漕、西曰望京、南曰迎熏、北曰鎮湖，又於通漕門之右開水關石閘一。嘉靖三十五年，倭船艤孟瀆口突犯河莊城下，內地戒嚴。時城既築，市民遺於外者十之七八，居人患其隘，巡撫張景賢令於城外稍壘土城。嘉靖三十六年，知縣史永壽請增築焉，建城門五座，東門在麻巷，小東門在運河，南門在草堰，小南門在新巷，北門在倉橋，西門在縣治仍其舊，敵臺二座，水關二座，接內河跨漕渠，延袤九里，壕闊八丈餘，始合內外城為一。雲陽驛，先在邑內，漕艘、官舫悉經城外水關，至晝夜不得閉。萬曆戊子，知縣周應鰲深浚外隍，令通舟楫，而移驛於西門外，邑民便之，自南迄西，深一丈五尺，廣十一丈，亙八里。

金壇縣城池 唐長壽元年築。萬歲通天中，甃以甓，周七百步，高一丈五尺，門十有一，久湮廢為平地。明正德壬申，流賊至江上，知縣董相率眾廣之，修築土城，周一千二百四十二丈，高二丈，下闊三丈，上半之；城門六，東曰通吳、南曰平湖、西南曰迎蹕、西曰望山、西北曰丹陽、北曰望潮，并水關皆甃以石，上各有樓，下各跨壕為橋。乙亥，知縣劉天和以關基不固，又改築之。嘉靖甲寅，倭警，知縣趙圭始甃以甓，疊石為基，周一千二百三十四丈六尺，高二丈六尺；為門者六，東曰景陽、南曰弘化、曰興元、西曰望華、北曰拱辰、曰揚武，外各有橋；為關者二，南曰會龍、北曰會潮。萬曆庚辰，知縣劉美易城門興元曰文明、拱辰曰拱極、揚武曰朝天。萬曆乙酉，知縣許弘綱復改築兩水關，高廣於昔。天啓四年，大水，東城圮百餘丈，知縣楊錫璜修之。皇清順治三年，北城圮二十餘丈，知縣胡延年修之。康熙十三年，以歲久多傾圮，知縣康萬寧修之。十五年，城西北圮二十餘丈，知縣李璘修之。按《舊志》，隍周城，東廣二丈，深一丈，西廣一丈五尺，深八尺，潦則周流，少旱乃涸。今築城後，水關既溢，西壕敷淺，上流四十八汊之水唯賴東壕分泄，又以朝天、景陽、弘化三門浮橋石垛塞壕之半，故時雨則城北之水高於城南者五六尺，而歲歲被澇，大加開浚尤恤民之急務也。

淮安府

《職方典》第七百四十三卷
淮安府部彙考三
淮安府城池考　府縣志合載
本府（山陽縣附郭）

淮安府城池　舊城，晉時所築。宋金爭此為重鎮，守臣陳敏重築，北使見其雉堞堅新，號銀鑄城。嘉定初，復圮，知州趙仲茸之。九年，知州應純之填塞窪坎，浚池泄水，乃益堅完。元至正間，江淮兵亂，守臣因舊土城稍加補築防守。明朝略增修築，包以磚甃，周置樓櫓，自基至女牆高三十尺，周一十一里，東西徑五百二十五丈。舊為門五、水門二，東曰觀風、南曰迎遠、西曰望雲，稍南二十餘武為水門；稍北不三百武曰清風，元兵渡淮時，守臣孫虎塞之，今廢；北曰朝宗，稍西不數武亦為水門，并水西門，小舟可通。城中四門，皆有子城；城各有樓，又置三角樓，惟艮隅闕一，以觀風門在焉；東南二門，外各有吊橋。自東門外至南角樓沿帶以池，自南角樓鐘樓角以運河為池，北樓外接聯城故無壕。城上窩鋪五十二座，雉堞二千九百九十六垛。正德十三年，巡撫都御史叢蘭檄知府薛□修。嘉靖丁巳，知府劉崇文修。後倭寇，攻不克。隆慶六年，改西門城樓匾曰通漕，總督都御史王宗沐建樓於西門子城上，額曰舉遠。萬曆三十三年，倭犯朝鮮，邊海戒嚴，署府事推官曹於汴添設敵臺四座。三十八年，西城門樓災，知府姚鉉重建。四十八年，南門毀於雷火，知府宋祖舜題西樓向東匾曰"注江禹績"。新城去舊城北一里許，山陽縣北辰鎮也。元末，張士誠偽將史文炳守此時，築土城臨淮。明洪武十年，指揮時禹增築，以寶應廢城磚石撤建之，西瞰運河，東南接馮家蕩，北俯長淮，高二丈八尺，圍七里二十丈，東西徑三百二十六丈，南北徑三百三十四丈，城門共五座，北門加一座，城樓俱備。成化十四年，南門樓毀。正德二年，總兵郭鋐重建，匾東曰望洋、西曰覽運、南曰迎熏、北曰拱極、曰戴辰，東西有子城，角樓共四，南北二水門，東南二門外各有橋，城上窩鋪四十八，雉堞一千二百垛，東南二面池深一丈餘，闊五尺餘，西北二面以淮湖為壕，與舊城通連淮陰，輔車相依，金湯鞏固。東南二門外俱有橋，北水關不通舟。隆慶五年，知府陳文燭修。萬曆二十三年，倭奴邊警，署府事推官曹於汴添設敵臺四座。舊設大河衛守禦城池，守門千百戶各一員，門軍二十名。聯城，在舊城北，接新城之南，因曠土隔。越嘉靖三十九年，倭寇犯境時，漕運都御史章煥題准建造，聯貫新舊二城，故名曰聯城。東城長二百五十六丈三尺，西城長二百二十五丈五尺；東南門曰天衢、東北門曰阜城、西南門曰成平、西北門亦曰天衢，水門四。初因磚土驟高，慮不經久，止高丈四五尺有差，萬曆二十一年，倭奴愈橫，鄉官胡效謨等議請加高，巡撫李戴題准加高五七尺，幫厚四五尺，隨處適宜，始與新舊城平。關橋二座，城樓大小四所，通計雉堞六百二十垛。二十三年，添設敵臺，每門各有守禦官軍十名，東城屬大河衛，西城屬淮安衛。

鹽城縣城池 鹽城，古名鹽瀆，先世欲城於射陽，以土薄不及海邊厚，且海可漁、灘可樵，爲民生之利，於是乃城海上。環城皆鹽場也，故名鹽城。自宋紹興、乾道間，三次修築，時山東寇皇甫炳攻不能破。嘉定八年，知縣尤炳修。元至正十五年，知縣秦曹經重修，然尚土城也。明永樂十六年，備倭指揮楊清、守禦千戶馮善重修，始易爲磚城，而新創月城，建東西北城樓三座，蓋其城止東西北三門云，西又有水西門；城高二丈二尺，周圍七里一百三十四步，東西徑二里二百一十七步，南北徑二里一百八十步；壕深九尺，列鋪二十八座，設鹽城守禦所官軍防守。嘉靖三十六年，本府檢校祝雲鶴署篆，聞海上倭寇張甚，申請重修。三十八年，倭寇大至，距城半里許，一酋躍馬衝北城，門上競射之，酋中流矢而去，寇遂從廟灣下海。萬曆七年，知縣楊瑞雲初至縣，訝無南城門，謂鹽之建城，龍脉發自西北而會結於南，即居人俱集東南，是惡可無南門也？遂請於當道，報可。其門正對儒學中門，及拆城，下有舊門址磚灰如新，與今所定相符，上建大城樓三楹，題曰"淮揚一覽"；門外有池，名曰躍龍池；外有亭，名曰迎恩；樓之北建一小橋，通水橋，北對欞星門，設門屏一座，時其開閉，重門洞開，則水環岡抱，盡在目前，蓋鹽城至是始有四門，三門財賦悉從南門輸運，居民便之。

清河縣城池 舊土城，自元至元十五年兵亂修築，惟東西北三門，周圍六里，南倚小清河，今廢。按《縣志》，清河舊城，在大清口。宋咸淳九年，淮東制司李廷芝築。元泰定初，河決治遷，因甘羅故城。明末，再遷，亦因之加女牆設垛，瓮三門。今治亦舊有土城，係元至元十五年兵亂修築，東西北三面周圍六里，門三座，南枕小清河，明末猶存舊址。

安東縣城池 舊三城，俱廢。明弘治十五年，知縣郭韶於舊基上建更樓四所，設門啓閉，東曰濱海、南曰觀瀾、西曰臨淮、北曰鎮漣，增築土圍。萬曆二十八年，知縣詹道溥議建磚城，以工鉅役煩，止因堤增築爲土城。至泰昌元年，巡鹽御史龍遇奇爲淮鹽分司駐縣，具題建城，議亦未決。至天啓元年，知縣劉君聘以創建爲任，因改選去。至五年，士民保懇復任，撫按題准本年三月興工，周圍長一千五百五十四丈；計門四，南曰迎和、西北仍舊、東曰朝陽，又便門一，水關一。皇清康熙七年，地震傾圮，知縣許同文議修。三城外各有壕，後淤。明末，總兵柏永馥駐縣挑浚，自城西南隅迤北而東接運鹽河至東門外爲池。今河決復淤，知縣許同文議浚。

桃源縣城池 舊有城池遺址。明正德六年，流賊猖獗，知縣李廷鵬因舊基修築，土城，高二丈，周圍三里，池深一丈，立城門四座。嘉靖二年間，周佩建門樓四於城門之上，東曰觀海、西曰延輝、南曰朝陽、北曰拱極。嘉靖十四年，知縣龍復禮重修，設瀉水洞三，一在西門、一在南門、一在北門。萬曆十九年，知縣許璞重築土城，周七百一十八丈，高一丈五尺，底闊五丈，頂闊二丈，上加土垜一千三百五十，磚城門四座，上砌磚垜三十，東西北門各甃磚水洞。至崇禎五年，知縣龔奭增築女墻，高五尺，砌磚垜口一千七十。皇清順治十二年，知縣鄭牧民復添角樓四座於城四隅。十六年，開小南門以通生氣。康熙六年，河決烟墩口，水浸城址四面，沙高五尺，城內如井。康熙七年，地震，城北垜卸，城樓無一存者。康熙十年，就北門城基築爲遙堤，以捍黃流，北門水洞亦塞。

沭陽縣城池 舊無城池。明正德六年，流賊犯境。七年，知縣易瓚築土城，周圍八百九十四丈四尺，高二丈二尺，三門，外壕深一丈九尺。九年，知府薛□具磚甓包城上請，未修。嘉靖年，河決衝東城，沒戴家巷并東門橋。隆慶五年，決，東子城、小南門一帶半湮於河，因北徙，勢卑隘，內逼外削。萬曆二年，決，并李巷、城西角半湮。二十年，知縣徐可達議以磚修。四十四年，知縣杜從心修葺堅固，周八百四十丈，高十七尺三，城樓五，窩鋪一，敵臺一千七百九十七垜，建東西兩城房，正東門曰承輝門、正西門曰宣義門、正南門曰迎熏門，沿東數十步小南門曰聚奎門，以如船形，故無北門。崇禎十五年，知縣劉士璟加高垜，四圍鑿池。皇清康熙七年六月十七日，地大震，崩塌城南一帶，四圍垜俱墜。十三年，知縣張奇抱修復加垜如制。

海州城池 舊係土城，乃梁天監十一年始築。宋紹興二十二年，魏勝復築城浚隍，備金人。寶祐三年，李壇加築。按《舊志》，東西二城，東城高二丈七尺，周圍三里，東西二門，并西城，元季兵廢。明洪武二十三年，淮安衛分中前所千戶魏王等守禦，因西城故址修築土城。永樂十六年，千戶殷軾砌以磚石，高二丈五尺，周圍九里一百三十步；四門，東曰鎮海、西曰通淮、南曰朐陽、北曰臨洪，月城二，西設水關，池深六尺，吊橋三座，在東北門外。嘉靖間，知州吳必學復增拓，環以鋪舍，翼以柵門。久頹圮，沿西半如平地，署印通判范永官、李維東、知州錢騰蛟、高搖、楊本俊相繼修葺，工未就緒。隆慶壬申，知州鄭復亨修築沿西一帶，補完殘缺。萬曆壬辰，東倭報警，知州周燧將西南二門補築月城，仍周圍築敵臺九座，以便守禦。萬曆壬子，恒雨，圮城牆三之一，知州楊鳳補葺完固。天啓二年，鄒滕妖變，震鄰逼境，知州劉夢松慮沿西一帶城卑難守，捐俸搜帑，加增各三尺，共計五百餘丈，始爲完城，可垂永賴。

贛榆縣池城 舊土城，高二丈，壕深四尺，周圍四里一十一步。至正二十四年，平章王信修築。明洪武二年，知縣郎廷珪重修，城門三座。正德六年，薊寇劉七破城。十一年，知縣馮澤增築，高二丈五尺，加雉堞，鑿池深二丈。十四年，知縣謝諧建南門、北門二樓。知府薛□以榆係淮安東北藩，請於朝，用各縣廢驛錢并均徭內加徵五分之一，買磚包砌，工料未備而去。嗣後，土壘日圮，樓鋪盡傾，民無固志。萬曆十五年戊子，知縣樊兆程重修，縣丞蔡應元等督工，經始於萬曆十六年正月二十二日，告成於十七年十二月，周圍長六百七十一丈，高二丈，池稱之；因舊三門加以譙樓，南曰迎熏、北曰拱辰、西曰瞻聖，東無門，亦建樓其上，額曰海晏，月城小樓二座，四隅角樓各一。三十七年，知縣徐應元於東南隅開啓秀門，尋塞。崇禎丁丑年，知縣徐維翰甃南北月城，有碑。崇禎十五年，城樓盡毀。皇清順治初年，寇屢至，知縣穆爾謨浚池深如前。康熙七年六月十七日，地震城崩。九年，知縣俞廷瑞、巡檢李英督令掇拾堆補。

邳州城池 舊土城，在今州治東三里。後漢建安四年，廣陵太守陳登率兵爲曹操至下邳，呂布率兵拒之，戰敗，操引沂水灌城市，布降，城廢。迨金宋交戰，隨修隨圮。宋紹興十二年，仍割於金。元季，兵毀，萬戶懷都補築之。明洪武十三年，立衛，指揮王恒守禦邳州，因舊城垣添築，包磚，高二丈九尺，周圍五里三十步，雉堞一千五百三十六，角樓四，鋪三十；城門三，北曰鎮北、西曰通沂、南曰望淮，各有樓，環以子城；周鑿池，闊二丈，深八尺，吊橋三。正德七年，流賊猖獗，知州周尚化以正西、正南阻沂泗可守，乃增築西北、東南二隅，城上建三樓，南曰皇華、東南曰永康、西北曰金勝。賊平，年久傾頹。嘉靖十五年，知州陳柏重加修築完固。近淪於水，知州黃日煥建議另築，尚未果行。至皇清康熙七年，地震，河水泛溢，決堤而入，全城盡壞，自此積爲巨浸，水不復出，民不復入矣。己巳春，建州城於艾山，艾山之前爲小山，山下爲城，城廣五里十三步，高二丈八尺，城隍下廣七尺，上廣一丈八尺，外砌以磚，爲門者四，東曰先春、西曰迎爽、南曰來熏、北曰拱極，門各有樓，丹艧巍峨，雉堞一千五百一十有一，鋪屋凡三十，因深爲池，三面護以重堤，其北枕山，邳人以舊城在南，呼此爲新城。

宿遷縣城池 宿遷，自昔無城。明正德初，流賊南突，張御史命知縣鄧時中築土城，南自新溝，北至馬陵，城樓四座，南曰臨淮、北曰通泰、東曰鎮海、西曰會洛。萬曆四年，河岸湮圮，門廢城頹，知縣喻文偉移文改遷縣治馬陵山，尋建土城，去舊治北二里，延袤計四里，高一丈五尺，城門四，正東曰迎熙、西曰拱秀、東南曰登雲、西南曰望淮，直北未可闢門，建亭其上。後多損壞，知縣趙敬賓、孫湛、莫應奎、聶宏相繼修補。萬曆甲午，知縣何東鳳爲時多倭警，易以瓴甓，命以門名，東曰陽春、西曰鎮黃、東南曰迎熏、西南曰河清，東西二水門，誠一方保障也。

睢寧縣城池 舊土城，四里，高僅丈餘。明正德間，知縣王蒼建東南北三門樓。嘉靖二十五年，知縣陳嘉略甃以石。隆慶三年，圮於大水，時議廢、議遷、議附於邳，皆不果。萬曆十三年，知縣申其學申請措置成城，四門，東曰崇文、西曰耀武、南曰朝陽、北曰拱辰，建四樓，東樓額曰"保厘東土"，西樓曰"淮西保障"，南樓曰"畿南重鎮"，北樓曰"北門鎖鑰"，城四角建四鋪房，城外置四橋，正南建碑亭，東南建文鳴樓一座；城高一丈八尺，闊二丈四尺，長五百六十七丈五尺，外甃磚石，內實以土，上有垛口，下有階梯，水門一，稱完城焉。天啓二年，大水，城頹幾半。六年，知縣楊若桐力請繕之。是後，連年河決。至崇禎二年秋，洪濤洶涌，衝沒城陴，民舍官衙蕩然無一存者。八年秋，哀鴻甫集，流寇颷至，無城守禦，焚戮遂空。至崇禎十一年，知縣高岐鳳蒞任茲土，目擊心傷，申請上臺，設處工料，晝夜董修，匝歲之間，而城池高深，金湯永固。皇清順治十六年，霪雨，塌城三分之一。康熙三年，知縣馮應麒改建四門城樓，修補城闕，規模愈爲壯麗。康熙三年，教諭孫大經於學宮之南跨城作橋，曰青雲橋，因城爲亭，曰青雲亭，石階九級，旁植桃柳，稱勝覽焉。康熙四年，知縣石之玫修護城堤。數年無水潦患，又以城身外甃磚石，內土薄疏，雨霽淋削，幾不及三版，乃躬親營度，培築堅完，俾人騎方軌可馳。

揚州府

《職方典》第七百五十六卷
揚州府部彙考四
揚州府城池考　府志
本府（江都縣附郭）

揚州府城池　自春秋吳王夫差城邗溝，楚王熊槐城廣陵始也。其後漢吳晉俱爲廣陵，自齊梁迄陳爲南兗州，隋復爲廣陵，唐爲揚州，亦名邗州，城皆無異。周世宗命韓令坤築小城於揚州，周圍二千一百八十丈。宋因之。明初，僉院張德林鎮守揚州，以兵後人稀，因宋大城西南隅改築，僅周九里，一千七百五十七丈五尺，厚一丈五尺，高倍之；設門五，南曰安江、北曰鎮淮、西曰通泗、東曰寧海，又曰大東，東南曰小東，各門有甕城，內有盤詰廳，樓櫓、雉堞、警鋪、敵臺相望，南北水門二，引官河貫其中，曰市河。其新城，經始於嘉靖丙辰二月，時以倭寇，用副使何城、舉人楊守城之議也。起舊城東南角樓至東北角樓，周十里，計一千五百四十一丈九尺，高厚與舊城等，城樓五。設門七，南曰挹江，鈔關在焉；又南爲便門；東南曰通濟；東曰利津；東北爲便門；北曰鎮淮；又北曰拱辰，關北亦爲便門，南北即舊城壕口爲二水門，東南即運河爲壕，北壕引水注之。是役也，都御史陳儒、御史吳百朋、崔棟同知府吳桂芳、石茂華先後任其事，何城有記。萬曆二十年，知府吳秀浚西北壕，甃以石堤，增城堞三尺。二十五年，知府郭光復甃石壕，未竟者四百餘丈，增敵臺一十有六，而郡城屹然足恃焉。崇禎十一年，鹽法太監楊顯名駐揚，因流寇震鄰，自柴河口起至寶帶河開浚壕溝十餘里，累土爲城，糜費金錢數十萬，今盡毀坍矣。

瓜洲鎮城　在縣南四十五里，爲瓜洲鎮城，東西跨壩，周一千五百四十三丈九尺有奇，高二丈一尺，廣半之，城門四，便門一。瓜洲故無城，宋乾道間始築南北城。後廢，明嘉靖丙辰，以倭寇復築焉（按瓜洲江都屬鎮也，故附於後）。

儀真縣城池 自宋乾德中，升迎鑾鎮爲建安軍，築城一千一百六十丈。爲門者六，東曰行春；西曰延豐，今名望都；南曰寧江，今名澂江；北曰來遠，今名拱辰，又闢濟川、通闤二門。周圍凡五里三十步。嘉定中，郡守李道傳以真州當水陸要衝，商民繁會，居城南者十倍城中，乃建議請築東西翼城，會遷官未果，其後守豐有俊築東城，袁申儒繼築西城。至十三年，運判兼守吳機始盡築兩城，埤堄、樓櫓悉有法，爲重壕千一百餘丈。寶慶中，守上官渙酉復改築，浚河而兩翼之，形勢始備。明洪武初，知州營世寶、同知戈文德因宋翼城故址增築之，凡九里二百四十六步，高二丈四尺，上闊五尺五寸，爲堞三千六百二十有奇，建城樓四，戍鋪四十有三，是爲今城。嘉靖三十五年，知縣師儒每門甓甕二十七丈有奇，高與舊城準，下闢重門，捍禦稱便。

泰興縣城池 宋舊城，殘於寇。紹興間，金兵逼揚州，知縣尤袤增築土城於外。俄北兵至，以有城不得入。明弘治間，知縣原秉忠立四門，東曰寅賓、西曰迎恩、南曰南熏、北曰拱極。嘉靖十三年，知縣朱篪增建延熏門於濟川橋西，復因土城故址而經度之，計一千二十丈。三十四年，倭入寇，巡撫都御史鄭曉奏城揚州屬邑，知縣姚邦材奉詔築城，周延七里，計一千三百五十三丈，高二丈五尺；闢四門，東曰鎮海、西曰阜城、南曰澂江、北仍曰拱極，其小西門居民自具工費，請於鄭公，報可，名曰通濟門，西水關在阜城門南；五城門外各建吊橋，內周馬道，外環城壕。工甫訖，倭薄城下，土人於城上射倭，殺二人，倭遂遁去，崔桐、張軏俱有記。四十年，署縣事高郵州同知奚世亮添建北水關。四十五年，知縣許希孟添設五門內重門，并建樓於北水關之上，扁曰"應魁樓"。萬曆二十五年，知縣陳繼疇增建敵臺四十一座，益浚城內外壕焉。

高郵州城池 有新、舊二城，今之城即宋舊城也，周圍一十里三百一十六步，高二丈五尺，闊一丈五尺，四圍有壕塹，地形四面下，城基獨高，狀如覆盂，故名盂城。開寶四年，知軍事高凝佑始築。紹興初，韓世忠命郡守董旼營繕之。乾道間，郡守陳敏重修。淳熙乙巳，郡守范嗣蠡建樓於四門上，東武寧，門樓曰捍海；西建義，門樓曰通泗；南望雲，門樓曰藩江；北制勝，門樓曰屏淮。又於南北開二水門，通市河。慶元丁巳，郡守趙善義重修。至開禧丁卯，增以重壕。嘉定甲戌，作四面庫城。元知府李齊因宋城復加重築。明洪武丙午，復甃以磚，增設櫓堞，砌城樓四座，南北水關兩座，城垣窩鋪五十座。歲久傾圮。嘉靖丙辰，倭警，知州趙河補其卑缺，後知州劉峻申請撫按，州修其七，衛修其三，城益固。皇清順治十五年，知州吳之浚葺治四城樓。其新城，宋咸淳初，揚州制置使畢侯築，在舊城東北二門外，今土城基址尚存。

興化縣城池 宋嘉定十八年，知縣陳垓始築，周六里一百五十七步，高二丈五尺，爲土城。城樓四座，窩鋪二十有一，水陸各四門。元季，張士誠僞將劉杰據守，後全城歸附。明洪武五年，千戶郭德、蔡德、劉人杰以磚更建之。正統年間，千戶徐翀復修，高一丈八尺，內外環水爲壕。其後民壞內郭以廣宮室，嘉靖十一年，知縣李世杰力主復之。嘉靖十七年，知縣傅佩作臺於北城，名曰拱極，鑿玉帶河，彙三門之水於海子池。三十六年，城漸圮，臺亦廢，西北崇不過逾丈，壕壍堰塞。是年，倭寇逼境，知縣胡顧華始至，率衆捍禦，倭寇聞風遁去。尋白當道，較舊址加築一丈，共高二丈八尺，厚四尺，女墻高二尺五寸，凡一千八百六十，垜堄如之，高有三尺。闢四門，東曰啓元，樓曰觀海；西曰威武，樓曰見山；南曰文明，樓曰迎熏，《縣志》曰懷熏；北曰肇魁，樓曰拱辰，及拱極故地，仍建拱極臺。浚壕塹，廣二丈五尺，深一丈，規制大備。萬曆二十六年，知縣翁汝進因倭警，培土增厚，并置四水關石欄以防水患，邑人利之。已而，居民益稠，壕盡廢。皇清順治十二年，知縣任登級繕修一新，而人家夾市河以居者，多作樓於其上，舟行其下，如穿穴焉，重以兩岸積混弃灰，日增月益，河水遂爲之不流。自甲子仲秋，知縣張可五申詳開浚，綿歷三月事乃竣，向時之水入三門而出西關者，瀠迴逶迤，漸復其舊，而河流中斷之患遂除。

寶應縣城池 舊城，自宋嘉定間，知縣賈涉始築。元至正中，僉院蕭成增築之，甃以磚，周九里三十步，廣二里二百六十步，袤三里二百九十五步，東南北設門三，水門三。明嘉靖三十五年，添西門城併小東門，未竟，倭突至，焚掠一空。三十七年，巡撫都御史李遂增築，周一千四十餘丈，高二丈；置門五，東曰賓曦、西曰利成、南曰向明、北曰斗拱（一曰小東門），東水關一，敵臺八，倭寇再犯，民恃以無恐。萬曆間，知縣韓介塞小東門，開小南門名曰迎秀，蓋挹湖水之秀，以應文象故云。

泰州城池 自南唐昇元二年，升海陵縣爲泰州，以褚仁規爲刺史，築羅城二十五里，壕廣一丈二尺。周顯德中，團練使荆罕儒營州治，增子城於東北隅，更築羅城，合西南舊城，周十里一十六步，皆甓高子城一尺，而厚如之，即今城是也。宋建炎中，通判馬尚增修，甓其外，爲四門，爲甕城，高三丈二尺，趾一丈，面三之一；浚城壕廣至五丈，深一丈四尺，城之南又增一壕。紹興辛巳，金人犯泰州，城廢。開禧丙寅，權守趙逢始修築，守翁潾、何剡繼之。六七年間，才甓二里餘，提舉茶鹽事施宿重甓其表，視舊增五之二。寶慶丁亥，守陳垓創開東西北外壕、浚南壕，通十四里，面二十四丈，深一丈五尺。端平後，守許堪別創堡城於湖蕩沮洳中，去城五里，曰新城。淳祐元年，敵突至，以壕深不敢近覘堡城。時以海陵難守，有改築之議，而州人安土重遷。三年，乃命都統王安來仍舊修浚。後何舜臣復增月城四門、壕池、擁路及圍子外壕岸，使周圍相通。元末癸巳，州白駒場亭民張士誠作亂，據堡城，仍葺舊城。明洪武乙巳，徐達自大江口挑河通口岸，直抵州之南門灣，常遇春領馬步從揚州陸路同日至。士誠軍退保新城，大軍入駐舊城。遇春遂東築海陵鎮城，屯兵絕通州糧道。十月，張氏兵敗，遂平新城，復於舊城修築，留兵鎮守，尋建州治，城周圍二千三丈二尺，高二丈七尺；樓四，東曰海寧、西曰阜通、南曰迎恩、北曰迎淮，月城亦建樓四，南北水關二；壕廣五十二丈，袤二千三十餘丈，爲海防要害。嘉靖三十九年，倭入犯，都御史唐順之行海上，復城海安鎮，築土城六里許，爲水關三；城門三，曰鎮寧、泰寧、永安。久之，不復修葺，漸已圮壞。新城則蕪沒久矣。皇清康熙十三年，知府金鎮首倡捐俸，令知州嚴愈率協士民重修。

如皋縣城池　舊無城。明嘉靖十三年，知縣劉永準新作六門，東曰先春、西曰豐樂、南曰宣化、北曰北極、東南曰集賢、東北曰拱辰。三十三年，縣苦倭患，邑人李鎮等建議築城，都御史鄭曉奏發帑金二萬八千兩，築圓城七里，凡一千二百九十六丈，高二丈五尺，上闊五丈，下闊七尺；城樓四座，東曰靜海、西曰餞日、南曰澂江、北曰拱極；外壕深一丈二尺，廣一十五丈，袤三千三百六十丈，爲水關二，知縣陳雍董其成。萬曆二十年，知縣王以蒙築四門月城。二十七年，知縣張星築敵臺十三座。

通州城池　城周圍六里七十步，隍稱之，東曰天波、西曰朝京、南曰澂江，門各有戍樓，西南城樓三層，名海山樓，城上有警鋪若干、雉堞若干，瓮城內各有盤詰廳三間，外有吊橋。初周顯德四年，靜海制置巡檢副使王德麟始築土城。至六年，復甓以陶甓，既以北門地僻多盜，置壯健營以鎮之。宋建隆三年，初設戍樓。政和中，守郭凝塞北門，改壯健營爲元武廟，惟三門存焉。後燬於兵，寶祐中，賈似道鎮兩淮，增築甕城。元至正十六年，都元帥李天祿修之。明初，守禦千戶楊清、姜榮相繼修築，設三吊橋，又闢三水關，以通市河。弘治中，知州傅錦復浚市河，修水關。正德壬申，知州高鵬復甓三甕城。嘉靖乙卯，知州翟澄浚爲深壕，匝以穹堤。隆慶戊辰，州守鄭舜臣重加修治堅厚。三門外復有望江樓四：一在望仙橋南，一在鹽倉壩南，一在端平橋西，一在戰壩東。在南門者，正德中，知州夏邦謨建，餘皆嘉靖丁酉同知朱應雲建。後毀於倭，萬曆中，知州林雲程修葺之。而在望仙橋南者，瀕江控海，尤爲要害。萬曆丁酉，知州王之城議築南城，以望江樓爲門，跨壕作二水門，北抵舊城，采軍山石爲城址，長七百六十餘丈，高厚與舊城等。然城雖甃石，內填沙土，霪雨易傾。天啓中，知州周長應謀改築，爲經久計，民以爲難，不果修。皇清順治十七年，副總兵鮑虎重修兩城炮臺、角樓。康熙元年，總鎮柳同春伐軍山松樹千餘株幫修，隨圮。前知州王廷機修築，今總鎮諾邁、知州王宜亨復行修葺，視昔加固。

海門城 自明嘉靖甲寅始築，周圍五里三分，高二丈五尺，壕廣六尺，設四門，東曰太和、西曰安慶、南曰文明、北曰阜厚，各有戍樓、水關。皇清康熙十一年，因海水衝嚙，毀城一角，民不能居，併入通州，城遂廢。

徐州府

《職方典》第七百七十卷
徐州部彙考二
徐州城池考　州志
本州

徐州城池 始建年月莫考。自唐堯封大彭氏，按"古迹"，城內有彭祖故宅樓館洎井，而大彭山下距州城三十里。秦末，項羽立楚懷王，建都於此。劉宋，刺史王元謨稱爲城隍峻整。後魏刺史尉元亦稱爲險固。宋熙寧間，大水，知州蘇軾增築各門子城。元置武安州，移城於東南二里許，今廣運倉地是。明洪武初，復修舊城，周九里有奇，高三丈三尺，基廣如之，三面阻水，獨南可通車馬，壕隍深廣各二丈餘，堞凡二千六百三十八，角樓三，鋪五十一，爲門四，東曰河清、西曰通汴、南曰迎恩（即古白門）、北曰武寧。嘉靖四十年，黃河汹涌蕩激，勢決西門，城幾潰。萬曆二年，水溢大漲，浸城過半者三月，城又幾潰，兵備副使舒應龍協謀知州劉順之環城外創置護堤口，又於東南堤建金門閘，北接南隍泄堤內注潦於南門外。木橋在南者，易以石，捍導周詳。歷至十八年，城中又大患積水，兵備陳文燧開支河引泄，至今賴之。四十二年，參議袁應泰重修四門，各增箭樓，更門之名，東曰明德、南曰奎光、西曰威遠、北曰拱極。天啓四年甲子六月初二日甲申，河決奎山堤，夜半壞城，內外人民溺死者不可勝紀，兵備副使楊廷槐同署州事河防同知司乃疆請遷於南二十里鋪，時估費八萬金，已經興役十餘月，會刑科給事中陸文獻疏徐城六不宜遷狀，得旨，遂罷。崇禎元年，兵備布政唐煥修復舊城。七年，參議徐標繼補葺之，三面鑿池，南北增築敵臺四。

蕭縣城池 古蕭國城。宋時河決，乃南徙縣治，築城仍與舊連。年深久圮，明正德十一年，知縣王隆即南故址增築土城，周四里許，城外浚壕，爲門四，曰木榮、金英、朝陽、拱極。嘉靖乙亥，知縣孫重光各門爲樓，更名東曰楚望、西曰秦觀、南曰朝宗、北曰拱辰。萬曆二年，水漲，城幾潰，知縣宋偉多方障禦。歷五年夏，城沉，知縣伍維翰遷於三台山之南，即今城。

碭山縣城池 金遷城於魚山保安鎮。興定間，避水遷之，其地猶有石刻"碭山縣"三大字，及儒學欞星門石柱並存，今在永城縣境。元還舊治，即今所，無城。明正德八年，知縣李金創築土城。嘉靖壬戌年，陷沒於水。萬曆戊戌年，又沒於水，僅存遺址，知縣熊應祥改遷舊治西里許，土城、磚堞，建門四，各有樓，東曰景雲、西曰瑞洛、南曰永保、北曰企寧，迄今用爲保障。

豐縣城池 舊城莫究其始。考《史記》云，秦始皇築厭氣臺於此，後鑿城內四隅爲四大池，則是城已始於秦之前，周九里許。明正德十三年，知縣裴爵於城外爲護堤。嘉靖五年，河決城陷，知縣高祿遷於華山。二十一年，知縣李崇信增拓城址，改築土城，高丈許，周六百一十二丈，爲門四，各有樓，南曰阜民、北曰拱極、東曰望魯、西曰通汴。三十一年，知縣徐賁從民議，復還故城。三十四年，知縣戴輔始修四門，東曰啓元、南曰大亨、西曰美利、北曰肅貞，更築護堤，亦仿裴所築之舊云。萬曆二年，知縣吳文光重加補築，歷今猶崇固焉。

沛縣城池 古沛國舊城，廢。元至正間，孔士亨據其地，築小土城，周二里有奇。久圮。明嘉靖二十二年，知縣王治創築土城，周五里，高廣各二丈，隍深廣如之，爲門四，曰永清、會源、恒休、拱極，有記。二十五年，知縣周涇壘石更修，改門之名，東曰長春、南曰來熏、西曰永清、北曰拱辰，增建雉堞、臺鋪。萬曆二年，知縣倪民望重修，迄今歲葺城如故。

安慶府

《職方典》第七百七十五卷
安慶府部彙考三
安慶府城池考　府志
本府（懷寧縣附郭）

安慶府城池 自宋慶元元年，升舒州爲安慶府。嘉定十年夏四月，金人犯光州，寧宗以黃幹知安慶，幹至，則金人破光州，乃請諸朝，建城於盛唐灣宜城渡之陰。其城，北負大龍，東阻湖，西限河，南瞰大江，周九里一十三步，設門五，東曰樅陽、東南曰康濟、南曰盛唐（今改鎮海）、西曰正觀（亦曰八卦）、北曰集賢，遂建府治。元至正丙申，守帥余闕重修，增高至二丈有六，浚重壕三，引江水環繞，今古壕堙迹見存。明洪武庚午，指揮戈預重修，浚池深至一丈。嘉靖辛丑，知府吳麟於城內周圍加甃以甓。天啟癸亥，知府陳鑛、通判歐陽騰霄大加修葺，騰霄董治勤瘁，皖人祠焉。崇禎乙亥，知府皮應舉補其傾圮，知縣黃配元續砌周城馬道，北關一帶增高雉堞，建敵臺四，一正觀門右，一樅陽門左，二集賢門右，浚舊壕，爲功最鉅。乙酉，左兵破皖，五城樓盡毀，是年夏季，皇清知府桑開第重建五樓。順治庚寅夏，霪雨連月，城圮實多，操撫部院李日芃、知府王廷賓、知縣賈壯修補如舊。順治庚子，操撫宜永貴登陴周視，甃女牆，將舊城三千餘垛合四爲一，約七百五十四垛，周城設立窩鋪，計間數二百四十有奇，以備守禦。

桐城縣城池 舊有城，即隋同安郡故址，設門四，東賓陽門、南陽和、西貞兌、北龍眠，咸有樓。宋末，徙治樅陽，又徙池之李陽河。元始還舊治，城久傾圮。明萬曆丙子，知縣陳於階建磚城，周六里，門六，東曰東作、東偏曰向陽、南曰南熏、西曰西成、西偏曰宜民、北曰北拱，咸有樓。崇禎乙亥，知縣楊爾銘重加修葺，更設窩鋪、炮臺。皇清康熙庚戌秋，因雨城圮，知縣胡必選同鄉紳彭懋、戴芳重修之。

潛山縣城池 舊有城，即府治故址。《通典》云，楚靈王所建，周七里二十有一步，高二丈，四門，又云古新城，後爲縣，遷於西，久圮無城，止有迎恩、回鄉、皖公、朝天四門。明崇禎丙子、戊寅，兵備道史可法、知縣柯友桂建城備寇，工未畢。庚寅，洪水衝頹，遂中廢。皇清順治己丑，操撫部院李日芃、知縣鄭遹元、副將梁大用築，建土城，唯東北仍舊脚，西南收縮由高營壩至同安橋與東北舊脚接。

太湖縣城池 舊有城，周七里，環城有池，深廣各丈餘，門六，東仁和、東偏來春、南阜民、西天晶、西偏德勝、北肅政，咸有樓。明嘉靖乙酉，知縣王良卿修。萬曆間，水漲，東北成河。崇禎丙子，知縣楊卓然建磚城，避東北水患，收縮，止周六里，門六，東長泰、東偏靖海、西鎮湖、西偏永寧、南彙江、北馴龍，咸有樓。崇禎甲申，知縣李盛英修門六，易名者四，東宣威、西鎮武、南懷德、北安定。尋屢經流寇、洪水，六門傾圮。皇清順治戊子，知縣李世洽修。康熙丙午，雨傾北城，知縣羅綺修。壬子，雨傾西城，知縣王崇曾修葺。

宿松縣城池 舊無城。明崇禎乙亥，知縣苟天麒始築城址，外垣門六，東寅賓、東偏集賢、南熏阜、西鰲奠、西偏永濟、北拱辰，尋經寇燹，工遂廢。皇清康熙壬子，知縣朱維高起造懸樓二十座，以備守禦。

望江縣城池 舊無城。明萬曆乙亥，同知蹇達署縣篆，始建四門，東清城、西嘉澤、北孝感、東北翔鳳，咸有樓，周六百二十六丈。戊子，清城、孝感二樓災，知縣羅希益重建。崇禎乙亥，知縣黃配元防寇，增高之。己卯春，霪雨，城溯泐，知縣祝維嵩補築之，未及半，流寇突來，守將戚國泰躬負石五晝夜，成堅。皇清順治己丑，知縣王世蔭重修城樓。

徽州府

《職方典》第七百八十九卷
徽州府部彙考三
徽州府城池考　通志、縣志合載
本府（歙縣附郭）

徽州府城池 在烏聊山麓，隋義寧中，唐越國公汪華築，東半抱山，西半據平麓。明總兵鄧愈加築，周圍九里七十步，高三丈二尺，廣一丈五尺；東西北三面有壕，闊一丈四尺，深一丈二尺，南及東南以山險無壕；門五，東曰德勝、西曰潮水、南曰南山、北曰鎮安、東北曰臨溪，自北而東至南門爲敵樓七，門內各設兵馬司房，窩鋪三十三。嘉靖間，知府何東序增修，加高三尺，西門外增築敵臺。皇清康熙二十一年，徽寧道黃懷玉、知府林國柱修葺。

休寧縣城池 初置靈鳥山，再置萬歲山，古城舊市，其名猶傳。唐天寶中，徙今治。迄宋始城焉，城袤九里三十步，闢門六，東迎春、西忠孝、南班政、北良安、東南牧寧、西南美俗。元因故址。至明初，圮隳無存，乃循民居周垣爲城，止闢四門，而改良安爲松蘿。嘉靖乙卯，倭寇警迫，邑令林騰蛟倡議植城，乃北峎松蘿，踞天保爲外蔽，曰蘿寧門，東跨東山之椒曰萬寧門，南曰玉寧門，西曰齊寧門，取四寧之義也，門各有樓，飛甍懸榭，屹然巨觀；而又闢三子門，啓賢當南之西，忠孝當西之北，而鍾秀又當東之南；城外引水爲池，由忠孝西流以環鍾秀，而彙汶江爲外池焉。始於嘉靖丙辰，未幾，林令升去，潘令清亶相繼完繕。丁巳，僝工，沿城浚壕爲一邑金湯。歷年既多，時圮時修，而城東北外傍高山，尚可攀援。曩時，寇盜有警，居民湊聚於西北齊寧門至鳳凰街，可當一市。蘿寧門至良安鄉，居民鱗集。明季，劇賊沿剽，各鄉之民，多擁資入城居焉。

婺源縣城池 原爲弦高鎮。唐天復元年，即鎮營爲縣，向恃險不城，自北而東、而南、而西皆深溪環抱。南唐昇元二年，加築，城周九里三步，啓昇元二門。宋因之。元啓四門，立木柵爲之，東迎恩、南望越、西臨江、北來蘇。至正十二年，兵燹，民逃山谷。明洪武十八年戊戌，因壘爲城，周圍五百三十一丈，西湖以塞，啓四門，東天澤、南星溪、西臨江、北通濟，東南及西爲池，闊二丈，深八尺。嘉靖乙丑，知府何東序議築石城，通判馮叔吉經營以董其成，東門曰錦屏、南門曰瑞虹、西門曰寶婺、北門曰璧月，門俱有樓，有月城；又從民便，增四小門，曰環帶、曰嘉魚、曰保安、曰弦歌，亦有樓，亦間有月城；城共計九百餘丈，北東因山望之若天府，池則因溪爲繞，不事加鑿，視他邑最偉壯云。

祁門縣城池 祁初置時城無考。宋城，周五里，四門，東曰迎仙、南曰朝京、西曰望雲、北曰通黟。歷元及明，圮廢，惟東南二門仍舊名，西更寶林、北廣福。嘉靖丙寅，知府何東序以流賊營築，循石山嶺跨龍岡、桃峰繞樸墅並溪，上至荷嘉塢與石山會，延迤千六十丈，高二丈，廣七尺，大小門十，東曰祈春、西曰寶成、南曰文昌（有郭）、北曰鍾秀、東偏曰上元（舊曰三元，以峙門有三解元坊），五門上俱崇樓；東偏爲水門，人不得行，西偏水門通行者，北爲阜安門，北折稍東爲潤澤門，下爲迎輝門，迎輝、潤澤並小樓。

黟縣城池 宋城，周二里三百五十步，有六門，東曰吉陽、西曰望仙、南曰通闉、北曰永寧、東南曰桃源，近縣治曰景星。元仍舊。明廢，因民居周垣爲治。成化間，知縣吳一貫復立四門樓，扁仍舊。嘉靖末年，知府何東序修築，復闢西南，包羅東岳山，爲門五，皆有樓，東曰朝陽，又一小門曰桃源，南一曰明昌，一曰迎靄。崇禎七年，增築月城，西曰環碧，北曰臨章，周圍七百三十餘丈，高二丈，厚一丈二尺。

績溪縣城池 宋築土城，元因之。明嘉靖中，知府何東序始築今城，周圍八百五十餘丈，高二丈，厚一丈三尺，以大河爲池。皇清康熙十一年，知縣劉滋修葺。

寧國府

《職方典》第七百九十七卷
寧國府部彙考三
寧國府城池考　通志、縣志合載
本府（宣城縣附郭）

寧國府城池 晉內史桓彝築。宋建炎三年，郡守呂好問擴之。元至正間，廉訪使道童重加甃甓，闉闍樓堞皆具，高二丈五尺，厚三丈，周延九里一十三步；門五，東直曰陽德、東偏曰泰和、南曰熏化、西曰寶成、北曰拱極，五門并重關深池；西北半塹深溝，半瀦積水，東北宛句二水濚洄，不經疏鑿。明知府鞠騰霄、宋獻、葉錫及崇禎間知縣梁應奇並增飾焉。皇清，知府管起鳳、秦宗堯、知縣王同春修築。康熙七年，城根傾塌，知府孔貞來壘石修築。

寧國縣城池 自宋南渡後，慮北兵入，復城之。元至正乙未，白總管據縣修城，高一丈五尺，周圍五百一十九丈，浚深溝池。至明正德間，歲久樓堞傾圮，知縣王時正重建四門城樓。嘉靖丁未，知縣范鎬加築北樓，乃命名，東門曰春秀、南門曰南畝、西門曰秋實，後又改爲啓明、中鎮、景陽等門云。

涇縣城池 縣古有城，在溪之西，城周回一百二十八步，即晋桓簡公拒韓晃之所也。唐初猶存，故號涇城。武德六年，左難當城獸州，乃在大寧寺之前，其制不可考，又嘗築白龜城於柏山，城堞千尋，池隍十里，可謂金湯之固，然未聞涇人久居之者。意廢州爲縣，或城溪西耳。宋嘉定庚午，移治溪東，名曰留村，亦不知城之有無何如也。元至元丙子，又徙於舊治之東門敬天坊，是爲今之縣治，舊有三門，東曰延和、西曰通津、北曰賓陽，係明正德間知縣鄭氣所建。嘉靖甲子，知縣陳廷芝因築城，造爲四門，東曰迎輝、南曰保泰、西曰文明、北曰拱辰，知府羅汝芳親書扁額，又小東門一，南北水關各一，城高一丈九尺，厚八尺，周圍九百三十二丈，共折一千八百六十五步零，垛口共一千六百九十六個，內外俱以方石築火道各一丈，城外有壕，沿河石堤護脚。萬曆丙申，知縣陳大綬又自西門至北水關重築石堤十餘丈，改文明曰水西。崇禎甲戌，知縣尹民興盡撤舊城而更張之，改拱辰門曰拱極門。

太平縣城池 縣北舊有宋城，周回一里二百一十步，高八尺，有通津、寧遠、承流、宣化四門，久圮。明弘治、正德間，知縣王雄、朱守爲相繼立五門，南寧國、西弦歌、上東門、下東門、北拱辰。萬曆四年，知縣張廷榜增築之，高厚各益以十之三，高一丈八尺，厚稱是，環九百丈有奇；爲堞若干，石趾居其七，增甓以三；樓而門者五，文明南、朝宗東，西仍弦歌、東北拱極、西北和兌，石而水門者二，各有栅；其池水出霧山，東流至縣治西南合三思橋下，水過南門仙源橋，折而東入麻川，水經東溪渡循城而去，西北倚山爲城池。

旌德縣城池 《舊志》載跨徽水而城，無所考據。元至元間，令王禎營縣四門。至正末，紅巾自徽而下，燒毀廬舍殆盡，以原無城可守也。明嘉靖乙卯，倭奴五十餘人，直經縣治。丙寅，徽州雲霧山賊起，突陷婺源。時知府沈志言、知縣趙在奉督撫檄造今城，西南北負山，東瀕淳溪，高二丈，厚一丈二尺，東西六百五十步，南北一千一百五十步，周圍八百九十一丈。東門有三，上曰迎和門、中曰中和門、下曰義濟門；大西門曰永豐門，小西門曰大有門；南門曰阜民門；北門曰迎恩門。警鋪十有二，城樓七座，水關門在上東門南二十步許，萬曆丁未年，知縣鄭景濂開。皇清順治十三年，迎和門、義濟門傾壞。十四年，知縣王融捐俸修建。

南陵縣城池 縣舊無城。明正德間，知縣胡文靜建立四門，下甃以石，上置樓櫓，東曰迎恩、西曰黃塘，南曰麗正，北曰拱辰。嘉靖癸亥，知縣郜永春建城，高二丈五尺，厚三丈，廣九百三十六丈二尺有奇，爲堞四千八百有六；闢爲四門，東曰寶應、南曰福應、西曰瑞應、北曰靈應；水關三，東南曰禹雷，知縣熊瑞開，其水朝入學前，西南曰偕樂，北曰厚樂，四門樓閣皆具，東北二門內設總鋪二；環城警鋪二十四。萬曆九年，知縣沈堯中申請增高三尺，東重門曰春谷、南重門曰陵陽、西重門曰秋浦、北重門曰赭圻，增堞一百二十三，共一千九百九十五，增鋪一十三；又因西北二門相去窵遠，庫藏獄囚在焉，酌於二門之中築石臺，移水關樓改建其上，增戍防守，扁曰"靈雉臺"。崇禎間，知縣甘文奎重修，改曰倚劍。城壕四條，每年租銀一兩二錢，知縣沈堯中置簿工房專用修城，不許那移。

池州府

《職方典》第八百六卷
池州府部彙考二
池州府城池考　通志、府志合載
本府（貴池縣附郭）

池州府城池 在漢居石城，距今郡治西八十里。吳築虎林城，在今郡治東北，非今之郡治也。梁大同中，仍於石城置太原郡。隋平陳，廢之。唐永泰間，始置州治於此，太守李芃築城。後爲巢賊攻破，太守竇濬修復之，亦非今之郡治也。宋壞於建炎兵火，州守李彥卿營繕。紹興初傾圮。開禧丁卯，李思重甃之，嗣後趙炎、陳覃、傅伯召、葉永漸、徐橋乃相承經理，史定之又於城外西偏附以新城，狀如偃月。端平乙未，郡守王伯大重修。高宗南渡後，嘗建駐札御前諸軍統制大帥，宿重兵而鎮之。宋季，爲元將伯顏攻陷，城無完堵。元至正丙申中，又爲趙普勝攻毀，九華門東南一帶盡皆湮廢，而郡無城池矣。明正德甲戌，淳安何紹正來守茲土。丁丑，始築城，高二丈三尺，而厚倍之，其西北仍舊，東南則恢拓之，周一千四百二十八丈；爲門七，南曰通遠、南之左曰毓秀、右曰鍾英、北之左曰迎恩、右曰望京、東曰九華、西曰秀山；壕池自昔湮爲民業，乃鑿浚益深，儼然金湯矣。隆慶末，江賊越城殺人。萬曆初，兵備副使馮叔吉、知府王頤乃增城而高之，雉堞益巍，寇警遂絕，後通遠門大觀樓傾圮。皇清康熙十年，知府朴懷玉同貴池縣知縣張應薇重建。

青陽縣城池 唐天寶間，洪州都督徐輝請割臨陽臨城故地置今縣。初土城，後易以磚，闢四門，東曰賓陽、西曰望池、南曰對華、北曰仰辰。

銅陵縣城池 初無城。明萬曆三年，兵備副使馮叔吉、知縣姜天衢築，周圍七百丈，高二丈一尺；門四，東曰啓明、西曰臨津、北曰貞城、南曰涌洲。十一年，知縣熊蓋臣改闢東門。後城郭傾圮，皇清，知縣蔣應仔、劉日義補築，視昔倍固。

石埭縣城池 舊設土城。明嘉靖間，知縣曾諶相地定基，用磚甃之；門五，東曰來寧、西曰金城、南曰儀鳳、小南曰清舒、北曰望華；東西水關二。

建德縣城池 明嘉靖四十五年，知縣譚經建，高一丈八尺，厚一丈，廣袤五里；闢四門，東曰雞鳴、西曰龍化、南曰鳳翔、北曰象馴；東跨馬鞍，北距象馴，後則因險於山，前則憑河爲固。崇禎間，闖獻二賊震鄰，知縣宛三奇率士民增高四尺五寸。

東流縣城池 初無城。明萬曆元年，知縣陳春申建，周圍約三里半。崇禎間，知縣許茂莘復增三尺，知縣張雲翬又於外築土城，浚壕溝。後城郭頹壞。皇清順治六年，知府梁應元、知縣蘇弘謨修築；設門五，東曰迎曦、西曰菊江、南曰麗山、西南曰通津、北曰瞻極，各有譙樓，較昔爲固。

太平府

《職方典》第八百十一卷
太平府部彙考一
太平府城池考　通志府志合載
本府（當塗縣附郭）

太平府城池 吳黃武間築。東晉太和七年，桓溫重建。南唐保大復高廣之，高三丈，周十五里。宋建炎中，知州郭偉改築新城，減舊三分之一，割姑溪於城外，爲今制。周六里，高三丈，廣稱是；門六，東曰行春、正南曰南津、南左曰龍津、南右曰姑孰、西曰澂江、北曰清源。明崇禎間，巡按御史鄭昆貞甃以石，四隅設堞樓，增窩鋪五十一所，沿城爲壕，山東南開渠引水作新壩，東北出水爲梅莊閘，舊制以時啓閉，水益深，城益高矣。

蕪湖縣城池　《舊志》，在縣東三十里，高九丈，周十九里；門六，東迎輝、隱玉、南薰風、西會江、北拱辰、平在；循城有壕，可方舟南達於河者。《括地》諸書所謂於湖故城，在咸保圩者也。蕪湖，周縣名。宣春，《晏公類要》曰"於將之子埋其父首於宣春城北"，今城東門猶稱宣春門，仍其舊也。吳黃武加造，故孫權嘗欲徙都其城，西至江口，東至長街之高城岡。王敦城在城東北一里，今羅氏園後有夢日亭址，是也。南豫州城，在城東二里，今之五面場是也。宋建炎間，水賊邵青盡隳之。至明萬曆三年，知府錢立首議建城，割長街於城外，就高城岡之東，達於五面場之西，防謹庫獄，予民有恃而已。工未竣，同知龍宗武繼之。至九年，知縣周之翰乃報完壘。皇清順治十五年，池太道宋之屏駐札茲土，捐俸六百金，倡募重葺。今制，高三丈，周五里。東曰宣春門，城樓一座；稍右曰迎秀門，在學左；東南曰金馬門，與學宮對峙，城樓一座；南曰長虹門，城樓一座，浮橋一架；南左曰上水門，南右曰下水門，西曰弼賦門，城樓一座；北曰來鳳門，城樓一座，月城一道。近城無壕，大河宣城之水自東入，直逼南城門，設浮梁以濟，西達於江，其支流爲石橋港，繞西門外之北，名西湖池。

繁昌縣城池　繁昌，古春穀。《括地志》曰，治在移風鄉普照院，則今蕪湖之陶辛圩也。東晉立襄城郡、繁昌諸縣於此。唐廢爲石碌場，而故城亦廢。景福間，復割南陵，置繁昌縣，移其治於江之濱。宋慶曆間築城，周六里八十步。元至元間，廢，僅遺址存。明天順元年，徙今所，以故城爲舊縣鎮。崇禎八年，知縣羅明祖建議造城，甃三門，報罷。十一年，張繼曾襄厥有成。後久雨，復崩數處，十四年，馮洪孜捐俸募輸，以次修葺，置窩鋪。今制，高二丈，周六百四十六丈八尺；東曰朝陽門，城樓一座；南曰迎薰門，城樓一座，水關一道，門右內通學前放生池；西南曰聚奎門，學宮對峙，開閉不時，樓廢；西曰威遠門，城樓一座；北曰拱極門，城樓一座，警鋪十二座；水洞二，一在迎薰門北，一在朝陽門南；

東南西三面皆壕，東南繞城根出峨橋魯港入於江，西去城數十武，舟楫皆通，嚴冬稍涸。

廬州府

《職方典》第八百十九卷
廬州府部彙考三
廬州府城池考　州縣志合載
本府（合肥縣附郭）

廬州府城池　在昔無考。自漢末揚州刺史劉馥單馬造合肥空城，建立州治。唐廬州刺史路應求加甓焉。宋隆興九年正月，詔修，郭振展其地，跨金斗河北立水關二。元末，城圮，僉事馬世德請宣讓王及高昌公發公私錢十萬貫修之。歲久廢缺。明弘治中，知府馬金重修，周圍四千七百六丈，高二丈，闊四丈，斂八尺。城東壕深一丈九尺，長四十二丈；西壕深二丈五尺，長二十九丈五尺；南壕深二丈三尺，長三十丈；北壕深八尺，長三十五丈，水俱環匝通泄。城門七，東曰威武、曰時雍，南曰南薰、曰德勝，西曰西平、曰水西，北曰拱辰，二關上跨水西，下跨時雍，為金斗河流出入之處。正德中，徐守鈺聞流賊之亂，慮水關難守，遂築堞以障之，而導水為外壕以自固。郡址西高而東下，蜀山、雞鳴山、土山諸水彙於水西門入城中，金斗河每春夏泛溢，則東關受害為甚，郡守張瀚浚流以殺其勢，縣令胡震亨復建閘以防其涸，民甚便之。惜乎山水易長易竭，守閘者啟閉不時，負良守令苦心也。崇禎壬午五月，流賊張獻忠從西門三鋪灣襲城，城陷，樓櫓、雉堞一時盡頹。後皖撫史可法疏聞，督郡守周有翼、縣令黃鍾鳴完葺如故。舊有石壩，在大東關外，郡守吳太樸因劇寇攻圍，造以蓄水，城守賴焉。

廬江縣城池　元末，舒人許榮起兵，保障鄉邦，為築土城，周圍約五百丈，高一丈有奇；池深六尺，廣二丈五尺。明景泰間知縣李顯修之。門凡五，曰鎮東、曰鳳臺、曰桐城、曰大西、曰北門。弘治十一年，知縣胡暘因舊址重築，土城高一丈，下闊六尺，上斂四尺，通覆以瓦，東北壕俱深六尺，廣一丈五尺；東南因民水塘深六七尺，廣五六丈；西南因綉溪南河之水，深八九尺，廣四五丈許。東左、南右城下各砌水關一座，鎮東、桐城二門仍舊磚圈起樓，鳳臺、大西北門俱木門，爲關啓閉。正德七年，知縣馬礦築城，壘於鳳臺，大西門增石一層，移北門城樓，復改造，設之小東門。嘉靖丙戌，知縣周良會以鄉坊居民告稱小東門往來不便，仍開北門以便之，名曰拱辰，并以東作名東門、西成名西門、時阜名南門、通濟名小西門、賓暘名小東門，而門則六矣。嘉靖三十九年，恒雨，江河泛溢，水浸城三月餘，西南隅墻圮百餘丈。四十年，知縣湯彬築之，復圮。四十一年，知縣劉裁役在官民兵重築，措處木瓦，完蓋逾舊，鄉市之民不與知也。四十二年，以小東門衝學宮左脅，塞之，改闢於東水關之側，士民稱便。又以縣城止係土墻，防守疏闊，乃令沿街居民，每一二十家共立柵門一座，晨啓昏閉，禁防嚴密，盜賊屏息，城內晏然。萬曆初年，知縣軒尚朱、李暘吉相繼以磚易土，頂闊六尺，脚寬九尺，高一丈五尺，周圍共八百五十二丈。萬曆二十四年，知縣趙國琦額派修理，銀徵完貯庫，遇圮計修。崇禎三年，墻傾樓壞，知縣張雲鵰設處修完。崇禎十二年，知縣耿廷籙因乙亥流賊破城，焚毀幾半，於城外建牛馬墻，糧多者派修五丈，次三丈，又次一丈；浚壕闊五丈，深一丈八尺，派與墻等。又建重關，并西南石壩二處，不支公費，不損窮民。至皇清順治戊子春，無巢土賊奄至，環攻晝夜，賴以保全。時形家謂重關高峻，方踞五鬼，須於天乙方建塔勝之，遂欲續舉其工，隨擢耀州，惜乎未果。順治七年，知縣孫弘哲下車，閱城，見墻臨深壕傾圮者多，重修完固；又見城中亂後無主遺柩及暴露骸骨，捐金募工，移葬城外，澤及枯骨，城內晏然。十二年秋，又築南門滾壩，蓄水灌壕，修蓋重關及各門城樓、城鋪，金湯之險，地方永賴焉。

舒城縣城池 舒舊無城，元末，邑人許榮創築。明弘治中，知縣安郁仍舊址增築，南臨大河，歲慮潰決，乃甃石以障，城闉基地各闊七尺，馬道各闊六尺，土城各高一丈一尺，周圍廣九百五十丈有奇，上用瓦覆。嘉靖中，知縣何俌因河流泛漲，不時圮壞，乃自春秋門至解慍門砌磚爲垣，長一百八十六丈，直東五十五丈有奇，共二百四十餘丈，高仍一丈一尺。嘉靖辛酉，知縣郭懋欲盡易以磚，鳩工砌築，自大東門直北已砌八十丈有奇，因升任而工未竣。萬曆中，知縣陳魁士、黃宗聖皆銳意拮据，而先後移任，工亦未竣，迨知縣錢允燦始竟厥事，至今乃有磚城。崇禎壬午，流寇張獻忠陷城，盤踞年餘，雉堞盡廢。癸未，知縣洪道通令民有犯罪者修城以贖，適罷去。皇清順治丙戌年，知縣丁時升捐俸首倡，稍爲修築。厥後，茈茲土者，相繼完繕，舒民賴爲屏障。環城皆池，深淺昇道，水無長流，易涸也。明季，寇氛孔熾，曾欲疏鑿，引南關大河之水以入池。然水之故道未復，河與池等涸耳。又形家云，縣治龍脉從古城北來，不宜深浚，是或一說耶。

無爲州城池 州城始築於曹魏，歷代廢興不一。宋初，改鎮爲軍，乃營壁壘，迨兩淮用兵，始築垣墉。元末，土人趙普勝據之。歸明後，即命爲守禦，檄知州夏君祥督葺，城始成，周圍九里三十六步，高一丈二尺，脚闊七尺，上廣四尺；東以花林大河爲壕，深一丈，闊五丈九尺；城門六，東曰楚澤（又曰朝宗，今大東門也）、又東曰東津（今小東門也）、西曰大安、南曰九華（又曰薰風，今南門也）、東北曰倉埠、北曰鎮淮（又曰迎恩，今拱極門也）。嘉靖三十五年，用郡人劉崙議申巡按御史吳伯朋興役創建，城脚入土計尺二，出土壘脚叠石三，磚甃至頂，計高二丈四尺，凡爲樓座六，窩鋪十二，爲城之定式。崇禎八年正月，流寇沿掠廬屬，遂議加城，每併兩垛爲一，修砌馬道，爲巡緝計。崇禎九年，拆六門一口橋於晏公廟前，甃砌滾壩，障水防禦，旋爲水潰。崇禎十年，浚城河，深闊數倍往昔。皇清順治六年，西南城崩一百四十餘丈，知州方安民修。

巢縣城池 春秋始城巢，其後沿革無考。元作土城，元季兵擾，守帥王珪築磚城，高一丈，周四里一百九十餘步，後漸廢止，存東門曰賓暘、北門曰迎恩。本隆慶《舊志》。今二門尚存，明增築土城。嘉靖二年，知縣李謨建，復增築磚城。嘉靖三十六年，倭寇竊發海上，直薄維揚，侍御馬斯臧命知縣嚴宏建造城垣，周圍十二里，高二丈三尺，厚六尺，上建四門城樓，南曰迎薰、北曰拱極、東曰朝陽、西曰濱湖。隆慶四年，知縣易可久修造北門，增外城樓，扁曰"鎮朔重關"，又曰"維南固北"。萬曆八年，知縣陳經言捐資鳩工，城堞一新，便民城門五處，一名小東門，一名舊南門，一名小西門，一名崔家鐵門，一名毛家巷門，今止存小西門爲通道存，舊南門亦不通人行，餘三門俱閉不開。崇禎十一年，知縣寧承勳因流寇往來，連破數次，增築之，城高數尺。皇清康熙七年，地震，城傾十數處，共計二百餘丈，知縣於覺世捐資督工堅築之。城東西兩門舊有壕塹，因居民久占，蓋造房屋。崇禎十三年，知縣寧承勳周覽大勢浚之，居民多撓其說，承勳力主焉，遂督工挑浚，下皆磚石，原屬古塹。

六安州城池 州城，歷漢唐宋皆土垣。明指揮王志守禦，初甃以甓，浚溝嶨險可恃，高一丈五尺，周圍三百五十步。正德壬申，流賊寇六圍三晝夜，幾陷。甲戌，知州李衮協指揮劉芳撤而新之，增置敵臺二十七座，高二丈三尺，周圍一千一十丈，址闊三丈二尺，面闊二丈三尺，東西廣七百六十步，南北袤五百六十丈有奇，垜一千三百六十四口；修築民十之七，軍三，戍守軍十之七，民三；壕深一丈四尺，闊七丈有奇，周七里一百八十步，自鎮南門迤東至武定門吊橋畜水如故，自鎮南門迤西至通濟門多石梁，水傾易涸，自通濟門迤北至武定門舊引河水入灌，後爲民居侵塞而壕斯湮矣。門四，東曰朝京、南曰鎮南、西曰通濟、北曰武定，有樓，有月城，月城有小樓。嘉靖癸丑，同知鄧向榮以堪輿說，於學宮西北間闢便儲門，取運道達舟甚便，且引潯河之秀。隆慶辛未，知州唐可封改題曰文昌門。萬曆己卯，知州楊際會爲倉庫大計申閉。辛巳，知州李懋檜以有關文運，乃加葺倉庫，高其墻垣，置棘焉，而文昌門復闢，合四門而五焉。水關二，一在州治北，一在州治南，皆通河，窩鋪二十七，營房五門各三間，炮臺八，古銅將軍炮八。自崇禎乙亥，流寇抵境，城守加嚴。壬午五月，爲賊革里眼襲。八月，又爲賊張獻忠用地雷轟陷，殺戮殆盡，城樓灰燼，所存舊堵僅百十之一。冬，安廬道張公亮移守，六安董署州事通判羅杰修治舊垣，依次增飭。歷數年，士民群集，知州徐潘議令各門整砌，而門樓、敵臺缺者難補，虧者難增，不及舊制多矣。皇清定鼎後，知州劉克孔動工整理，剋期告成。年深多圮，康熙丁巳，知州王所善捐俸修砌完固如初。東門外關廂約二里許，省部交會，行旅往來，貨物流通。南門外關廂約二里許，英霍二縣通衢。西門外關廂約三里許，通西山諸鄉鎮大路。北門外關廂約二里許，陸通濠梁，上達京師、各省。水通正陽關，西抵朱仙鎮，東抵淮安，凡豫省客貨由水路溯潯而至龍津渡，即於北關登陸赴孔城，南入於江，而兩淮引鹽亦由洪澤湖溯泗入，潯至龍津而桐城、舒城、合肥諸邑皆於此運銷焉。豫章東粤客貨由孔城登陸而至北關，即於龍津渡過載，順流以往正陽，故北關尤爲要途。此四關者，俱有街巷，柵欄作城池外衛，惟文昌門以後闢無關廂，民居稀少，有庵名"護城"，亦外障之意。向年潯河逼繞城下，泊船受運，故又名便儲門。今水流變遷，去城漸遠，漕儲之出，挑運稍艱，多費物力矣。

英山縣城池 英山前無可考。元時戊寅，築土城，周圍三里。後圮，逮至明，蒞茲土者，以倚山帶河爲險，不復築城。成化間，知縣徐綱令民沿河植柳以蔽。弘治己未，因盜起，主簿徐璋承檄築土城，高一丈二尺，闊五尺，東南因河爲壕，無城。嘉靖十九年，知縣歐陽祥龍見西門河水去而勿還，不足以衛城險，且言地理無甚利，乃令民積石築堤以障之，則河水縈洄，風氣攸聚，邑甚賴之。今城垣久已傾頹，河水泛漲，居民數十家，結草爲廬，零落散居，東西各設柵欄門以蔽虎狼，名爲邑治，實同茅店。

霍山縣城池 古縣，廢爲故埠鎮。元末，曹平章保障是地，壘土爲城。弘治甲寅，居民錢俸奏復爲縣，崔中奉宋郡守檄，因故址修築之，城延袤千一百丈，高一丈二尺，池深一丈，爲門四，爲敵樓二，爲水關二。嘉靖間，陳中復以垣卑易攀，更砌磚城，增高丈有八尺；又以城北枕河，水漲易壞，砌石堤以遏其衝，今尚有廣濟埠碑。至隆慶初，楊楠復壘石增岸數十丈。惟北門右八十餘丈以迫水受嚙，雖有石堤尚無磚城，萬曆丙申年，吳達分里補完，城始相接如圜。所缺者惟東門外原有馬道，暨過街水溝直抵太平橋者，今皆淤塞矣。明季，城毀於寇，僅存故址。曾廷杰殫力增修，計丈派里，而城復完。未幾，又毀，苦無舊壘，張相不忍再煩民力，躬自倡募，士民競勸，不三月而城成，東爲啓明門、西長庚門、南崇壽門、北拱辰門。吳令因順水風射治後，更向鼎建，舊門樓改三官廟。今存敵樓二，一在東門外，一在西門外，今廢。水關二，一在南城入水，一在北城出水，廢爲平陸久矣。欒令始至，立督挑浚，捐工以倡之，建閘南門外，接水入城，今已通流，繞北而去。儒學前，原有新南門，名躍龍門，以門內有躍龍池也，門外路直衝入學，爲形家忌，故閉之。

鳳陽府

《職方典》第八百三十卷

鳳陽府部彙考四

鳳陽府城池考　府縣志合載

本府（鳳陽縣附郭）

鳳陽府城池 明洪武七年建，周圍五十里四百四十三步，高丈許，土築，城基唯東北磚壘，止四里餘，池不注水，今軍民侵種爲田，止朝陽門外有浚隍一段。門十有二，曰洪武、朝陽、獨山、塗山、父道、子順、長春、長秋、南左甲第、北左甲第、前右甲第、後右甲第，後裁長秋、父道、子順三門，見存九門。今亦圮毀已盡，僅存遺址。

鳳陽縣城池 即明舊城。洪武五年，建外城一座，磚石修壘，周圍九里三十步，高二丈許，無池，門四。裹城一座，磚石修壘，周圍六里許，高二丈五尺，南城河二，東城河一，西城河一，北城無河，唯浚小溝一道，少注水焉。崇禎八年，守監王裕民以流寇犯鳳奏請，鳳無城郭，容民避難，因而結茅其中，民居日密。皇清康熙六年，奉旨移縣治於內。

臨淮縣城池 梁天監五年築，周圍九里十三步，高二丈五尺，池東繞渦流，西環濠水，北涌淮河，三面皆水，唯南面通陸。門六，東曰聞賢、南曰曲陽、西曰塗山、北曰臨淮、西南曰清流、東北曰移風，角樓六座，警鋪三十五所。明正德七年，巡視都御史叢蘭、守備太監閻瑄重修。嘉靖元年知縣吳鼎，三十四年訓導郭維城、鳳陽衛經歷嚴時亨，隆慶四年知縣陳中烈，萬曆六年知縣鄧之亮，三十二年知縣賈應龍相繼重修。皇清順治六年，淮水泛漲，衝倒數十餘丈，知縣徐必進督修。

懷遠縣城池 梁魏戰爭時建，周圍九里十三步，高因荊阜，深阻渦淮。至周世宗置鎮淮軍，而城始大。暨宋夏貴與元對壘，倚爲重鎮，舊門有五，後廢。歷元至明景泰元年，知縣王道始因故址修築，尋復堙圮。正德年，山東盜起，知縣李豫城荊山，爲中都扞蔽，旋廢，僅存遺址。自是之後，縣無城郭，唯於各街巷門署額，東曰賓旭、南曰迎薰、西曰含輝、北曰朝京、小北門曰拱元、小西門曰鳳池，名號雖存，不過藉以啟閉。至崇禎十三年，流寇猖獗，撫院朱大典題城荊山，遣欽天監戴圓度地於淮河兩岸菜畦隙地，不動公帑，取辦民間，築爲新城，周圍僅三里二百餘步。

定遠縣城池 《濠梁志》，元至元十三年，復以舊址爲縣者，即此城也。明正德七年，知縣楊麓易以磚石，周圍五里二百三十六步，高二丈餘；池深二丈，東西南闊十丈，北闊二十丈；門四，東曰毓秀、南曰迎薰、西曰覽勝、北曰興龍，角樓三座。正德十四年，知縣高璧重修。嘉靖三十六年，山水泛溢，城被衝頹，知縣高鶴又重修。崇禎八年，流寇陷郡，知縣盧春蕙、署印陳鵬舉加城垛三尺，後知縣李彬磚砌垛眼、建炮臺。按《縣志》，《宋史》嘉定四年，始城定遠城，蓋肇於此。《舊志》，端平三年，厄於兵火，民移城毀。明洪武初，知縣朱玉重加修築。景泰元年，重築土牆，并四門。弘治十年，知縣曾大有偕主簿李祿相土之佳者重築爲牆，視舊加堅厚，覆以瓦，高一丈五尺，有門四，上建樓四，有外門四。皇清順治庚子，知縣徐三善重修四樓，同時告成，題其樓東曰來紫、西曰薦爽、南曰歌風、北曰拱辰，視從前創建巍然高大焉。其池深二丈，北闊二十丈，東、西、南三面各闊十丈，引北山下澗泉注之，其水常不竭，北池東半尤爲深闊，舊種芙蕖其中，每歲夏秋之間，花葉紅碧彌望，邑人游觀者相屬於道。

五河縣城池 舊有土城，周圍四里三十步，淮水衝決，傾圮無存，而縣治已再遷。明嘉靖三十六年，知縣高珍始創建磚城，周圍四里，高二丈三尺，池深一丈五尺，闊三丈六尺，門四，東曰賓陽、南曰迎熏、西曰秩成、北曰拱辰，角樓四座，歲久傾圮。皇清順治九年，知縣丁浴初漸次修築，始稱完固。按《縣志》，康熙二十二年閏六月間，霪雨連綿，城堞傾頹過半，東門樓上下皆圮，知縣鄭驊捐俸并募鄉紳修葺完固。南門內外并東門外及城東北地方空曠，知縣鄭驊悉心勸諭，招民訾勝等蓋房居住，每房一間，捐俸銀四錢，給助營建。

虹縣城池 舊惟土堡，歲久傾圮。明景泰元年，知縣王盤復築。弘治十五年，知縣樊江甃以磚石。萬曆二十二年，知縣任愚始新建磚城，周圍五里十三步，高二丈，上有女牆，池深九尺，闊三丈；門五，東曰永濟、南曰永泰、西曰永豐、北曰迎恩，西北有小門，又有水門二，敵臺八座。按《縣志》，垛口共一千八百零一個，吊橋凡五座；城內外各馬路一帶，內闊狹不等，外闊八尺；沿城外壕河一帶，約五里餘，深九尺，廣三丈。

壽州城池 在八公山陽，淮淝東南。周顯德中徙治淮北。宋熙寧復故處。嘉定間，許都統重建，周圍十三里有奇，高二丈五，足廣二丈；池東南爲壕塹，北連淝水，西連湖水；門四，東曰賓陽、南曰通淝、西曰定湖、北曰清淮；角樓八座，警鋪五十五所。明正德辛未，知州吳節修。丁丑，同知梁穀、袁經重修。嘉靖戊戌，知州劉永準、御史楊瞻創護泊岸。戊申知州栗永祿，庚午知州甘來學，丁巳知州呂穆感，萬曆丙子知州鄭垸相繼重修。皇清順治己丑，霪雨，城圮，知州王業重修。

霍丘縣城池 舊唯土垣，無隍。本周霍叔故址。自漢至明皆因之。成化間，知縣高升培築。弘治五年，知縣王啓始覆以瓦、塹以壕。正德七年，流賊壓境，都御史叢蘭按霍，令民修築，始易以磚石，通判方賓董修。越八年，知縣孫誠踵事經營，功始完，周圍六里二百七十三步，高一丈八尺。池深三丈，闊一丈，知縣王啓始鑿，知縣陳表重浚。門四，東曰寅賓，後改曰朝陽；南曰來熏；西曰鎮淮；北曰迎恩，後改曰拱辰，角樓四座，大樓三間，小樓三十六間。知縣劉佐、李璉、周佩、楊善節次繕修之。按《縣志》，皇清康熙七年，知縣姬之篆修葺城堞，添置更樓，綢繆鞏固，居然金湯。

蒙城縣城池 明初，原築土城，開三門，曰西門、南門、北門，其東則渦水環繞，且非四達之衢，故未立門。景泰元年，知縣孫震修補其缺。至正德六年，知縣葉寬懲流賊之變，易以磚城，周圍九里三十步，池深一丈五尺，闊倍之，門三，南曰承熏、西曰中都西鎮、北曰拱辰。嘉靖年，知縣劉繼先以儒學在東，命開東門，名曰文明，又開水門二。後黃河水溢，衝塌北城，衆欲遷城以避水患，知縣劉宗鼎主議縮至毛家巷止，今城周圍僅六里許，高二丈二尺。天啓二年，山東白蓮妖震鄰，知縣呂希尚又修之。崇禎八年，闖賊猖獗，知縣王化澄增修雉堞，創瓮城。十五年，黃河決溢，城多傾壞，知縣楊子奇補修之。皇清順治四年，大雨連月，城基崩陷。九月間，知縣田本沛大修之。十二年，典史金司韜以北門圮壞，捐俸重修。康熙七年，地震城傾，知縣竹綠猗又修之。

泗州城池 城肇於宋，舊有東西二城，皆土築。明初，始更以磚石，合爲一城，汴河貫其中，周圍九里三十步，高二丈五尺，東南西北四門，西南有香花門，角樓、敵臺各六座，警鋪四十五所，月城六座。隆慶庚午，巡按蔡應暘大發贖鍰以創之，僅完其半。萬曆己卯，巡按李時成疏請大修，動支各府州官庫銀八千兩有奇成之，城用以固。後淮水屢溢，城根久爲水浸，甃石日尋於廢，外壕水高於內關，閘不復啓；東西北三門，路徑阻絕，唯存南門至州署耳。《前志》云，諸門皆有水關，西門舊關名金剛渡，東門關曰鐵窗櫺，香花、北門二關相對，宋時通漕艘。明弘治間，北關常啓，今久塞，唯香花門一關出水。崇禎四年，水灌州城，郡守李希模於金剛渡穴城放之，水乃洞泄。往歲冬春之月，淮水消落，則開香花門放內水而出之。夏秋之間，淮水漲溢，堤外淮水高於外壕，外壕之水復高於內河，內河之水有生有蓄而無泄。皇清康熙十二年，州守李德耀以修城、修堤爲請，鳳廬道范時秀批准，聽士民樂助，先車內水，城賴以保。蓋泗之城郭，人民不即陸沉爲沼者，僅恃一堤耳，倘修飭少疏，蟻穴一潰，全城魚矣，不可不刻防也。

盱眙縣城池 城三面沿山，北阻淮水，古稱城小而堅，舊有六門，東曰陳門、西曰玻瓈門、南曰南門、北曰水門、東北曰慈氏門、西南曰寶積門，今俱廢，唯遺址存。宋嘉定十一年，修盱眙軍城，阻山帶河，北門尚在，名曰淮汴門。又《舊志》載，盱城在縣境極北盱山之麓，淮水之濱，半枕山上，半臨水濱，據山川之險，與州城相對。南宋爲邊方雄鎮，常宿重兵。至明永樂年廢。

天長縣城池 舊唯土城，周圍六里餘。明嘉靖三十六年，倭寇天長，知縣黃泰然因舊土城議建置磚城，周圍一千四十六丈有奇，高二丈，基廣二丈七尺，頂廣一丈；池深二丈，闊二丈；門四，東曰啓文、南曰長春、西曰崇本、北曰永福；角樓四座，敵臺五座，水洞四開，東西月城二座。萬曆四十七年知縣田所賦，崇禎五年知縣羅萬象相繼重修。

宿州城池 始於唐，築土爲之。明洪武十年，始壘石爲址，加以大甓，周圍六里三十步，高二丈四尺，廣二丈五尺；池深一丈，闊一丈；門四，東曰望淮、南曰阜財、西曰連汴、北曰拱辰；角樓四座，外築月城，以固堤防。按《州志》，宿故城莫詳創始，原惟築土爲之。洪武十年，始壘石爲址，城之上每一里八鋪，總之四十九鋪，每一鋪宿州衛百戶一員、鋪兵八名守之。城之下周圍浚以深壕，壕總八里一百八十八步許，宿城故稱完固，設有警，亦易以守。正德辛未，流賊突而圍之，凡九日，弗克。顧歲久易圮，城戍壕池傾塞者過半。嘉靖丙申春，河南寇急，遠近驚怖，州衛僉議計在先浚城壕，於是自西而北則屬之州，自南而東則屬之衛，分力而治。大工方興，乃未幾而賊擒，旋復弛矣。萬曆二十一年，奉文移州衛各加浚治，茲固未雨綢繆意乎。二十三年，知州崔維岳親督，壕之兩岸夾植楊柳數萬株，壕之內盛種蓮荷，盈池一派，柳密荷滿，蓋亦有金湯之象。

靈璧縣城池 自宋元祐七年，升鎭爲縣，尚未有城。至明弘治乙卯，知縣陳玉始置土城。至正德改元，圮蕩無遺。六年辛未，知縣陳伯安初任，以流寇逼近淮甸，乃循故址建城，周圍六里許，高一丈九尺；池深八尺，闊二丈；門四，東曰鹿鳴、南曰望荆、西曰鳳儀、北曰來璧，角樓四座，明知縣邢隆繼修。

潁州城池 舊城爲北城。明洪武九年，指揮僉事李勝用磚石修砌，周圍四里，高一丈八尺，北門臨潁河，曰承恩；東門曰達淮；西門曰通汴；鐘鼓樓爲舊南門；小西門舊在西城水門上。萬曆二年，知州趙世相稍移西，鑿城設門，與舊連爲一城；北門如舊，東西南三門俱在新城，南曰迎薰、東曰宜陽、西曰宜秋，門俱有樓，有月城，敵樓四，東南曰望霍、西南曰克敵、西北曰凱歌、東北曰向蒙。又水門二，一在凱歌樓南，一在宜秋門南。正德甲戌，因流賊亂，兵備僉事孫磐始甃磚，倚潁水爲隍。明嘉靖二十年兵備僉事蘇志皋，萬曆三年知州謝詔浚隍植柳，鬱然合抱，後多竊伐，遂廢。

潁上縣城池　舊有土城，元末兵廢。明初，設守禦所，千戶孫繼達始建磚城，周圍三里六十二步，高二丈五尺；門四，東曰通津、南曰壽春、西曰潁陽、北曰禾稔；建敵樓二，靖氛樓一，敵臺一；南北西三面皆池，東面臨河。明嘉靖二十年，兵備道蘇志皋大浚其壕。萬曆七年，知縣屠隆築東門堤，但壕水東南通河，河卑隍高，水易盡泄。崇禎九年，知縣廖維義重築堤堰，水始不涸。皇清順治八年，東南城垣盡被大水衝圮，知縣鮑弘仁自備磚灰，堅修城堞二百二十九丈。順治十二年，堤橋傾壞，宛平翟令穎重修。

太和縣城池　舊有土城，周圍四里七十八步，設有五門。明正德六年，被陷。七年，亳州判官楊威署縣事，大加培築。九年，知縣趙夔始砌磚石，周圍一千八百七十九步，高二丈三尺；池深三丈，闊五丈；門四，東曰順化、南曰天保、西曰太平、北曰大義，角樓四座。嘉靖二年，流賊寇邑境，民賴城以安。崇禎八年，闖賊攻陷各城，太和又得保，皆趙夔築造之功也，又築小土墻一周於池內崖，以衛其城，城上各建樓，四圍城池深三丈，闊五丈，復沿兩堤環植楊柳，四門之外隔以吊橋。隆慶三年，復闢小南門，建樓北門樓。崇禎九年，吳令重建東門樓。皇清順治十三年夏，令重建西門樓。順治十六年，陳令建東南門樓，曰崇文，爲拱峙學宮也，樓曰文昌，劉令所成。

亳州城池　明初設土城。宣德十年，指揮周廣以磚石包砌，周圍九里三十步，高一丈五尺，廣倍之；池深一丈，闊倍之；形如臥牛，故名臥牛城；門四，東曰望仙、南曰武勝、西曰朝真、北曰古慶。弘治十一年，知州劉寧、指揮石璽又增設城樓四座、角樓四座、警鋪五十四所。按《州志》，州城舊址即楚平王所築譙陵城也。元汝南忠武王張柔鎮杞，第八子弘略自杞徙亳，奏據亳之利，從之，命柔率山前八軍城而戍之，因樹之碑。

和　　州

《職方典》第八百三十九卷
和州部彙考一
和州城池考　州縣志合載

本州

和州城池　東南濱江，西南繞溪，西北環山，周圍十一里，舊爲亞父城，世傳爲項羽王西楚封范增於歷陽，則和陽之城疑爲范築，故曰亞父城也。漢高帝令灌嬰還定江淮，又築之，名曰古羅城。至宋時，又繼築於歷陽太守郭剛重修。明初，參軍郭景祥俾知州張純誠重修，爲門者六，上皆有樓，東曰朝陽、西曰臨湖、偏西曰橫山、南曰橫江、偏南曰環江、北曰香泉，東西又爲二水關以泄城中水。城周十一里，高二丈二尺，又女牆二尺，環城有壕，深且廣。正德七年，流賊肆害，總制彭澤命知州孔公才各門增月城，未成。萬曆元年，知州康誥於六門各築重城，周圍十五丈，厚九尺，內外皆磚，高二丈二尺，如內城之制，上爲女牆，又高五尺。舊城重建層樓、重城，又建小樓門，外爲吊橋，又前設關門，庶可稱重門禦暴之義矣。其壕塹舊雖深廣，始鑿於宋乾道、嘉定間都統制郭剛、宿將郭杲，年久淤塞。明初，總制郭景祥命知州張純誠重加疏浚，顧年久沃壤，多爲軍民竊據，無復鑿池之意。近議州河返流，風氣非宜，改浚，由縣河而南，環流城下，由南而會歸大江，共約延六百餘丈，廣一十六丈，務通舟楫，斯稱金湯之固。改朝陽門爲寅旭，環江爲熏阜，橫江爲平康，臨湖爲秩城，橫山爲望舒，香泉爲拱辰，北達神京，南通江漢，東挹太平，西迎開勝，亦足以壯一方之觀也。至崇禎乙亥，流寇陷和，城樓、窩鋪一炬烟消，僅存東門城樓一座。丙子、丁丑間，賴郡守萬民戴多方拮据，收拾於灰燼之餘，起衰於大創之後，新建城樓，次理窩鋪，雖稍稍就緒，而規模不如前矣。至皇清康熙九年五月，霪雨淋漓，傾倒城牆九十四丈，以及垛口、窩鋪并六門城樓俱皆坍卸。嗣知州夏瑋於本年六月內抵任，隨即估計物料，自捐己資，悉照市價，平買鳩工。修理時，親董率至，兩月有餘，方始告竣，計用銀五百九十八兩有奇。不動民間一瓦一木，而使崩頹雉堞煥然一新。

含山縣城池　唐、宋、元以上歷三朝俱未築城。明初，趙德勝克和州，平含山諸縣，不待終日，唯無城守之耳。知縣徐原顯始創立城垣基址。正德七年，流賊猖獗，知縣張文淵率部民築垣鑿池，周三里許，高一丈五尺，廣深各丈餘，城門四座，建樓其上，逾月成功。爲門者六，東西各二，有小東門、小西門，知縣牟以邑小門多有泄風氣，乃歸併，東西門仍各存其一，舊東門在東北隅，亦以陰陽家不利於民，改正東。四門有扁，東曰朝陽、西曰進賢、南曰南熏、北曰拱辰。東門新樓廣大，譙麗特異他樓，蓋以門外岡阜窿起，故高大其樓，以稱其勢云。嘉靖三十七年，知縣葛麟始創磚城，圍九百餘丈，高一丈八尺，厚一丈，垛一千八百餘，四門，樓四座，窩鋪四座。皇清順治四年知縣朱長泰，康熙二年知縣范禎相繼增修，視昔堅致而崇墉屹立，合於是有其險，民可恃以無恐也。

滁　　州

《職方典》第八百四十一卷
滁州部彙考一
滁州城池考　通志
本州

滁州城池　唐武德三年築。明洪武間增廓，周圍九里十八步，高一丈七尺；門六，東曰化日、小東曰環漪、西曰永豐、小西曰觀德、南曰江淮保障、北曰拱極，跨沙河爲池。皇清，知州寧鳴玉、鄭邦相、余國楷相繼修築。

全椒縣城池　在覆釜山南。明成化間，知縣張碧建三門，未浚壕樹雉。嘉靖間，知縣顧逵始爲城，以繚縣治，周圍二里許，高一丈有奇，因河爲池。知縣楊道臣、吳道昌、方允昌，皇清知縣藍學鑒，前後鳩工修葺。

來安縣城池　明成化間，知縣趙禮始築土垣。嘉靖三十五年，知縣魏大用乃甃以磚，高二丈，壕深三丈，廣五丈，知縣周之冕、吳志高相繼修葺。

廣德州

《職方典》第八百四十三卷
廣德州部彙考一
廣德州城池考　通志
本州

廣德州城池　明太祖令元帥趙繼祖、邵榮領軍鎮此，始建，周圍九里十三步，高一丈五尺，廣八尺；池深八尺，闊一丈六尺；門六，東曰熙春、南曰麗正、西曰安貞、北曰拱辰、東南曰鍾秀、東北曰常州，即今水關。正德四年，知州劉守節修葺城垣，繚以土覆之瓦。嘉靖間，知州張士元甃磚設垛，歷年屢修。皇清康熙二年，知州楊苞重修。

建平縣城池　明崇禎八年，知縣侯佐築，周圍七百八十丈，高一丈，廣二丈五尺，門四。皇清康熙四年，知縣李景榮重葺。

江西總部

南昌府

《職方典》第八百四十九卷
南昌府部彙考三
南昌府城池考　通志府縣志合載
本府（南昌新建二縣附郭）

南昌府城池　即江西會省，併南昌、新建二縣附。漢潁陰侯灌嬰築豫章郡城，廣十里八十四步，闢六門，南曰南門、松陽門、西曰皋門、昌門，東、北二門各以方隅爲名，見雷次宗豫章記。晉咸安中，豫章太守范寧更闢東北、西北二門，合前八門。唐初，築西南隅四之一，即府治。垂拱元年，洪州都督李景嘉修築，凡八門，題額俱吏部侍郎越州徐浩書。元和四年，刺史韋丹更築城東北隅，廓二十一里，置敵樓於上，又改建東南敵樓。宋洪州城，周三十一里。門十六，直南曰撫州，繚而西轉曰官步，一名遵道；曰寺步；曰柴步；曰井步，一名德遂；曰章江；曰倉步，一名惠庠；曰觀步；曰洪喬；曰廣恩；曰北郭，十門皆濱江，繚而東轉曰琉璃、曰壇頭、曰故豐、曰望雲，五門皆平陸。紹興六年，廣豐、北郭，廣恩、故豐四門廢，凡十二門。明初，壬寅歲，大都督朱文正改築，官步、井步、倉步、觀涉、洪喬五門廢，建七門，東曰永和，又名淡臺，以門內有淡臺墓，舊名淡頭，有仙人黃紫廷之壇在焉；東南曰順化，舊名琉璃，以門內延慶寺有琉璃佛像；南曰進賢，舊名撫州，俱以道路相通得名，又曰望仙，以漢梅尉故廨在門外；又南曰惠民，運米惠民倉由此，舊名寺步，以近隆興寺；西南曰廣潤，舊名柴步，又名橋步；西曰章江，以在江濱故名，舊曰昌門，孫策遣虞翻與郡守華欣交語於此；北曰德勝，舊名望雲門，李綱移築於此，又名新城。門樓七，角樓四，鋪七十座，陴堞共二千六百八丈。分永和、章江、德勝三門屬新建治，餘俱南昌治。明初壬寅，浚壕，長三千四百丈有奇，闊一十一丈，深一丈五尺，水關閘在城南廣惠二門之間，城內東西湖之水於此出焉。湖水出閘口流城壕，壕外別有閘以蔽江水。

豐城縣城池 晉太康中始置。唐永徽初，遷於章水之東。元延祐初，知州汪從善創築土城。明正德間，知縣吳嘉聰重修。嘉靖四十年，知府韓弼率知縣王徽猷更築磚城，周一千三百六十丈有奇，崇一丈七尺五寸，厚六尺，建門七，樓七。萬曆間，知縣韓文、張廷拱先後復修之。壕池，北臨劍江，東過洪橋，歷折桂門而南入於湖，西繞城歷登仙門而南入於湖。按《府志》，元延祐初，知富州汪從善創築土城，下甃以石，闢六門，東曰正信、西曰折桂、南曰劍池、天寶、北曰通江、望仙，內有子城一里二百步。歲久圮壞。明正德五年，華林寇警，知縣吳嘉聰更築，後圮且盡。嘉靖四十年，有廣閩寇，知府韓弼詣縣相度，率知縣王徽猷更築磚城，周一千三百六十丈有奇，崇一丈七尺五寸，厚六尺，東西南北各一門，門各有樓，又小門并樓七，曰折桂、曰廣益、曰登仙、曰皇華、曰望仙、曰江關、曰小東。萬曆十四年，城傾，知縣韓文修築。三十六年，知縣張廷拱申允復修四十餘丈，城南有陡門石閘泄城內水出於壕，壕水東自洪河、洪橋歷折桂門而南入於坪港湖，自石橋湖、任家湖、沙湖歷登仙門而南入於坪港湖，北臨劍江，石堤險峻。按《縣志》，崇禎己卯，知縣郝錦奉旨修，增城堞，拓四門，逾舊制有半。皇清順治乙未，霪雨壞東門、廣益門、耿家湖一帶，知縣宗彝補修。己亥春閏三月，雨壞城一百三十五丈有奇，堞口六百三十。庚子，春雨壞小東門內城一丈五尺。辛丑春二月，雨壞小東門塗家屋背城六丈二尺，沙湖下內城三丈六尺。三月，壞耿家湖外城四丈，腰帶湖內城五丈五尺，大東門內城六丈，皆知縣何士錦捐修內城六十二丈五尺。甲辰，復奉文幫闊修砌，并周圍城垛。

進賢縣城池 明正德五年，署篆同知汪穎始議築城，知縣王紀興築土城。嘉靖三十八年，知縣程光甸更築磚城，周一千三十丈有奇，崇一丈七尺，厚一丈，門六，皆建樓。萬曆間，知縣周光祖重修。皇清康熙四年，巡撫部院董衛國檄知縣聶當世大加捐築。城壕，縣南九曲水折東流，環繞東北，由青龍橋出繞城北，注於青嵐湖。按《府志》，宋元以前未設。明正德五年，江西盜起，署篆府同知汪穎建築城，知縣王紀創築土城，闢六門，門各有樓。十二年，知縣劉源清議加磚石，未果。嘉靖三十八年，知縣程光甸更築址以石，覆以石，中壘以磚，周一千三十丈有奇，崇一丈七尺，厚一丈，門并樓仍六，東曰啓和、西曰迎恩、南曰來撫、北曰拱極、東南曰文明、西南曰田洽，鋪二十四座。萬曆三十六年，大水，城傾一百四十丈，知縣周光祖申允重築。縣南九曲水折東流，從城東南新橋入城，過大石橋又折而北東從縣左青龍橋出，繞城北注青嵐湖。

奉新縣城 唐長慶三年，縣令劉正一築土城。明正德七年，知縣鄒縄修繕。隆慶五年，知縣陳隽復修。萬曆十一年，知縣朱南英、前縣金應徵協築磚城。皇清康熙四年，院部董衛國捐資，檄縣黃虞再築，浚城壕，外臨馮水。按《縣志》，唐神龍二年，縣丞高良弼遷新吳縣治於馮水之北，故無城。長慶三年，縣令劉正一築土城，周五里，南北二門，歲久圮廢。明成化二十二年，縣令鄧誠命鄰近富民蓋造五門，徐南暘造東門，在迎恩坊，今之老東門是也；梁公賢造西門，在縣西北天津橋處；徐君彥造南門，在儒學右；周雲龍造北門，在龍山左；僧王覺智造建昌門，在寶雲寺右。正德五年，華林寇起，副使吳一貫督兵至縣，同知縣鄒縄重築，南盡河岸，皆以磚壘，北抵山麓，東西廣益倍之，皆以土築，覆以椽瓦，立四門，置廂樓，周回鑿池，以限衝突。嘉靖元年，洪潦泛漲，城多衝塌，縣令朱雲鳳復修如舊。自後五十餘年，倒塌愈甚。隆慶五年，縣令陳隽申請修築，院道行委贛州府薛推官臨縣，公同將前項磚城垣逐一勘量，周回八百八十二丈五尺，動道府縣紙贖銀二百九十九兩七錢八分，隨集在城義民自列等，第一等徐六七、廖八十等二十二名，每名領銀一十一兩七錢四分，修砌沿河磚城圩崖各三丈九尺八寸；二等陳坎三、甘信六等五十名，每名一兩六錢，築土城七尺，蓋舊土城七丈。至萬曆元年九月工竣。萬曆九年，知縣朱南英詳請加甃，嶺北道前奉新縣令金應徵，議以南豐羨銀九百餘兩，轉給本縣，兵備僉事石漢力贊成之，遂築磚城，諭僉各鄉富民及當年里役，派領錢銀，計丈分築，東門垛一百七十座，計八十五丈；南門垛三百座，計一百八十五丈；西門垛五百座，計三百二十丈；北門垛三百一十七座，計一百九十五丈，共垛一千二百八十七座，共圍長七百八十五丈，其東南至西北收狹五六百步，圍長較前遂少一百餘丈；東門曰賓暘、西門曰齊霞、南門曰迎薰、北門曰拱辰；南門左右開有水門、左水門。萬曆四十七年，縣令袁化壔迤東門開馮田門。萬曆三十年，縣令陳鎮壔凡八閱月而工竣，縣冢宰蔡國珍爲之記。崇禎十三年，四郊多警，縣令李允佐詳請增高城堞，督撫解學龍題請，允議將本縣當年里長、經催免其充役，里長每名納銀一十二兩，經催每名納銀八兩，陶磚增壘，稱雄壁焉。皇清順治九年間，縣令王家楨因城後獅山高瞰城內，詳請修建炮臺八座，每臺上建敵樓一所，巍懸城外，無遠弗見。每臺計費百金，家楨悉捐己俸，餘皆紳衿市民樂助，凡四閱月而臺成。今巡夜擊柝者，賴有所樓宿而資守禦也。順治十八年，縣令黃虞再復因舊東城收退二百餘步，所遺之地，平坦遼闊，訪諸故老，遂捐俸倡，率沿舊城土阜壙築長堤，上植柳，中建文昌閣、魁星樓，規模崢嶸，有神風氣。康熙二年，縣城復圮，縣令黃虞再行詳請修砌，總督部院張朝璘發銀五百兩、米二百石，撫院董衛國亦發銀四百兩、米二百石，太守葉舟亦發銀五百兩，虞再自捐銀六百二十兩、米三百石，鄉紳衿民樂助有差。始工於康熙二年八月，告竣於三年二月，較前更加高廣堅實，四城城樓，悉選材新創，稱形勝壯觀焉。

靖安縣城池 南唐創縣，城周二里。明正德六年，知縣萬士賢新築土城。嘉靖四十三年，知縣趙公輔更築磚城，周五百一丈，崇一丈七尺，厚八尺，城外壕池與清湖雙溪合，四周繞環縣城。按《府志》，南唐創縣以後，有城周二里，莫詳所自。歲久圮廢，明正德六年，瑪瑙寇發，按察副使吳一貫、知府李承勳檄知縣萬士賢新築土城，立四門，各有樓，又敵樓一。嘉靖四十三年，知縣趙公輔更築磚城，甃之以石，周五百一丈，崇一丈七尺，厚八尺；門各有樓，南曰望斗、北曰拱極、西曰應垣，東門樓近廢，從東南水門出入；水門城樓在儒學前，額題"文昌閣"；城外四周有壕，壕水西入於清湖，與雙溪合，環繞縣城；城內水俱由水門出，門外有石橋一。

武寧縣城池 唐天寶四年，縣令范建殊築。明洪武三年，知縣饒永謙更築。弘治十八年，知縣毛驛增修。嘉靖四十四年，知縣葉棣創建磚城，周七百二十丈，崇一丈五尺，厚八尺。萬曆三年，知縣胡東暘重修。按《縣志》，唐天寶四年，縣令范建殊築建。縣遷，城歲久圮廢。元至正間，賊張普憲來寇，無城可守，官民皆爲所殘。明洪武三年，知縣饒永謙因故址築。後圮，弘治十八年，知縣毛驛築城，惟南即江爲險，自油榨嘴延西而北而東，計二里餘，令民均丁糧出力，朞月城成，覆以甓閣，間以堞樓，巡以冷鋪，守以機兵，一時之備稱嚴。嘉靖四十一年，奉綸音，修治四方郡縣城垣，知縣吳思齊白諸上臺，下令修砌，而吳以轉官去。四十四年，知縣葉棣委用党正汪蓬山等經理修砌，始用磚城，周七百二十餘丈，高一丈五尺，深厚八尺，四門樓臺，水關一，皆肇之。萬曆三年，知縣胡東暘重修城垣并四門樓臺。萬曆三十一年，知縣李呈芳因見城垣數有傾圮，修費未經額編，議將南路簡僻山頭茅坪等四鋪，每鋪減兵一名，每年共減銀二十五兩六錢，詳允扣存，聽候修城支用。三十六年，知縣周道昌奉文每年扣存自理紙贖銀一十五兩，登報專備修城，不許別動，并前議減銀，仍徵貯，俱聽修城之用。崇禎十四年，因流氛孔棘，輔臣楊嗣昌以修儲備、練四事請旨通行，知縣璩伯昆奉文而艱於費，議以一甲里長免役出費修城，申上報可，分度丈尺，令各里增厚加高，經兩載報竣。皇清康熙三年，知縣馮其世奉文修城，由是垛加高、樓加飾，內道砌磚石，東西關增建敵樓，功成，葉知府隨特詳報，有山縣金湯之文，其守具不備載矣。城門四，東曰賓陽、西曰慶豐、南曰向明、北曰拱辰，後更名東曰迎恩、西曰映輝、南門曰宣和、北曰拱極，小南門曰映川、南上曰小西門、南下曰通濟門，今塞。

寧州城池 明洪武三年，知州項仲宣因故址修築。正德六年，知州林文琛更築。萬曆三年，知州陳以忠甃之以石，周一千一十八丈有奇，門并樓四，東曰迎恩、西曰通遠、南曰廣魁、北曰鳳巘。城北負山無壕，東西南三面臨河為池。按《州志》，《舊志》城郭開創之初無考，歲久圮毀，遺址尚存。其郭東至浮橋渡，西至西郭渡，南至上坑渡，北至鳳凰山，東西相距四里，周圍一十八里。正德三年，建箭樓十二所。

饒州府

《職方典》第八百五十六卷
饒州府部彙考二
饒州府城池考　府志
本府（鄱陽縣附郭）

饒州府城池 周九里三十步，負芝山，闞鄱江，左右環東湖批洲，三面阻水，高丈八，厚四之三，雉堞三千四百二十六；外有隍，深廣丈餘；穴門六，北曰朝天、曰靈芝、南曰鄱江、曰月波、東曰永平、西曰批洲；樓十二，守廳六，瓮城樓一，吊橋三，窩鋪七十六，其司開闔明則守禦所，今掌千府正。舊城，秦番君所築，周七里。吳周魴守郡時，山越負，固修，增至九里三十步。梁大通中，鮮於琮叛，內史陸襄繕城爲保障計。隋唐以來，更革頗殊。宋建炎初，舒賊劉文舜寇饒，知州連南夫繕治禦之。紹興，水壞，史定之修，增至十二里。咸淳間，孫炳炎葺其塊者，黃震有記。元至正兵亂，守者旋爲葺壘。辛丑，明祖克江州，因幸鄱，書城隍之神於鄱江門外，祀以少牢，既乃翼騎而入，登郡治南城，即廢千戶所前甕樓，父老入，見有年九十者，大悅，以爲守臣保障力。甲辰二年，大水城圮，總制宋炳、知府陶安修葺之。閩寇至，賴以無虞。四年，千戶趙堅、伍成相繼繕治。嘉靖元年夏，大水，城多爲水所嚙，兵備副使范輅措畫工力，遇缺興築；六門之樓蠹壞，知府彭辨之修建。六年，大水，城又有覆者，兵備副使沈良佐議完之。後圮，繕治不一。萬曆二十三年，知府林欲廈繕修之。三十年，月波門火，樓毀。三十四年，番江門火，樓毀。三十六年夏，大水，城多圮，分守參政應汝化議爲繕治，建二門樓，修築城，共計二百二十二丈有奇。皇清初年，以靈芝門非居民樵牧必由之地，且多一番城守，據形勢家言，門當乾位，戌乾風入不利道府衙署，遂塞之，永不宜開。月波門樓毀於火，順治十五年，守道張思明捐資重建。甲寅，久雨城圮。秋冬，賊踞之，復爲所墮。康熙戊午，郡守黃捐資修築。壬戌，大水復圮。冬月，月波門樓災。癸亥八月，巡道查、郡守黃暨各官捐資修建，屹然雄觀，望之若砥柱云。

餘干縣城池 秦時置郡縣，城池始建無可考。至讀劉隨州詩，則知唐時已有，相傳爲林士弘所築，閱代滋久，漫無遺迹。嘉靖壬戌，撫臣胡松以閩廣寇起，檄知縣黃士元徵丁糧築之，周回三里，延袤一千二百丈，高一丈七尺，厚五尺；爲門九，南曰通和、東曰長春、東南曰文明、曰通賢、北曰拱極、東北曰陰德、西曰武靖、西北曰順民、曰永熙；水門三；宿衛之廬二十有四，鄱陽姜金和有記。正南一面及西北瀕水，餘多枕山。隆慶間，知縣鄭繼之修。萬曆中，知縣劉諧登城諦觀，見其橫闊中縮，多濱水，易傾瀉，且多門未可與守，命工就圮者葺之，甚者重築之，又令塞拱極、順民、永熙、通賢、陰德五門，竝塞三水門，改建高冠門於冠山之上。崇禎間，知縣袁世順重修。亂後，城樓雉堞無存。皇清順治十六年，知縣劉毓安重建東西北三樓。康熙二年，知縣江南齡繼修，其舊塞諸門，間從民便，開之。復多傾圮，康熙二十二年，知縣呂瑋重修。

樂平縣城池 唐中和間，自樂安舊城遷今治，故無城，但立四門，東曰洎陽、西曰襦褌、南曰利涉、曰景豐。宋末，立排柵爲城，建四門，東曰朝天、西曰平西、南曰文明、北曰拱北。元至正間，因兵焚毀。明正德五年，水南盜起，知縣龔淵即四門遺趾築之，砌以石，每樓一座，更名新之，東曰東安、西曰西樂、南曰南平、北曰北順。北順尋火，十一年，知縣張文應重建如前制。嘉靖中，巡撫都御史胡松檄知縣黎楚度地興築，城郭屹然，設正門四，東騰輝樓、西燦壁樓、南朝宗樓、北拱極樓。第南隅一城以小河逶迤制未廣闊，且當學宮之前，掩隔內河，萬曆間，知縣金忠士闢建門曰文昌，樓曰萬魁，在泮池之外，帶河之內，後以堪輿言不利，復塞之。皇清，城郭仍舊。順治十年，知縣王德明重加修茸。康熙十年，知縣王道隆建四門城樓，築壩引洎水東流，以衛城郭、培地脉，有記。

浮梁縣城池 元築城利陽鎮。至正己亥，移築縣治。庚子，城成，四周七百二十四丈，高一丈六尺，積四里八步，浚壕深廣各一丈五尺，設東、西、南、北、小南五門。明洪武初，饒州守禦千戶所巡守之。己丑，罷，日久坍塌殆盡。永樂中，取磚石砌之，惟存東、西、南、北址。正德戊寅，劉守愚砌水南、拱極二門於南北。嘉靖庚子，水溢壞，汪宗伊因故址重修五門，扁其東曰和風、南曰晏城、西曰百遂、北曰靜定、小南曰戊己云。乙巳，阮壆以小南門位在戊己，門順震水，堪輿家謂土牛奔，居民頗不利，乃塞小南門。戊子，又壞，蕭奇勳更築之。越三月竣事，增小東、小北二門，又訓導霍文玉請於縣，增新南門，以爲學宮文筆，是爲八門。萬曆壬寅五月，大水衝壞二百餘丈，知縣周起元修築，更扁東曰敷和、南曰任興。皇清康熙三年，知縣蕭蘊樞重加修茸。

德興縣城池 環山爲縣，四望如堵，古無城池，有司止築起鳳門於南、化龍門於北、白鹿門於東，惟西路襟帶溪河，天門一山，下爲鎖鑰。明正德己卯，姚源洞寇掠德興，知縣趙德剛伐木爲柵，與賊角，以身當寇，而民即安。嘉靖丙辰，知縣許高請於上議，既允，以遷去。壬戌，知縣何廷相奉西臺檄，始城焉，周一千一百一十餘丈，高二丈。爲門六，南北各一，曰鳳儀、曰拱辰；東西各二，曰慶成、曰朝陽、曰近天、曰文明；西城帶河爲濠池，東南北依山險阻厄塞，庶稱險固。萬曆乙未，西門火毀，知縣何鑠更築之。皇清，知縣鄭士樟重修。

安仁縣城池 明正德庚午，知縣薛球爲姚源賊衝縣，官民、廬舍焚毀殆盡，遂築土城，大約六百餘丈，制尚草率。嘉靖丙戌，兵備范輅改築石城，周圍七里，尚欠高厚，未足爲恃。嘉靖壬戌，巡撫胡松檄縣修築，約一千三百餘丈，其垜石、腰牆、窩鋪一如府制；門九，東曰育仁、西曰正義、南曰歌熏、北曰拱極、東南曰興賢、曰雲錦、西南曰觀瀾、曰便民、曰通津，規制雄偉，足爲一縣保障。池壕惟東隅一帶，縣脉所入，不宜疏鑿，西南北三面俱臨大河，湯池之險，殆天造然。

萬年縣城池 四周六百八十丈，高丈八尺，厚半之，雄垜一千四百餘，外繚巨石，以護其趾，穴四門，門每架樓，東寅賓、西西成、南時阜、北拱極，池深廣每丈餘，遇門則架梁以通行者。明崇禎七年，知縣金偉重修，增築四門，俱更舊名，後北門復圮。皇清康熙九年，知縣王萬鑒重修。康熙二十一年五月內，霪雨摧崩數十餘丈，後知縣張勵知捐資買石，雇工修砌完固。

廣信府

《職方典》第八百六十三卷
廣信府部彙考三
廣信府城池考　通志
本府（上饒縣附郭）

廣信府城池 宋皇祐二年，郡守張寘築。淳熙間郡守林枅，寶祐間郡守陳昌世相繼修治，城周七里五十步；建四門，南曰廣信、北曰靈山、西曰閶闔、東曰玉溪；南壕因溪水，北西東浚壕，深丈許，廣三丈餘。明洪武初，修築羅城，圍九里二十步，崇二丈二尺，廣丈有五尺，門各有樓，外爲月城。正德辛未知府陸徵、朱嘉會，萬曆乙卯知府錢拱辰相繼修繕。皇清順治十六年，守道胡升猷、知府樂斯美、知縣程汝璞相繼增修。是秋，東城樓被狂風折去左角，通判許京亮重修葺之。

玉山縣城池 明嘉靖辛酉，署篆推官姚筐始築，周七里，高二仞，女牆四尺，廣丈有一，爲門四。隆慶乙丑，知縣陳所聞闢爲六門，有樓。皇清康熙己酉，知縣唐世徵大修之。

弋陽縣城池 明正德五年，知縣胡偉始築，周九百四十二丈，崇一丈八尺，厚一丈二尺，有四門。皇清康熙九年，知縣陶耀復加修葺，創警舍如舊制。

貴溪縣城池 明正德六年，知縣謝寶始築城，砌以石。嘉靖四十年，巡撫胡松橄同知王時拱大加修築，周一千五十丈，崇二丈，西南帶水，東北礪山。

鉛山縣城池　明洪武元年，千戶蔣奎築，周四里七十二步，崇二丈有奇；南西東環城爲壕，廣四丈，深一丈，北一面阻河。嘉靖甲申，知縣朱鴻漸建敵樓五、警舍四十有五。

永豐縣城　明嘉靖壬戌，巡撫胡松橄知縣建，周五里，崇十六尺，雉堞六尺，廣一丈八尺，門有六，壕池廣十餘尺，深倍之。隆慶六年，知縣傅寵增修，置警舍三十六所。

興安縣城池　明嘉靖四十年，初置縣，知縣陳慶雲始築城，延袤八百六十四丈，崇一丈五尺，厚八丈，爲門有四，門有樓。

南康府

《職方典》第八百六十八卷
南康府部彙考二
南康府城池考　府縣志合載
本府（星子縣附郭）

南康府城池　本府，古無城池。宋淳祐間，知軍方岳築土城，作倉步、彙澤門於東，臨津、彭蠡、福星門於南，建昌門於西，五老門於北，潯陽門於東南，水門於西南，未訖工而止。元爲寇陷。明百五十餘年，亦未城。正德六年，北寇浮江奄至，民苦焚掠。七年，知府陳霖城以彎石。逾年，又壞，於是鑿石城之，計周千丈，高二丈，石高一丈五尺，廣三丈，上甃以磚；建門五，東潯陽、南彭蠡、西建昌、北匡廬、小西曰星子；通城垜口一千八百九十四個，門上爲譙樓五，門側爲水門五；自東北抵西環以池，深一丈五尺，闊二丈，南則濱湖焉。嘉靖間，都御史胡松閱東隅傾頹，拓闢百十餘丈。嘉靖四十三年，知府於聞復鑿城西南爲小南門，以通紫陽閘，名曰紫陽門，及增水門一座。萬曆甲寅年，知府費兆元議閉。崇禎六年，巡撫解學龍增高城三尺，傍城引水於濠，以環之，城內浚井數口，以備緩急。九江兵使者王思、任銘，皇清順治初年知府李長春，復開紫陽門如初。

都昌縣城池　邑舊無城池，惟重門擊柝以爲固，民未奠居。明正德間，知府陳霖始建議請之於都御史孫燧，值寧藩兵變，而止。嘉靖庚子，知縣楊昱復經理城址。丙午，知府王教立議城之值，交代去。嘉靖戊午，知縣區益修築基址，甫就，為異議者阻止。己未，都御史何遷專主城之檄，本府知府吳炳庶委推官何介董其役，巡撫侍郎胡松繼專責成，知縣林貴兆、周希韶先後相繼甃築，雉堞闉闍具備，迂回八百九十三丈，高廣皆二丈；門六，東曰明庶、南曰陽亨、西南曰承恩、西曰大有、西北曰禮賢、北曰拱宸。癸亥年，知縣吳英於東南隅復闢小東門。萬曆三十一年間，知縣鄒祖孔閉南陽亨門。至萬曆三十八年間，知縣鄭洪圖復開於南陽亨門，建大觀樓，壯麗與門稱。至崇禎二年間，知縣劉暹以內衙宜建高樓，乃再閉陽亨門，拆大觀樓於內衙。南門向離為輅車詔使出入之所，且方面復吉，每閉之，城中輒多事。至崇禎六年，知縣陳嗣清申請復開，又於小南門之外為聖宮門，射其右脇，紳衿僉謂宜閉；而西大有門坐凶方，西門望仙一帶，居民多灾，父老亦僉謂宜閉；其小南門之西，大西門之南，為蜈蚣溝，地當吉方，士民僉議開一門，以便兩門居民之往來，嗣清從之，併為申請，與大南門俱得請，蜈蚣溝居民備資自建，名為萃吉門，其小南門亦居民備資自塞，惟南陽亨門必需公帑未開。此嘉靖三十三年以來之知縣區益、林貴兆、周希韶先後所創始經營之城也。至崇禎十一年，城漸低塌，出入可逾，於是寇不可禁矣。知縣楊寅旭來視事未久，心竊憂之，遂集議修建，廣高仍二丈，周圍仍八百九十三丈，各人增修丈數不等，規模建置，屹然出郡城之上，他邑殊不及，即今城也，因更門名，東曰靈曜門、南曰來熏門、西南曰襟帶門、正西曰安阜門、西北曰寶成門、北曰芙蓉門，至小東門雖設常關，前後俱未有名。其崇禎初年所謂萃吉者，則仍不復設矣。皇清以來，其名仍舊。然考今之來熏，即昔之陽亨也，物議無常，起閉不一。康熙十四年，復閉者且數年。至十九年，知縣曾再三審顧其門，實為納吉之方，擇次年辛酉七月十八之吉，特開之，凡典禮出入，端必由此。至城垣四周，恃湖為池。二十一年四月，連雨水漲，如寺前塘、屈家河、小西門等處，共計崩壞城垣八十八丈五尺，內外通達，深慮不測，知縣曾設立木柵，令邑士庶之好義者，每晚登陴防守，曾親率僚屬巡視，遂設法修繕，凡三月告竣。

建昌縣城池 舊無城池。明正德十三年，知府陳霖建議於都御史孫燧，發公帑，知縣方鐸先為四門，次以土築城。嘉靖十一年壬子，倭亂，當事者以緩急議攻守。辛酉，都御史胡松下令，申飭四封城縣之無城者，時同知楊侃署縣事，奉檄以石築城，爲門四，爲敵臺三十六，爲水門二，耳門一，南北延袤三百餘丈，東西倍之，費出於官一，民以義助者十倍之，雇直於官一，民之輸力者亦十倍之，工訖於明年。壬戌，兵部尚書南昌張鰲爲之記。明季，寇警，知縣喻琦慶增修。皇清，累年補築，屹然鞏固。門七，東曰朝宗、西曰仰止、南曰在川、北曰拱宸、小南門曰金帶、水門曰便民。

安義縣城池 明正德十三年，本府通判蔡讓，奉都御史孫燧奏准始建城池。十四年，知縣王軾督修，陶甓甃砌，周圍共計七百八十丈，高一丈六尺，廣五丈，隍深一丈二尺，四門建樓，守宿窩鋪四所，扁門東曰向陽、西曰永安、南曰文明、北曰迎恩。因宸濠變，毀壞。十五年，通判林寬署縣事，再加修築而工猶未竟。十六年，推官張哲偕知縣熊價奉都御史鄭岳重修，大工始就。惟西門歲久傾圮，嘉靖三十七年，知縣高暘補甃以石，建樓其上，餘三門城樓并西門垛堞稍有缺壞，俱加修葺，有記。崇禎十三年，四郊多警，知縣張士亨奉本府推官廖文英增城堞高五尺許，四門外復築小門，悉砌以石，規模完壯。至皇清順治十六年，海氣騰沸，鄰寇震警，知縣王宗聖捐俸，邑士夫釀金重修，有記。追康熙元年，知縣毛天麒修建北門城樓三間。康熙五年，知縣魏濟衆修建東門城樓三間。康熙七年，知縣陳瑾修建西門、南門城樓各三間，及四門窩鋪一十六所。至十二年，復增城堞高尺餘，垛口并五爲。

九江府

《職方典》第八百七十四卷
九江府部彙考二
九江府池城考　府縣志合載
本府（德化縣附郭）

九江府城池 舊築於漢灌嬰，唐司馬白居易重修。宋曹翰攻不克，怒墮七尺，知軍州事余崇龜、元總管李黼各因圮新之。明洪武二十二年，調京軍於茲，設直隸九江衛，列木爲柵，引水爲壕，而東北則用甓益繕治焉。永樂十年，知府孔復、指揮鍾信環甓甃之，建五門，覆以樓，城趾浚水竇六處，知府余福、蘇致中、牛本、指揮董綱等各再修。弘治三年，知府童潮更新各門，曰磐石，今爲古東門；曰溢浦，今爲迎恩門；曰文明；曰福星；曰望京。萬曆癸丑，葛寅亮閉東門，別開東作門，通老鸛塘行人，又別開南薰門。癸亥，仍開東門。正德六年，兵備馮顯、知府李從正，卑其制，崇三尺。十四年，逆濠兵據之，多毀缺，知府王念鼇復故。嘉靖三年，淫雨，圮四之一，兵備謝迪營之。七年，知府馮會復崇三尺。今制，東西縱五里，南北橫四里，周十二里二百四十四步，崇一丈七尺有奇，上廣可容騎射，有重門，內爲兵馬司，每門二所，左司住守門官軍，右爲灰庫，今東南二門司庫俱存，西北二門各存其司，東北望京門其司無恙，而灰庫獨存其基焉。有炮樓四，有候軍警鋪二十有八列城上，城中鋪三十二邐。

德安縣城池 周回三里，門五，東曰寅賓、南曰鎮雅、西曰義豐、北曰迎恩、西曰小西。縣舊無城，明正德十一年，旁邑寇，當道檄縣令陳錦築土城一圍，厚三尺，高丈餘，後東南圮於水。嘉靖十二年，縣令劉東築石城，僅數丈，不數年亦漸崩裂。二十六年，縣令蔡元偉建議修之，不果。四十年，倭寇肆掠荼毒，信吉撫建諸邑無城者，巡撫胡松檄修，舉費給藩司，力役徵諸里，知縣陳善道鳩工落成，高一丈有奇，延袤餘三里。四十四年，淫雨，圮其半，巡按成檄殷乾重修。

瑞昌縣城池 縣舊無城。明正德八年，華林姚源盜起，縣令黃源大請於總制陳金，始築城，廣七百餘步，厚六尺，高一丈，溝塹環之；闢四門，東安市、西歸陽、南仙盆、北金露，又小南門，通德安，水洞門便轉輸；城原倚河爲險，河源不一，凡歸義、清溢、王仙洪下之水，俱彙於堰，山沼遞百數十里，自西迤邐而東，元次山所稱瀼溪，即此水也。萬曆間，水南徙，遂不繞城，致縣失重險。皇清乙酉，土寇來攻城，因不守。康熙九年，知縣江皋下車，心憂之，屬父老確議詳請，浚河故道，築堤障其南，引河既道，城仍據險，邑攸賴焉。

湖口縣城池 舊負山險，無城。明嘉靖初，副使謝迪既城彭澤，遂及湖口，度地計工，既縣令徐欽鼇邑面剝岸，俱未成。三十四年，縣令林高岡懸設五門，東寅賓、南振武、西觀瀾、北通濟、東北迎春。三十七年，巡撫何遷、巡按徐紳檄縣令沈詔，自下鍾山麓，環學宮、縣治，上歷虹橋，沿匝江岸，椿支浮橋，壘石奠基，隨山周回，長一千丈，崇一丈有五尺，厚如之，加二門治前，曰仰宸、市埠，巷曰利涉，建一樓，樓設四鋪，更番寓宿，時其守望，砌石岸以遠舟檣，植榆柳以殺水勢，規制翼然，險倍他日。

彭澤縣城池 依鳳凰山，其形如㞞，南面缺，前舊有土城，久圮。正德間，流賊掠，沿江郡縣乃列柵守之。嘉靖三年，兵備副使謝迪、縣令李孟熹因舊址接鳳凰山築一百七十五步，崇一丈五尺，架堞石，甃爲門二，覆以樓。六年，令柯遷補築，實東南山隘之空加二門，東曰賓陽、西曰大觀、南曰文明、北曰拱宸。六年，知縣柯遷先創北城上串樓百餘間，續於南嶺空處補城四十六步，門扁曰文明；東嶺空處補城四十二步，門扁曰賓日；三賢祠後空處，各補城四十餘步，環山左右凡可通人迹者，悉因宋元故址，壘石爲堞，四周略具，而猶未完，盜賊不時潛入。至萬曆初，署印本府通判葉朝榮閱視，恐不測難守，建議翻砌加增，缺者補之，卑者高之，仄者移之，隘者闢之，治馬道通行登城，由是保障有賴，相沿至今。

建昌府

《職方典》第八百八十卷
建昌府部彙考二
建昌府城池考　府志
本府（南城縣附郭）

建昌府城池 唐乾符中，汝南公築城，周回十里，廣一丈六尺，高二雉，露屋一千一百三十二楹，敵樓三十二所，東西門八，南北二門，通衢焉。南唐李崇瞻增築，城門四，東曰來遠、西曰永豐、南曰祈仙、北曰朝天，敵樓二十有四，楹高二丈有奇。宋元豐中，廖恩竊據，邵武太守鄭郟請於朝，闢城四隅，相爽塏地宜作新城，即今治城，周回九里十三武；東叠以石，江流維悍故也，西南北間以甓，堅好爲稱；東門三曰盱江、曰合江、曰天酒，西二曰紅泉、曰清輝，南四曰祈仙、曰膏露、曰太平、曰安濟，北一曰朝天。明初，以西南北地勢卑而城基稍薄，遂并東而改築之，因天酒門爲東門，易名曰武勝，紅泉門爲西門，易名曰儀鳳；祈仙門爲南門，易名通會；朝天門爲北門，易名曰朝京，餘門塞之，凡城高以二丈五尺爲度，厚丈九尺，基廣二丈九尺，但自武勝而南延通會厚減尺許，通會而西延儀鳳高減尺許，基減尺之四，儀鳳而北延朝京高亦減尺許，自朝京而東延武勝基亦減尺許；東壕因江流天造險勝，西南北浚壕深丈許，廣丈四尺，樓櫓規制大備。明洪武改元，指揮使耿顯忠來鎮，作四城樓。正德八年，知府安奎補築東門瓮城，名曰固本，於城之隅改作四樓，曰盱江、曰望仙、曰來熏、曰鳳山，又以江流嚙岸，慮及城基，叠石堤之。

新城縣城池 宋紹興七年，置縣，無城堞。明正德七年，知縣徐綉奏行築城，暫築土垣，高八尺。八年，知縣黃文鷟承令因而成之，至十年，乃訖工，周回九百餘丈，高以丈六尺爲度，厚一丈，基廣丈有五尺，鋪三十六；門四，東曰望閩、西曰通濟、南曰昌文、北曰朝宗，門之上覆以樓，各四楹，可望候也。

南豐縣城池 唐開元中，邑令游茂洪奏徙今治，無城堞。明正德七年，知縣莫止築土墻八百九十一丈。九年，兵備副使胡世寧札付推官趙漢督建今城，周回仍墻之舊，高以一丈八尺爲度，厚廣一丈，基廣一丈五尺，作城樓四，下砌瓮門，東曰聚和、南曰通濟、西曰崇秀、北曰慶成，東、南瓮高丈有三尺，廣一丈，西、北瓮高減尺許，廣減尺之二，門外築墩高五尺，廣三丈，修二丈三尺。知府韓轍按視西北城沿地低，外山高可俯視，非守計也，乃增築高八尺，凡二十一丈餘，仍舊立鋪四十四所。

廣昌縣城池 按《舊志》，土城，環縣五里。宋端平中，新城令趙礥夫攝邑事，奉旨築鑿，功未竟而謀寢。明正德八年，知縣梁榮、張燦等前後相繼繕治。正德十一年，乃訖工，周回七百八十五丈，高以一丈八尺爲度，厚一丈，基廣丈有五尺，鋪三十有五；門四，上覆以樓，東曰迎恩、西曰承流、南曰宣化、北曰拱北。

瀘溪縣城池 城周回五百丈，廣八尺，高一丈五尺；門四，東曰來福、南曰新化、西曰順治、北曰拱極，各建城樓；城外浚壕，廣數尺，深稱之。

撫州府

《職方典》第八百八十六卷
撫州府部彙考二
撫州府城池考　通志
本府（臨川縣附郭）

撫州府城池 唐中和五年，刺史危全諷所築。南唐昇元四年，太守周弘祚修葺之，浚深其池，廣十餘丈。宋紹興中，太守張滉重修。紹定庚寅，太守黃炳復浚池。明初，平章吳宏削西南城約六里，僅存九里三十步，闢四門，東曰文昌、西曰武安、南曰順化、北曰進賢門，各有樓、有月城，城上窩鋪四十所。皇清康熙二年，知府劉玉瓚重修。

崇仁縣城池　隋開皇九年，建縣治，因溪流界於中，難施版築。明嘉靖壬戌，巡撫胡松檄知縣李呈英建南北兩城，北城周八百零三丈，南城周八百七十丈。

金溪縣城池　宋淳化五年，置縣。明弘治十一年，巡道沈銳議修。明嘉靖庚戌，知縣林應麒環治，平其土垣，砌以堅甓，周回二百八十丈。戊午，知縣張喬相重修。

宜黃縣城池　吳始置縣。明嘉靖壬戌，知縣楊淮如奉上檄，建城環鳳山，而西抵岳嶺，東臨河，長一千三百丈有奇。崇禎壬申，巡撫解學龍、知府蔡邦俊以潦碗諸山高峻，宜包入城，乃改築約三百餘步。

樂安縣城池　宋紹興十七年，崇仁縣丞張咏請立為縣城，周回八里二十步，無壕塹。明嘉靖庚戌，知縣郭諭議修，不果。

東鄉縣城池　明弘治十八年，分守道徐蕃、巡道高賓請於都御史陳金立縣治。嘉靖間，副使胡世寧始築城，周六百五十八丈四十二步，知縣唐士遴削土城，夾以石。萬曆九年，知縣諸大倫重修。皇清康熙二年，知縣沈士秀重修垛口。

臨江府

《職方典》第八百九十四卷
臨江府部彙考四
臨江府城池考　通志
本府（清江縣附郭）

臨江府城池　宋淳化初，始築土城，枕大江，地勢卑下易傾頹。元至正間，守臣保童始築城浚壕。明弘治丁巳，知府吳叙因故址增築之。正德辛未，知府熊希古改築磚城，周一千五百六十七丈，高一丈四尺；壕長八百丈，闊一丈五尺，深一丈。嘉靖庚申，巡撫何遷按郡，增高四尺，建宿樓、敵臺。崇禎八年，知縣王心純復修。十五年，知府胡永清、知縣秦鏞以次修築。皇清順治八年，城陷九丈，知縣洪其清修葺。康熙二年，總督張朝璘按郡，增高三尺，門有八，東曰廣濟、南曰南熏、西曰西成、北曰朝天、曰文明、曰清波、曰萬勝、曰育賢。

新淦縣城池　唐天祐中，楊行密始設城。元至正壬寅，知州王真復修。明正德間，知縣劉天錫用石甃砌，周七百六十三丈，高一丈七尺，壕長三百丈，闊六丈，深一丈。嘉靖辛酉，知縣樂舜賓增高四尺。

峽江縣城池　明嘉靖五年，始建城，周七百六丈三尺，高一丈二尺，廣如之。嘉靖戊申知縣成子學，丙辰通判何堅復修。

新喻縣城池　宋靖康元年，始建城，周五里許。明正德癸酉，知縣鄒彥奎建土垣。壬戌，知縣祝爾慶改建磚城，周八百六十五丈有奇，高一丈三尺，廣九尺。

吉安府

《職方典》第八百九十七卷
吉安府部彙考一
吉安府城池考　通志
本府（廬陵縣附郭）

吉安府城池　唐天祐中，始築城，周九里九十一步，東憑大江，西南北浚壕，深一丈五尺，長一千四百七十一丈，門五，東廣豐、迎恩、南興賢、西永豐、北嘉禾，門有樓，城有戍舍。宋開寶、紹興、淳熙間，皆重修疏浚。明都督朱文正更築新城。皇清康熙四年，重加修葺。

泰和縣城池　唐乾元間建，土城，周回五里。明正德六年，改砌以磚城，爲門七。嘉靖中，重修之，周回七百餘丈，浚壕深丈餘，廣三丈五尺。

吉水縣城池　南唐保大八年築，周回四里，高六尺有奇。明洪武元年，重修。正德間，復甃以磚石，周圍一千二百三十五丈，高一丈七尺，厚八尺，設五門，覆以樓。

永豐縣城池　宋紹興中，始築土城。明弘治初，因故址新之。嘉靖三年加築之，屹爲不拔之基。

安福縣城池　自吳寶鼎間，徙治今所。晉永康中，始築城。宋祥符中修之。明初增葺。嘉靖、崇禎間，先後修築，周回八百八十六丈五尺，廣一丈，壕深一丈五尺，長九百四十五丈。皇清康熙八年，修建城樓。

龍泉縣城池 宋明道間始築城。淳祐初，砌石浚壕。明洪武七年，修葺，周回四千八百四十步，高一丈八尺，厚半之，壕五千五百二十步，深五尺，廣倍之。

萬安縣城池 宋熙寧間築。明洪武初，因舊基繕之。正德中，廓基增築，周七百一十四丈，高二丈四尺，廣一丈八尺。

永新縣城池 舊有土城，宋嘉熙中，始加甃治，周九百九十丈，厚一丈有奇，崇倍之，壕深一丈五尺，長四百八十丈有奇。明洪武、萬曆中，相次繕修，岋然改觀。

永寧縣城池 元至正丙戌，割置永寧縣於鵝嶺之西。壬辰，毀於兵，改葺於瓦岡。明成化間，復加修繕，周回四百丈，廣七尺有奇，崇倍之。

瑞州府

《職方典》第九百七卷
瑞州府部彙考三
瑞州府城池考　府志
本府（高安縣附郭）

瑞州府城池　《舊志》，子城舊址，周回三里，闢四門，東抵進龍池，西抵平頭門，南即譙樓，北抵朝天門。唐武德間，李大亮始築土城，環以壕。南唐昇元初高安令陳承昭，保大十年刺史王顏，宋元豐間太守維瞻，建炎間黃次山，元至正末元帥張岳、平章火逆赤皆嘗修治。歲久圮塞，明正德間，知府鄺璠履榛莽中得舊址築之，惟太平多水患，由府學右循五龍岡北接舊址，高二丈，袤二千七百餘丈，撤土去寨，壕亦以浚，闢九門，門皆甃以磚石，錮以鐵扉，上建重屋，洞其下以通往來，周匝羅城臺鋪舍以居邏卒。府前即譙樓爲門，扁曰瑞陽，然城分南北，錦江中貫，濱江兩厓，壘石爲岸，市南溪創三石閘以時蓄泄而城跨其上。

新昌縣城池　新昌縣開時，即有土城，城之門四，東曰新安、西曰龍江、南曰新豐、北曰朝天，周回五里，城下有隍，後漸崩塌。宋嘉定中修築，改東曰迎恩、西曰惠政、南曰化成、北曰環秀。歲久復頹，明成化中，循舊基築土城。丙午，始內外包砌以磚，高一丈五尺，厚五尺，建月城於外。正德庚午，盜起，知縣胡椿加修戰樓，凡九所。癸酉及嘉靖丁亥，相繼修補。崇禎辛巳，以舊城庳陋，大加修築，周九百七十三丈，視昔加高者數尺，加厚者尺餘，石垛一千八百個，箭樓四所，東仍曰迎恩、易西曰太和、南仍曰化成、北復曰朝天。皇清康熙三年，重修石垛九百五十五座，置炮臺、窩棚，樓櫓壯觀，保障憑依焉。

上高縣城池 古有土城，城下有池，周回五里，萬載、新昌之水彙於陵江而界其中，市分南北，四隅皆設有門。宋嘉熙間，重修。明正德中，復究故基，鑿池立柵，創四門，東曰禮賢，門在臺岡山；南曰朝京，門在小車頭；西曰宣化，門在易家田；北曰宜豐，門在旺賢岡。嘉靖年，創砌石城，周回一千一百一十二丈七尺，石垛二千四百二十五個，壕長六百五十三丈，其門原四，更增五門曰躍錦、曰旭屏、曰招敘、曰末華、曰環州。萬曆間，重修。崇禎丙子，寇警，增加二三尺許，易方垛為圓垛，後縣令張朝莖補燒毀城門，稍增牆垣。

袁州府

《職方典》第九百十二卷
袁州府部彙考二
袁州府城池考　府志
本府（宜春縣附郭）

袁州府城池 漢高帝五年，定豫章郡。六年，築城。唐武德四年，建築郡城，高二丈，周圍四百八十四步，東南西面開壕，闊七丈，北以江為壕，城外甓內土，白露屋皆覆以瓦。至長壽二年，刺史魏元表遷州治出城東北二百步。乾寧二年，築羅城一千五百餘丈，增築外城，浚治壕塹，展東南面城。偽吳乾正二年，又於四郭城門外置鋪，柵羅城諸門以備守禦。太和五年，又築開羅城、浚壕及修東南面子城，悉用磚石。宋大中祥符、開禧中，皆相次修築。元仍宋舊。明洪武四年，增修城堞，浚壕立柵，創四門城樓，門外增修月城，覆以串房，間以箭樓。天順七年，水溢城圮。弘治、正德、崇禎中，復相繼重修。皇清，重加增築，屹若金湯矣。

分宜縣城池 邑治居郡下游八十里，南接安城，通楚荼攸為郡東鎖鑰。縣舊無城，明正德七年，始興城役，東、西、北三面以甓爲墉，高僅丈餘，厚不及三尺，南濱水，惟稍壘石堤，列木栅其上。嘉靖戊午，度地計工，視舊址加闊，長四百七十六丈，高一丈八尺，基廣一丈二尺，面八尺，南面河岸，自西徂東長三百二丈，加女墻六尺，舊城門四，後增爲五，東仙臺，通新喻；西昌峽，通宜春；南清源，通安福；北袁峰，通萬載；稍西曰小北門，城樓五座，水關二道。皇清康熙三年重修。

萍鄉縣城池 舊無城，明正德七年，築土城，惟周西北，其東南民居環匝濱河，未城。十二年，乃培石基、拓馬道，周九百一十八丈，高一丈五尺，闊九尺，立四門，東來陽、南達秀、西連湘、北通楚，有小西門以便民往來，東門加設三小門，以便汲道。皇清順治九年，重築。

萬載縣城池 舊無城。明正德六年，度地建城。八年，立子城，三門，曰雙虹、勝迹、南浦。十三年，復置土垣，架木覆瓦，高丈餘，下廣一丈四尺，上廣八尺，延袤計一千二百三十一丈；立七門，東朝京、南南浦、西錦衣、北龍江，後曰小北門、小南門、小龍江門；惟龍江塢石江隔流，城不相續，一砌石橋，一列木栅，以聯比之。嘉靖元年，重創石橋，左右設二小門，一通大北門外水次倉，一通龍河渡，今呼爲龍河哨，於木栅右開小門，通東岐等處，今呼爲仁和哨，又名塢溪哨。二十一年，修門四，東曰通吳、西曰適楚、南曰朝陽、北曰拱辰。四十三年，創門樓上，更其扁，東曰迎春、西曰通楚、南曰萬春、北曰望闕，易以磚石，仍建四門，東曰元生、西曰利收、南曰亨育、北曰貞藏，各小門如故。皇清康熙三年，重修。

贛州府

《職方典》第九百二十一卷
贛州府部彙考三
贛州府城池考　通志
本府（贛縣附郭）

贛州府城池 晉永和五年，郡守高琰建於章貢二水間。唐刺史盧光稠拓廣其南，又東西南三隅鑿壕。宋州守孔宗翰，以東北隅易墊，甓石冶鐵錮之。元至正癸巳，監郡全普庵撒里增築。明指揮楊廉重修。正德辛未，都御史周南繕治一新，周二千五百一十二丈，崇三丈，厚一丈餘；三面引水爲壕，長九百四十餘丈，深七尺，闊十餘丈；城門六，東曰百勝、南曰鎮南、曰興賢、西曰西津、東北曰建春、曰涌金，各建樓其上。正德間，知府邢珣先後白於都御史蔣升、王守仁重修。嘉靖間，都御史陳察等復修。天啓元年，都御史周應秋等復加修築。

雩都縣城池 宋紹興乙丑，知縣劉藻始築。元至正癸巳，通判王榮忠修築，周五里，崇一丈三尺，南臨大江，三面爲隍。明正德壬申，知縣劉天錫增高五尺。

信豐縣城池 宋嘉定三年，知縣萬億築，周五百四十九丈。明洪武十三年，千戶汪淵加修，高一丈五尺。成化年間知縣李玉、倪俊，正德、嘉靖間知縣朱諫、徐鑾俱加修築。甲辰，知縣沈學又增崇五尺有餘。

興國縣城池 元至正壬辰，判官王榮忠始築，周回四千四百四十五丈，高一丈三尺，厚如之，東南阻水，西北爲隍。明成化己巳，知縣逵泰重修。弘治間，知縣陳壽曾選增修。嘉靖乙未，知縣李淑復修。

會昌縣城池 宋紹興間，知縣黃鉞始築，周二里五十步，高一丈五尺，三面阻水，南浚壕。明洪武己巳，千戶彭英自西南隅拓廣，共二百步，千戶牛壽增高五尺。正德壬申，知縣林信同主簿重修。嘉靖間知縣陳仕，萬曆間知縣呂夢齡復葺。

安遠縣城池 明洪武初，知縣周泰、指揮張可始築土垣。弘治辛亥，知縣甘文紹陶甓爲城，高一丈七尺有奇，廣一丈三尺，周四百餘丈，壕深五尺，廣一丈餘，周四百一十丈。正德戊寅，知縣鄧守重修。

長寧縣城池 明萬曆三年，知府葉夢熊奉都御史江一麟題准建縣，知縣沈文淵始築城池，周四百六十二丈九尺五寸，高一丈八尺。

寧都縣城池 唐太和間，知縣王揆始築。宋紹興初，知縣劉僅危革增修。慶元初，知縣傅夢泉徙於正南，築城浚壕。嘉熙間復修。元至正丙戌，邑耆曾志遠等募修，高二丈，周七百六十五丈，壕闊二丈五尺，深五尺。明正統己巳，知縣周昂重修。正德戊寅，知縣王天與城加高二尺，池浚深三尺。

瑞金縣城池 元至正癸巳，判官王榮忠始築，周三百三十丈，高一丈六尺。明甲辰，千戶鎦廣重修。成化間，知縣方鏌陶甓砌之。正德丙寅，知縣林禋增築。甲戌葉繼本，戊寅鮑瑨先後修築、浚壕，東南阻水，西北壕闊二丈，深半之。嘉靖間，知縣王釴、趙勳重葺。戊寅，知縣程宗舜崇堳三尺。萬曆丙戌，知縣喬杞復修。

龍南縣城池 宋興隆間，知縣段秀實始築土城。明成化間，知縣謝澤陶甓甃之，高一丈五尺，廣一丈二尺，周四百二十丈。弘治間，知縣張文增補。萬曆三年，知縣王繼孝重加修築。

石城縣城池 宋建炎末，知縣余惠迪倡邑人陳皓始築土城。明洪武初，知縣虞德源修。成化丁未，知縣聞紹增築，繼以瑞州府同知李寬重修，周五百四丈，高一丈三尺，廣一丈，東南阻大溪，西北瞰小溪，因為壕下壘巨石，高八尺。弘治間，推官張憲、謝珪後先修葺。正德辛未，署縣經歷周元壽加高四尺。嘉靖丙辰，知縣成宗曉復修完固。

定南縣城池 明隆慶三年，知府黃扆奉都御史張翀檄，同署安遠同知李多祚、署龍南同知龔有成、信豐知縣陳瀾開基築城，周四百四十丈，崇一丈二尺，廣七尺。萬曆元年，知縣劉世懋重修，浚壕闊六尺，長一百二十丈。

南安府

《職方典》第九百二十六卷
南安府部彙考二
南安府城池考　府志
本府（大庾縣附郭）

南安府城池 城始於宋淳化辛卯間建，周圍頗寬，然卑薄。紹定間，益增高厚。咸淳戊辰，趙孟俯重修，址亦仍舊，計延袤一十里一百五步，俱載《舊志》。其南門，即今驛使門，其西南隅即今城隍廟背，郡人猶稱土城背。元至正壬辰，同知薛理始改築今城。次年，始甃以石，乃作四門樓櫓，南瀕章江，北帶大溪，惟西稍高為城隍，狹而長微銳，類魚，名魚城。後圮。明正統己巳，巡撫侍郎楊寧奏修。景泰庚午，繼修之。戊申春，雨，復圮，都御史韓雍、千戶夏忠補葺。其後東北浸崩，知府張弼作石堤捍之。弘治庚申，壞，知府呂律補築。萬曆丁酉，復壞，知府杜仲修補。城周圍計四里一百三十步，計丈則八百五十丈，高一丈二尺，闊一丈，壕深五尺，廣一丈。景泰，增高厚，高二丈，厚一丈六尺，女牆高五尺，堞一千五百，巡更鋪二十有四，周圍丈尺、壕如故。城凡四門，各有樓，東西北有橋，城內有馬道，外有城脚。南門外有濯纓亭，門有樓，名"江山佳麗樓"。景泰中，知府金潤建。南隅上有閣，舊祀觀音像，成化庚子，知府張弼建，名曰金鰲，因龍母祠右舊有金鰲樓，樓廢而移以名之也。城東門舊名就日，南門舊名宣化，西寶豐，北朝天，弘治中，知府鄧應仁易東門曰敬道、南門曰率章、北曰聯玉，惟西近寶珠山不改。城中有三台，命曰三星，今俱廢。章江驟時水發，城砧易塌，春夏多風雨，城垛易傾，縣令年加修葺，今頗完固，然亦難免雨水漲漫，嵐風狂發之慮。

水南城，在章江南，與郡城對峙，中夾大河，民居密倍於郡城。嘉靖辛酉，寇逾嶺行掠，知府吳炳庶、知縣文體義議水南另建一城，申督撫都御史吳百朋，疏請給官銀三百兩，民斂資成之。東南西為垣計四百三十四丈三尺，高一丈五尺，連垛厚七尺，三門，有樓，東西有墩，有望江樓，北瀕江為水，城高厚半之，橫亙三百五十七丈六尺五寸，北亦有門有樓。至萬曆甲戌，城漸圮，都御史劉思問酌議官修。三十年，圮甚，知府王明時、知縣杜伸、曾光魯屢議修補，竟得允，官給銀七百八十兩，修補垣堞，重作水城，築護岸，檄署縣事同知徐元揚督理。東門名東山、西太山、南梅山、北金鰲，後易東曰岱門、南曰嶠門、西曰垣門、北曰鰲門，南門即驛使門，通梅嶺，舊有折梅亭，知府張弼建，今圮（按各鎮城俱屬府轄，附列於後）。

新田城，在大庾北四十里，嘉靖四十四年，鄉民具告申詳院道，給官銀及民捐資築建，周圍一百一十七丈，東西各一門，內有官鋪及園塘，各承丈認稅。

鳳凰城，去新田五里，近鳳凰山，故名。嘉靖四十四年，鄉民建。

楊梅城，在鳳凰城西十里梅嶺，嘉靖四十四年，鄉民建。

小溪城，在楊梅城北十里，小溪驛在焉，嘉靖三十五年，鄉民建。

九所城，去小溪城五里，有屯軍耕其中，嘉靖四十四年，軍自築城，今廢。

峰山城，在小溪城北十五里峰山，里民素善弩，正德丙子，都御史王文城選為弩手從征猺寇，事寧，民恐報復，築城自衛。

南康縣城池　舊惟土垣。宋紹定間築城，周圍計四里有奇，丈計五千八百四十有七，高一丈八尺，厚一丈三尺；門四，東曰迎恩、西曰通粵、南曰蓉江、北曰鎮北，各有樓；東西北各有池，深四尺，闊一丈二尺，東南隅臨江。嘉靖庚寅，知縣鄭衷復開一門，曰便民，即小南門，郡人劉寅有記。明末，遭兵火拆毀。皇清順治十四年，知縣鄭思魯起蓋重新。康熙三年冬，知縣陳輝將周城垜墻、窩鋪、馬道重修鞏固，迄今允壯金湯。便民門，因明季兵寇蹂躪，暫塞，今叨承平，戶口漸增繁庶，此門現議啓復，以便民出入。

上猶縣城池 宋紹定間，始築城，建四門。德祐間，元兵至，邑令與民死守，元惡之，遂圮以廢。明洪武辛亥，鄰境劉得遇等寇城，宜春侯黃彬平之，因弘舊基築城。歲久圮，惟北門樓存。成化初，知縣董瑄、鄭璽相繼修之。弘治二年，知縣章爵加以甓甃，提學黃仲昭有記。正德己巳，知府李敦行增高五尺，知縣姚義於東門增月城串樓十有六。嘉靖戊戌，水衝西城，知縣谷同補築。壬寅，城鋪傾圮，馬路、壕池湮阻，知縣胡鑰修築，立十石，石上鐫字，每三十丈立一石識之，城賴以固，城內亦無潦水。壬子，月城圮，知縣胡鎬更築，復新四門之樓。城周計四百三十七丈，高一丈七尺，厚一丈一尺；東西北有池，各深八尺，南瀕江；其門東曰迎恩、西曰西成、南曰明通、北曰朝天。

崇義縣城池 本在上猶橫水地，近猶之崇義鄉。明正德十一年，都御史王文成征平橫水左溪、桶岡等巢峒，奏割猶之崇義、上保、雁湖三里，庾之忠義、永安二里，康之隆平、尚德二里，立縣治，築城，周圍五百四十一丈，厚一丈三尺，高倍之，女墻高三尺，雉堞一千九百有二；門四，東曰朝陽、南曰太平、西曰永安、北曰迎恩；東北瀕溪，西南有壕。正德庚辰間有圮壞者，副使王度委縣丞雷仁補築。

浙江總部

杭州府

《職方典》第九百三十九卷
杭州府部彙考五
杭州府城池考　府志
本府（錢塘仁和二縣附郭）

杭州府城池　三代時爲吳越荆蠻地，東南沿海，陸少而水多，相傳大佛頭爲秦皇東游纜舟之處，而官巷口羊壩頭，故洋壩頭也。漢封吳王濞國於吳，斯地煮海爲鹽，絕無所爲扞蔽者。隋開皇時，楊素創築州城，而城堧由是始立，城周回三十六里九十步。唐因之，隋時築城，胥山猶在城外，西北鑿石爲棧道，東南江海陸地一衣帶水耳，故曰立子胥廟於江上。後唐大順元年閏九月，錢鏐築新夾城，環包氏山，泊秦望山而回，凡五十餘里，皆穿林駕險而版築焉。鏐常親勞役徒，因自運一甓，由是驂從者爭運之，役徒無不畢力。景福二年秋七月丁巳，又率十三都兵，泊役徒二十餘萬築新羅城，自秦望山由夾道，東亘江干薄錢塘湖、霍山、范浦，周七十里。其城門凡七，南曰龍山，在今六和塔西；東曰竹車，在今望仙橋東南；南土在今薦橋門外；北土在今舊菜市門外；寶德在今艮山門外無星橋；北曰北關，在今夾城巷内；西曰涵水；西關在今雷峰塔下。其時城垣南北展，而東西縮。唐乾寧間，楊行密將攻杭州，携僧祖肩密來瞰城，祖肩曰此腰鼓也，擊之終不可得，又聞鼓角聲曰："錢氏子孫當貴盛，未可圖也"。後唐同光二年，錢鏐開慈雲嶺，建西關城宇。城中又有門，曰朝天，在吳山下，即鎮海樓；曰炭橋新門，今炭橋東；曰鹽橋門，在今舊鹽橋西。後又築通江候潮門，子城南爲通越門，北爲雙門。俶納土後，雙門猶存。宋以國爲州治，改雙門爲國之臺門。至和元年，知州事孫沔重立雙門，命判官羅隱爲之記。宋仍吳越舊城。建炎三年，高宗以杭州爲行在。紹興二年，霖雨城壞，詔以修，內司所集湖秀五州役卒就築之。二十八年，增築內城及東南外城，附於舊城，爲門一十有三，東曰便門、候潮門、保安門（又名小堰門）、新門（今爲永昌）、崇新門（俗呼薦橋門，今爲清泰）、東青門（俗呼菜市門，今爲慶春）、艮山門、西曰錢湖門（今塞）、清波門（俗呼晴門）、豐豫門（舊名涌金門）、錢塘門、南曰嘉會門（今正陽門，《三朝政要》云：韓震部曲以大刀砍嘉會門，即此）、北曰餘杭門（今爲武林）；水門五，曰保安水門、南水門、北水門、天宗水門、餘杭水門。宋亡，元禁天下修城，以示一統，而內外城爲民間漸毀，封守幾廢。至正十六年，張士誠陷姑蘇及浙西五郡。十九年，發民夫數十萬築城，晝夜併工，三月而完。《樂郊私語》曰：張氏既歸，命兄弟相繼拜太尉、平章，乃於十九年秋七月大城武林，起平松嘉湖四路官民以供畚築，海鹽一州亦發徒一萬二千，分爲三番，以一月更代，皆裹糧遠役，死者相望。至十月訖工，凡費數十百萬。城周六千四百丈有奇，高二丈，厚視高加一丈，而殺其上。舊城包山距河，故南北長，至是自艮山門至螺螄門以東視舊則拓開三里，而絡市河於內，自候潮門以西則縮入二里，而截鳳山於外，故東西廣。門仍一十有三，東無便門、保安二門，北增天宗、北新二門，南嘉會門改曰和寧門。二十六年十一月，明太祖命曹國公李文忠取杭州，守將潘原明以全城附，遂因之爲省城。門省爲十，東城五門，曰候潮，內屬錢塘，外屬仁和；曰永昌，舊名新門，俗呼草橋，門內屬錢塘，外屬仁和；曰清泰，舊名崇新門，俗呼薦橋門，又呼螺螄門，內屬錢塘，外屬仁和；曰慶春，舊名東青門，俗呼菜市門，又呼太平門，內外俱屬仁和；曰艮山，以東北隅有艮山，故名，俗呼壩子門，內外俱屬仁和。西城三門，曰清波，內外俱屬錢塘；曰涌金，舊名豐豫門，以吳越將曹杲開涌金池而名，內外俱屬錢塘；曰錢塘，內屬仁和，外屬錢塘。南城一門，曰鳳山，宋名嘉會門，元名和寧門，以其當地之南，俗呼正陽門，屬錢塘。北城一門，曰武林，舊名餘杭門，今俗呼北關門，內屬仁和，外屬錢塘。爲水門四，在鳳山、候潮、艮山、武林各門之旁。每門二樓，城門樓一十有九，涌金門無月城，樓止一；每門守廨二，武林門四，共二十有二；水門樓二，武林、艮山。雉堞九千八百三十三垛，將臺五十座，警鋪一百七十一所，城周五千五百丈，高三丈六尺，下廣四丈或三丈七尺，上廣三丈二尺有差。陳善又云，周六千四百丈有奇。成化十一年，左布政使寧良議於錢塘門左、涌金門右，開九渠之一爲河以導湖水，鎮守太監李義上其事，從之。於是開爲水門，闊七尺，高九尺，入深四丈九尺。嘉靖三十三年，巡撫都御史李天寵清附城馬路之侵沒者，自鳳山門迤西北至清波門闊凡三丈餘，長不可計。三十四年二月，倭犯杭州，提學副使阮鶚增築錢塘門月城，雉堞高二尺。八月，督撫都御史胡宗憲令於北關外登雲橋築東西敵樓二座，俱高六丈，闊四丈，周二十二丈，上有雉堞，下爲門。二十二月，又於清波門南城上築帶湖樓，東南城上築定南樓，鳳山門西城上築襟江樓各一座，高二丈八尺，周一十二丈。三十五年三月，巡撫都御史阮鶚令於白塔嶺、兵馬司、銀杏樹、月塘寺各築敵樓一座，高五丈，闊三丈，周一十六丈。三十六年正月，鶚又令於東新關、沈塘灣、沈婆橋、陸家橋各築敵樓一座，丈尺如登雲橋敵樓之制。涌金、錢塘二門，相去數里，中舊有磴道，以便守城者上下，頻年盜賊逾城夜劫城中，多由於此。隆慶五年十月，巡撫都御史鄢璉令於城之西上築嚴警樓一座，丈尺如帶湖諸樓之制，分營兵直宿。萬曆二年二月，巡撫都御史謝鵬舉令所司平毀磴道。三十一年，巡撫尹應元、布政范某、錢塘令朱光祚議大修城。明年，錢塘令朱去，聶心湯代，復請增工，覈實期無窳惰。凡二年，竣役，堞堵樓鋪煥然一新。三十六年，大水入城，有未修者，心湯復請增修，并請云居要害處增直宿兵。崇禎十五年，巡撫董象恒用督學副使王應華形家言，塞十門城穴十分之二。皇清順治十五年，總督李率泰併女墻二垛爲一。康熙初，以東城永昌門爲李自成號，改曰望江門。二十四年，巡撫趙士麟以城久頹壞，樓櫓俱圮，因捐俸委府倅靳襄、宋德深等修造，而雉堞既崇罩彩，復麗屹然稱天險焉，郎中丁澎爲記。城南邇浙江西，即以湖水爲險，其東起永昌壩並清泰至慶春門止，中廣二十餘丈，長一千丈九尺；自慶春門歷艮山廣三十餘丈，迤北至武林錢塘門，止長二千六百二十三丈二尺。明嘉靖三十五年，武林、錢塘二門外各浚池、甃閘，上構吊橋，環城皆有深池。是年四月，霖雨，湖溢錢塘門，北城衝圮三十餘丈，乃塞池并毀橋閘焉。按《仁和縣志》，有城斯有池，杭郡之池，東南自渾水閘河流至候潮門東，循門而北，經艮山水門轉西直至武林水門，西南自清波門北抵錢塘門，因近西湖，以西湖爲池。自錢塘門繞城至武林門西，乃導西湖之水以爲池焉。自清波南上至鳳山門一帶，有鳳凰山限之，石不可鑿爲是無池。

八旗駐防城 在府城內。順治七年春，滿洲漢軍八旗兵駐防杭州，屯扎城西一帶，仁和西壁坊在營內。至冬月，乃築營城於省城內。其門四，東南由花市、東北由弼教坊路、北由井字樓路、南由廟心寺巷路，後又開便門於車橋以便樵采，出入凡五門云。

海寧縣城池 隋大業十三年築，在今縣西北四十一里。唐永徽六年，改築今治城，周圍九里三十步。入元紀，至正十九年，張士誠命其屬陳元龍築，高一丈五尺，周七里九十步。明洪武二十年，沿海設衛所備倭，信國公湯和增高五尺。永樂十五年，都指揮谷祥增雉堞三尺，計高二丈五尺，上廣一丈八尺；城門五，東春熙、南鎮海、西安戍、北拱辰、東北宣德，每門有樓，樓左右翊以箭樓而環列窩鋪者四十有九，每門有官廨，廨之外繚以月牆，門之側有水門三，一在拱辰門西，一在宣德門北，一在安戍門南，門外各有板橋以通水陸。嘉靖三十四年，令蔡完以倭警，增高五尺，增添女牆及敵樓二十四座，巡警鋪四十五所。又浚城壕，闊五丈，加深五尺，共深丈有五尺。皇清順治十一年，令秦嘉係繕城浚壕，又構層樓於拱辰門以飾壯觀云。

富陽縣城池 周六百步，高一丈，壕闊一丈五尺。唐咸通間，縣令趙訥修築。先是吳黃武五年，置東安郡，城在縣北十八里，周七百六十步。《舊志》云，郡守全琮築，後廢。《志》又謂古城在榮國寺西北隅，即今永寧寺。《臨安府志》云，城周十二里，高二丈一尺，闊二丈，有屋七百一十九間，警樓一十二座，鋪舍一百十九所。五代時，土城在縣東南，錢氏以地逼江，乃壘以磚石。元至正十六年，江浙行省參知政事楊完者重築，周三里。元末，毀於兵。明嘉靖三十五年，令桂軏築城於古城東南，廣六里，延袤一千丈有奇，厚二尋，高一丈四尺，內外俱甃以石，有馬路，譙樓四，各三間，雉堞一千二百；門四，東升平、南萃和、西康阜、北達順，又闢小門三以便出入供汲水，開水門以疏奔湍，東跨觀山，西臨莧浦，南俯大江，北帶後河。隆慶五年，參政李淑於儒學前城闢門，曰文明門，上有石亭。按《縣志》，皇清康熙十年，重加修葺，計城周圍一千四百四十六弓，內東門至文明門五十六弓，城樓五弓；文明門至南門七十九弓，城樓七弓；南門至西門三百四十一弓，城樓七弓；西門至北門三百十三弓，城樓七弓；北門至東門六百二十四弓，城樓七弓，知縣牛奐自爲記。尋復多頹圮。二十年春，築東門、南門二城，又作南門大觀樓，知縣錢晉錫捐俸爲之，自爲記。縣壕東南恃長江以爲險，東至觀山，西至莧浦。斗門二，宋宣和四年開，今湮塞，尚存縣後一帶。

餘杭縣城池 舊城，在溪南，周六里二百步。周赧王時，城在縣北三十六里，周回五里二十六步，內有赧王廟，相傳赧王南游所築，今不可考。東漢時，令陳渾徙於溪北，周五百四十一丈，高一丈三尺，下廣一丈五尺，壕闊五丈五尺。錢武肅王重築，周六里二百步，門四，東曰榮春、西曰迎波、南曰朝光、北曰永豐。後復徙溪南，號清平軍。宋雍熙初載徙溪北。入元圮。至正十六年，江浙行省參知政事楊完者仍於溪南築城，周三里。後毀，明嘉靖三十五年，令吳應徵因倭亂築城，自西迤北至東五百丈，高一丈八尺；自東迤南至西二百二十丈，高三丈二尺，周廣一丈六尺，城樓四，雉堞一千三百四十三堵，警鋪十所；門四，南對熏、北拱極、東賓陽、西秋成；南城有水門二，一在縣前，一在學前；城內外有馬路可通走馬，惟南城臨溪，無馬路。萬曆五年，令濮陽裴重築南關各一座，皆石甃爲臺，下爲門。三十二年，令程汝繼以四門相對，形家言不利，徙北門過三十丈，東門過三十丈，東外則增築月城曰啓秀。萬曆四十二年，東南城圮三十餘丈，令戴日強修，後復圮。皇清順治十八年，令宋士吉議築，功未竟。康熙十年，令張思齊重葺。城南臨苕溪，恃以爲險。

臨安縣城池 舊城依太廟山，周五千五百六十步，池在東北，錢武肅王所築。唐昭宗賜名衣錦營，後升衣錦城。天復元年，淮南將李神福由宣州入寇，以衣錦城堅不可猝拔，赫然稱巨鎮焉。城門四，東迎恩、西惠政、南望錦、北拱辰。城雖圮，而址存。明洪武初，遷縣治於今所。嘉靖五年，令廖瑜仍立四門，東會錦、西聚金、南迎熏、北拱極，街坊各豎木柵。至三十四年，令魏希古設土垣以資防禦，周五里，高一丈，土垣內外俱民產，各隨業修葺，歲以爲常。皇清因之，壕環如城。

於潛縣城池 舊在今縣北二百四十步。隋開皇十三年，楊素築，周四百五十二步，高一丈五尺，厚一丈八尺，深四尺。久廢。元至正十七年，楊完者重築，自金鵝嶺西由石龍口抵縣後山，周五里，高一丈五尺，厚一丈，壕闊一丈，爲門三，西錦江、南迎恩、北仰山，東以山勢阻遏，不置門。明洪武後，城毀壕湮，門雖存，而城壕古迹不復考。

新城縣城池 古城，唐徐敬業起兵時築。大順二年，吳越王鏐所部都將杜陵領兵鎮東安時因山而城之，築爲保障。周圍二千五百七十一步，高二丈二尺，給事中邑人羅隱記。明嘉靖三十四年，倭寇浙，城圮不治，令范永齡重修之。周三里，計六百餘丈，高一丈六尺，厚倍之；門五，東曰元始、東之偏曰東安、西曰利遂、南曰嘉會、北曰貞成；沿城有壕，距門有橋，橋門各有樓，南樓以形家言，不利於學宮，撤改平房。崇禎辛未年，邑令吳徵芳議遷學宮於北，樓復舊。吳越時，杜稜築城鑿隍，引新堰水注之，堰去城遠，水不得達。明天順六年，郡守鉛山胡公行邑，命築塔山堰、開溪導流以入壕，壕內地多民產，邑人袁毯捐地爲倡，衆效之，遂鑿渠引水，接通城河。崇禎初，令吳徵芳躬親勘視，清其侵塞。皇清初，議者以南門逼近淥渚，崔苻竊發，加砌磚石，以備不虞。邑庠生袁度等言於邑令張某，以南方文明之地，不宜填塞，立令撤之，士民稱便。康熙十一年，壕淤漸平，令張瓚重浚之。

昌化縣城池 宋《咸淳志》，因山爲城，因溪爲池，歲久盡圮。元至元十七年，楊完者遣部將築土城，自登隴東轉唐山，西抵滸溪，凡七里，高一丈五尺，廣一丈八尺；門三，東趨京、西三瑞、南登龍，北負唐山不設門。後復圮。明隆慶三年，令周易始創東西二關。萬曆二十年，令周洛都因島逆告警，於關內充拓舊規，各建城樓三間，加以埤堄、女墻，臨溪屹立，今東西郭及城東門毀，堞僅存。

嘉興府

《職方典》第九百五十八卷
嘉興府部彙考二
嘉興府城池考　府志
本府（嘉興、秀水二縣附郭）

嘉興府城池 不知所自始。按《嘉禾記》，謂唐乾寧中，守臣曹信築。《吳越備使》謂，唐僖宗文德元年，吳越武肅王命制置使阮結築。五代晉天福四年，吳越王錢元瓘拓爲州城。宋謂之軍城，元謂之路城。宋《圖經》云，羅城周圍一十二里，高二丈二尺，厚一丈五尺，水旱門各四，門各有樓，門外各置吊橋，跨隍池以通往來，東門舊曰青龍，後改春波；西門舊曰永安，後改通越；南門舊曰廣濟，後改澄海；北門舊曰望京，後改望雲，續改望吳，惟澄海水門樓。建炎間，徐明作亂，廢子城，原有正門曰麗譙。元至元十三年，墮郡縣城，羅城遂平，門樓俱廢。元末，兵起，詔守臣禦防。至正十六年，路推官方睿營築，未就。歸入明，大守呂文燧、謝節竟其工，較舊縮三里，高倍於舊三尺，面闊一丈，敵樓二十五，女墻三千四百一十五，月城、門樓、吊橋悉具，其城下隙地，聽民置屋，歲課灰價爲繕城之費。隍池，周圍繞城，其里數較城加四分之一，闊二十二丈，深一丈二尺。嘉靖三十三年，倭寇猝至，知府劉慤修城繕隍。三十九年，知府侯東萊奉檄增築，改春波曰澄霽，通越曰阜城，澄海曰迎薰，望吳曰拱辰，重建敵樓二十八座。萬曆初，城漸圮。至四十四年，知府莊祖誨蓋造窩舖、箭樓、馬坡等項，公轄嘉興縣管城垣一千一百七十二丈八寸，分爲八號，秀水縣管城垣七百八十丈七尺二寸，分爲七號，凡八閱月而工竣。天啓二年，知縣湯齊修築城堤及堵。皇清順治二年，東城樓毀，嘉興縣知縣張厥修重建。十五年，奉檄，增高城垛，合二爲一。康熙四年，南水門圮，嘉興縣知縣林逵重築。子城，即子墻，唐之縣治，宋之軍州，元之路衙，今之府治墻也，周圍二里十步，高厚俱一丈二尺。按《圖經》云，三國吳黃龍時築，有正門一，樓曰麗譙。宋宣和七年，知州宋昭年嘗更築。德祐元年，知府余安裕重修，諮議劉漢杰董其役，且增保障，即今羅城。元至正年，議隳江淮城壘。嘉興隸江淮等處行中書省，外城并隳，惟子城與麗譙獨存。

嘉善縣城池 明宣德四年，分縣，無城。嘉靖三十二年，倭警，巡撫王忬以知府劉慤請，命通判鄧遷建，六閱月告成，水門五，陸門四，因其坊之舊名，東曰大勝、西曰太平、南曰慶豐、北曰熙寧，月城、望樓、墩臺、窩舖悉具，周圍一千四百八十八丈，高二丈三尺五寸；厚連堤二丈二尺，雉堞二千六百六十四，壕周於城，闊六丈。萬曆二十年，知縣章士雅修繕樓臺。崇禎十年，知縣李陳玉更修。皇清順治十五年，知縣方舟增高併堵。

海鹽縣城池 唐開元初，移治馬嗥城，即今治城也。舊本磚城，明洪武十七年，太祖諭信國公湯和巡視要害，繕城備倭，設海寧衛，委指揮許能率軍增築四門月城，皆以磚石爲之。永樂十六年，都指揮谷祥加修，周圍六里三十五步，高二丈五尺；池周於城，闊六丈九尺，深一丈二尺；陸門四，東曰靖海、西曰望吳、南曰來薰、北曰鎮朔，上下相對，各設兵馬司；水門三，東瀕海，故缺。嘉靖三十二年，倭亂，都指揮張鈇增築沿海土墻并敵樓一十六座，敵臺二座在東門之南北偏，知縣鄭茂督理。萬曆中，知縣王臨亨重築。天啓三年，知縣樊維成修。皇清順治十五年，知縣毛一駿奉檄增高併堞。

澉浦城在縣西南。明洪武十九年，命安慶侯、滎陽侯委海寧衛千戶費進築城，周圍八里一十七步，高二丈四尺五寸。永樂中，都指揮谷祥以磚石包砌。正統八年，命侍郎焦宏、參政俞士悅勘議，令杭嘉湖三府備料重修。嘉靖三十五年，知縣鄭茂增敵臺一十六座，陸門四，西水門一，池周九里三步，闊五丈，深一丈一尺（按澉浦係縣屬鎮城，故附於後）。

石門縣城池 舊無城。元順帝三十六年，張士誠據西浙始築。明洪武十九年，倭寇海鹽，詔徙縣舊城，城乍浦。天順中，知縣王輿立四門為障。嘉靖三十四年，倭入寇，知縣蔡本端奉督撫王忬檄度地築城。明年正月，倭覘城未完，突入摽掠，蔡令坐譴去。五月，城完，周七里三十步，高二丈七尺，闊一丈五尺，城門水陸各五。三十九年，知縣劉宗武建城樓四座，南北甕城各一，添築敵樓三十、敵臺三，壕周於城，凡八里五十三步。皇清順治十五年，知縣李震加高併堞。

平湖縣城池 明宣德四年，立縣古齊景鄉，無城。嘉靖三十二年，倭亂，知府劉慤、知縣劉存義奉巡撫王忬檄築城，凡九里，高二丈五尺，廣二丈，周一千六百九丈；旱門五，東曰啓元、西曰毓秀、南曰豫泰、北曰豐亨、西南曰小旱門；水門五，西南北各一門，東二；據當湖，壕周圍闊五丈。嘉靖四十一年，知縣顧廷對增設雉堞并窩鋪一百一十二座。皇清順治十五年，知縣朱之翰奉檄增高併堞。

乍浦城，在縣東南二十七里。明洪武十九年，命信國公湯和浚池築城，周圍六里三百三十二步，高二丈，厚一丈五尺。永樂十二年，都指揮谷祥以磚石包砌。正統八年，侍郎焦宏勘議，令杭嘉湖備料協同修葺。景泰三年，都指揮王謙添設城樓四座。嘉靖三十三年，知縣劉存義增敵臺一十座，旱門四，水門一，池周一千六百三十丈，深八尺，闊十丈，吊橋四。崇禎十一年，署印知縣李陳玉開設水門一座（按乍浦等三城，係本縣屬鎮，故附於後）。

梁莊城堡，縣東南四十里。正統五年，巡撫都御史李奎奏建，周八百丈，高一丈五尺，城樓二，角樓四，置兵守禦。嘉靖三十三年，倭寇，失守，設置哨探。四十年，知縣顧廷對申議移乍浦巡檢司居之，後廢。皇清，置梁莊三寨，哨探如故。

白沙灣城堡，距乍浦二十七里，周圍一里，高二丈，池闊二丈，深五尺。明洪武十九年，巡檢辛得名監築。

桐鄉縣城池 舊無城。明嘉靖三十二年，倭亂，知縣金燕奉督撫王忬檄起築，周圍一千二百丈八尺，厚二丈六尺，城門水陸名四，敵樓八，壕周於城，廣六尺，深二丈五尺，以後修葺無考。皇清順治十五年，知縣王好仁增高併堵。按《縣志》，城之南門曰時熏、東門曰青陽、西門曰兌悅、北門曰來遠。

湖州府

《職方典》第九百六十九卷
湖州府部彙考三
湖州府城池考　通志府志合載
本府（烏程歸安二縣附郭）

湖州府城池 子城，即今府治，周一里三百六十七步，東西二百三十七步，南北一百三十六步，古烏程縣治，吳興郡舊城也。按秦時爲項王故城。《舊志》云，晉欲移郡城於東遷，郭璞女亦善地理，啓璞無徙，因舊址而損益之，可以永無殘破之虞，璞從之。唐初，爲輔公祏所據，李孝恭討擒之，以其城湫隘，始於外築羅城，以子城內爲刺史廳事及掾廨，城上舊有白露舍。宋太平興國三年，錢氏納土，奉敕拆毀，原有門三，今止存中門，有譙樓。宋立昭慶軍額，置漏刻、鼓鉦，門立湖州牌。紹興十六年，知州事王欽以郡密拱行都，增崇基宇，挾以垛樓，規模雄麗。乾道初，火之，知州事王時升重建。元至正間，僞平章潘元明撤而復新。明成化九年，知州勞鉞重修，仍榜"湖州府"額於上，漏刻鼓鉦如故。子城壕周子城外，分霅溪支流自西平橋入舊河，通舟楫市，魚鰕菱藕者集焉，今皆爲居民架屋所蔽。羅城，周圍二十四里，東西一十里，南北一十四里，唐武德四年，趙郡王李孝恭所築。景福二年，刺史李師悅重加版築之工。宋紹興三十一年，知州陳之茂修，城上舊有白露舍。太平興國三年，奉敕同子城拆毀。元季丁酉年，僞吳平章潘元明以舊城寬而不固，難守，乃築小之，周圍一十三里一百三十八步，復建樓櫓於上。唐時開九門，放生池側有閶門、定安門，東西各有瓮門，並廢。宋門六，今因之，東曰迎春，通運河；西曰清源，通苕溪；南曰定安，通餘不溪；北曰奉勝，俗呼爲霸王門，止有水門，霅水支流所出；東北曰臨湖，出霅溪，通太湖；西北曰迎禧，俗呼爲清塘門，止有陸門。羅城壕周羅城外，唐武德四年，李孝恭築城時所鑿。廣德四年，刺史獨孤問俗重開北壕，自清源門沿城至迎禧門，又至奉勝門，又至臨湖門，自古苕水入太湖之溪也，闊數十丈，深不可測，實爲天險。西壕自定安門至清源門，南壕自迎春門至定安門，北壕自臨湖門至迎春門，或假人力開鑿，然西壕受西南諸山之水，南壕受餘不衆溪之水，東壕兼受運河之水，皆成溪澤，而東壕二重，曰外壕、曰裏壕，諸壕之水，遇春夏水生，浩漾汹涌，湍激迅駛，西南二水互勝交流，餘不水盛則浸淫入於苕溪，苕溪水漲，亦瀰漫混於餘不，而衆壕交受以入於湖，尤爲深闊。然宋之故壕如此，今之爲壕惟繞城一水，通舟而已，此又元季僞吳潘元明改築城時所開也。

長興縣城池 按《舊志》，吳王闔閭使夫概於吳西築，城狹而長，因謂之長城，又名夫概城，又謂之雉城，以縣有雉山故也。晉太康三年，始置長城縣，建城於富陂鄉，在今縣治東南二十里。咸康三年，徙箬溪北。晉隋之間，縣治遷徙不一，故城荒圮。唐武德七年，移縣治於今所，實輔公祐輂土而築。歲久土復崩壞。內有子城，外有七門，東曰朝宗、西曰宜興、南曰長城、北曰吉祥、東南曰迎恩、西南曰廣德、東北曰茹菇。明丁酉年，元帥耿炳文克長興，始築今城，比舊減小，磚甓甚固，高三丈，闊二丈八尺五寸，周九百二十九丈，城門六所，東曰神武，距故朝宗一里，旁有水門曰清湖關，通郡城及太湖；西曰長安，旁有水門曰大雄關，通罨畫溪、合溪，俱上有門亭；南曰嘉會，距故長城二百步；北曰吉祥，距故門一里；西南曰承恩，舊曰廣德；東北曰宜春，距故茹菇一里。今南北古城址見在，各有瓮城、內外樓櫓，沿城浚壕闊七丈，深一丈五尺，並引箬溪之水分入，中一道，自大雄關入城，出清河關，歲久就圮。嘉靖丙辰，知縣黃㞧修築，建城樓於六門上，置窩鋪三十座。萬曆三十四年，知縣熊明遇以城河久壅，募丁開浚，內河延袤三百十六丈，加廣五丈，加深五尺；外河延袤三百六十七丈，深廣如內河。崇禎二年，知縣向鼎修築清河關，視舊闊三尺。八年，知縣吳鍾巒修築大雄關，高廣如舊，亦加三尺。皇清康熙十年十二月，知縣韓應恒開浚城河。

德清縣城池 唐初，置武源縣，縣治在下蘭山南。天寶中，改德清，移置於百寮山南。舊無城，宋末始築。明初，止存土郭，啓七門，東行春、臨溪、西西成、清商、南見山、廣儲、武塘。嘉靖三十二年，推官方敏城之。

武康縣城池 漢初平間，置在今縣治西五里之銀山，今徙烏回山，無城郭，累土爲繚垣，池無。

安吉州城池 安吉舊治，在天目鄉，今孝豐縣址是也。唐開元十六年，移治於玉磐山東南，舊無城郭；有六門，惟西北二門有名，餘皆無名，西曰齊雲、北曰迎風、東曰迎春、南曰崇陽、東北曰沙井、西南曰教場。元至正十六年丙申，始築土爲城。丁酉，甃以石，周圍六里，高二丈二尺，闊五尺；改爲四門，東曰迎春（又曰賓陽）、西曰迎恩（又曰寶城）、南曰朝陽（又曰麗正）、北曰拱辰；城瀕大溪，引水爲壕，鑿壕爲池，僅通舟筏。歲久城圮，壕亦湮。明嘉靖壬子，增建城樓、更鋪。甲寅，以海寇之警，復加高三尺，內土，岸以石甃之。

孝豐縣城池 孝豐析自安吉，其治即《舊志》所云，安吉舊城在天目鄉者是。縣設於弘治元年，有漢縣故城巋然存焉，因築土垣，周圍六百一十丈。萬曆四年，請更爲石城，廣六百七十九丈，高二丈，厚半之，城樓四，城門四，窩鋪八，水洞三；城門，東舊曰賓陽、曰文恬，新曰威鳳；舊西曰樂成、曰武熙，新曰通德；舊南曰來熏、曰宣化，新曰靈龍；舊北曰迎恩、曰承流，新曰迎安。城壕自西跨北，廣三丈，至迎安門有迎恩橋，溪水環繞，至東門爲山公潭，塹險可守。

寧波府

《職方典》第九百七十六卷
寧波府部彙考二
寧波府城池考　通志
本府（鄞縣附郭）

寧波府城池 唐末，刺史黃晟築。宋元豐元年，曾鞏修之。寶慶二年，守胡矩重修。寶祐間，制置使胡潛拓舊城，設雉堞。開慶二年，建望京、鄭堰、下卸三門樓，其甬水、靈橋、東渡則以次繕治。元初，墮。至正八年、十二年，浙東都元帥納麟哈剌復築，後復加修治。明洪武六年，指揮馮林更崇之，城高二丈五尺，趾廣二丈二尺，面一丈五尺，周二千二百一十六丈，延袤一十八里；爲門六，東曰靈橋、曰東渡、南曰長春、西曰望京、北曰永豐、東北曰和義；又穿二水門於長春、望京之側，門各有樓，羅以月城，城上有敵樓、警鋪，外設吊橋，自永豐至靈橋有大壕環繞二千一百四十四丈，其餘濱大江。嘉靖三十五年知府張正和重建瓮門敵臺。皇清順治十五年，增高併堵。

大嵩城，屬鄞縣，距郡東九十里，高一丈七尺，趾廣一丈二尺，周七百四十丈，延袤四里有奇，爲東西南北四門，門各有樓，穴水門於西之側，設以吊橋，羅以月城，城上有雉堞、敵樓、警鋪，外自東南抵北凡三百三十二丈爲壕，自西以北際石山不設。明洪武二十年，湯和築。永樂十五年，谷祥加修。皇清順治十五年，復增修。

慈溪縣城池 明嘉靖壬子，倭亂，始築城，距郡西五十里，高二丈有奇，趾廣二丈四尺，爲門五，門各有樓，東瞻岳、西萃寶、南拱壽、北拱辰，天啓間新開小北門輔極，又穴水門於東西之左右，羅以月城，城上敵樓三十一，警鋪四，雉堞一千五十八，周一千六百四十三丈，延袤十里，外爲池九里，北半里際山無池。皇清順治十五年，增高併堵。

奉化縣城池 距郡南八十里。明嘉靖壬子，知縣蕭萬解築，高一丈四尺，趾廣一丈二尺，面廣一丈，周一千一十八丈，延袤七里，爲門四，門各有樓，穴水門於西爲上水門，於東爲下水門，城上有雉堞，外東南西臨溪，北負山不設池。皇清順治四年，知縣蔡周輔塞舊南門，開新南門於縣東。戊戌年，知縣王奐高城垛，名四門，東太乙、西金嶂、南熏時、北拱極。

鎮海縣 志缺

定海縣城池 築於錢鏐，歷元而隳。明洪武元年，千戶王及賢始立木柵。七年，守禦千戶端聚易以石。二十年，信國公湯和建衛拓而大之，周九里有奇。永樂十三年，都指揮余成以北抵海，塞北門，穴水門於小南門之右。嘉靖十二年，都指揮劉翱加增雉堞三尺。三十三年，知縣宋繼祖北面增建望海樓。隆慶三年，同知段孟賢增築內城。萬曆三十六年，知縣黎民表修葺，共高二丈四尺，趾廣一丈，面八尺，周一千二百八十八丈，延袤九里；爲五門，東鎮遠、南南熏、又南清川、西武寧、又西向辰，門各有樓，外設吊橋，羅以月城，城上有敵樓、雉堞、警鋪。池自東抵西，環九百六十六丈，北際海不設。皇清順治十五年，增高併堵，重造敵樓、警鋪。

觀海城，屬定海縣，距郡西北一百一十五里。明洪武二十年，信國公湯和築。永樂十六年，都指揮谷祥築崇之，高二丈四尺，趾廣三丈，延袤四里，爲東、南、西、北四門，外設吊橋，門各有樓，羅以月城，城上有雉堞、敵樓、警鋪，外爲池九百十四丈。皇清康熙十年，重修增築。

龍山城，屬定海縣，距郡北七十里。明洪武間建置，永樂間增築。高二丈五尺，趾廣二丈，延袤三里，爲東、南、西、北四門，門各有樓，設吊橋於東西南門之外，羅以月城，上列雉堞、敵樓、警鋪，外四周爲池五百六十二丈。

威遠城，明嘉靖間，鎮守都督盧鏜與海道譚綸於招寶山築建城堡，凡二百丈，高二丈二尺，厚一丈，設雉堞，東西爲門，內建戍屋四十餘楹。又於山麓西南展築靖海營堡，周二百四十丈，建屋四十餘楹。皇清順治十五年，增高併堵。

穿山城，屬定海縣，距郡東南百五十里。明洪武二十七年，安陸侯吳杰以濱海要衝，乃成城，徙定海衛後所官軍守之。城高二丈一尺，趾廣一丈，周七百四十二丈，延袤四里有奇，爲東、西、南、北四門，門各有樓，穴水門於南門之側，設以吊橋，羅以月城，城上有雉堞、敵樓、戰臺、警鋪，外自東繞西通二百八十五丈爲池，東北各五百二十五丈爲塹道二。皇清順治十八年，以城趾跨山空闊，遂築而小之，周三百九十五丈，延袤二里有奇，高如舊。

舟山城，屬定海衛，唐爲翁山縣，宋元爲昌國縣。四面皆海，距郡二百六十二里。明洪武十二年，明州衛守禦千戶慕成、指揮許友城之，嘉靖四十年海道譚綸增築敵樓二十處，城高二丈四尺，趾廣一丈，周一千二百一十六丈，延袤七里，爲四門，門上有樓，穴水門於東南，各置吊橋，羅以月城，城上有雉堞、警鋪；外爲池，自東南及西一千二百六十八丈，北際山不設。皇清順治十三年，廢舟山所，徙居民於內地，今城隳。

霩衢城，舊爲定海衛千戶所，距郡東一百八十里。明洪武二十年，信國公湯和築。高一丈九尺，趾廣一丈，周四百八十八丈，延袤三里有奇，爲南、北、西三門，門各有樓，外設吊橋，羅以月城，城上列雉堞、警鋪、敵樓，西有瞭遠臺，東西北壕三百七十四丈，南至西山塹一百三十二丈。今遷居民於內地，城隳。

象山縣城池 距郡東南二百七十一里。嘉靖間，倭亂，知縣毛德京築，高一丈六尺，趾廣二丈，面廣一丈，周一千八百九丈有奇，延袤五里，爲四門，東賓暘、南來熏、西迎恩、北拱極，門各有樓，穴水門於北門之右，南門之兩旁。城上有雉堞、敵臺、警鋪，外自水門至東爲壕，自東門而北至西南門之東爲塹。今復修築增崇。

昌國城，距郡南三百五十里。明洪武十二年，於昌國縣開設守禦千戶所。十七年，改縣爲衛。至二十年，內徙海島居民，革縣徙衛象山縣之東門。二十七年，因東門懸海，薪水不便，徙後門，指揮武勝掘隍成城，高二丈三尺，趾廣一丈，延袤七里，爲門四，各有樓，設吊橋三，穴水門於西南二門之側，羅以月城，城上有雉堞、敵樓、警鋪，外爲壕二百一十六丈，其西北九百一十丈依山不設。嘉靖三十二年，倭寇入據，後都指揮梁鳳加築。

石浦城，前後二千戶所，屬昌國衛。東南面海，西北因山，距郡南三百七十一里。明洪武二十年，徙司於象山縣之青山，乃調前後二所於石浦，築城捍守，高二丈三尺，趾廣六尺，周六百七丈，爲西南北三門，門各有樓，穴水門於西南二門之側，羅以月城，城上有雉堞、敵臺、警鋪，外爲壕一百十丈，其西北一百六十丈阻山不設。嘉靖三十四年，都指揮梁鳳復增葺之。今廢。

錢倉城，千戶所屬昌國衛，距郡南二百六十一里。明洪武二十年，千戶王普築。嘉靖三十二年，都指揮劉恩至，加葺，高二丈六尺，趾廣一丈三尺，延袤三里，爲門四，門上有樓，穴水門於西門之側，外設吊橋，羅以月城，城上有雉堞、敵樓、警鋪，外爲壕六百丈，餘二十丈阻山不設。今改爲寨，設營房三百六十間。

爵溪城，距郡東南二百七十二里。明洪武三十一年，千戶王恭築。嘉靖三十一年，都指揮劉恩至，重修，高二丈八尺，趾廣三丈，延袤三里，爲東、西、南三門，門各有樓，設吊橋於南門外，羅以月城，城上設雉堞、敵樓、警鋪，外爲壕三百二十丈。

南堡城，在象山縣西南三十里，明正統八年，防倭築，今圮。

游仙城，在象山縣東南一十五里，明正統八年，防倭築，今圮。

陳山巡檢司城，在象山縣東南一十三里，舊置縣北陳山。明正統八年，參政高峻改置今處，而仍其名，今圮。

趙嶴巡檢司城，象山縣東七里，舊隸寧海。明正統八年，因倭寇改置，今圮。

石浦巡檢司城，明洪武二年築，二十年改置千戶所，徙司於青山，名仍舊，今圮。

爵溪巡檢司城，在象山縣西五十里。明洪武二年建，二十年遷今地，正統十二年增築，今圮。

紹興府

《職方典》第九百八十七卷
紹興府部彙考五
紹興府城池考　府縣志合載
本府（山陰會稽二縣附郭）

　　紹興府城池　大城者，范蠡所築治也。陸門三，水門三，周二十里七十二步。隋開皇中修，加廣至周四十五里，高一丈七尺五寸，上廣一丈五尺，下廣二丈七尺，女墻七千六百五十，皆高五尺，名曰羅城。唐乾寧中重修。宋皇祐中，復加修治，且浚治城壕。嘉定十六年，乃按羅城重加繕治，并修諸城門。元至正十三年，增築加廣，內始甃以石，開塹繞之。明嘉靖二年，重修樓堞，女墻悉易以新磚，高四尺六寸，厚一尺。復浚鑿內外池，外池東廣十丈，深一丈；西廣八丈，深一丈二尺；南廣八丈八尺，深九尺；北廣五丈，深八尺。內池俱廣一丈八尺，深七尺。皇清順治十五年，重加增築，增高女墻六尺四寸，併二爲一，約廣一丈，中設孔竇，可發矢銃，凡女墻十則置炮臺一，城自是益堅。

　　蕭山縣城池　未詳創始，久廢。明嘉靖三十二年始創建，周圍五里，高二丈五尺，闊二丈二尺；四門，東達台、南拱秀、西連山、北靜海，各設月城，門之上各建有樓，曰近日、拙政、聽潮、修文；雉堞二千五百八十有五，鋪舍二十有三，下設水門三，外設吊橋四；城外地因取土築城，遂以爲壕，各深一丈五尺，廣三丈，長總計一千五百九十一丈五尺。皇清順治十年、十五年、康熙八年重加修築。

　　諸暨縣城池　舊城，不知築於何年，圍二里四十八步，高一丈六尺。唐開元中，羅元聞建東北門。天寶中，建西南門。吳越王錢鏐修築之。明洪武初，重築州城，左浣江，右長山，圍九里三十步，爲門者五，東迎恩、南迎熏、北朝京、西西施，而水門不名。嘉靖中重修。皇清順治十五年，每堞增高六尺，併二爲一，凡堞皆有隙，凡數堞間增一炮臺。

　　餘姚縣城池　築於三國吳，圍一里二百五十步，高一丈，厚倍之。元至正十九年，復城之，凡一千四百六十五丈，延袤九里，高一丈八尺，基廣二丈；陸門五，東通德、西龍泉、南齊政、北武勝，後清水門二；四面引江爲壕，可通舟楫。明洪武二十年，增治壘堞，後漸圮。嘉靖三十年，完葺，遂改其東門曰澄清。皇清順治十五年，每堞增高六尺，併二爲一，廣二丈，其中開隙，以便發矢銃，凡十堞間增置炮臺一。

上虞縣城池　舊無城。元至正二十四年，始建議築，縣城東南平衍，西北因山爲隍，西南則跨長者山，周圍凡十有三里，高二丈，厚二丈五尺，置樓堞；作五門，東通明、南朝陽、西晝錦、北豐寧、西南金罍；水門三，在金罍、晝錦、通明之旁。明初拆毀。嘉靖十七年，乃即故址復建，甃以石。皇清順治十五年，增舊堞，高六尺，凡一丈，併二爲一，堞開大隙，可發矢銃，又計遠近設有炮臺。

嵊縣城池　創始莫考，宋宣和三年修之。慶元初，溪流湍悍，城被嚙，復累石爲堤百餘丈，以捍城。明洪武間，重築堤，亦就壞。弘治，築堤，約高三仞，廣稱是，袤二百四十五丈。嘉靖三十四年，尋故城址大興役築城，前臨溪，後跨山，高二丈有奇，厚一丈有奇，周圍一千三百丈有奇，內外俱甃以石；爲門四，東曰拱明、西曰來白、南曰應台、北曰望越，門外有甕城，門上有樓，扁其樓，東曰凝翠、南曰可遠、西曰長清、北曰回峰，東北間爲陡門，陡門上有亭，扁曰"溪山襟帶"，北門右有瞻宿亭，一稱四山閣，東門右有亭，曰騰蛟，西門左有亭，曰起鳳，爲敵鋪若干所，敵臺四所，城內有餘城六尺餘，有馬路六尺，城外路與內稱。萬曆十二年，重開化龍門。明年，修四山閣。天啓七年，門樓俱圮。崇禎元年，重建。皇清初，五門樓、四山閣、城垛俱圮。順治五年，重建。康熙六年，補築。

新昌縣城池　新昌，舊有土城，高二丈，厚一丈二尺，周十里。久廢無考，惟迎恩、鎮東、候仙、共仁四門名存而已。宋時，築東堤以捍水患。明弘治十八年，始築洞門於祥溪廟右。嘉靖十一年，重加修築；城門四，東應台、西通會、南仰山、北濟川；城上爲女墻，爲窩鋪，門上爲譙樓，門外爲子城，內外馬路各一丈有奇；東北引溪爲池，西南面山。皇清順治十五年，增高雉堞，重加修葺。

台州府

《職方典》第九百九十六卷

台州府部彙考二
台州府城池考　通志縣志合載
本府（臨海縣附郭）

台州府城池　周一十八里，長二千四百九丈，高一丈八尺，闊一丈二尺。唐杜伏威建。宋太平興國三年，吳越歸國，墮其城，後再築。慶曆五年，海溢城壞，彭思永攝州事，重新之。明年，守元絳增甓，作九門，捍外水，疏內水之壅，析爲三支。嘉祐六年，復壞，守徐億用牛踐土而築之。熙寧四年，守錢暄又累以密石，且浚湖，以其土實之。淳熙二年，守趙汝愚又繕築焉。三年秋，大水，城幾墊，守尤袤修之。門七，南曰鎮寧，今名南門，樓曰神秀；正南曰興善，樓曰超然；東曰崇和，今曰東門，樓曰惠風；西曰括蒼，樓曰集仙；東南曰靖越，今名下門，樓亦曰靖越；西南曰豐泰，樓曰霞標，今塞；西北曰朝天門，今名西門，樓曰興公。自宋以前，城凡八修。元、明間相繼修葺。皇清順治十五年，署台道右藩胡文奕、署台府推官王升奉檄督修，垛口增高三尺，併三爲一，規制巍壯，屹然改觀，稱金湯焉。按宋時，因城址地柔，屢遭水衝，嘉祐間，郡守徐億築實其基，用牛踐而築之，每日穴所築地，試水一盂，平明開視，不漏乃止。熙寧間，郡守錢暄復浚東湖，以受其流，水患乃止。

海門衛城，在府城東南九十里三十八都。明洪武二十年，信國公湯和建，高二丈五尺，周回五里三十步，長一千三百一十丈，垛口八百三十個，三面依山，一面阻海，北面去城一里平川陸地（按以下係府屬衛所城，俱附於後）。

前所城，在縣三十都海門衛東，城高二丈三尺，周回三里六十九步，垛口三百二十個，明洪武二十八年建。

桃渚城，在縣三十都海門衛東北五十里，城高二丈二尺，周回二里七十步，明正統八年建，三面枕山，一面臨海，最稱雄壯。

黃巖縣城池　舊城，周邑之域，九里三十步，或云四百五十步，唐上元時築。明初，永嘉侯朱亮祖重築，周三里。洪武二十年，信國公湯和城沿海防倭衛所，撤石料徙之海門。嘉靖壬子，倭大入，以無城故，令高材請城今處，汪汝達竣其事，周七里，高二丈，址厚三丈；門五，東鎮海、南迎熏、西液金、北拱辰、東南應秀，南北二門增設敵臺，北門外復設丹崖第一關。初城北枕澄江，右臨西港，汪令於東南鑿河廣十丈，北入江，西達於港，環抱於外，鑿時得古硯，鐫"金帶"二字，遂名金帶河。皇清順治十五年，增高併堵，設瞭臺四。

天台縣城池 舊無城垣。吳永安中，於縣治築牆，周圍四百餘步，高丈五尺。宋宣和三年，重修。明嘉靖乙卯冬，倭寇深入，無險可憑，公私廬舍，悉付烈燼，邑令馮蘭建議築城，經始於丙辰春，至丁巳冬令鍾鈕迄工，周回五里，延袤計一千三十九丈七尺，高厚一丈八寸，垛堞一千五百八十；開大門四，東應台、南玉笥、西通越、北金庭；小門四，東南水陡、西南廣濟、東北躍龍、西北利濟，計費折里甲役銀九千四百二十兩。其通越門逼近溪橋，難造月城，令吳謙建永清門以衛之。萬曆甲午，南門爲溪水衝激，日將就圮，推官劉啓元署邑篆欲收山川靈秀萃於黌序，移南門於學宮之前，從丁向，名其門曰環碧，扁其樓曰"三台道脉"，王士性爲記。明季，於城之四隅樹立望臺四座，以備守禦，臺久毀壞。皇清辛酉，南城樓復圮，令胡萬寧重修，形家謂南屬離火，樓不宜高，建平屋以像書笥，餘堵堞俱加增葺，高堅如故。

仙居縣城池 舊治，在西郭演武場北，址猶有巋然者。今治爲晉令羊欣遷，然延袤僅六百餘步。至唐上元二年，始築樂安城，惟東、西、南三門，東則文明樓、西則義井頭、南則過街樓即舊址也。宋宣和二年，呂師囊陷毀，統制姚平仲、張思正駐兵於此，累土再築，不能堅久。自建炎至元末，屢遭兵火。明嘉靖丙寅，令姚本崇申請興築，郡丞毛德京嗣經理之，以址狹，拓地於西，計周十里，東西南北相去三之一焉，高四丈，闊三丈，照新昌令萬鵬之規，用縱橫石延城造敵臺容百人，置窩鋪，女牆高五尺，設垛子以衛身、垛眼以窺敵，下構斗門以泄水，計所費以八、九、十三歲役折之，分三年徭於十遞，召募石工，一丈價二十金，民不勝苦，至有投繯者，不得已而以腐石充，一月內，工俱竣；啓五門，上有樓，東門曰迎輝，樓曰啓明；南門曰來薰，樓曰宣澤；西門曰慶豐，樓曰惕庚；北門曰拱辰，樓曰思蓋；西南小門曰省耕。無何大雨亘日夜，大半傾圮，御史鍾一元以城門鏤琢花鳥傷財，劾毛公去，司李蕭文清繼之，督貴尤嚴，除腐用堅，又制爲石釘，長丈餘，三閱月而成，蕭以升去。至崇禎末，令過周謀議四圍浚壕，因土燥不能蓄水，未浚。皇清順治七年，以女墻無裨於守，折其料增修炮眼、箭垛，其制爲尤得云。

寧海縣城池 唐永昌元年，自海游徙今地，周圍六百步。明嘉靖壬子冬，令林大梁重築，周一千五百四十一丈，高二丈四尺，廣一丈八尺；門四，東靖海、南迎熏、西登台、北拱辰，西北設小北門，皆冠敵樓，設窩鋪四十有八，城之外鑿址爲隍，袤七里，廣丈有五尺，深減三之一，門之外各跨以石橋。萬曆辛卯，令曹學程修。

越溪巡司城，東二十里，高一丈八尺，圍二百四十丈，門一。順治十八年遷，康熙九年復（按以下係縣屬鎮城，附後）。

長亭巡司城，東一百里。

曼嶴巡司城，南七十里。

寶嶴巡司城，東南八十里。

鐵場巡司城，北六十里。已上四城，規制遷復俱同越溪。

健跳所城，南一百三十里，高二丈三尺，圍三里二十七步，門二，西登明、北曰崇武。順治七年間，寇叛據，提督田雄攻破之，遂墟其地，今改設臺寨。

太平縣城池 周四里二百七十七步。明成化五年，割黃巖縣地置縣。嘉靖三十一年，築城，門六，東曰迎輝、南曰觀海、西曰延照、北曰仰山、西南爲小南門、西北爲小西門，東南二門外復立月城，西北二門增置敵臺；水門二，西爲上水洞，東爲下水洞，遇溪流瀑漲時，啓泄。明嘉靖間，知縣曾才漢疏合溪流，實上水洞，又於東偏修築，襟抱虧泄，作樓跨下水洞之上，曰淇澳門。城樓俱係正德八年，知縣祝弘舒建。皇清初，置紅衣炮十七位於城上，建鐘樓幷各門城樓。年久傾圮，康熙十二年，知縣郭治重修置窩鋪十一處，環城開浚河壕，重立木城於城外，提督張巡杰撤去。

松門衛城，在縣東五十里，宋築松門寨爲巡檢司。明洪武二十年，湯和改爲衛城，高二丈四尺，周圍五里九步（按以下縣屬城，附後）。

楚門所城，在縣西南六十里，城高二丈四尺，周圍七里一十步。明洪武二十年，信國公湯和建，今圮。

隘頑守禦所城，在縣南三十里城，高二丈四尺，周圍三里三十步。明洪武二十年，湯和建。皇清順治間，奉遣城攤，今展界即舊址修築，改爲寨城，設兵防守。

新河所守禦城，在縣東北三十里，隸海門衛，城高二丈三尺，周圍五里六十八步。明洪武二十八年，湯和命指揮方鳴謙建。

金華府

《職方典》第一千五卷
金華府部彙考三
金華府城池考　府志
本府（金華縣附郭）

金華府城池　舊周九里一百步，高一丈五尺，厚二丈八尺。宋宣和四年，知州范之才重築，周十里，基三丈，面廣三之一，高倍之。元至元間，詔天下墮城防，於是羅城盡隳。至正十二年，廉訪副使伯嘉納等仍其故址重築，厚二尋有四尺，高二尋有一尺，周一萬七千七百九十尺；城舊門十一，後室其三，今存門八，東曰赤松，西曰迎恩，南曰清波、長仙、通遠、八詠，北曰旌孝、曰天皇。皇清順治十四年，孫丞承奉憲檄修城垛，堞凡二千四百五十有四，敵臺十有五，守望之廬五十，本鎮官兵司城門鎖鑰，內各為盤詰之舍，設炮石殳斯干戈；壕南因大溪以為險，北東西三面環城鑿河以為固，跨吊橋以通行路，故兩浙城池惟婺為首稱。但康熙甲寅後，以兵燹未及修葺。二十一年春，大雨頹壞有至十餘丈者，郡守張公盡力為增繕，而防守加密焉。

蘭溪縣城池　舊城，周二里三百二十三步，高一丈五尺；其門有四，東曰上門、西曰溪門、南曰迎薰、北曰北門；子城周一里三百四十五步，久廢。歷代修築，皆無可考。元季兵亂，城修於明初戊戌之歲，而改其東門為安政、南為明德、西為清波、北為拱宸，周七百八十餘丈。至乙巳夏，城圮於水，於是金華同知冀權來總修繕之役，又闢小西門以便出入。厥後屢遭洪水，城西南二隅與城外之市皆沒焉。正統戊辰，有括寇之變，時浙江按察使僉事陶成謂"是邑為要衝之地，不可不嚴守備"，欲議修築，而無址可城，乃命伐木為柵，以補西南二隅之缺，東北二隅則因其舊而修之。至正德癸酉，守土者乃尋本城舊迹，盡出民所侵，砌石為陡岸，上為女牆，其三面則拆城內外居民階墈等石緝舊補新，以備不虞，又改創南西北城樓，頗稱壯麗。

東陽縣城池　舊有土城，周十里，中為子城，歲久而圮。後嘉靖甲寅歲，倭寇豕突。戊午，知縣戴廷忞始築石城，厚二丈，高二丈四尺，周一千三百三十五丈；舊建門四，東曰迎陽、南曰雙峴、西曰瞻婺、北曰通江，邑人參議趙葉記。隆慶元年，知縣陳應春修改東門爲望峴、西爲朝京、南爲迎熏、北爲拱宸，又四門東南曰東峴、西南曰西峴、東北曰新安、西北曰水門，凡八門。皇清順治十四年，知縣楊丕孟奉詔改修城垛。康熙十三年甲寅，寇亂，城悉壞，知縣胡啓甲增修。二十一年，久雨，城又壞，知縣俞允撰重修。

義烏縣城池 舊城，周三里一十五步，建門五，東曰東陽、西曰金華、南曰秀川、北曰會稽、東北曰金鱗。歲久圮。明嘉靖三十四年，知縣曹司賢築石門四，東曰金鱗、南曰南薰、西曰迎恩、北曰湖清，又建槐花門於東北，一改爲拱辰門，一改爲通惠門，凡七門。崇禎戊寅，知縣熊人霖造七門敵樓。

永康縣城池 舊城，吳赤烏八年築，周一里十九步，高一丈八尺，厚一丈五尺。宋紹興間，城周三里三十步，門七。元初隳。至正十三年，環以牆。後圮，惟北倚山，南阻水以爲固。明崇禎十二年，知縣朱露創建東西二門，疊石爲樓，東曰在德、西曰多助。

武義縣城池 舊城，周一里一百八十步。宋紹興間廢。明崇禎十三年，知縣馮珂築石城，周十里八步，門七，曰鎮東、曰來遠、曰文興、曰接龍、曰迎恩，又小門四。

浦江縣城池 舊城，周一里二百四十步，高一丈三尺，厚如之。至明嘉靖三十六年，知縣許河築，周五里一百二十步；建正門四，東曰迎春、西曰咸寧、南曰文明、北曰仙華，偏門五，曰小東門、小西門、小南門、小北門，又水門。

湯溪縣城池 舊土城。明成化十六年築，周圍八百五十五丈。至嘉靖三十二年，知縣劉以貞立石爲式，城東門曰迎旭、西門曰通衢、南門曰履華，北郭阻山不通衢路，故不闢門。崇禎十二年，知縣羅洪基改造，城用磚石封砌，垛高四尺，計八百六十垛，周圍仍舊。

衢州府

《職方典》第一千十二卷
衢州府部彙考二
衢州府城池考　通志

本府（西安縣附郭）

衢州府城池 故城凡三，俱廢。宋宣和三年，守高至臨城龜峰，高一丈六尺五寸，廣一丈一尺，周四千五十步，爲門六，東曰迎和、北曰拱辰、大西門曰朝京、小西門曰通廣、大南門曰光遠、小南門曰通仙，門各建樓，城外三面浚濠，西阻溪。紹興十四年，守林待聘因大水城圮，復築。嘉定三年，又水，守孫子直修築。嘉平十一年，守魏豹文新六門城樓。元至正間，監郡伯顏忽都因子城舊址築新城，又於門外包以月城，復建層樓於各門之上。明弘治己未，守沈杰重修。嘉靖庚申，守楊準修。萬曆中，守洪纖若重建大西門城樓。天啓初，守林應翔重建北門城樓。崇禎十三年，守張文達增修城垛，高四尺，添造窩鋪三十六。皇清順治五年，守韓養醇再修城垛。十六年，總督李率泰重建城樓。

龍游縣城池 明隆慶間，令傅性敏築，延袤六里，雉堞二千八百四十有奇，高一丈六尺，趾一丈三尺，面四之一，池深廣一丈有奇；門四，東永安、南歸仁、西太平、北向義，門各有樓，又有便門。萬曆九年，令余杰增繕，警鋪、敵臺各七所。

江山縣城池 明隆慶二年，令余一隆築，門樓四，東迎薰、南通閩、西拱辰、北迎恩。

常山縣城池 明正德七年，令沈冕築，延袤三里，高一丈五尺，趾廣二丈四尺，門各有樓，東文筆、西西高、南硯山、北賢良，小東門一望衢，小南門一金川，大水門三、小水門四。隆慶初年，東城樓毀，令張克文重建。

開化縣城池 明正德辛未，令楊粲築，周一千八丈五尺，高一丈二尺，厚一丈；門六，南迎恩、北望極、東金錢、西通濟、東南起鳳、東北鍾秀，上各建樓；水門二、窩鋪十有四、雉堞二千一百六十。嘉靖庚戌，令周應奎於臨溪築堤三百餘丈，以防水激，復開馬道六尺，以通水壅。隆慶戊辰，令朱諭增築城垣，并建南北月城。辛未，知縣徐仲濂於龍潭口築石堤百丈，高廣一丈，以防水衝。

嚴州府

《職方典》第一千十八卷

嚴州府部彙考二
嚴州府城池考　通志府縣志合載
本府（建德縣附郭）

嚴州府城池　西南臨水，東北倚山。唐中和間，刺史陳晟築，周十九里。宋宣和三年，平方臘，知州周恪重築，縮爲十二里二步；城有八門，東曰望雲，南曰定川、曰安流，西曰安泰、曰和平，北曰嘉貺，東北曰百順，西南曰善利。紹興八年，知州董弅修築。元因之。至正十八年三月，明兵從徽州下建德路，李文忠改築今城，西北正東移入三百五十步，正北移入八十五步，正南移出一百六十步，周八里二十三步六分，高二丈四尺，厚二丈五尺；門五，東曰興仁、西曰和義、南曰澄清、北曰拱辰、西北曰武定，門各有樓，護以月城，惟北無月城，爲鋪四十八，東西北爲城壕一千一百有五步。弘治四年，守李德恢重修。嘉靖三十七年，守韓叔陽遍築敵臺。萬曆五年，守楊守仁更修治之。崇禎十六年，以鄰寇警，守胡崇德加磚五尺。皇清康熙年間，守梁浩然重修雉堞城樓。

淳安縣城池　舊有城，南枕青溪，北連岡阜，賀齊所築。迄唐神功，越四百八十九年，常爲郡治。其子城，周一里二百二十五步，今縣乃其舊址。縣西古城基，則其外城也，然未有城。今四面皆樓閣，環圍闢有四門，令洪英、明海瑞相繼建樓，知縣戴庭槐重修，立扁，南曰青溪、北曰石峽、東曰嚴陵、西曰新安，存故迹也。

桐廬縣城池　舊無城，四門柵欄，俱近年建，在縣西二十五里。吳黃武四年築。隋開皇九年，併縣入錢塘，城廢。貞觀二十年，縣移桐廬鄉，其城在縣西北十五里。開元二十六年，因水患復移縣治於桐江口。其南門，宋時名曰望杭，湮廢久矣。明嘉靖四十三年，通判魏大用署縣事，循舊址重建。至萬曆十三年，知縣楊束贖地宏址，築石壘磚，高建城樓三間，即爲記以志之。崇禎十一年，火毀後，知縣曾守意重建，名曰迎熏。東門在縣東馬頭，崇禎六年，知縣梅際春建立城樓，名曰啓明。西門，在縣西關帝廟前，名曰長庚。北門，在縣北孫家嶺脚，宋時爲東北通衢，嘉靖四十三年，通判魏大用署縣事建，改拱極門，建置如舊。

遂安縣城池　舊城，在木連村溪北。唐武德四年，徙今治，然未有城。明正德癸酉，流賊王浩八逼近地方，知縣容九霄始申築爲城以禦之。萬曆二年，知縣吳撝謙預備礦寇，申借郡帑銀二千八百三十五兩、縣帑銀若干、江山縣往年所貸銀一千六百三十四兩，其丁夫徵之概，縣城遂成，廣袤七百七十七丈有奇，爲門五，東曰興文、西曰靖武、南曰向明、北曰拱極、西南曰小西門，各建樓及窩鋪於上。

壽昌縣城池 城本在郭邑里，以屢有火灾，乃徙縣東人豐鄉之白艾里，臨小溪。明崇禎十二年，令阮振中築，周一里二十步，後徙復郭邑里，其城遂廢，基址猶存。然今止建門有四，東曰興仁，知縣彭汝成建；西曰宣泰，知縣吳蕡建；南曰向明，北曰拱辰，俱彭汝成建，各建城樓。皇清康熙十年，令羅在位重修。

分水縣城池 阻山帶溪，四塞爲固，舊無城池，但壘石爲門四，各架樓其上，東曰迎恩、西曰納祥、南曰來熏、北曰拱辰。明嘉靖癸丑，知縣王礦建。

溫州府

《職方典》第一千二十三卷
溫州府部彙考一
溫州府城池考　府志
本府（永嘉縣附郭）

溫州府城池 晉太寧元年，置郡，始城四隅，唐悉因之。後梁開平初，浚築內外城壕。宋宣和中加築。建炎間，增置樓櫓。嘉定間，修建十門。明洪武十七年，增修。皇清順治十五年，修築。

瑞安縣城池 舊城周一里二百四步，高一丈二尺，厚七尺。元至正甲辰，改拓，周九百三十七丈六尺。明洪武三年、永樂十五年、嘉靖三十一年屢次拓增，周一千一百四十丈，高一丈七尺，址闊一丈三尺，面闊八尺，廣三百一十四丈四尺，袤三百一十三丈；東壕長一百四十丈，西倚山無壕，南壕長三百二丈，北壕長二百四十二丈；門五，東曰賓暘、曰武靖，南曰鎮海、西曰永勝、北曰瞻闕；水門三，一曰龍波、一曰永清，引西湖水入城，一曰環璧，引東湖水入城。

樂清縣城池 縣治，舊以兩溪瀠帶，洪水時發不可城，城以木柵。唐天寶五載，始築。明洪武六年，乃建東西兩塔爲石城，至溪仍用木柵，壕周其外，水陸各有門。正德間，始置六門。嘉靖壬子，重築如洪武初，而純以石，其門三，當溪爲洞，橋爲水門，而翼以四寨。戊午，重加增築，高二丈，東西厚一丈三尺，南北厚一丈，周九里三十步；東北貼山無壕，南附河，西附溪爲壕；門六，東南曰鳴陽、南曰鎮海、西曰迎恩、西北曰肅清、北曰拱辰、東曰忠節；水門四，曰東皋、文筆、簫臺、倉橋。萬曆丙午，復開翔雲門。

平陽縣城池 晉太康間築，高一丈二尺，厚八尺。元廢。至正間重築，周六百五十三丈，闊一丈一尺。明洪武七年增築，周六百三十二丈，高一丈六尺，址闊一丈三尺，面闊九尺，廣一百丈，袤二百五十八丈。東壕深二丈，闊五丈；南壕深三丈，闊七丈；西壕深二丈，闊七丈；北壕深二丈，闊五丈。城門四，東曰挹仙，以外有仙壇故名，旁有水門；南曰通濟；西曰登瀛，以十八士登科，故名；北曰迎恩，旁有水門。

泰順縣城池 縣原無城。明嘉靖九年始築，周三里，計九百餘丈，高二丈。三十八年，增高七尺，厚一丈八尺，仍拓南城長九十丈，水陸門各建樓屋覆之。皇清順治六年，重築（按各衛所城俱屬本縣，故附於後）。

溫州衛城池，與府治同城。

金鄉城，舊衛治，明洪武二十年湯和築，周一千四百二十四丈，高一丈九尺，門四，水門一。

沙園城，舊所治，明洪武二十年湯和築，弘治十四年、萬曆十六年增築，周三里。

磐石城，舊衛治，明洪武二十年湯和築，周一千五百五十四丈，高二丈，壕深九尺，闊五丈，門四，水門二。皇清順治十五年，海寇破其城防，將熊應鳳力戰而死。十八年，奉遷，墮城。康熙九年，展界重修，又名寨。

蒲岐城，舊所治，明洪武二十年湯和築，周六百丈，高二丈二尺，門四。皇清順治十五年，寇黨據之。十八年，奉遷，墮城。康熙九年，修砌如故，亦名寨。

寧村城，舊所治，明洪武二十年湯和築，周六百丈。

黃華城，明崇禎五年巡撫喻思恂、兵道許成章築。

大荊城，康熙元年築，亦名寨。

梅頭城，在瑞安縣武都後崗，明嘉靖三十八年築。

宋埠城，在平陽縣七都。康熙九年復修，城守營分兵駐防。

處州府

《職方典》第一千二十七卷
處州府部彙考一
處州府城池考　府志
本府（麗水縣附郭）

處州府城池　據山爲城，因溪爲池，阻西北而獨守東南，城高三丈有五，周圍七百九十有二丈；爲六門，北曰望京、東曰巖泉、東南曰行春、南曰南明、西南曰括蒼、西北曰會通，城樓六所，每所三楹；雉堞三千有六，守舍六十有九，官廳六處，月城四區，望樓二所，敵樓四所，萬象山八角樓一所，今廢。初府城在今城東七里，人稱爲古城，即其地也。唐中和間，盜盧約竊據是州，徙今地。宋宣和間，重修。元至元二十七年，處州路總管乾勤好古、萬戶石抹良輔創議修築，因舊址之半，委麗水縣尹韓國寶督役，東北掘地爲池，因土爲城，南以溪爲池，甕堤爲城，西就山爲城，並溪爲池。至明仍舊，每加修築。嘉靖四十二年，知府張大韶重修加築，隨處包以石，頗稱堅致。崇禎七年冬，行春門城樓傾倒，知府朱葵從新鼎建，扁其樓曰"開泰樓"。八年五月初十日，大水四圍，城垣衝塌殆盡，括蒼、南明、行春三門濱溪，被害尤甚，水從應星樓前衝城而入，淹沒官民、廬舍，知府朱葵、推官王明汲親往相視，重加修茸一新。按《通志》，皇清順治十五年增築。

青田縣城池　城高二丈八尺，厚二丈，表以四門，東曰龍津、西曰錦屏、南曰行春、北曰丹山。明嘉靖三十五年，縣丞熊纓築。三十八年，知縣丁一中改築城門。萬曆三十七年八月，洪水衝塌。三十九年，知縣方淡然改修。天啓三年，洪水衝沒，民房城垛傾倒幾半。崇禎五年，東甌寇至，震鄰邑，民仿徨無措，訓導王炳翰率士民告急，知縣翟士杰、縣丞胡中龍嚴加防護，重新修茸。

縉雲縣　無城，有關門三，東曰東門、南曰南門、北曰北門。

松陽縣　無城，有關門四，東曰光華、南曰濟川、西曰治平、北曰朝天。

遂昌縣　無城，有關門四，東曰迎恩、南曰南明、西曰鎮西、北曰朝天，俱屬短垣，依山臨溪。明萬曆丁未，知府鄭懷魁移文本縣，知縣辜志會重加修葺，至今賴保障焉。

龍泉縣城池 元季，胡仲淵相地將城之，欲南阻溪，西北跨天台、烏石、九始，歷居雲諸山抵東垾而止，然三面阻險，惟東垾平阪，乃斜決大溝，通溪水蔓，引爲東城之壕，亦因壕以示城築當基之處，復先建四門以標的之，未果。迄今城門雖廢，而其壕猶有存者。

慶元縣城池 明嘉靖二十五年，知縣陳澤始築，高十八丈，厚十四尺，一千五百六十垛，門四，東曰豐仁、初名壽寧，南曰濟川、西曰熏阜、北曰雲龍，東北中建望京臺。皇清順治五年，毀西北界，知縣張應亮從民請增開小水門，名曰太平。西南倚山，西北臨河，東南鑿池，廣二丈，深一丈，東流至北與大溪水合。明嘉靖四十一年，署縣事通判周紳改築西城於西山之巔，計六十餘丈，高一丈八尺，厚一丈五尺。萬曆十六年四月，厲水夜發，衝壞北城七十三丈，知縣詹乘龍重築。崇禎十五年，知縣楊芝瑞重修，環增磚垛三尺，建城樓五，皇清順治年，毀其四，窩鋪一十二，東、南敵樓臺各一，時壽寧山寇猖獗，不敢窺城而遁，邑人歡呼稱揚功德。康熙七年，知縣程維伊重建城樓。四十一年，再建望京臺。

雲和縣 城池無，止東關、西關，門樓各三間以次民兵、以盤詰奸細，俱明嘉靖壬午，知縣胡希銓重建。

宣平縣城池 宣邑，本村落署之西偏，爲巡司舊址。邑後瞻峰帶水，理經尋絡，苟簡爲治，有關門四，東曰麗春、南曰迎恩、西曰太平、北曰拱北。

景寧縣城池 按《通志》，無城，有關門四，東曰行春、南曰統政、西曰毓秀、北曰拱辰。

福建總部

福州府

《職方典》第一千三十七卷
福州府部彙考五
福州府城池考　府志
本府（閩縣侯官縣附郭）

福州府城池　自無諸開國，建城都冶。至晉太康四年，郡守嚴高改築越王山之南爲子城。唐天復間，閩王審知築羅城。五代梁開平初，審知又築南北夾城。宋開寶七年，刺史錢昱又築東南外城。至淳熙間，惟子城如舊，其餘各存數門。咸淳九年，詔增築外城。元初漸堕廢，後陳平章友定又加繕葺。明洪武四年，命駙馬都尉王恭因元故址築焉，北跨越王山，爲樓曰樣樓，南則因故外城，繞九仙烏石之麓，廣袤方十里，高二丈一尺有奇，厚一丈七尺，周三千三百四十九丈，城上敵樓六十有二，警鋪九十有八，堞樓二千六百八十有四，女墻四千八百有五，表裏闢夾道各二丈許。成化十九年六月，烈風淫雨，摧毀殆盡，鎮巡藩臬漸次繕修，悉完其舊。嘉靖三十八年，防倭，增置外敵臺三十有六。環城三面壕塹，深七尺五寸，廣十丈，延袤三千三百四十六丈有奇。城北枕龍腰山里許，古傳龍腰不可鑿，審知時嘗鑿之，或以爲不可，遂城之。門七，曰南門，在舊夾城寧越門外，有九仙橋；曰北門，在舊北夾城嚴勝門外，有池，橋上有亭；曰東門，在舊外城迎仙門外，有迎仙橋；曰水部門，在舊南夾城水部門，有板橋，其名鎮海；曰湯門，在舊外城湯井門外，有湯門橋；曰井樓門，在舊外城船場門外，有思明橋。城之水關四，一在水部門東，引南臺江潮自河口繚繞，凡三十有六曲，由水關入城，明弘治中，鎮守內官議鑿新港而三十六灣始廢，形家以為非宜，嘉靖初，謝給事貢奏復，不果；一在西門之南，引洪塘江潮自西禪浦，亦三十有六曲，由西水關入城，城中河數十曲，縈洄於民居前後，舟航隨潮汐往來；其在北門、湯門二關，但以泄潦水云。

塘頭民城，在閩縣合北里。嘉靖倭患後，里人董世道捐資造，萬曆四十年拓而大之。

塘灣民城，在閩縣合北里，嘉靖間造。

罌崎民城，在閩縣江右里，嘉靖間造。

古田縣城池 明弘治十三年築，西北跨山，東南濱溪，廣袤七里許，高一丈七尺，厚一丈，周一千三百丈有奇。為門者四，東曰南安，今改澄清；西曰永豐，今因舊名；南曰迎恩，今改太和；北曰望闕，今改節鎮。水關五，曰威武、曰金井、曰朝陽、曰玉灘、曰觀瀾。城上敵樓四、警鋪十有二、女牆三千三百有奇。初縣無城，弘治九年，辦事官翁士昂等奏聞，時邑人羅榮為郎中主其事，巡按御史陸偁檄永福縣姚禎開基築之，後本縣知縣蕭謙至，遂成。

閩清縣城池 邑無城，惟東南北三面創三敵樓，置柵為門，朝夕啟閉，曰迎恩門，在縣南；曰大西門，在縣西；曰北敵樓，在縣北。

長樂縣城池 明弘治間，縣令潘府創，廣僅里餘。至嘉靖三十一年，知縣詹萊為防倭故，奉撫按檄拓而大之，廣五里，高一丈五尺，厚一丈，周一千四十五丈有奇，闢門五，南曰陽春、北曰拱極、東曰鎮海、西曰清江、西南曰平政，水關五，警鋪五十有七。三十七年，增置敵臺一十有三。四十年，鑿壕。

梅花守禦千戶所城，在縣二十四都，去縣治四十里。明洪武二十年，江夏侯周德興督造，垣高一丈八尺，厚六尺，周六百四十餘丈，門三，女牆一千二百，敵樓二十有四，警鋪二十。

蕉山巡檢司城，在縣十五都，周三百六十餘丈，初為寨，嘉靖三十年始建。

松下巡檢司城，在縣二十都，周三百一十餘丈，初為寨，嘉靖三十九年始建。

小祉巡檢司城，在縣二十都，舊為寨，嘉靖四十一年始建。

壟下民城，在縣二十都。

連江縣城池 明嘉靖十八年，通判徐訪、知縣袁鑒始築，廣四里許，高一丈二尺，厚八尺，周九百丈有奇；闢門四，東曰鎮定、南曰廣化、西曰承恩、北曰懷寧。萬曆四年，知縣張賢增高三尺，置敵樓十一，警鋪三十六。十七年，洪水崩壞，署印縣丞孫繼謨修葺之。

北茭巡檢司城，在縣二十六都，去縣一百一十里，周一百五十丈。

蛤沙河泊所城，在縣二十九都，去縣治五十里，周一百五十丈。

定海守禦千戶所城，在縣二十七都，去縣八十里，垣高一丈五尺，周六百丈，警鋪一十有六，西南各關門一。城外壕闊六尺，深三尺。以上三城，俱洪武間江夏侯周德興督造。

羅源縣城池 舊本無城。弘治中，知縣徐珪始於衢路列柵爲門十，以司啓閉。正德十四年，知縣黃相又於東西二門築垣以備捍禦。嘉靖三十七年，倭訌海上，巡撫王忬檄推官徐必進盡拓其舊而築之，延袤三里許，高一丈五尺，厚一丈一尺，周七百一十有三丈；闢門四，東曰賓日、西曰承金、南曰阜薰、北曰朔易；敵樓四，水關三。萬曆七年，分巡僉事李樂請銀六千兩，改砌以石，崇墉屹然。

永福縣城池 明嘉靖三年，知縣何謙始築，後知縣文惠、陳克侯相繼修之，城高一丈五尺，厚丈許，周七百二十丈有奇，爲門樓四，串樓一百二十，敵臺十。萬曆十七年，山寇作，士民以東北城垣環於山灣，呈請移入山頂，周圍計六百六十丈，東西南北闢門四，東曰永泰、西曰永平、南曰阜殖、北曰瞻京。

福清縣城池 明正德八年，始爲四門，東曰文興、北曰玉屏、南曰龍江、西曰雙旌。嘉靖三十三年，防倭，更築垣，高一丈八尺，厚一丈四尺，周九百九十三丈，女牆一千三百，警鋪二十四，建門樓四，水關二。至三十七年，築三敵臺，城增高四尺，環垣上爲堞樓，表裏闢夾道，浚壕深廣各二丈。本年，陷於倭。至萬曆三十一年，知縣丁永祚始移舊城四百餘丈，新增城二百丈，益以月城。

鎮東衛城，在方民、新安二里間，去縣治十里。明洪武二十年，江夏侯周德興督造，垣高二丈三尺，厚一丈，周八百八十餘丈，爲門四，警鋪四十有三，女牆一千三百四十有九，敵樓三十有一。

海口鎮民城，在縣治東二十里，周八百四十四丈，女牆一千六百有五，警鋪二十四，敵臺七，闢門五。嘉靖三十四年，倭始寇閩，犯海口，鎮民死者半，巡按御史吉澄請發帑金七千七百餘兩賑恤之，鎮民願以所賑築城，其後島夷屢犯福清，此鎮以有城可守。

化南民城，在縣東南六十里，嘉靖年間造。

沙塘民城，在縣南五十里，隆慶年間造。

萬安守禦千戶所城，在福清縣平南里，去縣治一百二十餘里。明洪武二十年，江夏侯周德興督造，垣高一丈六尺，厚一丈二尺，周五百二十五丈，女牆八百二十有七，警鋪一十有三，敵樓一十有八，東西南爲三門，上皆建樓。

泉州府

《職方典》第一千四十八卷
泉州府部彙考四
泉州府城池考　府志
本府（晉江縣附郭）

泉州府城池　內爲衙城，外爲子城，又外爲羅城。衙城，即州治之垣牆。宋淳祐中，舊址尚存，後廢爲衙。子城，周圍三里，爲門四，東曰行春、西曰肅清、南曰崇陽、北曰泉山，唐天祐二年築。後泉山門廢，徙譙樓於衙南。羅城，周圍二十里，爲門七，東曰仁風、西曰義成、南曰鎮南、北曰朝天、東南曰通淮、西南曰臨漳、曰通津。南唐保大中，留鄂公所築也。先是，王延彬於唐天祐間權知軍州事，其妹爲西禪寺尼，拓城西之地以包寺。及陳洪進於宋乾德初年領清源節度使，以松灣地建崇福寺，復拓地城東，今城東北、西隅地稍寬由此。宋宣和二年，守陸藻增築，外磚內石，基橫二丈，高過之。紹興二年，連南夫重修。十八年，守葉廷珪復修之。淳熙、紹熙中，鄧祚、張堅、顏思魯相繼修。嘉定四年，守鄒應龍以賈胡簿錄之資，請於朝而大修之，城始固。紹興三年，守游九功始築甕門，於城南外築翼城，東自涴浦，西抵甘棠橋，沿江爲蔽。元至正十二年，監郡偰玉立始拓南羅城以就翼城，周三十里，高二丈一尺，城東西北基廣二丈四尺，外甃以石，南基廣二丈，內外皆石；爲門七，東西北暨東、南、西南門皆仍舊名，改南門曰德濟，廢通津門，而於臨漳、德濟之間建門曰南薰。洪武初，指揮李山復增高五尺，基廣二丈四尺，凡內外皆甃以石，建月城六，惟南薰無月城；門各有樓，又東有樓曰望海，北有樓曰望山，窩鋪凡百四十。自天順至成化間，都指揮武成、守張巖、徐源等相繼修葺。弘治十三年，臨漳門東半里許，水嚙城下路數丈，將及城，守張濂築二壩闌之。正德五年，行春門災，守向一陽重建。嘉靖三年，門樓、窩鋪多壞，守高越、同知李緝大修之。三十七年，德濟門災，守熊汝達重建之，改通淮門曰迎春、南熏門曰通津，餘仍舊名，并修各月城，兵備僉事萬民英亦以城北隅外壕磐石不能通水，乃建小城樓，臨壕圍以木栅、築羊馬墻，以爲防守。其後，倭平，城晏然無事矣。萬曆三十二年十一月，地大震，樓鋪、雉堞傾圮殆盡，副使姚尚德、守姜志禮請帑修復，圮者植、壞者葺、磚者易以石，費無冒破而功告成云。

南安縣城 在府西十五里，舊無城。嘉靖三十七年，倭寇至，公私殘毀，知縣夏汝礪始申議甃石爲城，門四，各有樓、有月城，南月城覆以營房，周圍七百七十四丈有奇，堞二千二十四，敵樓七，窩鋪三十六。四十年，賊褚鐸作亂，攻城不得入。四十三年，用石鋪馬路七百餘丈，開城壕二百餘丈，引萬石坡水環城，會鵬溪，繞學前，達黃龍江。萬曆二十五年，知縣袁崇友砌石修之，增高三尺，仍東西南北各添設灣角樓四座。三十二年，地大震，城堞盡圮，知縣周紹祚修之，改灣角樓爲潮音閣、關王閣、聚星閣、元天閣。

惠安縣城 在府城東北五十里，舊無城。嘉靖三十一年，總督王忬以倭寇攻浙，議置城，知縣俞文進築之，周圍九百八十六丈五尺，基廣一丈二尺，高一丈九尺，堞一千七百有奇，內外甃以石；爲門四，南曰通惠、北曰朝天、東曰啓明、西曰永安；設上下水關，通蓮花山之水以入龍津溪，西曰玉蓮關，水門二，東曰龍津關，水門三，各有閘。三十七年，倭寇陷福清，南下攻城，知縣林咸固守，城得全。三十八年，署縣興化同知李時芳築月城，建樓增高三尺，以城西北山可瞰城中設敵樓二、敵臺三。三十九年，知縣符良佶浚城壕，周圍一千二十丈，廣三丈。四十一年，知縣陳玉成浚深之，建窩鋪、望樓。四十四年春，潦，城垣多圮，署縣通判潘璘葺之。隆慶元年春，又潦，復圮，知縣蕭繼美葺之。萬曆二十八年，知縣劉一陽構連房，周圍城上皆有覆，守者稱便。

德化縣城 在府城北一百八十里，舊無城。嘉靖三十六年，知縣鄧景武始議築城，周圍八百三十七丈，高一丈五尺。三十九年，倭大掠永春縣，知縣張大綱以城廣難守，約之，僅六百六十八丈有奇，然草創，僅東西二門。四十四年，知縣何謙就城北之龍潯山建北鎮樓，設窩鋪，分兵巡緝。萬曆元年，知縣秦沾開北門。十八年，知縣丁祚開南門，朝丁溪之水，城四門始備。二十七年，城被水壞，知縣吳一麟、周佑相繼修理。三十四年，地大震，城垣、窩鋪、敵樓壞甚，知縣徐時用修之。

安溪縣城 在府城西一百五里，舊無城。嘉靖三十九年七月，倭寇突至，縣不能守。四十一年，始議築城，西南及東畔倚長溪一帶砌石爲基，知縣陳彩築之，周圍六百二十六丈，高二丈一尺，基廣一丈八尺，置四門，設東西二水門，便民薪水。四十四年，知縣蔡常毓砌城外以石，覆以連房。萬曆二十九年，知縣寥同春闢子城於南門，額曰迎秀。三十一年，知縣高金體塞舊門，闢新門而稍東之，額曰任興。三十五年，颶風异常，門樓圮，知縣任守翰修之。

同安縣城 在府城南一百三十里。宋紹興十五年，知縣王軾築，周圍七百九十五丈，高一丈二尺，壕深廣各一丈二尺，未畢工去。十八年，知縣劉寬成之，設門五，東曰朝天、西曰厚德、南曰銅魚、北曰拱辰、西北曰慶豐。慶元元年，知縣余元一增築之。紹定二年，知縣韓木浚外壕。至正十四年，山賊攻城，陷之。十五年，達魯花赤馬哈謀沙砌內外城以石。正統十四年，沙尤寇陷城。景泰元年，泉州衛指揮使楊海守備是邑，與主簿蔡遜重修。成化十八年，知縣張佽重修。嘉靖三十七年，倭入寇，知縣徐宗夔改築，高三尺，周圍八百四十六丈八尺，西南各爲重門，設窩鋪五十有九。三十八年，積雨，城半圮，賊大至城下，時都指揮白震與掌印同知李時芳用木柵捍禦之，不能入。萬曆二十五年，知縣洪世俊增高三尺，改門名，東曰鴻漸、西曰豐澤、南曰朱紫、北曰拱秀、小門曰朝元。萬曆三十三年，地震城崩，知縣王世德修之。三十五年，怪風淫雨，城又壞，知縣鮑際明修之。

永春縣城 在府城西北一百二十里，舊無城。嘉靖初，汀漳寇至，知縣柴鑛始建永輝、永豐、永熏三門。嘉靖三十九年，倭寇突至，攻三門，知縣萬以忠失守，始議築城，德化縣知縣張大綱督之，砌以石，周圍高丈許。四十年，賊呂尚四攻陷，始增築，長五百一十八丈二尺，廣八尺，高一丈九尺。四十一年，知縣林萬春成四門，東曰迎輝、西曰來德、南曰文明、北曰拱極，砌以石，覆以連房。城外東西北浚壕，壕深廣如城數。西南隅濱江，水漸嚙，知縣謝裘改壕溝之，甃爲石壩，以捍其衝，又建東南城隅各敵樓一。萬曆二年，水崩馬頭侵逼城基，知縣許兼善修築之，改串樓爲窩鋪五十二座，添建浮臺四座以備防守。

祥芝巡檢司城，在晉江二十都，周圍一百五十丈，高二丈，窩鋪六，有南北二門。

烏潯巡檢司城，在晉江十六都，周圍一百五十丈，廣一丈，高一丈八尺，窩鋪四，有東西二門，各建樓。

深滬巡檢司城，在晉江十六都，周圍一百五十丈，廣一丈，高二丈，窩鋪七，有南北二門，各建樓。

圍頭巡檢司城，在晉江十四都，周圍一百六十丈，廣一丈，高一丈八尺，窩鋪四，有南北二門，各建樓。

永寧衛城，在晉江三十都，洪武二十七年，江夏侯周德興築，周圍八百九十五丈，基廣一丈五尺，高二丈一尺，窩鋪三十一，門五，南曰金鰲、北曰玉泉、東曰海寧、曰東瀛、西曰永清，各建樓，城外壕廣一丈六尺。永樂十五年，都指揮谷祥等增廣三尺，五門各築月城。正統八年，都指揮劉亮等增敵樓。成化六年，門樓圮，指揮楊晟重修。嘉靖三十七年五月，倭賊攻城，指揮杜欽爵固守，賊不得入。四十一年，賊復攻城，指揮王國瑞失守城陷，大掠數日，軍民遁奔郡城，兵備僉事萬民英悉遣還。賊尋來攻城，再陷，殺傷幾盡。距今五十餘載，城中軍民生聚輳集，亦濱海一重鎮云。

福全千戶所城，在晉江十五都，洪武二十年，江夏侯周德興築，周圍六百五十丈，基廣一丈三尺，高二丈一尺，窩鋪十六，門四，各建樓。永樂十五年，都指揮谷祥增高四尺，築東西北三月城。正統八年，都指揮劉亮、千戶蔣勇增四門敵臺。

安平鎮城，在晉江八都，地瀕海，煙火輳集，舊無城。嘉靖三十七年，倭入寇，知縣盧仲佃始築城。及半，賊猝至，民不能守，燔掠而去。鎮人知府柯實卿折東安橋石築之，城乃完，周圍一千二十七丈有奇，高一丈二尺，厚如之，分為四門，各有樓，列窩舍，設水關八。隆慶元年，郡守萬慶於城東北增建敵樓二。先是，歲遣千戶一員或縣佐一員與民防守，仍撥民兵二十名，後兵益增多，民亦苦兵。萬曆三十五年，有請割晉南同三邑地置安平縣，事下有司，議竟沮，乃徙本府督糧館分鎮安平，曰駐鎮館，設正堂、後廳、儀門、吏房如例。

崇武千戶所城，在惠安二十七都，即宋小兜巡檢寨，乃自海入州界首。明初猶為巡檢司，洪武二十年，移巡檢司於小岞，置崇武所，城周圍七百三十七丈，基廣一丈三尺，高二丈一尺，窩鋪三十六，門四，各建樓。永樂十五年，都指揮谷祥增高四尺，築東西二月城。嘉靖四十年四月朔，倭賊攻城，掌印千戶郭懷仁、巡捕千戶朱紫貴失守，城陷，賊據城四十餘日，燔軍民居，殺掠盡乃去。

輞川鎮城，在惠安縣治東北十里許五公山之南，菅嶼之東，阻山負海，魚鹽米粟之利通焉。舊無城，嘉靖三十七年，倭寇攻惠安，議築城與縣治犄角。四十一年，知縣陳玉成、蕭繼美先後成之，委生員江贊卿董役，贊卿捐家資佐費，城乃完，周圍七百餘丈，高一丈八尺，東西南各一門，北小門二，東小門一。

小岞巡檢司城，在惠安三十都，周圍一百五十丈，廣一丈二尺，高二丈，窩鋪八，有南北二門，各建樓。

獺窟巡檢司城，在惠安二十五都，周圍一百五十丈，廣一丈二尺，高二丈，窩鋪八，有南北二門，各建樓。

峰尾巡檢司城，在惠安八都，周圍一百五十丈，廣一丈，高一丈八尺，窩鋪六，有西北二門。

黃崎巡檢司城，在惠安三十二都，周圍一百五十丈，廣一丈，高二丈，有南北二門，各建樓。

高浦巡檢司城，在同安二十二都，周圍一百四十丈，廣七尺，高一丈八尺，窩鋪四，有南北二門，萬曆九年改設。

塔頭巡檢司城，在同安二十二都，周圍一百四十丈，廣八尺，高一丈七尺，窩鋪四，有南北二門。

田浦巡檢司城，在同安十八都，周圍一百六十丈，廣一丈二尺，高一丈八尺，窩鋪四，有東西二門。

陳坑巡檢司城，在同安十八都，周圍一百八十丈，廣一丈一尺，高一丈七尺，窩鋪四，門一。

峰上巡檢司城，在同安十八都，周圍一百九十三丈，廣一丈，高一丈八尺，窩鋪四，門一。

烈嶼巡檢司城，在同安二十都翔風里，周圍高廣門鋪之數與陳坑同。

中左千戶所城，在同安嘉禾嶼，洪武二十七年，江夏侯周德興築，周圍四百二十五丈，廣九尺，高一丈九尺，窩鋪二十二，門四，各建樓。永樂十五年，都指揮谷祥增高三尺，築月城。正統八年，都指揮劉亮、千戶韓添增四門敵臺。

金門千戶所城，在同安浯洲嶼，北倚山，東西阻海。洪武二十年，江夏侯周德興築，外環以壕，深廣丈餘，周圍六百三十丈，基廣一丈，高一丈七尺，窩鋪三十六，門四。永樂十五年，都指揮谷祥增高三尺，築西北南三月城，各建樓。正統八年，都指揮劉亮、千戶陳旺增四門敵臺。

　　高浦千戶所城，在同安十四都，洪武二十三年，江夏侯周德興築，周圍四百五十丈，高一丈七尺，基廣一丈，窩鋪十六，門四，各建樓。永樂十五年，都指揮谷祥增高三尺，築月城。正統八年，都指揮劉亮、千戶趙珎增四門敵臺。

建寧府

《職方典》第一千五十六卷
建寧府部彙考四
建寧府城池考　府志
本府（建安甌寧二縣附郭）

建寧府城池　漢景耀三年，吳以王藩為建安太守，始築城於溪南覆船山下。宋元嘉初，太守華瑾之遷於黃華麓，即今府城。梁末，為蕭基所焚，太守謝竭立木柵於溪西為治所，陳刺史駱文廣復徙覆船山下。唐天寶中，張刺史建置樓閣。建中元年，刺史陸長源復築城，建第舍於黃華山麓，袤九里三百四十三步，高二丈，廣一丈二尺；為門九，南曰建溪、東南曰資化、西南曰建安、東曰寧遠、西曰水西、水西之東曰西津（後改萬石）、西津之南曰臨江、東南隅曰通安、北曰朝天。天祐中，刺史孟威添築南羅城，改西門曰平政。後晉天福五年，偽閩王延政又增築之，廣二十里。宋靖康、建炎間，郡人范汝為叛，城遂廢。紹興十四年，復圮於水，郡守張鉄修築，又重建寧遠門。二十年，郡守黃韜重建朝天門。淳熙元年，郡守傅自得重建通安門。端平二年，郡守姚瑤重建建溪、資化、建安、水西、萬石、臨江六門。元罷守禦，城日圮。至正十二年，紅巾入寇，郡守趙節因舊址修築，周九里三十步，改寧遠門為高門、萬石門為西門、通安門為卷秋門、建溪門為南門、資化門為長橋門、建安門為市門（又改為管門），其臨江、平政、朝天三門名各仍其舊。明洪武二年，指揮沐英又拓其西南為通濟、威武、臨江三門，威武即今西門，改高門仍為寧遠門、卷秋門為政和門、長橋門為通仙門、南門為廣德門，其平政、朝天、臨江三門名各仍舊。十九年，指揮時禹復請增廣之，西自威武門抵朝天門，黃華山於城中，增闢二門，曰拱北、曰朝陽城，周二千七十九丈三尺有奇，高一丈九尺，城樓二十有四，窩鋪七十有六，女牆三千一百三十有八；壕東北自黃華山山下至政和門止，西北自威武門至拱北門止，長五百三十一丈一尺，深一丈五尺，闊五丈五尺，正北依山，西南濱大溪。永樂間，以拱北、朝陽二門地僻人鮮，由之奏請閉焉。弘治間，僉事彭誠於各城樓之前建亭有八，曰永清、曰太清、曰肅清、曰涵清、曰得清、曰憲清、曰廓清、曰善清。嘉靖間，僉事張儉又建樓於廣德門城之隅，匾曰彙江，即舊八角樓故址。通濟門河岸近溪，路窄不便登臨，萬曆三十二年，甌寧知縣駱駸曾捐俸采石砌結堤岸於黃華亭下。三十七年，水灾，威武門樓漂流，臨江、通濟、通仙、廣德五門皆崩，知府張璇、知縣易應昌重建。明末，門甕改窄，城內屢灾。皇清，門仍其舊，城垣高二丈八尺，城垛三千八百垛，女牆高八尺，城樓八座。康熙五年二月，建安知縣余光魯、甌寧知縣章可程重建。二十五年夏，大水，六門城牆俱崩，甌寧知縣鄧其文倡率重修。三十一年十二月戊戌，通濟門城兵弗戒於火，城樓灾，甌寧知縣鄧其文捐俸重修。

　　建陽縣城池　古有大潭城，依山臨溪，設四門，東景陽、西景肅、南景舒、北駐節。承平久，城復於隍，惟有故址。明弘治元年，知縣張津奉部符重築，始用磚石，高計二丈五寸，周一千一百二十八丈，四門仍舊，又增置永安、永寧二門，以便民居汲路。嘉靖辛亥，大水，永寧門陷，知縣馮繼科重修。萬曆間，知縣魏時應奉檄勘城，增各城垛三尺。己酉，大水，永安、景陽二門、東北窠鋪悉圮，知縣葉大受、董逼相繼修築。

　　崇安縣城池　原無城，第據四境厄塞以守。明隆慶二年，知縣余乾貞爲崇計久遠，乃以城請條陳十二事，當道報允，爲築今城，周圍九千丈有奇，高二丈四尺，厚半之，爲門四，東曰朝宗、西曰慶豐、南曰景陽、北曰拱極，小水二門。皇清順治五年，駐防曹天壽設四門月城。康熙二年，大水壞城三處，共計三十餘丈，駐防張光然、署縣事通判嚴雲官重修。

　　浦城縣城池　漢東越王餘善築城臨浦，號浦城。後廢，元至正二十三年，守將岳承祖因舊址復築，東距越王臺，北包皇華山，南瀕大溪，西塹深壕，廣袤七里，爲門四。二十六年，明師克浦城，鎮守張指揮改築，而縮其半。明洪武二年，罷守禦兵，城日以廢。十二年，知縣張宗陽平其址，以廣民居。正統十四年，流賊犯境，縣丞何俊築土城爲保障。成化六年，巡撫都御史滕昭以浦城爲八閩要衢，且左臨處州永豐，時有草竊攘奪抗利，宜建城壘備非常，疏請得旨，檄按察司副使劉成董其役，逾年告成。周一千八百丈，高一丈九尺，闊倍之；爲門五，東曰金鳳、西曰迎遠、曰德星、南曰南浦、北曰拱北，各建樓櫓，又附小門五以通水利，窩鋪二十。萬曆己酉知縣黎民範、方道通，天啟間高欽順，崇禎間楊鱷、丁辛相繼修築。皇清五門仍舊，五小門，有華豐門、水埠門、小北門，今閉。

政和縣城池 舊無城，且無險可守，縣民屢困於處之流賊。明弘治元年，賊突至，劫掠庫藏而去，知縣柴曦因築土牆一百餘丈，暫爲防禦。後奉部符築磚城，北繞崇山，南臨大溪，高一丈六尺，周二千二百二十三丈，構樓二百二十間，女牆二千六百三十一，窩鋪二十四；城門三，東曰崇德、西曰尚義、南通星溪橋，歲久漸圮。嘉靖四十一年，被倭毀陷。萬曆四年，知縣張應圖改築半山，即今城也，周圍八百四十三丈，垛口一千五百有四，高二丈。皇清順治十八年，緣溪城垛復圮。康熙三年，知縣馬之彥築完。

松溪縣城池 舊無城，與處州慶元毗連，無險可守，每爲礦賊流劫，民甚病之。明洪武年，奉部築造，霖潦衝嚙，汔無成功。嘉靖丁亥，知縣閔魯奉院道檄，用磚石重築，周圍九百五十五丈，高一丈六尺，厚一丈，東南西北凡四門。嘉靖十四年，知縣黃金復作二水門。崇禎十六年，知縣錢嘉徵重新。皇清順治初，更於西南闢二門通樵汲。十六年，知縣伍達行修。康熙二年，知縣董良櫺重新之。二十五年，大水，城垣半塌，知縣沈煥倡衆修築，屹然完固。

壽寧縣城池 明景泰間，割政和、福安二縣地新設，與處之慶元、永寧，溫之泰順接壤，地多坑場，群盜聚散不時。弘治三年，奉部符築造城垣，時按察副使蕭謙相厥形勢，西北圍山，東南跨溪，周七百七十丈，高一丈六尺，厚一丈，石址，築土而磚包之，爲門三，爲水門二。嘉靖四十一年，被倭寇攻陷，雉堞盡壞。隆慶五年，復厄於水。萬曆二十年，院道委政和知縣沈韮、本縣戴鐙會同勘議新築，今北門塞，別開小東門。

延平府

《職方典》第一千六十七卷
延平府部彙考三
延平府城池考　府志
本府（南平縣附郭）

　　延平府城池　築自宋，周圍九里一百八十步，爲門十有一，曰鐔津門，在子城東；曰開平門，在子城南；曰延安門，在子城西；曰崇化門，在子城北；曰延平門、曰延清門、曰披雲門，俱臨溪；曰建安門，在城東；曰將順門，在城西；曰通福門，在城南；曰延泰門，在城北。至明，城仍舊，門則更而爲九，曰建寧門，即舊建安門，有城樓，萬曆三十七年，爲洪水漂毀，知府倪朝賓重建；曰爐坑門，二門俱城東；曰建寧小水門，曰福州小水門，有城樓，二門俱臨溪；曰延福門，俗名福州門，即舊通福門，有城樓；曰西水門，即舊將順門；曰四鶴門，即舊延安門；曰大北門，即舊延泰門；曰小北門，二門俱近山，小北門後塞。自建寧門抵延福門臨建溪，自延福門抵西水門臨樵川，自西水門抵大北門臨山磵，自大北門抵建寧門，城壁延袤，環高岡之巔。其將順門俗名爲南門，有城樓，萬曆三十七年，爲洪水漂沒，知府倪朝賓重建。窩鋪六十一座。

　　將樂縣城池　舊無城。元至正四年，漳寇李志甫侵縣，縣人吳文讓募義兵滅之，文讓子克忠因地勢高下，築土爲城，廣袤九里，設四門，東曰扳龍門、西南曰金溪門、西曰萬安門、北曰安福門、正南曰橋門，以通往來，偏西南曰水門，以便汲引。十二年，臨川寇鄧忠侵境，邵武路總管吳按攤不花加以木柵。二十一年，陳友定據延邵，復加修築，周圍五里四十餘步，爲門六，曰東門、曰南門、曰西門、曰北門、曰橋門、曰水門，俱仍舊，自東門抵南門臨大溪，自西門抵北門據山麓，壕塹深闊，延袤三百五十九丈。明洪武元年，汀寇金子隆陷城，武臣朱平章克復，設立守禦千戶所。李濟、韋淮移西南二門進五百步，東西二門仍舊，城壁俱砌磚石。皇清順治八年，增築，連三垛爲一垛，窩鋪三十八座。

　　大田縣城池　明嘉靖十四年，巡按御史白賁疏請立縣。次年六月，築城依鳳山巔，逶迤而下，周圍共六百八十餘丈，爲四門，東曰寅賓門、西曰餞日門、南曰太平門、北曰拱辰門，窩鋪十二座，以司巡警。

沙縣城池 明弘治四年，因禮科給事中李孟暘陳言地方事，知府蘇章奉勘合，親臨踏勘，創築磚石，周圍延袤總一千八十四丈，爲門四，東曰迎恩門、西曰永安門、南曰延福門、北曰昌樂門，又爲小水門四，以便汲引，以通往來。自迎恩門抵永安門，俱臨太史溪，而鳳岡山臨溪之南壕塹無事開鑿。嘉靖三年，知縣何亦尹新構窩鋪，以司巡警。

尤溪縣城池 明弘治四年，知府蘇章奉勘合，臨縣踏勘，處置創築，爲門四，曰東門、曰西門、曰南門、曰北門，又爲福州門一，以通往來，小水門四以便汲引，周圍延袤總一千五百五十丈，前阻溪，後負山，無事壕塹。嘉靖二年以後，續增窩鋪，共計五十九座。

順昌縣城池 明正德元年，巡按都御史饒糖檄本府通判羅環創造，爲門五，曰東安門、曰西寧門、曰南平門、曰北定門、曰通津門，又爲小水門四，以便汲引，周圍延袤八百八十三丈，窩鋪共五座。

永安縣城池 明正統十四年，沙寇鄧茂七平，都督范雄奏請沙尤二縣界築城，調邵武衛後千戶所軍，置永安守禦千戶所於此。景泰四年，始置縣，周圍五里三十二步，爲門四，東曰德化門、西曰清流門、南曰通漳門、北曰延平門；自東門抵北門，又自北門抵西門，壕塹延袤七百一十丈；自東門抵南門，又自南門抵西門，負山阻溪，其險天成，壕塹無事開鑿；窩鋪共一十六座。

汀州府

《職方典》第一千七十二卷
汀州府部彙考二
汀州府城池考　通志府縣志合載
本府（長汀縣附郭）

汀州府城池 唐大曆四年，刺史陳劍築臥龍山陽，西北塹山，東瀕河，南據山麓。大中初，創敵樓。宋治平三年增廣，周五里二百五十四步，浚三壕，引南拔陂水東流以繞之；修六門，正東曰濟川、正西曰秋成、南曰頒條、曰鄞江、東南曰通遠、東北曰興賢。明洪武四年，塞頒條門，改濟川爲麗春、秋成爲通濟、通遠爲鎮南、鄞江爲廣儲、興賢爲朝天，周城包以磚石，創總鋪一，窩鋪八十一，女墻一千一百九十五，箭眼八百一十四。弘治間，知府吳文度以府城內大半皆山，縣治、民居環列城外，拓城而圍之，自通濟門至濟川門充拓數百丈，築土爲縣；城列七門，東曰會川、南曰五通、曰惠吉、曰富有、曰常豐、曰西瑞、曰通金，長六百一十九丈九尺，堞二千一百八十有奇。崇禎四年，合郡縣爲一。八年，增修東西北三面，東加四尺，西五尺，築寶珠門，月城增擴惠吉城門。皇清因之。

寧化縣城池 宋舊城，周二百八十步，分四門，東曰連岡、西曰通贛、南曰道愛、北曰朝宗。端平間，宰趙時錧修復，累石砌之，周圍五百丈，改連岡爲迎春，改道愛爲端平，改通贛爲通聖，改朝宗爲朝天。寶祐，圮於水。明正德五年，知縣周楹申呈當道，暫築土城。九年，邑民雷文琳等告築磚，知縣何鑒具奏准行。十一年，委同知唐淳派通縣丁糧銀一萬兩，礱石陶磚包砌，通計城八百一十二丈七尺五寸，城門樓五座，水門四座，窩鋪六十所。十六年工竣，城北負山，餘三面臨溪，多爲洪水衝壞。天啓三年、崇禎五年重修。皇清順治七年四月，兩河暴漲，平地水丈餘，濱河之城崩圮殆盡，署事同知宋虞望旋括民財七百兩修之，四閱月而竣役。

上杭縣池城 宋端平元年，縣令趙時鉞創築，周回一百六十步，可容二百戶，轉車激水，注爲壕池，覆以茅竹，尋毀於火。淳祐六年，邑令趙更築，縮而小之。復圮於水。寶祐二年，令潘景丑重修石址，甓甃而瓦覆之。元至正間，頹圮殆盡，攝縣事鄭從吉拓舊址復築，周回五百一十五丈，高二丈，爲門七，各建樓其上。復圮，至明洪武十八年，來蘇、鍾子仁作亂，知縣鄧致中修築，甫畢而賊至，民賴以全。歲久復圮，正統十四年，沙尤寇至，無備，縣爲所破。景泰三年，知縣黃希禮奏請復築，肇工於景泰六年，訖工於成化八年，歷二十餘載，而城始完，周圍一千四百二十四丈六尺，基廣二丈；南臨大溪，砌以石，高三丈有奇；東西北並砌以磚，高減於南三之一；壕廣二丈，深半之；爲門七，東曰昭陽、西曰通駟、南曰通濟、北曰迎恩、上南曰興文、中南曰陽明、下南曰太平，各建敵樓其上，周城窩鋪三十有三。正德十年，南門敵樓壞，知縣謝浩修造。萬曆四十四年，知縣李自華重修四圍雉堞，俱用三合土塗塞，最爲堅固。皇清康熙十六年，上南第三鋪城崩一十二丈餘。十八年，下南第七鋪城崩八丈七尺餘，知縣寧維邦皆修築。二十年，南門敵樓爲雷火所焚。二十四年，北門敵樓圮，知縣蔣廷銓前後捐俸重修之，顏南門額曰擁青。

武平縣城池 城周二百八十步，分三門，東曰永平、南曰南安、西曰人和。紹興間，使相張魏公浚帥本路，遣官創築土城。端平間，令趙汝讜重修，尋圮。元至正二十三年，令魏侃夫仍故址修築，惟留兩門。明成化間，知縣李俊重修。弘治十四年，同知黃冕、知縣陸忠奏築磚城，周圍七百六十二丈六尺，高二丈有奇，垛一千五百三十，闢門四，東迎春、西秋成、南南平、北北高，窩鋪十六所，又開水門於東西，以泄洪潦。崇禎戊辰，知縣巢之梁加高三尺。皇清順治辛丑，修北門城樓，復頹。康熙十一年，重建南北城樓二座，城西北建官房一間，窩鋪四十間，城垛俱修飭。

清流縣城池 宋時，止有子城，周二百丈，外無城，有四門，東曰迎恩、西曰登瀛、南曰平陂、北曰拱宸。紹興間，寇擾，無險可恃，邑人大恐，鄭思誠鳩集流散，以興版築。歲久復頹，侵入民居。正德五年，知縣林浞將沿河城四百四十丈，寨上城四百二十餘丈，設法運石築高六尺。七年，廣寇竊發，邑民雷春等具呈，清出故基，疏通馬道，甃砌垛眼，以便守禦。通判戴旦又增設窩鋪一十二所，敵樓一所，扁曰南顧。隆慶六年，知縣桑大協改來熏樓。崇禎九年，知縣鄧應韜重修。

連城縣城池 宋有土城，周一里一百四十步，外有壕池。紹興間，令丘欽若創。乾道間，令楊立中創三門，歲久復頹。端平間，令米巨宏重修。淳祐間，令羅應奇築甕門，東曰通京、西曰秋成、南曰熏風。歲久圮，至明，止甕門四座存。正德四年，流寇竊發，知縣蔣璣築土城七百餘丈，外周圍以栅，上覆以樓，暫為守禦計。九年，僉事胡璉勸邑之殷實者分派丈尺，以磚包砌，邑人知府童璽先砌三丈為倡，餘各效砌，共二百七十丈，帑銀砌者五百丈。十四年，僉事周期雍命縣丞王鍾岳督匠以巨石壘城基，上載加磚，城始完固，通判毛公毅建窩鋪三十間，知縣方進以磚包砌，衛經歷杜泰建城樓一座，推官秦僎建城樓五座；為門四，東曰寅賓、西曰秩西、南曰安阜、北曰拱北；水門二，曰福汲、曰清太。年久傾頹。崇禎十年，郡守唐世涵具申院道，得允轉檄知縣陶文彥措辦帑金五百，募金五百，擇吉興工，舊城高一丈七尺，今加高三尺，城垛、窩鋪、城樓六座，并後山雄鎮樓巍煥一新。

歸化縣城池 公署、民居，夾於溪澗兩頭，中有水圳，為石橋以通人行，溪內積擁沙石，暴雨溪漲，山水泛濫，隨長隨落，勢難築城。弘治六年，巡按陸完奏准通行府縣因時勘築，不限年月久近，知府吳文度會同汀州衛指揮劉廣歷縣，督同知縣姜鳳相度經畫，具有成數。將興工，適以地方多故阻。正德九年，知縣楊縉請於當道築城，周圍六百丈，闢五門，曰東樂、曰西清、曰南安、曰北寧、曰南水。崇禎八年，知縣楊鼎甲重修。十七年，山寇竊發，邑令吳國斗周圍重修加高。皇清康熙甲寅年，閩省變亂，人民逃入山谷，逆賊屯縣，城樓、窩鋪毀壞殆盡。康熙二十年，邑侯王國脉捐資倡率重修。

永定縣城池 成化十四年始創，未有城池。弘治二年，監生賴高奏請築城，適歲饑不果。五年，知府吳文度、巡按吳一貫奏行，凡縣無城者悉令築之，知縣陳悅具申，未報。後巡按陸完按郡，文度力陳利害以請，於是築城之議始決。參議王琳、僉事王寅相繼臨縣，相度地勢，揆事量工，俱有成命，委知縣陳悅、典史朱麒、醫官張以璇等分督之，推官徐楷總理之，又以里人進士賴先協贊方略。七年九月肇工，砌築方殷，而徐楷罷，陳悅故，分巡道周鵬復總督之，命長汀主簿吳俊攝縣以監其事。九年，知縣宋澄苆任，奉撫院金澤檄，殫心經畫。弘治十年，而功始訖，城周圍七百七十六丈六尺五寸，基廣三丈有奇，面廣三之一，南臨田，高一丈九尺有奇；北倚山，高殺於南十之一；內外馬道廣一丈五尺；壕二丈餘，深半之；為門四，東太平、西迎恩、南興化、北得勝，各建敵樓，城鋪一十六所。十七年，知縣陳濟因北門岑曠可虞，用磚砌塞。嘉靖三十四年，知縣許文獻重修太平、迎恩、興化城樓，增窩鋪十一所，共二十七所。隆慶二年，迎恩、興化二樓圯，知縣陳翡鼎建。崇禎十年，知縣徐承烈修。皇清，知縣趙廷標重建，高不及舊樓數尺。

興化府

《職方典》第一千八十卷
興化府部彙考二
興化府城池考　府志
本府（莆田縣附郭）

興化府城池 即陳時置縣地，初未設城。宋太平興國八年，從轉運使楊克讓請詔，移游洋軍治於莆田，初築子城，以護官廨，周回二里三百一十步，拓土垣以環民居，版築草創，上覆以茅而已。宣和三年，始築城，高一丈五尺，基厚半之，甃以磚甓，周回七里八十三步，引北澗水為壕，今小西湖及兼濟河是，廣一丈，深六尺，繚城而達於東南與西南溝塹合。爲門五，東曰望海、西曰肅清、南曰望仙、北曰望京、東北曰寧真，各建樓其上。紹定元年，城傾，盜起，民無所恃，多潰去。邑人陳龍圖宓倡議更築，會知軍王克恭、通判趙汝盤相繼即世。三年，知軍趙汝固疏於朝，賜祠牒五千助築，未至，而趙去，知軍曾用虎繼之，乃益市木石和工徒，於是城始告成。周回千二百九十八丈八尺，高一丈八尺，表裏石砌，覆以磚，稱完城。元至正十四年，同知關保因舊址重修。是後，兵亂城陷者再。明洪武三年，本衛指揮李春復加葺繕。十二年，指揮程升以增設軍士，城隘難容，奏請闢城，許之，乃越舊壕，跨烏石山東下，歷前埭、後埭，與舊城合，延袤一十一里，周二千八百三十丈，基廣一丈六尺，墙高一丈八尺，垛六尺，共高二丈四尺，表裏砌以石，爲垛二千九百六十有二，窩鋪四十有九，敵臺二十有七；爲門四，東西仍舊名，南改曰迎仙，北新開門改曰拱辰，各建樓其上，廢寧真門不用，門內各置兵馬司，以盤詰出入；水關門二，東通舟楫，西低小欄以石盾，僅容水入而已。城外壕池，左起東北隅，折而南引壽溪水注之，右起西北隅，折而東引木蘭溪水注之，二水交合，共長一千七百七十丈，廣二丈六尺，深一丈；西北負山鑿爲旱壕，長五百九十三丈，廣二丈六尺，深二丈。成化間，沙尤寇發，禍延七郡，巡撫都御史張瑄莅莆，命郡衛同修城浚壕及重建門樓。嘉靖三十七年，倭寇薄城下，守者射斃數寇，尋遁，於是分守萬衣命增腰墙，高三尺，垛砌稍闊，增九百有十，築二大敵臺於城西北界。自是，寇無寧歲。四十一年十一月，倭大集，環攻三旬，守困援絕，竟爲僞卒內應，城陷，屠戮甚慘。據兩閱月，復出而破崎頭城、平海城，及知府易道談至，四顧，門樓焚毀，首爲修復，又置城守器械，民始還集。已而，郡人御史林潤疏請帑金至。於是，巡撫譚綸據總兵戚繼光議，行令城外西北築墻高七尺，北門至西水關築土墻四百五十丈，西水關至西門築石墻六百三十四丈五尺，添設敵臺六座，時嘉靖四十三年也。隆慶元年，分守楊準，以腰墻過高，每用卓凳，立守不便，命知縣徐執策設副階於垛口。五年，分守陰武鄉命同知錢谷重新東北二門樓，改東門曰鎮海、西永清、南迎和，北仍拱辰。萬曆九年，知府陸通霄以城西北一隅，跨山腰之半，遺其高者於外。元至正己亥，寇實從城西門外射走守垣者。近壬戌之變，倭亦乘此越入，此地利不可失也。於是，申請院道，重拓西北城垣，將高岡包圍在內，長八十五丈五尺，高二丈，闊一丈，建敵樓一座，窩鋪二座，方門二座，垜子一百八十。二十九年，知縣孫繼有復申請院道，修砌舊城。三十六年，知縣何南金重修，周回砌以磚石，樓堞、副階一新。四十一年，知府徐穆開浚城壕，四周六百餘丈，各深六尺。

仙游縣城池 縣置自唐，原未有城。宋紹興十五年，知縣陳致一始築城。乾道間，知縣趙綢作四門，東曰九仙、西曰甘澤、南曰流慶、北曰橫翔。元至正十二年，兵毀。明正德元年，寇擾縣界，邑司徒鄭紀請於御史韓廉，合藩臬允，築土城，依議，銀二千四百餘兩，檄通判汪鳳翔督之，上覆以屋，尋圮。二年，知府張嵓支帑銀千餘兩作石址，包磚，未成去任。六年，僉事宗璽視城，知縣范珪申請續修，郡尚書林俊記。嘉靖二年，知縣蕭弘魯慮其未固，申請准酌議銀二千四百三十九兩有奇。四年，委典史蘇廖客給銀買石包砌，環敵臺二十八所，上覆以蓋，因西北隅地勢低下，高築戰樓一所，以壯守禦，而用以舊磚作闌腰垜墻，督成三百六十六丈餘，猶以大功未集爲懼。七年，巡按御史聶豹、參政侯位、副使郭持平督令通判王萬年、知縣劉進修復，取所議銀以完其工。八年，落成，周回一千九十五丈，高二丈二尺六寸，垜五尺，廣三丈六尺，改四門，東曰賓曦、西曰愛曉、南曰迎熏、北曰拱極，郡知府葉觀記。四十二年十一月，倭乘破府餘焰，萬衆攻圍，知縣陳大有、典史陳賢與民死守五十五日。十二月二十六日，倭造呂公車迫城，危在呼吸，軍門譚綸、總兵戚繼光提浙江兵來援，殲倭殆盡，城賴以全，給事中方萬有記。萬曆四十一年，知縣徐觀復增高東門樓，以迎陽氣，扁曰朝陽。至皇清順治乙未年正月初五，城陷，垜垣墮壞。丙申年，分守蘇弘祖重修，招集撫恤，城增高五尺，內培土，加厚二丈，築馬路二層，東門外稍遷北，上南門外稍遷西，上併三垜爲一垜，而制度一新云。

邵武府

《職方典》第一千九十卷
邵武府部彙考四
邵武府城池考　通志
本府（邵武縣附郭）

邵武府城池 本府，古有烏阪城，在今城東三里許，越王所築也。宋太平興國四年，置邵武軍，治今所，築土城，周回一十里有奇。元初，盡隳。至正戊戌，復行修築，累以陶甓，自西之南視舊址收入一里許，東北沿溪悉因舊址；壕東西深一丈五尺有奇，北臨大溪廣四十二丈，深二丈許；爲門四，東曰行春、西曰鎮安、南曰武寧（後改通泰）、北曰樵溪，基用石，上用陶甓。明洪武初，因元之舊，而修浚焉，周回一千三百三十八丈八尺，崇二丈八尺，復爲四門，建門樓四，敵樓四十有六。皇清順治五年，山寇竊發，增高環城垛口二尺。康熙六年，又增高三尺，造周城炮臺四十二座。十五年，四門城樓毀於寇，今重修。

光澤縣城池 按《縣志》，舊有戰城，建廢無考。洪武十九年，令林孔孫建門二，東曰朝宗、西曰宣德，後朝宗門毀。宣德四年，縣丞張履重建。嘉靖二十九年，緣山寇竊發，民苦剽剝，守邵惠久申請議立城，周圍計六百四十一丈一尺二寸，東西南北闢門四，水門亦四。後漸傾圮，萬曆三十五年，令羅希尹修葺百有餘丈，重建東西二樓，姑熟李萬化記。城西北隅近大溪，多圮。皇清順治十二年，令邊靖築堤埠，增大四門并城樓，樓樹磚屏，屏開小木門，可以外視施炮。康熙五年，郡守汪麗日檄士民捐助，加修城垛，每垛增高五尺。十年五月內，洪水漂蕩，水門俱沒，自北而西傾圮數百丈，根底磚石盡付波濤，令王吉募造。十五年、十六年，城垛多圮。是時，遺寇盤踞各都，金鳴鳳恐其窺伺，星夜修築。復遭水圮。二十五年，令張彭捐俸修築，并繕各城樓，建新城樓一。三十二年，張令捐俸復修。

泰寧縣城池 按《縣志》，泰寧故無城，惟四境有隘可防，有寨可藏，遇警，民多避匿其間。宋建炎初，邑令章元振據險立寨，率衆堅守，闔境獲全。明嘉靖三十七年，詔令州邑無城者營築，民狃於治安，各寢其議。未幾，流寇熾亂，郡守邵惠久、令熊鸒括郡邑帑，併丁糧共得銀一萬一千八百有奇，命丞劉應詔等分督，經始於嘉靖三十九年十一月，落成於四十五年五月。其制，三面距河，西則踐鑪峰之陽而互峙焉，高丈六尺，厚八尺，周圍七百零九丈；爲門四，東曰左聖、西曰右義、南曰保泰（舊名至仁）、北曰朝京；爲小門四，東曰晝錦（舊名來鳳）、西曰靖遠、南曰淑仁、北曰青雲。萬曆癸巳六月，大水，城崩，縣令譚佐發帑金若干兩修造。己酉，復大水，崩城三百六十餘丈，北關基址盡傾，縣令吳禎請公銀若干兩，命典史潭汝鴻修復之。崇禎十一年，汀寇竊發，令袁世芳加峻城垛一級。皇清順治三年，駐防弁曹爾楷等設炮臺守禦，城賴以完。十二年，縣令王譽命益加完繕，新其樓櫓，峻其雉堞，圮者甃之，頹者葺之，而形勝益壯，然費不出於公帑，皆紳士里民釀金助成者。康熙十八年己未五月十六日，邑遘陽侯之患，三溪暴漲，城內水深丈許，雉堞自北迄西凡五門計衝塌三百三十二丈有餘，邑令王肅通詳諮部，題請俞允，各官捐助分別紀錄。十九年八月經始，至二十三年令韋聖翊告成，金湯依然永固矣。

建寧縣城池 按《縣志》，自宋咸淳二年，邑令宋秉孫始築城，伐石爲基，甃以陶甓，周五百八十丈五尺；闢門四，朝天、迎熏、慶豐、拱辰；小門二，東南曰小南門、東北曰小北門，皆建樓其上。四年，圮於水。六年，秉孫以餘鹽錢重修，又以稅務餘錢萬緡置田，以備繕修之費。元至正四年，久雨盡圮，惟迎熏門存。明弘治四年，馬升循址拓建，三面臨溪，惟西依高山，周七百九十三丈，崇二丈，廣三分崇之一，女墻二千五百四十有奇，爲門六，皆覆以樓，又爲小水門四。崇禎三年庚午，毀，縣令鄭爾說鼎建。皇清順治六年，縣令傅元弼又加崇三尺，併女墻五百一十垛，每垛砌階數尺，以便守望，又爲窩鋪與女墻之數同。不數年，西南一帶窩鋪爲鎮兵毀廢。東城樓，十三年復毀，署縣事孫志儒重建。十七年，毀於叛兵，縣令袁植修建如舊。康熙五年，增建箭樓、敵臺，縣令袁植暨駐防游府李得勝等審度形勢，於城之西南界闢築敵臺，三面高與城齊，又添設敵樓四所。十年五月，霪雨浹旬，初十日，溪水泛溢，浸灌城垛，東西南三面皆圮，惟北城獲存，縣令陳於逵捐俸剋期修葺，城復完固。

漳州府

《職方典》第一千九十七卷
漳州府部彙考三
漳州府城池考　府志
本府（龍溪縣附郭）

漳州府城池 在唐無考。宋築土爲子城，周圍四里，爲門六，東曰名第、曰清漳，西曰登仙、曰朝真，南曰雲霄，北曰慶豐。咸平二年，始浚壕環抱子城。祥符六年，郡守王冕加浚西壕，又於西南隅鑿水門，接潮汐，通舟楫。其外城，惟豎木栅，圍一十五里。紹興間，郡守張成大毀子城，撤外城東西北三面木栅築以土，獨南一面阻溪，而子城之壕皆在城內矣。嘉定四年，郡守趙汝譡始砌東門以石，高十級，長五百餘丈。紹定三年，鄰寇猖獗，郡倅林有宗復砌西南北三面，長二千五百餘丈，爲級二十，高一丈七尺，建樓櫓，浚河湟；開七門，東曰朝天、西曰安豐、南曰通津、北曰貢珠、西北爲小關門、西南爲龍溪門、東南爲朝宗門；城上建候亭二，其下爲閘河三。是歲，郡守江模始至，發鏹助役，明年城成。淳祐九年，郡守章大任重修，東西北門增築城背並砌石路與城相周匝。元至正二十六年，陳友定命總制郡事官張理問者改築，城東西北三面而縮入之，獨南一面仍舊，圍二千一百七十三丈，高三丈五尺，西北一隅依山，高二丈三尺，月城各圍五十丈；浚壕三百五十九丈，東深二丈，廣五丈，西深一丈八尺，廣四丈，南臨大溪，北依山而墼之爲乾壕。門惟東西南北四，其南偏作東西二水關，東北一帶以城中間地勢轉高，水勢不得南下，別爲小溝，從東北隅城下穿一小閘出城壕中。二十七年，明取漳城，仍舊重加修治，周城爲女墻一千五百一十，四門置月城，內外各建樓，月城上爲女墻各六十，戰樓二十有五，城鋪二十有三，水關樓二。正統七年，指揮使楊隆重建西北內外門樓。天順五年，東門內外樓爲颶風所拔。明年，楊隆重建外樓五間，重檐高九丈。成化五年，巡撫副都御史滕昭檄分巡僉事黃隆重建，內樓七間三檐，高一十二丈。十四年，西水關樓壞，指揮王景重建。城東南址舊築土堤以捍溪流，然潦至輒壞。九年，巡撫副都御史張瑄命作石堤，城址始固。十八年，知府姜諒甃築外堤，高一丈三尺，長一百餘丈，廣一十丈，作亭其上，匾曰"保安"，郡人陳舒爲記。弘治十四年，指揮同知侯汴於西北建威鎮亭，據登高山之上。歲久城壞，正德間知府陳洪謨，嘉靖二十五年知府顧四科，二十八年知府盧璧各先後遞修。隆慶元年，知府唐九德以城北芝山後地僻，修窩鋪三間，令百戶一員守之。五年，知府羅青霄、同知羅拱辰重修各城垣，敵臺二十一座，及四門月城，又於巽方撤舊樓改建八角樓，匾曰"威鎮閣"，配北威鎮亭，制甚雄壯，郡人黃泮有記。先是，嘉靖三十二年，因地方有警，知府李僑慮以各城水閘疏虞，創用鐵柱，置於閘門，自是城河淤塞，潮水不通。隆慶六年，知府羅青霄乃命撤去鐵柱，復令沿河居民挑浚，潮水復通，舟楫無阻，仍命百戶一員司守啓閉，百姓便之。萬曆十九年，城南樓災，署郡推官龍文明重修。三十七年，知府韓擢因新改南橋，露三台洲，改命南門曰三台、東曰文昌、北曰太初、西曰太平。皇清順治十二年，海寇墮城，悉載所砌石投之海中，世子王恢復。十三年，再築城，周圍一千九百七十一丈一尺，垛口一千零廿四個，窩鋪七十九間，四門各築城樓，而威鎮閣竟廢，威鎮亭雖築，未幾亦廢，城樓亦歲久傾圮。康熙八年，副將袁如桂於城上增設火藥局，共一十八間，改南門名曰時阜。十年，巡海道陳啓泰修築東門樓。三十六年，知縣田廣英修築南城樓，其西北二城樓俱未修築。五十年十一月，各縣復奉部文分修圮廢窩鋪及諸雉堞云。

漳浦縣城池 舊無城，宋乾道間令薛世清始立三門，西曰應龍、北曰永豐，東北一門無名。令高稷又建東門曰東溪，改永豐爲拱辰，獨南門尚缺。淳祐初，令趙與滑建四門樓。元至正十二年，達魯花赤買撒都剌始築城，圍七里，皆砌以石，高一丈二尺，爲四門，建樓焉。環城浚壕，深三尺，廣一丈，西北倚山者甃之。明正德五年，流賊蜂起，知縣胥文相建窩鋪二十三所，重建北門樓，改名曰朝天。七年，城圮，知縣劉桐重築，增卑而高，圍一千一百七十三丈。嘉靖六年，知縣周仲又於城內增築上馬道及清理城外侵地，舊城壕堙塞者皆令民疏導之。三十八年，知縣劉欽命增築城垣高四尺，爲鋪二十四座，扁東門曰將印、西門曰仰德、南門曰迎薰、北門曰拱極，仍於各門增築月城，周圍一千一百九十八丈。四十二年，知縣龍雨復創敵樓一十六座，南北郭外中逵各爲高樓，名其南曰鎮南、北曰仰北，而北更高壯，可視四遠。萬曆以來，城中馬道大半頹塌。七年，知縣朱廷益增葺，易土爲灰，間砌以石。皇清順治十二年，墮於海寇。十三年，鎮守總兵楊捷、知縣李之琦與邑紳蔡而烷等召匠更築，城高二丈許，周回一千七百九十八丈，垛一千九百五十有二，減窩鋪三，增敵樓二，復築臺於城之西北，扁曰"千秋保障"。十五年，總兵王進功加建女城於城之四周，城池之制，至茲大備。康熙十三年，總兵劉炎作炮臺於雞籠山，與城爲犄角。時千秋臺久廢，十六年，城守游擊張國杰毀炮臺重修之。三十三年，知縣朱自升從居民鄭大中等請，以千秋臺有傷風水，申告院司，奉批拆卸，復令通邑里班修築周城之傾圮者，惟南北二敵樓久廢爲墟，尚未議舉。康熙三十八年，邑人以舊制東西南各有水門以泄城內溝渠之水。順治間，海寇日伺，防守官閉而築之，今升平久，宜復，知縣陳汝咸乃詳督撫開東西二水門，南水門閉塞如故。四十六年，大水，東門城崩六丈餘，陳汝咸復捐銀修之。

龍巖縣城池 初惟編竹爲限，後易以土墻。宋紹定三年，縣令趙性夫作西寨，以避寇，今曰官寨是也。淳祐己酉，令趙崇搜甃以石。元至元間，令黃士龍又即寨麓築土城，縣治仍在城東，寇至輒毀。至正甲申，邑人盧仲義倡議築城，并包縣治在內，役繁不果。丁酉，令趙昱成之，於是有上下二城。辛丑，達魯花赤鎖住閒以二城難守，乃聯築爲一，鑿壕以護之。甲辰，令趙璉以西逼高山不利，又拓而大之，圍八百七十二丈，高二丈一尺，壕凡九百五十九丈，深一丈五尺。明洪武八年，知縣劉文或復修浚之，爲門六，東曰寅賓、西曰西成、南曰南門、曰南津、北曰北門、曰北關，城南北水門各建樓其上。正統間，沙寇鄧茂七之亂，官民之居皆燼。成化五年，順天府治中邑人丘昂建言修城及乞戍兵，不報。六年，巡撫都御史滕昭申前請，得復城及立守禦千戶所，未幾，滕去，副都御史張瑄繼之，檄參將趙昌、知府王文等計費，令興泉漳三府協取磚石，委成於知縣韋濟。八年乃興工，闢舊城之西北隅，建守禦千戶所，砌築今城，視舊增十之三，圍一千九十二丈，高二丈一尺，爲門五，各以其方，西北爲永寧門，各建敵樓，設窩鋪十，水門一，壕環之。濟升任，十四年，知縣伍星奎繼之而成，楊守阯記。正德間知縣余成、署所指揮楊拱辰，嘉靖二十六年知縣胡景華俱修。歲久，南城爲水所嚙，隨築隨圮，東門亦因以壞。三十三年，知縣湯相乃於城外築河爲堤，長一百八十餘丈，以捍水患，改門名，東曰賓陽、西曰迎熏、南曰留輝、北曰拱極、西北曰永寧。嘉靖四十年，饒寇戒嚴，湯相復增高城垣五尺，鑿壕廣一丈五尺，周圍增建敵樓四十一座，塞北門，建最高亭於西北堞，以便守望。隆慶四年，南門樓圮於水。萬曆二年，知縣黎紹詵修築。四年，知縣馬章重建南郭門，自爲記。丁巳六月，大水暴漲，西南至東樓墻俱圮，知縣朱泰禎重築，增高南門樓數尺，御史王命璇記。天啓辛酉，水圮南隅上下城三十餘丈，知縣張日祥修築。崇禎甲申，水溢數丈，西東南一帶城垣并南門樓與水俱盡，知縣董汝昌鳩民築之，縮小南門，非向明所宜。皇清順治十四年，知縣王有容重建，巍大與四門等，改爲文明門。先是，順治初，土寇屢犯。至九年，王有容蒞任重建西門樓，增設木柵架，敵樓一十三座，窩鋪相連，黃徽引爲碑記。康熙二十四年，知縣江藻復營修之。東門樓爲縣治下關，二十二年，知縣左峴以其低小不稱，乃復爲之，增高數層，如砥柱然，展拓高大，創闢一新矣。康熙五十二年，大水，南門、北門、西門城垣皆圮，知縣陳人文修築如故。

南靖縣城池 舊城，本元至正十六年，縣尹韓景晦初築以土，西南瀕雙溪，東北浚城壕，城圍六百六十三丈，闊一丈，高一丈五尺，四面各爲門。明嘉靖六年，知縣傅銓包砌以石，高二丈餘，其四門，東曰迎恩、西曰豐泰、南曰豐濟、北曰望闕，各建城樓，東北西三面爲壕，西南延帶溪水，窩鋪十有二間。二十八年，本府推官陳信署縣重修，同知龍遂爲之記。嘉靖季，有饒寇之變。四十四年，知縣林挺春撤舊甓垛，移築於大帽山之麓，離舊城里許，垣周五百四十丈，但新營拓落，民居不適。萬曆二十三年，知縣陳宗愈乃移建於元故址，廣六百二十七丈有奇，高二丈四尺有奇，敵樓一十四座，窩鋪一十二間，女牆逾千，敵樓四，門四以通往來，另築水關以泄漲潦，門東曰惠德、南曰保極、西曰和義、北曰禔福，仍浚壕環衛其城。皇清因之。順治十二年，爲海寇所墮。十三年，知縣鄭宰奉命仍前址築之，名門東曰環珠、西曰臥龍、南曰懷來、北曰玉映。

長泰縣城池　舊惟土牆，圍二百五十三丈，高一丈。宋紹定間，寇至，如入無人之境。端平中，縣令鄭師申增築土城，爲四門，東曰武勝、西曰順成、南曰登科、北曰良岡。元至正間，主簿陳文積廣其基一千三百餘丈。至明，砌以石，建樓櫓、鑿壕，歲久而壞。正德十年知縣，趙佩列木柵以補其缺。十三年，知縣朱弦拓而大之，凡築城九百九十一丈，瀕溪者高一丈五尺，負山者一丈三尺，鑿山爲壕，馬道、窩鋪悉備。後雉堞、窩鋪傾壞，知縣陳塘、王用文相機修理。嘉靖三十一年，知縣張杰夫議增城垣，未果。至三十五年，知縣蕭廷宣增高三尺，各砌以石，改建四門樓，易舊扁，東曰賓陽、西曰旺金、南曰迎熏、北曰閱武，及增置窩鋪一十七座，敵樓一十六座，西南門外爲通濟、接武二石橋。己未全城之功，實賴早計。萬曆甲戌，雨水暴漲，東門樓及東南城一帶壞，令張應丁修之。壬午，積水城壞，令方應時修。辛卯，復壞，令張良鼎修。庚寅，颶風大作。癸卯，又風，敵樓、鋪垛盡壞，令管橘復修，以西郊地勢衍曠，樓鋪尚缺，乃建樓一座，高可瞭遠，扁曰"金湯永固"，有記。皇清順治十二年，海寇墮之，撤城石，堆東溪水次，欲運之廈門，旱，水淺，舟不得行，大師至，以舊石依故址築焉，城復完。

漳平縣城池　初無城。弘治辛亥，流賊溫文進亂，乃立木柵爲守，後久廢。正德元年知縣吳照，四年知縣洪淳相繼重立。九年，知縣徐鳳岐奏准分巡僉事胡璉、知府陳洪謨，議成，始動官錢，聚磚石包砌，鳳岐畢其事，民賴以安，周圍六百二十丈，高一丈八尺，爲門四，東曰迎恩、南曰朝陽、西曰偃武、北曰拱辰，各豎城樓，爲水門三，窩鋪九，東西疏渠，南北臨溪澗，積久傾圮。嘉靖十年，知縣陳世俊修。二十三年，知縣桂戀實修。二十六年，傾圮尤甚，署縣漳浦主簿朱召重修之。皇清康熙六年，知縣鄭琬重建窩鋪。十九年，大水浸漬陴隍，東北一隅崩頹數十雉，已而西南隅亦倒塌，知縣查繼純以次修葺。

平和縣城池 始於正德十四年，署印漳平知縣徐鳳岐建，高一丈八尺，內城五百六十三丈四尺，外城五百九十六丈二尺，城列四門，門之上各為敵樓，設水門二，旁列窩鋪二十，雉堞計一千二百八十四。後四門壞，知縣謝明德重修。萬曆三年，知縣楊守一以縣東門在東北隅，橫衝縣署，乃改東門於正東街，仍塞水門，復開小水門於東門舊址偏右，增城垣高四尺，共為二丈二尺。其窩鋪倒塌無存，二十五年，知縣伍匡世修復六處。三十九年，知縣李一鳳重修，添建二處，共八處。崇禎三年，知縣袁國衡重建窩鋪二十四處。六年，知縣王立准重建四城門樓。皇清順治六年，署縣事孫之翰、駐防張光榮增修雉堞、窩鋪數處。十二年，海亂拆毀。十三年五月，知縣劉一蛟仍前址築之，五旬報竣，表其門，東曰朝天、南曰迎熏、西曰挹爽、北曰拱極云。

詔安縣城池 在宋為南詔場，又為沿邊巡檢寨。元至正甲午，右丞羅良命屯營陳君用砌築石城，六百四十五丈，高一丈二尺，東臨溪，西南北依山，鑿乾壕而已。明初，置為把截所，尋罷。正統十四年，鄧寇猖獗，漳寇乘之，攻圍八閱月，耆老許尚端、塗膺等與眾力禦之，既而潮兵至，城賴以全。弘治十七年，設南詔守禦千戶所，始拓城西偏而廣之，砌以石，圍一千三百六十丈，高一丈六尺。嘉靖九年，設縣，遂為縣城。十二年知縣何春，二十八年知縣李尚理皆重修。三十七年，知縣龔有成增高城垣三尺，築南門月城，東西南北畔各築敵臺，浚壕四周，半通海潮。四十二年，知縣梁士楚仍築外城，周圍長一千二百餘丈，及築西關城，圍三百餘丈，內外壯固，邑人賴之。迨後承平，居民築室壕上為市舍。崇禎八年，知縣王政岐奉文清浚，潮水復通。十年，署印通判朱統鉉復增城浚壕，申禁不許向後再行築室壕上。皇清順治十二年，為海寇所墮。十三年，知縣歐陽明憲更築。

海澄縣城池 先是嘉靖三十六年，地方寇亂，軍門阮鶚令民築土堡，議合八、九二都共圍，跨溪為橋，築垣其上，委通判汪銓督民出力，築灰土垣，內外厚一丈有奇，高一丈八尺，馬道覆石阪，外環河，闊二丈，已頗就緒。次年，倭至，遂輟，繼以土惡，煽亂據為巢穴。隆慶元年，設縣，將二都分爲二堡，八都東北一帶仍其舊垣而修葺之。西邊延溪一帶，亦令築灰土垣，與舊垣相連。南邊一帶，爲草坡堡附焉。隆慶四年，本府知府羅青霄議以南北相距丈數倍東西，有乖形勝，且不便防守，乃撤草阪堡縮入；又於東邊拓民地若干，動支官銀，召匠砌石，知縣王谷又於丁糧內派徵佐之。始工於隆慶五年十一月，訖工於六年八月。周圍長五百二十二丈零，高二丈一尺，月城三重，窩鋪一十有二，垛口二千四十有五。門四，東曰清波、西曰環橋、南曰揚威、北曰拱辰。至萬曆六年，知縣周祚改西爲通津、南爲耀德、北爲承恩。十年，知縣瞿寅改南曰萬峰雄峙、北曰大海朝宗，於東北築晏海樓以障海口東北之虛。乙未，知縣毛鳴鳳議再拓，不果，仍舊增高三尺，改大東門爲小門，新亭小門爲大門，題曰迎陽，往來便之。小東門，知縣龍國祿題曰觀海。天啓二年，知縣劉斯徠築東北一關，中爲復壁，上通馬道，連港口堡。皇清順治九年正月，叛將赫文興以縣獻，海寇入據，增炮臺一座，復設月城於南東二門，形家目爲扼吭，仍於四城增築圓臺五處，安置炮位，又廓腰城，自中權關亘亘十餘里，南腰城外另添灰礫月城一圈，壓阻龍脉，港口堡過溪橋頭并築月城、浚月溝，腰城之外，壞民舍、掘墳墓，浚溝通潮如其城而周之，開東北閘，建澄波之門，吐納於海，斷地脉塞咽喉。迨康熙二十七年，知縣胡鼎建議僉同詳請督撫復還東南向，開其所閉串門，去其新設曲叠兩門，生氣始復，然大東、譙樓修改狹小，四城窩鋪毀無一存，有待修葺。四十一年，知縣陳世儀以晏海樓久壞，復重建之。四十六年，邑人以西門月城有妨文廟，具呈請拆，不果，至今未復原制云。

寧洋縣城池 隆慶元年，新設城垣，高一丈八尺，厚一丈五尺，周圍四百八十丈，甃以磚石，爲女牆，門四，東曰翔鳳、西曰登雲、南曰瑞麟、北曰佩玉，各因所向爲名，各有敵樓，東門一帶有瀘溝，西南北三面以溪爲池。萬曆元年，知縣柳如梁增設窩鋪四所。六年，知縣鄧於蕃浚北城壕，達於大溪。十四年，知縣陳德言復更城門額，東曰瑞應、西曰文明、南曰清波、北曰翔鳳。皇清順治十一年，土寇鄭鵬猖獗，燒東南二城門，官民之居皆燼。十三年，知縣蕭亮蒞任，重建二城門併架敵樓各三間，修舊窩鋪四所，以便守望。後因淋雨，城樓多爲倒塌。康熙二十三年，知縣李文然重修。二十八年，知縣沈荃增修城垣、窩鋪，而圍始固。

福寧州

《職方典》第一千一百七卷
福寧州部彙考一
福寧州城池考　州縣志合載
本州

福寧州城池　在龍首山下，晉置溫麻縣治於四十一都。溫麻，屯名也。唐改置長溪縣在今所，其溪源來自浙江慶元桃嶺下，又來自壽寧縣大蜀山，又來自政和西門嶺，皆流下福安、寧德入海。彼時，縣治未置，溪流俱在封域中，山岡紆回，約五六日程，然後趨海，溪所以名長矣。古未城也。明洪武二年，海寇侵境。明年，山寇鄭龍、姚子美為亂，鎮守駙馬都尉王恭檄百戶寧祥先後討平之。又明年，始築城，周三里，高一丈九尺，厚一丈。二十年，復置衛，人眾城小，江夏侯周德興撤東城，拓廣里許，增高三尺，女牆一千五十二垛，窩樓二十九座。永樂五年，海寇復熾，御史韓瑜、都指揮谷祥復增築四門月城，城復增高三尺。正德中，知州萬庭彩、歐陽嵩先後浚壕加廣。嘉靖三十四年，知州鍾一元以郭西民移在城外，數被寇，復拓城二里。三十七年，夏潦，城崩，參議顧翀拆卸舊城，增高補厚。明年，倭逼城，又值淫潦，城工方新，崩塌無完堞，都司張漢令軍兵取雜木環城立柵，結戰棚為守具，倭遁去，分巡舒春芳復作城。其後屢有修治，高二丈三尺，厚一丈三尺，周一千五十八丈，壕塹闊三丈，周一千八百丈。

福安縣城池　在扆山下，舊未城，惟土牆，立四門，廣袤各二里，周十餘里。明正德元年，分巡阮寶命累磚為之，周八百九十六丈五尺，高一丈，厚一丈，女牆一千六百九十二丈，增立小西門。嘉靖三十七年，倭報急，令李尚德請撤而高厚之，工未畢，倭至，明年陷。其冬，令盧仲佃力修之，增小北門。次年，工畢，倭大至，不得犯而去。萬曆九年七月，大水夜至，全城漂沒，死者數千，城盡圮。當道議遷城，令汪美不可，乃修舊城之南，而展其東，計周共八百五十丈有奇，高一丈四尺，築西門壩高一丈八尺以遏水。萬曆二十七年，令陸以載謂東城鶴山高逼，不利防守，改仍舊。

寧德縣城池 自偽閩升感德場置縣城於白鶴山之陽，築土城，置四門，東曰崇仁、西曰和義、南曰德化、北曰朝天。久傾圮，宋時環以木栅。明正德初，令高應累以磚，開五門，東曰跨鰲、西曰憩亭、南曰清晏、北曰朝天，增小東門曰登瀛。嘉靖四十年，倭攻毀，城陷。四十二年，令林時芳一新之，爲門四，東曰鎮靜、西曰崇順、南曰永寧、北曰遵化，周圍五百九十二丈，高二丈五尺，其廣六尺。

臺灣府

《職方典》第一千一百九卷
臺灣府部彙考一
臺灣府城池考　府志
本府（臺灣縣附郭）

臺灣府城　紅毛建城甚小，有層如臺，猶中國人家土堡。一爲安平鎮，王居之；一爲赤嵌城，承天府居之。方廣不過百十丈，而堅牢特勝。上淡水寨垣低小，僅司鎖鑰耳。

鳳山縣城池　未建。

諸羅縣城池　未建。

湖廣總部

武昌府

《職方典》第一千一百十八卷
武昌府部彙考四
武昌府城池考　府志
本府（江夏縣附郭）

武昌府城　舊在黃鵠山，孫吳赤烏中築，謂之夏口，堧山塹江，周二三里，對岸爲沔津，故以夏口名。宋齊梁陳皆因之，劉宋更名郢城，歷代因之。明洪武四年，周德興增拓修築，周二十里有奇，計三千九十八丈，東南高二丈一尺，西北高三丈九尺；池周三千三百四十三丈，深一丈九尺，闊二丈六尺；爲門九，東曰大東、小東，西曰竹箄、漢陽、平湖，南曰保安、望澤、草埠。嘉靖十四年，御史顧璘重修，門仍九，易大東曰賓陽，小東曰忠孝，竹箄曰文昌、曰漢陽、新南曰中和、曰保安，望澤曰望山，草埠曰武勝。皇清康熙二十四年，督撫率同屬吏修葺之。

武昌縣城　本邑舊無城。至隋大業元年，始築土城。唐中和中廢。宋嘉祐間，升武昌爲軍，於四隅爲門，東曰鳴鳳，舊曰朝陽；西曰文昌，又名武昌；南曰朝都，舊名南郡；北曰鎮江，舊名鎮淮，後廢。明天順間，知縣楊子奎創各門巡警樓，正東爲驄馬樓，正西爲西山樓，正南爲學海樓、弦歌樓，正北爲瞰江樓、盤龍樓，東南爲明月樓，東北爲清風樓、便民樓，西北爲迎恩樓、大江樓，西南爲巡警樓。嘉靖間，張鐸始建衛城以衛倉庫，然民居輻輳，盜賊不時竊發。萬曆初，李有朋創舉，三十七里均派夫役，就山鑿石，期月告成，巖樓警閣，巍峙相望，榜其四門，東曰通淮、南曰文昌、西曰望楚、北曰朝京。崇禎末，鄒逢吉增築沿城窩鋪於雉堞間，以資守禦。皇清一仍明舊，而歲久頹圮，康熙五年九月，知縣熊登捐俸鳩工，新建東門城樓，餘三門樓盡行修葺，又砌城垛一千四百口，築填內城崩陷數十餘處，次年四月，修訖。

　　嘉魚縣城　本縣舊無城。及明正統時，僅土垣、木栅環治以居。至萬曆年間，始請旨改築，高不及三雉，闊可及尋，周圍四里，東西廣里餘，南北衺二里；爲門四，曰望東、曰南熏、曰西成、曰上鑰。皇清，簀土實之，居民賴焉。

　　咸寧縣城　本縣舊未有城。至明萬曆六年，知縣葛應蛟建議修築城垣，周六百八十八丈五尺，高一丈九尺，厚一丈二尺，水洞四，城樓四，東曰升陽、西曰便民、南曰來熏、北曰帶河，警鋪八間。萬曆二十五年，知縣周日庠建議修堤，起東山之麓，繞城三面，直接西河渡，長三里，廣三丈，中建堤樓一座，名永安樓，堤內浚爲濠，深廣倍之。

　　蒲圻縣城　城周圍七百丈，高一丈七尺，磚堞高五尺，城廣一丈六尺，城樓凡六，南曰迎熏、北曰拱極、東曰聚奎、西曰寶成、又西曰豐樂、又北曰水門，知縣胡其高創修，始於萬曆三年正月，凡四月告成。三十八年，知縣張光前重修。崇禎三年，知縣林增志重修。明末，兵亂，城樓圮毀殆盡。皇清康熙九年，知縣張圻隆重修南北譙樓。十年，新建東西二門，譙樓城垣重加完繕。

　　崇陽縣城　崇舊本土城。明成化十三年，劉信拓西北。弘治辛酉，李鋭始築四圍。至萬曆甲戌，詔城郡縣，知縣王可賓、知州譙田龍始築石城，四門建樓，隨毀。丁丑，知縣周應中重修，自東門右至西門，磚垛石城，築石堅固，又自西門右改徙環抱，殺舊城十之三，移五顯祠於北隅。己卯，知縣王學曾請發倉廩鬻廢地更修，自西門右至東門左，始有完城，又東門開便門一，周圍計六百十四丈九尺八寸，高一丈四尺，厚五尺。知縣陳洪烈復修。皇清康熙癸丑，蔡興捐俸修葺，四門建樓。

　　通城縣城　縣治舊無城池，東北臨溪，西南枕山。明成化二年，知縣杜敏四街築門設警。萬曆甲戌，知縣簡廷仁周繚土垣。癸巳，巡撫都御史李議建石城。萬曆戊申夏，霪雨，傾圮，知縣楊浩募工修葺。崇禎末，罄毀。皇清順治己丑，連雨，四處並頹，知縣盛治於庚寅年仍建敵樓四座，勝舊制焉。

　　興國州城　其城周圍七百八十丈零三尺，大東門至小西門高一丈七尺，小西門至小東門高一丈五尺，厚一丈一尺；門八，大南門、水南門、小南門、北門、東門、小東門、大西門、小西門。皇清因之。

大冶縣城 本縣舊無城。明嘉靖三十一年，興國州同知林愛民署縣，始築磚牆，周一百六十丈，舊址設柵欄。隆慶四年，典史黃鍾捐俸創門，下甃甕石，上覆敵樓，凡四座，東曰迎恩、西曰永安、北曰拱極、南曰通津，以時啓閉。皇清因之。

通山縣城 邑舊設小土城，歲久湮頹。明嘉靖二十八年，知縣林金於縣治東西擇地建樓，東曰吳楚首關，西曰荊湘要道。萬曆十一年，樓毀，知縣張紳鼎建重樓，東曰暘通山谷、南曰熏風解阜、西曰通羊闤闠、北曰北門鎖鑰。皇清順治十八年，知縣任鍾麟重葺四門城樓，東曰升恒、南曰弦歌、西曰卿雲、北曰景星。

漢陽府

《職方典》第一千一百二十七卷
漢陽府部彙考一
漢陽府城池考　府志
本府（漢陽縣附郭）

漢陽府城　《舊志》云，漢陽古城，其門有八，東曰迎春、南曰沙洲、西曰孝感、北曰漢廣，而東南爲朝天、西北爲漢南、東北爲慶賀、西北爲下議，環城一千七十二丈，東南枕大江，北控陂湖，即今月湖。《水經》云，翼際山上有吳時江夏太守陸渙所治城。《注》云，翼際山，即魯山。唐《元和郡志》云，即漢陽軍城。宋宣和三年四月，水漲城毀，郡守具奏修築。按《趙志》，則漢陽古已有城，但所著八門，代更遠耳。明初，跨鳳棲山築之，東南臨大江，周圍七百五十六丈，爲門三，東曰朝宗、南曰南紀、西曰鳳山，先時北有門曰朝天，在府後，今塞。嘉靖三年，致仕千戶朱鳳奏築裏城，下工部尚書趙璜題覆，得旨，時巡撫張琮等估計修築。天啓元年，知府周三錫以郡無內附，乃伐禹梁山之石，督義民胡遵義等周砌陴牆。崇禎十五年，知府王燮元因城內外漸圮，捐資重修周圍一帶。皇清順治十八年，知縣曲凝聖、守備董朝祿各分南北修飾裏城，增高數尺。鳳山、南紀二門樓，前毀於賊，亦重建焉。康熙六年，知府楊必達修江岸城脚一十七處，計長七十九丈六尺五寸，高十七丈八尺，寬一十五丈四尺。朝宗樓在郡治東，即朝宗門樓，明洪武甲申，知府程瑞創建。正統十三年，千戶寧福等重建。正德以後，知府孔鳳、千戶朱鳳、陶震重修。嘉靖二十二年，巡按御史褒善重建。萬曆初，增修。丁未，漢口大火，延至城外，南門此樓盡燼，知府舒體震重建，規制弘敞，江漢巨觀，僉人看守，每年給工食銀三兩六錢，取諸地租。崇禎十五年，知府王燮元捐資重修。兵火之後，此樓與晴川閣尚存。南紀樓即南紀門樓，明萬曆庚戌，知府舒體震修。鳳山樓即鳳山門樓，與南紀樓俱知府程瑞建。嘉靖初，知府孔鳳等重修。二樓，俱崇禎十五年知府王燮元重建。後毀於賊，俱於皇清順治十八年春重建。《舊志》，朱御史衣雲衣兒時，見朝宗門外去江岸數十丈，沿岸有短牆橫亙數丈，迤北迤南一帶有居民，深者房二層，父老云民居後舊有甃井二，南井在今水閘東北七丈許，井旁有古墓，北井去民居二丈許。嘉靖初，淘井，皆斧磚甃砌，井去江又數丈爲洗馬口，臨江民居屋後可馳馬。則前此江岸去城遠，水不爲害，今漸圮沒，有逼城脚者。前巡按史公已行勘砌，今但修上流在門南者，其下流日就傾危。嗟乎，築城之費孰愈修岸哉。《舊志》，郡人王光裕曰：楚自開國以來，武昌爲會城，漢陽稱接壤，爲右臂，無事則唇齒相依，有事則首尾相應。兩郡對峙在形勝而設險在城池。弘正間，漢陽南紀門外原有南壇，自江岸至城計五百餘丈，江中有大洲，洲上多蘆荻，中有大河套，客舟蟻集，兩岸貿易，居民相聚爲市，民樂其利，城隍亦賴以鞏固。至嘉靖末年以來，洪水泛漲，江岸崩卸，自城去水不滿丈餘，故今修理江岸爲第一義，緩而不講則崩岸殆盡，城圮可以計日。無城則民將何依，無民是無漢陽。會城右臂一折，則犄角者何，救援者何。一旦有變，武昌不止孤城，且何以戰，何以守，及今修理工力猶可辦，圮而後修，其費不資。桑土綢繆，能一日忘之乎。按朱公所言者，東門之江岸也。王公所言者，南門之江岸也。二門自弘正以來，去江不啻數十丈，而未三四十年，崩卸殆盡。自嘉靖以來，去江止可數丈，水泛之際，甚且逼至城脚，而迄於今日，尚支持百有二十餘年，此非地氣凝結，土石堅纘之故耶。兼以江岸時加修補，支延歲月，固天幸亦人力也，然其勢迫矣，無更可百年不壞之理。若長城一頹，民居一散，大別鳳樓之間，一彈丸黑子地，何以爲郡邑，何以輔都會，固不容不早計而力圖矣。

漢川縣城 明崇禎九年丙子，知縣孫光祚創建，周圍八百八十丈，約共七里三分；門五，南曰綉豸、西南曰歡樂、東曰雲鶴、西曰伏龍、北曰承德；西峙仙山，東翼小別，陽臺踞其後，漢水繞其前。按縣故無城，嘉靖末年，劇盜崔二、唐四等哨聚，白晝入縣，知縣昌應會率兵力拒，被賊割其耳而去，此後時以築隍爲言，莫之應也。及崇禎丙子，張獻忠寇黃麻，陷雲夢，縣令率鄉兵拒之於楊子港，賊始去，意未嘗忘漢川也，號之曰無城縣，乃竭力修築，賊竟不能犯境云。

安陸府

《職方典》
第一千一百三十八卷
安陸府部彙考四
安陸府城池考　府縣志合載
本府

安陸府城池　即舊安陸州城，唐崔耿記云古石城戍。《圖經》云，子城三面墉基，皆天造，正西絕壁，下臨漢江，石城。舊有白雪樓，今遺址存焉。宋乾道、淳熙間，都統趙樽、郭果相繼增築，有子城、羅城、堡寨；門四，曰行春、曰富水、曰宣風、曰雄楚。元末丘墟。明洪武乙巳，大軍克復襄陽，指揮使吳復屯駐於此，始復創築，因石城故址而拓之，東北並跨山岡，南抵草市，西連漢水，內外悉甃以甓，周回七里有奇，高二丈五尺，女墻一千三百九十有八，垜口四百七十有奇；門五，南曰陽春、東曰閱武、威武、西曰石城、北曰拱辰，門各有樓，而陽春、石城各有月城一，凡爲樓七，戍鋪七十二；濠深約二丈，廣約十餘丈。嘉靖間，又建陽春門及月城重門，門各有樓，壘基以石，榜正樓曰"顯親達孝"。崇禎十一年，巡按御史林銘球題請城各加增五尺，內添女墻。十三年，荊西道吳尚默、知府賈元勳、知縣蕭漢復建外城，四關厢各置門，門各有樓。十六年正月朔，流賊破城，關厢內城樓盡毀。皇清順治八年，知府李起元、知縣佟養衝相繼補葺。康熙元年，知府張尊德、知縣程起鵬重修。

鍾祥縣城池　其制與府城同。《一統志》云，嘉靖十年，升州爲府，以府城北境置縣，改名鍾祥。

京山縣城池　按《水經》，縣治雲杜胡城，胡城者，未作城時名也。

後北宋、南宋皆有城。至明成化六年，寇入治內，知縣趙欽始築土城，周可四里。正德間，甃以石。歲久傾壞，十一年，巡撫秦金檄知縣吳琠修之，址廣三丈，高丈五尺，堞崇三尺，門仍舊，而南增一門為新南門，門各有樓，戍鋪十有五，濠深一丈，廣三尺，南因洈為池。嘉靖十五年夏，大雨，城西南隅圮，知縣楊東築補，易大東門曰迎恩、西門曰廣澤，知縣羅向辰易小東門曰應德、舊南門曰南陽、新南門曰萃景。三十九年，知縣張鉉以內址皆土，易於頹壞，乃悉包以石。天啟二年夏，大水，城潳沒，傾圮數十丈，知縣龐景忠補修。崇禎十三年，知縣章聚奎復修舊女牆，為堞八百有奇，高倍之，增建敵臺於東西北隅，又於西南增置一樓，城內有塔一座，未知起於何代。相傳城為舟形，而塔似桅檣云。

潛江縣城池 舊係土築，號田舍城，沿城有池，其東瀕河。成化七年，水衝縣治，縣丞李庸外修大堤，更名花封。歲久就湮，嘉靖二十三年，分巡僉事柯喬檄修門四座。嘉靖三十年知縣夏泗重築土城西南北三隅，高固勝前，長倍之，俱覆以瓦，惟東邊河。萬曆五年，知縣朱熙洽申詳院道，建修磚城，周回計九百二十丈，高一丈七尺；城樓五座，東曰襄渚、西曰潛陽、南曰漢別、北曰北鑰、西北曰歸辰；水門二座，一曰朝宗、一曰通會；巡堡一十有四；石剆三，以泄水，一在城隍廟，一在南門右，一在通會門右。十一年，水溢，堤決，壞城二十丈，知縣王建中修葺。二十年，知縣曹珩又增修堡舍、旗臺。

沔陽州城池 宋為沔陽鎮。明洪武初，指揮沈友仁循故址築城。正德戊寅，知州李濂葺之，周千一百有六丈，厚丈二尺，高倍之；門六，東曰仁風、西曰同仁、南曰南紀、西曰長夏、北曰建興、東北曰楚望。其城屢修築，歲久頹敗，崇禎己卯，大增修之。庚辰春夏，積霖而有壞者，又補修之。辛巳，凡舊城之傴僂者，悉為改築。城東倚蓮花二池，西南北皆倚河。朱昂云，環城皆水，因河為濠，形若螃蟹，是也。

景陵縣城池 故有城，世稱古城。明指揮李廷琛、知縣張天麟循故城稍南更築。洪武己巳，大水城壞。成化乙未，知縣張繼宗復築土城。正德甲戌，知縣陳良玉築甃，高二丈，厚殺其半，周六百八十五丈；門四，曰南熏、曰東陽、曰西成、曰北拱；四面皆湖，因以為隍。嘉靖二十二年，南城崩，知縣李仲僎修。萬曆癸未，西城崩，知縣陳席珍修。辛卯，東北崩，知縣林雲龍修，城四面俱增堡。天啟癸亥年，知縣陳維蘇修。崇禎壬申年，知縣楊一俊修。甲戌年，知縣陳六奇倍加修築。癸未年，賊踞景，僞知縣張采添修外城炮臺。乙酉年，賊拔城遁。皇清順治甲午年，知縣寧鳴玉更修，補築東北城數百丈。康熙戊申年，署縣事李馨捐俸，重修城，各有樓，南曰南熏，舊名荊南；北曰拱北，舊名北門；東曰東陽，舊名八馬；西曰西成，舊名雁叫，門內有屋三楹，以居門者。城樓有鐘鼓，舊置南樓，以警昏曉。乙酉，城門樓俱毀，甲午，復新建北樓。乙未，新建南樓。丁酉，新建東西樓，置聖像鎮之，後西樓復毀於火。

荊門州城池 唐時，在樂鄉關，名樂鄉縣。宋時，始立治於此。初未有城，陸九淵知荊門，議城之，周八千尺，高十有六尺，女牆高五尺。明洪武初，守禦指揮使梅復加修築，皆用石，城門有五，上各有樓，東曰東作、西曰西成、南曰平泰、北曰北辰。弘治末，水漲，城圮，知州韓銑修之。城北有濠，深廣俱二十尺，餘三面惟引蒙、惠二泉爲池。崇禎七年，流賊犯境，知州石琢玉堅守三晝夜得不破，賊退，旋請修築，高二丈，厚八尺，周七百丈，又增設小南門月城。至十五年，賊隊大至，城遂陷。皇清順治二年，寇踞西山，不時攻城，城門樓盡毀。五年，副將張文富重修，乃有今城。十二年，守備孫光哲建樓於北門，州守相繼修葺，南北西關暨東園烟火相望矣。

當陽縣城池 在漢初，治長林之地，所謂古城東城是也。歷代無可考。明洪武初，移治方城，尋廢。三十年，復置縣於故地。成化初，劉賊作亂，同知嚴瑞始築土城，廣一里，袤一百二十步，尋圮。知縣姜鎤築之。正德中，劉六等作亂，知縣劉珵復築。西北有真武港環繞，城外水決，輒嚙城。隆慶間，知縣張松始疏河故道，捍以長堤，水患既弭，覆議修城，未果。萬曆三年，留守司經歷任夢榛署邑篆，乃修築磚城，計周回六百四十丈有奇，高二丈，厚一丈二尺；門四，東曰紫蓋、西曰玉陽、南曰鳳川、北曰清漳，樓櫓亦四，北題曰仲宣，從古名也；敵臺、戍鋪各七；水門五，皆甃以磚石。至崇禎七年，寇薄城，環攻，以女牆低，故陷。九年，知縣區懷瑞增築女牆，復於城外浚壕。皇清順治二年，闖逆餘孽高李等盤踞西山，城再陷，毀爲平址。十二年，知縣唐彥袠修復如舊。

襄陽府

《職方典》第一千一百五十二卷
襄陽府部彙考二

襄陽府城池考　府志
本府（襄陽縣附郭）

襄陽府城　磚城一座，在漢南，與樊城市對。前代創制無考。晋羊祜、杜預、朱序，宋呂文煥所守，皆此城也。明初，衛國公鄧愈因舊址而新之，大北圈門繞東北角環接，周二千二百二十一丈七尺，一十二里一百三步二尺，高二丈五尺，上闊一丈五尺，下倍之，垜頭四千二百一十，窩鋪七十；六門，曰東、曰南、曰西、曰大北、曰小北、曰東長，俱有月城，六門角樓各一座。南門樓，成化間，都督王信重建。東南、西南、東北各設角樓一座，花樓十座，東、西、大北、東長門樓四座。弘治，副使毛憲重建。知府萬振孫以門名不雅，易東曰陽春、南曰文昌、西曰西成、大北曰拱辰、小北曰臨漢、東長曰震華焉。城北以漢江爲濠，計四百丈，東西南三濠通計二千一百一十二丈三尺，闊二十九丈，深二丈五尺。正德丙子夏，漢水大溢，破城三十餘丈，居民洶洶，副使聶賢督衆湮塞，捐俸措置，取石仙人洞縱橫甃砌，精堅逾舊，檄照磨徐矩自大北門起至長門修砌泊岸二百八十丈，高二丈，又築子堤於江，幫護之，闊八尺，高五尺，襄人呼爲聶公堤。嘉靖間，漢水屢溢，自檀溪瀼入城濠，水勢迅駛，無所障泄，門外居民，每至春夏，輒懷驚懼。副使徐學謨檄知府陳洙、同知高持，度東西南門外去城二里許土門處，築子堤，周回以防之，於是居民始安矣。崇禎辛巳春，獻賊寇襄，平城，城樓、窩鋪俱毀，止存南城上關帝廟一，東南城上仲宣樓一，都御史袁繼咸親督本鎭兩標兵丁修砌周城垜頭如舊，不動一民，都御史王永祚重建六城大樓，暨西南城上獅子樓。工甫畢，壬午冬，又被闖賊殘毀。今皇清順治乙酉夏，都御史徐起元檄同知賈若愚，自小北門城上西至南城各險要處，用磚石修砌禦敵炮臺二十九座。戊子後，都御史趙兆麟檄副使蘇宗貴重修西城大樓一座，檄知府冀如錫重建南城大樓一座，檄同知塗騰茂、張仲重修大北門城樓一座，重建小北門城大樓一座，檄知縣董上治重建東城大樓一座，題其東曰"保釐東土"、南曰"化行南國"、西曰"西土好音"、北曰"北門鎖鑰"，以至城外三橋，并敵樓、濠岸俱完葺焉。其東長門城大樓，尚缺未修。

宜城縣城　故城，在縣西北三十里，後以山水衝崩，改遷鄢子國，即今縣治也。宋永初元年，築大堤，周圍十一里。明成化，知縣郭泰因劉千金亂，方築土城二里禦之。弘治二年，知縣海澄覆以瓦。十年，知縣王緒建四門樓。十六年，知縣林典闢馬道，幫城角立冷鋪。正德六年，知縣朱崇學因劉六賊逼境，創磚城，周圍八百丈，高一丈五尺，扁望江、凝輝、來遠、拱辰四門，濠周圍九百丈，深一丈，闊稱之。嘉靖三十年，漢水溢，破城西南北三面，當道陳公、雷公省灾至縣，拓城跨西岡以避水患，添小南門，知縣郝廷璽、教諭陳德舉董其事。嘉隆間，仍被水衝，知縣雷嘉祥甃以新磚，周圍五里三分，高一丈七尺，基廣三丈，面闊丈餘，城門六，各有樓鋪。城外舊有堤約七里許，嘉靖間，知縣景一陽、張鳳起修築，復潰，雷嘉祥加闊一丈，高七尺，又自城北角至小東門增土堤長一百八十弓，高三丈，闊六尺，沿堤植柳以固之。崇禎壬午冬，逆賊李自成陷城，城樓、窩鋪俱毀，止存城東南隅文昌樓，城北鎮宜樓。皇清順治乙酉，始漸次修葺。戊子秋，逆賊高必正等殘毀。辛卯，復建修樓堡。乙未，重修東南城樓。餘門自壬午俱閉未啓，至康熙壬戌，縣令胡永慶始啓西門，以便驛遞農商。癸亥春，沿城插柳以便柴薪，重修東門樓及城堡八間。

南漳縣城 舊土城。明成化間，劉石作亂，有司更築，周圍三里。弘治間，知縣趙泰新之，高一丈六尺，厚一丈五尺，上施木架，以瓦覆之，城門三。正德丙子，知縣蕭浩甃以磚，爲四門。嘉靖間，因逼近面山，拓其城北，廣一里，袤二十五尺，高厚如舊制，濠闊二丈，深一丈，縣東爲通泰郭，西爲望蜀郭，南爲對薰郭，北爲北拱郭。

棗陽縣城 舊制土城，即宋縣令孟宗政所守。故址無樓櫓、池隍，明景泰間，知縣夏亨修築並鑿池。成化間，知縣楊鍈始甃五門，曰向明、曰觀光、曰寅賓、曰西成、曰阜成。弘治間，知縣王顯高置樓。正德七年，流賊趙燧、劉文質逼攻棗陽，城幾陷，知縣安邦創磚城，周圍四里二分，高一丈一尺，厚一丈八尺，櫓四十二、堞一千六百五十五、門樓，五門內各設冷鋪；池廣十丈，深六尺，參議李源有記。萬曆元年，知縣王應辰以城逼學宮，遷南門於文廟前，爲崇文門，建樓其上，爲崇文樓，鑿池尺許出涌泉，其東西北城咸增高六尺。崇禎間，副使苗胙土檄知縣金九陛，增高周城各五尺，浚池亦如之，有記。

穀城縣城 舊制土城。成化初，知縣王溥增築之，周圍六百八十四丈，高一丈二尺，厚五尺。成化十六年，知縣段錦創迎曦、觀瀾、通仙三門。正德十年，知縣康琮甃之以磚。年久水泛城圮，知縣楊文煥、蘇繼文相繼修砌。萬曆四年，知縣楊執中修完，增建西郭門，城周圍加高三尺，鑿深城濠。崇禎己卯，獻賊掘平，知縣阮之佃死之，撫院宋一鶴、治院袁繼咸委保康知縣陶戀中署事，造磚修砌，知縣周建中始告成焉。

光化縣城 明洪武間，創築土城。正德九年，知縣黃金始甃以磚，周圍九百六丈，高一丈八尺，又瀕漢水，造五象鼻，立登雲、通濟、迎熏、朝京四門，又為五石磯於西城下。厥後，水溢堤崩，知縣魏杰徙築內地，又圮。隆慶六年，本府通判馬昌署縣事，請於都御史凌雲翼等卜地三里橋，依陰城鎮為新城，延袤一千六百步，闊一丈二尺，高一丈八尺；城為四門，門各有樓，曰迎輝、登雲、通江、拱辰；四隅各為小樓，曰攬翠、思賢、曙光、挹漢；東西濠各長四百五十步，闊二十五步，南北濠長四百步，闊二十五步。

均州城 磚城一座，前代無考。洪武年，守禦千戶修築，周圍六里一百五十三步二尺，高二丈五尺，闊一丈二尺。四門有樓，東曰宗海，左右設水門以便樵汲；南曰望岳；西曰夕照，閉而不開，避山勢壯也；北曰拱辰。東以漢水為濠，西南北俱鑿濠，深一丈五尺，廣稱之。然明季城池卑淺。天啟年間，流賊大亂，知均州事胡承熙築城浚池，以備防守。四門城樓，上下三層，極其高聳，後遭怖副將南逃，火焚東樓，兵賊肆虐，三樓俱燼。

鄖陽府

《職方典》第一千一百五十九卷
鄖陽府部彙考一
鄖陽府城池考　府縣志合載
本府（鄖縣附郭）

鄖陽府城 舊無城。天順八年，盜起，知縣戴琰築土牆備禦。成化十二年，劉石作亂，都御史原杰奏請開設府衛，遂以舊基恢拓之，周圍八百餘丈，高二丈五尺，為門四，東曰宣和、南曰迎熏、西曰平理、北曰拱辰，其西南附小門二。嘉靖三十六年，都御史章煥於東北開築二百餘丈，正東增一門曰時雨，蓋府學朝門也。四十五年秋，東南城圮，都御史劉秉仁修，高二丈一尺，厚一丈八尺，為窩鋪二十，門樓七，瓮城樓三，角樓一。萬曆間，都御史王世貞改拱辰門曰春雪樓，且為詩歌之。池，則自城西迤北折而東，皆枕山不可爲壕，惟東門鑿池，闊二丈二尺，深九尺，長五十餘丈，西南各門，則以漢水爲池焉。

房縣城 房有城，久廢。明洪武十年，寇起，調襄陽衛剿捕，遂築城一座，周圍七百二十五丈，高一丈五尺，門四，以東西南北爲各門，樓四，角樓四，冷鋪三十六，池廣三丈，深七尺。崇禎七年，流寇陷房，盡廢。至十年，縣令郝景春捐修之一百七十餘丈，池之污塞者浚之。後張獻忠屯營，城池俱平。撫治鄖陽都御史請發帑金，敕均陽營李成章修築，以房令劉天民監之，工未竣而賊至。皇清順治九年，郝逆踞房，城復圮壞。秦帥王一正令兵修之，各樓、冷鋪、城門未設，今尚如故。

竹山縣城 竹山舊有土城，在上庸水北。成化三年，因山寇石和尚據城，始築今城，周圍一千八十步，計三里，高一丈二尺，闢四門，東曰寅賓、西曰廣澤、南曰迎恩、北曰觀瀾，角樓四，窩鋪八，兵馬司八。七年，守備指揮李仁、王綱等重修。八年，調撥千戶華岳、劉榮等七員守禦。弘治改元，都御史戴珊以縣城狹隘，命指揮許瑾展闢，易以磚石，周圍六百丈。正德五年，分守參議白金慮廣澤門西通川省，尤爲重地，命知縣朱紳築土月城，高與城垺，隨以磚石甃之。十五年，知縣何潔又於月城上建一樓。嘉靖二十八年，復改調北京通州衛指揮葉永清、千戶周福守禦。隆慶元年，知縣雍世哲改迎恩門於縣治之東南，而以舊門爲水門，又修廣澤月城樓。崇禎七年，張獻忠陷城，城垣悉爲坦塗，無復當年之十一也。

竹溪縣城 本縣初屬竹山，無城。成化十二年，都御史原杰奏立鄖陽府，因割竹山尹店社而立縣，築土城一座，開東西南三門。弘治元年，知縣呂聰以城東多隙地，始設城之北門。正德九年，知縣張瓚以土城易圮，取石更築之，建南北樓。後知縣李雲續建東西二樓。萬曆甲戌，知縣周繼文又增高五尺，又添設四角樓，以典史任景春董其役，工未畢，憂去，知縣陳希歐繼成之，周圍計二里有餘，高一丈七尺，雉堞三百六十八，窩鋪八。崇禎末年，張獻忠陷城，盡爲平地，修復之議，尚未舉行。

保康縣城 本縣分自房陵，舊無城。弘治十一年，知縣蘇惠和創土城一座，形勝湫隘，弗堪保障。都御史王鑒之按縣重修，周圍五百一十五丈，高一丈三尺，覆瓦浚濠，爲門五，東迎輝、西迎秀、南迎明、北迎恩、小南門曰迎翠，爲樓於上。嘉靖十二年，都御史胡東皋命易以磚石，高一丈八尺，廣一丈五尺，後河溢衝西北八十一丈，知縣張世勳又加石堤七十一丈，又因久雨崩九處，本府通判溫大通修之，知縣潘可賢又慮水衝，率典史方棟修水墈二十七丈七尺，又修陽河溝堤二十七丈，高五層，厚三尺。崇禎末年，流寇出沒，城垣平爲坦途，昔年經營，百不遺一。

鄖西縣城 縣介鄖、津之間，縣治昔爲南門堡，成化十二年，都御史原公檄知縣侯爵築土城。十九年，御史王浚按縣，又命修築，周圍六百三十步，高一丈三尺，廣一丈，上覆以瓦，開東西南北四門，門有樓，浚濠深一尋，廣倍之。正德八年，知縣陳諡計度磚砌，未果。十六年，知縣范繼志成之，其角樓、窩鋪，則知縣邵陽建也。後北門水衝，知縣黃翊以石甃之，置扁名門東曰暘賓、西曰寅餞、南曰迎恩、北曰拱辰。崇禎七年，張獻忠陷爲坦平，今存餘址。皇清順治四年，知縣賀繩烈就東南門瓮城權修小寨，以護庫印。

上津，則成化四年，始築土城。崇禎末，賊毀爲平地。至順治十六年，併入鄖西。

德安府

《職方典》第一千一百六十五卷
德安府部彙考三
德安府城池考　府志
本府（安陸縣附郭）

德安府城 明洪武二年，守禦千戶王興修築。十二年，千戶湯聰闢廣之，鄖山東來二澗夾流，而盡於涢水，城據其間，三面水繞如玦，惟北城高阜，無濠池，城周一千一百八十六丈五尺，計六里三百十三步，東南高二丈四尺，西北減二尺，爲門四，上建重樓。成化中，樓圮，千戶趙威重修，又繞城爲濠深一丈三尺，東南闊十丈一尺，西北半之，城西南隅架濠而衢。舊有梁，西隅潦水爲患，浸及壩堤，千戶趙威甃石長七丈，闊三丈有奇，千戶張能再增之，嗣後民居鱗集，土解水嚙，復隍可慮。正德十四年，知府馬龠復民侵地爲橋，始獲安瀾，同知王瑞之闢內外馬路。嘉靖二十六年，知府李逢皋扁其門，東曰通江、南曰拱漢、西曰道漢、北曰拱淮。三十一年，水溢民居且爲城患，知府徐貢元築堤百里許，稱徐公堤焉。三十四年，知府陳甘雨築北門月城，城周二十六丈，崇丈有六尺，雉堞四十，左右爲門四。十五年，巡撫徐南金增垣如其高，勢亦壯固。天啓中，知府李行志再修城樓，改顔其額，東曰"三台具瞻"、南曰"鳳凰呈祥"、西曰"君子垂芳"、北曰"石柱擎天"。崇禎中，巡道趙振業各城加崇三尺，併二堞爲一，又增建敵樓，蓋登陴遠望之助也。皇清康熙元年，東西城樓俱委風雨，知府高翶更新之。二年，水潦，南北城頹，北樓亦圮，知府高翶修葺崇墉如舊。四年，南樓亦圮，安陸縣令高聯捷鳩工更新。二十一年，知府傅鶴祥見西樓頹朽，創新之，題曰太白樓，數月間，居民弗戒火焰，樓災。二十二年，西北城圮於水，知府傅鶴祥甃石爲脚，置閘以司蓄泄。自是城安磐石，水不爲患。二十四年，知府傅鶴祥復捐資重建西樓，巍峨丹堊，視昔有加，屹然有金湯之固。是年，東城亦圮，知縣劉世英捐修。

雲夢縣城 舊無城。明成化七年，知縣鍾彌築土爲垣，長五里，高一丈五尺。正德八年，知縣孫復置北門樓。嘉靖二十四年，知縣郭貴德置東西南三樓，東曰朝陽、南曰迎熏、西曰觀成、北曰拱極。後知縣王廷佐繼修加高，覆簀爲垣。萬曆二年，知縣陸勛奉檄修磚城，周五百七十丈有奇，高二丈二尺，雉堞九百九十有七。承平日久，邑濠盡淤，居民築室於上，據爲己業。崇禎七年，知縣蔡宗虞搜括原址，鑿浚如舊。九年，寇圍七晝夜，恃以無恐。皇清順治七年，知縣吳宗孟重修四門，置小亭其上，補修四城，整砌礨密。

應城縣城 舊無城。明成化中，知縣汪清築土爲垣，周五里有奇，廣七百四十丈，袤四百五十丈，濠環之；爲門六，曰懷仁、輔義、立禮、小南、秉智、小北；池二，一自東而西入西河，一自古城港迄懷仁而東入漁子港。正德五年，知縣王亨拓垣東出二十八丈，西濱河縮入五十丈，南出三丈，北出四十五丈，周千二百九十丈。嘉靖十三年，知縣李調元改題六門，城基仍舊。二十一年，知縣盧湘甃門建樓。三十六年，知縣吳哲始甃以磚，周八百七十一丈，崇二丈，址廣三丈有奇，雉堞千有七百四十八，更門扁曰東會、崇興、望京、臨武、平政、文明。萬曆七年，知縣李學詩增甃城五尺。九年，撤而新之，視舊加五尺。崇禎九年，賊首張獻忠攻城，知縣張紹登守禦七日，力竭城陷，復爲隍。次年五月，游擊馮再榮奉檄修城，雉堞復完，再建城樓。又次年，知縣李同春草創官舍，漸次修葺。皇清二十三年，知縣王化洽以城陴崩卸，不便巡行，築寬丈餘，下脚倍之。二十四年，巡道祖澤深、知府傅鶴祥、協鎮尤三省、知縣齊國政見樓堞頹廢過多，南門閉塞，各捐資俸，修建完整，洞開南門，以啓阜財崇文之治，更添設窩鋪、鳴金、傳籌，巡邏絡繹，一方保障，儼如細柳營中矣。

孝感縣城 舊無城。明正德七年，流賊起，知縣王賢築土爲垣，周千二百丈，崇二丈，廣一丈五尺。九年，知縣翁素繼之爲門四，各建樓。嘉靖十九年，水漲城圮，知縣汪克思以城西有湖，築堤障之。二十一年，知縣鄔志皋新闢小東門。三十年，盜起，知縣龍興重築土爲垣，周五里。三十九年，復圮於水。隆慶六年，知縣劉琨重建城樓，甃以石。萬曆元年，知縣易元始奉檄修磚城。二年，工始竣。明季，邑潰垣圮。皇清順治十六年，知縣張擢士鳩工庀材，三月城盡甃，爲門六，大東曰朝陽、小東曰復旦、南曰時熏、西曰迎祥、北曰拱宸，惟文昌門在學宮前，舊無樓，形家言不宜樓也。

隨州城 舊土城。明洪武元年，守禦鎮撫李富等始城之，以南畔湫下，徙而北者，半悉甃之，周六百二十五丈，計三里一百七十步，高二丈五尺，南西北三門，各建樓，南樓右增鐘樓，爲敵舍二十三，爲女牆九百五十。弘治十三年，知州李充嗣設關，外門四，各建樓，沿關築堤，周四里，濠繞城周七百丈五尺，深一丈。正德中，百戶張瑄朱元、判官孫益開鑿西北復爲堤五十七丈，西建橋。嘉靖二十五年，僉事鄭汝舟闢南北二門，復侵地爲橋，甃以石，知州朱天秩更闢三濠，始就故道。嘉靖三十七年，知州孫銳加砌以石，郭外又作磚城，高丈餘，周十里，樓六座，以防水備盜。

應山縣城 舊無城，惟有四關門，東北二門，明正德九年，知縣譚一鳳增修。嘉靖九年，知縣王尚用築土爲垣，采石陶磚訖，繼知縣王朝璲成之，既而盡圮。皇清順治初，知縣蔣永修，克集厥成，乃復其舊，南北三里，東西二里，周六百九十九丈，崇二丈址，廣二丈二分，雉堞千有六十八；爲門四，東曰環秀、南曰聚奎、西曰寶成、北曰拱宸，門各建樓；繞城爲濠，半臨汶水，由西徑而東，彙爲深淵，西引二橋以通行旅，東建橋閘以司蓄泄。

黃州府

《職方典》第一千一百七十五卷

黃州府部彙考三
黃州府城池考　府縣志合載
本府（黃岡縣附郭）

黃州府城　宋元遺築，在今城南二里許，《張耒雜志》謂黃名爲州，而無城郭，西以江爲固，其三隅略有垣壁，間爲藩籬，城中居民才十二三，餘皆積水、荒田，民耕漁其中，西臨大江，東傍湖泊，水漲每囓於波臣。《舊志》云，舊城門曰朝宗、向日、龍鳳，餘無考。今東北城迹猶存。明洪武戊申，指揮黃榮拓其基築今處。甲子指揮曹奉，永樂戊子指揮郭顯相繼修，高二丈一尺，厚依山不可計，周一千八百二丈八尺有奇，繚以濠，警鋪三十，雉堞二千一百七十九，門四，東清淮、南一字、西南清源、西北漢川，敵樓各三間，金湯甲諸郡。崇禎癸未三月二十三日平明，賊張獻忠掩至，從東北隅緣獼猴梯而入，驅婦女以鋤平城，旋平旋殺，尸枕籍土壤中，故城所存不及肩，焚殺凡五日，棄去。秋，知府周大啓返舊治任事。先是，亂民有詹瑞甫、汪咸一者，詹家湖、新城湖二水寨寨主，降賊，各以小舟二十艘爲贄，賊喜留麾下，許恣其掠以酬之，漸廣舟楫，大江以南，無噍類矣。五月，獻忠破省城，二人從掠資億萬歸。賊去，周大啓執瑞甫、咸一責以修城，貸其死，二人因陋就簡，周歲畢工，敗磚殘石耳，視舊制低五尺有奇，廣依其舊。皇清順治丁亥，知府牛銓建譙樓四。康熙乙卯，清源樓風折，知府于成龍建。承平久，濠漸淤半，爲居民禾稻菱藕之利。

黃安縣城　建於明嘉靖四十二年，從撫臣張雨、按臣唐繼祿請也，始建城，同知袁福徽督其役，周五百九十九丈有奇，高一丈八尺，門凡四。隆慶二年，雨，城半圮，通判王可大葺之，裁卑四尺。萬曆二年，知縣應存初增高五尺焉。後二十四年，因形家言，縮南城而小之，城如彈丸，民居日蹙，可謂惑於術而未聞道者。

蘄水縣城　舊無城。明萬曆乙卯，巡撫趙賢采輿議創建，知縣劉憲董選經始，周七百六十丈有奇，寬四丈；爲門五，東來泰南、麗文，又便民、西永豐、北拱辰，後益以二，東南躍龍、西南阜城。崇禎乙亥，知縣龔鼎孳葺而增崇焉，爲敵樓六，堡二十八。癸未三月，賊張獻忠襲之，驅婦女掘與地平。甲申，知縣孔惟時督民重修，廣雖仍其故址，而草率圖工，制迥非其舊矣。

羅田縣城 舊城，元大德間，在官渡。明成化己亥，信陽軍入寇，知縣沉雷築土城。嘉靖庚寅歲，大水盡圮，賊復入寇，知縣勞樟因舊墟砌以石。戊戌，復大水，圮者半，知縣祝珝重修，城周五里，高一丈五尺，厚一丈，西北依山，東南臨水，坊四，東崇仁、南崇道、西崇義、北崇德，但城曠廓而居民寥落，未免有地廣人稀之慮。

麻城縣城 舊為後趙石虎將麻胡秋所築，係城於麻，記始事也，垣以土成。入元而廢。明弘治己未，知縣韋厚砌以石，建樓於上。萬曆初，巡撫趙賢、巡按舒鰲建磚城議，董其役者知縣錢節用，周九百五十八丈有奇，高一丈七尺，門七，東賓暘、西寅餞、南迎薰、北拱辰、朝聖、應璧，又小西門，今閉。崇禎乙亥，知縣劉星耀修而增拓之。皇清順治甲午，傾圮過半，知縣王潞前後修葺，復還舊觀。《舊志》，城之濠，惟東西有之，譙樓前有觀風河，通城外二濠，置橋於上，後橋廢，譙樓亦廢，惟樓基尚存。皇清康熙八年己酉冬，知縣屈振奇復增築舊基，重建鐘鼓樓，惟觀風河橋基，覓之竟失其處。

黃陂縣城 舊土城，半衛縣治。明正德間，邑令周晒復造營房於後以衛之。萬曆癸酉，詔天下概城郡縣，巡撫趙賢檄郡司理程正誼先後經始，復調州同陳汶督築陂城，三月工竣，計城周九百八十三丈九尺有奇，高一丈八尺，橫一丈二尺，設六門，門各有樓，東昭明、南景福、小南曰康阜、大西曰豫泰、小西曰豐亨，北門因風射縣學，邑令蕭白諸院道，壘其門並樓亦廢，止存五門，後於城之巽隅復開一門，曰文昌門。崇禎末，流寇入城，傷邑令趙元有及縣丞夏統春、主簿薛聞禮，雉堞半遭平毀。至皇清順治二年，邑令張尚忠主其事，建大南門樓一座，復權移城外廢寺充製各城門樓，後令楊廷蘊修理增築，屹然保障矣。城南灄水相抱，城西北有池，餘俱有小濠，久為壅塞，邑令楊悉浚之。

蘄州城 古羅州城，宋景定四年，元兵據白雲山，設炮，守者懼走保鴻宿洲，安撫使王益遷城麒麟山，今因之。元至正辛卯，紅巾賊劉福通倡亂，徐壽輝僭號據之，陳友諒弒壽輝自據為偽漢，後友諒子理降。明洪武初，遣指揮趙應清、千戶許勝守禦，依舊地修砌。永樂六年，指揮胡善增築腰墻、雉堞，周九里三十三步，一千一百三十丈，高一丈八尺，門六，東賓暘、西澄清、西北觀瀾、西南聚奎、南文明、北武襄，警鋪三十，雉堞三千一百六十五，西濱大江，東南北皆江水彙而為湖為濠，不煩疏鑿，而其險可守。

廣濟縣城 舊無城守，縣治爲市民擁衛，外開四門，東覿暘、南迎熏、西繼旻、北得朋，又西北曰保和、有慶，而大河中注之，東南二門在河東，其他門與縣治在西，外有陂連貫似珠，越西門曲轉如長蛇，抵大河，河水時漲不可以城，故不城。明崇禎十二年，有建城之議，自西徂東跨河爲之，包南山，壞原田，興工數月，不果成。

黃梅縣城 梅舊無石城。明萬曆十七年，土民劉汝國作亂，不能拒守。二十二年，巡撫郭惟賢請建城，以長沙別駕孫鉉董其工，計城周可三里，徑可一里。凡七門，東曰仁育；北曰拱辰；西曰正義；南曰文明，西、南之間有利道門，久塞不開；化龍門；東、南之間有小南門，其四門各有樓，以二十六年告成。城外北爲山，南爲河，無市，東西皆有關廂。崇禎十五年，獻賊毀城，知縣張聯芳復繕治之，其高堅皆不如初，城樓則俱未建立。皇清順治十六年，知縣徐昱始建南門，立城樓一座。南門久塞，至是復開，以昌文運。梅亦無池，北山是其來脉，東南以河爲拒，西以西池塘爲拒。至明季，以流寇之故，鑿濠環城以爲池。

荆州府

《職方典》第一千一百八十九卷
荆州府部彙考三
荆州府城池考　府志
本府（江陵縣附郭）

荆州府城 自楚熊渠長子康國句亶始。按《一統志》，以爲漢關羽所築。晋桓溫增修。唐元和中，裴宇瘞石室，後人掘得其狀，與江陵城同。宋蘇軾言，江陵城南門外有石，狀若宇，陷地中，而有其脊，繕南城乃得之，故識者謂此城規度，似有所受，更閱時代，未敢輒增減。明洪武甲辰，平章楊璟依舊基修築，周一十八里三百八十一步，計三千三百九十九丈，高二丈六尺有奇。嘉靖九年，重修，爲門樓各六，新東門曰鎭流，樓曰賓陽；東南曰公安，門舊名楚望，樓曰四望；南則南紀，門樓曰曲江；西門舊名龍山，樓曰九陽；小北門曰古漕，舊名維城，樓曰景龍；大北門曰朝宗，舊名柳門，樓曰拱辰。城形若環，門重關，四面皆浚隍以通流。昔孟珙帥荆湖，通三海，修十隍池流如帶，後漸淺澁，不治。城西爲明湘王城，可五里許，即高季興子城也。天啓七年，惠藩建國因之。崇禎十六年癸未，獻逆驅民男女平其城。皇清順治三年，巡道李棲鳳、總鎮鄭四維率兵民完城垣址如之。康熙二十三年，奉旨特設滿洲將軍、都統領八旗大兵駐防荆州，駐東城，其西爲官署、民居，設有間牆。

公安縣城　邑自柴林街徙屠陵，城無可考，杜詩："野曠呂蒙城，江深劉備營"，或謂屠陵城爲呂蒙所築。明正德間，周鉞築土爲城，尋圮。嘉靖二年，知縣周臣奉議叠磚石築之，以邑濱江，衝決，城漸潰，知縣楊雲才議遷椒園，至知縣高鳳翔始改遷，乃以鄒錦衣衛議，復徙祝家岡，知縣張大韶修砌。崇禎庚辰，知縣趙繼鼎修築有加。癸未，賊陷荆州，而公安殘毀殆盡。皇清順治五年，知縣王百男建署於舊邑斗湖堤。八年，始移祝家岡之新城。

石首縣城　邑舊無城。明弘治間，知縣何浴始築土爲垣。嘉靖七年，水漲墻圮，知縣徐汝圭重修，後復易以磚城。至萬曆乙巳，因形家言，移縣署於北城，遂以舊北門爲譙樓，乃拓東北隅之地，更立北城樓，臨大江，城加廣焉，周一千五十六丈，高一丈一尺，女牆四尺，門樓五，池繞城。崇禎末，兵燹傾圮。至皇清順治中，知縣黃大年重修。歲久傾圮，至康熙七年，復修壞垣一百八十五丈，缺口十三處，城樓垛堞完固，周回計一千三百六十丈，高一丈四尺。

監利縣城　明正德中，巡撫秦金檄縣丞杜漸築土爲城。萬曆初，知縣李純樸奉巡撫檄始建磚城，周一千八十丈，高九尺有奇，厚一丈有奇，爲門五，南曰朝宗、北曰望京、東曰朝陽、西曰阜民、東北曰保和。崇禎甲戌，知縣唐復加高三尺，濬濠環繞，濠深二丈，一面小河，一通大江。迨明季兵火，圮毀殆盡。皇清順治六年，知縣藺完瑝率衆繕修缺毀，重建城樓，東曰光華復旦、南曰江漢澄清、西曰鴻雁翔集、北曰鎖鑰深嚴、東北曰神聽和平。

松滋縣城　舊無城。明成化間，始築土城，名楊城，周五里，高一丈二尺，爲門，建樓有四，池闊二丈五尺，深八尺，北一面臨大江。崇禎間，知縣何志孟因四方寇警，具狀上聞，修築磚石。明末，獻賊屠城，蕩爲平地。皇清康熙六年，始議修復，漸次創興。

枝江縣城　明洪武二十二年，設枝江守禦千戶所，防容美洞蠻，創築土城。成化四年，指揮李震、許英築磚城，周千有餘丈，高一丈五尺，爲門五，各建有樓。池，東臨大江，西臨峻嶺。弘治三年，知縣李智開鑿，欲通江水繞城以便舟楫，將成，智遷去，議遂寢。

彝陵州城 舊在江左，宋徙江右。元復徙江左。明洪武十二年，千戶許勝因舊基甃砌，周八百六十二丈，高二丈二尺，爲門七，曰東門、曰中水、曰大南、曰小南、曰大北、曰小北、曰鎭川，各建有樓，東、南、北三面皆壕，闊四丈五，深二丈，惟西一面臨大江。成化間，知州周正復修，高五尺，外甃以磚，內築土爲臥羊坡。崇禎末，獻賊平城。至皇清順治十三年，奉委修葺。康熙六年，知州鮑孜繕修完鞏。

長陽縣城 前後有東峰、鳳凰諸山壁立環繞，四面阻塞，西則施州、建始諸水奔流赴壑，會爲清江，東出大河，而治中域焉，誠天然城塹也。宋元築土城，明因之。至崇禎十六年，知縣朱方乾請詳修築，於臨江一面甃以石，並建東南西門城樓，後山一面，累土爲城，覆以瓦。十七年，土官唐鎮邦率蠻兵攻城，陷之。明末，墮於闖賊。皇清康熙三年，知縣樊維翰修復。

宜都縣城 三國時，吳陸遜拒蜀，屯戍宜都，見滄茫溪產异石，紅如瑪瑙，綠似玻璃，見而喜曰"此地露文章"，遂築城於此，號曰陸城。明成化間，都憲楊璇因舊基築土城，周六百五十餘丈，高一丈一尺，立門五，東曰朝天、南曰迎熏、西曰太平、北曰臨川、東北曰合江。乙未，縣令王浚增建門樓。戊戌，重修之。嘉靖壬午，知縣葉建合江門樓。丙午、丁未間，建朝天、迎熏、舊東門於學宮之左，重建大亨門。萬曆丙子，知縣許夢熊以王城不堪防禦，始易以磚石，周五百餘丈，高二丈有奇，易舊東門爲應雷、易迎熏爲大觀、易太平爲保泰、易合江爲佑治、易臨川爲明威，建樓櫓十八座，宜人碑曰許公城。癸巳，霆雨异常，東北隅傾頹三十餘丈，勢逼於江，難以修復，知縣經世文稍遷於內。崇禎癸未，被賊屠陷，盤踞不一。皇清順治四年，移寓白羊城，垣盡圮，虎穴其中。康熙元年壬寅，總督張長庚檄知縣葉茂生修築，創建城樓。

遠安縣城 古城臨沮，在南漳界。元遷亭子山下。明成化間，築城東莊，砌以磚石，周八百餘丈，高一丈八尺，爲東西南北門四，建有樓，千戶朱綱增築護城堤，以防水，池闊二丈餘，深丈餘。崇禎甲戌，寇至，城陷。癸未，闖賊復陷。皇清順治四年，知縣周會隆莅任，露處山麓，請修城堞，因河爲池。十一年，水漲城圮，知縣盧連昌營築。十五年，復大水，城復圮，知縣安可願重修。

歸州城 舊城，原在江南。明嘉靖四十年，地忽陷裂，城舍傾圮，始遷江左，今丹陽地，周圍六里，一千八十一丈五尺，高一丈九尺，爲門四，東曰迎和、南曰興賢、西曰瞻夔、北曰拱極。明季，爲流寇往來盤踞，城垣頹廢。皇清康熙三年，知州曹熙衡始入城，招集捐設城門。

興山縣城 舊無城。明弘治初，知縣劉孜築土城。正德中，知縣譚溥、胡安、葉槐繼修，高一丈，厚七尺，周圍三百三十四丈，爲門三，東曰迎恩、南曰觀瀾、西曰來遠。嘉靖九年，知縣李廷實因北山麓增築土城，礱石爲基，闢北門，以守禦。然山水驟漲，頻修頻仍。自崇禎甲戌變亂後，傾廢殆盡已久。皇清康熙十年，前知縣胥遇殫力經營。

巴東縣城 舊無城，按巴東前臨川江，後聳崇山，自然之城壍也。

施州衛城 宋舊城，即今元妙觀及睡師崖下，因山爲之。元仍舊。明洪武十四年，指揮朱永拓址礱石，周九里有奇，高二丈五尺，東北帶清江，南環溪水，皆天然城壍，上設串廊、警鋪、女牆，爲門四，東曰清江、西曰西順、南曰南陽、北曰拱北，今傾頹過半。

大田千戶所城 明洪武二十二年，千戶鄭瑜用石礱築，周五百丈有奇，闊一丈，高二丈，池深一丈，闊二丈，爲東西南北四門。

荊州衛城 荊城樓雉相望，周圍七十餘里。明初甲辰，平章楊璟修，周一十八里三百八十一步，高二丈六尺五寸，爲門六，而三衛屬築其二，北之朝宗，俗曰小北；西北曰古漕，俗曰大北，餘四門，荊三衛不與焉。

荊州右衛城 始自楚王長子旬亶王更閱時代，歷有修築。明初甲辰，平章楊璟繕修有差，而拓地更新，則在萬曆十年。周一十八里三百八十一步，高二丈六尺五寸，爲門六，東曰鎮流，樓曰賓陽；東南曰公安，樓曰四望；南則南紀，樓曰曲江；西則龍山，樓曰九陽；而北則古漕，樓曰景龍；東北朝宗，樓曰拱辰。城形若環，門重關，四面皆浚隍以通流城中，之西爲明湘王城，可五里許，即高季興子城也。今大北、小北兩門，版築屬之三衛，四門則隸之有司焉。

長沙府

《職方典》第一千二百五卷
長沙府部彙考五
長沙府城池考　府縣志合載
本府（長沙善化二縣附郭）

長沙府城　自漢至元，俱仍舊址。元以前，築以土，覆以甓。明初，守禦指揮丘廣乃壘址以石，尋以上至女墻皆以甓，城用完固，址之廣三丈，顛僅四之一，高二丈四尺，周圍度計二千六百三十九丈五尺，里計一十四奇二百八十步，女墻四千六百七十九堞，堞垛崇二尺；東三門曰新開、小吳、瀏陽，南一門曰南門，世稱黃道門，西四門，曰德潤、驛步、朝宗、通貨，北一門曰湘春門，各有樓；濠自南門之右，深一丈五尺，廣十丈奇；西下德潤，深一丈，廣三丈，延四百八十丈；之驛步延一百六十二丈，之朝宗延二百八十丈五尺，深一丈，廣六丈；之通貨延一百丈五尺，深一丈三尺，之湘春延二百四十五丈，深一丈，俱廣八丈二尺；之新開延五十九丈五尺，濠為地二段，各深一丈一尺，廣二十四丈；之小吳延四百九十八丈，深一丈九尺，廣二十一丈；之瀏陽延二百七十七丈，之南門延四百三十八丈，深二丈，廣二十五丈；城之上更樓六七座，九門之巨建不與焉。樓垣年久頹圮靡常，時加修建，惟城外隍池自南門起至草場門止，小民填培隍池，建造樓屋，去城僅數武。明崇禎丁丑，臨藍賊猝至，兵道高斗樞、知府雷起龍盡撤其居，毀之，寇去，清復舊址，開浚隍池，深若干丈，周圍環繞，去石橋而易以木，城上舊有窩鋪，湫隘不堪，知府雷起龍捐俸，置營房若干楹。辛巳，知府屠引錫始奉旨以修練儲備四事，增築月城。癸未，流賊張獻忠由武昌揚帆入湘。八月二十五日，城陷，在城居民悉被屠戮，聞左良玉自南昌拔營而來，始宵遁，既而左之蹂躪，倍於獻逆矣。迨皇清順治丁亥，總鎮徐勇等加修焉。甲午，復修之。康熙乙巳，周召南增設四門。壬戌，霪雨，江水浸溢，城垣頹傾一百七十丈，知府任紹爌請詳部院韓世琦，使七府二州各衛，均捐修砌，其堅倍於往昔矣。

湘潭縣城　邑舊無城。明嘉隆間，廣盜剽湘江，荊湖亡命乘風窺公帑，掠市廛，地方罔以戒不虞。萬曆二年，巡撫趙賢行部至，始檄縣令吳仲城之，廣袤三里，周圍二千餘丈，高一丈六尺，為門五，覆以樓，南曰觀湘通津、東曰文星枕湖、曰熙春、北曰拱極、西曰瞻岳，又水門曰通濟，第重役不經，未幾輒圮，典史張大禮力修之，增以女墻。崇禎間，推官李猶龍視縣事，甃以磚石。迨癸未，兵燹之後，雉堞復毀。皇清初，知縣閻安邦等前後修葺，而旋修旋圮。康熙甲寅，滇寇入潭，城之內外皆以棲兵，而民不與焉，賊撤營後，知縣姜修仁糾眾復修。

湘陰縣城 舊去白烏潭里許。五代，許可崇以大理評事攝縣事，遷今治，即羅之白茅村。宋紹興初，避楊么，又遷於南十七里赤竹山。五年，再遷今治，四隅無城。明嘉靖四十年，江廣寇警，震及湖南，民罔依據，兵巡荀延庚、推官翟台乃相基經始，初建縣治北城池一面。四十四年，翟台復謀諸郡守蔣，檄寶慶衛幕閔柯來視，掾環縣治而築之，工僅及半。隆慶間，邑大夫彭來令是縣，續而成之，延袤三里餘，高一丈五尺，爲門七，南曰通津、西南曰來薰、西曰望湘、西北曰廣儲、東曰挹清、東南曰文星、北曰鎮朔，文星門外爲南關，鎮朔門外爲北關，城堞屹然一巨觀，董其役者黃周仕等。啓禎間，傾圮幾半，知縣祖守節重修之。皇清康熙三年，知縣唐懋淳重修。

寧鄉縣城 邑舊無城。崇禎末年，縣令沈始基之，西南北門各爲壘數十丈，具雉堞之觀耳。沈去，而亂起，工委於隍。惜哉！門有四，東曰朝陽、南曰迎薰、西曰通安、北曰拱極。

瀏陽縣城 邑治舊惟有土城。按《舊志》云，土城，周六百五十二丈，年久頹圮。明嘉靖四十六年，知縣周宗武築土墻，沿河砌石。萬曆元年，巡撫趙賢、巡按舒鰲建議郡邑例得城，瀏藉是塞上命。後土城崩，十二年，知縣李朝佐重修。越三年，水衝決，縣令杭廷對又修。十九年，春水淋頹，知縣楊一桂始議建磚城，其高丈、其圍，仍土城舊址，其經費請於朝，得蠲現年餉若干兩，五百甲分派，每甲各修一丈一尺零，刻其里甲之名姓於上，有傾圮者，命修補之。然更歷年歲，民苦流亡，一甲殘敗，則一垛不復振矣。百十甲殘敗，則百十垛不復振矣。而況其下之築基未厚，上之風雨飄淋，明季年間，墻傾石墜，啓閉無間。皇清順治十四年，奉巡撫林、巡按趙命郡邑宜各高城深池，修築以戒不虞，示下嚴急，每城加高五尺，城樓悉從新建，經費仍自民起，除可仍舊補葺外，里甲分其丈尺，各修之，城有四門，門各有樓，其經理較舊制稍加大焉。迄今尚仍其建制云。東門樓三間，舊曰朝東門，後改東善門，今改曰朝宗門；南門樓三間，舊曰正陽門，今改曰向陽門；西門樓三間，舊曰水西門，今改曰望月門；北門樓三間，舊曰朝天門，後改迎恩門，今改曰拱辰門。

醴陵縣城 自漢以來無城。明正德十年冬，知縣羅應文創築未完。嘉靖四十年，兵道羅文蔚按縣建議，東北沿山則創築土墻，西南沿江則豎立木柵。萬曆十九年，知縣晏朝寅甃臺增樓，東啓賢、西挹清、南向明、北拱極。皇清順治十五年，張侯法孔設立木柵。康熙三年，堯山張侯復修之。至十三年後，吳逆蹂躪城中，居民皆毀於火。康熙二十年，陳侯建立木柵，周遭凡若干丈，暨二十二年以其圍繞稍狹，且就敝也，乃撤而新之，爰捐資購備木植，按其地勢，度以丈尺，竪立木城，設四門，門建四樓，又設小東門城樓一座，以時啓閉。從東至南門計一百丈，自南至西門計九十丈，從西至北門計一百八十丈，北至東門計二百丈，内兼縣前河岸居民稠密，不便，議撤者四十五丈，通計五百七十丈云。

益陽縣城 相傳爲魯肅所築，其遺址猶有存者。萬曆五年，知縣鄭思孟略加修葺，爲水所侵，崩塌過半。皇清順治十四年，洪經略遣將鎮縣編木爲衛。康熙二十一年，知縣江闓捐俸堵築，晨昏出入，始可稽察，城上惟見岳樓，爲一邑巨觀。

湘鄉縣城 邑舊無城。萬曆庚寅，知縣揭士奇議建，未果，僅設四門於街口，各樓其上，治聯溪峒，賦甲湖南，六關四通，漫無城守，如往者土寇横行，坐受蹂躪，相民力以度土功，是在實心任事者矣。

攸縣城 漢唐宋皆無考。元末，潭州丘指揮差千戶劉隆、鎮撫姚正修築，周一千一百二十步，垜九百一十座，不知廢於何時，止餘四門。明正德中，知縣趙春增置一門於儒學前，扁曰文江。嘉靖壬午，知縣於良相始建土城一座。癸卯，縣令范志文伐石砌門。乙巳，僉事朱榮改文江門爲興賢門，移置欞星門前。崇禎癸酉，臨藍山賊窺攸，營於對河，本縣率鄉勇力禦，賊遁不敢渡。時邑紳文士昂疏請建磚城，知縣余翠因舊址易土而磚，工未竟，以考選行。丁丑，知縣蔣拱辰自新化調攸，謀開拓，度基量工，工未舉，以憂去，繼之者知縣賴尚皋，始辛巳，迄癸未，三年而工始竣。癸未秋，再罹流賊張獻忠之變。皇清順治十四年，復奉旨增修昔賴所修者，門無樓，城無垜，知縣朱英幟捐資建五門樓，東曰迎旭、南曰時熏、西曰涵岳、北曰望雲、東南曰映波，增垜一千九百六十座。康熙甲寅，滇寇盤踞，西南倒塌一百五十丈。己未，知縣張潛捐資修造完固。

安化縣城 邑舊無城，止有五門，用木柵。萬曆元年，知縣張思美建石樓五座。崇禎間，爲兵所圮。迨皇清康熙二十一年，知縣吳兆慶復加修焉。城東門，古曰回春，又曰迎恩，今曰迎曦；南門，古曰宣化，今曰南熏；小南門，古曰向陽，今曰嵩陽；西門，古曰來遠，今曰進賢；北門，古曰望京，今曰拱極。

茶陵州城 在州東五十里，曰茶王城，爲漢元朔節侯欣所築；北十里曰金州城，爲宋祥符鄧宜築。在今治者，爲宋劉子邁所築。子邁，紹定中，知縣事湖南安撫余嶸曰"茶陵介三路之間，列聯諸峒，寇盜竊發，非城弗守"，乃命子邁城之，南東枕江水衝蕩，不能城，子邁括鐵數千斤，鑄為犀，置江岸，以殺水勢，乃列木石其下，而土其上，城乃成，闊凡五里一十三步，址廣為尺三十，顛廣損之，高為尺二十有五，為五門，東南因江為險，西以北為濠，濠深為尺一十有五，闊為尺六十有五，南導江流灌注其中，北復會於江，環繞若帶，邑用保弗憂。元增立萬戶府，知州顧復名其門，東曰聚星、南曰迎熏、北曰朝天、西曰紫薇、小西曰通湘。至正庚子，江西袁州偽王歐祥據之。明吳元年甲辰，因元萬戶府置為衛，以指揮范谷保領之，劉海、楊林相繼至，益加葺焉。洪武二十二年，從都督李勝請命指揮趙才、知縣李士謙於城西展築之，視舊之廣加四里，高如之，仍為五門，門覆以重樓，增以月城，惟南濱江，無月城，為敵樓八，為角樓四，為更樓二十有二，久圮弗復修，為堞二千一百六十六，甃城以石，甃堞以甓，裹門以鐵，西北仍周以濠，深闊視舊濠，延袤維城。城後圮壞，北門堤崩毀，水漲入城池。知州陳情又加修整，復築河堤，屹然巨鎮矣。萬曆庚戌，大水泛漲五六丈，涌入城，城近水者盡圮。時蒞茲土者楊惟相次第修理，缺者補之，隉者葺之，崇禎丙子、丁丑年間，臨藍土寇竊發，不假鉤援，輕茹飛城，藐若平地，時知州事蘇泰初憂之，徙城北堤增疊加堞約二尺許。皇清順治丙申，水復泛，城復圮。時知州事周士先治畚鳩工，督匠繕治城如故。康熙癸卯，水泛，視昔為甚，陵谷滄桑，民幾昏墊，城之不沒者僅數版，東南城牆崩頹五十二丈，現任馬捐過俸銀二百兩修砌，已經完固。城上有五樓盡壞，東西重修二樓，西樓自周士先建也，東樓自今馬公崇韶建也，高聳敵大，四望偵探，以備不虞，則未竟之三樓，端有望於當事者矣。

岳州府

《職方典》第一千二百二十一卷
岳州府部彙考三
岳州府城池考　府縣志合載
本府（巴陵縣附郭）

岳州府城　春秋時，楚子使王孫由於城麇，楚昭王為吳師所敗，奔鄖。

及秦救至，吳大敗，而歸昭王復入於郢，使由於城麇。三國吳，魯肅城巴丘。晋陶侃亦城巴丘，在府東八里。宋元嘉十六年，因魯肅舊圍增築，內跨岡嶺，外濱三江，歷代俱仍其舊，有門曰楚澤、曰碧湘、曰會泉。明洪武四年，始拓而築之。二十五年，指揮音亮重加甃砌，周一千四百九十八丈，計七里，高二丈六尺有奇，雉堞一千三百六十有六，高四尺。舊為門者六，永樂間，廢昌江門。萬曆末，又廢水西門。今門四，東曰朝陽、西曰岳陽，南北各以方名，咸有月城。東、南門外各為橋者一。北鑿河周千餘丈，即古湟也。西濱大江，嘉靖中，西城崩陷，知府王柄、趙之屏、金蕃、姜繼曾相繼修茸，費帑金萬計，迄無成功。隆慶初，副使施篤臣創議，自江濱起築，壁立直上，而別築土堤禦水，知府李時漸奉行，工費鉅萬。六年，同知鍾崇文於岡上加砌女城，自南阻北，周數百丈，高六尺。

臨湘縣城 邑舊無城。成化十一年，知縣唐絹始築土垣。十八年知縣羅俊，弘治十六年知縣黃嵩重修。正德初，知縣邢思敬、姚顯虞、蔣時材後先茸之。萬曆三年，巡撫都御史趙賢議建磚城，同知韓希龍、知縣陸勳甃磚叠石，增女牆；闢四門，東曰平湖、西曰盤山、南曰瞻岳、北曰望江；周回五里，高一丈六尺五寸，基厚如之，女牆高二尺五寸，總計六百二十八丈，為一千二百五十六步，門皆有樓。崇禎十六年，獻賊破城，崩塌過半，尚未修砌。城之東南臨湖水，西北倚山，江高下不平，難以瀦水，故無池，自南而東，皆窪澤。元泰定間，知縣趙憲築堤以防水，至今賴之。

華容縣城 舊本土城，周七百餘丈，為門五。宋至和間築。元至正丙申，參政張雄鎮守岳州，遣護尉覃大受砌以石，後僅存遺趾。明成化十三年，知府戴璇、知縣鮑德修土城，高一丈五尺，厚倍之。二十年，知縣梁澤砌以磚，改安南門，沿江面南闢西門。嘉靖三十六年，知縣毛銳塞西門，闢新南門。四十三年，知縣葉景芳復塞之，今唯四門，東曰平江、南曰沿江、西曰西門、北曰石首。萬曆三年，知縣田大年始大修之，並建五城樓及巡警、窩鋪。五年，典史黃嘉祥易石首門為小北門。七年以後，磚石剝落。至二十三年，水入，城圮焉。至三十四年，水入城，城又圮。三十五年，大水，城盡壞，知縣李雲階重修，城高若干丈。三十六年，水漲入城，李雲階復捐俸修補，先築堡舍三十有六，沿城警柝，隱然封守焉，城東北隅故邊河無池，西南隅舊有小洫，比淤為民田。

平江縣城 邑舊名羅，漢高定。楚之六年，城羅縣，今故縣鄉猶有土城遺址，徙今治，無城，意唐元和時所遷也。明弘治八年，知縣劉廷重創東、西、南、北四門，曰康阜、曰時和、曰迎恩、曰惠濟，門各有樓，廢。正德七年，分巡陳良珊檄府同知閆鎧更築之，周六百餘丈，高五尺，未成而鎧去。隆慶元年，知縣夏子諒諭鄉民羅孟儒等各量產出資修築，周一千二百十五丈，高一丈五尺，闊一丈二尺，仍舊四門，各有樓，水門六，城外挑壕塹，闊深如之。

澧州城 邑自隋，改爲松州，築松州城。唐宋遷徙無常。元末，徙李泌所創新城。明洪武初，復遷於此，總督蕭杰壘土爲之。永樂二年，甃以磚，高一丈五尺，上加女牆，周千丈，外有濠。成化中，城址嚙於暴漲，指揮柴啓重修。嘉靖中，參政劉廷誥更東門曰澧陽，南曰蘭江，西曰石慈，北曰松滋、金川，明末賊毀。皇清順治六年，分守道王璲督衆修補北樓一座，知州欒元魁建其東南西三樓，守道孫養翼、知州張聖弘捐俸建置，遂復前制，池深廣如舊。歲久水災，城腳傾圮。至康熙二十二年，城傾三之一，知州朱士華捐俸重修。

石門縣城池 無考。

慈利縣城 舊在大庸所地。洪武時，移今址，原無城。成化，知縣始創立柵欄爲防。正德十四年，知縣劉勳於東西街口壘堞圭，其下爲門，創樓於上，宿卒以司晨夜。嘉靖中，知縣劉長春並創門樓，題其東門曰迎曦、北曰樓澧、朝宗、南曰永鎮、西曰溪峒、懷德。隆慶三年，知縣梁可大遷於官塔坪，築土垣。至萬曆六年，知縣游春霖以水患，申請三道，復移今址，面山背水，城周千有百丈，高一丈六尺。自明末兵變，城垣傾頹，門柵未設。

安鄉縣城 原縣治前後濱河，其前河一帶地形稍起，後河最爲低下，故古無城垣。皇清順治十六年，知縣辛良器以前河客舟猬集，權將民牆接續成城，用防不虞。康熙甲辰冬，知縣王之佐鳩工修築，四門，建置城樓，遙望雉堞巍然，邑治增觀。

永定衛城 自明洪武二年，於永順宣慰司羊峰地創羊山衛，後以羊峰險阻遷今地，改名大庸衛。建文元年，指揮黃裳甃以磚，周二千一十丈有奇，廣九里一百二十武，高二丈四尺，雉堞一千六百五十垛，高四尺，門五，各以方名。

九溪衛城 自明洪武二十三年指揮呂成、韓忠築，高一丈八尺，周一千丈，廣九里，西南壕塹四百八十丈，東隅大河爲濠五百二十丈，雉堞九千三十五，串樓九百一十八，門四各有樓，東曰朝天、南曰迎熏、西曰定邊、北曰拱極，後俱傾圮。皇清康熙七年，副將李承恩重加修築。

大庸所城　自明洪武末，移今永定舊地，千戶武才築，周五百丈，廣二里二百八十步，高一丈，雉堞九百二十四，門四各以方名。

安福所城　自明洪武二十五年，千戶李樵築，高一丈七尺，周五百五十三丈，廣二丈五尺，東西門各一，南阻山無門。

添平所城池　土城，周三百八十丈，高六尺，土門一。

澧州所城池　原係九溪衛前五屯田，於明成化年間，華藩封澧撥為守禦。萬曆間修砌，計一百二十三号，其東門滴臺係澧州東隅修砌，南門滴臺係澧州南隅修砌。

麻寮所城池　土城，周四百一十五丈，高八尺，土門一。

寶慶府

《職方典》第一千二百二十九卷
寶慶府部彙考三
寶慶府城池考　府志
本府（邵陽縣附郭）

寶慶府城　在府治，埤山為城，塹江為池，六嶺拱其南，濱水環其北，東臨邵水，西接神灘。按《圖經》，春秋楚白公善始來築城，即今治也。迨隋，改建州，移治於江之北，尋廢，復還江南。歷代仍舊。元末，傾圮。明洪武初，總制胡海洋、指揮黃榮奉命重築。天順中，指揮湯泰重修，高二丈五尺，圍一千五百二十九丈，九里十三步，西南月城二。崇禎十年，知府陶珙造敵臺二，尋圮，及各城樓俱毀。皇清順治十二年，偏沅巡撫袁廓宇為防禦計，命長沙各府夫役修建敵臺，雉堞完整，視昔有加，省鎮南樓，塞臨津門，今門四，各建樓其上，東曰朝天、西曰定遠、南曰大安、北曰豐慶。康熙十二年，知府李益陽重修。二十一年，知府梁碧海、知縣張起鶚復修。城東北以江為塹，西南濠長九百七十丈，闊十五丈。康熙二十二年奉丈同。

城步縣城　城圍五里三分，高一丈八尺，闊八尺，上覆串樓二百二十間。弘治甲子，委官范山督成，自南繞西而北役民，自北繞東而南役軍。

嘉靖癸卯，知縣饒櫃重修，中僅南門通溪而無井，百姓苦汲。庚申，廣苗逾城劫庫。丙寅，內外戒嚴，杯水如醴，人情洶洶，署印判官徐機、教諭楊志禮相繼申允，拓南城，臨江增東西各二十四丈，串樓各二十四間，引溪水入城。戊辰，知縣胡采查崩裂丈尺，申允估儀，同千戶陳萬策始督完城工。二十四年，旋塌，知縣元宗孔動支官銀如法修砌。二十六年，知縣諶延錦爲居民取水不便，又開小南門。三十年，知縣胡夢珍議修東北一帶軍城，動支餉銀六百一十餘兩，申請當道委官督工，如元令法修砌堅固，可垂永久。覆議於南門外建造月城，引水入內，以備不虞。至三十八年，知縣竹密建議用石始砌溪溝一道，引水至小南門，開井注之，復欲築城圍井。四十二年，知縣汪察乃議將舊城一百三十丈有奇移至江下，砌堤江上，砌城如法，故基移城南門東過數十步，又於城西東地勢卑下處，開通便河，引水入城注池，周圍石砌，東進西泄，水道通流，民皆便於取汲，緩急可恃，地方永賴。

新化縣城 宋熙寧五年建。紹聖初，遷於白沙。元仍復舊。明洪武甲辰，總制胡海洋同指揮賀興隆復築土城，後圮，僅存其址。成化二十三年，知縣雷衝增築，垣高一丈，厚四尺，架木覆瓦。正德十四年，知縣郭轔經理區畫，請諸當道，即舊址創砌石城，通判王耀、知縣羅柏相繼修完，周圍七百六十丈，計四里三分，高一丈八尺，闊一丈二尺，垛一千有奇，沿城窩鋪二十座，四門建樓，東曰通濟、西曰永隆、北曰拱宸、南曰進寶，今改熏和，雉堞鞏固，民賴以安。惟池濠以地形未便而止。至崇禎丁丑，知縣蔣拱宸增高至二丈。皇清順治十三年，知縣張際龍奉文增砌四尺。順治十八年，知縣於肖龍因霖雨垣圮，補修。康熙十二年，知縣寧諩以樓傾城頹，申請知府李益陽捐銀六百兩，知縣寧諩捐銀五百，樓城補建一新。

武岡州城 州治環抱諸山，襟帶二水。宋軍、元路，僅餘垣址。明洪武初，江陰侯吳良相地度宜，增築舊壘爲城，周圍七百四十六丈，高二丈，闊八尺，上竪戰樓七百六十間，崇以雉堞，環以濠塹，沿城軍鋪四十有三，東西南北各有城樓，東曰宣恩、西曰定遠、南曰濟川、北曰迎祥。正德十三年，知州龔震於治前鑿城爲門，上建譙樓，名曰新南門，以便民出入。至嘉靖二十九年，岷唐王又奏添東北土城一座，一里六分，設東南北三門，每遇損壞，軍三民七修理。至嘉靖己卯、庚申，廣西苗彝劫擄新寧縣，隨欲寇州，判官徐機、守備槐寅議增外城，申請奏允，命寶慶府同知段有學計費甃砌，知州蔣時謨繼之，數月而成，城門有三，南曰熏和、東曰迎恩、西曰慶成，計七百三十六丈七尺九寸，高一丈，頂闊八尺，垛頭高四尺，鼓樓三座，添設蕭公堰頭西隅土橋西小門，又爲東西二壩以通渠水。至崇禎己卯，進封岷王偉寰嫌其低薄，悉撤更築，其延廣如初，增高拓面，倍於舊制，再展北城，合計七里三分，督里甲照糧輸役。至皇清更加修葺，崇屹永賴。

新寧縣城 舊無城池。明景泰辛未，知縣唐榮奏徙治於舊縣西二里，築土城。成化庚寅，都御史吳琛檄知府謝省、守備劉斌甃石焉，高一丈五尺，周圍數百步，計二里許，爲門四，東曰迎陽、南曰永阜、西曰懷遠、北曰拱極。正德壬申，知縣李華重修。嘉靖乙未，知縣林繼顯再修。萬曆乙巳，春、夏霪雨，城塌墮二百餘丈，知縣沈文糸重加修砌，通水濠，以堤泛濫，砌道路以便往來。辛亥壬子，水潦連歲，崩塌數處，知縣袁劉芳屢行修築。至順治五年，霪雨兩月，東門左崩頹十餘丈，南門右亦如之，知縣王蔚親督修砌，甚爲堅固。康熙元年，知縣崔銑重修，補其頹缺，增其雉垛，但地勢褊小，制鮮高深，無形之險，是在人和矣。

衡州府

《職方典》第一千二百四十四卷
衡州府部彙考四
衡州府城池考　府志
本府（衡陽縣附郭）

衡州府城 衡州府，故無城。周顯德間，始立木柵。宋咸平暨紹興，兩興版築，工未訖。洎開慶己未，元兵自南來，城破蹟爲墟。景定中，知州事趙興說始城之。明洪武初，指揮龐虎大爲完繕。成化間，知府何珣增飭雉堞，巋然相望，高二丈五尺，圍一千二百七十丈八尺，合七里三十步，甃以石，蔭以串屋，串屋後廢。南依雁峰，北枕石鼓，瀟湘縈其左，烝水挹其右，凡七門，東曰賓日，即柴埠門；曰閱江，即鐵爐門；南曰回雁，即南門；西曰安西，即大西門；曰望潮，即小西門；北曰瞻岳，即北門；東北曰瀟湘門，各建層樓於上，其埤堄間參錯置小屋，土名冷店。崇禎丁丑，臨藍寇起，薄城下，巡道李嵩率兵戰卻之。越明年，桂藩議增築。辛巳，乃大興役，上高叠五尺，外傅厚五尺。暨癸未秋，城西猶未竣役，俄爲張獻忠所陷，官吏悉先弃去，時内外皆縱火，光燭百里，四望爲墟。甲申正月，舉人鄒統魯從兩廣巡撫沈猶龍領粵師來復，諸生趙之鶴等興義旅應焉。城既復，分巡道王鼎鎮命指揮王克猷仍周葺，城西雉垣次第完構。延及丁亥，城樓復毀。皇清，偏沅撫軍袁廓宇及知府李光座、通判呂之繹更建各門城樓，稱壯麗焉。其賓日、安西兩門俱久室，康熙己酉，郡守張奇勳以城西風氣鬱塞，民瘼攸係，命仍闢安西門，居民便之。池濠舊自南而西至北門，袤八百二十六丈，深四尺，闊一十三丈，凡四段，周回於西南，彙流於東北；迤東一帶，則以湘水環繞爲塹。萬曆二十一年五月，郡人以灰土填積，濠水壅閼，南門橋東一段幾失舊址，因請開浚，以固根本。知府陸志孝深然之，力請於分巡道張邦翰、守道廖恒吉，既得請，乃合同僚檄衡陽知縣王宗本、衡州衛掌印指揮姚應禎督工，本府經歷吳德潤、縣丞朱鳴世、千戶高尚志、史官劉淑亮等循其故址開浚之，增設吊橋於南門之東，導濠水直會湘流，當時遂不復患壅遏。自萬曆中浚濠後，距今垂八十載，民間垣墉僵廢，捐礫擲塪，與歲俱積，邈不知所謂南濠者。城南吊橋，悉列廛肆，而南濠遺址，平彝者爲培塿，墳起者爲嶒崚，沿及西濠，淺而易盈，每春霖暴集，水無所歸，浸淫濡漬，宜西城之以傾圮告也，風雨疾作，憑藉陵是虞，何敢謂清寧四訖，非所當慮耶。

衡山縣城 縣故無城。明正德十二年，桂東盜起，知縣鄒岡始築土垣。嘉靖元年，大水城圮。二年，知縣彭簪氅以石，高二丈四尺，圍四百九十六丈，上有串屋，闢爲六門，門各有敵樓，城南門曰迎恩，東南曰觀湘、曰通津、曰便民，北曰朝天，西北曰望岳。按《縣志》，衡自唐神龍三年後，始改治白茅鎮，舊本無城。明正統十年，知縣龔俯立六門，上置譙樓。成化八年，知縣劉熙重修。

耒陽縣城 邑城，自元有之，經兵燹傾圮。明正德六年，猺賊劫縣，殺數百人，知縣王睿上議，始建土城，内外磚石包砌，高一丈七尺，圍五百五十丈，厚一丈二尺，門五座，東曰環秀、南曰振武、西曰迎恩、北曰興文、中曰通津，衡州府知府計宗道書扁額。嘉靖二年，知縣黃鷟復建串樓、垜墻。萬曆二十六年，知縣曾惟懋因串樓編屬各里甲，修葺煩費不已，盡撤去之，鄉紳周訓謂串樓既撤，必以磚石押蓋，庶可經久，議沮未行。今迤南一帶，路若羊腸，岌岌逼城下，萬一春流泛漲，激激橫衝，恐有傾圮之患，預防之計，當急議之。

常寧縣城 邑舊無城。明洪武二十八年，峒寇奉虎晚等竊發，奏調衡州衛中所官軍鎮剿，本所副千戶胡綱改用石甃。成化二十三年，千戶方政重修。萬曆元年，知縣陶敬圖更加築治，內外俱用青石，上用石覆，爲永久計。萬曆四十三年，春水泛漲，西北一帶崩陷，知縣劉自省完復之。崇禎十一年，礦賊攻劫，樓櫓煨燼。皇清順治十二年，知縣張芳議修復未就。康熙七年，知縣張問明見城垣埤堄，傾圮過半，譙櫓無存，漸次修理，舊城高一丈五尺，圍六百七十四丈，厚一丈二尺，城東門曰青陽、南曰臨桂、西曰西江、北曰望湘。

安仁縣城 安仁，舊爲鎮場，未有城郭。明成化二十一年，知縣吳興始築土城，後圮。正德五年，知縣丘鑰復築。十二年，猺寇攻掠，知縣韓宗堯請於臺使，始拓其地而城焉，甃以石。至萬曆二年，知縣袁達繼之，乃畢工，城高一丈九尺，圍四百五十五丈六尺，闢五門，東曰仰高、南曰來熏、曰啓秀、西曰觀瀾、北曰迎恩。按《縣志》，宋咸平五年，遷縣治於今地，未有城池，短垣土埤，居民寥落。

酃縣城 邑舊無城。明正德六年辛未，流寇爲害，知縣陳釧始議版築。十二年，通判李文明、指揮彭寶、知縣陶璐舉工未竣。嘉靖二年，知縣易宗周繼之，乃訖工，城高一丈五尺，圍四百八十丈上，覆以瓦屋四百八十門，遭亂頹塌，今無復存，舊有四門，東曰弘文、西曰安濟、南曰迎恩、北曰鎮武。

桂陽州城 州在古爲監，城圍二里，拓於宋乾德四年。明洪武二年，仍舊基修築之。天順末，毀於寇。成化四年，都指揮使翟璈重甃以石，東南高二丈一尺，厚一丈三尺，西北高二丈，厚一丈，圍五百二十八丈，爲垛一千三百，門有四。萬曆四年，知州蔣學成扁其東曰朝陽、南曰迎熏、西曰聚寶、北曰拱極，後以東門不利學宮，別開小東門，而閉其舊。城上舊覆以屋，崇禎十年，守備吳大鼎以不便擊刺，撤去之。十一年，知州陳佳士因前任知州徐光大建東角樓，復建西、南二角樓以配之。次年，本府同知張恂署縣務，題北樓曰"漢初名郡"，前後修築不一。皇清順治五年，南城壞，知州李亨修復之。康熙七年，南城再崩，知州吳宗杞完治如舊城。下有濠，向有八池，召軍民承佃遞納魚稅。崇禎十年，浚爲長池。康熙間，復浚西北長池爲方池。

嘉禾縣城 縣設自崇禎十二年，畫民田爲城基，周遭計四里三分，建築伊始，城高者不逾數尺，庫者基址猶未立也，繼因兵火，其工遂輟，譙樓、雉堞俱無一備。康熙八年，知縣湯學尹始建東門城樓一座，其餘營建尚俟後舉焉。

臨武縣城 邑之有城，昉於明天順七年，副使沈慶請於朝，壘土爲之。成化元年，僉事裴斐覆議增築。九年，知縣桂寧用石以培裹城。正德六年，知縣莫潛盡用磚石甃之。嘉靖四十一年，知縣費懋文復加完繕。崇禎三年，知縣徐開禧重修。皇清順治十一年，知縣吳從謙、參將韓國明再爲補修，撤去舊日城堞，覆瓦爲陽城。康熙六年，中軍守備薛應時增炮臺十座，城高二丈，厚一丈二尺有奇，周五百八十二丈，爲堞千二百八十，門有四，東曰迎輝、南曰來熏、西曰鎭遠、北曰拱極，各建敵樓，城西南濱臨溪，通一小門以便汲；自東以北迤西，鑿河池廣二丈，深八尺，自南迤西因武溪爲池，城下築石岸，以爲水防。

藍山縣城 縣舊治在南平鄉，名古城，後徙鳳感鄉，曰古城。宋遷今治，舊無城。明天順八年，山猺寇境，知縣蕭袚議建土城，高一丈三尺，厚八尺，周五百二十丈，城堞六百四十，爲樓六百四十間，土門四座。正德四年，苗賊來攻，知縣任山易土以石，工未竣，以事去官，主簿李明與茶陵衛指揮袁昊董治之。至正德十年，知縣劉文華用石包砌，覆之以磚，列雉五百有奇，東南臨江不池而深，西北有塹不郭而險。及隆慶元年，知縣吳國器以北門當縣治、學宮後，直枕路徑，形家皆言不便，東南二門舜水衝擊，各增築月城并城樓各一座。天啓元年，知縣伍承慰以舊日城堞、串樓、瓦椽不堪堅久，捐金修之，漸易串樓爲平。城門有四，東曰熙陽、南曰南熏、西曰永安、北曰拱辰，亦曰迎恩，皆知縣劉子榮署。

常德府

《職方典》第一千二百五十七卷
常德府部彙考三
常德府城池考　府志
本府（武陵縣附郭）

常德府城池 周赧王三十七年，楚人張若築。是年，秦昭王遣其將白起伐楚，取黔中地，楚人張若築城以拒秦。《舊志》，在縣東一百步，今治城疑即舊址也。後唐副將沈如常砌二石櫃，上在府城西南百步，下在府東南一里，皆壘石，江濱修砌堅固，捍禦水勢，保障城隍，至今賴焉。歲久衝塌漸多，時葺而修之。宋元豐五年，將作監主簿李湜開溝渠，置斗門。景定四年，宣撫使韓宣、呂文德修浚城池。元至順三年，築土城，未就，軍帥蔣大不花續成之。延祐六年，常德路郡監哈□於府學前砌石櫃一座，高二丈餘，以殺水勢。明洪武甲辰年，總制胡汝即舊城修之。洪武六年，常德衛指揮孫德再闢舊基，壘以磚石，覆以串樓，作六門，浚壕池，高二丈五尺，周回一千七百三十三丈，約九里十三步，串樓一千五百八十三間，警鋪一百五十七所，今殺其半，雉堞三千二百四十八垛；門六，東曰永安、上南曰神鼎、下南曰臨沅、西北常武、正西曰清平、北曰拱辰；南臨大江，東西北三面浚壕，池環之；東北二門有月城，西有橋，石基木板，上有鋪，覆以瓦，拱辰、清平外皆石橋；慮城中水積不流，砌三斗門，上在清平門內後營，中在縣學右，下在衛後，滔皆北向，水繞城背。永樂十三年，指揮李忠重修城垣，加以樓櫓。正統十年，指揮夏宣補修城垣。正德二年，指揮段輔修砌江岸城墉。十一年，指揮陳鼎重建西門城樓。嘉靖十三年，重建清平門城樓。十四年，指揮周東修砌城垣，復於城下壘石為堤，高八尺，亙延如城。崇禎十年，郡人楊太傅嗣昌鼎建城垣，并各門、城樓、敵臺。先是，流賊由秦中蔓延至河南，過黃河，將抵楚界，時楊公夜坐，見白氣一道直犯翼軫間，公奮起曰，"賊氛將及吾郡，不可不急修城"。值巡方御史白士琳詣常，楊以丁艱家居作呈藁授紳衿，白於士琳，士琳廉其事，以奏之太傅，以資費大巨，撤鎮遠總稅暫收河下，以司理陳景頤管之，遂將舊城盡撤易之，高三丈，址闊頂寬，敵臺、城樓極其壯飾，工完即撤河稅，仍歸鎮遠，不費公帑，不勞民力，百雉稱雄，宛如金甌。皇清順治十四年十月，常德衛守備張靖修完北門，穿外巖城門洞一座。康熙四年四月，常德衛守備張靖鼎建臨沅門城樓一座。七月，鼎修神鼎門城樓一座。五年五月，鼎修北門城樓一座。六年，經歷許尚忠鼎修西門城樓一座。七年十二月，守備張靖修完北門內洞。九年三月，鼎修花猫堤石櫃一座。八月，知府胡向華鼎修大南門城樓一座。十月，鼎建南城下調元樓一座。

桃源縣城池 舊無城郭，常有盜賊之虞。明成化十六年，通判張鍈乃相其高阜，築土為城，低窪處立排柵，聊以捍衛。弘治十年，知縣季文顯補築土城，建四門，東曰迎恩、東南曰迎薰、南曰通道、北曰通郭。嘉靖十四年，知縣伊天佑率市民輪役版築，不月告成。崇禎十三年，郡人太傅楊嗣昌題建磚城，設商稅以資用，分巡道陳瑾拓其規模，始事東北，尋以時亂罷工。

龍陽縣城池 元至正十六年，始築土城。元末，兵起，天完徐壽輝將陳友諒據武昌，分兵駐此，鄉民築土城防禦，至今因之。明成化十一年，知縣周泰即舊城間甃以磚，設六門樓櫓如數，城高一丈二尺，周回八百八十七丈；門六，曰東、曰南、曰小南、曰西、曰北、曰小北。正德十三年，巡撫秦都御史金臨縣，以地臨洞庭，盜賊易發，乃發帑藏行委縣學教諭楊文升督工，修築城垣，其北瀕江，西南三隅則浚壑為壕。嘉靖十三年，知縣薛炳重加修葺，建六門，以為保障。崇禎十一年丁丑，奉旨重修龍陽縣城。是年，郡人楊嗣昌題請修郡城并湖南各城，俱奉旨修築，龍陽逼處洞庭，修城尤急，知縣劉光裕創修。本邑鄉紳史贊舜、袁鯨各捐千金助修，後劉以左官停工，知縣吳孩存接修，較故城增高五尺，舊東西南北四門外，復有小南、小北二門，是歲築塞小北，留小南一門，以便驛路，共為五門。後漸圮，皇清康熙癸丑年間，重建城樓堅致，至池則猶淤，而未浚焉。

沅江縣城池 明成化十一年，縣令范珏築土城，建四門，城高六尺，周回五里，門曰東西南北，無樓櫓，亦未浚池。正德十三年，知縣金露重修土城，今攤為平地。皇清康熙二十四年，奉文查修，沅邑原無城垣，續奉文無庸議。

辰州府

《職方典》第一千二百六十四卷
辰州府部彙考二
辰州府城池考　府志
本府（沅陵縣附郭）

辰州府城池 開自漢初。宋隆興間，漲水瀄瀨，城覆於隍。洪武，參軍詹彥中采石緝之。成化五年，復圮，指揮高翔爰為增雉堞，壯雄樓，視昔有加焉，城高一丈九尺，闊九尺，濠深一丈，闊五尺，周圍原計九百六十六丈，又於東西展三百四十七丈，開設六門。弘治初，譙樓串房遭回祿，知府汪正肩其事，更建城門大樓，東城曰朝陽、上南曰環碧、中南曰水星、下南曰沐波、西曰通河、北曰拱辰；更置小樓二座，在學東曰文游，在城南曰凝翠；月城小樓二座，敵樓一十八，串樓八百七十一間，窩鋪十有八；角樓四座，東北曰雙蓮、西北曰飛霞、西南曰靖遠、東南曰觀瀾，後改爲文昌閣者，則知府張濂所增；路頭城百雉，則知府李淳所創。今皆圮毀，惟六門仍舊，雖門各有樓，修葺尚有待也。

瀘溪縣城池 縣雖逼近苗獠，舊無城郭，以其地不可以城郭也。自宋元明以來，惟恃五都蠻民爲西南藩籬，六保漢民爲西北捍衛。迨明末，輔臣楊嗣昌上保民四事，適守令梁弘任於崇禎之庚辰歲，遂倡議蠲資建城，邑人李葵、楊裕等率先倡助，未四載而告竣。丁亥季冬，猫猺猖獗，寇各村寨，旋劫西門，鄉團千總開門追殺數十里，斬首百餘級，邑賴以安，是皆築城之功也。

辰溪縣城池 辰當雲、貴、兩廣通衢，水陸昕夕不絕，重之密邇，乾麻邊防最要。正統間，苗連殘燼，知縣杭宗道題允建城。嘉靖末，半爲江水所決。萬曆三十八年，邑令曹行健以南一面砌石。萬曆四十一年，水圮，邑令左天德四面俱易以石，然今亦傾圮，非舊矣。

漵浦縣城池 邑舊無城。元至正間，邑人率衆築土，以避偽漢。明初以來，大都因頹始葺。至萬曆壬申，知縣王京署事重修一新，改東城樓曰朝陽、西城樓曰阜成、南城樓曰迎熏，改南城雲逵曰文明，於學宮之後山缺處構樓以補之。

沅州城池 沅地坦平。宋熙寧初，章惇平元猛時夜築，倚西一面，尋築東南北三面。建炎間，郡守江長源增築甕城，方公輔、林廷相繼砌完內外。元末，李興祖據叛。至明克復，爰設衛所鎮之。洪武癸丑，江夏侯周德興鳩工丕作，充拓二里有餘，開置四門，副使顧源更爲構樓，東南曰澄霽、西南曰籌邊、東北曰秀水、西北曰威遠，城內四樓下各開塘聚水，以防不虞，時雖規制已備，仍係土基，甃以亂石。至嘉靖甲寅，開府馮岳始包砌磚石，周圍建以串屋，官軍宿城戍守。明末盡圮。皇清康熙初，袁周二偏院相繼重修，屹然改觀。副使鄧廷羅爲之銘曰："天有關，地有柱，城既完，民以聚。"戊申，西面復圮，知州謝龍鳩工重砌。至池，先年築城時即有之，尚未深聚。馮岳包砌石城後，四圍廣拓，迤西則大江爲池，東南北三面疏鑿亦深，水源不竭。康熙初，有欲將東北濠池改滯爲田者，賴兵道李世鐸嚴禁壅塞，疏通聚水，至今始復爲金湯焉。

黔陽縣城池 舊爲土城。正統己巳，毀於苗。明年，靖遠伯王驥命指揮楊茂董築土城，周圍二百八十餘丈。成化壬辰，邑人奏請展城甃石，從之。都御史吳琛命指揮陶武拓之，東北展築一百七十丈，周五里，通甃以石，爲五門，門有樓，城有串屋，據山臨江，其險足恃，因徙置黔陽哨堡居其中，歲撥官兵戍守。正德辛未，水溢浸灌，城趾東南傾圮，知縣伊公秉完之。隆慶五年，大水，僅存西北一隅，縣令劉輔等相繼捐修，構樓其上，東曰寅賓、曰安遠、南曰迎熏、新南曰宣化、北曰拱辰，拓東隅二里，以培地軸。萬曆四十六年，縣令韓冲斗因串樓傾圮，歲煩補葺，乃改設露陴，爲女墻者四百丈有奇。皇清定鼎之後，東西北三門樓隍頹廢。康熙四年，縣令張扶翼撤而新之，名則仍舊，城堞以完。

麻陽縣城池　明洪武初，築土成基。景泰六年，毀於苗。成化壬辰，都御史吳琛等因舊基築城。弘治甲子，縣令程良能展包縣治，增建東西二門。正德庚午，知縣張煿修築磚城，其門四，圍共計四百四十一丈，串屋四百八十一間，東南臨河無池，西北池闊六尺，深三尺。嘉靖二十六年，苗叛，知縣朱瓚開北門，名其樓曰與存，是爲五門。萬曆十一年，知縣蔡心一建兵馬司，招兵防禦。崇禎間，知縣程國祥增雉堞三尺。明末，遭王馬袁劉六鎮兵馬蹂躪，串樓頹壞，城覆於隍。至皇清鼎定，盜賊雖已潛踪，而瘡痍猶未，遽起土木爲難，故未遑修建云。

永州府

《職方典》第一千二百七十四卷
永州府部彙考四
永州府城池考　府縣志合載
本府（零陵縣附郭）

永州府城池　今之城池，即漢之零陵郡也，創於武帝元鼎六年，廓於宋咸淳之際。元因之。明洪武六年，更新之，圍九里二十七步，高三丈，闊一丈四尺四寸；門七，曰正東門、曰正南門、曰正西門、曰正北門、曰太平門、曰永安門、曰瀟湘門，各建樓於其上；復增樓四，曰得勝樓、曰望江樓、曰鎮永樓、曰五間樓；雉堞二千九百四十有二，鋪舍七十有六，以千百戶分守之，無事則專修葺，有事即爲汛地。故有敵樓三十有五，串樓一千三百九十有六間，後俱毀廢。皇清，新建敵樓七間。城西以瀟水爲濠塹；由西南而東，堤水爲池；自東至於北隅，鑿土爲濠；自北至西隅聯屬爲池，水常不涸，其高下遠近一因地勢云。

祁陽縣城池 舊在縣東，俯臨大江，元時屢以江漲淹廢。明正統時，苗寇時警。至景泰壬申，巡撫李實請於朝，移築東北高阜，屬其事於同知蘇孔機等，然卑隘不足聚廬。成化甲午，巡撫劉敷始展其基址，包以石，高一丈五尺，圍一千五百一十二丈；濠深一丈，闊二丈；門六，正東曰渡春、東北曰進賢、正北曰望祁、正西曰控粵、正南曰長樂、東南曰鎮南，各建樓其上。弘治七年，江溢城頹，知縣袁儻重修，築垣一百二十丈，又於譙樓下甃石爲門，故串樓六百五十有八，至是修蓋一百二十間。萬曆壬寅，知縣沈學感串樓歲易朽敝，修葺甚難，捐俸撤串樓，磊石爲平頭城，煥然改觀，一勞永逸，邑人陳薦有記。崇禎十三年庚辰七月，興擴城之役。次年壬午，告成，周圍七里三分。皇清順治十二年，縣令童欽承修培城垣，蓋造城樓於六門之上，正南長樂門（俗名驛馬門）、東南黃道門、迎秀門、正東瀟湘門、東北迎恩門、正北甘泉門、西北朝京門（俗名羅口門）。

東安縣城池 舊無城。明洪武二十年，始築土爲之。明年，置守鎮所，永州衛百戶實蒞其事。初制，僅圍縣治。景泰間，復加充拓，周匝三百五十丈。成化辛卯，巡撫都御史吳琛暨分巡僉事郁文博設法措置，內外砌以磚石，增高一丈五尺，串樓三百一十七間，開列三門，南曰揆陽、東曰賓陽、西曰餞陽，每門樓三間，通計女墻六百三十有四，內環城有巷，闊五尺，隍深八尺。明崇禎十二年，知縣周命新增高三尺。皇清順治十二年，知縣王基鴻奉經略內院洪委本府張道澄督工修理，改爲陽城。

道州城池 舊城夾江爲之，其門有九。元末廢。明洪武二年，築石於江之北，周五里九十六步，高二丈六尺，闊一丈五尺，蓋串樓七百三間，窩鋪樓三十七座，敵樓三座，門樓五座，垛眼一千七百七十二，月城串樓七十三間，垛眼三百一十一，其門五，有東、西、南、北，又益以小西門。萬曆三十三年，申改串樓爲陽城，東南門一帶屬州分管，西北、小西門一帶屬衛分管。崇禎十一年後，流寇竊發，士民及客寓城中者，各斂金倡眾增修，較前加高且闊而厚，周遭皆開有銃眼以便固守，術家言東偏江嶺巽方有浮圖一所，不利科目，眾議拆毀，修城之磚皆取於此，其後又益以登封鄉民黃姓者，卒成之，所費不資，至今亦利賴焉。濠塹自東門外起至小西門外九百五十六丈五尺，沿北至東濠池原植藕蓄魚，明季時，係寧遠衛掌印指揮所管，小西門外近北門外濠池亦植藕蓄魚，係寧遠衛經歷司所管，今皆荒廢無屬矣。

寧遠縣城池 洪武元年，於舊子城築土城，高八尺，厚三尺，周三里。二十九年，增設守禦千戶所，展城西爲軍營，改築，高一丈一尺，周四里，壘以石，立東、西、南、北、小南五門，各有串樓，共串樓七百一十五間，濠塹長五百八十丈，闊二丈，深五尺。嘉靖十八年，知縣周諒重修，扁其五門，東曰文昌、西曰武定、南曰布熏、北曰拱辰、小南門曰會濂。

永明縣城池 舊有土城。天順八年，巡撫都御史王儉奏准創立石城，高一丈三尺，周三百六十丈，包以磚石，東西南三門上有串樓四百間，南阻江無濠，其東西北環以濠水。弘治十一年，兵備道馮開北門，上建敵樓，今塞。

枇杷千戶所城，今改千總，屬永明治內。所城在縣東南四十里，洪武二十四年，奏立石城，高一丈三尺，周六百四十八丈，東、西、南、北、小西五門，各有樓，串樓六百四十八間；濠塹六百八十九丈，闊一丈三尺，深一丈。

桃川千戶所城，今改千總，屬永明治內。所城在縣西南四十里，洪武二十九年，奏立土城，高一丈五尺，闊一丈，周五百五十丈，東、西、南、北四門，各有樓，串樓五百五十間；濠塹五百五十五丈，闊一丈四尺，深一丈五尺。

江華縣城池 舊有千戶所，今俱歸併寧遠衛。天順六年，徙所歸縣，築以土城，包砌以石，上有串樓，立三門，今開東南二門，塞西門，城高一丈，闊八尺，濠塹長三百七十丈，闊七尺，深五尺。按《縣志》，本邑遷徙不一，古無城池，環築土牆，都御史吳澄計劃工費包砌以石，覆以串樓，立東西南北四門，上建重樓，周圍三百六十餘丈，高一丈，爲女牆又高五尺，厚八尺，濠三百一十丈，廣七尺，深五尺。成化年間，居民稀少，虎狼入城，苗賊時發，故將西北二門閉塞。嘉靖間，苗賊臨城，擄掠關廂，居民被劫，知府史朝富建議增修外城。隆慶二年，知縣蔡光修城之，東南面增廣二百三十五丈，高二丈，磚石堅固。萬曆十一年，知縣江光運將西北面亦增廣二百六十餘丈，開闢西北一門，猺寇難犯，至今寧息。

錦田千戶所城，今改千總，屬江華治內。所城，在縣西南一百八十里，周三百六十四丈，高一丈闊五尺，鼓樓一座，塹長二百四十五丈，闊八尺，深七尺，有東西二門。

新田縣城池 原屬寧遠縣治，後始分南北兩鄉都里以置此縣。崇禎十二年，始創建城郭略具。按《縣志》，衡府同知張恂視事於此，爰立城垣，因地設險，避澤依高，內外用石包砌，周圍共計五百三十七丈，底闊一丈六尺，高一丈五尺，厚五尺，女牆五尺，敵樓八座；開四門，東曰嵎陽、西曰西成、南曰文明、北曰迎恩，每門建樓。其初非不翼，然久之春雨淋頹，康熙丁未春，知縣鍾運泰捐俸修理，而崩圮之患始免焉。

靖　　州

《職方典》第一千二百八十五卷
靖州部彙考一
靖州城池考　州志
本州

靖州城池 石城，九里三分，舊楊氏城，在渠江上游，宋元祐間，徙渠陽。崇寧元年，舒亶於純福坡下創築新城，今治是也。明洪武三年，改州爲府，增築城垣，包以磚石，壯以樓櫓，周圍九百四十二丈有奇，門五座，東曰觀瀾，今改正東；南曰南明，今改正南；小南曰解阜，今改小南；西曰迎恩，今改正西；北曰拱辰，今改安樂，串樓九百七十三間，敵樓一十二座，月城三座，今俱廢，譙樓五座。嘉靖庚申，洪水傾圮，郡守吳淞增修，易以方石。皇清康熙元年，州守梁浩然重修。

天柱縣城池 土城，係天柱所，原額三里三分。明宣德二年，爲蟲蝦苗所圍，幾陷，委平溪莫指揮平之，自朱梓改縣後，展城一百八十餘丈，上覆串樓一百八十三間，門樓四座，東爲迎恩、西爲懷遠、南爲迎熏、北爲拱極，別號鳳城。崇禎丁丑年，知縣王良鑒申詳改治，遷至龍塘，後知縣何爲苗所害，仍改回舊治。今民、苗各照原額城垣自爲增築。

會同縣城池 磚城。宋崇寧間肇立土城。明洪武初增築。正統十四年，苗賊衝壞。天順四年，知縣張昌奏允修築，立串樓三百間，東西南門三座。成化四年，知縣陳翰詳允開擴，移東城於河岸，視舊規廣百餘丈。成化二十一年，知縣薛敬承以土城非經久之計，申允重修，甃以磚石，周圍約三里，高一丈八尺。歲久傾圮，正德三年，知縣尹詹復加修葺。十三年，復行通修。崇禎十三年，知縣周麟內外俱砌以磚。皇清康熙五年，知縣何林增修。十二年，知縣曹興隆增以女牆，復加修葺。

通道縣城池 土城。明洪武十四年立。成化八年，知縣周鑒易以磚，立串樓。嘉靖三十九年，洪水衝圮，知縣李良翰重修。萬曆二年，知縣陳嗣光復修。歲久盡傾。皇清康熙五年，知縣杜毓秀捐修土城、串樓，復助民入城修房住居，乃成縣治。二十一年，洪水衝決，土城串樓去半，縣令殷道正捐修如舊。

綏寧縣城池 石城，世傳諸葛武侯所築。明時，始拓之，周圍約二里，土門三座。正統間，爲苗賊攻破，後增高丈餘，厚五尺。成化庚寅，都憲吳琛按屬，命甃以石，高一丈五尺，廣五百餘丈，立串樓三百間。丙寅冬，知縣麥春芳更以方石。皇清康熙五年，知縣楊九鼎重修，并建西南二樓。

郴　　州

《職方典》第一千二百九十卷
郴州部彙考二
郴州城池考　州志
本州

郴州城池 郴城，肇自漢太守楊璆。後周因之。而築子城，則在顯德三年。城樓肇於宋太守丁逢，葉崇繼之，而作衛頭則在嘉定庚午。明洪武戊申，取郴州路，改郴州府。明年，羅福亂，調茶陵衛劉保平之，立守禦千戶所，築今城。正德七年，千戶胡勳增修城郭。嘉靖乙丑，州守趙恂創築外城，有記，壕闊八尺，深五尺。景泰間，千戶高景春修。周圍三里五分，高二丈，厚八尺，設三門，東來鶴、南迎熏、西瞻極，北舊名仙桂，久塞。

永興縣城池 永興，舊無城，知縣江常初築土垣。明正德庚午，苗寇竊發，守禦指揮周輔申詳請築，知縣程仁、周佩相繼董成。皇清順治丙申，洪水，垣頹，知縣閆之麟修。康熙甲寅，吳逆背叛。戊午，攻城，城垣震塌，城樓倒廢。周圍二里四分，後土牆，高二丈二尺，闊一丈，前泊岸高二丈六尺，闊六尺，設七門，東永安、西永興、上南便江、下南太平、北長慶，水門二，久塞。

宜章縣城池 宜章，舊無城。宋淳熙間，知縣吳鎰始築土城。粵西賊亂，明成化八年，知縣劉寧請築磚城，周圍二里六分，高二丈五尺，厚一丈，壕闊八尺，深四尺。正德間，邑人尚書鄧庠言於令，易砌大石，南北築月城，城外築三關，開四門，東麗春、南迎熏、西慶豐、北拱辰。

興寧縣城池 興寧城，舊屬土垣。明洪武戊申，知縣杜堅始建磚城。正德三年，賊劫縣治，復加串樓。八年，賊復至，造呂公車薄城，凡七晝夜，知縣程瓊力拒之，賊退詳請倍築，周圍一里三分，高二丈，厚五尺；西南二門，曰迎恩、曰鎮南，東北久塞。

桂陽縣城池 桂陽舊無城。宋嘉定丙午，周侍郎為令，始築之，周圍一百六十步，僅容二衙門。明洪武初，知縣李源浚壕。天順八年，苗賊劫掠，典史張英詳請，成化二年展築土城，周圍加廣。八年，巡撫吳琛易以石。弘治八年，閩賊丘子高犯境，南贛御史金澤築，今城周圍二里，設三門，曰南熏、拱北、朝陽。

桂東縣城池 桂東舊無城。明成化乙卯，都御史吳琛敕築土城。正德癸酉，南贛都御史王守仁易以石城，四周三百六十餘丈，串樓二百六十間，城下有大壕。嘉靖乙巳，知縣陳席珍築月城，周圍一里三分，設三門，曰楚觀、望日、靖武，城樓久廢。

廣東總部

廣州府

《職方典》第一千三百四卷
廣州府部彙考六
廣州府城池考　府志
本府（南海番禺二縣附郭）

廣州府城池　周赧王初，粵人公師隅為越相，度南海築城，號曰南武。任囂、趙佗相繼增築之，是為越城，周回十里，以高固昔相楚時，有五羊含穗，遂稱五羊城。漢築番禺城於郡南五十里，西接牂牁江為刺史治。建安十五年，刺史步騭闢番山之北，廣故越城而築之。二十二年，復徙治焉。吳分交，廣州刺史仍治此，而交州刺史徙治龍編。唐天祐末，靖海軍節度使劉隱以南城尚隘，鑿平禹山，以益之，規制宏大。宋慶曆四年，經略使魏瓘加築子城，周環五里，瓘以城壁弛壞，方謀修治，忽雨頹城角，得古磚有銘云"委於鬼工"，瓘以為己應，由是大增修築，雉堞完固。皇祐四年，儂寇大通港，遙望城壁，不得逞而去，朝廷以瓘有備，除集賢院學士，再知廣州，復環城浚池，築東西南甕城門，南曰鎮安、西曰朝天、東南曰步雲、東曰行春、西南曰素波，後又改朝天為有年、步雲為衝霄。熙寧初，經略使呂居簡、轉運使王靖重修東城，居簡得古越城遺址，復謀築之。會移滎陽，朝京師，上其事，詔轉運使王靖成之，袤四里，壕其外，為三門，南曰迎熏、北曰拱辰、東曰震東，與子城行春門相接，是為東城，合子城為一。熙寧四年，經略使程師孟築西城，其周十有三里，城廣一百八十步，高二丈四尺，為門七，東南曰航海、南曰朝宗、曰善利、曰阜財，西曰金肅、曰和豐，北曰就日，後方大琮改就日爲朝天。紹興二十二年，經略使方滋修三城。是年秋，章貢盜起，將寇廣州，經略使方滋以三城雉堞圮剝，乃加增繕，併及井幹、烽櫓，亦各堅完，盜遂宵遁。嘉定三年，經略使陳峴築雁翅城，峴以州城之南，爲闤闠所處，無所捍蔽，創築兩翅以衛居民，東長九十丈，西長五十丈，上建高樓，東曰"番禺都會"、西曰"南海勝觀"，登樓一覽，海山之勝，悉入目睫，聯以敵臺。三城舊有樓櫓共一千八百四十有一，歲久不全，峴重建敵臺三百四十七。其後摧剝，紹定二年，經略使方大琮仍於舊址創團樓七十五、炮臺四，城門雉堞皆一新之。端平二年，經略使彭鈜會僚屬戎將，以三城樓櫓磚石傾剝聞於朝，興役，八閱月修完，外城三千三百有六丈，女墻四千四百九十二丈，子城六百三十有三丈，女墻九百一十七，新瓮城門十有四，門屋敵樓九十有七。嘉祐元年二月，告成，以餘錢萬五千緡，附郡之贍軍資庫，歲與郡分十二之息以備整葺。開慶元年，廣右繹騷，經略使謝子強大修城壁，爲豫備計，城外築羊馬墻，高六尺許，雁翅城下隙壤植以木柵，翼而至海。元至元十五年正月，詔平廣州城隍。三十年，修復之。明洪武十二年，永嘉侯朱亮祖、都指揮使許良、呂源以舊城低隘，上疏，請乃連三城爲一，闢東北山麓廣之，城周三千七百九十六丈，計一十五萬一百九十二步，高二丈八尺，上廣二丈，下廣三丈五尺；爲門七，曰正北、稍東曰小北、曰正東、曰正西、曰正南、稍東曰定海、西曰歸德；城門樓七，敵樓七，警鋪九十七，雉堞一萬七百；城東西之外郭，舊浚池周二千三百五十六丈五尺，惟北一面枕倚嶺嶠，乃於正北門外築瓮城以蔽之，於東門之北城下置小水關，防以石柱，以疏城渠之水；北城上有粵秀山，山左有樓五層名曰鎮海，登其巔則百粵形勝了然在目，真嶺海之雄觀也。北城之外，有粵王臺。洪熙元年，詔天下郡縣修理城池，給官鈔，不許擾民，其坐視不修，憲臣糾舉，於是大修廣州城。成化二年，總督左副都御史韓雍謀於鎮守太監陳瑄、右副都御史陳濂、左布政使張瑄、按察使夏塤，築南城歸德二門月城，城各延三十八丈，上俱建層樓，下闢三門，壁壘完固，視舊有加。弘治十六年，三司以東西月城漸頹，請於巡撫都御史潘蕃，命廣州知府袁燫、指揮韓雄協同修之。至正德初，告成，規制大備。《正德實錄》云，城周圍一千七百一十七丈五尺，鎮海樓二，角樓四，城樓九座，窩鋪七十七，雉堞二千二百七十九；爲門七，曰正南、曰定海、曰正東、曰大北、曰小北、曰正西、曰歸德，門內之左右爲兵馬司者一十有四；其西北至東皆距壕塹長二千五百五十六丈，壕之西東則各疏水關。嘉靖十三年，增築定海門月城。四十二年甲子，都御史吳桂芳以拓林兵叛，蹂踐城外居民，創築，自西南角樓以及五羊驛環繞至東南角樓新城以固防禦。萬曆二十七年，於正南門迤東闢門一，顏曰文明。

其池，大中祥符中，邵曄知廣州，始鑿壕爲池，以通舟楫。慶曆中，魏瓘再知廣州，環城浚池。熙寧初，王靖成東城，復壕其外。嘉定三年，經略使陳峴重浚之，長一千六百丈，東西置閘，歲久湮塞。開慶元年，經略使謝子強復拓之，廣二十丈，深三丈，東西壩頭甃以石，復自蒲澗太霞洞導泉水西入於薛薛水，又西入於粵秀山之左，築堰潴之，深二丈餘；以滃浸州後之平地，南開小竇，溢則泄之於壕。近年決其堤，納之於壕，遂田其故地，屬之官。南壕在城樓下，限以閘門，與潮上下，古西澳也。景德間，經略使高紳所闢，納城中諸渠水，以達於海。淳熙二年，經略使周自強復浚之，歲久復湮。嘉定三年，經略使陳峴重開，自外通舟楫以達於市，旁翼以石欄，自粵樓至閘門長一百丈，闊十丈，自閘至海長七十五丈。紹定三年，經略使方大琮又浚之。寶祐元年，經略使季迪復自擢甲巷開浚，至閘口又加深焉。清水壕，在行春門，穴城而達諸海，古東澳也，長二百有四丈，廣十丈。東壕在郡東。洪武三年，永嘉侯朱亮祖上疏請建三城爲一，因舊浚壕周一千三百五十六丈五尺，惟北一面，枕山未浚。成化三年，提督軍務左副都御史韓雍、巡撫右副都御史陳濂議欲連北山鑿通之，太監陳瑄考《舊志》，以廣地脉發迹在此，壕之恐非宜，遂寢其役，惟浚東壕二百六十五丈，深丈六尺，地脉因瑄不斷，人服其識。西壕，在郡城西，宋經略使陳峴浚壕通江，建東西二閘。及元至元中，宣慰使張世杰始建木橋，高跨西壩，以通往來，名曰太平橋。明洪武以後，屢修之。成化八年，都御史韓雍改砌以石壕，自西流達江，舟楫出入，雖海風大發，不能爲患，且魏科臚仕，後先相望。嘉靖五年，巡按御史塗相從郡人彭澤議，分東南展流徑西直入於海，建大觀橋其上，形家者謂水流煞方，不利官民，後何尚書維柏議復舊壕，又鑿荔枝灣接彩虹橋，反傷左翼，而二水合流，其勢駛急，舟楫不便，遂中輟焉。後提督都御史戴耀、巡按御史李時華，廣詢衆議，復太平舊壕，繞新城而南達於珠江，實惟會省永利，而署番禺通判馮運吉、南海令王循學、番禺令穆天顏咸有督理之功云。

順德縣城池 明景泰三年，知縣周瑄豎柵爲城。五年，知縣徐玠至始垣之。天順八年，縣丞徐勤築土城。成化元年，知縣錢溥易以磚石，周六百五十五丈，高一丈五尺，上廣一丈四尺，下廣三丈五尺，雉堞二千四百五十，城門樓四，敵樓四，警鋪三十；爲門四，曰鎮東、曰定西、曰阜南、曰拱北，後定西門以通山而廢。隆慶五年，知縣胡友信作石城，視舊高七尺，巍然壯觀。其池一千七百二十丈，廣三丈，深一丈，爲渠三，以泄城中之水。

東莞縣城池 舊城磚砌，東南沿涌抵放生橋。明洪武三年，南海衛指揮常懿始築新城，包鉢盂、道家二山於內，砌以石，周圍二千二百九十九丈，高二丈五尺，上廣二丈，下廣三丈五尺，雉堞一千三十一，城樓四，敵樓四，警鋪四十，爲門有四。嘉靖四十二年，知縣舒應龍重加增闢，城益鞏固。其池一千二百五十丈，廣三丈，深一丈五尺。

東莞守禦千戶所城池，在舊東莞郡基，地名石子岡，去縣二百五十里。明洪武二十七年置，調廣州左衛千戶洪浩開等築砌，周回五百五十二丈，高一丈八尺，上廣一丈二尺，下廣二丈五尺，城門樓四，敵樓四，警鋪二十五，雉堞一千二百，爲門四。其池五百九十二丈，廣二丈，深一丈五尺。

從化縣城池 明弘治七年，自橫潭改徙今寧樂都馬場田，周回五百八十丈五尺。弘治十一年，德慶州州判劉朝、訓導林泰重修，加城磚厚二尺，城門樓四。久廢，今始興復，雉堞九百二十四。其池周圍二百餘丈，廣一丈六尺，深八尺。

龍門縣城池 明弘治九年，始築。尋圮於風雨，弘治十六年，知縣張翔命工繕治，周回四百九十餘丈，高一丈二尺，警鋪十，城門樓四，爲門四。隆慶二年，增高城四尺，其城南北西三面俱枕大溪，舟楫通行。

新寧縣城池 明弘治十二年，知縣任鉞始以木爲柵，後易以磚土築砌，然未完固。正德六年，巡按御史周謨建議命攝縣通判朱源改築，周圍五百三十丈，高一丈一尺，上廣一丈，下廣二丈，雉堞一千一百一十二，以磚包砌，外植勒竹爲子城，穴東西南三門，門各有樓。嘉靖十年，撫按議允，將廣海衛官軍撥發一所移本城守禦，復於城下周圍起蓋營房。其池在子城外，廣一丈餘，深五尺，周圍五百五十丈。

廣海衛城池，在巡檢司北。明洪武二十七年，都指揮花茂奏設營房，遷巡檢司於望頭鎮，以其地建置所衙，創築城池。洪武三十年，指揮夏必鎮包砌，周圍九百三十二丈九尺，高二丈一尺，上廣一丈，下廣二丈，城門樓四，敵樓四，雉堞二千四百，警鋪四十三，爲門有四。其池九百六十四丈一尺，廣二丈，深一丈。

增城縣城池 邑設於漢建安六年，古無城池。元季，左丞何真遣弟何迪保障茲邑，始築土城。明洪武二十七年，都指揮同知花茂奏設守禦千戶所，調南海衛千戶趙禎立所修築。永樂元年，委廣州左衛指揮張真築砌。成化五年，僉事陶魯請於巡撫都御史陳濂會議修葺坍塌，通判余志董其事，石磚包砌，周八百餘丈，高廣逾舊，高一丈三尺，上廣二步，下廣四步，城門樓四，敵樓四，警鋪四十八，爲門有四，曰東、曰西、曰南、曰北，女墻一千六百，裏城亦甃以石。成化二十二年，千戶周銘以北門稱要害，建議築月城護之。嘉靖四十二年，兵備邵時敏按縣，增甃加高。隆慶二年，知縣張孔修築馬道以附城墻便登望。六年，知縣王良心修頹城九十四丈四尺，馬路八十一丈五尺，設垛一千二百一十丈，於東西南三門創築月城，東曰迎川、西曰通市、南曰鎮海、北曰環山，規制大備。其池，萬曆二年，知縣王良心重浚之，長二百八十四丈，深一丈五尺，廣三丈。

香山縣城池 宋初開設，繚以土垣，號曰鐵城，陳天覺所築。明洪武二十六年，置守禦千戶所，千戶陳豫廣之，更爲磚城，周六百三十六丈，高一丈七尺，上廣一丈，下廣一丈八尺，城門樓四，敵樓四，警鋪十二，雉堞三千六百四十，皆甃以磚，四門以其方名之。弘治中，知縣劉信環築子城，高七尺。嘉靖甲辰，城壞於颶風，知縣鄧遷修復。其池五百四十七丈，旱塹一百四十六丈，壕塹周六百九十三丈，廣四丈五尺，深一丈三尺。

新會縣城池 古無城。元季，儌倖邑主簿徐聞可始築垣備寇。後黃斌作亂，破之，邑遂爲墟。洪武十七年，邑人岑得才建言請置千戶所及城池，是年開設，都指揮王臻立柵鎮守。二十四年，始築土城，外環以池。三十年，千戶宋斌始砌以磚及四門樓櫓。天順六年，西寇焚掠郭外居民，知縣陶魯始築子城，內設馬路，外鑿重壕，外又築竹基、重塹。次年，寇至，卒莫敢犯。周六百二十丈，高二丈二尺，上廣一丈，下廣二丈，城門樓四，敵樓四，警鋪三十一，雉堞二千四百，爲門四。萬曆元年，知縣伍睿增築外城，爲門三、小門四、水關四。其池一千六百八十丈，廣三丈，深三丈。子城壕塹，外壕二千一百二十五丈，深一丈五尺，廣二丈二尺，竹基二千五百八十七丈，外塹三千一百六十八丈，深八尺。

三水縣城池 明嘉靖五年創築，周回六百七十五丈，廣袤二百二丈五尺，高一丈五尺，磚甃石基，爲門四，曰南、曰北、曰東、曰西，西門設而不行，城門樓四，敵樓十二，東西各有水關。

清遠縣城池 舊無城池。元至正間，主簿白太平始築土城。明洪武十五年，調千戶劉俊立守禦千戶所。二十二年，都指揮花茂奏置清遠衛，指揮同知李英築砌磚城，周回一千四百五十丈，高一丈九尺，上廣一丈四尺，下廣二丈，雉堞四千四百，城門樓五，敵樓五，爲門五。天順七年，猺寇攻城被陷。成化二年，守備都指揮姚英詳允巡撫都憲韓雍議，將城中自通津門水關起至正西門止東北一帶包土城四百三十七丈，限之以便巡守。六年，知縣沈憲、本衛指揮尹鐸仍措磚包砌之，復於城上建串樓凡七百一十五間，城下傍築欄馬墻，極爲完固。嘉靖五年，知縣洪子誠、指揮陳治協議申詳僉憲徐度修其頹壞者。萬曆二十八年，知縣劉幼學以城傾圮，葺修完固。其池一千四百六十丈八尺，廣二丈，深一丈，近西壕多爲民填塞土石，宜復其舊。

新安縣城池 即隋東官郡舊治。明洪武二十七年，都指揮花茂奏設東莞守禦所於此，廣州左衛千戶洪皓開築。隆慶六年，建縣，其城池因之，周五百七十八丈五尺，高二丈，廣一丈，基廣二丈，城樓、敵樓各四，警鋪二十五，雉堞一千二百。萬曆五年，知縣曾孔志增建東、西、南門子城。其池五百九十二丈，廣二丈，深半之。

大鵬守禦千戶所城池，在新安縣東一百二十里。明洪武二十七年，始置，調廣州左衛千戶張斌築砌，周回一百二十五丈六尺，高一丈八尺，上廣六尺，下廣一丈四尺，城門樓三，敵樓三，警鋪二十二，雉堞一千一百，爲門三。其池三百九十八丈，廣一丈五尺，深一丈。

花縣城池 按《縣志》，於康熙二十五年奉旨移調三水縣知縣王永名補授花邑，創築城垣，議用磚石，城墻高一丈四尺，厚一丈二尺，周圍四百餘丈，雉堞六百三十，窩鋪十二，開東西南北四門，已經喚匠估計備造數目，造冊申繳達部，尚未奉行砌築。城外東西北三面皆山，南無壕塹。

連州城池 南朝宋元徽間，刺史鄧阿魯始創城。皇祐四年，儂獠寇邊，守將竇彤乃恢舊址新之。歷元祐、紹興、寶慶之世，凡三增築。明洪武二十八年，調清遠衛千戶劉俊開設守禦千戶所築，包砌。正德四年，復葺之，周圍五百四十八丈，高二丈三尺，上廣一丈，下廣二丈五尺，城門樓三，敵樓三，雉堞二千一百六十，警鋪二十七；爲門三，南曰熙平、東北曰熙仁、西北曰熙安。

陽山縣城池 舊惟圍以木柵。明天順七年，巡撫僉都御史葉盛命知縣劉廣始築土城，包砌磚石，周圍四百丈，上廣一丈，下廣二丈，高一丈七尺，城門樓二，敵樓四，雉堞一千六百爲，門有三，曰東門、曰西門、曰南門，各置橋以通行者。成化己巳，知縣李茂修串樓二百六十間，以磚石砌子城四百五丈，高八尺。正德乙亥，知縣曾顯重修串樓一百四十八間，子城八十餘丈，叙城四十七丈。嘉靖二十四年，知縣陳應隆重修城池，四門樓扁東曰寅賓、南曰來熏、西曰通楚、北曰望韓，建望星樓於其右。嘉靖三十四年，知縣葉良儲以東寅賓門要衝，捐資創月城於其外。萬曆二十六年，知縣王學尹重修舊城。

連山縣城池 前代遷建無常。明洪武初，建於程山之陽。天順二年，爲西寇所據。六年，賊平，布政司張瑄等相度雞籠門建立縣治，知縣孔鏞創築今城，袤四百丈，高一丈七尺，爲門四，今有其二，曰東、曰西。其池四百八十丈，深一丈。

韶州府

《職方典》第一千三百十六卷
韶州府部彙考二
韶州府城池考　府志
本府（曲江縣附郭）

韶州府城池 周圍九里三十步，高二丈五尺，基廣二丈，中廣一丈五尺，上廣一丈。吳末始築於湞水東，蓮花嶺下。唐刺史鄧文進移於武水西。南梁乾化初，錄事李光冊移州治於武水東、湞水西。五代僞漢白龍二年，刺史梁裴始築州城。宋皇祐、紹熙間，屢加增修。寶元二年，郡守常九思修望京樓門，見余襄公記。明洪武二年，知府徐真重修敵樓二十九座，復建五門，曰湘江、曰乾門、曰東門、曰南門、曰西門。永樂初，樓壞城圮。十五年，千戶趙銘、趙貴先後砌築。天順七年，重作五門城樓。成化四年，修蓋串樓一千一百五十三間，敵樓二十六座。弘治十四年，知府曾渙清出軍民私占南壕一段、北壕二截，各城門外近城脚壕岸官樓、店房、瓦草房及賃空地自蓋房屋，通共三百四十六間，園地八十三丈五尺，每年各賃納官租銀以備修城之用。嘉靖四年，知府唐升修築傾圮城垣二十餘處。二十年，知府符錫修串樓三百五十間及五門大樓，東曰聞韶、西曰鎮越、新開門曰望京、湘江門曰迎恩、南門曰阜民。萬曆丙辰，洪水決西城而入，隨即補葺。天啓四年，知府吳兆元另開新東門。崇禎九年，以堪輿言稍徙上數十武，俾巽水隱通泮池。池東南六百零一丈，西臨武水無壕，北二百一十六丈，東北四百零四丈。

樂昌縣城池 周圍三百六十丈，基厚一丈三尺，高倍之，垛墻高四尺。明洪武二年，知縣索彥勝始築土城，開四門。成化二年，知縣潘昱重加版築浚壕。弘治元年，通判伍惠、知縣吳景、溫葉蓁、宋瑚相繼甃磚，拓五十丈，串樓二百六十八間。弘治庚申，知縣袁賓重修城門四座，東曰東川、西曰西瀧、南曰武水、北曰桂山。正德七年，知縣林琦築東南北子城。嘉靖二年，知縣龍章修串樓。十六年，知縣張堅修四城門。萬曆八年，知縣張祖炳重建四門城樓。崇禎十四年，知縣羅銘鼎重加修築，較前高六尺，厚二尺，增以雉堞，頗壯金湯。西郭子城，嘉靖四十一年，知縣王三聘准士民呈，築子城於西門外，以衛內城。後因瀧水衝崩城垣堤岸，皇清順治十六年，紳衿白世師等具呈知縣盧璣准示，子城居民糾金修整，其一切地方夫役，照舊例蠲免。池西北長一百五十丈，深五尺，闊倍之，南臨武水，東臨祿溪。

仁化縣城池 周圍二百八十丈，基廣一丈，中八尺，上七尺，高一丈，後增高數尺。仁化舊城，唐垂拱所築，今在縣北十里走馬坪。宋開寶間，縣省入樂昌而城廢。咸平三年，復置縣於今所，而未有城。至明成化四年，通判蔡周始築土城。十一年，知縣李淮清砌四門以石。十六年，知府王賓、知縣翁同修砌以磚石，創門樓四座，串樓二百八十六間，知府王賓記。二十三年，知縣丘璈砌磚南壕城脚八十餘丈。正德十年，李蕚修北門外子城。嘉靖二十五年，知縣嚴時中重修串樓。萬曆二十一年，知縣司馬暲重建四門城樓、串樓。崇禎十四年，知縣楊憲卿增築數尺。池東南北二百一十五丈，西北七十丈，闊一丈，東臨河無壕。

乳源縣城池 周圍一百八十三丈有奇，高二丈五尺，厚一丈五尺。宋乾道三年，置縣於虞塘，攝事司理劉天錫始築土城。至淳熙丁未，爲賊毀，知縣曾造重修。德祐乙亥，又爲賊毀。至元至正三年，山寨據叛。十二年，郴寇攻陷，義士鄧可賢率民置寨固守。明洪武元年，知縣張安仁遷於今治，在洲頭津築土城守之。天順六年，通判杜宥、知縣李鑒始易以石，并浚外壕。成化十七年，知縣孔俊創串樓一百七十六間，建東南二門，東曰拱陽、南曰迎熏。正德十二年，樂昌猺賊圍攻，隨被樂昌總甲龔福和等伏兵殺敗，解圍。嘉靖十二年，知縣何澄重修城牆，并浚外壕。四十三年，大羅山賊游劫鄉村時，重臣督兵征剿，知縣李繼芳犒師，城池賴以保全。萬曆間，知縣侯應爵、林文豐、吳邦俊相繼重修。崇禎十三年，知縣蔣明鳳增高五尺。皇清康熙二年，東方城房傾卸七十五間，知縣裘秉鈁修復，并重建東南二門城樓。池周城深一丈五尺，闊二丈。

　　翁源縣城池　周圍四百六十七丈，高二丈二尺。元末，山寨譚清據今縣治，築土城。明初，因之。天順六年，通判杜宥、知縣程振砌以磚石，於城外浚壕。成化三年，知縣陶鼎於東西南三城門上建樓三座。十年，知縣吳政建敵樓二十一座，串樓四百二十三間。十三年，知縣宋經改修敵樓爲望樓，典史明彝於城壕外築子城，今廢。十六年知縣顧節，正德十一年知縣黃銘、主簿顧蘭，嘉靖十一年知縣傅雲俱重修。二十五年知縣侯仁，三十二年知縣金日鎔於東南西三城門外砌月城。萬曆四十年，知縣萬應奎重修。崇禎十一年，知縣朱景運重建南城樓一座，修東西城樓二座，增高三門月城二尺，并全修串樓四百五十三間，敵樓一十四座。皇清順治十年，知縣李寧和建拱北、制勝二樓。康熙四年，知縣翟延祺重修。池周於城，闊二丈，深半之。

　　三華鎮城池　周圍二里，高一丈四尺，池周於城，闊一丈五尺，深半之。明嘉靖末年，賊首官祖政倡亂，平之。至隆慶間，餘黨張廷光等復熾，壬申，南贛軍門李崇提兵討之，凱旋，題請建鎮以善後，原立官兵三百員名，添設縣丞專管。後奉裁，以主簿帶管，兵數陸續裁減。皇清，設有韶鎮兵五十名，本縣兵二十名防守。

　　英德縣城池　周圍一里有奇，長三百四十八丈，高一丈三尺。按《舊志》，創始於宋，廢於元。至明初，僅存八十餘丈。天順五年，知縣杜宥重修。七年，復築外城。成化二年，城樓火。次年，守備指揮汪寧、知縣傅寧重創西南門樓，并串樓一百六十餘間，角樓五座，鼓樓一座，砌垜口，浚城壕。後知縣丘策築欄馬牆。弘治間，通判熊鑒周城開馬道六尺。正德元年，知縣林克洪用石砌二城門，學士黃諫記。嘉靖二十五年，東城串樓火，知縣陳維賢修復。嘉靖三十三年，知縣湛廷詔起垜樓四處以便巡警。崇禎十一年，知縣吳永澄兩修，加高厚，有記。皇清順治十八年，知縣楊柱臣捐修西南二城門，敵樓二座。池，西北約百餘丈，東南臨江無壕堤。

南雄府

《職方典》第一千三百二十一卷
南雄府部彙考一
南雄府城池考　府志
本府（保昌縣附郭）

南雄府城池　舊州城，僅環府治。宋皇祐壬辰，知州蕭渤闢之，爲門三，東曰春熙，今爲鐘樓；西曰淩江，今名武定；南曰政平。淳熙戊戌，知州李嶸修。嘉定甲戌，知州劉公亮修。丁丑，知州黃庶重建三門。庚辰，知州孫宓修。甲辰，知州趙汝鑰修。紹定癸巳，知州張友修。元至正乙巳，指揮王璵修，名舊城曰斗城，外築土城三百四十丈，崇一丈有奇，厚稱之，池如城之數，深如崇之數，增建東南北三門，北曰拱極、東今名朝陽、南今名向明，以小別之，謂之顧城。明成化丙戌，巡撫都御史韓雍檄知府羅俊甃以石。己丑，僉事陳貴自小北門至牛軛潭築土城三百餘丈，沿河固以木柵。丙申，斗城西河決，知府江璞築堤禦之。正德中，流賊嘯集。戊辰，知府王珀請於都御史林廷選，奏發帑藏，甃土城以磚。甲戌，知府李吉增女牆六尺，門其東曰賓暘、東南曰文明，謂之新城，其池廣一丈，深如之。嘉靖丙戌，知府伍箕修。甲午，知府何巖修。己亥，知府鄭朝輔修。嘉靖丙子，知府歐陽念倡郡民甃沿河水城。萬曆丙戌，斗城水陷數十丈，自小東門右掖至小南門傾圮約三十餘丈，迤北約圮十餘丈，水城沿河盡廢，自小梅關至太平橋約圮四百餘丈，知府周保修。皇清順治八年，內外二城傾倒，知府鄭龍光修。丁酉，大水，斗城、顧城、新城俱陷水，城全圮，知府陸世楷修。

始興縣城池　始興縣，古今三遷，俱無城。明天順中，知縣謝濂築土爲垣。成化乙未，都御史韓雍廓而大之，甃以瓴甋，周三百四十八丈有奇，高一丈五尺，厚一丈，池周四百丈有奇，深五尺，廣倍之，凡三門，南曰向秀、東曰東作、西曰西成，各有樓，皆置守。壬寅，知府江璞建串樓三百四十八間，橋樓一座。弘治壬戌，雨圮，通判留芳修。正德甲戌，知縣梁冠修。嘉靖癸未，河決，知縣高輔築堤禦之。乙未，知縣汪慶舟修。丙辰，南城被水衝圮十餘丈，通判馬錫修。隆慶辛未，知縣謝成賢修。萬曆辛卯，知縣蔣希禹修。崇禎己卯，知縣蕭琦增築城垣，修三門，其南易名答陽。皇清順治戊戌，經歷白引箕修。辛丑，知縣王毓慧修。

惠州府

《職方典》第一千三百二十七卷
惠州府部彙考三
惠州府城池考　通志
本府（歸善縣附郭）

惠州府城池　宋元舊築甚隘。明洪武三年，知府萬迪率千戶朱永拓之，高一丈八尺，周圍一千二百五十五丈，為七門，曰惠陽、曰合江、曰東升、曰西湖、曰朝京、曰橫岡、曰會源，上為敵樓。嘉靖十七年，颶風傾圮雉堞。二十年，知府李玘重修。三十五年，知府姚良弼、通判吳晉增築之，軍城自水門起至小西門都督坊止，長三百八丈五尺；民城自本坊起至武安坊止，長三百五十七丈九尺，各增高三尺。皇清順治八年，重修。

歸善縣城池　明嘉靖四十四年，庠生劉確、鄉民黎俸等請建東平民城，防守地方。萬曆三年，城成。六年，知縣林民止遷縣，遂為官城，高一丈六尺，周圍闊一千五十丈，雉堞一千五百六十五，為門四，東曰輔陽、南曰龍興、西曰通海、北曰娛江，關二，便門二，窩鋪九。龍興舊曰兆禎，當縣庠之衝，萬曆二十四年，知府程有守、知縣鄧鑣移改於少東。皇清順治十七年，知縣武蓋重修。

平海守禦千戶所城，在歸善縣內，外管海濱。明洪武二十七年，始建，周圍五百二十丈，雉堞八百七十一，城闢四門，門上有敵樓，角樓四，窩鋪七，環城有池。

博羅縣城池　故無城，環治僅土牆，簡陋甚。明成化二十三年，按察使陶魯始建城。弘治九年，僉事王相復即城西闢地二百五十步為今城，因榕溪為池，城高一丈七尺，周圍七百丈有奇，門五，各有敵樓，窩鋪一十六。嘉靖四十二年，知縣胡郁增高四尺。萬曆八年，知縣張守為重修。二十二年，知縣鄧以誥大修之。皇清康熙六年六月，知縣胡大定修復南門。十年八月，知縣楊碩捐俸修大東門城樓窩鋪。

長寧縣城池　在君子嶂下。明隆慶三年，立縣治鴻雁洲，尚未有城。

萬曆改元，知縣陳立中乃即今所，控其要害而城之，周四百八十丈，高二丈有奇，厚稱之，爲門三，各建樓，北臨山有樓，無門。

永安縣城池 明隆慶四年，以陽江縣主簿林天賜署縣，築城。五年，而城成，周六百四十丈，高二丈，雉堞一千三百一十七，門四，上各建樓，水關二，北爲上關，西南爲下關，黃花溝水入上關注城中，從下關出城外。

海豐縣城池 舊惟土城，在今城外東一里。元至正末廢。明洪武二十七年，備倭都指揮花茂始議建城，高一丈五尺，周圍三百九十丈六尺，雉堞七百八十一，門四，各有敵樓。正德十五年，千戶李綱修四門及西北城樓。尋圮，嘉靖十年，知縣陳一善重建。三十七年，倭警，知縣張濟時加築三尺，女牆高五尺，塞北門以便防守，外復築土牆七尺。萬曆十二年，知縣陳汝鳳築偃月城，加以女牆，爲樓五，爲門八。其池深廣一丈，歲久湮塞。正德五年，重浚之。嘉靖中，知縣張濟時復浚之，廣二丈，深七尺，障東北隅溝水瀦之。

碣石衛城，在海豐縣東一百二十里，明洪武二十七年，都指揮花茂建，高二丈，厚一丈八尺，周圍一千一百二十丈，雉堞二千二百六十二，敵樓四，樓下闢門，池深一丈，廣一丈二尺。

捷勝守禦千戶所城，在海豐縣南八十里，明洪武二十八年築，高一丈，厚一丈五尺，周圍四百七十二丈，雉堞九百四十敵樓，四樓下闢門，池深一丈，廣八尺。皇清康熙八年春，碣石鎮城成。

甲子門守禦千戶所城，在海豐縣東二百五十里，明洪武間，千戶盛玉築，高一丈八尺，厚一丈五尺，周圍五百九十丈，雉堞一千一百八十，敵樓四，樓下闢門，池深一丈，廣八尺。

龍川縣城池 明洪武二十一年，守禦千戶李賢始建。古循州原有城，歷代興廢不常，至是都指揮花茂請立守禦千戶所，而賢至始築之。弘治元年，按察使陶魯修築今城，高一丈八尺，周圍七百二丈三尺，雉堞九百八十四，門上有敵樓，外有月城。正德三年，知縣傅鼎、千戶吳德潤分砌月城及四門。嘉靖四十四年，寇亂，兵備副使王化闢北門以便北之避寇者。萬曆六年，參議李盛春增高城垣三尺，擴馬路八尺。其池深八尺，廣如之，萬曆中，知縣林庭植復浚之。皇清康熙六年，知縣彭峻齡捐修城樓三座，整砌周圍雉堞。

長樂縣城池 明洪武二十年，知縣陳堅始築城，周圍六百三十四丈，高二丈，闢四門，門各有樓。嘉靖元年，僉事施儒以城隘，闢其南廣四百二十五丈。三十一年，僉事尤鍈大修築，增敵樓二十九座，四門各易以磚。池深七尺，廣二丈。

興寧縣城池 明成化三年，知縣秦宏始建城，高一丈八尺有奇，周圍六百二十六丈有奇，闢四門，門有敵樓，東曰平遠、南曰迎熏、西曰阜民、北曰拱辰，門內有兵馬司，跨壕爲梁。嘉靖四十年，寇亂，知縣陳其箴增修城垣，加建重門。其池深七尺，廣二丈。

連平州城池 在府治東北四百里。明崇禎六年，平九連山寇，總制熊文燦、巡按錢士廉題割河源、和平、長寧及翁源四邑地立州，轄河源、和平二縣，司理吳希哲督永安知縣牟應綬、長寧知縣陳國禎營繕。經始於崇禎六年十月，逾年冬告成，周圍六百三十五丈，高二丈一尺，厚一丈六尺，雉堞一千一百五十有九，門四，東曰鎮連、西曰鎮英、南曰玉驄、北曰彩鳳，每門加瓮城，橫十九丈，高二丈一尺，旁開兩門，一雖設，常關，上各建樓，締造之初，規畫井然，昔爲蛇豕竄伏之窟，啓闢後，屹然一巋鎮矣。

河源縣城池 齊宋俱據桂幹爲城，而枝布爲三郭環之，素稱佳麗。元末，城陷於寇，因廢。明初，乃即中下二郭間濱江爲城。隆慶五年，民遭水患，兵憲王化從民議，建復古城，卜依桂山向東北邑焉。知縣林大黼奉檄鳩工，築北城垣，亡何遷去。萬曆六年，知縣曾守愚循舊基築城，廣七百丈，爲門四，俱有樓，南門不利，加中東門移南樓於上。萬曆十年，民遭水患視隆慶五年尤甚，知縣湯民仰始與民遷居，然水患雖平，城失其險。萬曆甲午，邑人參政李燾請制府陳薰捐軍餉二百金，就下埠築基畜水，城賴以固。

和平縣城池 明正德十四年，南贛都御史王守仁檄惠州同知莫相建城，高一丈八尺，周圍四百五十丈，雉堞九百九十二，門三，東曰迎流、西曰通津、南曰南熏，各有敵樓，北負高嶺無門，建樓曰拱極。嘉靖三十七年，督捕通判洪章因民避賊城居，湫隘，拓城垣四百餘丈，雉堞三百有餘，開躍龍、永和二門，敵樓二座。萬曆元年，知縣陳文彬易新舊城樓以磚，極其完固。池深七尺，嘉靖十三年，知縣梁蕭復侵地益浚之。

潮州府

《職方典》第一千三百三十五卷
潮州府部彙考三
潮州府城池考　府志
本府（海陽縣附郭）

潮州府城池　舊有子城，依金山，由北而南繞以壕，東臨大江，外廓以土爲之。宋紹興十四年，知州李廣文乃移近，循壕流舊址甃砌。紹定、端平間，知州王允應、許應龍、葉觀相繼甃築完之，爲門十有一。元大德間，總管大中怡里修東城之濱溪者，謂之堤城。明洪武三年，指揮俞良輔闢其西南，築砌以石，改門爲七，謂之鳳城，城高二丈五尺，基闊二丈五尺，城面一丈五尺，周圍一千七百六十三丈；東距溪曰廣濟、曰上水門，左有涵洞一，通引韓江水入郡學泮池，經太平橋繞縣治，過潮頭橋透西湖出三利溪，今爲民居填塞；曰竹木；曰下水；南曰南門，前有涵溝，通韓水過城西，出三利爲鄉民灌溉田疇；西曰安定門，左有水關一座，引韓江水入下水門，經開元寺，繞小金山，會大街、新街、西街諸巷溝水而出西門，原廣五六尺，深亦如之，近被居民填淤，隘其尾閭，稍有暴雨，水漲不便；北曰北門，門各有樓，內有兵馬司。東南西北四門，今增爲義倉，外羅以月城。城有敵臺四十四座，窩鋪六十七間，雉堞二千九百三十二。弘治八年，大水衝決城垣二百六十餘丈，同知車份築砌之。嘉靖十三年，知府湯冔重建南門城樓。萬曆二十四年，兵備王一乾修砌外城馬路、石基。其池，初宋慶元三年，術家謂壕西流不利，惑其說者，鑿堤爲二關，取廓門石甃之，決河東流，入於溪，地勢東仰，西流如故。五年，溪流暴漲，水潰堤，知州沈杞率居民負土石塞之，壕復故流。日久，民多侵居，填塞過半。開禧元年，知州趙卿乃將正壕稍加疏闊，不復導流，通三利溪，有水關、石橋二所。康熙戊午年，提督侯襲爵、潮鎮馬三奇、守道仇昌祚、知府林杭學會議，將西湖山周圍置建灰城，一十縣合力。

豐順鎮城，嘉靖末豐政都弗靖，隆慶初築城，設通判一員駐鎮。繼盜平，通判仍居郡城。明末，設把總一員，募兵百名汛守。原係皇清饒鎮吳六奇祖居太平公館，建在城外。

潮陽縣城池 唐初，置縣治於臨昆山。元和間，改於棉陽，距臨昆三十五里。宋因之。元至正間，縣尹熊按攤不花築土捍之。洪武辛未，指揮楊聚置潮陽千戶所。舊城歲久日圮，正統間，知縣劉源洪修砌。天順間，海寇、山寇相繼起，知縣陳宣甃石，增高之。弘治元年，知縣王鑾重修城及各樓，爲門七。五年，知縣姜森鑿東城外壕爲溪，以通舟楫。正德四年，析四都置惠來，北達府一百四十里，東濱海、南惠來、西普寧、北揭陽，廣四百七十里，袤二百五十七里，城圍一千二百六十二丈，高二丈，嘉靖間，增高四尺，壕深一丈，廣三丈。

海門所城，在縣東招收都。洪武間建，天順六年，知縣陳宣修，高二丈，圍九百七十丈，門四。康熙三年，遷斥。七年，展復。八年，知縣張弘美重修。編戶一百零有五里。

揭陽縣城池 宋宣和三年，割海陽縣永寧、延德、崇義三都地置縣，曰揭陽。紹興二年，廢。十年，復卜治留隍村，不果，卜玉窖村。元至正十二年，達魯花赤答不歹因海寇作，始砌内城二百丈，築外城八百餘丈。明天順間，知縣陳侯爵於城之東北、西北各增修一百丈，闊三百丈，周圍一千六百丈，高一丈四尺，砌以石，爲門四。東北達府八十里，東澄海、西長樂、南潮陽，廣二百八十里，袤八十里。成化間，流賊突入，按察司陶魯命增築之，甃石爲址，上壘以甓。未幾甓脫，十一年，知縣敖公輔易甓以石，門樓、警鋪俱飭。嘉靖間，海寇作，嶺東道行文築四門月城。萬曆十八年，城垣倒塌，知縣李儼申兵備王一乾重修，增高城垣五尺。其地周圍七百五十丈，深一丈，廣二丈，南北跨溪，東西浚壕。天啓間，知縣曾應瑞增進賢門爲五門，水關三，編戶七十八里。

程鄉縣城池 隋大業三年置，以程旼名。五代，南漢割縣爲敬州。宋開寶四年，以翼廟諱，更名梅州。熙寧六年廢。元豐五年復梅州。紹興六年，猶熙寧制。九年，猶元豐制。元至元十六年，改置梅州路總管府。二十三年，復爲梅州，領程鄉縣。宋皇祐間，始築土城。洪武二年，省州爲縣，隸潮州。十八年，易以石，拓西城垣，廣其基，築石爲址，壘以甓，周圍九百八十五丈，高二丈四尺，厚二丈，東西南北各爲門，建樓其上，窩鋪一十有六，雉堞九百八十有五。東南至府三百里，東大埔、西興寧、北平遠，廣二百一十里，袤三百五十里。弘治元年，知縣劉彬修築。八年，大水崩一百七十餘丈，通判郭偉修築。嘉靖十年，大水崩十餘丈，知縣林塏、戴光復相繼修築。崇禎間，增高三尺，壕廣二丈，深一丈，門四，其南臨溪。皇清康熙九年、十年，霖雨，東西北各崩六七丈。十七年，霖雨，又崩三十餘丈，知縣王仕雲、王吉人相繼修築。編戶十三里。

饒平縣城池 明成化十四年，析置今縣，皆甃以磚，城高一丈八尺，周圍七百二十一丈，始皆參政劉洪實總其事，次年知縣楊昱至，董之，築高一丈餘。嘉靖十四年秋，大水衝決城垣四十丈，縣丞徐澄補葺之。十七年，四門城屋皆廢。十八年，知縣羅徹重建四樓，雉堞環拱以灰甓新之。嘉靖戊午，知縣林叢槐建鎮北樓。其壕廣二丈，深丈餘，引歐陂水入焉。皇清順治間，饒鎮吳六奇修築，高二丈，馬路廣三尺，增置尊君樓，銃樓、敵樓共十七座。

大城所城，在宣化都，洪武間，百戶顧實築，圍六百四十三丈，高一丈六尺八寸，門四，其池加城之數五十三丈。康熙三年，遷斥。七年，展復。八年，知縣劉鴻業重建。

黃岡鎮城，在縣東宣化都。嘉靖間，知府郭春震建，圍一千二百餘丈，門四。皇清順治間，饒鎮吳六奇重建。圍六百五十丈，高一丈餘，堅厚倍昔。經遷展復，康熙八年，知府宋徵璧重建。

南澳城，在本縣信寧都海島中。明萬曆副總兵晏繼芳建，何斌臣修，高二丈二尺，圍五百丈，門四。

惠來縣城池 明弘治末，因流賊劫掠，嘉靖四年，析潮陽惠來、酉頭、大坭、隆井四都，又析海豐龍溪一都，置今縣，以縣治在惠來都，故名。東潮陽、西海豐、北普寧，指揮程鑒、通判陳碩始建，周圍七百丈，高一丈七尺，門四，上各有樓。嘉靖，署縣府知事饒經濟將北門填塞。癸卯，通判諸燮拓南城四十四丈，合舊城七百七十四丈。隆慶己巳，知縣施尋申請增設敵臺一十四座。其池廣一丈五尺，東西水關二。

靖海所城，在縣南大坭都。明洪武間建，高二丈一尺，圍五百六十丈，門四。嘉靖、萬曆知縣林春秀、游之光相繼重修。康熙八年，知縣孫汝謀重建。

神泉澳城，在縣南十里。嘉靖間，知縣林春秀建，圍三百丈，高一丈三尺，門二。康熙八年，知縣孫汝謀重建。共編戶二十里。

大埔縣城池 明嘉靖五年，析饒平二都置今縣，以縣治在大埔村，故名。西達府一百六十里，東永定、南饒平、北程鄉，廣二百二十里，袤二百五十里。創於知縣歐淮，城未就而卒，知府王袍、推官李喬木董其事，二載始竣。周圍五百一十有九丈四尺，高一丈七尺，廣一丈二尺，上廣九尺，內外甃以石，為門三，東潮陽、北拱長、西通津。據茶山之麓，前臨大溪，後知縣曾廣翰、吳思丘繼修，重建窩鋪為城兵巡守棲息之所，增高垛墻。萬曆間，知縣謝九鼎繼修，及新樓堞。

三河鎮城，在大埔縣西戀洲都。嘉靖間，僉事張冕建。周圍四百九十丈，高一丈三尺，門四。皇清順治間，饒鎮吳六奇重修。共編戶二十里。

澄海縣城池 明嘉靖四十二年，析饒平之蘇灣，揭陽之鮀江、鱷浦、蓬洲，并海陽之上中下外三莆，共七都，置今縣。西達府七十里，東大海，南揭陽，北饒平，廣五十里，袤六十五里，高一丈七尺，腰城、雉堞各三尺，周圍九百二十五丈。四十三年，知縣周行議建。四十五年，張浚興砌。隆慶五年，知縣蔡楠竣工。萬曆三年，知縣顧奕增高三尺五寸。垛垣一千二百八十有三；門五，東西南北四，小北門一；樓四，東曰常春、南曰承明、西曰保義、北曰拱辰；設水關以通三川溪之水。窩鋪二十有六，知縣左承芳建。其池，東北有天塹，西南有址。編戶五十五里。康熙五年，因濱海寇患無年無之，三次遷斥，并全縣裁斥。迄七年，奉旨展復。八年，署縣通判閆奇英依舊基重建。

蓬洲守禦千戶所 明洪武三十一年，百戶董興建。圍六百四十丈，高一丈五尺，門四。原屬揭陽，嘉靖四十二年改隸澄海。天啓五年，知縣馮明玠修。康熙五年，遷斥。七年，展復，署縣通判閆奇英重建。

修水寨城 在澄海縣西蘇灣都。明洪武三年，指揮俞良輔創築，圍二百一十三丈八尺，立四門，鑿池置水關，西北隅通海港可泊戰船。其池圍二百一十丈，深一丈。展復後，署縣通判閆奇英新建，圍二百丈，高一丈四尺。

鷗汀寨，隸澄海，通判閆奇英因舊址重建，圍六十丈，高一丈四尺。

樟林寨，在澄海，通判閆奇英新建，圍一百四十丈，高一丈四尺。

普寧縣城池 明嘉靖四十三年，析潮陽洋烏、戎水、黃坑三都置縣貴嶼，名普寧。初立，知縣趙鉞時在貴嶼，借居民舍。萬曆三年，知縣劉鈍築縣城於厚嶼，規模略定。至十年，歸洋烏、戎水於潮陽，僅存黃坑一都。十四年，僉事盧仲佃諭知縣趙獻改析舊料，築建今縣，門四，東曰凝和、西曰阜財、南曰迎熏、北曰拱極，門各有樓，其年始浚溪為壕，以瀦潮水。北達府一百二十里，東潮陽、南惠來、西北揭陽，廣袤四十里。城高一丈八尺，崇禎間，增高三尺，圍六百餘丈。順治乙未年九月，海寇陳豹破縣，將城摧拆平地。丙午年三月，寇退，知縣張如榜復任，督民夫修砌如舊。共編戶一十四里。

平遠縣城池 嘉靖三十八年，設通判府於程鄉、豪居、林子營。四十一年，割福建武平、上杭，江西安遠，廣東興寧地置縣，隸贛州府。四十三年，議還武平等三縣地，惟程鄉之義化、長田、石鎮三都并興寧之大信一都合爲縣，名平遠，隸潮州府。西達府三百八十里，東上杭、南程鄉、北贛州，周圍五百二十丈，高一丈二尺，門四。萬曆二十五年，知縣王文雷建鎮山樓，設警鋪一十二間，城北依山，其池東西南三面皆阻水。廣二百里，袤二百五十里。崇禎間，增高三尺。編戶四里。

鎮平縣城池 明崇禎六年，石窟焦嶺之間草寇竊踞，至勤三藩之師，巡按錢守廉相度會題，析程鄉之松源、龜漿下半圖，平遠之石窟一、二圖，共四里，諭平遠令沈惟耀築置今縣。南達府三百六十里，東上杭、南程鄉、西平遠、北武平，廣八十里，袤七十里。城圍八百丈，高一丈九尺，厚一丈五尺，垛口九百，門樓各四，敵樓八座，水關二洞。十年春，雨衝圮一百五十丈，知縣胡會賓修。十一年，浚壕，起東南至西北五百丈，闊一丈，深五尺。康熙十一年，霖雨衝壞十餘丈，知縣程夢蘭委典史馮士樗督修。

肇慶府

《職方典》第一千三百四十六卷
肇慶府部彙考四
肇慶府城池考　府志
本府（高要縣附郭）

肇慶府城池 宋皇祐中儂智高反，始築子城，僅容廨宇。政和癸巳，郡守鄭敦義乃築石城，周八百七十一丈，高二丈，厚一丈；南臨大江，西南隅至東南隅三面繞壕，各深一丈，闊十丈，周四百五十八丈；城開四門，東曰宋崇、西曰鎮西、南曰端溪、北曰朝天。明洪武元年，江西行省郎中黃本初來掌府事，請加修築，改宋崇曰正東門，鎮西曰景星門，其後千戶郭純以城南隅濱江，用石甃河畔，高二丈，與城址並捍禦水患，至今賴之。景泰間，西賊屢犯鄉關，知府黃瑜浚壕植柵於周城之外，柵外護以刺竹，柵內環以敵樓，工畢而寇適至，竟莫能犯。成化元年，城上增置串樓八百一十間，自是防守不患風雨。三年冬，建披雲樓於城上西北。四年，建南門樓。五年，建東西二門樓及四隅角樓，又議拓北城至靜明寺，會水災不果。後參將楊廣建北門樓。十一年，知府李璲於披雲樓近壕增築磚城七十餘丈，厚一丈，高並舊城，改四門額，東曰慶雲、西曰景星、南曰南薰、北曰朝天。正德六年，知府程杲重修串樓。歲久而敝，嘉靖七年，兵備僉事李香與知府鄭璋議撤串樓修雉堞。三十九年，風雨連旬，城東北隅傾陷，兵備僉事皇甫渙與知府徐鷴修。崇禎二年，城西門樓圮，知府陸鰲修。皇清康熙八年，颶風大作，城四角、樓基俱圮，知府史樹駿修。十二年，大風雨飄毀城堞，總督部院金光祖捐俸重修。壕自西門城外繞而北，過北門橋至東門城外，謂之外壕。自西門城內起小水通竇，過南門街至清軍館後而大，謂之上壕。復通竇過塘基頭街下注，其大差減謂之下壕，下壕又通竇出城接外壕，而達於江。自西門石嘴引江水而入者，謂之西壕，乃官船避風之所。古澳，在東門外，通大江，可以藏舟楫，避風濤，後為潮沙所壅。宋乾道六年，郡守曹總修復，設澳田若干畝，為歲收淘浚資。今田廢，而澳亦堙。自東門水埠頭起，至天寧寺前止，接內壕水達江，乃其故址，亦謂之外壕。先是，城東外街原靠城邊，知府夏應台改出近壕，至北門止。城西外街，亦靠城邊，知府夏應台改出沿壕至披雲樓後新基及北門止，自此文運漸興。城北外壕，舊從西門外繞披雲樓後轉東，萬曆三十七年，知府陳濂以府治龍脈自西來，命工築塞培脈，分北壕為兩截。城北內壕原有監軍道左渠，消水日久，民作鋪其上，淤塞。三十八年，知府江中楠拆鋪修浚，崇禎二年，知縣張明熙復浚之。

　　四會縣城池　先未有城。明洪武二十四年，肇慶衛指揮馮復以四會地接廣西懷集，山林深廣，寇盜出沒，奏調後千戶所官軍立柵為守。天順三年，西賊流劫，巡撫葉盛始奏請立城，周五百七十六丈八尺，高二丈，厚一丈四尺六寸，砌以磚，串樓五百四十有八，敵樓一十有八，開四門，東曰陽和、西曰德澤、南曰清寧、北曰鎮安。壕闊三丈，深九尺，歲久壕堙，正德九年，巡撫都御史丁楷浚之。十六年九月，城西南潰，知縣蕭樟修築。萬曆三十三年，知縣彭名世疏前壕，復侵地，議塞後壕，未集，先築二基。西門瀕河，歲遭衝齧，復架木疊石障之。

　　新興縣城池　古新州，無城池，惟築土垣，以衛衙宇。宋建炎四年，州守王敦仁始用磚石修築，名子城，周一千二百七十八步。紹興十四年，州守黃濟病其狹小，南去子城一里，東西北各去半里，徧植刺竹繞之，名竹城，開四門以通出入。明洪武十三年，增土城於竹城內，高八尺，厚五尺，周一千一百八十丈，顏四門，東曰朝陽、西曰德勝、南曰長生、北曰拱辰。天順七年，賊攻破之，知府黃瑜請都御史葉盛奏准築磚城，周六百四十九丈，高一丈八尺，厚一丈，設警鋪五十五座，四門外各環月城門外，改東門曰陽和、西曰捷勝，鑿池周七百餘丈。弘治十二年，僉憲徐禮橄城內外各闢馬路，廣一丈，修敵樓、串樓及月城。嘉靖十年，僉憲王澄橄撤串樓、修雉堞。嘉靖三十七年，僉憲殷從儉經彥采謂城蔽學宮，移南門於學前，曰"南徵得路"。嘉靖四十一年，知縣周昆重建敵樓。皇清康熙十二年，知縣李超重修。

陽春縣城池 唐武德四年始築春州城，高一丈，厚六尺，周四百二十丈。宋皇祐二年，知州薛利和修城浚壕。元季廢壞。明洪武三十年，知縣趙清以陽春地接瀧水、七寮、紅豆等山，猺賊時發，奏調神電衛後千戶所官軍鎮守。是年冬，千戶鍾良加築，高二丈，厚一丈，周五百六十丈，壕深一丈，周六百九十丈，建敵樓三十，為門四，東曰迎輝、西曰靖江、南曰鎮蠻、北曰仰京。天順間，守備指揮李盛、知縣李福海重修，立雉堞，設吊橋，環植刺竹，流賊屢至不能犯。成化五年，守備指揮祖瑄重修。八年，按察使陶魯去雉堞為串樓，以防竊入。正德十年，知縣黃寬重修。是年，都指揮卜玉增高西門月城，築攔馬墻，後因風雨，串樓毀壞。嘉靖三十四年，知縣謝復生去串樓，仍立雉堞。萬曆九年，知縣黃憲清建角樓，修四門樓，易其名，曰東和、西靖、南鎮、北拱。萬曆十五年八月內，颶風大發，飛石伐木，城樓、窩鋪盡行圮壞，知縣張文誥重修，葺理門樓、窩鋪、城垛皆復其故。

陽江縣城池 宋紹聖五年，知州丁璉始築土城，高一丈五尺，厚一丈，周五里，壕深一丈，闊三丈，周六里。元大德間，種竹城外，以為障蔽。明洪武三年，千戶張均德甃以磚石，高二丈，厚一丈五尺，周八百九十二丈；壕深一丈，闊三丈五尺，周九百七十丈；城上設周廬四十四；開四門，東曰承宣、西曰威肅、南曰寧海、北曰鎮安。天順間，指揮韓裔浚壕。正德八年，分守參政黃顒設望樓四十八，築南北二堰，壕水不竭，民今賴之。嘉靖二十五年，堰決，知縣吳煥章重修，以石為楗。隆慶二年，知縣王仲增高城五尺。萬曆七年，同知蔡懋昭增浚城壕，復築二堰。十五年，大風，樓櫓周廬盡毀，同知方應時重修。歲久多傾，皇清康熙十一年，知縣孫廷鐸增修。

海朗守禦所所城，在縣東南五十里。明洪武二十七年，都指揮花茂建。周八百五十丈，高一丈四尺。萬曆四年，增高三尺，門樓四。萬曆三十年，海防徐璘建敵樓六座。

北津城，在縣南三十里，高一丈五尺，厚四尺有奇，周二百二十丈，門三，樓七。康熙十年，知縣孫廷鐸修，尋廢。十八年，知縣周玉衝重修，添設後山炮樓。子城，蔡長祥督造。北津，向未有城，明萬曆年間創建。

雙魚城，在縣西南一百五十里。明洪武二十七年，都指揮花茂建。周四百八十丈，厚一丈，高一丈八尺，門樓四。皇清康熙十年，守備王得勝重修。

蓮塘驛城，明嘉靖三十三年，僉事林應奎建。周三百二十八丈，高一丈四尺，窩鋪九，垛口五百一十八，東西門樓各一。萬曆中，知縣宋良木重修。

太平驛城，明嘉靖四十五年建。周圍三百六丈，東西門各一，窩鋪九。萬曆中，知縣宋良木重修。

樂安驛城，明隆慶五年建。周二百丈，原在下寮。成化間，按察使陶魯以下寮沮洳，行旅不便，乃徙於此地，屬陽江，官屬陽春。隆慶中，陽江知縣王仲與陽春知縣熊烈築以磚石。

高明縣城池 舊為高明巡司，無城。明成化十一年，知府黃瑜奏設縣治。十六年，知府李璲始築磚城，周六百六十丈，高二丈四尺，厚一丈五尺，建窩鋪十八，開門三，東曰寅賓、南曰阜財、北曰迎恩。城外有池，弘治十一年，知縣涂縉鑿深一丈，廣三丈，外植刺竹。正德初，知府黃顒增串樓五百餘間。嘉靖元年，乃改作雉堞。二十五年，知縣石銘繕修。三十五年，知縣徐純修城浚池。隆慶六年，知縣羅學植重修。萬曆十年，知縣張佐治開西門。崇禎二年，知縣鄒應期建東門護城。崇禎五年，知縣蕭時勉築西壕，南基就淮壕，居民譚明紀納餉佃。崇禎十三年，知縣崔琳將雉堞原火形改為土形，增高二尺，以磚旁築馬路。皇清康熙二年，南樓傾卸，知縣盧開象修復四樓，俱稱完固，惟子城未修。

恩平縣城池 明成化二年，僉事陶魯立恩平堡，乃築磚城，周三百二十五丈，高一丈八尺，厚一丈二尺，開四門，東曰陽和、西曰鎮平、南曰永通、北曰承恩，浚壕植柵，城上環置敵樓、窩鋪。十六年，開設縣治，復築高四尺。正德七年，知縣鄒級重修，城加三尺。池廣二丈，深一丈。

嘉靖間，城垣、馬道頹壞，督府檄縣修築。二十九年，知縣阮琳重修四樓及更鋪。四十二年，知縣李河圖修四樓，加築馬路高二尺。崇禎十二年，知縣王扉以舊城山水不利，數經殘破，請建新城於黃河菂，築磚城，周四百丈，高一丈八尺，四城樓各高二丈三尺，廣三丈五尺，開三門，東曰拱日、南曰陽明、西曰成慶、北爲文昌樓，值明末未遷。皇清順治十一年，舊城爲土寇王興等焚毀，官吏寄居凹頭寨，始議修葺新城以居官舍。關厢，草創未備。

廣寧縣城池　明嘉靖三十六年，都御史談愷既平扶溪大羅山賊，三十八年，請立廣寧縣，初奏縣治設於譚圃，僉事經彥采、知縣韋弁采士民議，乃於大圃建城，周三百三十九丈，高一丈六尺，東加高三尺，雉堞四百八十四，爲門三，東曰長春、西曰艮成、南曰來會，其上有樓，北無門，建敵樓一，東加望樓一，窩鋪十一。萬曆七年，巡按御史龔懋賢命推官羅應台增築南門月城，拓東門四十丈。四十二年，圮，知縣趙廷忠築。天啓七年，知縣黃夢瑞增築城西垣牆，高三尺，長三十餘丈。

開平縣城池　舊開平屯堡，周三百五十丈，高八尺，厚二尺，止東南二門。皇清順治七年，城守張瑞漢於二門各建城樓一座，又建敵樓五座。康熙四年，知縣高子翼修築城垣，增高三尺，始建雉堞焉，額二門，東曰紫來、南曰常平。十一年，知縣薛璧重修敵樓。

德慶州城池　古無城池，宋皇祐六年，儂智高亂，始築子城，南闢大門，僅容廨舍、倉庫。元至正間，總管孫振武重修。明洪武元年，守禦千戶邵成視舊城狹隘，奏改城址，甃以磚石，高三丈，厚一丈五尺，周一千一百丈；壕深一丈，闊三丈，周一千一百五十丈；上置串樓七百二十，敵樓三十有九；門五，東二曰東勝、曰忠順，南二曰鎮南、曰廣惠，北一曰香山，俱設譙樓，後撤去串樓，止存敵樓。景泰七年，都御史馬昂令周城增高三尺。成化七年，都御史韓雍命本府通判李敏、知州周儉重修，及羊橋、馬道悉甃以磚。成化十五年，大水，城圮三十餘丈，知州管淳、千戶朱徹等修復。嘉靖五年，知州周文漢築香山門月城。後十二年，知州陸舜臣重修。隆慶五年，知州楊士中修城浚壕，引香山之泉而注之壕，增修雉堞，以忠順門僻在東北難防，塞之。六年，創東勝門月城。萬曆元年，創南門月城。二十三年知州，陳榮祖開忠順門，不利，二十七年，知州沈有嚴復塞。崇禎六年，知州商朝仕重修一次，又周增三尺，忠順門樓之右建文昌閣，以爲州城控扼下關。皇清康熙五年冬，東北傾圮者數十餘丈，知州秦世科修復，又修北門樓一座，城守方弘綱修小南門樓一座。康熙十二年夏六月，大雨崩城四十餘丈，署知州譚桓修復之。

　　封川縣城池　舊城，周一百七十步，塹山爲之。明正統十四年，黃蕭養亂，典史陳順因故址修築埔堞、城樓。其後西賊屢至，居民避地，城不能容。天順二年，守備指揮王英展外城，環柵植刺竹，以磚甃北城三十一丈，周共四百六十二丈，壕廣四丈，深一丈四尺，周二百九十五丈，又浚西塘，環之有城門樓、角樓、敵樓，設更鋪三十有七，爲門三，東曰遵化、南曰長清、西曰鎮寧。成化五年，都御史韓雍發銀一千七百兩，命知府黃瑜、同知馬襄、知縣萬顯分督軍民，仍舊城基培築，環以串樓，建門樓二，北曰鎮北、南曰鞏南。弘治十七年，知縣李煦復於城外建四門，東曰文興、東南曰遵化、南曰永清、西曰長寧，規制加備。嘉靖二十五年，西城崩，知縣吳蕙修復。萬曆二年，懷賀賊起，柵久朽壞，知縣陳起耕甃文興、遵化門，敵樓規制一如城門。四十六年，雨潦城圮，並壞窩鋪四十餘間，知縣方尚祖修。

　　開建縣城池　舊無城。明洪武間，於開江鄉一都築土爲城，僅高六、七尺。景泰元年，流賊攻陷，始調官軍守禦。天順三年，指揮王芳、千戶胡清見城基寬曠難守，乃約其制，存三之一，周植木柵，疏壕兩重，各闊二丈五尺，深半之，於縣北雁山浚源，至五里，鑿塘瀦水，因名水母塘，引溝灌壕，秋冬不竭。八年，都御史葉盛奏築磚城，檄布政使張瑄、僉事傅博經度，令守備聶聰、知縣黃瑜先築土城，浚舊壕，闊四丈，深丈餘，環北而南，西臨開江，建門三，南曰迎恩、西曰開江、北曰鎮邊。成化元年，都御史韓雍復發帑金五百兩成之，周二百二十丈，高丈有九尺，面廣一丈，基厚丈有八尺，串樓二百二十，敵樓五。嘉靖七年，典史黃世鐸重修。十四年，洪水城圮，知縣呂賓修復，始塞北門，撤串樓，作雉堞。隆慶五年，洪水復圮西城門，教諭何大純重修。萬曆元年，知縣胡希寅築南門子城二十餘丈，開門三，又築西門子城十餘丈，即禦戎臺基，開門二，門皆有樓。萬曆十一年，知縣葉之盛開東門，上建串樓一座，塞西門。皇清順治十七年，知縣侯干都率民修城上南樓一座，北東西各城樓一座。康熙六年，子城傾圮，知縣崔國祥重修，復完繕如故。康熙十一年，南樓復爲風雨所毀，知縣張衝斗捐資重修。

高州府

《職方典》第一千三百五十六卷
高州府部彙考二
高州府城池考　通志
本府（茂名縣附郭）

高州府城池　唐始築土城，宋元因之。明洪武初，千戶陳富、張真拓以磚，周六百一十四丈，高一丈四尺，門五，上有樓，東迎陽、南廣濟、西通川、北北門、小西門。成化初，東南北門樓寇毀，小西門塞，知府孔鏞、指揮歐磐復建，後指揮李信增四尺，千戶潘英創串樓六百。嘉靖初，知府莊科始廓城，東包環邑庠入城中，周圍砌築子城。十一年，署府事肇郡同知林春澤塞小西門。十三年，僉事黃澄廢子城，為敵樓二十七所。是年，郡守石簡塞舊南門，作新南門，改曰高明，由壕岸西行轉南，合舊門通衢。十五年，知府鄭綱闢南街直行，稍轉而西接通衢，建門曰履坦。二十五年，知府歐陽烈以小西門塞，民以出入為艱，因耆民張仲山等呈，乃復啟之，扁曰高辛。嘉靖二十六年，知府歐陽烈重修。是年，大水，西南隍岸崩及城西南樓基亦浸塌。冬，知府歐陽烈乃自大西門至舊南門埠頭叢椿實土，填築隍岸，修整南樓，城賴壯觀。萬曆間，知府熊廷相辦士民議，申請撫按開舊南門，而塞其新門，於小西門外建樓一座，加門一重。三十七年，知府蔣希禹所開塞又如熊廷相之時，而基址猶存。至四十二年，知府曹志遇將新南門遺址鏟去，悉復舊制。天啟間，參議蘇宇庶以古東門利於離明，新北門傷於龍背，遂復舊東門，塞新東門。池深一丈二尺，闊加八尺，東南北及小西門俱如之，獨大西門以長江為壕塹。成化三年，知府孔鏞、守備指揮歐磐復浚之，廣三尺，深一丈六尺。

電白縣城池　舊城，即古高涼郡土城。元大德八年，郡徙茂名因甃以石磚，遂為縣城。明洪武二十七年，都指揮花茂奏築神電衛城，委惠州指揮王虎、千戶張貞築為土城。永樂七年，指揮俞林甃以磚，計六百四十步，周圍一千一百丈，高一丈二尺，堞高五尺，共高一丈七尺，為東西南北四門，門上各為樓，堞上敵樓四十，角樓四，窩鋪三十有二。正統間，毀於猺寇，知縣吳鏐申奏，因舊增築，然地居山落，寇易侵擾。成化四年，僉事陶魯奏遷縣治於衛左。萬曆三年，知縣王許之以城垣徑直，難以制外，乃於城外建敵樓十二座以拒敵，開四孔以通鳥銃。萬曆七年，知縣張希臯以城垣卑矮，難以守禦，增高三尺，城面馬路甃為陽橋三尺五寸，取壕土以實之，壕因以深。皇清順治九年，城守游擊汪宗弘建瞭樓，每城一面一十二座。十四年，城崩樓圮，知縣相斗南重修城垣，四腳易磚以石，東西瞭樓另行鼎建。池周圍一千一百六十四丈，闊三丈九尺，深一丈七尺。天啓間，知縣翟拱辰因城壞重修，而壕之深闊因而倍之。

信宜縣城池 舊無，止築土牆，周圍一百八十五步。明正統五年，六豪猺亂，副使賀敬、都指揮張演築砌磚城，周圍二百五十五丈，高一丈八尺。天順三年，創串樓五百四十有八。正德五年，千戶丁川於城外築子城。嘉靖間，僉事黃澄設敵樓一十三所，後知縣陶弼、周夢斗、周世臣相繼增修，池浚深一丈三尺。皇清順治十三年，知縣徐鳴佩、城守管登魁修復北門城樓、窩鋪，砌以磚石。

化州城池 宋紹興三十一年，創甃以磚石，北際江，東西南各環以池，門四，東曰開泰、西曰羅山、南曰南熏，俱通陸路，北曰臨江，通水，各有樓。元末年，崩壞。廣西流賊犯境，明正統十三年，知州鄧敏奏增砌磚城，周圍八百七十丈，高一丈六尺，又沿城開築壕塹。成化四年，按察僉事陳貴、知府孔鏞同守備指揮董翔復增高之。十年，又改砌入內，止開二門，東曰賓陽、南曰南熏，門各建樓，窩鋪三十，敵樓、角樓各四，清風樓一。嘉靖間，州同知周光禮築南門月城。四十四年，嶺東參議謫於化復更新之，築東門月城。萬曆二十六年，城壞壕淤，知州沈某修葺，周五百五十七丈，高一丈九尺。皇清，知州丘宗文重建東南門樓二座。池深六尺，闊丈八尺。

吳川縣城池 明洪武二十七年，都指揮花茂具奏欽差永定侯經畫，命千戶徐本督築土城。永樂元年，千戶李忠甃以磚石，周五百八十丈，高一丈八尺，為門四，東曰鎮海、西曰通川、南曰永和、北曰朝天，門上有樓，窩鋪一十有六，瞭樓四，大小水關五，周圍五百八十丈，高一丈八尺。至崇禎初，四樓毀壞。十年，知縣童兆登重修，又於女牆垛子下加磚堆，堆上加板，永為城守。池深一丈五尺，廣如深數，城濱於海，浮沙飛壅，不開壕塹。成化三年，僉事陶魯遣俞鑒督鑿之，有陳獻章記。

石城縣城池 舊無城池。明洪武二年，縣丞倪望築土牆。正統五年，通判馬文饒甃以磚石，周五百三十七丈，高二丈一尺，厚半之，闢門三，東曰望恩、西曰鎮彝、南曰威武，門上建樓，角樓三，敵樓倍之，窩鋪又倍之，中軍窩鋪一。隆慶六年，寇燹城圮，知縣韋俊民修之，增高三尺。萬曆三十三年，又於原增處隨設羊橋、女橋、垛子、敵樓。崇禎十三年，三門增修瓮城，城下壕塹深數尺而廣一丈，惟北嶺無壕。皇清順治十三年，增高一尺五寸，易以平頭，重建二大銃臺於東西之北隅，開深壕塹，并鑿復嶺。池深一丈五尺，廣加深一丈。

廉州府

《職方典》第一千三百六十二卷
廉州府部彙考二
廉州府城池考　府志
本府（合浦縣附郭）

廉州府城池　宋元祐間創。紹聖間，知府羅守成修。明洪武三年，百戶劉春增築，六百九十丈五尺，謂之舊城。二十八年，指揮孫全復移東城一百五十丈，增廣土城四百一十八丈。宣德間，指揮王斌砌以磚，謂之新城，門三，東曰朝天、西曰金肅、南曰定海，俱有兵馬司廳。城外浚壕一千五十一丈，尚淺。成化元年八月，為賊所陷。二年，知府林錦、都指揮徐寧復浚外壕七百九十五丈，視前加深，林錦尋升。兵備海北，又以舊城狹隘不可以險，乃謀於知府邢正會，請撫按得帑金，因命指揮張福督修，增拓東南北三面城，並增敵樓、串樓、南北樓及譙樓，惟西門外有月城，以外河通海，恐寇患。正德間，府衛分修。嘉靖二年，知府韓鸞復請撫按，自西由南而東屬衛，自東由北而西屬府，永為定制。十五年，霪雨傾圮，知府張岳築。十八年，颶風壞串樓，知府陳健修，同知謝金記。二十一年，知府詹文光去串樓改為陽城。三十四年，知府何禦重修，又於東南二門增設月城，制與西門同。崇禎間，圮於水，修治報竣。後復圮於颶風，俱知府鄭抱素捐俸修。皇清順治十八年，西門城大樓，知府孫昌裔修復。康熙四年，東門城大樓，總兵張偉修復。六年，霪雨崩塌，知府徐化民修。十六年六月十九日，颶風倒壞西門月城及西面垛牆共十餘丈，知府徐化民倡捐，督率合浦縣知縣游名柱刻期修竣。十一年，本府復捐修府後城樓。七月告竣。考舊制，城垣周圍八百零二丈，高三丈二尺，厚一丈五尺；外壕一道，長一千零五十一丈，闊二丈五尺，深六七尺不等；門樓四座，東西南月城小樓三座，串樓二十四間，窩鋪六十三間，墩臺四間，府後樓一間，望墩一百個，筆架垜一千六百六十九個。今北門久閉。自順治年間，一切樓鋪頹圮甚多，近年修復城樓四座，角樓四座，月樓三座，敵樓一十二座，串樓一十六間，窩鋪二十四間，望墩三十二個，垜口全復，俱知府徐化民倡捐，率合浦縣知縣游名柱修葺。

欽州城池 舊在靈山思林都，今舊州墟其故址也，地卑氣鬱，人多瘴癘。宋天聖元年，推官徐的始建議遷近海白沙之東。明洪武初，立守禦二百戶所。二十八年，改千戶所，增築周城五百九十四丈五尺，高二丈四尺，門三，東曰朝陽、南曰觀海、西曰鎮遠，城外浚壕，周七百八十一丈五尺，闊二十七尺。景泰七年，議復增城高三尺。成化六年，知州傅鑒檜築一帶周城串樓、門樓、敵樓及兵馬司廳，城外遍植刺木，更新東門城樓。弘治四年，塞西門。正德十四年，知州李純浚壕築堤瀦水，東堤百餘丈，南堤三十餘丈。嘉靖四年，知州藍渠改建串樓。十三年，知州杜杰建窩鋪二十八間。先是，橋壞，西門路塞。十七年，知州林希元開復西門，建橋設墟，併東門各蓋兵馬房六間，十字街設鐘鼓樓。三十三年，知州鄧以和塞西門。萬曆二十二年，知州董廷欽大治垣樓之崩圮者，東門一樓，遂爲偉觀。三十三年，所吏尚文端修築城內外官街。四十年，知州阮臨拆毀東門子城，以建南門子城。四十二年，署州事通判李秀時建復東門子城，門開東向，正對水沙直街，城內曰索。四十四年，知州馬中超申請重修子城門。天啓七年，知州李五美修城浚池，建復方表焉。

靈山縣城池 在石峰東一里。明正統五年，兵備副使甘澤築城，廣五百一十丈，高一丈八尺，窩鋪二十間，門四，東曰朝陽、西曰鎮遠、南曰振南、北曰拱北。天順三年，陷於賊。成化八年，副使林錦增門樓四，敵樓一十有八，串樓三百五十，又增擴東南城四百五丈，爲門二，東曰長春、西曰六峰，敵樓二十有四，串樓二百五十有五。都指揮徐寧、歐磐始開壕塹二道，各闊一丈九尺，周五百一十四丈。弘治十八年僉事鄧概，正德五年僉事李瑾相繼修葺。嘉靖八年，僉事劉道周增高城三尺，以雉堞易串樓爲陽城，開通濟門，尋復廢塞。十三年，僉事王崇仍造串樓六百零三，又於長春門外建鋪房三十間，歲賦其入，爲修城費。三十年，僉事經彥采重修，又於朝陽門外建營兵營房。隆慶六年，知縣馮盛宗復修。今現開三門，朝陽、長春、六峰。池塹二道，闊一丈九尺，周圍五百一十四丈，成化間，都指揮徐寧、歐磐鑿，有魚利所官收之。皇清康熙十年，颶風倒塌西邊城垛三丈五尺，知府捐資修復。

永安所城池，在合浦縣海岸鄉。舊所，石康安仁里。明洪武二十七年，始遷今地。永樂十年，始建城。城周圍四百六十一丈，高一丈八尺，闊一丈五尺，窩鋪一十有八間，城樓四座。其壕周環五百丈零，成化五年，僉事林錦始鑿外池，又置串樓四百一十有五間，其四門各建敵樓二座，八角樓四座，月城樓四座。

雷州府

《職方典》第一千三百六十八卷
雷州府部彙考二
雷州府城池考　府志
本府（海康縣附郭）

雷州府城池　築自南漢乾亨間，甃城甚隘。宋至道丙申，郡守楊維新始築子城，周圍一百四十步，高一丈七尺，下闊一丈三尺，上闊九尺。紹興乙丑，郡守王趯復築外城，作女墻，闢四門，工未就去。紹興八年，海寇陳旺犯城，人莫能禦。十五年，趯始創外城，由那廬至西湖，暨赤嶺岡築南北西三城，又包東嶺，塹英祿山爲東城，周圍五里二百八十步，高二丈五尺，上闊一丈，下闊三丈，壕廣五丈五尺，深一丈四尺，城外環築女墻，闢四門。紹興壬申，黃勳繼之，改用磚甃，亦未就去。二十二年，勳代守，視城土築不堅，乃甃以磚甃。明年，南北城畢合四百二十二丈，東西未成，勳又代去。紹興甲戌，朝奉郎趙伯樫乃畢前功。越明年，伯樫繼至，視城東西壁工倍於南北，乃命匠益陶磚甃甃，自西壁凡三百四十丈，東壁半之，又於東北壁塹山削城，凡一百八十丈，逾年功成，胡銓有記。嘉定壬申，郡守王給葺二城。嘉定四年，颶風大作，水潦彌月，內外二城圮壞者半，故興工重葺。淳祐庚戌，郡守儲擢復修二城，創四樓，工未就而去，統領方子玉暨劉叔杰等終之。元至元戊寅，罷嶺南城池修築。天曆、至順中，海北道廉訪司僉事呂琰復修築。天曆二年，廣西猺賊侵掠，琰乃築城浚隍，高深如故，又於東西北三門外置木橋，夜則撤之，以備不虞。元統癸酉，廉訪司僉事張添睡、經歷郭思誠重修。元統元年，廣西猺賊復陷，遂溪路總管同知羅奉致、裨將李百戶遇害，添睡、思誠乃謀設立柵門，築羊馬牆，四門渠竇各置以鐵窗欞，備禦嚴整，故寇至不爲害。明洪武甲寅，指揮張秉彝、朱永、周淵、通判李希祖大築雷城。洪武七年，秉彝等謀展其舊基，加之高大。是年孟冬，興工，由東南沿西北壘石砌磚。至八年季夏就緒，周圍五里三百步，高二丈，腰牆雉堞高五尺，通高二丈五尺，下闊三丈，上闊二丈七尺，又於四門上各建重樓，東曰鎮泮、西曰中和、南曰廣運、北曰朝天，四角對起角樓，城上列窩鋪四十四間，城內環浚壕塹儲水，周圍六里一十步，闊六丈五尺，深一丈二尺，東西北三門各置石橋，南門舊無壕，故無橋，四方水門，俱置鐵窗欞，防守愈峻。正統庚申，指揮魏讓砌城上馳道。正統五年，讓掌衛事乃陶磚繞砌城上爲路。成化間，知府黃瑜、鄧璲相繼修葺。弘治甲子，海北道僉事方良永改建四門重樓。正德丁丑，知府王秉良葺，以城板朽壞，西南二門俱用磚石拱甃。嘉靖己丑，指揮張杰復葺東北二門，俱以磚甃。嘉靖壬辰，知府黃行可開浚壕塹，壕外環築土牆，以防湮塞。己亥，通判朱象賢掌府事，於城外環築女牆，上蓋以瓦。甲寅，西門樓壞，知府羅一鷟復建。癸亥，同知蕭文清重築城外樓櫓。時山海賊每突至城下，文清始於四城門百步外各建樓捍守，扁東曰安東、西曰靖西、北曰翼北、南曰鎮南。甲子夏淫雨，城南門以西及北城俱崩陷，知府陸瓚重修，副使莫天賦有記。乙丑，生員莫經緯等呈築南門外城，署印高州府推官楊逢元始其事，知府王子卿畢工，布政盧夢陽有記。萬曆己巳，新城圮，分守道張士純委知縣蔣蘊善修築。丙午，新城復壞，生員陳瑾等呈修，同知張應中、知縣鮑際明申葺。皇清順治丁亥，初開雷郡。冬，沒於黃海如。順治八年，再定。辛卯、壬辰，颶風，城池崩壞，城中軍民房屋盡圮無餘。乙未，知府陸彪詳文大修雷城。十二年十一月，知府陸彪詳道修理城垣，分守道蕭炎具詳雷郡城垣頹壞已久，兼連年颶風淫雨，倒壞更甚，思城池爲合郡保障，非高深不足備禦，除城上窩鋪每間發銀五錢，共蓋四十間，其城工復於去冬乘農隙之時，府廳縣逐一查驗，估計其城垛造不如法，每遇風雨，多至損壞，議一仿省城式樣，從新改造，工費浩繁，同知府陸彪、同知周熛各捐俸辦料，買米散給工匠，酌委文武各官分行督理，通將圮壞單薄之城，逐一修築高厚，城壕疏浚，而周圍垛口俱另式改造，煥然一新，刺史陸彪有記。康熙九年，郡城東垣崩數十餘丈，又颶風頻發，城垛、窩鋪十壞八九，知府吳盛藻倡議修築，與同官廳縣紳士各量捐資俸，於十年工成。

遂溪縣城池 舊在二十二都舊縣村。宋紹興二十年，遷今治，俱未有城。明洪武甲寅，知縣元太初始築土牆。正統乙未，知縣蘇觀改築石城，觀以土牆易崩，乃命工伐石，築石城，周圍四百七十丈，高一丈五尺，瞭墩四十，窩鋪十六，開三門，曰東門、南門、北門，城樓三座，浚以壕塹。嘉靖辛卯，知縣張惠修。成化初，猺賊煽亂，民病防守，乃塞東門，止存南北二門。張惠興工築浚城池，乃開東門，設墟於外，招商建鋪，為衛禦之計。嘉靖庚子，知縣班佩復修。颶風大作，石牆傾圮，佩命修飭堅完如故。隆慶壬申，推官鄭國賓增修，國賓署縣，視城垣卑矮，乃伐石陶磚，周圍甃高三尺，闊五尺。萬曆壬辰，知縣陳庭詩創三門月城門樓。縣舊無重門之固，庭詩用磚石創建東南北三門月城，周圍共六十丈有奇，又於門上各建重樓，東曰崇陽、南曰仁濟、北曰朝天。萬曆丁未，知縣羅繼宗修，繼宗精於堪輿，以北門風水不利，始塞北門，開西門，城內文教漸興，至崇禎間，同時進庠者有二三十人。崇禎己卯，知縣慎思永重修。皇清康熙三年癸卯，署縣同知王弘志修築，磚石、灰料、人夫，按社計口派辦，時兵荒錢糧無所出也。

徐聞縣城池 漢元鼎，置縣海濱討綱村。元至正丁未，遷賓樸，未有城。明正統三年，知縣李就始築土城。天順六年，遷入海安所，時西寇剽掠，平其城而墟之，故遷。弘治十三年，知縣平鋼申復賓樸創石城，民苦軍桀驁，思故土，故鋼復城之，周圍六百餘丈。正德庚午，知縣王澤增築浚壕，增城高一丈四尺，廣八尺有奇，用堪輿議，填塞北門，扁其城門，東曰安海、西曰迎恩、南曰太平。嘉靖四十五年，添設月城，三門俱添建月城，周圍各十三丈。萬曆三年，知縣張思益增築，周城增高三尺，復建敵臺十二，高四丈，闊如之，覆以瓦。舊南門在縣治西，至是改縣前，扁曰"民安物阜"。萬曆五年，知縣田舜耕加修，耕見土性易塌，實以粗石，重加築建。萬曆二十五年，知縣張大猷重修，於月城各鐫石頭，東曰朝陽、南曰若時、西曰有成。崇禎十二年，知縣吳國斗詳將文廟前建子城，開文明門，是科丙子獲雋二人，乙酉科獲雋者三人。嗣因亂門塞。

瓊州府

《職方典》第一千三百七十五卷

瓊州府部彙考三

瓊州府城池考　府志
本府（瓊山縣附郭）

瓊州府城池　漢置珠崖郡於東潭，跨江東於顏村側置顏盧縣。郡罷，因顏盧爲朱盧，處慕義內屬者。唐以其地置崖州，附縣曰顏城。貞觀元年，改爲舍城。五年，以崖之瓊山，今白石都置瓊州。乾封，沒於峒獠。貞元，討復之。開寶五年，始徙今治，築城凡三里，即漢玳瑁縣地。紹興間，管帥李諤復築外羅城。元因宋舊。明洪武己酉，指揮孫安議請展。庚戌，指揮張榮自舊西北隅至東南隅增築，廣六百丈，高二丈五尺，啓三門，東朝陽、西順化、南靖南，俱各置敵樓，北上建樓曰望海，南築長堤，引溪爲壕，出東城下，以達抱淪。甲寅，復奏增廣，自城北循東，按南隅長三百四十四丈，高闊如舊，改東門曰永泰，門上各建層樓，四隅仍建各樓。戊午，指揮蔡玉復奏添築，自西南角旋接西北，廣袤四百餘丈，通計周圍一千二百五十三丈，高二丈七尺，闊二丈八尺，雉堞一千八百四十三，庫鋪共五十七；壕塹周圍一千二百八十七丈，深三丈二尺，闊四丈八尺。成化癸巳，副使塗棐改扁三門，東體仁、西歸義、南定海。丁酉，僉事陳昭增築攔馬牆。西子城，洪武甲子，指揮桑昭於西城外增築，土城三百八丈，西南北亦啓三門，上建敵樓。成化丁酉，僉事陳昭復堅築之。歲久傾頹，嘉靖戊午，知府李慎砌以石，旋築旋圮。乙丑，參議曹天佑委知縣曾仕隆興築，鄉參政鄭廷鵠出夫佃，運石包砌，周圍三百十二丈，高並堞一丈四尺有奇，基闊一丈二尺，上殺三之一，雉六百四十二，啓門仍舊。崇禎辛巳，知府蔣一鴻創建東門外月城，周圍寬八丈，高並堞一丈四尺，闊八尺，雉四十二，啓門一。南門外月城，周圍寬四丈，高闊如之，雉三十，啓門一。皇清順治乙未，兵學道林嗣環、知府朱之光、推官何澄、知縣孟信各協捐修補築，周圍雉堞高一尺，厚五寸。復壞，康熙丁未，分巡道馬逢皐、知府張恩斌、知縣王好仁協捐修補，委縣丞施之引督竣。庚戌，風雨捐壞，知府牛天宿、知縣金光房於十月興工，至十一月工竣。十一年閏七月，颶風大作，吹倒南大樓、東北角樓連卷蓬、西南角卷蓬，窩鋪十二間傾圮塌地，南門東內城牆倒塌一幅，寬一十二丈，東門南邊一幅崩塌至地，闊三丈餘，雉堞全毀三百八十八，半毀又六百五十，分巡學道王廷伊、知府牛天宿、同知劉永清、知縣劉源清協捐修補。

海口城，在郡北十里海口都海港之南。明洪武甲戌，都指揮花茂奏築防倭。乙亥，安陸侯吳杰始委千戶崇實興工，周圍五百五十五丈，高一丈七尺，闊一丈五尺，雉堞六百五十三，窩鋪十九座，啓門四，各建敵樓，東北臨海共砌石岸九十丈，復自東南延西北浚壕長四百六十五丈，闊一丈五尺，深五尺。永樂戊戌，指揮牛銘復增石砌。皇清康熙六年，分巡道馬逢皋、知府張恩斌、知縣王好仁修補。復壞，分巡學道王廷伊、知府牛天宿、同知劉永清於康熙十年十一月起工修補，至十一年二月竣工。即年閏七月，颶風大作，自西門至東門止，崩倒城垣七幅，共闊五十三丈，全崩雉堞三百四十八，半崩又五十四，東西北門三樓俱傾及地，分巡學道王廷伊、知府牛天宿、同知劉永清、知縣劉源清協捐修補。

澄邁縣城池 古無城池。明正統十二年，按察郭某始委邑典史李黎生創築土城，歲久圮。成化初，主簿楊禎築一里許。弘治戊申，知縣韋裘甃砌以石，周圍四百丈餘，高一丈餘，開三門，上各建樓，東迎恩、南歸仁、西通潮，北建望海樓，因河為池。正德七年，知縣李茂重修，增高雉堞一尺。嘉靖三十一年，海寇攻城，知縣許應龍討平之，周圍浚隍，修望海樓。崇禎十三年，於東西南三門各築子城。皇清順治十五年，知縣吳騻重修，周圍增高雉堞一尺，樓鋪門扉更新。

定安縣城池 明成化丙戌，都御史韓雍案驗開築。戊子，通判陳度砌城基，周七百七十五丈，尋以工程浩大，議罷。正德間，知府王子成、歐陽傅、謝廷瑞相繼募工運石包砌，至己卯始完，周圍五百九十三丈，高一丈四尺，雉堞一千一百九十二，啓東西南三門，上各建樓，城北近江，餘三面共浚壕三百餘丈。嘉靖乙巳，創開北門，副使胡永成以不利復塞。皇清以來，仍其制，常修葺之。

文昌縣城池 自元至順遷治，未立城池。明隆慶壬申，兵巡道陳復升議，委知縣顧乃猷審計丁糧，運石包砌，周三百五十丈，闊一丈，高一丈五尺，雉堞七百，啓南北二門，南曰南熏、北曰拱北，東一小門，門樓三，鋪十四，西南濱溪水，東北以田為壕。萬曆壬辰，縣丞蔣梯詳議增高城垜、馬道各三尺，南北二門，樓二，鋪八。乙巳，地震傾圮，復葺。崇禎壬申，縣令魏懋績塞南門，開乾門。乙亥，仍復舊制，改南熏曰圖南。己卯，縣令周廷鳳增設月城。皇清順治十一年，土寇潘宗聯、吳榮為亂，重修，隨圮。康熙元年，秋大水，垣崩七十餘丈，邑令鄧生柏、城守拓福祿葺補，適司理姚士升蒞邑，同督成之。六年，縣令沈彪重修。

鋪前土城，明嘉靖甲寅，知府張子弘因賊焚掠，招兵營守，始立土城。隆慶後，爲澳黨所據。己丑，澳平，議設參將府。辛卯，參將邵曾和委文昌典史管汝賓、千戶周宗彝協兵民運土石，築於舊城東山。旋亦傾壞，壬辰，參將黎國耀議遷築於澳賊李茂舊穴。後罷守官，城亦隨毀，今設營置官守之。

清瀾所城，舊在邑之青藍都。明洪武壬申歲，千戶陳良督造。萬曆甲戌，賊林鳳攻陷。辛巳，千戶朱懸、縣令羅鶚徙建於南砥都陳家村，築以石垣。周圍三百五十丈，闊一丈，高丈有八尺，雉堞九百。皇清康熙元年秋，大水圮壞百餘丈，七年春，千總倪灝葺之。

會同縣城池 舊未有城。明嘉靖庚戌，督撫歐陽必進始命知縣陳儒築砌，三門架樓置扁，北拱極、東賓陽、南萃和。隆慶壬申，兵巡道陳復升親勘興築，周圍四百丈，高一丈五尺，闊一丈。萬曆乙酉，壞於大水，知縣徐應麟重加修葺，增鋪於皇清康熙三年，知縣黃信讓捐修城垣。七年十月，颶風霪雨，崩壞城牆，知縣曹之秀、訓導梁英裵同捐助修。

樂會縣城池 自唐顯慶庚申置縣，迄元至元丁亥遷治調懶，大德庚子再遷今治，皆未建城。明隆慶壬申，賊毀縣治，兵憲陳復升躬勘城址，命知縣張綱計工運石砌周圍三百八十丈，橫直百餘丈，啓南北二門。萬曆丁丑，知縣彭大化環鑿以壕。崇禎年間，知縣王懷仁、陳蕃增修，後知縣李時興復鑿，開縣前正南門，榜曰來熏，後以歲凶，閉塞不行。皇清康熙四年，知縣林子蘭復開，從中街路直出達朝陽市，今南門復塞。

臨高縣城池 明正統間，按察使郭智命知縣徐瑄創，壘石爲垣，周圍六百丈，高一丈，譙樓、門路俱備。正德間，知縣周讓梁、高相繼以石增高二丈三尺，鋪八，雉堞八百五十八，東西南三門，因河爲池，北倚山岸。嘉靖己酉，知縣陸湯臣重建門樓、鋪舍。丙寅，通判楊表增築東西門月城，扁曰東安、西皐，及建東西二關。隆慶戊辰，知縣李棟增高雉堞二尺，廣馬路一尺。壬申，通判阮琳復浚壕塹。萬曆庚辰，縣丞黃思德移北門於西巷，立市。皇清順治十七年，河漲城崩，知縣蔡嘉禎捐資修建。康熙十一年，颶風大作，東南城堞幾沒，知縣陳垂重爲修理。

儋州城池 相傳漢儋耳舊城，在今高麻都涌灘，浦樓船將軍楊僕所築，僅二百六十步，高一丈四尺。隋末唐初，始徙今治。宋元因之。明洪武癸丑，指揮周旺用石包砌，周圍四百七十二丈，闊一丈八尺，高一丈五尺，雉堞八百一十四，更鋪一十七；啓門四，東德化、南柔遠、西鎮海、北武定，各有敵樓，外築月城，亦啓小門；沿城開壕，周圍四百七十七丈，闊五丈，深八尺。後守帥徐真、徐春等增飾門垣、樓鋪、壕塹、吊橋。皇清以來，仍其制，常修葺之。

昌化縣城池 明洪武辛未，指揮桑昭奏請開築。丁丑，千戶王雋燒磚砌，周圍五百八十四丈，高一丈八尺，闊一丈五尺，雉堞五百五十五，更鋪十八，啓門三，東拱辰、南寧和、西鎮海，北上建樓。永樂間，指揮徐茂以石修砌，設敵樓四。正統乙丑，始遷縣治，千戶管成復鑿石浚壕，深五尺，闊一丈五尺。年久傾圮，崇禎二年，知縣張三光捐資，協衆修補。皇清以來，仍其制，常修葺之。

萬州城池 自宋大觀間開築。紹定間，始砌以磚。元攝州事鄭寬因陳子瑚等寇侵，乃加石砌增廣，自西北隅至東南，周圍三百二十二丈，高一丈八尺，啓東西南三門。明洪武癸丑，千戶劉才奏請開展，周圍四百三十六丈，高二丈，闊一丈五尺，雉堞六百六十，窩鋪一十二；啓門四，東朝陽、南鎮南、西德化、北拱北，各建敵樓；外浚池，周圍四百九十七丈，闊三丈，深七尺。成化辛卯，指揮李泰添築月城，門樓外各有土吊橋。年久崩壞，崇禎十五年，知州曾光祖復築月城及敵樓。皇清以來，仍其制，常修葺之。

南山所城，明洪武甲戌，都指揮花茂奏立於南山港西，祇用木柵。永樂間，署所事百戶趙昱以南山港舊所屢被倭寇，奏請移所。十六年，指揮張恕乃督工於嶺黎鄉馬鞍山之北築砌，包磚石，周圍三百四十丈，高一丈八尺，闊一丈五尺，雉堞三百九十九，鋪八座，東西南北啓門，上各建樓，浚池周圍四百九十七丈，闊二丈五尺，深一丈。成化四年，指揮舒翼、千戶王玉用磚增砌，加高尺許，填塞西門。今所在陵水縣。

陵水縣城池 明洪武甲戌，立於南山港西塹，用木柵。永樂戊戌，指揮張恕遷於南山所，砌以磚石，周圍三百四十四丈，高一丈八尺，闊一丈三尺，雉堞三百九十九，鋪八，啓門四，各建樓。浚池周圍四百九十七丈，闊二丈五尺，深一丈。成化戊子，指揮舒翼、千戶王玉用磚砌加高尺許，填塞西門。

崖州城池 宋前土城。慶元戊午，始砌磚，仍創女墻。紹定癸巳，乃用磚瓦增砌，自東門起至海南道分司，周圍二百四十二丈，高一丈六尺，開東西南三門。元元統癸酉，判官李秘創建譙樓。明洪武丙辰，知州劉斌重加甃砌。甲子，儋州千戶李遷復開展，自海南道分司起至今西門止，共周圍五百十三丈五尺，高二丈，厚九尺。乙丑，千戶李興復以磚石包砌，仍設三門，各建敵樓，雉堞一千一十七，鋪二十；外浚壕塹，周圍五百五十七丈，深一丈五尺。己卯，千戶周宗禮添築月城。正統丙辰，千戶陳政、洪瑜復立吊橋。成化戊戌，千戶王梁增築。弘治乙丑，千戶胡徵扁其門，東陽春、西鎮海。皇清順治十八年，知州梅欽重建東城樓。康熙十一年，知州張擢士創建南城樓，重建西城樓，并重挑壕塹，深闊如舊，防崖游擊張德遠捐資贊成。

朗勇城，在州東北八里黎賊出沒之處。明正德己卯，知州陳堯恩即高阜處城之，甃以磚石，高八尺，厚四尺，周圍二百四十餘丈，啓三門，募兵防守，後以平定罷戍，而城猶屹然。

樂安新城，在州北一百五十里，明萬曆丙辰剿抱由、羅活二洞叛黎，繼議善後招降，題築堡屯兵戍守，舊抱由口前瑞芝山為樂安、霞牒之衝，名爛紅溝地方建立磚城，周圍四百丈，連南門月城在內高一丈二尺，東西南城門三，南順昌、東綏定、西鎮安。經始城務瓊崖黎、參將何斌臣又添設南靖遠樓、北鎮武樓、南門月城小樓一座、城門敵臺四座。

感恩縣城池 明正統間，先築土城。正德初，副使王繼樞奏易以石。乙亥，知縣龐麟興築，未完。萬曆辛巳，知縣秦中權議遷縣於大雅坡，創築新城。丁亥，知縣黃道充繼修，因嵐瘴多疾，不服水土，知縣朱景和復遷縣回中和鄉舊治。

水會所城，在瓊山林灣都，去城三百里。明萬曆二十八年，平黎馬屎，按察使林如楚題建，周圍三百七十五丈，橫闊七十二丈，啓門三，東東安、南南平、西西安，上建樓四。

羅定州

《職方典》第一千三百八十五卷
　羅定州部彙考一
　　羅定州城池考　州縣志合載
　　本州

羅定州城池 初無城池。明正統十三年，猺亂，乃立土城。景泰四年，都御史馬昂始築磚城，周六百六十丈有奇，高一丈六尺，厚一丈三尺，雉堞三百有三，串樓五百七十一間，敵樓三十五座，月城三座，門三，東曰順德、南曰永安、北曰武成，各層樓三間，城東北因溪爲壕，侍讀尹鳳岐記。西南鑿壕闊二丈有奇，深一丈五尺，成化三年，哨守指揮李虎、典史甘堡實躬其役。嘉靖七年，知縣莫紳有修。三十二年，林應鵬聚商民於南門外，開設鋪舍，以資防守。隆慶三年，譚文達增設敵樓。萬曆二十八年，羅定兵備道徐公榜知州趙仕際改築陰城爲陽城，自小南門起西門止，計新擴城七十五丈二尺七寸，通計共七百三十五丈二尺七寸，高一丈六尺，厚一丈一尺，雉堞一千一百個，窩鋪二十七間，新開西門，題其額曰安慶，仍創一西樓，又開小南門，共計城樓四間，南樓扁曰南薰、西樓扁曰挽日；自小南門起至北門止，東北一帶近河輪撥隊兵防守；西南無壕塹，撥旗軍防守。遇修整，軍三，民七。崇禎十七年，知州包爾庚奉文重修，見西門城外虛曠，建修西門闉閣，闊一十一丈，厚八尺，雉堞一十二個。至皇清順治十年，奉文增高城垣，兵備鄢象鼎、知州慎俶引改雉堞金形爲土形，原連雉堞高一丈六尺，今高一丈九尺，原雉堞一千一百，今改五百三十六，留舊堞三個在東樓左，以存古式。西南城外鑿壕塹，又增小南門闉閣，厚八尺，闊九丈，雉堞十個，銃門一口，城樓一座，深一丈二尺，闊二丈，題其門曰迎曦門。又於闉閣外，砌城一幅，高如內城，厚四尺，有馬路、雉堞二十個、銃眼七口；又短牆一幅，長二丈二尺，銃眼七口；又短牆一幅，長二丈二尺，銃眼二口，無馬路雉堞。於順治十七年四月至九月，霪雨，城頹七十餘丈，時兵備張清議甫蒞鎮，念物力初起，蠣灰戶答應，免現年供需，灰磚照價給錢，夫匠既廩稱事，不費民財，不勞民力，悉皆捐俸補築，由是城賴完固。康熙五年，奉文修葺，署州官管聲駿、州同張文彥督理鳩工，樓角、城垣整飭更新，守禦攸賴。

　　東安縣城池　自羅旁平建城爲邑，知縣蕭元岡相地闢基，召匠董役。經始於萬曆五年閏八月，至次年二月竣工，城垣周圍三百八十四丈，高連雉堞二丈，厚一丈四尺。崇禎十三年，知縣李和鼎增建南門、小南門、西門各瓮城，并增高周城一尺。皇清順治十七年，知縣呂鼒捐俸重修城垣及周城樓鋪。南城樓在縣門左偏，以中向朝山稍峙，故鏟一小山，闢門於此，扁曰瞻明，庶幾風氣攸聚云。康熙元年八月，瓮城傾圮，知縣呂鼒捐俸，重建小南門。城樓在學宮前左偏，以東向，山勢巉巖，開門不利，故闢置於此，以代東門，扁曰洪文云。西城樓，在縣治西南隅，以西山崇聳，故闢門於此，扁曰永祿富祿，山川一望，廓然稱大觀焉。北城以天柱爲後鎮，堪輿家謂："旁城借主者，取權於生氣是也。但艮風宜避，未便開門",故止建一樓,扁曰鎮遠城。四隅拐角樓四座。康熙十一年,知縣張其善重修守望鋪二十四間,及三城門兵馬司六間。其北城壕,順治十八年,知縣呂蕭開鑿闊一丈三尺,自東至西長竟北城。

西寧縣城池 明萬曆五年,知縣朱寬築高,連雉堞一丈九尺,厚一丈,周三百八十三丈,東南環以壕塘,城門三,東曰東門、南曰南門、西曰西門,北近山堙焉,各建樓,東月城一座,周五丈五尺,窩鋪二十二間,雉堞八百四十七,兵馬司六,拐角樓三,北譙樓一。迨十一年,崩圮,知縣吳道遠修復。萬曆十四年,潦浸,傾頹一百九十三丈三尺,知縣林致禮、州判李學詩修葺。崇禎十一年,知縣朱謀堡增作三門甕城。皇清康熙六年,知縣趙震陽同城守繳應善捐資,修復東西二門城樓,周城樓鋪比前增飾。康熙九年,東城樓毀於火,知縣王鉞修復,并西門樓、南門樓重加補葺,頓復舊觀。

廣西總部

桂林府

《職方典》第一千四百一卷
桂林府部彙考三
桂林府城池考　府志
本府（臨桂縣附郭）

桂林府城池　唐武德中，桂州總管李靖築子城，在灕江西澨，周三里餘，高一丈二尺。宋皇祐間，平儂智高後，經略使余靖築外城，方六里，有門六，南曰寧遠、北曰迎恩、西二曰平秋、曰利正，東二曰行春，其一爲子城之江門。乾道間經略使李浩，淳熙間經略使詹儀之，紹熙間經略使朱希顏相繼修復。元至正十六年，廉訪使也兒吉尼始甃以石，謂之新城。明洪武八年，增築南城。九年，設西壩，開城壕，導陽江經於新城西門外通寧遠橋分二派，一南注合雉山舊江，一東注經馬王閣後出象鼻山，與灕江合焉。爲門十二，曰東鎮、曰就日、曰癸水、曰行春、曰東江、曰武勝、曰定西、曰麗澤、曰寶賢、曰西清、曰寧遠、曰安定，王安石有記。

興安縣城池　唐李靖築舊城，在今治西。明景泰間，始築一土城。成化三年，都指揮馬義乃請巡撫都御史韓雍發帑銀五百餘兩，委參議馮維、僉事袁凱提督增築之，逾年而成，高二尋，周五百四十餘丈，池深二仞。

靈川縣城池　舊爲土城。明成化六年，都御史韓雍命僉事袁凱、都指揮馬義礱包廢土城，而砌以石，周圍七百一十四丈有奇，闊一丈五尺，高二尋。越三年，巡撫僉都御史張鵬、巡按御史袁愷構串樓九百餘間以覆之，城遂完固。又有永寧鎮城，則鄉民築以自守者也。

陽朔縣城池 舊無城，元至正七年，邑令明安依山築城，前枕江，後背山，西倚鑒山，東接驛樓，其規模僅具，延袤十餘里，闢四門焉。按《通志》，南撫壽陽、北憑天鵝，東建敵樓，闢四門。明景泰三年，邑令吳洪宇於治東沿水一帶築城百餘丈。成化三年，巡撫韓雍於治西築城數百丈。弘治四年，僉事王本儉增高東城。嘉靖四十五年，僉事張命縣令李果修葺，東城增高四尺餘，自東城一帶南接壽陽山麓爲門四，西城爲門三，俱建樓天鵝、都利二山之間。皇清順治十年，封閉三門，僅存其四。

永寧州城池 舊惟土城。成化十八年，巡撫都御史朱英始廢土城而易以石，闢四門有樓，南曰鎮寧、北曰迎恩、東曰水東、西曰安定；四面壕環，深八尺，寬丈餘。按《縣志》，城東濱江，奔潰不時，萬曆間，築堤以防之。

永福縣城池 舊無城。明天順六年，知縣鄭勝始築土城。弘治九年，知縣羅子房復築，砌以磚，高三尋有咫，袤三里有奇，闢四門，建樓於上。按《一統志》，四門，曰東嶺、曰西江、曰龍溪、曰鳳山。

義寧縣城池 舊無城。明天順六年，縣令鄭勝始築土城。弘治乙丑，參議林璇、僉事熊祥拓其基，復砌以磚，周五百一十二丈，西南以義江爲池，東北皆有塘壕，門仍其舊，上冠以樓。

全州城池 舊無城。宋始築土城，爲門九，曰合江、曰廣安、曰湘春、曰朝京、曰登道、曰華陽、曰厚德、曰善俗、曰宣化。至元十四年，總管王文乾改築土城，北據山麓，南瞰湘江。乙未，總管石亨祖始砌以磚。明洪武元年，千戶喬用重加修築，爲門五，曰合江、曰達道、曰鎮湘、曰廣安、曰朝京。

灌陽縣城池 舊無城。明洪武二十八年，建守禦千戶所始築土城。景泰元年，復砌以磚。正德間，參政彭夔重修，遂完固。

柳州府

《職方典》第一千四百八卷
柳州府部彙考二
柳州府城池考　府志
本府（馬平縣附郭）

柳州府城池 城周圍共七百四十八丈，約七里半，高二丈，窩鋪四十五間，垛口九百三十七個，東、南、西、北、靖南五門，北有月城，城樓五座。近遭兵火，城郭半屬不完，現在修理。其水環城如帶，相傳一條玉帶束龍腰是也。又外羅城，久已傾圮，僅存基址。按《通志》，舊無城，宋元祐間，知柳州事畢君卿始修築。明改爲府。洪武四年，築土城。十二年，指揮蘇銓等拓之，易以磚，高一丈八尺，廣二丈六尺，延袤九百餘丈，爲門五，外環以壕。

雒容縣城池 舊縣，在洺清鄉中渡處，肇自唐，宋及明嘉靖俱仍舊治，因猺獞攻城劫庫，遂遷於此，號新縣。今舊城基址尚存，民士亦有居其中者。現今城周二百六十丈，高一丈二尺，垛口三百七十個，除北邊依山不設門外，東西南各建有門。按《通志》，舊土城，明景泰間爲賊攻陷，成化間僉事何漢宗奏聞改砌以石，上覆串樓。嘉靖二年，巡按御史汪淵重爲修築，周圍二百六十丈，高一丈二尺。

羅城縣城池 建自明洪武二年，方圓三百六十丈零，東南西三門，城樓三座。按《通志》，舊無城，成化十七年，府同知劉頍、知縣艾俊始砌石城，高一丈二尺，闊四尺餘，周圍三百六十丈。正德七年，知縣黃裳建東西南三門，樓三座，而池則因地多石未鑿。

柳城縣城池 城高一丈五尺，周三百五十丈，厚七尺，門三座，北曰正北、西曰西江、南曰石城，城樓三座，窩鋪五間，城垛八百二十個。按《通志》，在龍江西，舊無城。成化間，都御史韓雍委知府何楚英始築磚城。無池，西南以大江爲塹。

懷遠縣城池 城垣周三百三十九丈，高一丈七尺，垛口四百五十三個，闢四門，東曰歡雷、南曰丹陽、西曰新良、北曰治定。南北月城二座。按《通志》，舊無城，明洪武十四年，置縣，地近猺賊，叛服無常。萬曆十九年，知縣蘇朝陽始復縣治。

融縣城池 建立四門，城垣火磚，周圍二百一十六丈，係陽城，城樓四座，城垛七百二十一個。自兵燹之後，城樓俱頹，前知縣王明道捐資起造南、東門城樓。皇清康熙十三年，知縣熊飛渭捐資重新西南二門，城樓、窩鋪九間。按《通志》，城築自唐，至宋安撫使譚壽昌廢舊城，拓東南北三面，創外城，周圍九里，爲門三，曰通濟、鎮遠、威武，爲樓三，曰朝陽、清遠、雄邊。元至正間，寇陷，權本州同知劉士學重修。明初，於城西拓廣二十五丈，復加營建，周四百八十五丈，環之以壕，增建城門曰廣潤。

來賓縣城池 城池一圍，城樓三座，自偽變，城內被焚，西北二樓僅存，頹垣敗瓦，南樓盡行倒塌，東北二門無人行走，且城內被逆焚毀，權加堵塞。按《通志》，舊無城，明洪武間，設守禦所，始築磚城，高一丈八尺，厚丈餘，方廣一百二十丈，垛口六百零八個，西南逼河，東北依山，為門四，曰東安、曰西寧、曰鎮南、曰迎恩，門各建譙樓並串樓。景泰間，廢於賊。天順四年，巡撫葉盛令縣所共復修之。自明末變亂以來，樓焚城塌，正議設復。

象州城池 舊城甚隘。明洪武間，開拓稍寬，高一丈，周六百二十五丈有奇，壕闊二丈五尺，深一丈五尺，為門五，東曰賓陽、南曰鎮南、小南門曰進賢（城樓名俱同），西曰朝江，樓名瑤光，北曰象臺，樓名拱辰。小南門久因兵殘民荒，築塞以便防守。按《通志》，舊土城，明洪武間設守禦千戶所，始築磚城。成化十四年，守禦都指揮楊觀於西北門上各建樓一座。

賓州城池 舊城在武泠山，前宋時，被渌里賊攻城，知州蒙延永遂議改遷，制度淺狹，東門至西門不滿半里，州署至南門不足數丈。按《通志》，舊無城，宋開寶中，知州楊居政築城，高二丈，厚一丈二尺，周一千二百二十步。後廢。明洪武初，設守禦千戶所，復修築。

武宣縣城池 凡四門，啟閉屬武職管轄。按《通志》，舊無城，明洪武三年，始築土城。三十年，設守禦千戶所，又拓之。成化間，易砌以磚，高二丈五尺，厚一丈餘，周三百六十五丈，壕闊一丈五尺，深二丈，為門四。未幾，廢。成化間，巡撫張鵬令所官重修。正德八年，副使陳陽重新之，環城四門，壕池深廣。

遷江縣城池 治設於賓州西北一百二十里，設四門，因偽逆變亂，被毀，今暫堵二門，留二門以通往來，城稍殘缺。按《通志》，舊無城，明洪武二十五年，開設屯田千戶所，千戶朱真修立城垣，高一丈五尺，周一百一十七丈；為門四，曰永安、曰太和、曰平彝、曰鎮江；東北臨江，西南開壕，闊三丈，深一丈五尺。去城三十里有石零堡城。

上林縣城池 城原高三丈五尺，奉文加高三尺，周圍四百五十丈，城門二處，東南兩門，城樓二座，窩鋪四間，垛口七百一十八個，城門、城樓、窩鋪俱被土賊燒毀，崩卸三十二處，計一十八丈三尺，今修完固。按《通志》，舊無城，明洪武三十一年，立屯田千戶所，始築土垣，僅容縣治、倉庫。天順元年，鎮撫衙門委官復築爲土城三百餘丈。成化八年，命都指揮岑鍈重修，易砌以磚，外環以壕，覆以串樓。明末被寇毀。皇清康熙二十一年，知縣毛渾議捐修復。

慶遠府

《職方典》第一千四百十四卷
慶遠府部彙考二
慶遠府城池考　府志
本府（宜山縣附郭）

慶遠府城池　漢築土城，唐天寶元年，刺史吳懷忠易以磚石，周四百五十三步，爲門四，是謂舊城。明洪武二十九年，開設慶遠衛，拓東門外地，築城以廣之，計五里五十八步，是謂新城。中通爲一，共周圍一千二百二十九丈。因黃山谷居舊城小南門，有南樓之厄，民不忍行，因而塞之。總新舊城門有六，東曰永安、西曰永定、舊南曰鎮安（新曰武定）、舊北曰拱辰（新曰泰和）。弘治元年，知府江溥以北城附江，其險可恃，獨東西南三關，平曠受敵，乃雇工鑿壕，深二丈，闊一丈五尺，延袤凡三千丈，引官陂水注之。正德十四年，浸灾，民多孚亡，樓焚城圮，衛指揮王璇中修復。丁亥，賊覃明珂變亂，後多傾圮矣。今弃新城，修復舊城，凡四門。按《縣志》，宜山舊有土城，在江北岸宜山下，今江北宜郭。河池所城在德勝西五里，永樂二年，命内官雷春修築，城有四門，周圍廣四里許，以扼七十二峒之衝。

天河縣城池　舊無城，東南依山爲固，西北築土垣，圍之有壕，爲門三，覆以磚茅。自明萬曆十九年，遷縣治於西鄉，原築土城，周圍木架，上蓋竹笆，以防春雨，明末傾頹。皇清順治十五年開闢，仍照舊基，周列木栅，圍縣署於城内，開東西南三門，以通行走。按《通志》，明正德十二年，知縣尚汝弼補築土垣，增高三尺，掘壕增深一丈，又增築外垣以護之。

河池州城池　原係懷德縣。明神宗朝，因地連三土州猺蠻，遂改爲州，在今治東一里。後遷今治，築土城一座，蓋瓦串樓二百七十二間，寬五尺，高一丈二尺，爲門四，曰迎恩、定遠、鎮遠、歸仁，後塞北門，建樓三座，設守兵三十名。明末，流賊盤踞，拆毀不存。皇清順治十七年，知州李若璘勸諭里民，分疆修築，周圍土垣，高可一丈，非城制也。按《通志》，舊惟土垣，頂覆以茅。明嘉靖五年，知州周錢遷州於四一山，增築土垣。

思恩縣城池 按《縣志》，本邑從未建城鑿池。明初，屢被猺賊侵掠，官不能制，民受其害，邑人思築城浚池以固疆圉。弘治十一年，闔邑里民譚文通、歐顏息等叩閽內，稱思邑爲羈縻猺獞之地，自元時始立縣治於環江洲以來，地利烟稠，官清神奠，民安物阜，盜賊不興，乃至衛兵微弱，彈壓無方。永樂二十二年，土賊韋員等作亂，攻縣署，劫鄉村，官被擄，民遭殺，後遷縣治於都亮鄉之清潭村，官民不利，盜賊蜂起。成化五年，里民吳文進等具疏奏准，頒奉工部行巡撫都御史張及巡按司道府官，委本府經歷易極到縣，估計城工，時知縣梁廣因民力疲弊，錢糧不敷，遂爾中止。至成化八年，復立縣於歐家山，去環江洲二里，因水漲爲害也。山居洲之東，築土圍墻，蓋草衙舍，以軍堡土兵守護，後復以官被賊害，民不聊生，里民譚文遂、陸廷秀等赴巡撫都御史告照原奉勘合，築砌城池，蒙本府知府孔儒按縣，親勘周圍，丈量計二百五十丈，申請思恩府陽朔縣、宜山縣、河池州并南丹、東蘭、那地三土州等處石匠人夫協濟起工，正將興舉，緣事又止。弘治八年，里民韋志慶等又告奉巡撫行本府及本縣查築城池。成化間，支動官銀築洛容、柳城二縣城池之例，復行丈量周圍，共計二百五十丈，高一丈七尺，安腳一丈五尺，收頂一丈，每一丈雇石匠銀二兩五錢，共該銀六百二十五兩，雇募靈川縣石匠，仍於附近州縣協撥人夫助建，以固邊邑，奏未上，事竟止。至萬曆四十六年戊午，大荒，人民逃亡饑死十之七八，繼以崇禎十七年後，兵荒相繼，殆無寧日。至我皇清順治九年，土賊大亂，遂遷縣治於譚村，其舊址、衙署、民居悉遭兵火。至順治十五年平定，仍因歐家山基址築土圍墻，蓋草衙宇，招集流移，一如古制，計土城周圍二百丈，高一丈二尺，腳六尺，頂三尺。東西南北四門城樓，係知縣翁世庸於康熙四十五年內捐俸雇工，采木石，新建爲縣治規模，其守衛則官軍也。

荔波縣城池 按《縣志》，宋立爲州，明易爲縣，官不到治，未建城郭。明萬曆丁未年，縣令劉邦徵創城於窮來埲喇軫村，後之官荔者知此方苗蠻最稱桀驁，叛服無常，化誨爲難，仍寓府城。皇清順治十六年，開復茲土，縣令王家禎詳請遷縣方村埲岡巒峨嶺居焉，蓋方村鄰黔，略知向化。周圍築土城計一百八十二丈，高五尺，厚一尺五寸，開西南北三門，南北二門建有草樓。自偽逆擾害以來，城樓俱廢，土牆盡頹。康熙二十年，知縣劉萊到任，捐資重建南北城樓，其土城已經頹廢，因費用難計，漸圖修葺。

忻城縣城池　志不載無考

東蘭州城池　志不載無考

思恩府

《職方典》第一千四百二十卷
思恩府部彙考二
思恩府城池考　通志
本府

思恩府城池　舊在寨城山內，土官岑鍈初遷於喬利，新建伯王守仁再遷於荒田。築自明嘉靖年間，周圍三百一十二丈五尺，高二丈二尺，為門三，東鳴鳳、南正思、西悅化、北無門，東南西三門各有瓮城，城樓四座各一間，四隅角樓四座各一間，無敵樓，共六百八十二垛，東西兩河夾流至南門交合，儼然壕塹，北面倚山麓無水。

武緣縣城池　明洪武二十四年建。嘉靖十二年，知縣馬汝頤修。萬曆八年，知縣黃約重修，闢四門，有樓，曰演武、曰麗澤、曰陽和、阜民。皇清康熙三年，知縣莊振徽重修，周圍五百九十丈，高一丈二尺，為門四，東陽和、西麗澤、南阜民、北威武，城樓四座，各三間，窩鋪一十七間，無敵樓，雉堞共一千六百五十七垛，城外周圍壕塹六百十七丈，廣一丈，深七尺。

西隆州城池　新改流官，規模草創，文武依山傍川民置為官舍，互相撫綏，並未建造城池。

西林縣城池　建創方新。康熙六年，知縣王杰始築城垣，周圍二百八十五丈，高八尺，厚二尺五寸，開四門，置四樓，無雉堞壕塹。

白山土司城池　舊有城池在喬利，憑山壘石頭城一座，周圍六十丈五尺。自明末叠遭兵燹，城池頹廢，移住隴兔材，即以隴兔為司治，官民雜居。

興隆土司城池 初卜築喬利，惟石砌墙垣，周圍七十丈，高僅六尺，墻北一門，曰順義。自明末兵變，衙門焚毀，墻垣傾頹，移入蘆何城頭爲司治，並無城池。

定羅土司城池 舊有石城一座，相傳岑鍈所築，即名岑鍈城。周圍二百餘丈，南西二門，至今如故。但城內荒蕪，無人居住，去城二十里木城頭爲司治，與民雜居。

舊城土司城池 以山爲城，南北、東西各徑一里，山口壘石築墻，連接障密，四山口開四門，無城樓、雉堞。明永樂間，土官岑鍈所築。東南關口石墻長二十丈，高一丈二尺；西關口石墻長八十丈，高一丈二尺；西北關口石墻長五丈，高一丈三尺。又向背深塹，廣長各如墻勢。

下旺土司城池 石城一座，建自明正統間，相傳思恩土州官岑鍈有神術，行兵屯營所築。正南依山爲翰，惟築東西北三面，共一百五十丈，高六尺，無垛子、城樓，開三門，東曰古麗、西曰律門、北曰紹興。

那馬土司城池 石城一座，周圍七十丈，高五尺，分南北二鞏門，無雉堞、城樓、壕塹，名曰周鹿城。後倚寨崇高嶺，前繞小川，相傳明正統年間，爲思恩土州官岑鍈神術建築。

都陽土司城池 以臼皂村爲司治土屬，原無城，惟土築墻，圍闊六十丈，高五尺，自明末變亂，兵燹傾頹，今即其舊基，官民雜居。

古零土司城池 自建置以來，並未修築城池。惟於紗帽山前建立司治廠，其藩籬與民同居安定。

土司城池 原無城郭，司無定處，先卜築於舊洲，因兵燹廢頹已久，今移地六村爲司治，誅茅結屋，官民雜居。

平樂府

《職方典》第一千四百二十四卷
平樂府部彙考二
平樂府城池考　府志
本府（平樂縣附郭）

平樂府城池 東跨鳳山，南瞰大江，西北帶恭城江。唐武德八年，徙樂州，即今治，其城則刺史汪齊賢所築。宋治平元年，知州事汪齊重修，其城高二丈二尺，廣輪一百四十六丈。乾道間太守葛永慶因寇警，鑿州治後山爲壕塹，鐵鑺所及，皆有鱗甲，土山斷處，紅鮮如血，趙嶠爲守，恐泄旺氣，欲覆其地，不果。元初，詔毀天下城池，昭累被寇。至正間，監郡禿斯斂民墻石以城之，功未就而去。次年，通守趙士元乃續完。明初，外寇時警，洪武間，知府李誼奏設守禦平樂所，千百戶劉源等以舊城狹隘不足容軍，請闢廣，始甃以磚，又增拓之，高二丈四尺，廣輪五百四十一丈，爲門三，南曰安定、西曰寧遠、北曰鎮彝，爲戍樓三，敵樓冷鋪一十七間。萬曆間，知府歐陽東鳳見南門右、北門左馬道、城垜逼窄，動支庫銀，督工，增高城垜，開馬道計四百三十四丈，重建三門城樓。皇清康熙六年，總督兩廣部院盧、巡撫廣西都察院金、左布政使司李、右布政使司王、按察使司李、兵備道胡、平樂府知府王延祹、推官歐陽動生各捐俸，命知縣藍奮興修北門城樓一座、敵樓二座。康熙九年，霪雨彌月，城垣傾頹一十三處。平樂府知府楊榮蔭、知縣陳光龍捐資修鳳凰樓後城垣一百一十五丈，西北一帶馬道九處六十餘丈。康熙十年，又修南門城樓一座。按府城，惟灕水東注，勢若建瓴，而昭山以下，恭荔合流，地靈瀉而不聚。昔郡守曾云，城南兩山對峙，江中爲全郡水口，若建一浮橋關鎖，當大有利濟於平者。鄭圭亦云，建橋有三利，民無胥溺之苦，一也；輶軒無候濟之煩，二也；本郡有商船之稅，有盤鹽之餉，長江一瀉，易於隱漏，需橋以防關放，三也。

恭城縣城池　南、東、西三面臨江，而西面尤逼江滸，北倚山際，周圍城垣下以石砌，上甃以磚，爲門三。唐武德八年，建置於鳳凰山下，舊址猶存，今名老縣基。明成化年間，知縣夏瑋以鳳凰山下舊城屢遭水患，據耆民孟鳳麟等申請郡守陽冠，改遷今治。正德十六年，兵備張佑以歲久傾圯，發鍰修葺，拆去串樓，用磚築砌，并建東門鼓樓。萬曆十年，本府通判朱應辰署縣事，見黌宮逼近城址，與弟子員各捐俸金移城開築。萬曆三十三年，知縣陳朝策拓西城，闢西門，上仍蓋串樓，工未竟，知縣陳豸續完之。皇清康熙四年，知縣張泰階重修。康熙六年二月內，又修葺城樓。康熙八年冬、九年春，雪積雨霪，土崩石潰，吼裂如霆，到處傾僕，東門城樓及橋俱隳，共倒城垣一百四十三丈七尺，垛口二百七十三個，知縣曹林韵於康熙九年秋糾工庀材，重新起築完竣，南門曰迎熏、東門曰朝陽、西門曰文昌，高一丈二尺，廣二百七十丈，垛口五百五十四個。

富川縣城池　明洪武二十九年築，周圍六百三十四丈，高一丈八尺，爲門四，東曰向日、南曰迎熏、西曰升平、北曰泰定，門各有樓。歲久城垣、樓櫓傾頹殆甚。明末，屢經兵燹，門樓燒毀無存。皇清康熙十一年，知縣劉欽鄰增修城垣，重建東南西北四門樓，城外池邊馬路，修砌完固。

賀縣城池 秦漢以前舊有土城，爲門四，高二丈，周七里。宋因舊址，以磚增築三尺，爲門三，爲樓四。元初毀諸城，惟此獨存。明洪武二十九年，開設守禦千戶所，軍至，多疫，俗以甑山形勢衝逼西門所致。千戶王奎至，申白其事，用土石閉塞，因廢其樓，止存鎮遠、寧建二門。壕深七尺，闊二丈五尺。嘉靖十一年，府江兵備道副使伍箕同本縣知縣王聰重修，城計五百七十丈零四尺，垛凡一千零七十有四，角樓四，守城窩鋪一十六間，東築月城爲樓一，兵馬司一，南亦築月城爲樓一，兵馬司一。嘉靖十四年乙未夏五月，大水瀗城，知縣陳試修葺，至是仍開西門，建樓一，曰瑞雲，爲兵馬司一，尋復閉。今皇清仍舊制。

荔浦縣城池 建自明洪武元年，在今縣治城南，知縣馬佑所築，濱江背山，每賊來，率自高上而下，累爲所破。景泰元年，知縣伍繪乃遷今城，周圍二百四十八丈，高一丈八尺，爲門二，南曰迎熏、北曰承恩。萬曆九年，增開東西二門，東曰長春、西曰阜城，各有樓，邑地最高，俯臨城外，不啻四五丈，環繞無壕。後因賊亂，關厢無民，遂塞東西二門。

修仁縣城池 自明成化十七年築，有東西南三門，爲樓三座，周圍二百零九丈，高一丈八尺，闊八尺，女墻二百七十五垛，窩鋪四間，無壕。皇清因之，康熙五年，知縣李子實奉撫院檄，捐資修整。

昭平縣城池 舊在西岸。明成化間，總督朱英所築，寇陷，降爲堡。正德三年，副使鄭岳遷堡城於東岸，置守備司。萬曆四年，署縣徐經歷奉文復建於西岸，下石上磚，高一丈七尺，廣輪二百四十丈，爲門三，城樓四，窩鋪八間。皇清順治十八年，委署縣事郁之玠重建。城無池，南臨府江爲池，東西北山石砂礫，池故不鑿焉。

永安州城池 明成化十三年建築，設東西南三門，其北逼近州治後，故未開有門。城高一丈五尺許，周圍八百九十步，四至未滿一里，樓四座，女墻四百四十九垛，窩鋪八間，四面無壕，惟橫一溝，自東決西，各設柵引水，由溝而入，穿城內石橋下，名喚官河，復從西出，灌田。城門，東曰宣化、西曰鎮遠、南曰永定、北曰天一。至皇清順治十七年，署德隆補葺修理。康熙五年，知州鄧林尹重修。

梧州府

《職方典》第一千四百三十一卷
梧州府部彙考三
梧州府城池考　府志
本府（蒼梧縣附郭）

梧州府城池　在大雲山麓，東北跨山，西臨桂水，南繞大江，創始不可考矣。宋開寶六年，重砌以磚，周二里一百四十步，高二丈五尺，闢四門。皇祐四年，寇毀。至和二年，展築，周三里二百三十七丈。洪武十二年，復展，周八百六十丈，為五門，有樓，東曰正東、西曰西江、北曰大雲、南曰南薰、西南曰德政，覆以串樓一百九十六間，壕環城東西南三面，北因山為險。正統十年毀。十一年，知府諸忠重修，置刻漏於德政門上。天順八年，知府袁衷重修。成化二年，總督都御史韓雍增高一丈，造串樓五百六十九間，遍覆之，城下設窩鋪三十六間，宿守夜軍士；壕深至三丈，闊五尺，壕內外皆樹木柵，長三千三百五十丈。四年，作東南北門甕城，重建五門樓、鐘鼓樓，制乃大備。正德初，都御史陳金重修。萬曆五年，南門樓、鐘鼓樓、串廊復毀，知府李橡重修。八年，知府陸萬垓重建德政門。十二年，知府林喬楠重修串樓五百二十五間。至四十六年，南門、西門、德政門大樓復毀，知府陳鑒、石廷舉相繼重修，添設西門甕城。天啟三年，知縣梁子璠改為陽城，設城上窩鋪八間。

藤縣城池　在大江之南，綉江之東，二水合流，上有平土，創立不知所始。元至順三年，知州文魁重砌，周三百三十丈，高一丈二尺。明洪武十一年，改州為縣，城漸頹廢。宣德間，築土城，東北樹柵。天順四年，寇毀。五年，巡撫葉盛委推官呂景、融縣知縣熊善修築。成化元年，寇陷。二年，都御史韓雍委知縣謝鉉用磚包砌，周三百六十丈，高二丈，闢四門，有樓，東曰通津、西永安、北拱辰、南迎恩，樓四座，敵樓十八間，串樓三百七十五間，西南以民塘為壕，東北以江為壕，環植木柵，重以閘門。按《縣志》，隆慶五年，圯數堞，署縣事主簿沙一佩修葺。萬曆四十一年，大水，西門樓倒，東北城圯三十餘堞，知縣譚應鍾請修，未興工而去。四十三年，知縣李廷幹修葺。崇禎六年，商肆失火，延及北樓，化爲灰燼。九年，知縣梁昌捐資改陰城爲陽城，雉堞崢嶸，重建北樓，規模壯麗。

　　五屯千戶所城，五屯原無城。城自成化二年始，是時都御史韓襄毅雍既平峽山諸寇，以此爲其後門也，復設城守爲善後計。城匝三百有十丈，串樓二百九十九間，東門二，西南北之門各一，門各有樓，今圮。壕深十尺，廣稱之。至嘉靖八年，總督王文成守仁因平田州之役，復增拓其城，以指揮王良輔分司於所，隱然稱雄鎮，爲藤一輔車之勢云。

　　容縣城池　在綉江上。唐容管經略使韋丹所築，內爲子城，周二里二百六十步，外城周十三里。宋咸淳二年寇毀。四年，重修。元至正十三年，寇毀門樓。明洪武三年，容州同知王清因其故址修築，闢三門，東曰日新、西曰永安、南曰綉水。十年，改州爲縣。二十二年，設守禦千戶所於城西，展築，周四里一十八步，改南門曰鎮遠、北曰拱辰、西曰寧遠，永安門在城中，更爲譙樓，造串樓三百八十七間。天順三年，毀於流賊。成化四年，府同知毛贊以城廣闊，請減小，以便守禦，都御史韓雍從之，截去東南隅一角，周五百二十丈，高三丈，蓋串樓一百三間。成化七年，又蓋串樓四百一十五間，設東門曰日新，共爲四門，池環於外。萬曆八年，知縣伍可受重修串樓一百一十間，塞固北門，城鞏。外城僅存遺址，惟舊壕如故，深二丈，闊五丈有零。

　　岑溪縣城池　舊土城。明洪武三年，劉鎮修築。成化十年，都御史韓雍發公帑砌爲磚城。正德十五年，知縣石希介築夾城。萬曆二十六年，知縣曾莘拓東西南三門，外加甕門，設六敵臺，上俱有樓。城周三百六十丈，高一丈八尺。

　　懷集縣城池　舊無城。明洪武三十年，設守禦千戶所，乃築土城，高一丈二尺，闢四門，東曰永安、西曰臨江、南曰定懷、北曰保集。成化四年，都御史韓雍復砌以磚，高二丈二尺，周三百三十九丈，蓋串樓三百五十二間，壕深三丈，闊稱之。七年，建四門譙樓。弘治七年，潦水崩頹，知縣區昌重修。隆慶五年，又頹。萬曆九年，知縣林春茂重修。四十四年，大水衝圮，知縣謝君惠重修。崇禎十一年，王國冕改修陽城。皇清康熙六年，四門樓俱崩塌，知縣鄒文郁重修。

　　郁林州城池　舊無城。宋至道二年，始築子城，周二百八十步。淳熙六年，陸川寇反，郡守黃齡築外城。寇又攻毀。七年，郡守施坤重修子城，蓋串樓三百二十七間，敵樓四，譙樓一，又繕水城，增築甕門。元至正三年，州判買木丁復修子城。明洪武十四年，桂林衛百戶楊遇、劉榮領軍守備，蓋串樓。十九年，設守禦所，知州鄧文俊、千戶費忠、魏從創築新城，周六百四十丈，高一丈五尺，蓋串樓六百間，闢四門，東曰迎陽、西曰西鎮、北曰永寧、南曰武安。二十九年，千戶姚壽始浚壕池。天順四年，千戶施威修蓋。七年八月，連被寇陷。成化二年，御史韓雍重加築砌，蓋串樓六百三十間，門樓四座，浚壕池深三丈，廣一丈五尺，築欄馬垣、瞭望樓十，鼓樓一。嘉靖四十一年，知州李一德請發帑金重修，增高七尺，砌四門月城，加敵樓二十一間。萬曆十四年，大水，城垣多壞，知州江龍請發帑金四百兩重修。

博白縣城池 唐武德五年，立南州，始創土城。宋淳熙六年，寇毀。十一年，重修。元至正十三年，以磚包砌，周二百二十丈，高一丈八尺，立東南二門。明洪武五年，寇毀。六年，修築。成化二年，都御史韓雍撤新之，爲門樓二，串樓二百一十間，壕廣二丈，深三丈，外設欄馬垣。正德元年，知縣張璧光重修，塞南門，名東門曰平政。萬曆四年，知縣林瑄擴城西南一百八十丈，復創南門曰廣化，敵樓三間，串樓三百六十間。萬曆三十五年，地震，崩頹，知縣譚岳重修。

北流縣城池 舊有土城，久毀。明景泰元年，知縣林懋修城池、立門禁。天順四年，寇毀。成化三年，都御史韓雍委縣丞孔舒修築，然其地卑狹城隘。成化七年，韓公又發銀一千五百兩，委布政司照磨林野以縣西舊學地高曠，改築爲城，用磚石包砌，高二丈，周三百三十丈，爲門三，設串樓二百八十間，壕深三丈，闊一丈，外植木柵，築欄馬垣。弘治間知縣曾源，正德八年知縣敬恩，嘉靖十一年知縣熊彰、彭輔，二十五年知縣蕭遴，三十二年知縣楊穗節俱加修葺，東西南三門，各有樓一座，周圍串樓二百八十間。四十一年，賊逾城劫庫，同知施宗誼增築三尺，設敵樓五。崇禎十年，知縣趙當璣奉文拆串樓爲陽城。十五年，知縣張問世築西門瓮城。

陸川縣城池 舊有土垣。明永樂間，始築土城。歲久傾圮，景泰三年重修，闢東西南三門。正統十四年，都指揮使葛宗蔭修築。成化十一年，都御史秦紘發公帑，委知縣莊概拓之，砌以磚石，建四樓，闢二門，曰長安、曰拱辰，周二百六十丈，高一丈八尺，蓋串樓二百六十間。弘治十八年，知縣郎珍增修月城，甃以磚石，又蓋串樓二十四間，壕深一丈，廣一丈四尺。正德七年，妖賊李通寶縱火焚毀。十五年，都御史蕭公翀委知縣賀節重修。嘉靖四十年，火燒串樓九十餘間，東北城樓二座。四十二年，知縣張子翼重修，增建敵樓八座，城門二門，各有樓一座。隆慶四年，知縣周文改建雉堞，高二丈一尺，創敵樓四，窩鋪二十五。萬曆元年，知縣周文盡除串樓，建立陽城，垛子四百八十個，有陽城碑。明末，土寇作祟，城垛摧崩，二門燒毀。皇清順治十六年，知縣周士選見餘孽尚跳梁，乃重修垛子、城門以爲守禦。日久朽壞，康熙四年，知縣方鼎遇逆陳三、林伯新殘掠境內，人情洶洶，捐資買木料、鐵塊，堅包南北兩門，仍授方略，擒賊殆盡。自是犬眠花地，牛牧雨坡。

興業縣城池 舊以木柵爲城。明洪武三年，縣丞鄔馬兒、主簿顏珍始築土城。宣德五年，知縣胡綱增築，周二百七十五丈，高一丈三尺，設東北南三門。正統十年，知縣丁芹增雉堞，蓋串樓三百間。天順三年，知縣向珍築欄馬垣，浚壕塹，立敵樓二十一間。正德二年，典史黃杰請易土以磚，增高三尺。嘉靖六年，知縣何炯去串樓。城門二，南曰文明、北曰拱辰。

潯州府

《職方典》第一千四百三十七卷
潯州府部彙考一
潯州府城池考　通志
本府（桂平縣附廓）

潯州府城池 舊有城，久毀。宋嘉祐七年，拓之，始增築子城。嘉泰元年，知府周禧、知縣廖德明繼築土垣。元至元庚辰，推官范野撤而新之。明洪武六年，百戶吳勝復廣舊城，周三百七十四丈。十五年，千戶陶成西展百餘丈。二十九年，知府沈忠復東展數百丈，周一千三百二十丈，闢六門，東西開壕立柵，南北際江，立門四，南二曰迎恩、寧遠；北二曰宣武、威武；東拱辰、西安遠。成化三年，知府孫皞因砌以磚，高二丈，闊一丈二尺，樓六座，角樓懸樓共五座，炮臺、窩鋪共二十二座，改拱辰門曰潯陽。

平南縣城池 舊無城。明洪武初，知縣齊遜始築土城，闢通濟一門。景泰間，寇毀。天順間，主簿閻鼎請發公帑，始築磚城，周三百一十二丈，高二丈四尺，立一鼓樓，蓋數串樓、門外月城。壕闊二丈，深八尺。南壕與士民不利，填之，止開南北二門。弘治七年，巡撫委推官戴綱、知縣譚珪因舊築立羅城墻八尺，闊四尺，計五百丈，蓋以土茅。

貴縣城池 舊無城。唐元和間，刺史謝鵬始築。宋紹熙間，權郡譚景先修之。元至正間，城池頹圮，峒賊出掠。十二年，吏目侯元采以己財傭軍民修築，周圍五十八丈，窩鋪二十四間，面江爲池。

南寧府

《職方典》第一千四百四十二卷
南寧府部彙考二
南寧府城池考　府志
本府

南寧府城池 自宋皇祐間始，經略使狄青征儂智高時所築。未獲地利，尋亦崩頹。後有劉郡守，夢神人告以就蛇迹曲折處築之，離故城址數百步，績用果成。歷代修葺，廣闊周圍一千三十步，高一丈九尺，樓五，東門、鎮江門、倉西門、安塞門、迎恩門，女墻一千零九十六垛，頂築尖圓，兵馬司各一座。明嘉靖十六年，兵備僉事鄢閱檄府衛修葺城樓，重建各門兵馬竝立城上巡警鋪二十九間。萬曆壬寅年，郡守薛公藩增開南門，竝前共城樓六座。崇禎九年，郡守吳公紹志奉文增高城垣三尺。十三年，郡守陳公世繩見邑屢罹水患，易圓垛爲方垛，取土制水之義，城東北隅有臺突起，同知張貫作亭於上，名曰最高臺。舊有雲錦亭、籌邊樓、梯雲閣，俱廢。東西有一壕繞城。兵燹後，城垣、城樓相沿頹圮過半。知府金先聲、通判顧鼎植、知縣張瓊捐俸修葺，僅得十之一二，尚俟設法修理。

宣化縣城池 原有古溝，闊一丈，深八尺，自四逵坊起，旋繞儒學前，至水衝口止，凡城中諸水由南西流彙於此溝，由水關達下壕，歷樂塘過官塘，入於大江。遇壅塞，皆城守督率守門卒役協力疏通，以免城中淹注之患。

新寧州城池 創自隆慶六年壬申春，先是，巡臺霍奉旨措銀六千兩貯南寧府庫，委南寧推官劉潔總督稅課鄭龍、驛官盧涇、巡檢劉環、陰陽訓術邵應軫分管四都之民，春築土城。及劉升任，復委養利州知州歐次顏代督。本年冬，新寧知州鄧林材莅事。萬曆元年癸酉秋，城完，隨專委邵應軫督建四城門樓，東曰賓暘門、南曰和熏門、西曰含輝門、北曰拱辰門。萬曆五年，知州趙宗鳳外用火磚包垣，高一丈五尺，垛高五尺，腳厚一丈六尺，頂厚一丈三尺，廣輪七百六十七丈，上設警鋪十七間。萬曆十三年，知州張思中於城埔四角建烟樓四座，以備瞭望，又於每城門左右各建兵營二十間，四門共八十間，用居守禦者。池周環城，浚壕頗淺，不能注水，恐傷龍脉。

隆安縣城池 舊為宣化縣那九村。明嘉靖七年，都御史王守仁題准，始置縣，築城未完。十四年，兵備僉事鄔閱委府通判林鳳鳴繼築，甃以磚，周圍寬三百二十丈，高一丈三尺，東、西、南、北門各有城樓，唯壕池未浚，後西樓傾圮，邑令姚居易重修，東隆興門、西望仙門、南厢泉門、北厢江門。按《縣志》，本縣城垣周圍二百九十丈，垛子五百四十七個，高一丈四尺，馬路橫闊八尺，東曰隆興門、西曰望仙門、北曰江潮門、南曰觀泉門。自嘉靖間，新建伯王公建造以來，明末土司交哄，兵燹之後，年久傾頹，捍衛無恃。前任知縣查繼甲於康熙九年九月莅任，首以城垣堅固為務，適奉院檄，凡城垣有應加修葺者，即行整理，知縣查繼甲即於本年十月申報興工，修建四面樓宇、城門以及犄角窩鋪等處，城外壕池馬路長一百一丈二尺，高七尺，面闊八尺，俱采買石料築砌，經營一載，漸次積累，至十年十月竣工，城池鞏固巍煥。

橫州城池 州舊有土城，宋易袚有修城記，則前此亦有城矣。觀黃光世"慈感廟記"云"丙子平定，城池遂廢"，則其所由來久矣。後至元至正丙戌夏，州判倪思敬重修，益以樂山古城，蓋土城而砌以磚者也。故國初猶曰土城，方闊六里，覆之以茅。洪武二十二年，遷馴象衛於茲，指揮徐拓而大之，周圍方十里，一千二百一十步，高二丈，上闊一丈二尺，下闊二丈二尺，串樓一千二百一十間；南距大江，東南北有壕，池闊一丈三尺，深七尺，長九百九十五丈，惜其多逼城脚，而東角局里為州龍來脉，亦受掘傷。城門六，東有涵春樓，西有肅清樓，南有鎮夷樓，北有清遠樓，東北有迎宣樓，州門有月江樓。先是，樓及串樓，俱軍衛修理。成化間，因官軍漸少，申定與州平半均修，今為例。宣德十年，指揮范信重修，包以磚石，覆以陶瓦。弘治間，倒塌再修。嘉靖間，因材不良，數至崩壞，州衛申准，自後患者易以露頭，雉覆以重磚，計為經久。三十一年，當道委南寧府通判韓紹奕、指揮張啓元、州判姜伯春重修，易串樓以垛堞者十之七。三十八年，西城圮，知州高士楠復修。四十一年，知州陳坦、指揮王嘉言奉文盡撤串樓，增高垛堞，立更鋪三十一間，州衛共守。敵臺，在登高嶺，一座三間。景泰二年，分巡道蕭鸞命指揮鄧凱增建。成化四年，知州謝環重修。

永淳縣城池 明正統十四年，始築土城。成化八年，曾鼐包砌以磚，開壕環之。嘉靖三年，知縣潘文明修築，周圍四百二十丈，高一丈五尺，門四，有樓，東朝陽、西永寧、南迎恩、北拱辰。

上思州城池 州本大土城，延袤八百丈，周圍五百八十二丈，高一丈。明弘治十八年，遷州江北，州同知曾昺始建，知州羅環繼完之，城有四門，東曰東定門、西曰西寧門、南曰南承門、北曰拱北門。嘉靖十五年，知州黎磐、陳世瞻因遷學入城，增包數十丈。二十三年，知州周璞拓東南陬百丈，門甃以碑石，上建應樓，扁曰興賢、靖邊、阜民、拱辰。三十五年，署印上石西州知州羅汝涇重修，厚七尺，頂結四尺，高一丈二尺，增設敵樓五座，各廣一丈二尺，城垛一千一十九。按《州志》，唐始置，乃羈縻州，屬邕都總府，仍隸邕，元屬思明路。明弘治十八年，州目趙宣等奏以州改流官，隸南寧府。城周圍四百三十八丈，城垛一千一十九，厚六尺，頂結四尺，高一丈三尺，城樓四座。年來寇氛作祟，兼風雨淋漓，自皇清康熙三年十二月內，知州朱士毅到任巡看，崩頹西北城樓二座，垛口一百十二，城牆內頹三處，共計九十七丈有奇，捐資修復。至康熙九年六月內，知州梅朗中到任巡閱，復見城垣零星倒塌，隨捐資雇倩工匠修葺，隸屬左江守巡道。南寧府管轄城壕，東門至南門長八十丈五尺，廣一丈，深七尺；南門至西門長一百二十丈，廣一丈，深七尺；西門至北門長一百一十丈，廣一丈，深七尺；北門至東門長九丈，廣一丈，深七尺下。

雷州城池 州城南向，石砌內外二城，內城廣一百七丈，外城一百一十三丈，各高七尺，闢門六，曰南門、外南門、北門、外北門、東門、外東門，西倚山為障無門。

太平府

《職方典》第一千四百四十七卷
太平府部彙考一
太平府城池考　府志

本府

太平府城池 高二丈一尺，厚一丈，周圍垛子共計五百三十七垛，馬道五百十五丈五尺，城樓五座，北門閭，城垛計二十二垛，馬道二十七丈五尺，壼關城樓一座，計一百三十三垛，馬道一百五十二丈五尺。於皇清康熙七年四月內，被洪潦傾圮四十四丈，當即備行流土各屬捐修，前知府高已經捐俸修復。惟城樓五座，例係四流州縣及千戶所均修，東南城樓二座例係養利州修理。然自兵燹之後，不過用茅結蓋，暫蔽風雨。今前府捐俸采買木料磚瓦，修復古制。按《通志》，洪武五年，軍民築磚城，周六百四十二丈，高一丈五尺，廣一丈三尺，爲門五，東曰長春、南曰鎮安、西南曰安遠、西曰鎮邊、北曰拱辰，各建樓於上。正德十四年，知府鄧炳以城小門多，難以防守，塞安遠門，並修其缺壞者。東西南三面據河爲險，又貨取東西魚塘爲壕，召民之無業者居之。

養利州城池 舊無城。明宣德六年，改流。弘治十四年，知縣羅爵築土城。萬曆十一年，知州葉朝榮作石城。十九年，知州許時謙以城內空曠，改建北城，減十之三。石城，周圍三百七十丈，內有泉水，遇夏涌流成溝，通江架排欄木七丈，城樓水門共六座，窩鋪二十間。明末，遭變，頹塌過半。皇清，知州傅天寵從而修之，始復完固如舊。續因康熙七年四月，霪雨連旬，江水暴漲，與城中泉水交泛，不論城垣、廟宇、官舍、民房崩壞殆盡。知州王乾德捐銀米若干，采買木料、灰磚，雇覓夫匠，親督修復，不但完固如舊，抑且煥然更新。

左州城池 舊無城。自正德十五年，遷州古欖村之初，築土城一道，屢經交趾劫擄，土城盡行傾圮，並無城池，惟居民屋後各墻一道。

永康州城池 舊無城。明成化八年，改流。至萬曆三十年，初創土城。及崇禎十一年，知州李喬春始詳建磚城，周圍二百丈，高一丈五尺，城垛二百二十個，城門四面，城樓四座，壕池原未築設。

太平州城池 本州原屬土司，並無城垣，西南二面附近大山，東北二面附近大河，河外即山，並無壕塹。

安平州城池 本邑地方住枕莫彝，以關隘爲守，原未築立垛子、城池。

茗盈州城池 無考。

結安州城池 無考。

全茗州城池　無考。

佶倫州城池　無考。

龍英州城池　邑本土州，原無設立城池，止周圍築一土墻包裹，至今仍復頹圮無存。

都結州城池　無考。

崇善縣城池　無考。

羅陽縣城池　自宋建立縣治，築土爲城，然傾卸隨時補葺，蓋居民不滿二十家，名爲縣場，實一小村莊耳。

萬承州城池　無考。

思明府

《職方典》第一千四百四十九卷
思明府部彙考
思明府城池考　府志
本府

思明府城池　舊置有土城一座，周圍二千六百丈，高五尺，厚一尺五寸，東南西北設有大小六門。

忠州城池　州城從無磚石城垛，止築土垣，高八尺，東至西寬一百二十丈，南至北寬一百丈，周圍四百丈，前已頹廢，今復修築。

下石西州城池　舊有土城一座，周圍築造土墻，約高五尺。明洪武二十一年內，動支梧州府庫銀起造。追於皇清順治十七年，被彜祿州韋德勝作亂，越界破州，城垣盡頹。

思明州城池　舊有土城，周圍共計八百餘丈，高八尺，厚一尺五寸，東南西北設有大小六門，各門設有樓，土人自相守禦。

憑祥州城池　本邑原屬土司，並未設有城池，惟周圍築大土墻一道包裹，至今傾頹無存。

鎮安府

《職方典》第一千四百五十卷

鎮安府部彙考
鎮安府城池考　府志
本府

鎮安府城池　自宋時有土築城垣，無雉堞，高一丈五尺，闊三尺，馬道五尺，周圍二百二十五丈，設東西南三門，各有城樓一座，北面則倚後山作墻垣，今仍舊制。

奉議州城池　舊有土墻，東面沿江，低塌水衝。康熙九年，內州判刁玉仍依前址築墻半圍於南西北三方，高五尺，長三百五十五丈，東面河則竪立木柵爲障，四面開門，茅蓋門樓，不過草創之基而已。

泗城府

《職方典》第一千四百五十一卷
泗城府部彙考一
泗城府城池考　府志
本府

泗城府城池　舊無城郭，府治後枕東山，西北南三面小石築砌，圍墻高三四尺，周圍長三百六十丈，開門三，曰西、曰南、曰北，西門則澗水橫流，南北二門田疇平衍，別無壕塹。

果化州城池　舊無城郭，四圍山峰陡峭，儼若城垣，惟北面谷口平衍。宋皇祐間，土知州許公順築建石墻一面，內有土築小墻，周回里許，正北開一門，無雉堞壕塹。左右兩小溪夾繞，州前合流而南。

恩城州城池　舊有土城，築自宋皇祐間，在余甲對岸。明末，因兵戈蹂躪，官民逃竄，衙署、城垣傾塌殆盡。皇清順治十八年，遷建縣治於那料村，復築土墻，高六尺，周圍二百零五丈，東南二門，無城樓、雉堞，外有壕廣四尺，深三丈，春夏漲涬，秋冬乾涸。

田州城池　城垣築自明嘉靖間，左右二江，四面皆土墻，無雉堞、壕塹，東西南北四門，各有城樓，周圍五百二十丈，厚四尺。明末頹壞，僅存基址。

歸順州城池　舊州治，在今州治南十里。明弘治間築建，周圍一里，分四門，無雉堞、壕塹。因天啓七年，被莫彝攻破，日久頹塌，今移作州治，築土爲墻，僅圍衙署，非同城制。

向武州城池 舊有土城，築自宋皇祐間。至明萬曆四十五年，被田州侵劫殘破，始遷州治於乃甲，復築土城，周圍一百五十丈，高七尺，無雉堞、壕塹，正北開一門，有樓，用茅蓋之。

都康州城池 原築土垣，在把部村後。宋祥興間，遭龍英、向武二土州糾兵侵踞州境，始遷治於隆蒲，以避劫擄。城以亂石壘砌，高八尺，周圍二百一十三丈，有東西南三門，古有城樓、雉堞，今俱傾圮。並無壕塹，惟小溪曲流於南北兩門，春漲冬涸。

龍州城池 本邑原未設有城池，周圍止築有土墻包裹，至今亦復傾圮無存。

江州城池 本邑周圍雖築有石城一座，然低隘不堪，且上無垛子，其實一土垣耳。

雲南總部

雲南府

《職方典》第一千四百五十八卷
雲南府部彙考二
雲南府城池考　通志
本府（昆明縣附郭）

雲南府城池　唐蒙氏建。明洪武十五年拓築，周九里三分，高二丈九尺二寸，共六門，南門曰麗正，樓曰近日，原名向明，皇清總督范承勳易今名；大東門曰咸和，樓曰殷春；小東門曰敷澤，樓曰璧光；北門曰拱辰，樓曰眺京；大西門曰寶成，樓曰拓邊；小西門曰威遠，樓曰康阜；居南門西偏者爲鐘樓。環城有河可通舟楫，外有重關，跨衢市之隘。明萬曆庚申，巡按御史潘浚建。皇清順治十七年以來，有頹壞即題請動支鹽稅修葺。後康熙二十年，因大兵攻圍，傾圮，奉部文重修。

富民縣城池　舊建天馬山之陽。明萬曆間，遷於大河橋北，因水患，復遷北山高阜處，尋以遠汲不便。崇禎庚辰，知縣王孫齊遷今治，周三百六十丈，高二丈，壕深五尺，原有四門，西門久塞，止開其三，東曰文輝、南曰迎恩、北曰拱辰，上各豎樓，俱傾圮。皇清康熙十年，知縣高一品重修。毀於兵燹。三十一年，知縣劉修賢增修。

宜良縣城池　明洪武二十四年建，廣四里，高一丈三尺，無池，門有四，東曰太和、南曰文煥、西曰嚴肅、北曰廣潤。

嵩明州城池　明弘治九年，建土城。嘉靖六年，叛酋安全攻毀。隆慶二年，鄉官主事楊松年同士民申請捐築，巡撫陳大賓檄知州樂頌築磚城，周三里三分，向南無池，建四樓，門有四，東曰迎嵩、南曰朝宗、西曰翔鳳、北曰拱極。

舊楊林所城　在州南三十五里。明洪武二十五年建，周二里。萬曆五年，知州鄭邦福重修，今裁，併州。

晉寧州城池　外城，周七里，隋刺史梁毗築。內城，舊名陽城堡，蒙氏築，歲久頹圮。明成化二十二年，知州熊弘築土城。弘治己未，知州喻敬即古城址築土牆。萬曆三年，巡撫王凝檄知州劉儲改築磚城，向西無池，周三里，高一丈八尺，門有四，東曰龍翔、西曰鶴翥、南曰玉案、北曰海金。崇禎丁丑，知州唐萬齡建四樓於上，題其東曰龍曙、西曰望鶴、南曰控江、北曰海晏。明末，流寇攻陷，三樓焚燬，僅存北樓。皇清康熙六年，知州王業厚重修北樓，其東南西止建房於上，無樓。三十年，知州李雲龍復建三樓，重修北樓焉。

呈貢縣城池　舊爲土城。明洪武十六年，知縣揭官保徙築三台山之陽，向西南，仍爲土城，無池，周三里。天啓間，知縣周萬祀甃以磚石。明末，流寇拆毀，至今不復修築，僅存其址而已。

歸化縣城，去治南二十五里，知縣張思昺建，今裁併縣治。

安寧州城池　明洪武二十四年，千戶朱壽築爲千戶所。萬曆丙子，知州姚繼先築今城，周九百一十九丈，高二丈二尺，東依螳川，其三面無池，五門，四樓，小西門久塞，今止四門，東曰拱華、南曰臨祿、西曰洪源、北曰浴德。

羅次縣城池　舊無城。明天啓間，築土城，後傾圮。皇清康熙二十一年，知縣徐吳錦詳請捐資重築，周三百五十餘丈，高一丈二尺，無池。城有四門，門各建樓，顏以區額，東曰"東作方興"、南曰"南熏解愠"、西曰"西成在望"、北曰"北極恩光"。

祿豐縣城池　明萬曆四十年，知縣向兆麟詳建磚城，向西，周三里，高一丈六尺，西倚星宿河，其三面無池。皇清康熙九年，地震傾圮，知縣郭迪階重修，城門四，樓如之，東曰聚奎、南曰南熏、西曰河清、北曰拱極。

昆陽州城池　明正德四年，州同陳晹修築土城，周三百五十丈，向東。崇禎七年，巡按姜思睿、分守道楊文岳遷築磚城於月山之陽，高一丈八尺，闢門五，南曰南熏、西曰治安、北曰拱極、東左曰澄清、東右曰觀瀾。明末爲沙酉流寇屠毀，今仍遷舊址，一切樓堞俱無。

舊三泊縣城，在州西北六十里，今裁，併州。

易門縣城池 明洪武二十四年建，周二里，向南，河水爲池，闢四門。皇清康熙七年，邑之士民捐資合修。

大理府

《職方典》第一千四百六十七卷
大理府部彙考一
大理府城池考　通志
本府（太和縣附郭）

大理府城池 一名紫城，即漢葉榆地。明洪武十五年重築。明年，都督馮誠展東城一百丈，周十二里，高二丈五尺，敵臺十五座，鋪舍三十九所，池闊四丈，深八尺，開四門，東曰通海、南曰承恩、西曰蒼山、北曰安遠，城上四陲爲曲樓。皇清康熙年間，道府重修，池闊四丈，深八尺。

趙州城池 明弘治二年，憲副林俊築土城，周三里，高一丈三尺，池深一丈。

雲南縣城池 即衛城，明洪武十九年建，周四里三分，高二丈三尺，池闊四丈，深二丈。皇清康熙七年，守備葉蓁、知縣王請度、塗方升重修。

鄧川州城池 舊以水患頻遷。明崇禎十三年，遷州治於鄧川驛，建土城，周六百七丈，無池。

浪穹縣城池 明萬曆末年，建土城，周二里三分，高一丈二尺，今圮，無池。

賓川州城池 明弘治七年築，掘地得石碑，刻"大羅城"三字，莫考其始，因以名城，亦以名衛，周四里三分。

雲龍州城池 明萬曆三十年，知州周憲章建立土城。

北勝州城池 明洪武二十九年建，指揮王佐築石城，通水壕，周五里三分，高一丈六尺。正德中，震圮，衛官相繼重修。皇清康熙五年，士民重修。

臨安府

《職方典》第一千四百七十二卷
臨安府部彙考二
臨安府城池考　通志
本府（建水州附郭）

臨安府城池　舊爲土城。明洪武二十年，宣寧侯金朝興檄指揮萬中拓地易以磚石，周六里三分，高二丈七尺，設四門，東曰迎輝、南曰阜安、西曰清遠、北曰永貞，東南爲鐘樓。成化十六年，兵憲何純重修。丁亥，流寇攻毀。皇清康熙四年，知府曹得爵、知州李溵、守備李承芳修葺。東北角繞西北及西南角有池，正東及東南無池。按《建水州志》，建水附郭，舊係土城，明洪武二十年，宣寧侯金朝興檄指揮萬中拓地董役，相地所宜，砌以磚石，周圍六里，高二丈七尺，爲門四，各爲樓三層，高八尺，東南角爲鐘樓，看城小鋪四十八座，正南外屏牆一座，本衛軍器貯於各樓，鎖鑰掌於本府。各門內牌坊一座，扁以門名。成化十六年，兵備副使何純重鑿壕塹，深一丈，闊一丈。二十一年，分巡僉使劉福每門置二丈鐵銃，爲亭覆之。弘治元年，兵備副使謝秉忠於城上每三十步爲一臺，聚礌石。六年，兵備李孟晊於城牆下種樹。十二年，兵備副使王一言修葺，城上、壕旁各增闌牆，東西二門外置應捕官軍房各六間。正德七年，兵備副使王昊於南北二門補設應捕官軍房各六間，東門又添設夜不收軍房六間。嘉靖二年，兵備副使王納誨每門置"嚴謹門禁""盤詰奸細"二牌。五年，兵備副使戴書構金鼓房十二間於東西門內。四樓俱有更鼓，銅漏則在東樓，但壕中無水。十八年，兵備副使鮑象賢欲引异龍湖水環注，升任未果。東門外官廳二所處衛經歷知事，四城內守門軍房各十間。至丁亥年五月二十二日，流寇李定國陷城，先毀北城樓，并永貞、阜安、清遠三坊及銃亭應捕官軍房，一時俱毀。皇清順治十六年冬，大兵入滇，賀九儀復焚毀西南二角鐘樓而去，今應捕官軍房俱缺，官廳亦廢。康熙四年，知府曹得爵重建北樓、鐘鼓樓并炮臺，守備李承芳重建西樓。七年，知州李溵重建城樓。西瓮城門，奉府准三庠公議，改南向。

石屏州城池　明成化十六年，知州蔣彝因民居爲四門。嘉靖三十年，築土城，周二里三分。萬曆二十四年，知州蕭廷對因舊城重修，改東南兩門向。天啟丙寅年，署州顧慶恩改創，州人陳鑒易以磚石，後圮。皇清康熙六年，知州劉維世重修，無池。按《石屏州志》，州舊無城池。成化十六年，知州蔣彝因民居爲四門，曰東迎恩、西通貢、南拱辰、北鍾秀。嘉靖三十年，元江兵變，築土城，周圍六百七十四丈，就地建東西兩城樓。萬曆丙申，知州蕭廷對石砌瓮臺，建東南北三樓，更四城門名，東海日、南雲臺、西寶秀、北龍朋。天啟乙丑年，土垣崩裂，麗譙傾圮。六年春，署州事澂江府通判顧慶恩改創磚城，本州鄉紳左江道副使陳鑒爲久遠計，捐銀二千，首倡其事，乃克興工，城去故址數十武，隨地形，相民居，拓出七十餘丈。七年秋竣事，周圍七百四十八丈有奇，高二丈有奇，厚二丈，城外鑿池引异龍湖水。七年冬，修四城樓。皇清順治年間，兵燹之後，城樓頹壞。康熙六年冬，知州劉維世捐俸六百金，重建四樓，北門新平基址更砌磚臺，高二丈許，建樓於上，規模宏敞，百餘日告成，城牆崩塌處用石培補，可資防禦。

阿迷州城池 舊爲土城。明正統間，知州張安築，高丈餘。成化十六年，東西二門圮，知州黃時中改立。嘉靖四年，分巡僉事傅尚文拓築。萬曆四十五年，巡按御史吳應琦易以磚，周三里。丁亥年，流寇拆毀。皇清康熙九年，知州王民皡、吏目傅國瑗重修，無池。按《阿迷州志》，舊無城池。正統年，知州張安周圍築，培高丈餘，爲四門，朝宗、迎旭、望廣、拱極。成化十六年，夷人相仇，東西二門圮壞，知州黃時中改立，修教場於西門外。嘉靖四年，分巡僉事傅尚文拓築之，兵備副使戴書督完。二十一年，都指揮石邦憲沿城立敵樓八座。二十二年，署印知州張哲修東西二門，署印州同知曹松改修南北東三門，王廷表云云：南國朝之邊地，阿迷雲南之邊地，自此五百餘里，爲交州界，宜築石城。傅僉事所築者，令民爲之，高下不一，雨淋則傾，城外即田，水浸則僕，上官未嘗往視，有司間視之，惟拘築者，民怨，中止，且四門不正，日就傾圮。表嘗與分巡僉事邵煉言，令官支庫物修治，近撫按檄令修治，皆不應。今圮壞又甚矣，或補築，或改築，惟有責者裁之。

寧州城池 明嘉靖十年，巡按御史毛鳳韶題建。十二年，知州李道全築，周圍五百六十丈。皇清康熙十一年，知州嚴敬重修，無池。按《寧州志》所載甚略。按明《通志》，城凡三門，西會通、東順化、南寧遠，北負以樓，扁曰環翠。

通海縣城池 明洪武十五年，指揮陳鏞創土城。二十四年，指揮儲杰易以磚石，周二里，高一丈七尺，有池。按《通海縣志》，縣舊無城。明洪武十五年，以通海爲東南要領，置守禦千戶所二，分屯設守，指揮陳鏞創立土城。二十四年，指揮儲杰砌以磚石，周圍二里，高一丈七尺，開四門，東泰和、西慶豐、南迎熏、北鎮海，池闊一丈八尺，深一丈，此禦城也。萬曆三十九年，知縣楊翹瀛以土寇攻劫，民不寧居，緊連禦城，建縣城於秀山之麓，築土高厚與禦城等，周圍約二里；又於大橋建一土城，防護客店，往來商賈甚便。丁亥年，土逆沙定洲叛，寧州土官祿永命竊據通海，毀其縣城，並大橋土城亦毀之。以故，官署灰燼，民居傾蕩，今官署暫寄禦城，而禦城樓櫓盡廢。山川之秀脉不聚，官多留滯，吏多舞法，閭閻不即登熙皞之風，意風水之說有不可誣者。

河西縣城池 舊無城。明成化間，知縣朱光正因民居立南北二樓，後廢。至崇禎二年，署縣周莫儀建石城，周二里三分，無池。按《河西縣志》，城舊在螺髻山下，古休臘地。明成化間，遷普應山下上義坊今城地，稍因民居立南北二樓，象城野居。萬曆四十年，知縣趙築土垣壅之。崇禎六年，巡撫蔡侃、巡按姜思睿檄署縣臨安府推官周莫儀易以石城，周二里三分，高丈餘，厚數尺，雉數百，門鋪全，無池。

嶍峨縣城池 明正德六年，知縣胡淮築土城，周一里三分，高一丈二尺，後漸圮。嘉靖三十年，知縣邵元善創四樓。崇禎甲戌，易磚城。按《嶍峨縣志》，城闢四門，皆有樓，城高一丈三尺，周圍三百三十七丈，計一里八分，厚四尺，近河卑濕處，更立排柵以障之。年久傾壞，是非長策。嘉靖三十二年，知縣邵元善新創城樓，東曰朝天、西曰鎮彝、南曰來熏、北曰拱辰，雖云可觀，尚未盡美。崇禎庚午年，改建磚城，制度稍壯，可禦外侮。歷年增修，規模略備。

蒙自縣城池 明成化二十年，縣丞陳溥築，後漸圮。萬曆四十二年，邑人尹紹皋、尹紹夔捐金建磚城，周四里三分，高一丈七尺，無池。按《蒙自縣志》，舊無城。成化二年，縣丞陳溥始築土墻，周圍七百丈，闢四門，置樓櫓，東曰拱曦、西曰朝岳、南曰寧清、北曰通貢。萬曆元年，撫軍鄒公以征蠻之役，駐師於縣，更其門之額，取象於蒙，東曰果育、南曰時亨、西曰利禦、北曰養正。其後，知縣歐陽輝、李時用再修之，然土性不堅，隨修隨圮，邑紳尹廷俊乃帥其子若孫捐築石城，計費萬八十餘金，因以其子孫之名名其城，東曰奎壁、西曰皋夔、北曰禹稷，而名其南曰見湖，則廷俊之號也，周四里三分，高一丈七尺。丁亥年，爲流賊所平，後雖少爲修補，然功大而難復，歷今迥非舊制矣。縣舊無池，明崇禎四年，邑人以寇患浚壕，土無泉脉，或言不利於民遂止。

新安守禦所城池，先築於花丈里，名花丈城，後遷補瓦寨，距邑治十里。正德十二年修築，周圍二百一十丈，有二門，南門禦遠、北門永安。康熙二十五年，所裁，今城仍舊。

新平縣城池 明萬曆十九年，知縣李先芬築土垣，周四百丈，高一丈五尺，有池。按《新平縣志》，城闢四門，皆有樓城，高一丈八尺，周圍三百三十八丈，計一里九分零，厚五尺，計堵口六百五十七。始自萬曆二十年，知縣李先芬築土城，高一丈五尺，厚三尺五寸，架椽覆瓦，城外挖壕，周匝三百五十丈，開四門，東寅陽、西阜成、南鎮元、北拱極。至崇禎七年，知縣業元惠詳請改建磚城，遷於舊治之東，離五里許。後十年，知縣郭秉忠修飭，標題四門，東望五華、南熏解慍、西連雁塔、北門鎖鑰，制度稍壯，可禦外侮，間年增修，規模少備。

楚雄府

《職方典》第一千四百七十九卷
楚雄府部彙考一
楚雄府城池考　通志
本府（楚雄縣附郭）

楚雄府城池 明洪武十六年建，高二丈五尺，厚一丈，周七里三分，池深一丈五尺；設六門，東曰平山、南曰廣運、西曰德勝、北曰永鎮、東南曰德化、西南曰仁福。初城築於爨蠻。洪武中，都督袁義謂南山高峻近郭，寇據以臨城，是資敵也，因繪城山以上，御筆抹之，適當其巔，義遂改築焉。後漸圮，隆慶戊辰，分巡任惟鈞改築。萬曆二十八年，東南圮，兵道孟醇重修。崇禎五年，同知竇敬禹復修，增高三尺，厚二尺。末年，土酋沙定洲圍城，副使楊畏知建敵臺十五座堅守，民賴以全。皇清康熙五年，總兵馬寧知府史光鑒修。十九年，地震城崩。

定遠縣城池 明洪武二十二年，建築土城。成化間，甃以磚石，高一丈餘，周一里三分，池深六尺，明末圮。皇清康熙十一年，知縣田元愷重修。按《縣志》，門三座，東曰清平、南曰永安、西曰太和，北門閉，今新開，名曰太平，建真武於上，東樓存，南樓廢，西樓亦廢。康熙四十年，重修。

廣通縣城池 明萬曆四十五年，巡按御史毛堪檄知縣蕭惟馨建磚城，高一丈八尺，周三里三分，池深五尺。天啓元年，知縣劉之范修。明末，流寇毀城樓。皇清順治十七年，知縣張京鏵、耿弘啓同修。按《府志》，四門，東曰向陽、南曰南熏、西曰鎮楚、北曰拱極，門各有樓。康熙十九年，地震崩壞，今止開東西南三門，北閉。

定邊縣城池 明成化三年，知縣祝子昌築土城，周二百餘丈，高一丈二尺，無池。今存廢址。按《縣志》建設與《通志》同，表以三門，門皆設樓。壬辰年，地震傾圮。皇清康熙二年，知縣牟從周重建土城一座，周一百丈，高一丈，厚八尺，無城垛，開四門，譙樓四座，東迎禧、南毓秀、西鍾靈、北豐樂。按《府志》，康熙二十五年，署縣按察司經歷汪牧建東西南三門。

南安州城池 舊無城。明萬曆丁亥，通判梅友篁築土城。崇禎壬申，野賊破城，御史姜思睿題請，調副總兵商士杰督建石城，高一丈六尺，周五里有奇，後傾圮。皇清康熙八年，知州米璋重修。按《州志》，東西二門，東曰長泰、西曰永安，又設小東門。康熙十九年，地大震，城垣又盡傾壞。五十一年，知州張倫至，與同城文武公捐，逐漸修理。

鎮南州城池 古無城，明隆慶二年，知州黃袍建土城。後地震傾圮，萬曆四十二年，知州尹爲憲甃以磚石，高二丈，周三里餘，無池。明末圮，守道丁繼善修。皇清康熙八年，久雨倒塌，知州卞廷松修。按《府志》，門樓四座，東曰鞏華、南曰文明、西曰來遠、北曰龍泉。康熙十九年，地震復崩塌。二十四年，知州岑鶴及周興鎬復修東西門樓二座。四十年，知州陳元建南門樓一座，中奉魁星，以培風脈。

澂江府

《職方典》第一千四百八十六卷
澂江府部彙考二
澂江府城池考　通志
本府（河陽縣附郭）

澂江府城池 舊建於綉球山。明正德十三年，知府童璽改遷金蓮山麓。嘉靖二十年，知府周朝俯復遷前地。隆慶五年，知府徐可久改遷於舞鳳山，建築磚城，周五里三分，高一丈九尺，樓臺、墩鋪具備，其門，東曰擁輝、南曰澄波、西曰攬秀、北曰儀鳳，有池。

江川縣城池 原土城。明萬曆四十八年，巡撫都御史潘浚拓築。崇禎七年，因水湮，巡按御史姜思睿奏請遷縣於舊江川驛，始建磚城，周一里三分，高一丈二尺，無池。

新興州城池 舊無城。明正德二年，知府何子奇築土垣。萬曆六年，分守道王續之移駐其地，呈請檄知府張於京督造磚城，周三里，高一丈八尺，無池。按《州志》，州立玉溪、靈照之間，舊稱在華蓋山麓，即靈照山也，在府西一百六十里。宋大理段氏蠻部旁築土垣，漢唐建治在棋盤山表，段氏分麼些徒蠻居此，築土垣於中邑，村名曰休納，城形長而狹，若南之雉堞、北之新街、東之元壇廟皆在城外，惟襲西門以爲舊也。明正德二年，知州何子奇斥廣二里有奇，高一丈三尺，厚五尺。萬曆四年，奏請易磚石，擴爲三里許，凡六百四十八丈，高二丈四尺，厚一丈八尺，城垛一千二百七十六；闢四門，東南曰靈照、西南曰鳳凰、西北曰棋興、東北曰龍馬；門各樹樓，東曰朝陽、南曰來薰、西曰閱稼、北曰拱極；外鑿池廣三丈四尺，深八尺。崇禎十四年，守道程楷、知州張尹志增高城三尺，鄉官雷躍龍益櫓八。皇清康熙十年，四門城樓圮，知州彭蠡改作民房。康熙四十七年，磚石、城樓摧剝，櫓與雉堞全圮，知州任中宜加葺，改城垛爲一千零九，高五尺五寸，廣三尺二寸，建櫓四，無池。

路南州城池 舊無城。明成化間，知州魯厚建敵樓四座。弘治間，知州龔浩因敵樓築土城，後傾圮。隆慶六年，知州易龍見重築，周四百四十餘丈，高一丈一尺。萬曆四十八年，知州馬鳴陽修，今漸圮。按《州志》，成化間，知州魯厚建樓四座，東曰啓明、南曰迎薰、西曰長庚、北曰拱極。池初廣二丈，及流寇入滇，即填池，以池邊之土平爲田，其廣遂以倍。嗣後，居民效之，春則布種，夏則雨水洋溢，寬十丈許矣。自昌樂堰成，四時活水流注，紅蕖碧藕遍滿其中，夏秋之間，朱霞映水，綠幕垂陰，柳色迎眸，荷香噴鼻，往來之人，如行錦繡中，號曰花城，稱勝景焉。

景東府

《職方典》第一千四百九十卷
　景東府部彙考
　景東府城池考　通志

景東府城池，分在衛城之外，景東山頂，名曰玉筆城，無池。

廣西府

《職方典》第一千四百九十一卷
　廣西府部彙考一
　廣西府城池考　通志
　本府

廣西府城池　舊爲矣邦、生納二村，土官治之。明成化十四年，改土設流，知府賀勳築土城，後圮。隆慶五年，知府戴時雍甃以磚石，周圍七百四十丈，高一丈八尺，設四門，東曰拱化、南曰清波、西曰獻瑞、北曰擁祥。皇清康熙元年，知府萬裕祚修。後復圮，二十三年，知府高起龍重修，無池。按《府志》，明季爲沙定州賊目李竜索焚毀殆盡，偽營掇拾舊石，壘砌垛口，建竪城樓，然皆苟且之具，不可以爲保障計也。康熙元年，知府萬裕祚捐金七百，所屬二州各捐六百金。自康熙五年起，至六年止，計修築城垣、炮臺周九百一十二丈，垛口一千二百零一，加高五尺，四面全修者二百一十八丈，從腰接修者一百九十二丈，欄馬、垛口悉用磚石，重修四城樓，每樓建左右柵欄，城根創空心敵樓一十二座，高城丈餘。又於康熙二十四年，奉旨興修，知府高起龍捐俸修補完固。三十一年八月初一日，地震，日久，城垣城樓又復倒塌。

師宗州城池　原土城，明萬曆二十八年，知州夏久安重修。四十年，知州袁國藩拓築。崇禎七年，巡撫題准改築石城，周四百餘丈。丁亥年，沙賊焚毀。按《府志》，明季，沙逆以賊目竊據，流寇自黔入滇，由羅平至州，燒毀城樓，拆平磚石而遁，迄今垛口城缺皆壘石爲之。州治四面環彝，設險宜亟，知州韓維一估計工價，條議申詳，因錢糧無從動支，仰候批行修築。

彌勒州城池 明弘治三年，州同知梁伋築土城。隆慶六年，知州楊階增拓。崇禎七年，知州魏起龍改甃以石，高二丈，闊四百丈。十五年，知州趙焯改築北門，闊四丈五步。按《府志》，明隆慶六年，知州楊階增築，闊六百丈，闢四門，四角樓，每街有柵欄，四關建四小鼓樓。崇禎庚午，議剿土酋普名聲，以本州近賊，令知州梁翼宸架屋牆，內爲守具。崇禎乙亥，知州魏起龍詳築石城，僉游擊王治民、吳宏、都司周位衡、吏目彭永春董之，闊四百丈，高二丈，計七百八十垛，因土城築之，而截其西北。

順寧府

《職方典》第一千四百九十三卷
順寧府部彙考一
順寧府城池考　通志
本府

順寧府城池 在鳳山之中，明萬曆二十八年，巡撫陳用賓檄知府余懋學建，周七百二十丈，高二丈一尺，甃以磚，設四門，東曰朝天、南曰慶雲、西曰永定、北曰隆昌。皇清康熙三年，知府米璁重建四樓。三十年秋，霪雨，東南二樓瓦飛棟折，二座傾圮。知府徐櫹捐俸重修，屹然如故。三十八年，西北二樓將傾，知府董永芝捐俸修，煥然一新。

雲州城池 原係大候寨，改爲大候土州，嗣又改土設流，並無城郭。至明萬曆三十年，知州劉秉已奉文建磚城，至三十一年告竣，高一丈六尺，周圍共六百一十四丈零，垛口一千六十零四個，東西南北城樓四座，高三丈六尺，闊四丈一尺，止開東、南、北三門，西門爲關風脉，不開，今樓年久已廢。於崇禎八年，守備王之將於城外開壕溝，周匝環繞，寬二丈，深一丈，久因雨水壅填過半，未易修浚。

曲靖府

《職方典》第一千四百九十五卷
曲靖府部彙考一
曲靖府城池考　通志
本府（南寧縣附郭）

曲靖府城池　明洪武二十年建，周六里三分，高三丈，設四門，東曰樂耕、南曰來熏、西曰勝峰、北曰迎恩，增二敵樓於城北，久圮。皇清康熙二年，總督卞三元、巡撫袁懋功、安普道趙廷標、副將白世彥、游擊董朝祿、單繼唐、知府李率祖捐俸重修，有池。

霑益州城池　即交水城，明天啓三年，巡撫閔洪學建，周三里三分，高一丈九尺。皇清順治十六年，遷霑益州治於內，其舊霑益州城，為尋霑營游擊駐防，無池。

陸凉州城池　即陸凉衛城。明洪武三十一年建，周六里。皇清康熙六年，裁衛歸州，移州治於內，無池。

羅平州城池　明萬曆十五年建，周四百六十丈，高二丈，壕引河水。皇清康熙四年，知州王鴻勳修。按《州志》，明萬曆庚寅年，始遷州城於鑱山之下，周圍三里，門四，東名賓曦、南名阜民、西名沂浴，北名拱極，惟此門未開；池寬二丈，引沂水入池旋繞周匝，更從城中穿流，以防風火，今已廢弛。西北樓久傾，東南二樓為遠近所瞻矚，知州王鴻勳修，未久而傾頹殆盡，知州張含章改為平房。

馬龍州城池　明萬曆四十年，知州張鑒建，周四百五十丈，高一丈三尺，無池。

尋甸州城池　明成化十九年，知府屈伸創築土城。嘉靖六年，為安銓所破。十二年，撫按檄知府劉秉仁等相地改築，砌以磚石，周三里三分，無池。按《州志》，周三里三分，中穿一里三分，背西面東。皇清康熙七年二月，火災，東北二門城樓皆毀，西南二門城樓傾圮。三十三年，知州黃肇新重修。

平彝縣城池　明弘治七年建。正德二年遷建，周圍二里一百六十步，高一丈二尺，垛口八百六十四，無池。開東、南、大西、小西四門，建東、南、北、大西、小西城樓五座，鋪樓十八座。天啓二年，爲霑益土婦設科等焚毀。明年，參將袁善重修。皇清康熙三十八年，知縣任中宜重修及東、南、大西、小西城樓四座。

姚安府

《職方典》第一千四百九十七卷
姚安府部彙考一
姚安府城池考　通志
本府（姚州附郭）

姚安府城池　唐景雲元年，御史李知古築土城。明洪武初，易以磚石，周二里三分，高二丈，設三門。嘉靖七年，兵備周崇義築月城於南門外。八年，知府王鼎於城內增高五尺。三十九年，知府楊日贊於南關外新築土城，高一丈二尺，廣一百三十丈，左右建立敵樓，四關繚以土垣。萬曆四十六年，御史潘浚增築七百餘丈，置南城樓，西南建角樓。皇清康熙八年，知府商永杰、土同知高喬映重修，因蜻蛉河爲池。按《姚州志》，府城周五里三分，高三丈五尺，闊一丈餘。先是，唐御史李知古築土城於東北。明指揮戴都病其難守，易而小之，廣二里三分，高二丈，開三門，各建有樓，蓋姚安千戶所城也。後置府、置州，遭自久之亂，州官及土官死之，且郡介會川、武定交，震鄰時警。明嘉靖八年，知府王鼎加以磚石，增高三尺許，給事中昆明傅良弼記略。嘉靖三十九年，知府楊日贊重修，設四關門，周遭繚以土垣，然所內州外，既乖容民畜衆之義，而城自署治外，居民僅百餘家，往時鳳克煽亂，城內外居者竄匿山谷，官攜印僦所署以居，蓋岌岌矣！諸院道往往建議開拓城隍，俾民藉官以安，官因民以守，而建造無人，竟成道旁之築。萬曆四十七年，分守涇陽李忠臣懲往慮來，力肩其任，上其議於巡按嶺南潘浚，亟允其請，檄署府事李敬可，以知州楊之彬董其役。府州慷慨擔當，區畫周詳，甫半歲而事竣，計東西南廣袤五里三分，高三丈五尺，東北舊城增高三尺，正西增設一門，西北二門外有月城，樓閣、墩臺、鋪舍、水洞較舊制大拓而三之，城外有壕深五尺，闊丈許，引蜻蛉水東西交會入城壕中，復西北而下大姚而達金沙，城高池深，庶幾西南巨鎮矣。巡按潘題其門，東曰迎曦、南曰時阜、西曰寶成、北曰懷遠；扁其樓，東曰"金碧呈祥"、南曰"南雲布靄"、西曰"蒼雪凝輝"、北曰"北極連霄"，其經始歲月，工費之詳，載在碑記。其後，孔雲德再修之，而府丞高守藩勷其事。至皇清康熙七年，知府林本元、土同知高喬映修葺城樓之屺者。

大姚縣城池 明洪武二十八年，築土城。永樂元年，千戶洪鈞、施宥甃以磚石，後屺。萬曆四十五年，知縣謝於教修，仍於南門外築土月城，周三里三分，無池。按《縣志》，大姚初為大姚中屯所。縣治在興來地；原名興來縣，即今興來是其舊址也。洪武二十八年，始移縣大姚，改名大姚縣，僅築土城。永樂元年，千戶洪鈞、施宥始砌磚石，高一丈三尺，周圍六百三十五丈，徑過一里三分，開東西南北四門，城樓四座，東西北三處踞山，地高無池，惟南門有池，長二十丈，闊七尺。

鶴慶府

《職方典》第一千四百九十九卷
鶴慶府部彙考一
鶴慶府城池考　通志、府州志合載
本府

鶴慶府城池 宋段氏時築，元末屺。明洪武十五年，復舊址，列排栅。永樂元年，指揮李成等甃以磚石。嘉靖二十四年，知府周集設四門，東曰觀瀾、南曰迎恩、西曰仰止、北曰拱極，北門月城即舊禦城。萬曆二十八年，知府祈雨更開一門於西偏以便民，周五里五分，濠廣一丈，深五尺。皇清康熙二十九年，鶴慶總兵官林葵等、知府盧崇義、通判金應璧等重捐修。按《府志》，鶴慶古屬要荒，漢稱靡莫，歷唐及元，或詔（土人謂王為詔）、或路（南人多稱某路總管），沿革靡常。宋段氏時，惠高築城，形如龜。元末傾屺。至明洪武初，始設府治，統以土酋，守以禦所。洪武十五年，大理指揮脫列伯守禦，恢廓舊址，原卑隘僅容戎伍。正統間，易以文職，然郡而未城，非大觀也。嘉靖庚子，知府周集改築新城，周圍東三百一十四丈，南六十丈四尺有奇，西增三百一十五丈，北亦如之，增廣三十五尺，計五里五分，高二丈二尺，厚二丈；南門月城一座，周圍八十丈，高一丈四尺，厚九尺二寸；北門月城即舊城也。為門四，南曰威遠門，樓曰來熏；北曰鎭遠門，樓曰拱極；東曰迎旭門，樓曰啓陽；西曰望庚門。城外掘土爲壕，闊一丈，深五尺許，南通青龍潭，西北通西龍潭，東合流入漾弓江。

劍川州城池 明弘治間，知州李文築土城，地震傾盡。崇禎十五年，知州林明輔始建磚城，周三里，城樓四座。皇清康熙二十七年，地震圮壞。二十九年，知州張國卿修，有池。按《州志》，弘治間，知州李文築土城一圍於金華山左，地震傾盡。明嘉靖二十二年，本府知府周集建議築城，不果。萬曆十二年，州牧關志極經營基址，議定工費，因升任，寢。閣署州印大理經歷李某者奉文行催，伐石鳩工，築四門城基。崇禎十四年辛巳，州牧林明輔申詳修築，至癸未告竣。周三里三分，高一丈六尺，厚一丈二尺，磚垛石墻，垛口三千三百二十七，壕寬八尺，深五尺，城內馳道寬一丈，城外馳道寬一丈二尺，四門譙樓，東曰嘉靖、南曰拱日、西曰金龍、北曰拱極。丙申年，州牧羅文燦以東門直衝州治，移北數丈。皇清康熙二十七年地震，城牆並三處譙樓傾圮，惟西譙樓不倒。二十九年，州牧張國卿重修，東南北建爲鼓廳，城廓復完，沿壕樹柳。又因頻年霪雨，鼓廳、垛口漸壞。五十一年，州牧王世貴重修，並設鼓廳，匾額與西門稱。

武定府

《職方典》第一千五百一卷
武定府部彙考一
武定府城池考　通志
本府（和曲州附郭）

武定府城池 明隆慶三年，知府劉宗寅、同知鄧世彥移建石城，周六里，高二丈，設四門，東曰迎祥、南曰毓秀、西曰寧遠、北曰豐潤。萬曆間，同知袁國藩增高三尺。崇禎時，知府盧懋鼎修，無池。按《府志》，舊在五鳳山之東，四面受敵。嘉靖四十五年，巡撫呂光洵既平鳳繼祖之亂，請改設流官。隆慶二年，巡撫陳大賓、御史劉翾躬親相度，曰"省會之藩籬，滇西之右臂也"。遷城移府，乃可長久，請命遷獅山之麓。布政使鄔連曰："設險守邦，不宜惜費。"議定，乃於四年庚午五月初十日起工，迄次年辛未爲石城七百九十丈八尺，圍圓三里三分，高二丈，垛口凡一千三百九十有四，爲城樓者四，東曰迎曦、南曰阜民、西曰靖遠、北曰德潤，爲鋪者十，爲水洞者五，闢三門。府州治及諸公所次第落成，費布政使司公帑一萬二千餘兩。萬曆三十八年庚戌，知府江至迥重修四門、鼓樓，立碑迎曦門內。崇禎元年，知府趙紓四門各增修一層。皇清康熙二十七年，知府王清賢修城並四城樓及三門，門上表以石扁，東曰迎恩、南曰向化、北曰撫彝。

和曲州城池 按《府志》，舊州城在府城南二十里，蠻名叵簽甸，今九廠。元初，改叵簽甸爲和曲州。明隆慶年遷附郭。

元謀縣城池 明成化十六年，土巡捕吳起署事，創築土城，周一里六分。天啓初，改甃磚城，無池。按《縣志》，城在府西一百七十里。元時建縣。明天啓二年，建磚城，周圍一里三分，新建南北二鼓樓，無東西門。後傾圮，知縣王弘任捐資營繕。北門鼓樓，於皇清康熙十一年建立，高一丈五尺。南門鼓樓，於康熙十二年建立，高一丈六尺。東西二門自吾必奎叛亂之後，崇禎十七年閉塞不開。城墻垛口六百一十二個，北門起至東門止高一丈六尺，東門起至南門鼓樓止高一丈八尺，南門起至西門止高一丈八尺，西門起至北門鼓樓止高一丈六尺。

祿勸州城池 明初設流，築土爲垣，高不及丈，周不盈里。萬曆七年，知州何守拙修築，無池。按《府志》，州在府東北十五里。元時置州，領易籠、石舊二縣。明洪武二十二年建城，裁易籠入州。武宗朝，並裁石舊，因以其地建州治，轄於土府。萬曆七年，鳳逆蕩平，改土設流，郡守辛存仁曰祿勸，城郭、州治缺然未備，徙建今城，闢門三，東曰排青、南曰向明、北曰同和，門各有樓，哨樓十，築土爲垣，上覆以瓦，無垛口，周圍二百零九丈三尺，經始於萬曆七年己卯冬十月，九月辛巳夏工竣，州治兼舉，巡按劉維、分守道駱問禮約期按祿，坐宴而慶。厥成，兵備副使胡心得有文紀之。萬曆四十四年，同知袁國藩署州事，復增城五尺。

元江府

《職方典》第一千五百六卷
元江府部彙考
元江府城池考　通志

元江府城池 皇清順治十六年，大兵收復，元江焚毀，元江協與知府重修。康熙五十一年，知府章履成、副將林國賢重修，東城樓扁曰承恩門、西城樓扁曰康阜門、南城樓扁曰沐薰門、北城樓扁曰拱辰門，城垛二千七百餘口，外無月城。

蒙化府

《職方典》第一千五百七卷
蒙化府部彙考一
蒙化府城池考　府志

蒙化府城池 明洪武二十三年建，圍四里三分，計九百三十七丈，高二丈三尺二寸，厚二丈，磚垛石墻，垛頭一千二百七十七，垛眼四百三十。北門環以月城，上建譙樓四座，東忠武、南迎薰、西威遠、北拱辰，北樓三層，指揮范興董成，備極堅固。皇清順治五年，守道熊啓宇、知府彭翮健改建，減去一層，南樓二層，更鼓在焉，今圮。康熙二十六年，同知陳文成、土知府左世瑞重建城鋪二十四座，今圮。城中馳道闊三丈，池深一丈，闊三丈，池內馳道闊三丈。康熙三十年秋，霪雨城崩。三十三年，順寧府知府徐櫆署蒙化府印，捐修。三十四年，西城傾圮，池壅塞，同知蔣旭捐俸修浚，今屹然如故。按《通志》，四門，東曰忠武、南曰開明、西曰鎮彝、北曰潤澤。皇清康熙二十八年，同知陳文成重修。

永昌府

《職方典》第一千五百九卷
永昌府部彙考一
永昌府城池考　通志
本府（保山縣附郭）

永昌府城池 唐皮羅閣創。元至元間，都元帥段阿慶重築。明洪武十五年，指揮王真重修，尋爲思可所廢。十八年，指揮李觀復甃以磚石，又於太保山絕巘爲子城。二十八年，指揮胡淵闢廣西山、羅太保山於城內，東南北三隅，高二丈二尺，西省三之一，周十三里有奇，設八門，東曰升陽、南曰鎮南、西南曰龍泉、曰安定、西曰永鎮、西北曰仁壽、北曰通華、東北曰拱北，鎮南、拱北門外復爲子城，闢二小門。嘉靖中，副使韓廷偉築西城，增高五尺，沙壅久湮，指揮曹宗岱重鑿而深之。萬曆二十八年，知府華存禮修築。無池。按《府志》，明嘉靖三十八年，副使韓廷偉檄同知戴希灝、指揮趙明臣、千戶張軒增築西城，視舊高五尺許，樓高三丈有奇，周循爲角樓四、炮樓一、鐘鼓樓各一，城鋪六十有四，今俱廢。東南北之壕各深五尺，廣二尺有奇，南壕即易羅池之瀆流也，各門之外俱跨以橋，久而沙壅，指揮曹宗岱重鑿而深之。萬曆二十八年，知府華存禮又重浚修之，西即山壑爲池焉。皇清定鼎以來，數經兵燹，城郭頹圮，樓櫓盡毀。康熙三十九年，總兵周化鳳、知府羅綸、知縣程奕捐俸分修，即其舊址重建，各樓煥然一新。

永平縣城池　明洪武十九年建，指揮雷嵩立木爲柵，跨銀龍江之上。二十八年，指揮時瑀砌以磚，高二丈，周三里三分；壕廣二丈，深五尺。先是江流貫城，南有水洞，每值水漲，竊盜乘以出入。萬曆中，知府華存禮浚東西壕爲河，改水分流城外，會於城南，砌塞水洞爲墻，無池。按《府志》，凡四門，東曰春陽、南曰德化，上有樓，高六丈，西曰鎮西、北曰武安，南北水關二座，各有橋亭。周遭城壕，廣二丈，深五尺。

騰越州城池　舊無城。明正統十年，兵部侍郎楊寧征麓川駐此，始築騰衝司土城。十五年，兵部侍郎侯璡重修，甃以磚石，高二丈五尺，周八里三分。嘉靖中，兵憲郭春震始鑿壕，廣二丈，深一丈，其西北磔石以通山泉。皇清康熙五年，知州王律重修。按《府志》，凡四門，東曰霑化、南曰靖邊、西曰永安、北曰溥潤，其上各有樓，角樓四，城鋪四十。隆慶三年，增築月城，高一丈六尺，廣三十二丈，並東西二圈門。

貴州總部

貴陽府

《職方典》第一千五百二十四卷
貴陽府部彙考二
貴陽府城池考　通志
本府（貴築縣附郭）

貴陽府城池　即省城。明洪武十五年，都司馬煜建石城，周圍九里七分，高二丈二尺，門五，東曰昭文、南曰迎恩、西南曰廣濟、西曰振武、北曰布德，東北有池，西南一帶濱河。皇清順治十六年，總督趙廷臣、巡撫卞三元重修，增高三尺。明天啓六年，總督張鶴鳴、巡撫王瑊於北門外增砌外城六百餘丈，門四。後毀，康熙十一年，總督甘文焜復加版築。

龍里縣城池　舊爲龍里衛城，明洪武二十三年建，周圍五百三十八丈，高一丈七尺，門四，東曰朝陽、南曰通化、西曰威遠、北曰鎮靖。萬曆三十一年，巡撫郭子章增築二百丈有餘。

貴定縣城池　舊爲新添衛城，明洪武二十二年，鎮撫王璧建土城。正統間，指揮孫禮重建。萬曆十三年，巡撫舒應龍、巡按毛在、參議王恩民甃以石，周圍一千七十丈，高一丈一尺，寬八尺，門四，東曰熙春、西曰延秋、南曰武陽、北曰肅遠，城樓四座，月城西北二座。皇清康熙二十六年，裁衛併縣，遷縣於此。

修文縣城池　即故敷勇衛城，明崇禎三年，建石城，周圍七里三分，高一丈八尺，門四。皇清康熙二十六年，裁衛改縣治。

開州城池　明崇禎二年建，高一丈二尺，周圍五百一十丈，門四。

定番州城池 舊爲程番府城，明成化十三年，知府鄧廷瓚築土城。萬曆十四年，改州，知州范郴重修砌以石，周圍五百十丈，高一丈五尺，門四。

廣順州城池 明萬曆二十九年，設州，無城。崇禎二年，知州李紹沆議請題建，後都司陳謙議廢舊城，改建新城於北岡上，今州署仍舊城。

思州府

《職方典》第一千五百二十七卷
思州府部彙考
思州府城池考　通志

思州府城池 明永樂十三年，知府崔彥俊創筑土城。隆慶三年，知府張子中議遷平溪衛城。萬曆五年，因民情不便，奏請復回，重筑，外包以石，周圍三百二十丈，高一丈五尺，為門三，城樓三座。十年，知府蔡懋昭以後山高峻，俯瞰城中，敵至難守，乃議包筑後山石城一百二十丈，增筑敵臺十二座。明季，兵火傾毀。皇清康熙八年，知府陳龍巖增修。十一年內，復傾塌四十餘丈，知府李敷治重修。

思南府

《職方典》第一千五百二十八卷
思南府部彙考一
思南府城池考　通志
本府（安化縣附郭）

思南府城池 明弘治辛酉年，知府羅璞始築土城。正德間，蜀寇至，城亦就壞，知府寧閱繼修之。嘉靖二十八年，鎮苗寇印江，知府李夢祥重建，周圍七百七十丈餘，高丈五尺，寬八尺餘，爲門五，東曰清州、西曰清溪、南曰清江、北曰清泉、東北曰遵化，城樓五座，水門城樓一座。萬曆三十六年，知府宛嘉祥易以磚石。知府趙恒重修。明季圮壞。皇清順治十八年，知府葉蕃重修。康熙十二年，更葺。

婺川縣城池 明嘉靖二年，知縣熊價築土城。二十四年，知縣劉敏之重築，內外封磚。萬曆甲午年，知縣張仕教以播州兵變，增修堅高，周圍五百四十丈，爲門四，城樓四座。明季，兵燹、水衝，城樓灰燼，墻垣頹圮。皇清康熙十一年，重修。

印江縣城池 明嘉靖二十八年，鎮篁紅苗猖獗，攻劫縣治，知縣徐文伯築土城，周圍五百一十二丈有奇，爲門四，城樓四座。崇禎庚辰年，改建石城。戊子年，爲僞南寧侯張先璧蟠踞數月，盡行拆毀，磚石俱無存。皇清康熙十一年，知縣蔣元捷重修。

鎮遠府

《職方典》第一千五百三十卷
鎮遠府部彙考一
鎮遠府城池考　通志
本府（鎮遠縣附郭）

鎮遠府城池 明正統己巳，生苗掠庫，都清兵備道趙之屏建議築城，知府程燀於治西木家灣跨江據崖，甃城四十五丈，高一丈五尺，直至屏山，高低不一，共垛口七十六個，爲城樓一座。萬曆癸巳，苗襲府治，掠東西二關，巡按馮奕垣捐贖鍰六百兩，檄知府張守讓於木家灣城外築石城一百二十丈，於治右樵采小徑爲石圈硐門，又於治右老虎衝空凹處壘石塞之。崇禎壬午，知府張宗偉以施秉苗叛，又於西門臨關磯上砌石爲臺，高丈許。東西兩關門樓傾頹。皇清康熙十年，重修。

施秉縣城池 明嘉靖四十四年，檄建石城，計堵四百一十。萬曆間，又於城上建冷鋪一十六所。後圮，知縣王管重修。皇清康熙十一年春，重加修築。

石阡府

《職方典》第一千五百三十二卷
石阡府部彙考
石阡府城池考　通志

本府

石阡府城池 明嘉靖元年，知府何邦憲創建土城。四十年，知府蕭立鷟以石，周圍六百六丈，高一丈八尺，廣一丈五尺，城門四，東曰對旭、西曰澄清、南曰迎恩、北曰拱極，城樓四座，水關四洞。四十三年，知府王管議增串樓。年久傾圮。皇清順治十八年，推官陳龍巖重修圮城八十丈有餘。

龍泉縣城池 明萬曆三十二年，巡撫郭子章、知縣凌秋鵬建石城，周圍三百六十一丈七尺，廣一丈八尺，城門四，東曰義陽、西曰綏陽、南曰明陽、北曰大保，城樓四座，水關二洞。

銅仁府

《職方典》第一千五百三十三卷
銅仁府部彙考
銅仁府城池考　通志
本府（銅仁縣附郭）

銅仁府城池 明景泰二年，知府朱鑒建土城。嘉靖二十二年，知府李資坤擴大之，砌以磚石。二十八年，思州知府李允簡重修，周圍三百六十九丈，高一丈六尺，門七，東曰景和、上南曰來禧、南曰文昌、下南曰迎熏、西曰阜成、上西曰賓暘、北曰拱辰。屢經兵火，樓盡毀。皇清康熙七年，知府梁懋宸重修來禧、中南、下南等城樓。

黎平府

《職方典》第一千五百三十四卷
黎平府部彙考
黎平府城池考　府志
本府

黎平府城池 與湖廣五開衛同城。明洪武十八年創築，周圍一千二百二十四丈，高二丈一尺，廣一丈五尺，爲門四，城樓四座，角樓五座，鋪樓三十七座，串樓一千二百一十九間。永樂十二年，知府司祥重修。嘉靖間，知府祝壽重修，知府孫繼魯繼修。萬曆年間，知府袁表重修。崇禎間，知府熊廷相重修，知府於元葉再修。皇清康熙三十年，割衛歸楚平屯，令府專治。

　　永從縣城池　明萬曆二十一年，知縣包善始築土城，周圍一百五十丈，高七尺，基寬三尺，東門一帶小溪，後跨山凹，知縣李宗周重修。

安順府

《職方典》第一千五百三十六卷
安順府部彙考二
安順府城池考　通志
本府（普定縣附郭）

　　安順府城池　元泰定七年創。明洪武五年，安陸侯吳復建。十二年，增修，周圍九里三分，高二丈五尺，爲門四，東曰朝天、西曰懷遠、南曰永安、北曰鎮彝，城樓四座，水關三，水樓三，雉堞二千七百零。明末毀於寇。皇清康熙九年，知府彭錫縷等捐修完固。十一年，知府胡宗虞壘石增高，重修四城門，附以鐵。

　　普安州城池　即舊普安衛城。明洪武二年建，周圍四百九十七丈五尺，高一丈八尺，寬一丈六尺，爲門，東西南北四。

　　普安縣城池　舊爲新興所城，皇清康熙二十六年裁所，移縣治於此。

　　鎮寧州城池　即安莊衛城。明洪武二十五年，指揮陸秉建，周圍四百八十丈，爲門四，東曰朝陽、西曰鎮彝、南曰永清、北曰迎恩。嘉靖十二年，改遷州治於此。皇清康熙十一年，裁衛併州。

　　永寧州城池　明時建，小城一座，名查城，墻未及肩，圍繞僅半里許。皇清康熙十二年，知州林華皖增修，建東西二門城樓。

　　清鎮縣城池　即舊威清衛城，明洪武二十六年，指揮焦琴築，周圍七百九十六丈，高一丈五尺，寬一丈，城門樓五座。萬曆十三年，副使鄭秉厚重修，久圮。皇清康熙十一年，重修。二十六年，裁衛改縣治。

　　安平縣城池　即舊平壩衛城。明洪武二十三年築，周圍九百丈有奇，高一丈，寬六尺，爲門東、西、南、北四，城樓四座，月樓一，水關一。

安南縣城池 即舊安南衛城。明洪武二十五年，指揮梁海建，周圍七百九十七丈，高一丈七尺，寬七尺，爲門四，城樓四。皇清康熙二十六年，裁衛改縣治。

都勻府

《職方典》第一千五百三十九卷
都勻府部彙考一
都勻府城池考　通志
本府（都勻縣附郭）

都勻府城池 即都勻衛城，明洪武二十七年，平羌將軍何福築土城，後指揮黃鏞砌石，共一千七十二丈，高二丈，寬一丈，串樓三百八十四間，垛六百二十個，城樓五座，月城轉閣、敵樓八座。成化間，副使李麟浚便河，引水環城爲壕。萬曆間，兵備蘇愚增修。皇清順治十八年，都清道僉事姚啓盛、新鎮道參議徐弘業、知府龍納銘、參將龍略、中軍守備李子玉重建，尋傾數十丈。康熙六年，副使吳毓珍、知府黎際皋、參將龍略、衛守備崔基重修。

麻哈州城池 原築土墻。明嘉靖三十一年，知縣楊敏砌石，尋圮。萬曆十六年，知州胡友祿又砌以石，寬七尺，共四百丈，高一丈二尺，垛四百六十個，城門樓關四座，月城二座，串樓四百九十六間。

獨山州城池 原無城。明萬曆五年，知州歐陽輝令南北二街市民各照界限，修築土墻，高一丈，厚三尺，栽植棘茨，竹木相倚。

清平縣城池 即清平衛城。明洪武二十三年，指揮司鐸建土城。萬曆間，巡撫羅瑤請帑銀五千三百兩，委參將侯之胄等修砌包石，建城樓四座，串樓七百九十二間，垛七百九十二個。

平越府

《職方典》第一千五百四十一卷
平越府部彙考一

平越府城池考　通志
本府（平越縣附郭）

平越府城池　明洪武十四年，指揮李福建。三十四年，改甃以石，周圍一千四百丈，高二丈二尺，廣一丈五尺，城門四，月城三，城樓四座，警鋪四十五。城內無水，正統末，苗寇圍城，人馬渴死。成化間，指揮張能建水城於西城外，別開一門曰小西門。萬曆癸卯，知府楊可陶、指揮奚國柱於水城外築外城五十五丈，水經城內，汲者便之。崇禎間，知府陳紹英於城北隅建敵臺，名雄鎮樓，造望樓十二。皇清順治十八年，道府徐弘業、喻全昱重修。

瓮安縣城池　明萬曆三十年，巡撫郭子章署府事，劉冠南建石城，周圍六百九十丈，高一丈七尺，廣一丈，城門四，城樓各一座。

湄潭縣城池　明萬曆三十年，巡撫郭子章、署府事劉冠南建磚城，周圍三百八十八丈，高一丈五尺，廣一丈，城門四，城樓閣共四座，水洞五處，月城三座。今南北二門、月城廢。

餘慶縣城池　明萬曆三十年，巡撫郭子章、署府事劉冠南建石城，周圍三百一十七丈，高一丈六尺，廣一丈，城門三，東曰來喜、西曰太初、北曰南薰，城樓三座，後閉北門，止行東西兩門。

黃平州城池　即舊興隆衛城。明洪武二十六年，潁國公傅友德建，指揮張龍築石城，周圍五百三十丈，高一丈三尺，廣八尺，城門四，東曰豐潤、西曰宣威、南曰鎮安、北曰昭化。皇清康熙二十六年，裁衛併州，改州治。

威寧府

《職方典》第一千五百四十三卷
威寧府部彙考一
威寧府城池考　通志
本府

威寧府城池　撤衛城。明洪武十四年建，共一千八十丈二尺，垛一千五百三十，城基寬二丈，高一丈二尺，城樓四座。皇清康熙四年，增修。

平遠州城池　康熙三年，水西平，設平遠府，無城。彝地初入版圖，規制草創，編木爲之，周圍七百二十六丈，高一丈五尺，門四，東曰迎旭、西曰來爽、南曰毓秀、北曰永安，城樓四座。

黔西州城池　舊爲水西城。明洪武間，都督馬□築，周圍五里，高一丈。安氏不利其城，輒毀之，僅存其址與其四門。皇清康熙五年，重修。

大定州城池　明崇禎九年，總兵方國安建。明季賊毀。皇清康熙三年，即其故址重建，高一丈五尺，周圍九百三十四丈，凡四門，東曰朝陽、西曰寶城、南曰來熏、北曰拱宸。

永寧縣城池　即舊永寧衛城，明洪武間，指揮楊廣宣撫祿肇築，城西南有水，東界首二河合流，由城中繞東北至納溪入川江，以故分東西二城。東城長四百四十一丈，高二丈，城基寬二丈，垛八百五個，城樓二座，水關一座；西城長六百七十丈，高一丈八尺，城基寬二丈，垛一千二百二十五個，城樓五座，水關二座。皇清康熙二十六年，裁衛改縣治。

畢節縣城池　即舊畢節衛城。明洪武十六年，指揮湯昭始建排柵。三十年，羽林右衛指揮李興、虎賁左衛指揮李隆砌磚石，共七百四十一丈五尺，高二丈三尺，城基寬一丈五尺，垛一千六百四十八個，城樓六座。嘉靖七年，副使韓士英於通泮門建月城，引河水砌井，上建串樓。萬曆六年，僉事黃謨自月城起至轉角樓百餘丈，築石堤以障河水，東南有壕。皇清康熙二十六年，裁衛改縣治。